KIYAMET
GERÇEKLİĞİ
"21. Asrın Kur'an Tefsiri"

Murat Ukray

KIYAMET GERÇEKLİĞİ* & E-KİTAP PROJESİ**

(*21. Asrın Yeni Kur'an Tefsiri & **Medreset-üz Zehra Projesi)

www.kiyametgercekligi.com

www.ekitaprojesi.com

* * * * * *

ISBN: 978-625-8196-66-5

Istanbul, 2006

© Copyright, Murat Ukray

Tüm hakları saklıdır,

All rights are reserved.

OKUYUCUYA NOT (Note to the Reader):

"**Kıyamet sürecinin** omurgasını oluşturan **6 Büyük Kıyamet alameti, belki de Tarihte ilk defa bu kadar** detaylarıyla açıklanmaya ve aydınlatılmaya çalışılarak, Kıyamet sürecinde gelişecek olaylar kronolojik bir takip sırasını izleyen tarihlerin ebced değerleri hesaplanarak Kıyamet süreciyle ilgili göz önünde bulundurulabilecek bir tablo oluşturulmuştur. Konunun ilmi yönü yanında, kıyamet sürecini gerçekçi bir hikaye içerisinde anlatan ve bu özelliğiyle okuyucu sıkmadan sürükleyici bir şekilde aydınlatırken, kıyamet sürecinde gelişecek önemli gelişmelerle ilgili bir fakir sahibi olabilmenizi sağlayacak olan bu önemli eseri mutlaka okumanızı öneririz.."

E-Posta (e-mail): muratukray@hotmail.com

İnternet Adresi (web site):
http://www.kiyametgercekligi.com

قىيامە گەرچەكليغي كۇلىياتى

Kıyâmet Gerçekliği Külliyâtından

حَقِيقَةُ الأُخْرَاوِيَة

KIYÂMET GERÇEKLİĞİ

قىيامە گەرچەكليغي

MURAT UKRAY

2006

İÇİNDEKİLER (*Table of Contents*)

OKUYUCUYA NOT (NOTE TO THE READER):	**3**
YAZAR HAKKINDA (ABOUT THE AUTHOR)	**12**
KİTAP HAKKINDA (ABOUT THE BOOK)	**16**
ÖNSÖZ NİTELİĞİNDE GİRİŞ	**17**

KIYAMET MESELESİ NASIL BAŞLADI, GEÇMİŞE BİR BAKIŞ VE KONUNUN İSLAMİ TEMELLERİ — **20**

I: DECCAL ve KIYAMET FİTNESİ NEDİR? — 20

II: DECCAL VE RÜYA İLİŞKİSİ & AHİR ZAMANDA RÜYA İLE ETKİSİ, BAĞLANTISI VAR MIDIR? VARSA, BU NASIL GERÇEKLEŞİYOR? — 24

III: DECCAL'IN ÇIKIŞI — 31

IV: YE'CÛC VE ME'CÛC — 35

HZ. İSA'NIN İKİNCİ GELİŞİ — **38**

KUR'ÂN'DA VE DİĞER KAYNAKLARDA HZ. İSA'NIN GÖĞE YÜKSELTİLMESİ ve İKİNCİ GELİŞİ — 38

HZ. İSA'NIN İKİNCİ GELİŞİ NASIL OLACAK? — 45

İKİ BÜYÜK MEDENİYET: AMERİKA VE AVRUPA — 48

AMERİKA MEDENİYETİ: YENİ DÜNYANIN KEŞFİ — 50

AVRUPA MEDENİYETİ: ROMA İMPARATORLUĞU'NUN YENİDEN İNŞASI — 55

İNCİL'DE HZ. İSA'NIN İKİNCİ GELİŞİ — 58

KUR'AN'DA HZ. İSA'NIN İKİNCİ GELİŞİNİN İŞARETLERİ — 63

ÖNSÖZ (PREFACE)	**73**
1. BÖLÜM (CHAPTER 1)	**80**
ESRARENGİZ ÇİFTLİK EVİ	**80**
GİRİŞ	80
2. BÖLÜM (CHAPTER 2)	**107**
ASHAB-I KEHF VE AHİT SANDIĞI'NIN PEŞİNDE:	**107**
İSLAMİYETİN GELECEĞİ, ZAMANIN SONU (AHİRZAMAN) KAVRAMI VE 1400 YILDIR BEKLENEN KURTARICI KİM?	108
3. BÖLÜM (CHAPTER 3)	**132**
DÜNYA TARİHİNİN BİLİNMEYEN SIRLARININ PEŞİNDE:	**132**
KIYAMETİN GİZLİ TARİHLERİ, DÜNYA HAYATININ AMACI VE İMTİHAN SIRRI NEDİR?	132
4. BÖLÜM (CHAPTER 4)	**143**
KIYAMET SÜRECİNİN BAŞLANGICI VE KIYAMETİN GİZLİ TARİHLERİNİN PEŞİNDE:	**143**
HIZLA YAKLAŞAN KIYÂMET VE İNSANLIĞIN DURUMU	144
5. BÖLÜM (CHAPTER 5)	**147**
KUR'ÂN'DAKİ KIYAMET GERÇEKLİĞİ	**147**
6. BÖLÜM (CHAPTER 6)	**152**
İNCİL'DEKİ KIYAMET GERÇEKLİĞİ	**152**
7. BÖLÜM (CHAPTER 7)	**163**
KIYEMETİN EN BÜYÜK İŞARETİNİN PEŞİNDE: HZ MEHDİ'NİN ZUHURU	**163**
KUR'AN ÂYETLERİ VE HADİSLERİN IŞIĞINDA HZ. MEHDİ'NİN ZUHURU	166
HZ. MEHDİ'NİN MUHAKKAK ÇIKACAK OLMASI	172
MEHDİ' NİN PEYGAMBERİMİZİN (S.A.V.) SOYUNDAN OLMASI	173
HZ. MEHDİ'NİN ALLAH TARAFINDAN BİR GECEDE ISLAH EDİLMESİ	173

HZ. MEHDİ' NİN İNSANLAR TARAFINDAN ÇOK SEVİLMESİ	175
HZ. İSA, HZ. MEHDİ' NİN ARKASINDA NAMAZ KILACAKTIR	175
HZ. MEHDİ GERÇEK İSLÂM AHLAKINI İLMÎ ÇALIŞMALARLA ORTAYA ÇIKARACAKTIR	177
HZ. MEHDİ' NİN İSTANBUL'U MANEN FETHETMESİ	177
HZ. MEHDİ'NİN KUTSAL EMANETLERLE BERABER ÇIKMASI	178
BAZI İNSANLARIN HZ. MEHDİ'YE ORTAM HAZIRLAMALARI	180
HZ. MEHDİ'NİN TÜM DÜNYAYA HAKİM OLMASI	181
HZ. MEHDİ'NİN AHLÂKI ve FİZİKSEL ÖZELLİKLERİ	181
HZ. MEHDİ'NİN İSMİ ve YAŞI	183

8. BÖLÜM (CHAPTER 8)	**188**
1400 YILLIK BEKLEYİŞİN PEŞİNDE:	**188**
BEKLENEN GENÇ FATİH, HZ. MEHDİ'NİN MÜCEDDİDLİK GÖREVİNE BAŞLAMASI (İ.S. 2006-2036)	189
İNSANLIK TARİHİNDE KURTARICI İNANCI	190
İNSANLIĞIN HZ MEHDİ'YE OLAN İHTİYACI	193
MEHDİ'NİN TANIMI	204
İSLÂM'DA MEHDİ İNANCI	206
İSLÂM'DA MÜCEDDİD İNANCI VE MÜCEDDİDLER	208
İSLÂM ÂLİMLERİNİN HZ. MEHDİ İLE İLGİLİ GÖRÜŞLERİ	216
ŞİÎ İNANCINDA MEHDİLİK	224
HZ. MEHDİ'NİN İSMİ, SOYU VE ÖZELLİKLERİ	226
HZ. MEHDİ'NİN İSMİ	226
HZ. MEHDİ'NİN SOYU	228
HZ. MEHDİ'NİN ÖZELLİKLERİ	228
HZ. MEHDİ'NİN ÇIKIŞ ZAMANI, YERİ VE İŞARETLERİ	238

9. BÖLÜM (CHAPTER 9)	**256**
2000 YILLIK BEKLEYİŞİN PEŞİNDE: HZ. İSA'NIN İKİNCİ GELİŞİ (İ.S. 2036)	**256**
İNCİL'DE HZ. İSA'NIN GÖĞE YÜKSELTİLMESİ	261
KUR'ÂN ÂYETLERİ IŞIĞINDA HZ. İSA'NIN NUZULÜ	266

ANADOLU'NUN ÜCRA BİR KÖŞESİNDEKİ KÜÇÜK BİR KÖYÜN 2000 YILLIK GİZEMLİ SIRRI: ŞİRİNCE KÖYÜNÜN VE MERYEM ANA EVİ İLE ASHAB-I KEHF MAĞARASI'NIN TARİHÇESİ — 274

10. BÖLÜM (CHAPTER 10) — 292

DA VINCI ŞİFRESİNİN PEŞİNDE: — 292

LEONARDO DA VINCI'NİN RESİMLERİNDEKİ 500 YILDIR ÇÖZÜLEMEYEN GİZEMLİ ŞİFRELER — 292

MONA LİSA TABLOSUNDAKİ GİZEMLİ GÜLÜMSEMENİN ÇÖZÜLEMEYEN SIRRI — 298

İNCİL'DE HZ. İSA'NIN İKİNCİ GELİŞİ (İ.S. 2036) — 305

11. BÖLÜM (CHAPTER 11) — 310

HZ. İSA NİÇİN GELECEK, NEREDE VE NE ZAMAN ORTAYA ÇIKACAK, İKİNCİ GELİŞİNDE NELER YAPACAK? — 310

İKİ BÜYÜK MEDENİYET: AMERİKA VE AVRUPA — 335

AMERİKA MEDENİYETİ: YENİ DÜNYANIN KEŞFİ — 338

AVRUPA MEDENİYETİ: YENİ ROMA İMPARATORLUĞU'NUN İNŞASI — 343

12. BÖLÜM (CHAPTER 12) — 354

RİSALE-İ NUR'DAKİ İŞARETLER — 354

KUR'AN'DA HZ. İSA'NIN İKİNCİ GELİŞİNİN İŞARETLERİ — 362

13. BÖLÜM (CHAPTER 13) — 364

DECCAL'IN ORTAYA ÇIKIŞI (İ.S. 2037) — 364

DECCAL VE İNKARCI FİKİR SİSTEMİ: KAOS TEORİSİ — 365

DECCAL'IN ORTAYA ÇIKIŞI — 366

DECCAL'IN TANIMI — 369

İSLÂM'DAN ÖNCEKİ DÖNEMDE DECCAL İNANCI — 372

YAHUDİLİK'TE DECCAL İNANCI — 372

HRİSTİYANLIK'TA DECCAL İNANCI — 373

İSLÂM'DA DECCAL İNANCI — 375

DECCAL'IN ÖZELLİKLERİ — 376

14. BÖLÜM (CHAPTER 14) 398
DECCAL'IN ORTAYA ÇIKIŞININ DİĞER İŞARETLERİ VE GİZLİ TARİKATLARLA BAĞLANTISI 398

DECCAL VE İLLÜMİNATİ TARİKATI 403
DECCAL'IN İNKARCI FİKİR SİSTEMİ: KAOS TEORİSİ 406
KAOS TEORİSİ VE KOMÜNİZM İLİŞKİSİ 407
HİTLER VE DECCAL İLİŞKİSİ 408
İLLÜMİNATİ'NİN NİHÂÎ HEDEFİ 409
İNCİL KEHÂNETLERİ VE İLLÜMİNATİ 410

15. BÖLÜM (CHAPTER 15) 420
DECCAL'IN İNKARCI FİKİR SİSTEMİ: KAOS TEORİSİ 420

KAOS TEORİSİ 421
KAOS TEORİSİ'NİN GEÇERSİZLİĞİ 423

16. BÖLÜM (CHAPTER 16) 443
YE'CÜC VE ME'CÜC'ÜN ORTAYA ÇIKIŞI (İ.S. 2052) 443

YE'CÜC VE ME'CÜC'ÜN ORTAYA ÇIKIŞI (İ.S. 2052) 444
YE'CÜC VE ME'CÜC'ÜN TANIMI 445
TARİHTE YE'CÜC VE ME'CÜC 447
KUR'ÂN'DA YE'CÜC VE ME'CÜC 447
İNCİL'DE YE'CÜC VE ME'CÜC 448
HADİSLERDE YE'CÜC VE ME'CÜC 450
YE'CÜC VE ME'CÜC'ÜN ÖZELLİKLERİ 452

17. BÖLÜM (CHAPTER 17) 462
HZ. İSA'NIN YE'CÜC VE ME'CÜC'LE SAVAŞI VE YE'CÜC VE ME'CÜC'ÜN SONU (İ.S. 2052-2056) 462

18. BÖLÜM (CHAPTER 18) 482
GÜNEŞİN BATIDAN DOĞMASI VE DABBET'ÜL ARZ'IN ORTAYA ÇIKIŞI 482

19. BÖLÜM (CHAPTER 19) — 492
DÜNYANIN SON DÖNEMLERİ VE KIYAMETİN KOPMAYA BAŞLAMASI — 492

İNCİL'DEKİ KIYAMET ALÂMETLERİ VE DÜNYANIN SONUNA İLİŞKİN İŞARETLER (VAHİY KİTABINDAKİ KIYAMET İŞARETLERİ) (İ.S. 2000-2160) — 492

İSTANBUL'UN TARİHİNE KISA BİR BAKIŞ İLE COĞRAFİ KONUMU VE KIYAMET AÇISINDAN ÖNEMİ — 520

20. BÖLÜM (CHAPTER 20) — 533
VAHİY KİTABINDAKİ DÜNYANIN SONUNA İLİŞKİN DİĞER İŞARETLER — 533

21. BÖLÜM (CHAPTER 21) — 548
KUR'AN'DAKİ KIYAMET ALÂMETLERİ VE DÜNYANIN SONUNA İLİŞKİN DİĞER İŞARETLER (40 MADDE HALINDE) — 548

KUR'AN'DAKİ KIYAMETE İLİŞKİN DİĞER CİFİRSEL İŞARETLER (İ.S. 2012-2222) — 549

DÜNYANIN SON DÖNEMLERİ VE KIYAMETİN KOPMAYA BAŞLAMASI (2010-2140) — 549

KUR'AN'DAKİ KIYAMET'LE İLGİLİ AYETLER — 618

22. BÖLÜM (CHAPTER 22) — 636
SON — 636

APPENDIX-I/ EK BÖLÜM-I — 657
EBCED HESABI VE CİFİR İLMİ — 657

APPENDIX-II/ EK BÖLÜM-II — 661
AHİRZAMANDA TÜRKİYE'NİN ÖNEMİ VE MODERN İSLAM MEDENİYETİ'NDE ÖNCÜ ROLÜ — 661

APPENDIX-III/ EK BÖLÜM-III — 672
GAYBIN GİZLİLİĞİ VE ÖNCEDEN BİLİNEBİLMESİ — 672

APPENDIX-IV/ EK BÖLÜM-IV — 681
KIYÂMETİN KÜÇÜK ALÂMETLERİ — 681

BİBLİYOGRAFYA	**689**
BASILI KİTAPLAR	689
MAKALE, SÜRELİ YAYIN VE ELEKTRONİK DOKÜMANLAR	691
KUTSAL KİTAP VE METİNLER	693
KIYAMET GERÇEKLİĞİ KÜLLİYATI	**694**
KIYÂMET GERÇEKLİĞİ KÜLLİYÂTI NEDİR?	700
KIYÂMET GERÇEKLİĞİ KÜLLİYÂTI'NIN YÖNTEMİ NEDİR?	708
KIYAMET GERÇEKLİĞİ KÜLLİYATI NASIL BİR TEFSİRDİR?	711
TÜRKÇE ESERLER	**717**
1- KIYAMET GERÇEKLİĞİ	717
2- BİRLEŞİK ALAN TEORİSİ	719
3- İSEVİLİK İŞARETLERİ	722
4- YARATILIŞ GERÇEKLİĞİ-I	725
5- YARATILIŞ GERÇEKLİĞİ-II	729
6- AŞK-I MESNEVİ (SONSUZ AŞK)	732
7- ZAMANIN SAHİPLERİ	736
8- HANIMLAR İÇİN DİN REHBERİ (TEMEL İSLAMİ BİLGİLER)	739
9- ESKİLERİN MASALLARI	742
10- RUYET-UL GAYB	745
11- SONSUZLUĞUN SONSUZLUĞU [114 KOD]	748
12- KANON [KUTSAL KİTAPLARIN YENİ BİR YORUMU]	754
13- KÜÇÜK ELİSA: [ZAMAN YOLCUSU]	757
14- TANRI'NIN IŞIKLARI: [ÇÖL'DE BAŞLAYAN HİKAYE]	760
15- SON KEHANET [2 CİLT]	763
16- MEDUSA'NIN SIRRI	766
17- ÇÖL GEZEGEN	769
18- KABUSTAN GELEN	773

YAZAR HAKKINDA (About the Author)

MURAT UKRAY

17 Ağustos 1976 tarihinde İstanbul'da doğdu. İlk, orta ve lise öğrenimini İstanbul'da tamamladı. Daha sonra Yıldız Teknik Üniversitesi Elektronik Mühendisliği bölümünde ve aynı üniversitenin fen bilimleri enstitüsünde yüksek lisans öğrenimi gördü. 2000'li yılların başından bu yana, çeşitli yerli ve yabancı kaynaklardan araştırmalar yaparak imanî ve bilimsel konularda

çeşitli makaleler ve grafik tasarımları (aralarında Hz. Mevlana, Üstad Bediüzzaman Saidî Nursî'ye v.b. ait çizimlerin de bulunduğu) eserleri hazırladı. Çocuklar için *"Galaxy"* isimli bir oyun tasarladı. Yazarın, kaotik zaman serileri ve yapay sinir ağlarıyla borsa da tahmin sistemleri üzerine uluslararası düzeyde yayınlanmış bir makalesi ve yayınlanmış iki kitabı vardır. Bunlardan ilki: Kıyamet Gerçekliği, Kur'ân'daki İncil'deki ve diğer bazı ilmî kaynaklardaki kıyametin büyük alâmetlerini içinde bulunduğumuz zamana yönelik açıklamaya ve aydınlatmaya yönelik bir çalışmadır. Kitaba, ayrıca günümüz Türkçe'sini Osmanlı Alfabesine kodlayan bir de Osmanlıca Alfabe konulmuştur. Kitap, bu konuyla ilgili Kur'an âyetleri ve hadislere yönelik batınî bir tefsirdir. İkincisi ise: 5 Boyutlu Rölativite ve Birleşik Alan Teorisi, Plâton'dan günümüze kadar devam eden süreç içerisinde yapılan fizik yasalarını birleştirme çabasına yönelik bir çalışma olup, Kur'ân'ın bazı semavî müteşâbih ayetlerinin tefsirine yönelik, bugüne kadar çeşitli bilim adamları tarafından yapılmış matematiksel ve fiziksel çalışmaları da içerecek şekilde, gözlemleyebildiğimiz maddî evreni matematiksel olarak açıklamaya çalışan zahirî bir tefsirdir. Kitapta, evrenin yapısını ve karadelikleri açıklayan hikmet (fizik) yasaları çeşitli teoremlerle anlatılmakta olup, yüksek bir matematik bilgisi gerektirmektedir. Her iki çalışmanın da amacı iman-ı tahkikînin batınî ve zahirî kutuplarına yöneliktir.

2011 yılında, "İnternette e-kitap yayıncılığı ilkeleri" ve "5-Boyutlu Relativite & Birleşik Alan Kuramı & Quantum Mekaniği"nin birleştirilmesi üzerine iki makale yayımladı. Bu makaleleri büyük ses getirdi ve çoğu kişi web yayıncılığına yöneldi. İkinci makalesindeki fikirlerini, temel Fizik yasalarını en küçük ölçeklerde birleştirmeye çalışan ve halen üzerinde çalışılan "Birleşik Alan Teorisi" isimli eserini 2007 yılında yazmaya başladı. 2000'li yıllardan bu yana, çeşitli yerli ve yabancı kaynaklardan araştırmalar yaparak, Akademik, Web yayıncılığı ve Bilimsel konularda çeşitli Makaleler, Projeler yürütmüş olup, yine çoğu dini araştırmalar olmak üzere, çeşitli Grafik Tasarımları ile Kitap kapakları hazırladı. Bu yüzden, yurtdışında profesyonel yayıncılık için kendine editoryal ve grafik sanatları olarak iki yönlü geliştirerek kuvvetli bir alt yapı hazırladı. Aralarında, 2006 yılında kaleme aldığı ilk eseri "KIYAMET GERÇEKLİĞİ" ve 2007 yılında kaleme aldığı "5-BOYUTLU RELATİVİTE & BİRLEŞİK ALAN TEORİSİ", 2008 yılında kaleme aldığı "İSEVİLİK İŞARETLERİ" ile diğer eserleri olan "YARATILIŞ GERÇEKLİĞİ" (2009), ve yine Mevlanayla ilgili "MESNEVİYYE-İ UHREVİYYE" (2010) (AŞK-I MESNEVİ) ve "ZAMANIN SAHİPLERİ" (2011) isimli otobiyografik roman olmak üzere yayımlanmış toplam 14 türkce kitabı ile çoğu FİZİK ve METAFİZİK konularında olmak üzere, ingilizce olarak yayınlanmış toplam 5 kitap olmak üzere tamamı 19 yayımlanmış eseri vardır..

    Yazar, daha sonraki zamanda tüm kitaplarının ismine genel olarak, her biri KIYAMET'i isbat ve ilan etmek üzere odaklandığından "KIYAMET GERÇEKLİĞİ KÜLLİYATI" ismini vermiş, ve 2010 yılından beri zaman zaman gittiği AMERİKA'daki aynı isimde kurmuş olduğu (www.kiyametgercekligi.com) web sitesi üzerinden kitaplarını *sadece* dijital elektronik ortamda, hem düzenli olarak yılda yazmış veya yayınlamış olduğu diğer eserleri de yayın hayatına E-KİTAP ve POD (Print on Demand -talebe göre yayıncılık-) sistemine göre yayın hayatına geçirerek okurlarına sunmayı ilke olarak edinirken; diğer yandan da, projenin SOSYAL yönü olan doğayı korumak amaçlı başlattığı "E-KİTAP PROJESİ" isimli yayıncılık sistemiyle KİTABINI KLASİK SİSTEMLE YAYINLAYAMAYAN "AMATÖR YAZARLAR" için, elektronik ortamda kitap yayıncılığı ile kitaplarını bu sistemle yayınlatmak isteyen PROFESYONEL yayıncılar ve yazarlar için de hemen hemen her çeşit kitabın (MAKALE, AKADEMİK DERS KİTABI, ŞİİR, ROMAN, HİKAYE, DENEME, GÜNLÜK TASLAK) elektronik ortamda yayıncılığının önünü açan E-YAYINCILIĞA başlamıştır. Yazar, halen çalışmalarına İstanbul'da devam etmektedir.

Yazarın yayınlanmış diğer Kitapları:

1- **Kıyamet Gerçekliği** *(Kurgu Roman) (2006)*
2- **Birleşik Alan Teorisi** *(Teori – Fizik & Matematik) (2007)*
3- **İsevilik İşaretleri** *(Araştırma) (2008)*
4- **Yaratılış Gerçekliği- 2 Cilt** *(Biyokimya Atlası)(2009)*
5- **Aşk-ı Mesnevi** *(Kurgu Roman) (2010)*
6- **Zamanın Sahipleri** *(Deneme) (2011)*
7- **Hanımlar Rehberi** *(İlmihal) (2012)*
8- **Eskilerin Masalları** *(Araştırma) (2013)*
9- **Ruyet-ul Gayb (Haberci Rüyalar)** *(Deneme) (2014)*
10- **Sonsuzluğun Sonsuzluğu (114 Kod)** *(Teori & Deneme) (2015)*
11- **Kanon (Kutsal Kitapların Yeni Bir Yorumu)** *(Teori & Araştırma) (2016)*
12- **Küçük Elisa (Zaman Yolcusu)** (Çocuk Kitabı) (2017)
13- **Tanrı'nın Işıkları (Çölde Başlayan Hikaye)** *(Bilim-Kurgu Roman) (2018)*
14- **Son Kehanet- 2 Cilt** *(Bilim-Kurgu Roman) (2019)*
15- **Medusa'nın Sırrı** *(Bilim-Kurgu Roman) (2020)*
16- **Çöl Gezegen** *(Bilim-Kurgu Roman) (2021)*
17- **Kabustan Gelen** *(Bilim-Kurgu Roman) (2022)*

http://www.ekitaprojesi.com
http://kiyametgercekligi.com

* * *

KİTAP HAKKINDA
(About the Book)

"**KUR'ÂN-I HAKÎM**'de **KIYAMET**'e ve **AHİR ZAMAN**'a bakan pek çok âyetin cifirsel hesaplamalarını ele aldığımız, küçük bir kitapçık şeklinde fakat içeriği ve ele aldığı meseleleri gayet geniş olan bu önemli eserimizde, ahirzamanda gerçekleşecek olan pek çok önemli dini meselelerden ve kıyamet alametlerinden kısa kısa özet parçalar halinde yalnız işaret etmek suretiyle bahsedeceğiz. Detaylarına girmeyeceğiz. Elbette ki, elde edilen bu cifirsel sonuçların kaynağı olan Kur'an bahri, burada kısaca ele aldığımız ve bahsettiğimizden çok daha fazlasını içerir ve buradaki yekûn, o bahrin ve okyanusun yalnızca küçücük bir damlası belki bir katresi hükmündedir. Bununla birlikte, diğer eserimin aksine, bu eserde sadece Büyük Kıyamet alametlerini EBCED ve CİFİR hesaplarına dayanarak ele almakla birlikte, Arapça Kur'ân ile Hadis metinlerinden de yararlanılarak; Kıyamet sürecinin omurgasını oluşturan **6 Büyük Kıyamet alameti, belki de Tarihte ilk defa bu kadar** detaylarıyla açıklanmaya ve aydınlatılmaya çalışılarak, Kıyamet sürecinde gelişecek olaylar kronolojik bir takip sırasını izleyen tarihlerin ebced değerleri hesaplanarak Kıyamet süreciyle ilgili göz önünde bulundurulabilecek bir tablo oluşturulmuştur. Konunun ilmi yönü yanında, kıyamet sürecini gerçekçi bir hikaye içerisinde anlatan ve bu özelliğiyle okuyucu sıkmadan sürükleyici bir şekilde aydınlatırken, kıyamet sürecinde gelişecek önemli gelişmelerle ilgili bir fakir sahibi olabilmenizi sağlayacak olan bu önemli eseri mutlaka okumanızı öneririz.."

ÖNSÖZ NİTELİĞİNDE GİRİŞ

"**KUR'ÂN-I HAKÎM**'de **KIYAMET**'e ve **AHİR ZAMAN**'a bakan pek çok âyetin cifirsel hesaplamalarını ele aldığımız, küçük bir kitapçık şeklinde fakat içeriği ve ele aldığı meseleleri gayet geniş olan bu önemli eserimizde, ahirzamanda gerçekleşecek olan pek çok önemli dini meselelerden ve kıyamet alametlerinden kısa kısa özet parçalar halinde yalnız işaret etmek suretiyle bahsedeceğiz. Detaylarına girmeyeceğiz. Elbette ki, elde edilen bu cifirsel sonuçların kaynağı olan Kur'an bahri, burada kısaca ele aldığımız ve bahsettiğimizden çok daha fazlasını içerir ve buradaki yekûn, o bahrin ve okyanusun yalnızca küçücük bir damlası belki bir katresi hükmündedir. Bununla birlikte, diğer eserimin aksine, bu eserde sadece Büyük Kıyamet alametlerini EBCED ve CİFİR hesaplarına dayanarak ele almakla birlikte, Arapça Kur'ân ile Hadis metinlerinden de yararlanılarak; Kıyamet sürecinin omurgasını oluşturan **6 Büyük Kıyamet alameti** detaylarıyla açıklanmaya ve aydınlatılmaya çalışılmıştır.."

PEKİ BU GAYBİ GİZLİ BİLGİLERİ HANGİ HANGİ KANAL İLE ALIP BU KİTABIMIZI VE ŞİMDİLİK 10 ESERE ULAŞAN, "KIYAMET GERÇEKLİĞİ" ADINI VERDİĞİMİZ KİTAP SERİSİNDEN OLUŞAN, "KÜLLİYATIMI" NASIL OLUŞTURDUM? YİNE HEPSİ BU ÇALIŞMADA ÖZET OLARAK EN SONDA ANLATILARAK OKUYUCUYA VERİLECEK..

..VE TÜM BU KÜLLİYATI OKUDUĞUNUZDA, DÜNYA TARİHİNDE, BELKİ DE BİR BENZERİ GÖRÜLMEMİŞ BİR ŞEKİLDE DETAYLI BİR KRONOLOJİK KIYAMET SENARYOSU İLE KARŞI KARŞIYA KALACAKSINIZ..

..VE YİNE "KIYAMETİN" BU KADAR YAKIN OLMASINA, BELKİ DE İLK KEZ BU KADAR DENLİ ŞAŞIRACAKSINIZ..

VE BU KÜLLİYAT NASIL OLUŞTU demiştik en başta;

El-Cevap: *"RÜYA İLE"*

Belki bu yazarlık tarihinde bir ilk diye düşünebilirsin, ama tamamen gerçek ve bunu hissederek, bu ilhamı kendi içimde duyumsayarak bu bilgileri oluşturup elinizdeki bu eserle yazılı birer metini dönüştürdüğümü de itiraf etmeliyim, ki bu anlatılanların tamamen gerçekçi ve doğru olduklarına ilk inanan ve doğruluğunu kuşgulanmadan kabul eden ilk kişi de yine kendim olduğunu itiraf ederim, okuyucu ise bu konuda tarafsız düşünmeli, eserin yazınsal boyutunun sırf metinden ibaret değil de, mana aleminden de kırıntılar içerdiğini bu meyanda kabul etmeli ve bu gözle eseri ele almalıdır.

VE EN ÖNEMLİSİ BEN KİMİM? BU ESERİ NEDEN YAZDIM? Gibi sorulara ilaveten, bu kitap içinde daha nice birbirini takip eden cevaplar silsilesi çerçevesinde tek tek yanıt bulacaksınız..

Rüya yoluyla bu adamlar cin boyutunu aşıp bize görünüyorlar, bu çok önemli bir mesele hadiste de ahir zamanda cinleri göreceğimiz söyleniyor ama nasıl açıklamıyor, işte bu eserde bunu şöyle açıklıyoruz: "RÜYA İLE"

HER ŞEY 2006 YILINDA BAŞLADI ASLINDA, ..

NASIL MI?

Şimdi gelin bu kitap boyuna, ta binyıllar öncesinden başlayıp

KIYAMET'e kadar uzanan bu geniş sahayı aydınlatmak için, başlayalım bu uzun ve bir o kadar teferruatlı, dünyanın belki de üzerinde insanlık tarihi boyunca en çok durmuş olduğu hikayesini anlatmaya başlayalım..

..VE KIYAMET İÇİN, ÖNEMLİ BİR KONU DAHA: Özellikle, son zamanlarda dikkat edersek, medya vasıtasıyla ve tüm dünyada genç insanların kışkırtılıyor olduğu yine rüyada ihtar edildi. Neden mi? Çünkü, cinler bu boyuta geçmek için, yani insani boyuta geçmek için rüyaları kullanıyorlar. Örneğin, İstanbul'da başlayan ve tüm Türkiyeyi kapsayan gezi olayı rüya ile tetiklendi iyi dikkat edelim.. Herkese rüyada biri ülkeyi kurtarmalı imajı verildi, çünkü ülke elden gidiyordu. Böylece, herkes cinlerin kışkırtmasıyla sokağa döküldü kimse bu nasıl oldu inanamadı. Hatta asıl mühim olan Ahir zamanın büyük savaşının asıl kaderi arka planda, sanal âlemde, internette, siber âlemde, rüya âleminde, rüya içindeki 'yakaza'larda cereyan ediyor diyebilirim size. Ey Arkadaş! Rüyalar âlemi dahi bu savaşın içindeki ciddi cephelerden biridir. Öyle ki, Bir zamanlar Amerikalılar Anadolu'da rüya devşiriyorlardı hatırlayın...

Çünkü, bu savaş, 'insanlığın ifsad edilmesini' öngörenlerle insanlığın imarına çabalayanların savaşıdır. Yeryüzü ile gökyüzünün savaşıdır. Bu savaş, insanlığın mutasyona uğratılıp dünya üzerindeki insansı hâkimiyetin sona erdirilmesi savaşıdır.

Bu savaş, MEHDİ ile DECCAL'ın amansız ve uzun süren, insanlık tarihinin EN BÜYÜK savaşı olacaktır. İblisin 'Şeytansı insanlar'ın ve 'hayvansı cinnîler'in hükümran kılınması mücadelesidir ki, bu gerçekleştiğinde kıyamet kaçınılmaz olacaktır. İşte, 'tanrıyı kıyamete zorlamak' diye milletin önüne konulan kavramın arkasındaki asıl niyet de budur.

KIYAMET MESELESİ NASIL BAŞLADI, GEÇMİŞE BİR BAKIŞ VE KONUNUN İSLAMİ TEMELLERİ

I: DECCAL ve KIYAMET FİTNESİ NEDİR?

1812. Nevvâs İbni Sem'ân r.a. şöyle dedi:

Bir sabah Resûlullah s.a.v. deccâlden uzun uzun bahsetti. Sonunda yorulup sesini alçalttı, sonra tekrar yüksek sesle konuştu. Biz onun anlatışına bakarak deccâlin Medine civarındaki hurmalıklara gelip dayandığını zannettik. Tekrar yanına gittiğimiz zaman üzüntümüzü anladı ve:

- "Hayrola, bu ne hal?" dedi. Biz de:

- Yâ Resûlallah! Sabahleyin deccâlden bahsettin. Kâh alçak sesle kâh yüksek sesle konuştuğun için, biz onun hurmalıklara gelip dayandığını sandık, dedik. Bunun üzerine şöyle buyurdu:

- "Sizin adınıza deccâlden başka şeylerden daha çok korkuyorum. Şayet deccâl ben aranızdayken çıkarsa, onun oyununu bozar, delillerini çürütürüm.

Eğer ben aranızdan ayrıldıktan sonra çıkarsa, artık herkes kendini ona karşı savunup korumalıdır. Zaten Allah Teâlâ müminleri onun kötülüklerinden koruyacaktır. Deccâl kıvırcık saçlı, patlak gözlü, (Câhiliye devrinde ölen) Abdüluzzâ İbni Katan'a benzeyen bir gençtir. Sizden onu gören Kehf sûresinin baş (ve son) tarafından onar âyet okusun. O Şam ile Irak arasındaki bir yerden çıkacak. Sağa sola her yana kötülüğünü yayacaktır. Ey Allah'ın kulları, imanınızı koruyup direnin!"

- Yâ Resûlallah! Deccâlin yeryüzünde kalma süresi ne

kadardır? diye sorduk. Şöyle buyurdu:

- "Kırk gündür. Bir günü bir yıl kadar, bir başka günü bir ay kadar, bir diğer günü de bir hafta kadardır; geri kalan günleri ise sizin bildiğiniz günler gibidir." Biz:

- Yâ Resûlallah! Bir yıl kadar olan günde, kılacağımız bir günlük namaz kâfi gelecek mi? dedik.

- "Hayır, siz namaz vakitlerini ona göre takdir ve hesap ediniz" buyurdu. Biz:

- Yâ Resûlallah! Onun yeryüzündeki sürati ne kadardır? diye sorduk. Şöyle buyurdu:

- "Rüzgârın sürüklediği bulut gibi insanların yanından geçer, ilâh olduğunu söyleyerek kendisine iman etmelerini ister, onlar da iman ederler. Göğe yağmur yağdırmasını emreder, yağmur yağar; yere bitki bitirmesini emreder, otlar, çayırlar biter; insanların yayılmaya gönderdikleri hayvanları daha gösterişli ve semiz, sütleri daha bol olarak döner. Daha sonra başka insanların yanına gelerek onları kendine inanmaya davet eder; fakat onlar kendisine inanmayıp teklifini geri çevirirler; deccâl de yanlarından ayrılıp gider; lakin sabahleyin suları çekilip çayır çimenleri kurur, hayvanları da helâk olur.

Deccâl bir örene uğrayıp 'Definelerini ortaya çıkar!' der, o harabedeki defineler kraliçe arının peşinden giden arılar gibi deccâlin arkasından gider. Sonra deccâl babayiğit bir genci yanına çağırıp onu kılıcıyla ikiye biçer; vücudunun her parçası bir yana düşer; ardından ona seslenir. Delikanlı gülümseyen bir çehreyle ona doğru gelir. Deccâl böyle işler yaparken Allah Teâlâ Mesîh İbni Meryem a.s.'i (İsa a.s.) gönderir. Mesîh, boyanmış iki elbise içinde, ellerini iki meleğin kanatları üzerine koyarak Dımaşk'ın (Şam) doğusundaki Ak Minare'nin yanına iner. Mesih parıldayan yüzüyle başını yere eğince saçlarından terler damlar, başını kaldırınca inci gibi nûrânî damlalar dökülür. Onun nefesini koklayan kâfir derhal ölür. Nefesi baktığı yere anında ulaşır. Mesih deccâlin peşine düşer, onu (Kudüs yakınındaki) Bâb-ü Lüd'de (Lud kapısı, günümüzde büyük Lut gölünün güneyindeki çorak bir arazi) yakalayıp öldürür. Sonra Îsâ a.s., Allah Teâlâ'nın kendilerini deccâlin şerrinden koruduğu birtakım insanların yanına gelir, onların yüzlerini okşayarak deccâl fitnesinin sona erdiğini söyler ve kendilerine cennetteki yüksek derecelerini haber verir. Bu sırada Allah Teâlâ Îsâ a.s.'e vahyederek *"Kimsenin öldüremeyeceği kullar yarattım; diğer kullarımı toplayıp Tur'a götür"* buyurur. Allah Teâlâ Ye'cûc ve Me'cûc'ü yeryüzüne gönderir. Onlar tepelerden süratle inip giderler; öncüleri Taberiye gölüne varıp gölün bütün suyunu içer.

Arkadan gelenler oraya vardıklarında, *"Bir zamanlar burada çok su varmış"* derler. Îsâ a.s. ile yanında bulunan müminler Tur dağında mahsur kalırlar. Onlardan her biri için bir öküz başı, sizin bugünkü paranızla yüz altından daha kıymetli olur. Îsâ a.s. ile yanındaki müminler bu belâdan kendilerini kurtarması için Allah Teâlâ'ya yalvarırlar. Allah Teâlâ da Ye'cûc ve Me'cûc'ün enselerine kurtçuklar musallat eder; hepsi bir anda ölüp gider. Ardından Îsâ a.s. ile müminler Tur dağından inerler. Ye'cûc ve Me'cûc'ün kokmuş cesetlerinin olmadığı bir karış yer bulamazlar. Îsâ a.s. ile yanındaki müminler bu belâdan da kendilerini kurtarması için Allah Teâlâ'ya yalvarırlar.

Allah Teâlâ deve boyunları gibi iri kuşlar gönderir; bu kuşlar onların kokmuş cesetlerini alarak Cenâb-ı Hakk'ın dilediği yere götürüp atarlar. Sonra Allah Teâlâ hiçbir evin ve çadırın engel olamayacağı bol bir yağmur gönderir; bu yağmur yeryüzünü ayna gibi pırıl pırıl temizler. Daha sonra yeryüzüne "Meyveni bitir, bereketini getir" diye emredilir. O gün bir grup insan tek bir nar ile doyar, kabuğuyla da gölgelenirler. Yayılmaya gönderilen hayvanların sütü de bereketlenir, bir devenin sütü kalabalık bir grubu, bir ineğin sütü bir kabileyi, bir koyunun sütü bir cemaati doyurur. Onlar böyle yaşayıp giderken Allah Teâlâ tatlı bir rüzgâr gönderir; bu rüzgâr onları koltuk altlarından sarmalayıp her müminin ve müslimin ruhunu alıp götürür. Yeryüzünde insanların en fenaları kalır; onlar eşekler gibi birbiriyle tepişip herkesin gözü önünde cinsel ilişkide bulunurlar ve kıyamet onların üzerine kopar."

Müslim, Fiten 110 / Tirmizî, Fiten 59 / İbni Mâce, Fiten 33

PEKİ, BU HADİS-İ ŞERİF'İN AÇIKLAMASI NEDİR? NE ANLATMAYA ÇALIŞIYOR?

Kuran-ı Kerim'de kendisinden söz edilmeyen deccâl, hadis-i şeriflerden öğrendiğimize göre kıyamet büyük alâmetlerinden biridir. Kıyametle ilgili her bilgi gayb sahasına girer. Gayb, akıl ve duyular yoluyla hakkında bilgi edinilemeyen varlık alanıdır. Gayb hakkındaki bilgiler ya Allah Teâlâ'nın veya Resûlü'nün haber vermesiyle öğrenilebilir.

Etrafımızda olup da kendilerini akıl ve duyularla bile idrak edemediğimiz varlıklar ve yaşadığımız andan sonra olup bitecek şeyler bizim için gaybdır. Biz bu konulardaki bilgileri ya Kuran-ı Kerim'den veya hadis-i şeriflerden öğrenebiliriz. Kuran-ı Kerim'de gayb konusuna, önemi sebebiyle 60 yerde temas edilmektedir. Bu âyetlerde gaybı sadece Allah Teâlâ'nın bileceği anlatılmaktadır. Bunun bir tek istisnası vardır. O da yine Kuran-ı Kerim'de şöyle belirtilmektedir: "Allah Teâlâ bütün görülmeyenleri bilir. Sırlarından kimseyi haberdar etmez. Ancak bildirmeyi dilediği Peygamber ve evliyaullah müstesna." [Cin sûresi (72), 26].

İşte deccâl, kıyâmet, âhiret, cennet, cehennem ve daha başka şeyler hakkındaki bütün bilgiler Cenâb-ı Hak tarafından Resûl-i Ekrem Efendimiz'e bildirilmiş, o da bunlardan uygun gördüklerini bize haber vermiştir.

II: DECCAL VE RÜYA İLİŞKİSİ & AHİR ZAMANDA RÜYA İLE ETKİSİ, BAĞLANTISI VAR MIDIR? VARSA, BU NASIL GERÇEKLEŞİYOR?

Şimdi gelelim deccâle. Onun ahir zamanda ortaya çıkacak, Allah Teâlâ'nın kendisine verdiği bazı imkânlar sebebiyle hârikulâde mârifetler gösterecek ve böylece bazı insanları sapıtacak bir yalancı ve sahtekâr olduğu anlaşılmaktadır. Zaten Deccâl kelimesi de yalancı, hilekâr, hakkı bâtıla, iyiyi kötüye karıştıran kimse anlamına gelmektedir.

Peygamberimiz s.a.v. ümmetinden otuz kadar yalancı deccâl çıkacağını, bunların kendilerini peygamber olarak tanıtıp "Ben Allah'ın elçisiyim" diyeceklerini haber vermektedir. (Buhârî, Fiten 25; Müslim, Fiten 84)

Gerçekten de tarih boyunca, anlatılan cinsten nice yalancılar çıkmış, Allah Teâlâ onların hepsini perişan etmiştir. Hadisimizde anlatılan büyük deccâl de şüphesiz aynı âkıbete uğrayacak, rezil ve perişan olacaktır.

Peygamber Efendimiz s.a.v.'in, yukarıdaki konuşmasında deccâlden söz ederken, sanki o sırada bu belâ Medine'ye gelip dayanmış gibi ashâbına heyecanlı bir ses tonuyla hitap etmesi, sesini kâh alçaltıp kâh yükseltmesi deccâlin insanlık adına ne büyük bir tehlike olduğunu anlatmak içindir. Bazı âlimler hadistegeçen alçaltma ve yükseltme ifadelerini ses olarak değerlendirmemektedirler. "Resûlullah deccâli -Bir gözü kördür; Allah katında son derece basit ve önemsizdir- gibi ifadelerle hem küçümsedi (onu alçalttı) hem de -Kıyametten önce ortaya çıkacak en büyük fitnedir- gibi sözlerle onun ne dehşetli bir belâ olduğunu belirtti (yükseltti)." şeklinde anlamışlardır.

Peygamberimiz s.a.v., ashâbın deccâlden çok korktuğunu görünce onları teskin ve teselli etmek istedi; şayet ben hayattayken deccâl çıkarsa onun oyununu bozar, delillerini çürütürüm, buyurdu. Efendimiz s.a.v.'in "Sizin adınıza deccâlden başka şeylerden daha çok korkuyorum" buyurması, esasen imanı kuvvetli kimseler için deccâlin büyük bir tehlike teşkil etmeyeceğini göstermektedir. Şu halde Müslümanlar çocuklarına dinlerini iyi bir şekilde öğrettiği, peygamber vârisi olan güçlü ilim adamları yetiştirdiği sürece deccâl tehlikesi fazla fire vermeden atlatılabilecektir.

Yine Resûlullah s.a.v.'in "Eğer deccâl ben aranızdan ayrıldıktan sonra çıkarsa, artık herkes kendini ona karşı savunup korumalıdır" buyurması, her Müslüman'ın kendi dinini iyi bir şekilde öğrenmesi gerektiğini göstermektedir. Müslümanlar dinlerini iyice öğrendikleri takdirde ne hakikî ne de sahte deccâller onları aldatabilecektir. Zaten Efendimiz'in de belirttiği gibi, Allah Teâlâ mü'minleri deccâlin şerrinden koruyacaktır. Resûl-i Ekrem Efendimiz'in "şayet deccâl ben aranızdayken çıkarsa" buyurması, kıyametin ne zaman kopacağını bilmediği gibi, deccâlin ne zaman çıkacağını da bilmediğini göstermektedir. Zira bir insan peygamber de olsa, ileride olacak şeyleri ancak Cenâb-ı Hakk'ın kendisine haber vermesi halinde bilebilir. Peygamber Efendimiz'in bu ifadesinden, deccâlin çıkacağı zaman hakkında önceleri bilgisi olmadığı, bunun için de "şayet deccâl ben aranızdayken çıkarsa" ifadesini kullandığı, fakat daha sonraları kendisi hayattayken deccâlin çıkmayacağını öğrendiği anlaşılmaktadır.

Resûl-i Ekrem s.a.v. Efendimiz bu hadiste, deccâli görenlerin, on sekizinci sûre olan Kehf sûresinin baş tarafından (fevâtih) on âyet okumalarını tavsiye buyurmaktadır. 1023 numaralı hadiste de geçtiği üzere Resûl-i Ekrem "Kehf suresinin baş tarafından on âyet ezberleyen kimse deccâlden korunur. " Buyurmuştur.

(Müslim, Müsâfirîn 257; Ebû Dâvûd, Melâhim 14)

Yine aynı kaynaklarda, bu rivayetin hemen ardından, Kehf suresinin sonundan on âyet okunması tavsiye edildiği kaydedilmektedir. Bu surenin baş tarafındaki ilk on âyette Cenâb-ı Hakk'ın zâtını ve sıfatlarını bilmekten söz edilmekte ve O'nun ashâb-ı Kehf'i zâlim Dakyanus'un şerrinden koruduğu anlatılmaktadır. Muhtemelen bu alâka sebebiyle, deccâli görenlerin bu sûrenin ilk on âyetini okumaları tavsiye buyrulmuştur. Biz hadisimizin tercümesinde her iki rivayeti de dikkate almayı uygun gördük. 1000 numaralı hadiste, bu sûreyi okuyan bir sahâbîyi dinlemek üzere meleklerin yeryüzüne indiği de görülmüştü.

Peygamberimiz s.a.v., deccâlin her tarafa kötülük yayacağını belirtmekte, onu görecek olan ümmetine hitaben *"Ey Allah'ın kulları! İmanınızı koruyup direnin!"* buyurmak suretiyle, ümmetinin mâneviyâtını yükseltmekte ve deccâl denen sahtekârı iman gücüyle yenebileceklerini onlara hatırlatmaktadır.

Deccâlin yeryüzünde ne kadar kalacağını merak eden ashâb-ı

kirâm, onun kırk gün kalacağını fakat bir günün bir yıl, bir başka günün bir ay, bir diğer günün bir hafta kadar uzayacağını, daha sonraki günlerin ise normal günlerin uzunluğunda olacağını öğrendiler. Vaktin söz konusu olmadığı o uzun günlerde namaz ibadetini nasıl îfâ edeceklerini merak etmişler, o zaman namaz vakitlerini normal günlere kıyaslayarak hesap etmeleri gerekeceğini öğrenmişlerdir.

Ashâbın böyle anormal bir zamanda nasıl namaz kılacaklarını düşünmeleri, onların bu ibadete verdikleri önemi göstermektedir. Deccâl çıktığı zaman "bir günün bir yıl kadar, bir başka günün bir ay kadar, bir diğer günün bir hafta kadar olmasını" lafzî mânası dışında anlayıp yorumlayan âlimler de vardır. Onlara göre deccâl yapacağı bir nevi hipnotizma ile insanların göz ve kulak gibi duyu organlarını tesiri altına alacak, başlarına gelen o müthiş belânın sıkıntısıyla zaman bir türlü geçmek bilmeyecektir.

Deccâle verilen yetkiler, imanı güçlü olmayan kimseler için onun ne büyük bir tehlike teşkil edeceğini göstermektedir. Onun emriyle bol yağmurlar yağması, bol bitkiler yetişmesi, bu sebeple kısa zamanda gelişip semiren sağmal hayvanların bol süt vermesi, bazı kimselerin deccâle inanmaması üzerine ertesi gün sularının çekilip çayır çimenlerinin kuruması, bu sebeple hayvanlarının helâk olması, deccâlin bir viraneye emretmesi üzerine oradaki definelerin tıpkı bir kraliçe arının peşinden giden arılar gibi onun arkasından gitmesi, kendisine inanmayan bir genci kılıcıyla ikiye böldükten sonra onu tekrar diriltmesi düşündürücüdür.

Bütün bu hârikulâde olaylar, o günlere yetişen müminlerin büyük bir imtihandan geçeceğini göstermektedir. Öldürülüp diriltilen gencin deccâl karşısındaki tavrı ne kadar haşmetli ve mânalıdır.

Âdeta deccâle, sen beni bin kere öldürüp diriltsen de ben sadece kâinâtın yegâne Rabbine iman ediyor ve senin bir sahtekâr olduğunu biliyorum derecesine alaycı bir tavırla gülümsemesi,
imanın sarsılmaz gücünü ne güzel ortaya koymaktadır. Deccâl kötülüklerini yapmaya devam ederken Allah Teâlâ Mesîh İbn-i Meryem'i yeryüzüne gönderecek (bk. 1814 numaralı hadis), o da deccâli yok edecektir. Burada bir hatırlatma yapalım. Bilindiği üzere Hz. Îsâ'ya mesîh dendiği gibi deccâle de mesîh (mesîhü'd-deccâl) denmektedir. Mesîh, silmek anlamına gelen mesh kelimesinden türemiştir. Deccâle mesîh denmesi, kendisin-den hayrın silinip alınması veya bir gözünün, hiç yokmuş gibi tamamen silinmesi sebebiyledir. Zira deccâl-in yüzünün bir tarafı tamamen dümdüz, dolayısıyla bir gözü kördür.

Diğer hadislerden öğrendiğimize göre, var olan gözü de tıpkı salkımdan dışarı fırlamış bir üzüm tanesi gibi pörtlektir ve deccal bilindiği üzere yeşil gözlüdür. (Buhârî, Ta'bîr 11, 33) Deccâle çok seyahat etmesi, mesafeleri silip süpürmesi sebebiyle mesîh dendiği de söylenmiştir.

Hz. Îsâ'ya mesîh denmesine gelince, onun mübarek elini hastalara sürerek (meshederek) iyileştirmesi sebebiyledir. Allah Teâlâ'nın bir Mesîh'i diğer bir Mesîh ile yok etmesi ne kadar anlamlıdır. *"Biz hakkı bâtılın tepesine bindiririz de o, bâtılın işini bitirir"* [Enbiyâ sûresi (21), 18] âyet-i kerîmesi, deccâlin de aralarında bulunduğu bütün bâtılların âkıbetini dile getirmektedir.

Hz. Îsâ'nın, parıldayan yüzüyle başını yere eğince saçlarından terler damlaması, başını kaldırınca inci gibi nûrânî damlalar dökülmesi onun vücudunun son derece mevzûn, yüzünün güzel olduğunu göstermektedir. Elbisesi hakkında verilen bilgiler de buna eklenince, onun çok güzel bir görünüme sahip olacağı anlaşılmaktadır. Peygamber Efendimiz s.a.v. bir başka hadisinde onun tatlı esmer bir sîmaya sahip orta boylu bir insan olduğunu, pek kıvırcık olmayan pırıl pırıl saçlarının omuzlarını dövdüğünü, hamamdan yeni çıkmış gibi hafifçe kırmızı tertemiz yüzünden sular damladığını anlatmıştır. Hz. Îsâ'nın nefesini koklayan kâfirin derhal ölmesi ifadesini bazı âlimler, güçlü nefesinin gözünün gördüğü yere kadar ulaşacağı ve kâfirlerin ona yaklaşmaya fırsat bulamadan öleceği şeklinde anlamışlardır.

Hadisimizde Hz. Îsâ'nın Dımaşk'ın doğusundaki Ak Minare'nin yanına ineceği belirtilmektedir. Nevevî VII. (XIII.) yüzyılda bu minarenin mevcut olduğunu söylemektedir. Hz. Îsâ'nın Kudüs'e veya Ürdün'e ineceğine dair rivayetler bulunduğu da söylenmektedir. Ama onun deccâli öldüreceği yerin, Kudüs yakınında bulunan ve bugün de Bâb-ü Lüd diye anılan yer olduğu hadisimizde zikredilmektedir.

Şüphesiz deccâl fitnesi insanoğlunun yeryüzünde göreceği en büyük fitnedir. Bu sebeple bütün peygamberler ümmetlerine bu fitneden söz etmişler ve ondan sakındırmışlardır. (Tirmizî, Zühd 3; İbni Mâce, Fiten 33; ayrıca bk. 21. hadis). Peygamber Efendimiz s.a.v. de deccâlin fitnesinden Allah'a sığınmış, dolayısıyla bizim de ondan Cenâb-ı Hakk'a sığınmamızı tavsiye etmiştir.

İSRAİL AKABE (EILAT) KÖRFEZİNDE BULUNAN İSRAİL DEĞİLDİR, BU SİZİ YANILTMASIN, BÜYÜK RESİM AŞAĞIDADIR!

• I. Dünya Savaşı ile Osmanlı yıkıldı, Filistin toprakları ele geçirildi.

• II. Dünya Savaşı ile Avrupadaki Yahudilerin Hitler korkusu ile evlerini barklarını terk ederek Filistine, yeni kurulacak İsrail devletine taşınmaları sağlandı ve II. Dünya Savaşı sonunda 14 Mayıs 1948 de İsrail resmen kurulmuş oldu.

• III. Dünya Savaşı yani Armageddon Savaşı ile de VAAD edilmiş İsrail Topraklarını resmen ele geçirmeye çalışacaklar.

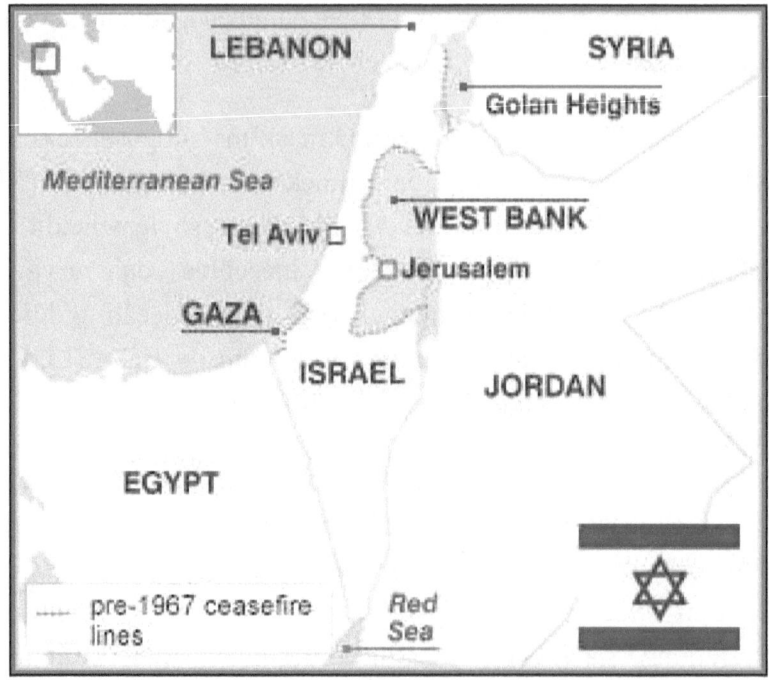

VAAD Edilmiş topraklar İSRAEL harflerinde gizli olan anlam:

I-------> Iraq-Iran (Irak-İran)
S------> Syria (Suriye)
R------> Royalty of Jordan (Ürdün)

A------> Anatolia (Anadolu)
E------> Egypt (Mısır)
L------> Lebanon (Lübnan)

III: DECCAL'IN ÇIKIŞI

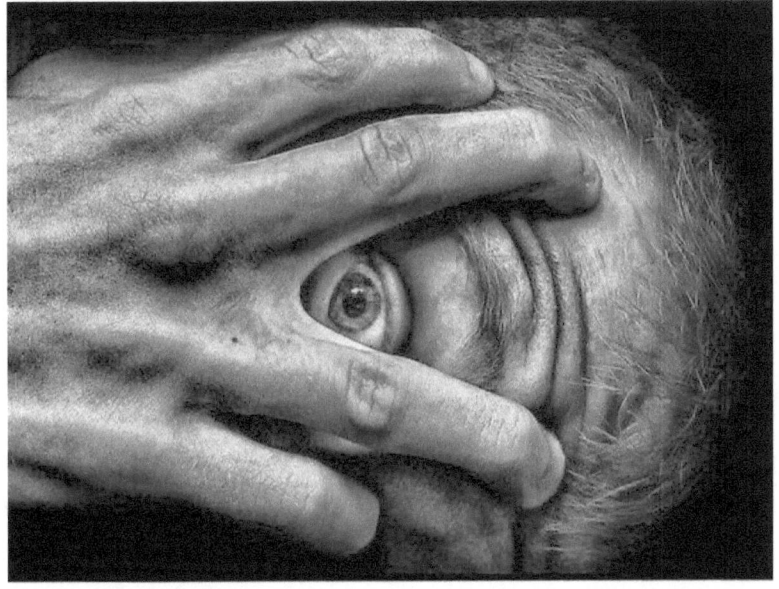

Deccal kutsal metinlerde tek gözü kör olan bir varlık veya insan olarak betimlenmiştir.

Peygamberlerin ümmetini uyardığı ve iblisin rüyalarını süsleyen ahirzamanda çıkacak bu dehşetli kötü zat imtihan amaçlı sahip olduğu yetenekleriyle etrafında taraftarlar toplayacaktır. Önceleri peygamber olduğunu iddia edecek ve büyüyen desteklerden sonra ilah olduğunu söyleyecektir. Şeytan ve cinlerin yardımı ile insanları görünüş babında aldatacaktır. Peygamber Efendimiz (s.a.s), deccalı tanımamız için işaretleri sahabelerle paylaşmıştır.

- Hz. Adem'in yaratılışından itibaren Kıyamete kadar geçen süre içerisinde Deccaldan daha büyük bir hadise (büyük bir fitne) yoktur. *(Müslim, Fiten: 126)*

- Şüphesiz, ben sizi, ona karşı uyarıyorum. Hiçbir peygamber yoktur ki, gönderildiği toplumu ona karşı uyarmamış olsun. Nitekim Hz. Nuh da (a.s.) kavmini ona karşı uyarmıştı. Ama ben size Deccal hakkında hiçbir peygamberin kavmine söylemediği bir söz söyleyeceğim. Haberiniz olsun ki, o kördür, Halbuki Allah asla kör değildir. *(Buharî, Fiten: 26)*

- Kör olduğu halde insanlara, "Ben sizin Rabbinizim" der. Halbuki sizin Rabbiniz kör değildir (yaratıklara benzemekten, her türlü kusur ve noksanlıktan uzaktır). *(Müsned, 3:367-368.13)*

- Allah kör değildir. Dikkat edin. Mesih-i Deccalın sağ gözü kördür. Gözü sanki fırlamış bir üzüm tanesi gibidir. *(Buharî, Fiten: 26)* **Silik gözlüdür.** *(Ebû Davud, Kitabü'l-Melahim 4:116-117)*

Hadislerde deccalın tek gözlü ya da gözü kör şeklinde açıklamaları, bugün faaliyette bulunan yahudi ve mason destekli **"illuminati"** örgütünün bekleyip ortam hazırladığı şahsı işaret eder. Günümüzde Müslümanların idari yönetimlerini ele geçiren bu örgüt, başka topraklarda zulüm gören Müslümanlara karşı sessiz kalınmasını ne yazık ki başarmışlardır.

- Deccal dünyada 40 gün kalacak, bir günü 1 yıl gibi, diğer 1 günü 1 ay gibi, diğer 1 günü 1 hafta gibi ve geri kalan diğer kalan günler (37 gün) bizim normal günlerimiz gibi olacak. *(Sahih Müslim)*

Deccal *hem manen hem bedenen* insanların arasında olacaktır. 3 gün manen ve 37 gün bedenen yeryüzünde bulunacaktır. Deccal kelimesinin ebced değeri 37 göstermesi, bedenen insanlar arasında kalacağı gün veyahutta yıl sayısına işaret eder.

Deccalin manen insanların arasında kalacağı mevzuya gelelim. Hadisteki 3 gün, yıl-ay-hafta şeklinde olması aynı zamanda 3 farklı mekana da işaret eder. Yüce kitabımız Kuran-ı Kerim'de Allah katında bir günün dünya zamanındaki 1000 yıla eşit olduğu belirtilmiştir *(Hacc Süresi /47)*. O zaman böyle bir hesaplama yapılsa ilginç gelecektir.

Hadisteki 1 gün, 1 yıl gibi, **1000/1 yıl=1000 yıl.**

Hadisteki 1 gün, 1 ay gibi, **1000/12 ay=83.33 yıl.**

Hadisteki 1 gün, 1 hafta gibi, **1000/52 hafta=19.23 yıl.**

Masonik düşünce ilk temellerini İngiltere'de (hadislerde belirtilen deccalın tutsak adası) 10. yüzyılda yani 900 lü yıllarda atılmıştır. **1000 yıl sonrası 1921 yılında** yahudi masonlar tarafından CFR örgütünün kurulması ile Deccaliyet İngiltere'den Amerika'ya taşınmıştır.

- **Melhame (büyük savaş) ile İstanbulun fethi arasında 6 sene vardır. Yedinci seneside deccal çıkar.** *(Taberani(20/108)*

- **Alnında (deccal), iki gözünün arasında "Ke-Fe-Re, yani kâfir" yazılıdır.** *(Buhari, Fiten: 27;Müslim, Fiten: 100-103, (169)-(2933)).*

Bu hadisi takip eden Yahudiler prototip amaçlı tarihi bir olay gerçekleştirmişlerdir. 1914 yılında başlayan Dünya Savaşından 6 yıl sonra İstanbul yabancı işgalciler tarafından işgal edilmiştir. 7. yılda CFR örgütü (**C**ouncil on **F**oreign **R**elationships) kurularak simgesel olarak Deccal'ın çıkışını göstermeye çalışmışlardır. Bu örgütü kuran Baba Rockefeller'in oğlu David Rockefeller'ın bir gözünün kör olması deccal benzerliğiyle Hz.Mehdi'nin çıkış işareti olmuştur.

1921 yılına 83 yılı eklediğimizde 2004 yılı çıkar. Bu yılda ilk defa uluslararası babında "Büyük Ortadoğu Projesi" yani "Kudüs tabanlı Büyük İsrail Devleti" açıklamalarıyla Deccaliyet Amerika'dan İsrail'e taşınmıştır. George W. Bush 20 Ocak 2004 tarihinde ulusa sesleniş konuşmasında Büyük Ortadoğu Projesi'ne dikkatleri çekmişti. 2004 yılının yaz aylarında bu proje G7 ülkelerinin toplandığı bir zamanda uluslararası çapta dile getirilmiştir.

2004 yılına 19 yıl eklediğimizde 2023 yılı ortaya çıkar. Biz bu yılda deccalın vücuden ortaya çıkacağını düşünüyoruz. Çünkü bu yılda hadis ve ebced analizlerinde İsrail ortadan kalkacaktır. En doğrusunu Allah bilir.

***

Perişan olup ülkeleri yok olan yahudiler, son umutları olan Deccalı doğu tarafında bulunan İsfahanlı yetmişbin yahudi yardımıyla ortaya çıkaracaklardır. Aşağıdaki hadisler bize ışık tutmaktadır. Bugün İsfahan, İran Devleti sınırları içerisinde Horasan bölgesine yakın bir yerde bulunmaktadır

• **Deccal'e Isfahan yahudilerinden yetmişbin yahudi tabi olur. Hepsinin üzerlerinde taylasan vardır. (RE. 506/9,Hz. Enes RA)**

- **Deccal şarktan, Horasan'dan çıkar ve ona kalkan yüzlüler tabi olur.** *(RE. 97/7,Hz. Ebubekir RA)*

3 farklı mekanın sonuncusu şu anki İsrail'in sınırları içerisindeki Lut kapısında, 3 farklı zamanın sonu olan 2023 yılında Allah'ın izni ile deccal öldürülecektir. Sonuç olarak, 2023 yılı hem deccalın çıkış ve ölüm yılı hem de Hz.İsa (as)'ın yeryüzüne iniş yılı olacaktır. En doğrusunu Allah bilir.

IV: YE'CÛC VE ME'CÛC

Deccâlden sonraki büyük fitnenin Ye'cûc ve Me'cûc fitnesi olduğu anlaşılmaktadır. Kuran-ı Kerim'de iki yerde Ye'cûc ve Me'cûc'den söz edilmektedir. Birinde, bozgunculuk yapan Ye'cûc ve Me'cûc'ün Zülkarneyn'e şikâyet edilmesi, onun da bu zorbaların bulunduğu yeri demir kütleleriyle tıkayarak bir daha dışarı çıkamayacak şekilde önlerine bir set yapması [Kehf sûresi (18), 94-98], diğerinde ise, hadisimizde geçtiği gibi, "Ye'cûc ve Me'cûc'ün önündeki seddin açılıp her tepeden akın etmeleri" hâdisesidir.

Ye'cûc ve Me'cûc'ün, Hz. Îsâ ile birlikte Tur'da korunan müminler dışında yeryüzündeki bütün insanları öldürmesi bu felâketin büyüklüğünü göstermektedir. Cenâb-ı Hakk'ın bu önünde durulmaz barbarları enselerine kurtçuklar musallat ederek bir anda mahvetmesi, daha sonra yeryüzünün âdeta yeniden ihyâsı ve yaşamaya daha elverişli hale getirilmesi olayları ise kâinâtın Rabbi'nin her şeye kâdir olan sonsuz gücünü göstermektedir.

Deccâl ile Ye'cûc ve Me'cûc fitnelerinden kurtulan ve

benzeri görülmemiş derecede mutlu bir hayat süren müminlerin ölümünden sonra yeryüzünde insanların en kötülerinin kalması, onların eşekler gibi herkesin gözü önünde cinsel ilişkide bulunacak olması ve kıyametin onların üzerine kopuvermesi de pek düşündürücüdür. Bu çağda zinanın suç kabul edilmesini gerilik sayan, nefsânî arzularının tatmini önünde hiçbir sınır tanımayan ve dolayısıyla Peygamberimiz s.a.v.'in ifadesiyle eşekler gibi herkesin gözü önünde cinsel ilişkide bulunmak isteyen kimselerin durumu, üzerlerine kıyamet kopacak o en fena, en talihsiz kimselerin halinden farksızdır. Cenâb-ı Mevlâ o bozuk zihniyetli insanların şerrinden bizi ve yavrularımızı muhafaza buyursun.

HADİSTEN ÖĞRENDİKLERİMİZ

1. Deccâl insanın dünya hayatında karşılaşacağı en büyük fitnedir.

2. Müslümanları onun şerrinden derin imanları koruyacaktır.

3. Deccâl yeryüzünde kimi uzun kimi kısa olmak üzere kırk gün kalacaktır.

4. Deccâl, kasırga önündeki bulut gibi yeryüzüne süratle yayılacaktır.

5. Kendisine verilen imkânlar sebebiyle beşer gücünün üstünde işler yapacaktır.

6. Hz. Îsâ yeryüzüne inerek deccâli öldürecek, insanları onun şerrinden kurtaracaktır.

7. Hz. Îsâ Ye'cûc ve Me'cûc'ün geleceğini haber alınca müminlerle birlikte Tûr dağına gidecek, Ye'cûc ve Me'cûc belâsı ortadan kalkıncaya kadar orada mahsûr kalıp açlık sıkıntısı çekeceklerdir.

8. Önlerinde kimsenin duramayacağı Ye'cûc ve Me'cûc, yeryüzünü talan edip herkesi öldürecek, Allah Teâlâ da onları, enselerinde yaratacağı kurtçuklarla bir anda mahvedecektir.

9. Yeryüzü Ye'cûc ve Me'cûc'ün leşlerinden temizlendikten sonra insanlar bolluk ve bereket içinde yaşayacaklardır.

10. Daha sonra Allah Teâlâ müminlerin ruhlarını kabzedecek, yeryüzünde en kötü insanlar kalacak, kıyamet onların üzerine kopacaktır.

KAYNAKLAR:

1)- RİYAZU'S-SALİHİN, 7. CİLT, 1812. HADİS.

2)- KUR'AN-I HAKİM

HZ. İSA'NIN İKİNCİ GELİŞİ

KUR'ÂN'DA VE DİĞER KAYNAKLARDA HZ. İSA'NIN GÖĞE YÜKSELTİLMESİ ve İKİNCİ GELİŞİ

Hz. İsa, Meryem'in Oğlu'ydu fakat Allah'ın Oğlu değildi. Ölmemişti fakat Allah tarafından gökyüzüne yükseltilmiş ve kıyamete doğru ikinci bir kez yeniden dünyaya gelecekti. Fakat resmî olarak kabul gören Kanonik İnciller ve Kilise, yüzyıllardır bunun aksini iddia ediyor ve kendi görüşünün aksini iddia eden görüş ve düşünceleri ve hatta dinleri ve bunun sonucunda da gelecek olan yeni bir peygamberi bile reddediyordu. Meryem'in Oğlu İsa hakkında yanlış bilinen bu gerçeği, gönderilen son Peygamber olan Muhammed A.S. ve son Kitap olan Kur'ân düzeltecek ve bertaraf edecekti. Fakat Ehl-i Kitabın büyük bir çoğunluğu, Hz. Muhammed'in peygamberliğini de kabul etmedikleri için, bu saplantılı yanlış görüş dünyada daha çok yayıldı ve Kilise'nin de büyük etkisi sonucu büyük oranda doğru olarak kabul edildi ve birçok kanıt aksini iddia etmesine rağmen halen de kabul edilmektedir.

Hz. İsa'nın göğe alındığı yerin tam olarak neresi olduğu bilinmemekle birlikte iki görüş ağırlık kazanmaktadır: Bunlardan birincisi, Hz. İsa'nın Havarileriyle birlikte **'Son Akşam Yemeği'**ni yediği yer olan, tapınağın yaklaşık **300 m güneybatısında** bulunan ve **"Konuk Odası Olarak Kullanılan Han"**ın **'Üst Katındaki Odasının Güneye Bakan Penceresi'** olup, **Barnabas** ve diğer bazı İncil uzmanları bu görüşü savunmaktadırlar. İkincisi ise, **"Gestamony Bahçesi"** olarak bilinen ve **"Zeytinyağı Sıkma Yeri"** anlamına gelen tapınağın yaklaşık **300 m doğusunda** yer alan **'Zeytin Ağacı Bahçesi'**dir.

Matta, Markos, Luka ve Yuhanna'nın görüşleri ise tamamen bu görüşten farklı bir yapıya sahiptir ve hepsi de aynı fikir birliği içerisinde Hz. İsa'nın Yahuda tarafından ispiyon edilerek Yahudiler tarafından çarmıha gerdirildiğini ve öldüğünü kaydeder. Hz. İsa'nın öğleden sonra saat üç civarında vefat ettiğinden bahseder. İncillere göre, Hz. İsa vefat etmeden önce üç kez "ELİ! ELİ! LİME SADAKTENÎ?", yani "RABBİM! RABBİM! BENİ NEDEN TERKETTİN?" diye acı içinde bağırır.

Fakat biz bu bölümde bu görüşün yanlış olduğunu, aşağıda yer vereceğimiz bazı Kur'ân âyetlerinden ve Barnabas İncilinin konuyla ilgili bazı pasajlarından yararlanarak, ispatlamaya çalışacağız:

Barnabas İncili'nde Hz. İsa'nın Göğe Yükseltilmesi

"214İsa evden çıkıp, ibadet etme adeti üzere yüz kez dizlerini büküp, secdeye vararak ibadet etmek (Namaz kılmak) için bahçeye (Gestamony Bahçesi) çekildi. Bu sırada, İsa'nın şakirtleriyle birlikte bulunduğu yeri bilen Yahuda başkahine vardı ve dedi: «Bana vaad olunanı (İncile göre, Otuz Gümüş veya Altın) verirseniz, bu gece aradığınız İsa'yı elinize vereceğim; çünkü o onbir ashabıyla birlikte yalnızdır.» Başkahin karşılık verdi: «Ne kadar istersin ?» Yahuda dedi: «Otuz altın». O zaman, başkahin hemen kendisine parayı saydı ve asker getirmesi için vali ve Hirodes'e bir Ferisî gönderdi ve bir lejyon asker verdiler çünkü halktan korkuyorlardı; bu nedenle, silahlarını alarak değnekler üzerindeki meş'ale ve fenerlerle Kudüs'ten çıktılar."

"215Askerler Yahudayla birlikte İsa'nın bulunduğu yere

yaklaştıklarında, İsa çok sayıda kişinin yaklaştıklarını işitip korkuyla eve geri çekildi. Ve onbir Havari uyumakta idiler. O zaman kuluna gelen tehlikeyi gören Allah, Elçileri Cebrail, Mikail, İsrafil ve Uriel'e İsa'yı dünyadan almalarını emretti. Kutsal melekler gelip İsa'yı güneye bakan pencereden çıkardılar. Onu götürüp Üçüncü göğe, daima Allahı tesbih ve takdis etmekte olan meleklerin yanına bıraktılar."

"216Yahuda herkesin önünden hızlı hızlı İsa'nın yukarı alındığı odaya daldı. Ve, şakirtler uyuyorlardı. Bunun üzerine, mucizeler yaratan Allah yeni bir mucize daha yarattı. Öyle ki, Yahuda konuşma ve yüz bakımından İsa'ya o şekilde benzetildi ki, O'nun İsa olduğuna inandık. Ve, o bizi uyandırdı. Muallim'in bulunduğu yeri arıyordu. Bunun üzerine, biz hayret ettik ve cevap verdik: «Sen Rab, bizim Muallimimizsin; bizi unuttun mu?» O, gülümseyerek dedi: «Şimdi benim Yahuda İskariyot olduğumu bilmeyecek kadar budalalaştınız mı!» Ve O bunu derken askerler girdiler, ellerini Yahuda'nın üzerine koydular, Çünkü O her bakımdan İsa'ya benziyordu. Biz Yahudanın dediklerini duyup, yığınla askeri de görünce delirmiş gibi kaçtık. Ve keten beze dolanmış olan Yuhanna da uyanıp kaçtı ve askerin biri kendisini keten bezden yakalayınca, keten bezi bırakıp çıplak olarak kaçtı. Çünkü Allah, İsa'nın duasını duymuş ve onbir Havariyi korumuştu."

"217Yahuda, bağırmaktan başka bir şey yapamadı: «Ey Allah'ım, suçlunun kurtulup gittiğini ve benim de haksız yere öldüğümü göre göre, beni neden terk ettin?» Yahuda'nın sesi, yüzü ve şekli İsa'ya o kadar benziyordu ki, şakirtleri ve inananları bile O'nun İsa olduğuna tamamen inandılar. Bu yüzden bazıları, İsa'nın sahte bir peygamber olduğuna ve gösterdiği mu'cizeleri büyü sanatıyla gerçekleştirdiğine inanarak, İsa'nın öğretisinden ayrıldılar. Çünkü İsa, dünyanın sonunun yaklaştığı zamana kadar ölmeyeceğini söylemişti. Bu nedenle, dünyadan alınmalıydı. Öte yandan, İsa'nın akidesinde sapasağlam devam edenler, ölenin tümüyle İsa'ya benzediğini görüp, İsa'nın daha önce söylemiş olduğu şeyleri de hatırlamadıklarından üzüntüye kapıldılar ve İsa'nın annesinin eşliğinde Kalveri Dağı'na gidip, Yahuda'nın ölümü sırasında sürekli ağlamakla kalmayıp, aynı zamanda Nikademus ve Arimetyalı Yusuf aracılığıyla Yahuda'nın cesedini gömmek için validen aldılar. O'nu çarmıhtan indirip, çok kıymetli merhemler ve yağlarla sararak, Arimetyalı Yusuf'un satın aldığı yeni mezara gömdüler."

"218Sonra herkes kendi evine döndü. Bunları yazan (Barnabas), Yuhanna ve kardeşi Yakup'la birlikte İsa'nın annesiyle beraber Nasıra'ya gitti. Bu arada, Allah'tan korkmayan bazı şakirtler geceleyin gidip, Yahuda'nın cesedini çalarak sakladılar ve İsa'nın yeniden dirildiğini yaydılar. Bu yüzden büyük bir karışıklık doğdu. O zaman Başkâhin, İsa'dan söz edenin aforoz edileceğini duyurarak, kimsenin Nasıralı İsa'dan söz etmemesini emretti. Bu olaylardan sonra büyük bir işkence başladı ve pek çokları taşlandı, dövüldü ya da öldürüldü. Nasıra'ya, hemşerileri olan İsa'nın çarmıha gerilerek öldürüldüğü haberi geldi. Bunun üzerine bu satırları yazan (Barnabas), İsa'nın annesinden ağlamayı bırakıp, sevinmesini rica ettim. Çünkü oğlu, ölmemiş Allah tarafından göğe yükseltilmişti. Bunu duyan Meryem ağlayarak: "Kudüs'e gidip oğlumu bulalım, O'nu belki bir daha görebilirim" dedi."

"219Meryem'in Kudüs'e doğru yola çıktığını gören kutsal melekler, İsa'nın meleklerin eşliğinde kaldığı üçüncü kat göğe çıkıp, tüm bu olup bitenleri İsa'ya anlattılar. Bunun üzerine İsa, kendisine annesi ve şakirtlerini son bir kere daha görmesi ve üzüntülerini engellemesi için Allah'a dua etti. O zaman Allah, dört büyük meleği olan Cebrail, Mikail, Rafail ve Uriel'e; İsa'yı annesinin evine götürüp, yalnızca akidesine inananlar tarafından görülmesine izin vererek, üç gün sürekli olarak kendisini gözetmelerini emretti. İsa nurla çevrilmiş olarak, Meryem'in yanına, iki kızkardeş olan Marta ve Meryem ile kardeşleri Lazarus, bu satırları yazan Barnabas, Yuhanna, Yakup ve Petrus'la birlikte kalmakta olduğu odaya geldi. Bunun üzerine herkes korkudan ölü gibi yere düştü. İsa annesini ve diğerlerini yerden kaldırıp şöyle dedi: «Korkmayın, ben İsa'yım ve ağlamayın. Çünkü ben diriyim, ölmüş değilim.» Herkes uzun bir süre İsa'nın karşısında kendinden geçmiş gibi kaldı. Çünkü neredeyse İsa'nın öldüğüne inanmış bulunuyorlardı. Sonra Meryem ağlayarak: «Söyle bana oğlum, sana ölüleri diriltme gücü veren Allah neden yakınlarının ve dostlarının utancına ve üzüntüsüne rağmen ölmene izin verdi? Çünkü seni seven herkes adeta ölmüş durumda » dedi."

"220İsa annesini kucaklayıp cevap verdi: «İnan bana anne, çünkü sana gerçekten diyorum ki, ben hiç ölmedim; Allah dünyanın sonuna kadar saklamış bulunuyor.» Bunu söyledikten sonra dört meleğe görünmelerini ve meselenin nasıl gerçekleştiği konusunda şahitlik etmelerini rica etti. Bunun üzerine, melekler dört parlak güneş gibi göründüler, öyle ki, herkes korkudan yine ölü gibi yere düştü. O zaman İsa meleklere, görünebilsinler ve konuşmaları annesi ve şakirtleri tarafından duyulabilsin diye, giymeleri için dört keten bez verdi ve hepsini yerden kaldırıp, rahatlatarak şöyle dedi: «Bunlar Allah'ın Elçileri'dir; Allah'ın gizli sırlarını bildiren, Cebrail; Allah'ın düşmanlarına karşı savaşan, Mikail; Ölenlerin ruhlarını alan Rafail (Azrail) ve herkesi Son Gün'de Allah'ın mahkemesine çağıracak olan Uriel (İsrafil).» O zaman dört melek Allah'ın, İsa'yı nasıl göğe yükselttiğini ve bir başkasını az bir değer karşılığında sattığı ve bunun karşılığında da satın aldığı büyük bir cezayı çekmesi için Yahuda'nın suretini nasıl değiştirdiğini Meryem'e naklettiler."

{Barnabas İncili, 214-220. Bâblar}

Kur'ân'da Hz. İsa'nın Göğe Yükseltilmesi

"4[153]Ehl-i kitap senden, kendilerine gökten bir kitap indirmeni istiyor. Onlar Musa'dan, bunun daha büyüğünü istemişler de, «Bize Allah'ı apaçık göster» demişlerdi. Zulümleri sebebiyle hemen onları yıldırım çarptı. Bilâhare kendilerine açık deliller geldikten sonra buzağıyı (tanrı) edindiler. Biz bunu da affettik. Ve Musa'ya apaçık delil (ve yetki) verdik. [154]Söz vermelerine karşılık Tûr'u başlarına diktik de onlara, «Baş eğerek kapıdan girin» dedik, «Cumartesi günü sınırı aşmayın» dedik. Kendilerinden sağlam söz aldık. [155]Sözlerinden dönmeleri, Allah'ın âyetlerini inkâr etmeleri, haksız yere peygamberleri öldürmeleri ve «Kalplerimiz kılıflanmıştır» demeleri sebebiyle (onları lânetledik, türlü belâlar verdik). Onların kalpleri kılıflı değildir, tam aksine küfürleri sebebiyle Allah o kalpler üzerine mühür vurmuştur; pek azı müstesna artık iman etmezler. [156]Bir de inkâr etmelerinden ve Meryem'in üzerine büyük bir iftira atmalarından; [157]Ve «Allah elçisi Meryem oğlu İsa'yı öldürdük» demeleri yüzünden (onları lânetledik). Halbuki onu ne öldürdüler, ne de astılar; fakat (öldürdükleri) onlara İsa gibi gösterildi. Onun hakkında ihtilâfa düşenler bundan dolayı tam bir kararsızlık içindedirler; bu hususta zanna uymak dışında hiçbir (sağlam) bilgileri yoktur ve kesin olarak onu öldürmediler. [158]Bilâkis Allah onu (İsa'yı) kendi katına kaldırmıştır. Allah izzet ve hikmet sahibidir. [159]Ehl-i kitaptan her biri, ölümünden önce ona muhakkak iman edecektir. Kıyamet gününde de o, onlara şahit olacaktır.

[170]Ey insanlar! Rasûl size Rabbinizden gerçeği getirdi (bunda şüphe yoktur), şu halde kendi iyiliğinize olarak (ona) iman edin. Eğer inkâr ederseniz, göklerde ve yerde ne varsa şüphesiz hepsi Allah'ındır. (O'nun sizin inanmanıza ihtiyacı yoktur). Allah geniş ilim ve hikmet sahibidir. [171]Ey ehl-i kitap! Dininizde aşırı gitmeyin ve Allah hakkında, gerçekten başkasını söylemeyin. Meryem oğlu İsa Mesîh, ancak Allah'ın rasûlüdür, (o) Allah'ın, Meryem'e ulaştırdığı «Kûn: Ol» Kelimesi(nin eseri)dir, O'ndan bir ruhtur. (O'nun tarafından gönderilmiş, veyahut teyit edilmiş, veyahut da Cebrail tarafından üfürülmüş bir ruhtur). Şu halde Allah'a ve peygamberlerine iman edin. «(Tanrı) üçtür» demeyin, sizin için hayırlı olmak üzere bundan vazgeçin. Allah ancak bir tek Allah'tır. O, çocuğu olmaktan münezzehtir. Göklerde ve yerde ne varsa hepsi O'nundur. Vekil olarak Allah yeter. [172]Ne Mesîh ve ne de Allah'a yakın melekler, Allah'ın kulu olmaktan geri dururlar. O'na kulluktan geri durup büyüklenen kimselerin hepsini (Allah) yakında huzuruna toplayacaktır.

¹⁷³İman edip iyi işler yapanlara (Allah) ecirlerini tam olarak verecek ve onlara lütfundan daha fazlasını da ihsan edecektir. Kulluğundan yüz çeviren ve kibirlenenlere gelince onlara acı bir şekilde azap edecektir. Onlar, kendileri için Allah'tan başka ne bir dost ve ne de bir yardımcı bulurlar (Kendilerini Allah'ın azabından kurtaracak bir kimse bulamazlar). ¹⁷⁴Ey insanlar! Şüphesiz size Rabbinizden kesin bir delil geldi ve size apaçık bir nur indirdik. ¹⁷⁵Allah'a iman edip O'na sımsıkı sarılanlara gelince, Allah onları kendinden bir rahmet ve lütuf (deryası) içine daldıracak ve onları kendine doğru (giden) bir yola götürecektir."

{Nisâ sûresi, 153-159; 170-175. âyetler}

HZ. İSA'NIN İKİNCİ GELİŞİ NASIL OLACAK?

Hz. İsa'nın İkinci Gelişinden Önce Medeniyetin Yeniden İnşa Edilmesi

Hz. İsa'nın ikinci gelişindeki yapılanmalardan ve yerlerden üçüncüsü ise; O'nun ikinci geliş sürecinde, yani ortaya çıkacağı dönemin başlangıcına kadar geçireceği dönem içerisinde oluşan ve etnik, demografik ve coğrafî olarak iki bin yıl önceki yaşadığı yer olan Roma İmparatorluğu ve Yahudiye'ye benzer bir yapılanma olan ve tüm Ortadoğu Bölgesi'nin batısıyla Avrupa Kıtası'nı kapsayan **"Yeni Roma"**dır. Bu coğrafî bölgeyi genel ölçekli olarak incelediğimiz zaman, gerçekten de dünya üzerinde böyle bir yapılanmanın var olduğunu kolaylıkla görebiliriz.

Bu bahis, oldukça uzun ve geniş çaplı bir tarih incelemesini gerektirdiğinden; şimdilik biz burada, bu yapılanmanın kısa bir özetini sunmaya çalışacağız. Hatırlarsak, Ulü-l Azm peygamberlerin gelmesinden önce büyük medeniyetlerin inşa edilir ve bu medeniyetlerin kuruluş amaçlarını ve o dönemlere ait özelliklerinden bazıları, örneğin İbrahim A.S. ve Mezopotamya Medeniyeti veya Musa A.S. ve Mısır Medeniyeti veya İsa A.S. ve Roma Medeniyeti gibi v.b. o peygamberin dönemine ait bir altyapı oluşturur. İşte bu incelemenin detaylarına girmeden önce de, yani Hz. İsa'nın ikinci gelişinden önce oluşturulmaya başlayan bu medeniyetin yapısını da tahkiki bir şekilde görebilmek için; yeni oluşan bu medeniyeti, daha önceki büyük medeniyetler gibi görebilmek ve Hz. İsa'nın ikinci gelişinden önce O'nun ortaya çıkacağı medeniyetin ve bu medeniyetin karşısında yer alan ve gücünü inkarcı bir felsefeden alan inkarcı medeniyetin yapısını inceleyeceğiz. Daha önceki bölümlerde değindiğimiz gibi, her medeniyet bir müceddid veya bir peygamber liderliğinde nasıl yeniden yapılandırılıyorsa; içinde bulunduğumuz günümüz medeniyeti de, bu şekilde yeniden oluşturulmaktadır. Fakat bu oluşum, genel olarak 50-60 yıllık bir döneme yayıldığından kısa zaman aralıklarında yapılan yüzeysel gözlemler ve araştırmalar bize bu konu ile ilgili tam bir fikir ve kesin bir kanaat kazandıramaz. Dolayısıyla bu türlü elde edilecek ilmî sonuçlar, oluşmakta olan bu yapıyı tam olarak göz önüne seremez. Bu yüzden bu dönemde, yani en az bir kuşağın geçtiği bu ara dönemde bu medeniyet sistemi o günkü koşullara ve şartlara göre gelecek olan yeni bir müceddid ve/veya peygamber için yeniden inşa edilir. Dünyada ortalama bir 100 yıllık süre içerisinde oluşmaya başlayan bu medeniyetlerin coğrafî, siyasî, ekonomik, askerî ve demografik yapısını ve dinî kutuplaşmanın yapısını görebilmek için aşağıdaki haritaları ve tabloları dikkatlice incelersek bu konuda bir fikir sahibi olabiliriz. Dikkat edilirse yukarıdaki haritalarda ve toblolarda en göze çarpan etkenin ve hemen hemen tüm sahalarda yükselişe geçen değerin

İslâm olduğu kolaylıkla görülebilir.

İşte bu kısa incelememiz sonucunda, 1900'lü yılların başlarından 2000'li yılların başlarına doğru hızla yükselişe geçen İslâmiyetin bu hızlı yükselişi; Hz. İsa'nın ikinci gelişinin önemli bir işareti ve Hz. İsa'nın ilk gelişinden ve peygamberlik görevini yerine getirdiği dönemden tam 2000 yıl sonra Hz. İsa'nın ikinci gelişiyle oluşan yeni bir medeniyetin oluşumunun yavaş yavaş başladığının bir göstergesidir. Öyle görünüyor ki, yakın bir zamanda bu oluşum yapılanmasını bitirecek ve asıl inşa edilme amacı olan Modern İslâm Medeniyeti'ne ve Hz. İsa ile Deccal arasındaki İman-Küfür mücadelesine tanıklık edecektir.

İşte genel olarak bu oluşum halindeki medeniyetin ilerleme safhaları dikkatlice izlenirse bu büyük ve çok uluslu medeniyetin yakın bir gelecekte, kendisini oluşturan ve bu mücadelenin yapılacağı iki medeniyetten oluşan; Amerika (Yeni Dünya) ve Avrupa (Yeni Roma) olarak adlandırılan, iki alt medeniyete ve Gayrimüslim (Yeni Dünya Dini ve Ateizm) ve Müslüman (İslâm ve İsevîlik) şeklinde iki alt inanç sistemine indirgeneceği görülür. Dolayısıyla Amerika Medeniyeti'nin tabi olduğu inanç sistemi, Deccal'ın ve Şeytan'ın öncülüğünü yaptığı Yeni Dünya Putperest Dini ve Ateizm olurken; Avrupa ve Asya ile Afrika'nın bir bölümünü içine alan Medeniyet'in tabi olduğu inanç sisteminin, Hz. İsa ve Hz. Mehdi'nin öncülüğünü yaptığı İsevîlik ve İslâm olacağı görülür.

İşte, şimdi oluşmakta olan bu iki Medeniyet'in yapısını ve oluşma nedenlerini ve sonuçlarını kısaca inceleyelim:

İKİ BÜYÜK MEDENİYET: AMERİKA VE AVRUPA

Eski Antik çağlarda olduğu gibi tarihin her döneminde inşa edilen yeni bir medeniyet günümüzde de yeniden doğmakta ve inşa edilmektedir. Tüm zamanlarda olduğu gibi yine iki kutuplu olarak inşa edilen bu medeniyetin bir kutbunda inkarcı fikir sisteminden güç alan ve Şeytan tarafından yönlendirilen bir medeniyet olan "YENİ DÜNYA DÜZENİ" olarak adlandırılan "AMERİKA MEDENİYETİ" yer alırken; bunun tam zıttı olan ve karşısında yer alarak "Tevhİd İnancını" ve "Üç Dİnİn Bİrlİğİnİ" savunan ve Allah tarafından bu ilâhî plan ve programa göre oluşturulmakta olan ve "YENİ ROMA İMPARATORLUĞU" olarak adlandırdığımız "AVRUPA BİRLİĞİ" yer alır. Yeni Dünya Düzeni ve Amerika, Deccal'ın gelişi ve Şeytanî krallığını oluşturması için devasa gökdelenlerle ve muazzam yapılarla yeniden inşa edilirken; Yeni Roma ve Avrupa ile Ortadoğu'nun bir kısmını (Türkiye'nin Batısı da dahil) içine alan bölge, Hz. İsa'nın ikinci gelişi, üç dinin birliği ve İSEVÎLİK için yeniden inşa edilmektedir. Dolayısıyla, bu aşamada 2000 yıldır süren Ortadoğu'daki yapılanma yavaş yavaş sona ermekte ve Avrupa Birliği'nin sınırlarını belirleyen bölge, tıpkı 2000 sene önce olduğu gibi Roma İmparatorluğu ile benzer bir yapı arzetmektedir.

Dünyanın son zamanlarda almaya başladığı bu ekonomik, siyasî ve coğrafî yapılanma dikkatli bir şekilde incelenirse, oluşturulan bu medeniyetlerin yapısının ve esas oluşum sebebinin; Deccal'la Hz. İsa arasındaki İman-Küfür savaşının bir işareti ve altyapısı olduğu görülür. Dolayısıyla diğer inkarcı fikirler ve felsefeler gibi (Örneğin, Darwin'in SEÇİLİMLİ NATURALİZM (Evrİm) Teorİsİ veya KARL MARX'ın

DİYALEKTİK MATERYALİZM TEORİSİ gibi v.b.), 1960'lı yıllarda oluşturulmaya başlayan ve ileride "Çatışan Medeniyetler" şeklinde insanları din savaşına sürükleyecek olan ve gücünü Deccal'ın inkarcı felsefesinin temelini oluşturan "KAOS TEORİSİ"nden alan ve yeni bir Darwin olarak ortaya çıkan Samuel P. Huntington'un savunduğu gibi inşa edilmekte olan bu medeniyetler; bir çatışma ve kaos ortamı için değil, Allah'ın 21. asır için takdir ettiği Deccal'la Hz. İsa arasındaki İman-Küfür mücadelesi için oluşturulmaktadır. İşte tüm bunlar da gösteriyor ki Deccal'ın savaşçı ve çatıştırmacı fikirlerinin karşısında Hz. İsa'nın birleştirici ve barışçı fikirlerinin mücadele edeceği medeniyetler ve bunların altyapıları hazırlanmaktadır. Fakat bu mücadele, Deccal'a tabi olan fikir adamları ve yazarların savunduğu gibi, Hristiyanlık ve İslâm arasında yaşanacak bir çatışmayla değil; Allah'ın izniyle tüm ehl-i kitabın Kur'ân'a ve Hz. İsa'ya tabi olmasıyla başlayacak ve tüm ehl-i kitabın İslâm'a tabi olmasıyla sonuçlanacaktır. Dolayısıyla burada kısaca değindiğimiz bu konuyla ilgili sonuç olarak şunu söylemeliyiz ki; bu gibi Batılı yazarlarların savunduğu gibi, medeniyetler arasındaki ilişki bir çatışmayla değil; ancak karşılıklı diyalog, hoşgörü ve barışla tesis edilebilir. Bu da ancak dünyadaki gelmiş ve geçmiş olan tüm medeniyetlerin, gerek Hristiyan dünyası olsun gerekse Müslüman dünyası olsun hepsinin barış ve saadet kaynağı olan Hz. İsa ve Hz. Mehdi'nin öncülüğünde âhir zamana yönelik tesis edilecek olan Modern İslâm Medeniyeti'ne tabi olmasıyla gerçekleştirilebilir. İşte günümüzdeki tüm medeniyetleri ortak bir noktada ve paydada birleştirecek olan yegane gerçek budur. Bunun dışındaki tüm görüşler ve kişisel yorum ve çözümler insanları ve medeniyetleri daha çok karmaşaya, kaotik bir dünyaya ve bunun sonucunda da mutlaka çatışmaya götürecektir. İşte içinde bulunduğumuz bu âhir zamanda, Kur'ân eczanesindeki ilaçlarla medeniyetlerin hastalıklarını ve tedavi yöntemlerini teşhis ve tedavi edebilecek yegane doktorlar Hz. İsa ve Hz. Mehdi'dir. Hadislerden de anladığımıza göre, bunun dışında bir çözüm aramak bizi daha büyük açmazlara ve çatışmalara götürecektir. Bütün tarihsel zamanları ve çağları hak dinin hakimiyeti için yeniden yapılandıran ve yenileyen hakîm-i zülcelâl hazretleri, içinde bulunduğumuz bu yüzyılı da bu şekilde oluşturulan bir medeniyetler sistemi ile yeniden yapılandırmaktadır. Dolayısıyla bu yapıya dar bir çerçeveden değil de geniş ölçekli ve yaşanmış tarihle birlikte bir bütün olarak bakabilenler bunu görebileceklerdir. Şimdi yukarıda kısaca değindiğimiz bu iki medeniyeti başka bir açıdan ve belki de aklımıza hiç gelmeyen bir yönüyle, yani Hz. İsa'nın ikinci gelişinin bir ön hazırlığı olarak düşünerek; oluşumunun nedenlerini, tarihî yapılanma sürecini ve günümüze kadar süren yapılanmasını basitçe ve özet olarak anlatmaya çalışalım:

AMERİKA MEDENİYETİ: YENİ DÜNYANIN KEŞFİ

Modern Tarih Bilimi, oldukça uzun bir süredir Amerika kıtalarını Eski Dünya ile tanıştıran gezginin Christoph Colombus olmadığını; bu yolculukların sanıldığından oldukça eski tarihlerde, yani bildiğimiz en eski "Deniz Halkları"nın seferleri sırasında keşfedildiğini bulmuştur. Şimdi şöyle diyebilirsiniz neden tarih kitaplarında onlarca hatta yüzlerce senedir Amerika'yı keşfeden kişinin Colomb olduğu yazıldı ve herkes de bunun doğru olduğuna inandı. Bunun sebebi oldukça basittir, çünkü nasıl ki Hz. İsa'nın peygamber olduğunu ve Allah tarafından gönderildiğini ilan eden kitaplar ve yayınlar iktidarı elinde bulunduran zamanın yöneticileri tarafından işlerine geldiği gibi yorumlanıp, Hz. İsa'nın "Tanrı" ve/veya "Tanrı'nın Oğlu" olduğu şeklinde halka lanse edildiyse ve bu yolla çok büyük tarihî gerçekler saptırıldıysa; benzer anlayışla, Amerika'nın keşfinden ve oradaki altınların yağmalanmasından ve yeni koloniler elde edilemesinden başka bir gerçeği düşünmeyen ortaçağ baskıcı ve emperyalist yönetimleri de tarihsel gerçeklikleri saptırdılar ve Amerika'yı sahiplenip bir Yahudi mirası elde etmek uğruna, varolan gerçekleri tarih kitaplarına geçirmediler. İşte bu kısımda bu tarihsel saptamaları ve tespitleri yeniden ve farklı bir orjine göre yapacağız ve şimdilik klasik tarih anlayışını es geçeceğiz ve gerçeklerin ne kadar farklı olduğunu göreceğiz. Ne var ki, Arkeolojik bulguların gerçekten (günümüz şartlarında bile) çok sınırlı olması, bu "Orjin Noktası"nı saptayabilmemizin önündeki en büyük engellerden biridir.

Tarih bilgimiz konusunda bugün gelinen nokta her ne kadar küçümsenmese de bunun gerçekliğine ilişkin veriler ne yazık ki çok azdır. Pek çok bilgi ve doğru sanılan şeyler aslında bir yanılsamadan ibarettir ve buna yakın tarih de dahildir. Şunu da ilave etmeliyiz ki, bir bilim dalı olarak Arkeoloji henüz çok genç bir bilimdir ve bu alandaki sistematik çalışmaların ancak bundan 200 yıl önce başladığını unutmamamız gerekir. Oysa ki yazılı insanlık tarihi neredeyse 6000 yıllık bir geçmişe sahiptir ve bugün sahip olduğumuz ve elde ettiğimiz bilgi birikiminin ağırlıklı bölümünü, yirminci yüzyılda yapılan araştırmaların ve keşiflerin oluşturduğunu unutmamamız gerekir. Dolayısıyla bundan önceki dönemlerden kalan Arkeolojik ve Tarihî araştırma sayısı çok azdır ve tarihin büyük bir bölümü hala tam olarak aydınlatılabilmiş değildir. Orta ve Güney Amerika Arkeolojisi ise, tüm bu araştırma süreci içinde en yenisidir ve bu konudaki araştırmaların başlaması bundan yaklaşık 100 sene öncesine dayanır. Yucatan ve Meksika platosundaki düzenli araştırmaların başlangıcı, 20. yüzyılın başlarına denk gelmektedir.

Bilimsel disiplinlerde, herhangi bir alan çalışmasında elde edilen sonuçların öncelikle akademik düzeyde genel kabul görecek duruma ulaşması; ardından da bir anlamda tescil edildikten sonra artık kamuoyuna sunulacak hale gelmesi, gerçekten çok fazla ve gereksiz bir zaman alan; atıl ve sancılı bir süreçtir. Orta Amerika'da yapılan çeşitli araştırmalar sırasında elde edilmiş bulgular ya da bu bulguların değerlendirilmesiyle ileri sürülmüş kimi varsayımlar, bu nedenle şimdilik yalnızca ve sadece Amerika'daki Yahudi yönetiminin çıkarı için bekleme halinde tutulurken, üzerinde karara varılamamış "Eksik tezler" kategorisinde tutulmaktadır. Bu tezlerden birisi de Eski Dünya'dan Amerika'ya yapılan ilk seferlerin, 10. yüzyıl sırasında Kuzey Avrupalı denizciler tarafından başlatıldığına ait bulgulardır. Bu seferlerin gönüllü liderliğini de, İrlandalı bir Rahip olan Brendan''ın başlattığı kanıtlanmış bir bilgidir. Amerika yerlilerinin kültürlerinde pek de iz bırakmayan bu keşif seferleri, Kuzeydoğu Amerika'da, dar bir bölgeyle sınırlı kaldı. Ancak yine de bu seferlerin, Amerika'ya yapılan ilk ziyaret olup olmadığı kesin olarak belirlenemedi. Ta ki Venezuella'da 1976 yılında keşfedilen ve yüzlerce Roma parası içeren bir hazine keşfedilene kadar. Yapılan Kriptolojik ölçümlerin sonucunda, bu paraların en yakın tarihlisinin, İ.S. IV. Yüzyıla ait olduğu belirlendi. Bu keşiften kısa bir süre sonra da Meksika'da XII. Yüzyıldan kalma bir Aztek mezarının içinde İ.S. III. Yüzyıla ait bir Roma heykelinin başı bulundu. Peki ama XII. Yüzyıldan kalan bir Aztek mezarının içinde İ.S. III. Yüzyıla ait bir Roma heykelinin ne işi vardı. Tüm bu bulgular uzun bir süre kamuoyundan gizli tutulurken; Amerika'nın gerçek tarihi konusunda yapılan araştırmalar bambaşka bir boyut kazandı.

Yapılan bu buluşlar Amerikan tarihinin, bilinen ve tarih içerisinde anlatılagelen tüm dogmasını yıkmakta ve bambaşka bir tarih ortaya koymaktaydı. Dolayısıyla yapılan keşiflerin tarihlerine bakıldığında Romalıların ve Hristiyanlığın ve en önemlisi de Hz. İsa'nın hakikî dini olan İsevîliğin bu topraklara Colomb'dan çok daha önce gelmiş olması mümkündür. İşte bu gerçek, Amerikan tarihinin tüm değerlerini yıkar ve gücünü barbar ve yıkıcı bir Yahudi inancı olan Kabala'dan alarak inşa edilen bir medeniyet yerine; barışçıl ve modern bir din olan İsevîliğin, belki de tarihte ilk defa Allah tarafından gönderilmiş bir hak dinin Amerika'ya yani yeni dünyaya ulaşması anlamına gelmektedir.

Bir İspanyol denizcisi olan Kristof Colomb, Amerika kıtasını ilk kez 1500'lü yıllarda keşfettiğinde herhalde burasının günün birinde muazzam büyüklükte 100-200 katlı yüzlerce gökdelenden oluşan yeni bir medeniyetin beşiği olacağını tahmin etmemiştir. Amerika'nın yerlisi olan Eski Maya ve İnka Medeniyetlerinin oldukça sade ve basit bir yaşantısı olduğu göz önüne alındığında, yeni oluşan bu medeniyetin bu hale geleceği herhalde tahmin bile edilemezdi. Oysa ki, beyaz ırkın üstünlüğüyle sonuçlanan faşist bir istila ve soykırım sonrasında Avrupa'dan ve özellikle elit tabakadan oluşan birtakım toprak sahiplerinin buralara yerleştirilmesiyle, yapay ve tamamıyla temeli güçlü olanın hakim olma ilkesine dayalı, yani darwinist ve şeytanî bir felsefeye dayalı bir medeniyet inşa edilmeye başlanmıştı bile. Aslında Colomb bir İspanyol yahudisiydi ve Amerika'yı keşfetmesindeki temel amaç, yeni bir kıta ve doğal kaynaklar bulmak değildi. Onun amacı, buradaki altın kaynaklarını kullanarak Kudüs'teki Süleyman Mabedi'nin bir benzerini burada, yani yeni Kudüs olarak belirlenmiş olan Amerika topraklarına inşa etmekti. Onların burada başlatacakları çalışmalar ise, yüzyıllar hatta binyıllar öncesinden tasarlanmış olan çok daha büyük bir planın küçük bir parçası ve başlangıç aşamasıydı. Bu büyük plan ise, tamamen sömürgeci bir anlayışa sahip olan ve tüm dünyanın küçük bir azınlığını oluşturan ve aynı zamanda tüm dünyaya yayılmış olan küçük bir elit tabakasının eline geçmesinden ve bu azınlığın tüm dünyaya rahatça hükmedebilmelerinden başka bir şey değildi. Dolayısıyla Colomb'un burada başlatacağı çalışmalar, bu plana önayak oluşturacak ve Yahudilerin bekledikleri kendi Mesihleri olan Antiisa, yani Deccal'ın gelişine zemin hazırlayacak olan Masonik ve Kabalacı felsefeleri temel alan putperest Eski Mısır Medeniyeti burada inşa edilecekti. Tüm bunlardan da şunu anlıyoruz ki, bu keşif hiç de klasik tarih kitaplarında anlatıldığı gibi bir rastlantı olmayıp; yukarıda sözünü ettiğimiz planın birer aşaması gibi görünmektedir.

1800'lü yıllara gelinceye dek birtakım toprak sahibi zenginlerin ve kakao, tütün üreticileriyle çiftçilerin oluşturduğu kasaba devletlerinden oluşan bu medeniyet, büyük ivmesini ve ilerlemesini petrolün bulunması ve kullanılmaya başlanmasından sonra hızlandırdı. Bu program içerisinde yeni oluşum halindeki dev petrol şirketlerinin temelleri işte bu yıllarda atılıyordu. Her ner kadar aksini ispat etmeye çalışanlar olsa da, bugün Amerika'nın ekonomisinin kaynağı ve temeli dolara ve dolar da petrole endekslidir. İşte yaklaşık 200 yıl önce George Washington'un önderliğinde Ortadoğu'ya ve oradan da tüm dünyaya, Jules Verne'nin romanlarında geçen devasa büyüklükteki bir ahtapot gibi dokunaçlarını uzatan bu dev petrol şirketleri (Standart Oil, Exxon, Mobil ve Shell gibi) daha çok büyümek ve zengin olmak için neredeyse 200 yıldır dünyada karışıklıklar ve savaşlar çıkartmak için planlar yapmakta ve her türlü şer gücün ve yapılanmanın altından çıkmaktadır. İşte kendisinin de içerisinden çıkacağı bu Deccal sisteminin temelini oluşturan bu dev şirketler grubu, Amerika'nın keşfedildiği 1500'lü yıllardan beri, güç almakta olduğu bu yeni medeniyeti adeta köleleştirmiş ve 200 yıldır neredeyse Amerikan yönetiminin başına geçen tüm liderleri, nihaî hedefleri olan bir "Dünya Hükümeti" ve bu hükümet liderliğindeki "Dünya Hakimiyeti" için bir araç olarak kullanmaktan geri durmamıştır. İşte 500 sene önce Colomb ve adamlarının Amerika'nın yerli halkına karşı yaptığı baskı ve zulümlerin bir benzerini, bugün bu elitin elinde bulundurduğu siyasî otorite, tüm Amerika halkına ve aynı zamanda dünyaya uygulamaya çalışmaktadır. Dolayısıyla Deccal'ın içinden çıkacağı ve büyük oranda güç aldığı bu medeniyetin yüksek kuleleri ve piramitleri suretinde inşa edilen gökdelenleri ve altyapısı bu şekilde oluşmaya başlamıştı..

AVRUPA MEDENİYETİ: ROMA İMPARATORLUĞU'NUN YENİDEN İNŞASI

Hz. İsa Aleyhisselâm, gökyüzüne yükseltilmeden önceki İ.S. 30'lu yıllarda o günkü hakimiyetini tamamlayan ve Akdeniz'i kendi gölü haline getiren bir medeniyetin günün birinde yıkılacağını ve yaklaşık 2000 sene sonra tekrar benzerî bir medeniyetin kurulacağını tahmin etmiş olsa gerekir. Çünkü O bir Peygamberdi ve tüm peygamberlere bildirildiği gibi gaybî bilgiler O'na da mutlaka Allah (C.C.) tarafından bildirilmiştir. Bu ve benzerî işaretlere İncil'de rastlıyoruz. Fakat günümüzde yeni yeni oluşmaya başlayan bu medeniyet, bu kez farklı olarak Avrupa'nın tamamını kaplamakla birlikte Türkiye'nin sadece Batı kısmını içine alacak bir şekilde oluşmakta; İran'a ve Ortadoğu'ya kadar uzanmamaktadır. Tarihteki en önemli ve dönüm noktası olabilecek olaylardan birisi olan 1453 yılında

Fatih Sultan Mehmet'in İstanbul'u fethetmesiyle birlikte, "Yeni Roma" olarak sınırları belirlenen bu bölgeye "İsevîlik"ten sonra ikinci kez hak bir din olan "İslâm" hakim olmuş ve böylece İslâm'ın Avrupa'ya yayılma süreci bu tarihten sonra başlamıştı. İşte bu uzun hakimiyet dönemi, bir başka açıdan bakıldığında Hz. İsa'nın ikinci gelişinin de habercisi ve müjdecisi olan uzun bir sürecin başlangıcını oluşturmuştu. Bu süreç içerisinde, Marmara, Ege ve Akdeniz bir Türk ve aynı zamanda İslâm Medeniyeti gölü haline gelirken, eski antik dönemlerde Eski Yunan ve Helenistik Uygarlıklarının çok tanrıcı ve ateist felsefelerinin kök saldığı ve yayıldığı bu topraklar, tarihte ilk kez hak bir dinin hakimiyetine girmekteydi. Her ne kadar Osmanlı'nın çöküşe geçmeye başladığı 1800'lü yıllara kadar bu hakimiyet süreci devam etmiş olsa da, günümüzde bu bölgelerin büyük bir kısmı, Kilise'nin etkisiyle ve teslis inancı doğrultusunda tekrar Hristiyanlık etkisi altında kalmıştır.

Hz. İsa'nın ikinci gelişinden önce oluşmaya başlayan ve Antik dönemdeki Roma İmparatorluğuna benzeyen bu kent devletleri ve site yönetimleri biçiminde oluşan bu muazzam medeniyetin temelleri de tıpkı Amerika Medeniyeti gibi 1500'lü yıllarda böylece atılmış oldu. Büyük mimarların (Mimar Sinan ve Da Vinci gibi) öncülüğünde inşa edilen yeni yapılarla İsevîliğin temelini oluşturan bu kent devletleri ve siteler, Amerika'daki gökdelenli kentlerin aksine daha az katlı, mükemmel bir sanatsal tarzda oluşturulan ve genellikle gösterişsiz yapıların oluşturduğu kentlerden ve gelişmiş köylerden oluşmaktaydı. Aynı zamanda büyük bir tarihî mirası da içerisinde barındıracak şekilde oluşan bu yapılanmalar, adeta her köşesinde yaklaşık 2000 senelik bir tarihî mirasın izini taşıyacak biçimde gerçek İsevî dininin yeniden yapılanmasına ve Allah'ın takdir etmiş olduğu ilâhî programa göre yeniden tasarlanmaya başlamıştı. Özellikle Avrupa'daki ve Türkiye'nin Batısındaki turistik yerler ve eski antik kentler dikkatli bir şekilde incelenirse bu yapılanma daha net bir şekilde göze çarpmaktadır. Tabi bu incelemeyi yaparken, 50-60 senelik kısa bir süreç değil de, yaklaşık 2000 senelik tarihî bir süreç göz önüne alınmalıdır.

İşte Hz. İsa'nın ikinci gelişinden önce oluşmaya başlayan ve Hristiyanlığın özü ve esasını oluşturan İsevîliğe dönüşüm sürecinde önemli gelişmelere sahne olacak olan bu Medeniyet, adeta birer sanat eseri olan mükemmel yapılarıyla (Ayasofya, Sultanahmet, Süleymaniye, Selimiye Camileri ile Efes, Milet, Troya, Roma ve Atina, Antik kentleri gibi) yeni bir medeniyete zemin oluşturacak şekilde bu şekilde inşa edilmeye başlandı. Peki İsa Aleyhisselâm neden "Kudüs" veya "Şam" olarak belirtilen Doğu dünyasına değil de Batı'ya gönderilecektir?

Bu sorunun cevabını, tarihî bilgileri biraz karıştırarak ve İsevîliğin dejenerasyona başladığı dönemdeki ilk kurulan Hristiyan Kiliselerinin (Özellikle İncil'de bahsedilen ve Türkiye'nin Batı'sında yer alan yedi büyük Kilise ile Roma ve Atina'da bulunan kurulan ilk büyük Kiliseler) yerleşimini ve coğrafî konumlarını dikkatli bir şekilde inceleyerek basit olarak verebiliriz. Çünkü dikkat edersek İsevîlik, Hz. İsa'nın ilk öğretilerinden ibaret olan hakikî öğretisinden sapmaya Eski Yunan ve Roma'nın çok tanrıcı felsefî inançlarından etkilenerek ve özellikle Pavlos'un İsevî inancına Logos öğretisini sokmasıyla ilk defa bu bölgelerde başlamıştır. Bu öğretinin temelini oluşturan ve ortaya çıktığı yer olan Batı dünyasının Doğu dünyasına açılan kapısı ise, Grek Medeniyeti, Makedonya ve şimdiki Yunanistan olarak da bildiğimiz Antik dönem Medeniyetiydi.

İNCİL'DE HZ. İSA'NIN İKİNCİ GELİŞİ

Matta, Markos, Luka ve Yuhanna İncilleri, iki bin yıldır beklenen Hz. İsa'nın ikinci gelişi ile ilgili kesin bir tarih verilmemekle birlikte; ortaya çıkacak olan bazı işaretler ve büyük olaylar (Büyük Depremler (Çin, Pakistan, Los Angeles ve Marmara depremleri v.b. gibi), Seller (El Nino, Katrina, Rita kasırgaları ve Büyük Okyanus Tsunamisi gibi v.b.) ve Devletlerin Devletlere Karşı Savaşması (I. ve II. Dünya Savaşları, İran-Irak Savaşı, İsrail-Filistin Savaşı, Afganistan'daki Savaş ve Irak'taki Büyük Ortadoğu Savaşı gibi v.b.)) gibi açık işaretlerin yardımıyla O'nun gelişinin zamanını belirleyebilmemiz için ipuçları verir. İncilde bizzat Hz. İsa'nın ağzından, ikinci gelişinin Allah'tan başka kimsenin bilemeyeceği bir zamanda gerçekleşeceği şöyle vurgulanmaktadır:

Sonun Belirtileri

"13[1]İsa tapınaktan çıkarken öğrencilerinden biri O'na, "Öğretmenim" dedi, "Şu güzel taşlara, şu görkemli yapılara bak!" [2]İsa ona, "Bu büyük yapıları görüyor musun? Burada taş üstünde taş kalmayacak, hepsi yıkılacak!" dedi. [3]İsa, Zeytin Dağı'nda, tapınağın karşısında otururken Petrus, Yakup, Yuhanna ve Andreas özel olarak kendisine şunu sordular: "Söyle bize, bu dediklerin ne zaman olacak, bütün bunların gerçekleşmek üzere olduğunu gösteren belirti ne olacak?"

⁴⁻⁵İsa onlara anlatmaya başladı: "Sakın kimse sizi saptırmasın" dedi. ⁶"Birçokları, 'Ben O'yum' diyerek benim adımla gelip birçok kişiyi saptıracaklar. ⁷Savaş gürültüleri, savaş haberleri duyunca korkmayın. Bunların olması gerek, ama bu daha son demek değildir. ⁸Ulus ulusa, devlet devlete savaş açacak; yer yer depremler, kıtlıklar olacak. Bunlar, doğum sancılarının başlangıcıdır.

⁹"Ama siz kendinize dikkat edin! İnsanlar sizi mahkemelere verecek, havralarda dövecekler. Benden ötürü valilerin, kralların önüne çıkarılacak, böylece onlara tanıklık edeceksiniz. ¹⁰Ne var ki, önce Müjde'nin bütün uluslara duyurulması gerekir. ¹¹Sizi tutuklayıp mahkemeye verdiklerinde, 'Ne söyleyeceğiz?' diye önceden kaygılanmayın. O anda size ne esinlenirse onu söyleyin. Çünkü konuşan siz değil, Kutsal Ruh olacak.

¹²Kardeş kardeşi, baba çocuğunu ölüme teslim edecek. Çocuklar anne babalarına başkaldırıp onları öldürtecek. ¹³Benim adımdan ötürü herkes sizden nefret edecek. Ama sonuna kadar dayanan kurtulacaktır. ¹⁴"Yıkıcı iğrenç şeyin* (Burada, "Yıkıcı İğrenç Şey"den kasıt, Kudüs'teki yıkılan tapınağın şeytanî amaçlar için yeniden inşa edilmesi veya Dünya'ya çarpacak olan bir Kuyruklu yıldız veya büyük bir Gezegen'e de işaret ediliyor olabilir. Dolayısıyla buradan, bu işaret her neyse, Hz. İsa'nın ikinci gelişiyle önemli bir ilişkisinin olduğunu anlıyoruz), bulunmaması gereken yerde dikildiğini gördüğünüz zaman -okuyan anlasın- Yahudiye'de bulunanlar dağlara kaçsın. ¹⁵Damda olan, evinden bir şey almak için aşağı inmesin, içeri girmesin. ¹⁶Tarlada olan, abasını almak için geri dönmesin. ¹⁷O günlerde gebe olan, çocuk emziren kadınların vay haline! ¹⁸Dua edin ki, kaçışınız kışa rastlamasın. ¹⁹Çünkü o günlerde öyle bir sıkıntı olacak ki, Allah'ın var ettiği yaratılışın başlangıcından bu yana böylesi olmamış, bundan sonra da olmayacaktır. ²⁰RAB o günleri kısaltmamış olsaydı, hiç kimse kurtulamazdı. Ama RAB, seçilmiş olanlar, kendi seçtiği kişiler uğruna o günleri kısaltmıştır.

²¹Eğer o zaman biri size, 'İşte Mesih burada', ya da, 'İşte

şurada' derse, inanmayın. ²²Çünkü sahte mesihler, sahte peygamberler türeyecek; bunlar, belirtiler ve harikalar yapacaklar. Öyle ki, ellerinden gelse seçilmiş olanları saptıracaklar. ²³Ama siz dikkatli olun. İşte size her şeyi önceden söylüyorum." "

Mesih'in Tekrar Gelişi

"²⁴"Ama o günlerde, o sıkıntıdan sonra, 'Güneş kararacak, Ay ışık vermez olacak, Yıldızlar gökten düşecek, Göksel güçler sarsılacak.' (İşaret edilen bu yorumlardan, Hz. İsa'nın gelişinin hemen öncesine rastlayan bu dönemde, bu büyük felaketin ardından gökyüzünün ve atmosferin, dünyaya gelen güneş ışığını büyük bir oranda engelleyecek şekilde kararacağını anlıyoruz) ²⁵⁻²⁶"O zaman İnsanoğlu'nun* (Hz. İsa) bulutlar içinde büyük güç ve görkemle geldiğini görecekler. ²⁷İnsanoğlu o zaman meleklerini gönderecek, seçtiklerini yeryüzünün bir ucundan göğün öbür ucuna dek, dünyanın dört bucağından toplayacak. ²⁸"İncir ağacından ders alın. Dalları filizlenip yaprakları sürünce, yaz mevsiminin yakın olduğunu anlarsınız. ²⁹Aynı şekilde, bu olayların gerçekleştiğini gördüğünüzde bilin ki İnsanoğlu yakındır, kapıdadır. ³⁰Size doğrusunu söyleyeyim, bütün bunlar olmadan bu kuşak ortadan kalkmayacak. ³¹Yer ve gök ortadan kalkacak, ama benim sözlerim asla ortadan kalkmayacaktır." "

Bilinmeyen Gün ve Saat

"³²"O günü ve o saati, ne gökteki melekler, ne de O (Hz. İsa) bilir; Allah'tan başka kimse bilmez. ³³Dikkat edin, uyanık kalın, dua edin. Çünkü o anın ne zaman geleceğini bilemezsiniz. ³⁴Bu, yolculuğa çıkan bir adamın durumuna benzer. Evinden ayrılırken kölelerine yetki ve görev verir, kapıdaki nöbetçiye de uyanık kalmasını buyurur. ³⁵Siz de uyanık kalın. Çünkü ev sahibi ne zaman gelecek, akşam mı, gece yarısı mı, horoz öttüğünde mi, sabaha doğru mu, bilemezsiniz. ³⁶Ansızın gelip sizi uykuda bulmasın! ³⁷Size söylediklerimi herkese söylüyorum; uyanık kalın!" "

{Markos, 13:1-37}

Dikkat edilirse, yukarıdaki İncil pasajlarında bahsedilen Hz. İsa'nın ikinci gelişinin birçok işareti bir tanesi hariç gerçekleşmiştir. İncilden önemli ve büyük bir işaret olduğunu anladığımız bu önemli gelişme henüz yaşanmamıştır. Bu önemli işaretin, kutsal topraklarda inşa edilecek yıkıcı bir şey veya dünyayı tehdit edecek olan çok önemli bir Astronomik olay olduğunu anlıyoruz. Fakat gerçekleşme zamanını ve yerini tesbit edebilmemiz mümkün görünmese de ilerki bölümlerde bu konunun detaylarına inmeye çalışacağımız için şimdilik bu olayın henüz gerçekleşmediğini belirtmekle yetinelim. Fakat burada şunu da belirtmeliyiz ki, bu olayın gerçekleşme zamanı; Hz. İsa'nın ikinci gelişinin gerçekleşmesinden sonra ve ortaya çıkacağı döneme yakın bir dönemde gerçekleşebileceği için, Hz. İsa'nın ikinci gelişinin gerçekleşmiş olmasını etkilememektedir. Sadece ortaya çıkıp, insanlar tarafından anlaşılacağı dönemi etkilemektedir.

İşte, hem İncil'de ve hem de aşağıda verildiği gibi, Kur'an'da geçen bu müjdeli haberler; bütün inananları şevklendirmekte ve islamiyetin yeniden tüm dünyaya, Hz. İsa'nın da gelmesiyle kuvvet bulmasına ve İsevilik dininin din-i hakikisine yeniden dönmesine ilişkin bu müjdeli açıklamaları, tüm Hristiyan ve İslam dünyasını etkilemekte ve her iki dinin asli öğelerinde ve özünde de bulunan şefkat ve merhamet ile yardımlaşma duygularına yönelik; din kardeşliği, sevgi ve hoşgörü ekseninde her iki dinin inancını ortak olarak yükseltmektedir..

KUR'AN'DA HZ. İSA'NIN İKİNCİ GELİŞİNİN İŞARETLERİ

"[61]Şüphesiz ki O (İSA MESİH), KIYAMET için (ONUN YAKLAŞTIĞINI GÖSTEREN) bir bilgidir. Sakın O'nda (Hz. İSA'NIN İKİNCİ GELİŞİNDE) şüpheye düşmeyin ve BANA UYUN, çünkü bu YOL (HAKİKÎ İSEVÎLİK) dost doğru bir yoldur."

{Zuhruf, 61}

"[159]EHL-İ KİTAB'dan her biri (TÜM HRİSTİYANLAR ve YAHUDİLER), ölümünden önce (Hz. İSA'NIN, KIYAMETE YAKIN İKİNCİ GELİŞİNDEN SONRAKİ ÖLÜMÜNDEN ÖNCE) O'na (İSA MESİH) muhakkak iman edecektir. KIYAMET gününde de o onlara ŞAHİT olacaktır."

{Nisâ, 159}

Yeni bir Kıyamet Felsefesi & Bu bakış açısına göre yeni bir Kur'an Tefsiri

KUR'ÂN-I HAKÎM'de **KIYAMET**'e ve **AHİR ZAMAN**'a bakan pek çok âyetin cifirsel hesaplamalarını ele aldığımız, küçük bir kitapçık şeklinde fakat içeriği ve ele aldığı meseleleri gayet geniş olan bu önemli eserimizde, ahirzamanda gerçekleşecek olan pek çok önemli dini meselelerden ve kıyamet alametlerinden kısa kısa özet parçalar halinde yalnız işaret etmek suretiyle bahsedeceğiz. Detaylarına girmeyeceğiz. Elbette ki, elde edilen bu cifirsel sonuçların kaynağı olan Kur'an bahri, burada kısaca ele aldığımız ve bahsettiğimizden çok daha fazlasını içerir ve buradaki yekûn, o bahrin ve okyanusun yalnızca küçücük bir damlası belki bir katresi hükmündedir. Bununla birlikte, diğer eserimin aksine, bu eserde sadece Büyük Kıyamet alametlerini EBCED ve CİFİR hesaplarına dayanarak ele almakla birlikte, Arapça Kur'ân ile Hadis metinlerinden de yararlanılarak; Kıyamet sürecinin omurgasını oluşturan **6 BÜYÜK KIYAMET ALAMETİ** detaylarıyla açıklanmaya ve aydınlatılmaya çalışılmıştır. Ayrıca, Kur'ândaki bazı âyetlerde Kıyamet Alametlerine ve bu alametlerin Gerçekliğine yapılan işaretlerin bir kısmını da ele aldığımız bu eserimizde, içinde bulunduğumuz ahir zamanın önemi ve kıyamet konusu ana temayı oluşturarak, açıklamaları da verilen detaylı cifirsel hesaplamalar yardımıyla vurgulanmaya çalışıldı. Özellikle, son zamanlarda çokça tartışılan Hz. Mehdi'nin gelişi ve Hz. İsa'nın ikinci gelişi gibi önemli meselelere farklı ve gerçekçi bir bakış açısıyla yeniden bakılarak konuyu abartmadan ve diğer kıyamet alametlerine de gerçekçi bir şekilde detaylı olarak değinilerek, belki de daha önceki hiçbir çalışmada değinilmemiş yönleriyle gerçekçi bir şekilde ele alınarak, kıyamet ve haşir konuları tahkiki bir şekilde isbatlanmaya çalışılmıştır.

KIYÂMET ALÂMETLERİ ve tarihlerindeki bazı gizli sırlar zamanımızda neden bu kadar önem kazanmıştır? Ayrıca bu mesele, zamanımızda neden bu kadar önemlidir ve imtihan sırrının, kıyamet sürecinin günümüze bakan bir yönüyle ilişkisi var mıdır? Şeklinde bazı sorular gelebilir aklımıza. Bunu basit bir şekilde, şu şekildeki bir üç durumlu örnekle açıklayabiliriz:

Tarih-i Kadim'in eski zamanlarındaki imtihan özelliğinden ve medeniyetin çok fazla inkişaf etmemesinden dolayı, çoğu ehl-i tahkik bu meseleye sadece icmalen değinir, işârî manada genel yorumlar getirerek, konunun tüm medeniyete ders verecek bir tarzda altyapısı olmadığından ve tam olarak henüz kıyametin işaretlerinin büyük bir kısmı belirmediğinden dolayı detaylarına giremezdi. Çünkü kıyamet zamanı o eski dönemlere göre oldukça uzaktı ve bu kadar kısa bir bilgi o dönemin insanı için yeterli sayılıyordu. Halbuki günümüzde, bu konu hemen hemen her zaman tartışılan ve hemen her sahada etkisini gösteren ağırlıklı bir meselenin merkezini teşkil etmektedir. Dolayısıyla, günümüzde dinin hakâik-ı imâniye kısmına bakan pek çok imtihan sırrı bu mesele ekseninde yoğunlaşmıştır. Bu durumu şöyle bir **ÜÇ** durumlu örnekle açıklayabiliriz:

Birincisi: Birisi size, içerisinde önemli bilgilerin bulunduğu bir kutu olduğundan bahsediyor ve içerisindeki bilgi o zamanla çok alakadar olmadığı için bazı ehl-i tahkik der ki:

"Böyle bir kutunun varlığı şüphe götürmez, fakat yerini bilmemekle beraber tahmini olarak filan yerde ve zamandadır" der, sadece işaret eder. İşte, tarih-i kadimin eski zamanlarındaki kıyamet bilgisi bu nevîdendir.

İkincisi: Birisi de size, yine önemli bilgilerin bulunduğu bir kutu olduğundan bahseder fakat içeriğindeki bilgi o zamanla çok az alakadar olduğu için, kutunun içerisindeki bazı önemli bilgileri sınırlı bir şekilde izah eder, açıklar. Onun için bazı ehl-i tahkik der ki:

"Kutudaki bilgilerin varlığı çok önemli olmakla birlikte, şu zamanla ilgisi olan bir kısmı şunlardır ve geriye kalanlar gaybî olan müteşâbihâttandır" der, detaylarına girmez. İşte, kıyamete görece daha yakın olan tarih-i mukaddimenin hazır elinde bulunan bazı kıyamet bilgisi bu nevîdendir.

Üçüncüsü ise: Bir kısım ehl-i tahkik ise, bu kutudaki bilginin içerdiği bilgiyle ilgili olan zaman diliminin çok yaklaşması sebebiyle, kutudaki bilgilerin ait olduğu meselelerin çok yaklaşmış olduğu bir zamanda konu ile çok alakadar olduğu hatta, o zamanın hakikatinin merkezini oluşturduğu için ve bir derece en önemli tahkiki iman meselesi haline geldiği için içindeki bilgilerin tamamını size gösterir ve zaman makinesi-misal elinizdeki hazır bir bilgi birikimi gibi gösterir ki, artık içerisine girdiğimiz o kutudaki makinenin ve onun programı hükmündeki bilgi paketinin ahirzamanın gerçekleşmeye başlayan ve gözümüzün önünde cereyan etmeye başlayan kıyamet alametleri olduğunu ve açıklanmasının bir derece zorunlu olduğunu gösterir. Çünkü, eski zamanlarda kutudaki bilgiyle ilgili yakın işaretlerin pek çoğu, hatta çok eski zamanlarda hiçbirisi gerçekleşmemişti. Dolayısıyla, o eski zamanlarda iman-ı tahkiki'nin önemli bir kutbunu oluşturan kıyamet ve haşr'e iman, diğer iman esaslarından çok sonra geldiği için, iman-ı tahkikinin zahiri ve Batıni kutupları bu meseleye çok fazla bakmıyordu ve bunun için açıklanması ve isbat edilmesi çok lüzumlu olmuyordu. Bu yüzden, içerisine girdiğimiz kıyamet döneminde, özellikle son 20-30 yılda, kıyametin hadislerde bildirilen tüm küçük alametleriyle birlikte büyük alametlerinin de işaretlerinin ortaya çıkmaya başlaması nedeniyle, kıyamete yakın olan tarih-i hazır içerisinde hazır olarak bulunan bu anahtar ve şifreli bilgiler, meselelerin boyutuna göre bu bilginin elimizde hazır olarak bulunan kıyamet bilgisi ve onunla bağlantılı olan ve önemli bir kutbunu oluşturan tahkikî iman bilgisi nevîdendir.

Dolayısıyla, bu meselede eski dönemlerdeki pek çok ehl-i tahkikin sadece işaret ederek, daha gerçekleşme vakitleri gelmediği için detaylarına girmemeleri ve açıklayamamaları bu sebeptendir. İşte bu yüzdendir ki, o eski zamanlardaki ehl-i tahkik üstadları, faraza üstad Said-i Nursî ve Abdulkadir-i Geylanî gibi zatlar dahi, şu zamanda bulunsalar tahkiki imanı tahsil etmek için şu meseleye daha çok çalışacaklar, diğer bir kısım hakâik-ı îmâniyeyi ise, ikinci veya üçüncü plana alacaklardı. Hatta bir hadis-i şerifte, eski zamanlara ders verilirken der ki: "Kıyameti bekleyiniz, intizar ediniz!" Halbuki, ahir zamandaki ehl-i tahkik için der ki: "Kıyamete hazırlanınız, onunla ve ortaya çıkmaya başlayan açık işaretleriyle korkutup uyarınız, ders alınız!" Yine aynı metodolojiyi, Kur'ân-ı Hakîm'de de görürüz. Özellikle, büyük bir kısmını teşkil eden ve Kur'ân'ın ilk 1-25 cüzlük kısmını oluşturan bölümlerinde kıyamet ve haşirden yer yer bahsedilirken; daha küçük bir hacmi kaplayan son 30-40 suresini içeren 25-30. cüzlerine baktığımızda, ağırlıklı olarak kıyamet ve ahir zamana ilişkin olaylar ile Haşir, Cennet ve Cehennem ehlinin akibetleri ve durumları gibi meselelerin detaylı olarak anlatıldığını görürüz. İşte bu da, iman-ı tahkikinin ahir zamana bakan önemli bir kutbunu oluşturur ki, ahirzamana ilişkin tasarrufu bulunan üç büyük evliyadan ikisi olan gavs-ı azâm ve imam-ı rabbanî gibi önemli zatlar, iman-ı tahkikinin bu kutbuna işaret ederek, Hz. Mehdi'nin zuhuru ve güneşin batıdan doğması gibi bazı kıyametin büyük alametlerinde o kutbun bir vechini keşfetmişlerdir. Ayrıca, özellikle İslâm'ın yok edilmeye çalışıldığı ve karanlık bir döneme doğru sürüklendiğimiz şu çağda, Özellikle Fizik, Astronomi ve Matematik gibi bilimler oldukça ilerlemiş olup, bu bilimlerin elde etmiş olduğu son veriler bu yaşadığımız kâinattan başka gözümüzle göremediğimiz bir Metafizik "Beka" (Sonsuzluk) âleminin varlığını ve gerçekliğini ispat etmiştirler. Her ne kadar bu ilmî gerçekler ve araştırma sonuçları eksik bir bakış açısıylaçarpıtılarak evreni ve doğayı, kendi kendini oluşturan ve yaratıcıdan bağımsız olarak kendini yenileyebilen bir sistem olarak; Allah'ı inkâr etme noktasına götürmeye çalışsa da, araştırmalar bir metafizik âlemin varlığını gözler önüne seriyor. Bu gerçeklik karşısında gözlerimizi kapamamız ve duyarsız davranmamız düşünülemez.

Daha binde birinin bile tam olarak müşahede edilemediği şu koca Kâinat, ölümden sonra başlamak üzere sırasıyla Kabir, Berzah, Cennet ve Cehennem gibi daha pek çok duraklarıyla bizleri beklemektedir. Bu yolculuk hakkında gerekli hazırlığımız ve bilgimiz var mı?

Yaklaşan Kıyamet sürecine hazır mısınız? Ahir zaman olarak nitelendirilen içinde yaşadığımız bu çağın, bütün peygamberlerin ve kutsal kitapların haber verdiği zamanın sonu ve kıyametin hemen öncesinde yaşanacak olan zaman dilimi olduğunu biliyor musunuz? İşte gerçekleşmesi, 1400 yıl öncesinden peygamberimiz Muhammed A.S. (S.A.V.) tarafından birçok hadiste haber verilen Kıyâmetin Büyük Alametlerinden bazıları:

- *2006 Hz. Mehdi' nin Zuhuru,*

- *2036 Hz. İsa (A.S.)' ın Nuzulü,*

- *2037 Deccal'in Ortaya Çıkışı,*

- *2052 Ye'cüc ve Me'cüc'ün Ortaya Çıkışı,*

- *2064 Dabbet-ül Arz'ın Ortaya Çıkışı,*

- *2065 Güneşin Batıdan Doğması.*

Ahir zamanda olduğumuzun farkında mıyız? Peygamberimizin ahir zamanda gerçekleşeceğini bildirdiği olayların adeta tesbih taneleri gibi ard ardına bu yüzyılın içerisinde gerçekleşmektedir. Bu olaylara genel olarak baktığımızda ise, Olayların giderek ivmeli bir şekilde hız kazandığını, Dünyanın yeniden şekillendiğini, tüm Müslüman aleminin kıyametin kopuşundan önce hadislerde belirtilen kurtarıcısını yani 'Hz. Mehdi'yi beklediğini görürüz. Hristiyanlarda ise, benzer bir inanç şeklinde bu son dönemde Hz. İsa'nın tekrar yeryüzüne inmesi beklenir. Hadislerde Altınçağ olarak adlandırılan bu kutlu dönemde Hz. Mehdi ve Hz. İsa birlikte tüm dünyaya İslam'ı hakim edecekler. Sadece bu mükemmel güzelliklerin, olağanüstü bolluğun yani 'Asr-ı Saadet' döneminin gelmesi bile ilk önce bunun habercisi olan birçok zorluk, kıtlık, savaş ve katliamı da beraberinde getirir. İşte bizim tam olarak oluş sebeplerini kavrayamadığımız bu garip olayların işaret ettiği ortak noktası ise, 1400 yıl öncesinden haber verilen o kutlu şahısların geliş alametlerini oluşturmasıdır. Peygamberimiz adeta içinde bulunduğumuz bu zamanı, manevi teleskoplarla görmüşçesine, bizlere yaşanacak olan Kıyamet alametlerini, Ahir zaman şahıslarını bir bir tarif etmiştir. Ayrıca, tarih içerisinde birçok İslam alimi de Kıyametle ilgili bu hadisleri ve ilgili ayetleri yorumlayagelmiştir. Örneğin, Hz. Mehdi detaylı olarak tarif edilmiş, icraatlarından bahsedilmiş ve bu konu hakkında çeşitli eserler ve hatta geniş divanlar yazmışlardır.

Bu eserler incelendiğinde, toplumumuzda ve özellikle tüm İslam aleminde Deccal, Mesih ve Mehdiyet gibi evrensel Kıyamet konularının tartışmaya yer bırakmayacak derecede geniş bir kültür haline geldiği görülür ve bir o kadar kesinlik gösterdiği, her akıl ve vicdan sahibi müslüman tarafından rahatlıkla anlaşılabilir. Bu kitabı okuduğunuzda, bildiklerinizi bir kez daha tarih ve olaylar çerçevesinde derinlemesine düşünecek ve gerçeğin ne olduğu konusunda veya kurgulanmış bir kader programını mı yaşadığınız konusunda bir tedirginlik yaşayabilirsiniz ki; bu da insan olmamızın, gerçekler üzerinde düşünmemizin ve her gün yaşadığımız olayların "Acaba dünyada neler oluyor?" veya "Bu olayların hakiki manevi sebebi ne olabilir?" tarzındaki bir farklı düşünce tarzına iten ve olaylara ve meselelere yeni bir manevi pencere açan zamanın, algılarımıza göre göreceli olduğunu anlayacaksınız..

2006'dan Beri Toplam 6 Yılda, uzun çabalar ve araştırmalar sonucunda kaleme aldığım Bu kıymetli eseri, yine 2006'da kaybettiğim, Beni Yetiştiren Kıymetli BABAANNEM'in,

Bu Çalışmada Manevî İlham Aldığım,

Üstâd BEDÎÜZZAMAN SAÎD NURSÎ'nin,

Ve O'nun TALEBELERİ'nin,

Ve O'nun Eserleri (RİSÂLE-İ NÛR)'un,

Ve ÇANAKKALE ŞEHİTLERİ'nin,

... ANISINA HEDİYE EDİYORUM,

RUHLARINIZ ŞAD OLSUN...

مرآد اخرآي

Önsöz (Preface)

KIYÂMET ALÂMETLERİ ve tarihlerindeki bazı gizli sırlar zamanımızda neden bu kadar önem kazanmıştır? Ayrıca bu mesele, zamanımızda neden bu kadar önemlidir ve imtihan sırrının, kıyamet sürecinin günümüze bakan bir yönüyle ilişkisi var mıdır? Şeklinde bazı sorular gelebilir aklımıza. Bunu basit bir şekilde, şu şekildeki bir üç durumlu örnekle açıklayabiliriz:

Tarih-i Kadim'in eski zamanlarındaki imtihan özelliğinden ve medeniyetin çok fazla inkişaf etmemesinden dolayı, çoğu ehl-i tahkik bu meseleye sadece icmalen değinir, işârî manada genel yorumlar getirerek, konunun tüm medeniyete ders verecek bir tarzda altyapısı olmadığından ve tam olarak henüz kıyametin işaretlerinin büyük bir kısmı belirmediğinden dolayı detaylarına giremezdi. Çünkü kıyamet zamanı o eski dönemlere göre oldukça uzaktı ve bu kadar kısa bir bilgi o dönemin insanı için yeterli sayılıyordu. Halbuki günümüzde, bu konu hemen hemen her zaman tartışılan ve hemen her sahada etkisini gösteren ağırlıklı bir meselenin merkezini teşkil etmektedir. Dolayısıyla, günümüzde dinin hakâik-ı imâniye kısmına bakan pek çok imtihan sırrı bu mesele ekseninde yoğunlaşmıştır. Bu durumu şöyle bir **üç** durumlu örnekle açıklayabiliriz:

Birincisi: Birisi size, içerisinde önemli bilgilerin bulunduğu bir kutu olduğundan bahsediyor ve içerisindeki bilgi o zamanla çok alakadar olmadığı için bazı ehl-i tahkik der ki:

"Böyle bir kutunun varlığı şüphe götürmez, fakat yerini bilmemekle beraber tahmini olarak filan yerde ve zamandadır"

der, sadece işaret eder. İşte, tarih-i kadimin eski zamanlarındaki kıyamet bilgisi bu nevîdendir.

İkincisi: Birisi de size, yine önemli bilgilerin bulunduğu bir kutu olduğundan bahseder fakat içeriğindeki bilgi o zamanla çok az alakadar olduğu için, kutunun içerisindeki bazı önemli bilgileri sınırlı bir şekilde izah eder, açıklar. Onun için bazı ehl-i tahkik der ki:

"Kutudaki bilgilerin varlığı çok önemli olmakla birlikte, şu zamanla ilgisi olan bir kısmı şunlardır ve geriye kalanlar gaybî olan müteşâbihâttandır" der, detaylarına girmez. İşte, kıyamete görece daha yakın olan tarih-i mukaddimenin hazır elinde bulunan bazı kıyamet bilgisi bu nevîdendir.

Üçüncüsü ise: Bir kısım ehl-i tahkik ise, bu kutudaki bilginin içerdiği bilgiyle ilgili olan zaman diliminin çok yaklaşması sebebiyle, kutudaki bilgilerin ait olduğu meselelerin çok yaklaşmış olduğu bir zamanda konu ile çok alakadar olduğu hatta, o zamanın hakikatinin merkezini oluşturduğu için ve bir derece en önemli tahkiki iman meselesi haline geldiği için içindeki bilgilerin tamamını size gösterir ve zaman makinesi-misal elinizdeki hazır bir bilgi birikimi gibi gösterir ki, artık içerisine girdiğimiz o kutudaki makinenin ve onun programı hükmündeki bilgi paketinin ahirzamanın gerçekleşmeye başlayan ve gözümüzün önünde cereyan etmeye başlayan kıyamet alametleri olduğunu ve açıklanmasının bir derece zorunlu olduğunu gösterir. Çünkü, eski zamanlarda kutudaki bilgiyle ilgili yakın işaretlerin pek çoğu, hatta çok eski zamanlarda hiçbirisi gerçekleşmemişti. Dolayısıyla, o eski zamanlarda iman-ı tahkiki'nin önemli bir kutbunu oluşturan kıyamet ve haşr'e iman, diğer iman esaslarından çok sonra geldiği için, iman-ı tahkikinin zahiri ve Batıni kutupları bu meseleye çok fazla bakmıyordu ve bunun için açıklanması ve isbat edilmesi çok lüzumlu olmuyordu. Bu yüzden, içerisine girdiğimiz kıyamet döneminde, özellikle son 20-30 yılda, kıyametin hadislerde bildirilen tüm küçük alametleriyle birlikte büyük alametlerinin de işaretlerinin ortaya çıkmaya başlaması nedeniyle, kıyamete yakın olan tarih-i hazır içerisinde hazır olarak bulunan bu anahtar ve şifreli bilgiler, meselelerin boyutuna göre bu bilginin elimizde hazır olarak bulunan kıyamet bilgisi ve onunla bağlantılı olan ve önemli bir kutbunu oluşturan tahkikî iman bilgisi nevîdendir.

Dolayısıyla, bu meselede eski dönemlerdeki pek çok ehl-i tahkikin sadece işaret ederek, daha gerçekleşme vakitleri gelmediği için detaylarına girmemeleri ve açıklayamamaları bu sebeptendir. İşte bu yüzdendir ki, o eski zamanlardaki ehl-i tahkik üstadları, faraza üstad Said-i Nursî ve Abdulkadir-i Geylanî gibi zatlar dahi, şu zamanda bulunsalar tahkiki imanı tahsil etmek için şu meseleye daha çok çalışacaklar, diğer bir kısım hakâik-ı imâniyeyi ise, ikinci veya üçüncü plana alacaklardı. Hatta bir hadis-i şerifte, eski zamanlara ders verilirken der ki: "Kıyameti bekleyiniz, intizar ediniz!" Halbuki, ahir zamandaki ehl-i tahkik için der ki: "Kıyamete hazırlanınız, onunla ve ortaya çıkmaya başlayan açık işaretleriyle korkutup uyarınız, ders alınız!" Yine aynı metodolojiyi, Kur'ân-ı Hakîm'de de görürüz. Özellikle, büyük bir kısmını teşkil eden ve Kur'ân'ın ilk 1-25 cüzlük kısmını oluşturan bölümlerinde kıyamet ve haşirden yer yer bahsedilirken; daha küçük bir hacmi kaplayan son 30-40 suresini içeren 25-30. cüzlerine baktığımızda, ağırlıklı olarak kıyamet ve ahir zamana ilişkin olaylar ile Haşir, Cennet ve Cehennem ehlinin akibetleri ve durumları gibi meselelerin detaylı olarak anlatıldığını görürüz. İşte bu da, iman-ı tahkikinin ahir zamana bakan önemli bir kutbunu oluşturur ki, ahirzamana ilişkin tasarrufu bulunan üç büyük evliyadan ikisi olan gavs-ı azâm ve imam-ı rabbanî gibi önemli zatlar, iman-ı tahkikinin bu kutbuna işaret ederek, Hz. Mehdi'nin zuhuru ve güneşin batıdan doğması gibi bazı kıyametin büyük alametlerinde o kutbun bir vechini keşfetmişlerdir. Ayrıca, özellikle İslâm'ın yok edilmeye çalışıldığı ve karanlık bir döneme doğru sürüklendiğimiz şu çağda, Özellikle Fizik, Astronomi ve Matematik gibi bilimler oldukça ilerlemiş olup, bu bilimlerin elde etmiş olduğu son veriler bu yaşadığımız kâinattan başka gözümüzle göremediğimiz bir Metafizik "Beka" (Sonsuzluk) âleminin varlığını ve gerçekliğini ispat etmiştirler. Her ne kadar bu ilmî gerçekler ve araştırma sonuçları eksik bir bakış açısıylaçarpıtılarak evreni ve doğayı, kendi kendini oluşturan ve yaratıcıdan bağımsız olarak kendini yenileyebilen bir sistem olarak; Allah'ı inkâr etme noktasına götürmeye çalışsa da, araştırmalar bir metafizik âlemin varlığını gözler önüne seriyor. Bu gerçeklik karşısında gözlerimizi kapamamız ve duyarsız davranmamız düşünülemez.

Daha binde birinin bile tam olarak müşahede edilemediği şu koca Kâinat, ölümden sonra başlamak üzere sırasıyla Kabir, Berzah, Cennet ve Cehennem gibi daha pek çok duraklarıyla bizleri beklemektedir. Bu yolculuk hakkında gerekli hazırlığımız ve bilgimiz var mı?

Yaklaşan Kıyamet sürecine hazır mısınız? Ahir zaman olarak nitelendirilen içinde yaşadığımız bu çağın, bütün peygamberlerin ve kutsal kitapların haber verdiği zamanın sonu ve kıyametin hemen öncesinde yaşanacak olan zaman dilimi olduğunu biliyor musunuz? İşte gerçekleşmesi, 1400 yıl öncesinden peygamberimiz Muhammed A.S. (S.A.V.) tarafından birçok hadiste haber verilen Kıyâmetin Büyük Alametlerinden bazıları:

- *2006 Hz. Mehdi' nin Zuhuru,*

- *2036 Hz. İsa (A.S.)' ın Nuzulü,*

- *2037 Deccal'in Ortaya Çıkışı,*

- *2052 Ye'cüc ve Me'cüc'ün Ortaya Çıkışı,*

- *2064 Dabbet-ül Arz'ın Ortaya Çıkışı,*

- *2065 Güneşin Batıdan Doğması.*

Ahir zamanda olduğumuzun farkında mıyız? Peygamberimizin ahir zamanda gerçekleşeceğini bildirdiği olayların adeta tesbih taneleri gibi ard ardına bu yüzyılın içerisinde gerçekleşmektedir. Bu olaylara genel olarak baktığımızda ise, Olayların giderek ivmeli bir şekilde hız kazandığını, Dünyanın yeniden şekillendiğini, tüm Müslüman aleminin kıyametin kopuşundan önce hadislerde belirtilen kurtarıcısını yani 'Hz. Mehdi'yi beklediğini görürüz. Hristiyanlarda ise, benzer bir inanç şeklinde bu son dönemde Hz. İsa'nın tekrar yeryüzüne inmesi beklenir. Hadislerde Altınçağ olarak adlandırılan bu kutlu dönemde Hz. Mehdi ve Hz. İsa birlikte tüm dünyaya İslam'ı hakim edecekler. Sadece bu mükemmel güzelliklerin, olağanüstü bolluğun yani 'Asr-ı Saadet' döneminin gelmesi bile ilk önce bunun habercisi olan birçok zorluk, kıtlık, savaş ve katliamı da beraberinde getirir. İşte bizim tam olarak oluş sebeplerini kavrayamadığımız bu garip olayların işaret ettiği ortak noktası ise, 1400 yıl öncesinden haber verilen o kutlu şahısların geliş alametlerini oluşturmasıdır. Peygamberimiz adeta içinde bulunduğumuz bu zamanı, manevi teleskoplarla görmüşçesine, bizlere yaşanacak olan Kıyamet alametlerini, Ahir zaman şahıslarını bir bir tarif etmiştir. Ayrıca, tarih içerisinde birçok İslam alimi de Kıyametle ilgili bu hadisleri ve ilgili ayetleri yorumlayagelmiştir. Örneğin, Hz. Mehdi detaylı olarak tarif edilmiş, icraatlarından bahsedilmiş ve bu konu hakkında çeşitli eserler ve hatta geniş divanlar yazmışlardır.

Bu eserler incelendiğinde, toplumumuzda ve özellikle tüm İslam aleminde Deccal, Mesih ve Mehdiyet gibi evrensel Kıyamet konularının tartışmaya yer bırakmayacak derecede geniş bir kültür haline geldiği görülür ve bir o kadar kesinlik gösterdiği, her akıl ve vicdan sahibi müslüman tarafından rahatlıkla anlaşılabilir. Bu kitabı okuduğunuzda, bildiklerinizi bir kez daha tarih ve olaylar çerçevesinde derinlemesine düşünecek ve gerçeğin ne olduğu konusunda veya kurgulanmış bir kader programını mı yaşadığınız konusunda bir tedirginlik yaşayabilirsiniz ki; bu da insan olmamızın, gerçekler üzerinde düşünmemizin ve her gün yaşadığımız olayların "Acaba dünyada neler oluyor?" veya "Bu olayların hakiki manevi sebebi ne olabilir?" tarzındaki bir farklı düşünce tarzına iten ve olaylara ve meselelere yeni bir manevi pencere açan zamanın, algılarımıza göre göreceli olduğunu anlayacaksınız..

"Ahirzamanda, Kıyametten önce ümmetimden hak üzerinde zahiri, açık olarak küfre karşı mücahede eden bir taife bulunacaktır.."

Hz. Muhammed (SAV)

"Her yüz yılda bir Müceddid gelir. Her dörtyüz yılda bir Gavs gelir. Her bin yılın başında ise, mühim bir Gavs-ı Azam gelir ve Dini yeniler, bid'atlerden temizler ve ilmi yayar ki; ikinci bin yılın başındaki, en mühim olanıdır. Çünkü o Hz. Mehdi'dir.."

İmam-ı Rabbanî (K.S.)

"KIYAMET GÜNÜ, bütün Yeryüzü O'nun hükmünde olacaktır; Gökler O'nun emriyle dürülmüş olacaktır. Arılık O'na! O, onların ortak koşmalarından aşkındır! "

{Zümer, 67}

1. BÖLÜM (Chapter 1)

ESRARENGİZ ÇİFTLİK EVİ

GİRİŞ

بِسْمِ اللهِ الرَّحْمٰنِ الرَّحِيمِ

Ey GERÇEKLERİ ARAYAN ARKADAŞ! Kur'ân-ı Hakîm'in İLK Âyeti; ONDOKUZ HARFLİ BESMELE'nin İlk Harfi Olan B'nin Noktasından Süzülen ALTI HAKİKATİ,
౹౦ 80 ౦౩

KIYÂMETİN ALTI ALÂMETİNİ ve Bunlardan Çıkan **ALTI SONUCU; EBCED Hesabında** Değeri **66** Olan **ALLAH (C.C)** Rızası ve Tamamı **6⊗19=114 Sûre; 66⊗101=6666 Âyet** Olan **KUR'ÂN-I HAKÎM**'in **Üçte Birlik Bölümünü** Oluşturan ve **KIYÂMET**'i ilân eden **2222 Âyeti** İçin; **22 BÖLÜM** Halinde **CİFİR İLMİ ve EBCED HESABI** Lisanıyla İfade Edeceğim.

Kim İsterse İstifade Edebilir.

GERÇEK: EBCED veya CİFİR hesabı, Arap alfabesindeki harflere sayı değeri vererek, tarihte gerçekleşmiş olan önemli olaylara ilişkin tarih bulma işlemine denir. Tarih içinde pek çok İslam Alimi veya Gizemci Tarikatlar, bu yöntemi kullanarak önemli olaylara ilişkin tarih hesaplamaları yapmış ve medeniyetlerin gelişimini olumlu veya olumsuz yönde etkilemişlerdir. 2004 yılında, Muhiddin-i Arabi'ye ait beyitlerin bir kısmı, bu hesaba göre Türkiye'deki genç bir araştırmacı tarafından ilk kez çözüldüğünde çok ilginç sonuçların ortaya çıktığını görmüştü. Çünkü, beyitlerin bir kısmında şifreli olarak verilen tarihler günümüze bakıyor ve Kıyametin büyük alametlerinden bahsediyordu. Bu kitapta kullanılan tüm hesaplamalar bu GERÇEK ilmi hesaplama yöntemine göre yapılmış olup; Muhiddin-i Arabi, Nostradamus ve en son Said Nursi tarafından kullanılmış olan bu yöntem, tarihin en gizemli olaylarına ve dünya tarihinin kırılma noktalarına işaret etmektedir. Öyle ki, ilginç bir şekilde Kur'an'da yer alan pek çok kıyamet alametinin gizli tarihlerinin, yüzyıllar öncesinden bu gizli yöntemle haber verildiği görülecektir..

Bu eserde geçen, *Illuminati* ve *Sion* tarikatları ile *Şambhalla* ve *Agartha* medeniyetleri çok gizli olmakla birlikte, tarihsel olarak GERÇEK bir kişiliğe sahiptirler. Hz. Peygamber'e ait Sahih-i Buhari'de geçen 1812 numaralı hadis-i şerifinde buyurulduğuna göre ise;

"Deccal, Şimal (Kuzey tarafı veya Kuzey Kutbu) tarafından çıkarak bu tarafa doğru gelir. Deccal'ın bu yolculuğu Kırk gündür. Bir günü bir yıl kadar, bir başka günü bir ay kadar, bir diğer günü de bir hafta kadardır; geri kalan günleri ise sizin bildiğiniz günler gibidir."

İlginçtir ki, Dünyanın ekonomik ve askeri güç bakımından en güçlü ülkelerinin kuzey kutbuna yakın enlemlerde yer alması tesadüf değildir. Örneğin, başta İngiltere, ABD ve Kanada olmak üzere. Çok az bilinen bir gerçektir ki , bu ülkelerin ise, kuruluş temelinin hepsi aynı ırka dayanır: Anglo-saksonlara. Bu ırktan gelen devletlerin ise, I. Dünya savaşından sonra *Kuzey Kutup Konseyi* adı altında dünyanın kaderini ve gidişatının esas belirleyicisi olan çok gizli bir örgütü kurdukları ise, çok az kişi tarafından bilinir veya hiç bilinmez. İlgiltere, yaklaşık miladi 1000 yılından 1900'lü yıllara kadar dünya üzerinde yaklaşık 900 yıllık bir hükümranlık sürdürmüştür.

Dolayısıyla, yukarıdaki hadise göre Deccal'ın birinci gününü hesapladığımızda yalaşık 1000 yıl yapar ki, İngiltere'nin bu kadar uzun süre hakimiyet kurması bir tesadüf değildir. İkinci gününü hesapladığımızda, 1000/12 83 yıl yapar ki, 1917+83=2000 yapar. I. Dünya savaşından sonra, İngiltere'nin dünya hamiyetini 2000'li yıllara kadar Amerikaya bırakması da bir tesadüf değildir. Üçüncü günü hesapladığımızda ise, 83 / 12 = 20 yıl yapar ki, 2000 yılının başlarından itibaren 2020'ye kadar ABD'nin Ortadoğu'yu işgal etmeye başlaması da bir tesadüf değildir ve amaç bellidir: İsrail'in dünyadaki mutlak egemenliği. Ve son raund Kıyamet iyice yaklaşmaktadır: Dördüncü günü normal bir gündür ki, 20 / 7 = yaklaşık 3 yıl yapar ki, 2023 tarihini vererek Deccal'ın Kudüs ve İsrail merkezli dünya hakimiyetinin başlangıcına 1400 öncesinden harika bir tarzda işaret ederek yaklaşan büyük tehlikeyi haber verir. Yine, bir başka hadiste **"Deccal'ın tek gözlü olmasından ve alnında "Kafir" yazısının bulunmasından"** bahsedilir ki, günümüzdeki en geçerli para birimi olan bir doların üzerinde bulunan işaretlerde üçgen ve piramitten oluşan yapının en üzerinde tek bir göz simgesinin bulunması ve bu simgenin pek çok gizemci tarikatların sembolü olan Baphomet olarak bilinen keçi kafalı putları olan Şeytan'ı ve İncil'de Şeytan'ın varisi olarak temsil edilen Deccal'ı sembolize etmesi de bir tesadüf değildir..

Bu araştırma tarzındaki gerilim romanında geçen kişi ve olaylar bir GELECEK kurgusu olup; Ebced hesabına göre bulunan tarihler GERÇEK'tir. Bununla birlikte, KIYAMET konularını ele aldığımız bu eser, kendi içerisinde EBCED hesabına dayalı MATEMATİKSEL bir kurguya göre tasarlanmıştır. Buna basit bir örnek verecek olursak, şöyle ki: Eserin tamamlanması yaklaşık 46 ay, yayınlanması ise yaklaşık 4,6 yıl sürmüştür. Eserdeki olaylar, 1980'lerin sonunda başlayıp 2036 yılındaki bir olayla sona ermektedir. Dolayısıyla, bu da yaklaşık 46 yıllık bir zaman dilimini kapsar ki, bu zaman dilimi birçok dinde bahsedilen ve bu sürecin sonuna doğru Hz. İsa'nın tekrar geleceği ALTINÇAĞ dönemini kapsar. Ayrıca, Dünyanın yaratılması insanın yaşayabilir hale gelebilmesi için yaklaşık 4,6 milyar yıl sürmüştür ve ilginçtir ki, bu sürecin sonunda dünyada yaratılan insanın ise 46 kromozomu vardır. Öte yandan, Kıyametin son dönemlerine doğru yıkılacak olan Mescid-i aksa'nın yerinde eskiden bulunan Süleyman Mabedinin yapımı ise yine 46 yılda tamamlanmıştır ve bu sürecin sonunda ise, Hz. İsa Yeryüzüne ilk kez gelmişti. Dolayısıyla, bu hesaba göre Mescid-i Aksanın yıkılmasıyla Mesih'in ikinci geliş süreci 2000 yıllık bir benzerlikle CİFİRSEL olarak tamamlanmış olur. Şüphesiz ki, her şeyin en doğrusunu Allah (C.C.) bilir..

Tarih: **1980**'li yıllar. **Yer**: İstanbul **Sultançiftliği**'nde terkedilmiş ıssız bir Köy Çiftliği.

Köyün hemen karşısında yer alan askeri bölgenin yakınındaki boş ve geniş arazide koyunlarını otlatan iki çoban, dinlenmek üzere çiftlik evinin kapısını hafifçe aralayarak içeriye girdiler. Yağmur başlamak üzereydi ve koyunlarını terkedilmiş çiftliğin ağılına bir süre doluşturduktan sonra yağmur kesilene kadar bir süre çiftlik evinde dinlenmek niyetindeydiler. Hava serinlemişti ve içerisine girdikleri çiftlik evi uzunca bir süredir terkedilmiş, virane bir haldeydi. Zaman zaman, bu virane ev bölgedeki başıboş dolaşan sarhoşların ve bir evi olmayan sokak serserilerinin ve bir de koyunlarını otlatmak için buraya dinlenmeye gelen çobanların uğrak mekanı olmuştu. Evin içerisi, oldukça sessiz ve ürkütücüydü. Özellikle soğuş kış gecelerinde, zifiri karanlıkta bu durum daha da garip ve korkutucu bir hal alıyordu. Çobanlardan biri kapı önünde ısınmak için ateş yaktı ve koruluktaki kırık odunlardan getirerek ateşi harladı. Diğer arkadaşı ise, evin içerisini bir süre incelemek üzere içeriye girdi.

Yaşlı çoban, kırık döşeme tahtalarının üzerinde ilerliyordu ki, birden ayağı kaydı ve döşeme tahtası ile birlikte ayağı yaklaşık 2 metre derinliğinde gizli bir mahzene açılan bir boşlukta asılı kalmıştı. İçerideki gürültüyü duyan diğer arakadaşı ise, hemen ona doğru yönelmişti ki, her ikisi de tarihin en gizemli objelerinin esrarengiz hikayesine açılan devasa bir gediğe takıldıklarını o an için fark etmemişlerdi. Mahzene inen çoban, gözlerine inanamadı. Çünkü, en köşede sanki çok büyük bir özenle yerleştirilmiş olan büyükçe ve işlemeli bir ahşap sandık, üzerinde koca bir kilit asılı vaziyette duruyordu. Hemen sandığa doğru bir hamle yapan iki çoban bir süre kilidi açmak ve sandığın içerisinde ne olduğunu görmek için mücadele ettiler fakat nafile başaramadılar. Bunun üzerine, diğer çobanın aklına parlak bir fikir geldi. Yakındaki köyden bir balta bulup getirecekti ve sandığı parçalayarak açacaklardı. Ne var ki, diğer çoban etrafın aşırı derecede karanlık olmasından da etkilenerek oldukça ürkmüştü ve bu işe bulaşmak istemiyordu. Ona göre en iyisi bu uğursuz yerden çekip gitmekti. Çünkü, bu sandığın içindeki her neyse birileri tarafından konulmuştu, yani yeri biliniyordu ve başlarına iş açabilirdi. Üstelik çiftlik evinin bulunduğu alan, yakın bir zaman önce askeri bölgenin içerisine dahil edilmişti. Diğer çoban ona aldırış etmeden yakındaki köyden bir baltayı kapıp geldi ve sandığa doğru sert bir darbe indirdi. Zaten eskimiş olan ve çürümeye yüz tutmuş olan sandık bir anda parçalandı. Fakat ne ilginçtir ki, umdukları gibi içerisinden bir hazine veya mücevherler çıkmamıştı. Sadece bir tomar parşömen şeklinde sarılmış, çeşitli yerleri işaretlerle gösteren bilinmeyen bir dille yazılmış haritalar ve bir adet çok eski olduğu belli olan bir kitap çıkmıştı.

Kitaptaki ve haritalardaki çoğu işaretli yerler, Ortadoğudaki ve Türkiye'nin Güney bölgelerindeki bazı yerleri gösteriyordu. Ayrıca, kitabın bazı bölümlerinde çok eski bir dildeki sayılara karşılık geldiği anlaşılan çeşitli tarihlerden oluşan uzunca bir liste ve o tarihlerde gerçekleşecek olan bazı olayları işaret ettiği izlenimini veren karmaşık tablolar bulunuyordu. Bu şekilde ardı ardına sıralanmış olan yaklaşık 200 adet tarih ve bu tarihlerde meydana gelecek olan olaylar şifreli ve o güne kadar henüz hiç karşılaşılmamış bir dille şifreli bir şekilde anlatılıyordu. Diğer çoban, endişeli bir şekilde arkadaşını vazgeçirmek için "Bırak, haydi gidelim artık. Bunlar her neyse, ileride başımıza iş alırız. Belki, birilerinin bunlardan haberi vardır!" diyerek hemen askeri bölgeden çıkmak istedi ve kapıya doğru yönelmişti ki, dışarıdan bilinmeyen bir yönden iki el ateş edildi. Çoban hemen oracıkta yere yığılmıştı. Diğer arkadaşı ise, sandıktakileri apar topar kepeneğinin altına sokuşturarak evin içerisinde gizlenecek bir yer arıyordu ki, kapının önüne gelen siyah cübbeli, uzunca sakallı ve uzunca boylu bir silüet, heybetli bir şekilde seslendi: "İçerdeki, her kimsen çık dışarı!" Belli ki, bu kişi sık sık buraya geliyordu ve içerde her ne varsa onun başkalarının eline geçmesi ölüm pahasına bu kişileri harekete geçirmişti. Çoban, korkudan tir tir titriyor ve son anlarının yaklaştığı hissediyordu. Belli ki, saklandığı yerden adamın karşısına çıksa da çıkmasa da bu kişi kendisini öldürmeye kesin olarak niyetliydi. Peki basit bir çoban tüm bunları nasıl biliyordu ve kendisini ölümle tehdit etmeye gelen bu kişi de kim olabilirdi. Anlaşılan çok büyük bir sırra tanıklık etmişti ve bu kişiler her kimse bunu öğrenenlerin yaşamasını istemiyordu. Tek çözüm yolunun mümkün olduğu kadar hızla dışarı doğru kendini atmak ve hızla kaçmak olduğunu düşünüyordu ki, tam arka kapının yanına yanaşıp dışarı doğru hızla kaçmak için son bir hamle daha yaptı ki, iki el daha ateş edildi. Çoban, kepeneğinin altından fırlayan belgelerle birlikte kanlar içerisinde yere yığılıp son soluğunu vermişti bile. Son bir hamle yapıp kaçmayı denemişti fakat o da bu sırra tanıklık eden birçok kişi gibi, ölümden kurtulamamıştı.

Siyah cübbeli ve uzun sakallı kimliği belirsiz kişi ise, yere düşen belgeleri çok dikkatli bir şekilde toparlayarak, etraftan silah sesini duyan kişilerin gelmekte olduğunu düşünerek aceleyle belgeleri mahzene tekrar indirdi ve parçalanmış haldeki sandığın bir köşesine koyduktan sonra döşeme tahtalarını yine eski görünümünde olacak ve dikkat çekmeyecek şekilde yerlerine baltayla yarım yamalak çiviledi ve ardından Edirne asfaltına doğru hızla koşmaya başladı. Yolun kenarında bekleyen Limuzin'e atlayarak olay yerinden hızla uzaklaşırken, şoför koltuğunun yanında oturan uzun sakallı ve yine cübbeli bir şahısa yönelerek: **"Tamam efendim! İsteğiniz üzere ahit sandığının yerini belirleyen işaretlerin ikincisine ulaşmaya çalışan çoban kılığındaki tehditler ortadan kaldırıldı!"** dedi. Anlaşılan, olay yeri sürekli takip ediliyordu ve buradaki belgelerin peşinde olan bazı tarikatlar veya bazı başka gizli güçler de vardı ve bu kişiler çoban kılığına girmiş iki kişiyi bölgeyi araştırmakla görevlendirmiş ve belgelerin yeri tepbit edilince de onları ele geçirmek istemişlerdi. Fakat son anda belgeler bu kişilerin eline geçmeden engellenmiş ve bu tehditler yok edilmişti. Peki, kimin için ve neden bu cinayetler işlenmişti. O belgeler neydi ve o haritalardaki işaretli bölgeler ne anlatmak istiyordu. Tarihin en derin muammalarından yola çıkan ve bu önemli belgelere ulaşmak isteyen tarikatlar asıl neyin peşindeydi. Aslında hepsinin ortak hedefi Ahit Sandığıydı ve Hz. Musa'ya vahyedilen orijinal levhalarla Ezra'nın Tevrat'ın yeniden düzenlenmesiyle oluşturduğu orjinal Tevrat ile Kıyamete ilişkin gelecekte meydana gelecek olayları Aziz Yuhanan'nın şifreli olarak yazdığı Aramice Vahiy Kitabı ve ayrıca havarilerden Barnabas'ın yazmış olduğu Aramice Barnabas İncili de, çeşitli dinlere mensup gizli tarikatların bu belgelerin peşinden koşuşturmasının esas sebebini teşkil ediyordu. Çünkü bu belgeler, bu asıl kaynaklara nasıl gidileceğini tarif eden ve dünyada üç adet bulunan saklı belgelerden sadece birisiydi..

2010'lu yıllardan sonra, İstanbul ve genelinde yaşanan kuraklık ve iklimin normal şartların çok ötesinde bir seyir izlemesi, bu İstanbul'un garip ve ıssız bir köşesindeki çiftlik sahiplerinin evlerini kısa bir zaman önce terk etmesine yol açmıştı. Bölgedeki 30 sene önceki köy yaşamı yerini yavaş yavaş kentsel görünüme dönüştürüyordu. Son zamanlarda havaların kurak geçmesi ve yağan yağmur miktarının mevsim normallerinin altında seyretmesi, ailelerin geçimini sağlayan mısır ve ayçiçeği tarlalarını bir anda kurutmuş ve daha hasadı alamadan çoğu ailenin baba ocağına göç etmesine yol açmıştı. İstanbul genelinde artan işsizlik ve geçim şartlarının ağırlaşması da bunda ekstra bir rol oynuyordu. İklimin daha önceleri yer yer ılıman olduğu bu İstanbul'un ücra köşesi, kelimenin tam anlamıyla kuş uçmaz kervan geçmez bir yeriydi. Yakın bir zamana kadar bu bölgede tepelerde koyunlarını otlatan çobanlardan başka etrafta kimseler bulunmazdı. Terkedilmiş çiftlik evinin en yakınındaki mesken ise, eski edirne asfaltının karşı tarafında yer alıyordu. Çiftliğin yakınındaki komşu aile olan Ahmet ve ailesi ise, bu yöreye yıllar önce 1980'li yılların sonlarında gelmişler ve evlerini terk eden yan komşuları gibi çiftçilikle geçiniyorlardı.

Ahmet, dört kardeşli ailenin en küçük bireyiydi fakat ağabeyleriyle çoğu zaman geçinemez ve en küçük olduğu için daima onlar tarafından kıskanılırdı. **2006** yılında doğan ailenin en küçük bireyi olan Ahmet, doğumundan 5 yaşına gelinceye kadar, annesi ve yakındaki komşular ve hatta evde kendisine hediyeler sunmaya gelen civar halkı ve annesine garip bir şekilde onun doğumunu müjdelemeye gelen çobanlar tarafından bile ilginç bir şekilde olağanüstü fiziksel yeteneklere ve doğaüstü güçlere sahip olan bir çocuk olarak görülmüş ve o günden beri bölgedeki yerleşim merkezlerinden ve köylerden gelen halkın ilgi odağı olmuştu. Halkın çoğunluğuna göre, bu çocukta bir şeyler vardı ve annesi Emine hanımla babası Abdullah bey de bu durumun farkındaydılar fakat çoğu zaman onun bu özelliklerinin başkaları tarafından, belki nazar değer veya çocuk hastalanır diye bilinmesini istemezlerdi. Ahmet'in daha çocuk yaşta olmasına rağmen, dini hissiyatı o kadar kuvvetli idi ki, bazı zamanlarda babasına "Kıyamet ne zaman kopacak?" "Niçin annem namaz kılıyor?" veya "Dünya nasıl yaratıldı?" gibi yaşından beklenmeyecek tarzda garip sorular sorardı. Babası da, kendi bildiğince cevaplama çalışır fakat çoğu zaman "Ben de çok fazla bilmiyorum, oğlum!" diyerek geçiştirmeye çalışırdı.

İki abisinden en büyükleri olan **Mustafa** ve **Hilmi** ise, henüz ilkokula yeni başlamış ve derslerinde pek de başarılı olmayan, daha çok çiftlikteki hayvanlarla ilgilenen ve tarlada vakit geçirmeyi seven bir yapıları vardı. Fakat, Ahmet onların tam tersine Kur'an okumaya tam 5 yaşında başlamış ve pek çok sureyi ezberlemişti bile. Babası Abdullah bey, onun büyük bir adam olacağından neredeyse eminde fakat ondaki bu zekavet ve bu derece yüksek bir hafızaya ve ilmi meraka sahip olması onu bile şaşırtıyordu.

Abdullah bey ve ailesi, 93 harbi olarak bilinen Osmanlı-Rus harbi sırasında 1880'li yıllarda Kafkasya'dan Kayseri civarına göç etmiş bir ailenin soyundan geliyordu. Daha sonra, babasının Kayseri'deki yürüttüğü halı imalathanesinin iflas etmesi üzerine, babasıyla birlikte 1980'li yıllarda İstanbul'a göç etmek zorunda kalmışlardı. Daha önceleri sık sık Kayseri'ye gidip gelirdi fakat ekonomik krizin yükselmesi ve geçim şartlarının iyice zorlaşması üzerine ailesiyle birlikte uzun süredir İstanbul'daki bu küçük köy çiftliğinde ikamet etmek zorunda kalmış, bu yüzden baba köyüne pek ilgi gösterememeşti.

Emine hanım ise, Abdullah beyin ikinci eşiydi ve ilk eşinden olan Nermin de ikinci eşiyle birlikte yanında büyümüştü. Nermin ise, saf, temiz ve için ekapalı bir ev hanımı olmuş, gelinlik çağına gelince de uzak bir akrabasıyla evlendirildikten sonra Arnavutköy'e yerleşmişti. Esnaf olan kocasıyla bu ücra semtte mutlu ve huzurlu bir yaşamı vardı ve ara sıra babasını ziyarete gelip sık sık duasını alırdı, hizmet ederdi.

Ahmet ve ailesinin yaşadığı bu ücra taşra kasabası görünümündeki yer, halbuki 1980'lerde bu bölgede kısa bir süre talebeleriyle yerleşen Şeyh Nazım Kıbrısî zamanında cıvıl cıvıldı. Ruhani görünümüyle Doğu'nun manevi iklimlerinden olan Siirt'teki **Tillo** kasabası veya **İsmail Fakirullah** Dergahını aratmayacak kadar manevi bir ortam ile dopdoluydu.

Ne ilginçtir ki, Türkiye'nin hayli kaotik bir yapıya sahip olduğu, o yasaklı dönemlerinde Nakşibendilerin altın silsilesinin 40. ve son halkası olan **Şeyh Nazım** hazretleri, bu ücra yerdeki bir köy evinde 1400 yıldır tüm İslam alemince merakla beklenen Hz. Mehdi'nin gelişi ile ilgili birçok müjdeli haberi talebelerine ders olarak verdiği ve bu konuda çok ciddi açıklamalar yaptığı çoğu kişi tarafından çok az bilinir veya hiç bilinmez:

Nakşibendiliğin Altın Silsilesi:

1. Seyyidina Mevlana Muhammed Mustafa (S.A.V.)

2. Seyyid-ul Hulefa, Seyyid-ül Evliya Ebu Bekir es Sıddık (R.A.)

3. Selman Ali Farisi (R.A.)

4. İmam Kasım bin Muhammed bin Ebu Bekir es Sıddık (R.A.)

5. İmam Cafer es Sıddık (R.A.)

6. Bayezid-i Bestami (K.S.)

7. Ebul Hasan Harkani (K.S.)

8. Ebu Ali Farmedi (K.S.)

9. Yusuf-ul Hamedani (K.S.)

10. Ebul Abbas (Hızır A.S.)

11. Abdulhalık Goncduvani (K.S.)

12. Hace Arif Rivegeri (K.S.)

13. Hace Mahmut Encer Fagnevi (K.S.)

14. Ali Ramitani (K.S.)

15. Hace Muhammed Baba Semmasi (K.S.)

16. Seyyid Emir Gilal (K.S.)

17. Tarikat Kutbu Şah Muhammed Bahaeddin Nakşibendi el Buhari (K.S.)

18. Alaeddin Muhammed Attar (K.S.)

19. Yakub el Çerhi (K.S.)

20. Ubeydullah Ahrar Semerkandi (K.S.)

21. Muhammed Zahid (K.S.)

22. Derviş Muhammed el Buhari (K.S.)

23. Hacegi Emkeneki as Semerkandi (K.S.)

24. Muhammed Bakibillah Semerkandi (K.S.)

25. Müceddid-u Elf-i Sani imam Rabbani Ahmed Faruki Serhendi (K.S.)

26. Urvetül Vüska Muhammed Masum Rabbani (K.S.)

27. Hace Seyfeddin al Rabbani (K.S.)

28. Nur Muhammed Bedevani (K.S.)

29. Habibullah Mirza Can-ü Canan-ül Mazhar (K.S.)

30. Gulam Ali Abdullah Dehlevi (K.S.)

31. Ziyaeddin Abu Hasan Mevlana Halid-i Bağdadi (K.S.)

32. Şeyh İsmail Enerani (K.S.)

33. Muhammed Şirvani (K.S.)

34. Seyyid Taha-i Hakkari (K.S.)

35. Seyyid Cemalettin Hüseyni (K.S.)

36. Seyyid Fehim-i Arvasi (K.S.)

37. Seyyid Abdulhakim Arvasi (K.S.)

38. Seyyid Şerafettin Dağıstani (K.S.)

39. Sultan-ül Evliya Abdullah Dağıstani (K.S.)

40. Seyyid Şeyh Muhammed Nazım El-Hakkani Kıbrısi (K.S.)

Şeyh Nazım Kıbrısi'nin 1981'de Sultançiftliği, İstanbul'da yaptığı sohbetin bir kısmı:

"**Bismillahir Rahmanir Rahim**: Allah, Besmele-i şerife olan ulûm hakikatinden bizim kalplerimize de versin. **Sahibüzzaman**'ın zamanında "**Bismillâhirrahmanirrahîm**" ile olan tecelliyi o zamanda yaşayacak olan bütün ümmet-i Muhammed, bu şimdiki teknikçilerin rüyalarında bile hayal edemeyecekleri işleri göreceklerdir. Şimdiki teknikleri kendilerine çok yüksek görünüyor. Bundan ileri bir teknik terakki düşünemiyorlar, bundan ilerisini akıl edemiyorlar. O zamanda bu Cenabı Allah'ın "Bismillâhirrahmanirrahîm"e tahsis etmiş olduğu rahmet tecellileri ile harika işler, mucizeli kerametler bütün millete göründüğü vakit, o zamandaki insanlar bu tekniği adeta roket süratinin yanında karıncanın debelenmesi gibi sayacaklardır; Besmele-i Şerife has olan o kadar manevi kuvvet membaları, inayet membaı açılacaktır.

Şimdi, Sahibuzzaman Mehdi Aleyhisselâm, bütün gelmiş geçmiş evliyaların hepsine verilen ilimlerden üstün olarak yediyüz ilme mazhar olmuştur. Cenabı Allah ona bütün evliyalardan ziyade olarak hiç bir evliyaya açılmayan hakikat membaından yediyüz ilim vermiştir. İlim dediği vakitte, ne gibi bir kuvvet var? Allah'ın beyanına bak, bizim sözümüze bakma! Orada bizim sözümüz yoktur. Cenabı Allah, Hakk sözü söyletiyor. İlimdeki kudrete bak sen.

Hazreti Mehdî'ye o yediyüz ilim verildiği vakitte, o ilme has olan kuvvetle beraber olduğu halde verildi. Bütün bu âlemi hidayete sevk etmesi, bütün batılı mutlaka mahvetmesi içindir. Süleyman Peygamber'in veziri Asaf'a verilen, onlara tahsis olan ulûmdan bir ilim idi. Hazreti Mehdi aleyhisselâma verilen yediyüz derece, ilim derecelerinden ziyade kendisine verilmiştir ve her ilme göre bir salâhiyet, bir kuvvet onun emrine verilmiştir. Ona göre bütün bu dünyada, Estiaîzübillah:

بِسْمِ اللهِ الرَّحْمٰنِ الرَّحِيمِ

1 - Hz. Muhammed Mustafa (sav)
2 - Hz. Ebubekr Sıddık (ra)
3 - Selman-ı Farisi Hz. (ra)
4 - Kasım bin Muhammed Hz. (ks)
5 - İmam Cafer-i Sadık Hz. (ks)
6 - Bayezid-i Bistami Hz. (ks)
7 - Ebu Hasen Harakani Hz. (ks)
8 - Ebu Ali Farmedi Hz. (ks)
9 - Hace Yusuf Hemedani Hz. (ks)
10 - Abdülhalık Gücdevani Hz. (ks)
11 - Hace Arif-i Rivegeri Hz. (ks)
12 - Hace Mahmud İnciri Fağnevi Hz. (ks)
13 - Hace Ali Ramiteni Hz. (ks)
14 - Muhammed Baba Semmasi Hz. (ks)
15 - Seyyid Emir Külal Hz. (ks)
16 - Şah-ı Nakşıbend Hz. (ks)
17 - Alaeddin Attar Hz. (ks)
18 - Yakub-i Çerhi Hz. (ks)
19 - Ubeydullah Ahrar Hz. (ks)
20 - Mevlana Muhammed Zahid Hz. (ks)
21 - Mevlana Derviş Muhammed Hz. (ks)
22 - Hace Muhammed Emkeneki Hz. (ks)
23 - Muhammed Baki Billah Hz. (ks)
24 - İmam-ı Rabbani Hz. (ks)
25 - Muhammed Ma'sum Hz. (ks)
26 - Mevlana M. Seyfeddin Faruki Hz. (ks)
27 - Seyyid Nur Muhammed Bedauni Hz. (ks)
28 - Mirza Mazhar Can-ı Canan Hz. (ks)
29 - Abdullah-ı Dehlevi Hz. (ks)
30 - Mevlana Halid-i Bağdadi Osman-ı Hz. (ks)
31 - Mevlana Seyyid Abdullah Şemdini Hz. (ks)
32 - Seyyid Taha-yı Hakkari Hz. (ks)
33 - Seyyid Muhammed Salih Hz. (ks)
34 - Seyyid Muhammed Fehim Arvasi Hz. (ks)
35 - Seyyid Abdülhakim-i Arvasi Hz. (ks)
36 - Hacı Hamdi Turabi Van-i Hz. (ks)
37 - Seyyid Ahmed Turan Hz. (ks)
38 - Eş'Şeyh Hüseyin Altıparmak Hz. (ks)

Tarikat-ı Aliyye Nakşıbendiyye-i Halidiyye Arvasi Kolu

وَقُلْ جَاءَ الْحَقُّ وَزَهَقَ الْبَاطِلُ إِنَّ الْبَاطِلَ كَانَ زَهُوقًا

"Ve Kul câel Hakku ve zehekal batıl innel bâtıle kâne

zehukâ"

"De ki, Ey Habibim! Hak geldi, bat ılzail oldu. Şüphesiz batıl yok olmaya mahkûmdur" Bu ayetin sırrının hakikati, Hazreti Mehdî'de meydana çıkacaktır. Yeryüzünde batıl namına zahir ve batında bir şey kalmayacaktır. Hatta kalbinde batılı tutan kimseyi de süpürüp götürecek.

Hazret bana bunu da söyledi: "Oğlum! Sahibüzzaman olan Mehdi Aleyhisselâm batıl üzerine kurulmuş olan ne kadar müessese varsa, batıl temele oturtulmuş ne kadar kuruluş varsa ehli ile beraber atacak, bütün Hakk kuruluşları meydana çıkacaktır." İşte, ilim dediğinde böyle ilim olacak. O vakit cehalet tamamı ile yok olup herkesin kendi makamına, iman derecesine göre ilim ona açılacaktır, o ilimde verilecektir.

İlim nedir? İlim, Allah'ın bizi kurbiyyetine iten kuvvettir. İlim ile kurbiyyet makamlarına biz yürüyebiliriz. O zamanki ilim, hikmet membaındandır. Hikmet, ilmin ruhu mesabesindedir, hikmetsiz ilmin faydası yoktur. Ruhsuz ilim faydasızdır. İbliste ilim vardı, hikmet yoktu. Hikmet olmadığından Âdem peygambere secde etmedi. Edep dairesinden dışarıda kaldı.

Peygamberimiz onu "Muhammedü'l Ahmed-i Mehdi" diye tesmiye etti. Sonra kendisi mübârek elini koyup vaktin sahibi olduğuna dair ondan bey'at üzerine durup bütün evliyalar da orada bey'at ettiler. Ondan sonra burada durdurulmadı, tekrar yerine döndürüldü. Onun buraya gönderilmesinin sebebi Sancak-ı Şerif'i teslim almak için olacaktır, vazifesi odur. Hazreti Mehdi aleyhisselam buraya geldiğinde, buradan Sancak-ı Şerifi, emanetleri de teslim aldığında, o zaman deccal'ın huruç ettiğine dair haber gelecek ve kendisi buradan hareket edecektir. O zaman bütün dünyada ne kadar ehli iman varsa ilan olur ki: "Deccal'ın fitnesinden sakınmak isteyen Şam'a, Mekke'ye, Medine'ye girip orada kendini gözetsin!" Bu İstanbul'da bir veliyyullah var; Boğazda, sen onu bilmezsin. Bir tek Peygamber Aleyhisselâm'dan doğrudan emir alan, evliyadan büyük bir zât burada bulunuyor. O, İstanbul'da emânetleri gözeten zattır. Yedi düvelin kuvveti gelse onların çemberini kırıp da içeriye adım atacak kuvveti yoktur. Mesela bak Çanakkale'ye. Ötesine geçip de İstanbul'a ulaşabildiler mi? Bu emânet Hazreti Mehdi'nindir. Kim çalacak? Kim yaklaşabilir oraya? Yaklaşan bir kişi yanar, onun alevi görünür.

Bulutu gördüğünüzde, yağmur herhalde yağar diye tahmin ettiğimiz gibi bu Ehlullah, ortalığın haline baktığında onun gelişini öyle yakın görüyor. Onun ordusu ile gelip kuzular da kesilip, ziyafetler de verilir. Zikirler de çekilip, ondan sonra göz açıp yumuncaya kadar yerimize döneceğiz. Arabaya binmeye hacet yok, atların üzerinde; atlara bindiğimizde; bizim bineceğimiz atlar inşaallah ufka basarak gidecek. Altı ay, o genç halinde Mehdi'ye verilecek o manevî ilimlerin temelini Şeyh Şerafeddin Hazretleri döşedi. Ondan sonra hizmet, bizim Hazrete oldu, şimdi bizim Hazretten oraya zamanı gelince o kuvvet aşılanır. Ondan sonra o, meydana çıkacaktır. Allahu, Hû, Hakk, Hayy. Zikrettik. Zikrin dışında mıyız? Zaten zikrin hep içindeydik!

Bu ahir zamanda bu fitnelerin olacağını aleyhisselatü vesselam Efendimiz haber vermiş, ta vaktin Sahibi çıkıncaya kadar da devamını bildirmiştir ki, ölen ne için öldüğünü bilmeyecek, öldüren de ne için öldürdüğünü bilmeyecek. Ölen "ne için öldüm?", öldüren "ne için öldürdüm?" ondan haberi olmayacak diye bildirmiştir. Öyle karanlık bir devirdir şimdi.

Onun için Allah, vaktin Sahibini bize tez gönderip o nuru açsın. Bizim silahımız "Allahu Ekber" dir. Bizim silahımız üzerine silahları varsa, gelsinler. Siz, o silahla silahlanın, korkmayın! Bu sözü ben size, doğrudan Emr-i Peygamber ile söyledim."

Ve minallahi Tevfik..

Şeyh Nazım Kıbrısi'nin konuşması bitince talebeler ve Nakşî şeyhleri kendi aralarında sohbet etmeye başladılar. "Osmanlı" dedi içinden tartışan iki Nakşibendi şeyhinden birisi, diğeri "Evet" dedi diğeri "Son Halife'nin geliş sürecini anlamak için, 1922-2022 sürecinin getirmiş olduğu 100 senelik tarihsel döngüyü düşünmek lazım. Çünkü, bence kayıp halka son halifede saklı ve önümüzdeki süreçte Türkiye'nin dünyadaki konumu değişebilir ve yeniden tüm dünyaya hakim bir duruma gelebilir." dedi. "Bence Mehdi'nin gelişinin en büyük işareti bu olmalı, Hadisler de bunu gösteriyor!" diye cevap verdi diğeri. "Fakat halifelik bu topraklardan hiç gitmedi ki, işte önümüzdeki ahir zamanda yeniden buradan, İstanbul'dan yani kaldırıldığı yerden, yeniden neşv-ü nema bulacak inşallah!" diye cevap verdi diğeri.

"Ben sokakta yürürken bunu hissedebiliyorum, özellikle ihtiyarların yüzüne baktığımda sanki o eski kutlu günlerin, dünyaya hükmetmiş bir imparatorluğun yeniden ve farklı bir şekilde yeniden bu topraklardan yükseleceğini hissedebiliyorum!!"

diye sanki kendinden emin bir tarzda yanıtladı. Bu arada iki şeyhin tartışmasına kulak misafiri olan Abdullah bey araya girerek cevep verdi: "Şeyhim, Osmanlı payitahtının son temsilcisinin ve Hadislerde belirtilen son halifenin bu ülkeden çıkacağına ben de eminim, fakat zamanı belli değil.." diye yanıt verdi. Nakşibendi şeyhi cevap verdi:

"Evet haklı olabilirsiniz, geçenlerde Osmanlı hanedanlığının son dönemlerini anlatan bir tarih kitabı okudum, sanki Allah yeryüzüne kendi seçtiği tek bir halifeyi getirmek için Osmanlı hanedanlığını darmadağın etmiş gibi geldi bana, belki de rakip istemiyordu. Peygamberin erkek çocukları da sırf bu yüzden, hikmet-i ilahiyeye binaen vefat ettirilmemiş miydi? Allah yeryüzünde tek bir halife istiyor ve onun saltanatını hazırlıyor, yani halifelik henüz bitmedi ve Son Osmanlının gelişine yeryüzünü hazırlıyor inşallah yeryüzünü."

"Hem Osmanlı hanedanlığının son üyelerinin Türkiye'den gönderilmesi ve çoğunun yurtdışında yaşaması bahsetmiş olduğunuz meseleyi doğruluyor" dedi diğer Nakşi şeyhi. Diğeri ise şiirsel bir tarzda, aralarında diyalog şeklinde sohbet etmeye başladılar:

- 'Mehdi'nin birlik sırrı! Gelecek olan 'iyilik'! 'Doğu ve Batı'nın birliği!' dedi birisi. İyileri bir araya getirecek önce! Alınlarında secde izi hepsinin! Bir köprü gibi yani, O'nun sayesinde tanıyacaklar birbirlerini... En uzun kalan kimse secdede o 'Mehdi'nin 'kalemi' olacak!

- 'Evet' dedi diğeri, Yaza yaza getirecek 'Mehdi'yi! Yazının kalemi, harflerin imamı, Cennet'in kelimelerinin taşıyıcısı...

- O an gelecek işte! Yaza yaza getirecek o 'an'ı! O anın içinde olacak 'Mehdi'! Herkese kalplerinin içinden görünecek...

- Ey hakikat! 'Mehdi'nin 'kalem'i önce İstanbul'u manen fethedecek! Sonra dün, bugün ve gelecek!

- Cennet'teki kelimelerin taşıyıcısı o 'kalem'! Kim olacak!

- Yaza yaza 'Mehdi'yi getirecek!

- Evet, haklısın! Yaza yaza, Cennet'teki kelimeleri! 'Oku'ya 'oku'ya kâinatı!

- Kim, o? 'Mehdi'nin kalemi!

- O, dedi şeyh, Tabiatın omurgası... 'Salât' ile ayağa kalkacak! Ve sonra tüm tabiatla secde edecek!

- 'Mehdi'nin kalemi, sonunda, yaza yaza, kim olduğunu bilecek! Ve yaza yaza, kim olduğunu bize bildirecek!

- **Ey hakikat!**

- 'Kalem'i ilk tanıyanlar secde kardeşleri olacak... O ağacın altında, ayaklarının dibinden akan berrak pınarın kıyısında, serin toprağın üzerinde, hep birlikte namaza durmuş secde kardeşleri... Yüzleri, kelimeleri, duaları nurla kaplı, onlarca 'yeni' genç! Ve hepsinin en tahammüllü olanları! Hayatlarını infak edenler! Sahici 'kalem'ler! Kelimelerin insana neden emanet edildiğini bilen emin kullar! Nur-u Muhammed ile kalplerini nurlandıranlar... En Sevgilinin sevgilileri! Uzun yol arkadaşları... Tüm kötülükleri, güzellikle savanlar... 'İyilik' kardeşleri... Tabiatın 'Hızır'ları!

- **Şimdi işte!**

- **Şimdi, arkadaş!**

- Secdede 'kalem' ile yazıyoruz size! Çok yakında görünecek o! İstanbul'da, o ağacın altında, ilk toplu namazımızda bizim, bizim, secde kardeşlerinin!

- **Görünecek bize, nurlu kalplerimizde!**

- Ey hakikat!

- Tabiatımızı 'oku'manın vakti geldi artık! Kâğıtları çevirmenin birer birer... Kur'an yaprakları gibi!

- Ey hakikat!'Mehdi'nin kalemi! Kelimelerin gücü!

- Kötüler için son vakitler artık!

- Bezm-i Elest'te emanet aldığımız o 'söz' sancağı, çok yakında, iki denizin buluştuğu yerde, o serin suların üzerinde, dalgalanacak, tüm güzelliğiyle!

- Ey hakikat!

- O an bu an mıdır yoksa?

- Şimdi!

- Dün, Bugün veya Gelecek!

dedikten sonra, bu güzel Sohbet bir süre daha devam etti ve sonra, sona erdi ve zaten yorucu bir gün geçiren Abdullah bey olanlardan habersiz bir şekilde sessizce evine doğru yavaş adımlarla ilerledi.

İşte bu manevi iklim döneminde bölgeye göç eden Abdullah bey de bir gün bu sohbete katılmıştı ki, zaten buraya yerleşme isteği onda ilk kez bu dönemde ortaya çıkmıştı. Daha sonraki yıllarda ise, çok beğendiği bu ücra taşra kasabasından bir daha ayrılmak istememişti. Oysaki, eşi Emine hanım böyle düşünmüyordu. Ona göre, Abdullah bey ve ailesi asil bir sülaleden geldiği için, çoğu gurbetçi ve fakir ailelerin yerleşim kurduğu bu köy yerindeki taşra yaşamına ayak uydurması hiç de kolay değildi ve zaten kendisine uygun da değildi. Hiç olmazsa

Fatih Çarşamba veya Cerrahpaşa veya Eyüp sultan havalisinde yaşamayı hep daha çok arzu etmişti. Fakat, ne gariptir ki, hayatın bir cilvesi olarak kader onları burada ikame etmeye mecbur bırakmıştı. Belki de böylesi daha uygundu.

5-6 yaşlarında olan küçük Ahmet ise, ıssız ve karanlığın alabildiğine uzandığı gecelerde, etrafı nurani ihtişamıyla aydınlatan ve tarlaların üzerine yumuşak bir biçimde dokunurcasına gökyüzünden süzülen parlak yıldızların yeryüzünü aydınlattığı gecelerde, pencerenin önünde durup sık sık gökyüzünü ve karşıdaki terkedilmiş çiftliğin sessiz, esrarengiz ve sükunet içerisindeki halet-i ruhiyesini seyrediyordu. Yaprakların hafif bir rüzgarla hışırdaması ve bahçedeki yüksek kavak ağaçlarına çarpan ay ışığı altında muhteşem bir tabiat manzarası oluşuyor ve insanın ruhunu dinlendiriyordu.

Fakat bu küçük yaşına rağmen, Ahmet'in tüm bunları anlayabilecek çok yüksek bir kapasitesi ve maneviyatı vardı ki, henüz bunu kimse çözememişti. Çünkü, o sadece görünen alemle değil, görünmeyen gayb alemleri ve ruhanilerle de irtibatlıydı. Öyle ki, henüz 3-4 yaşında olduğu zamanlarda bile karşıdaki terkedilmiş çiftliğin yanıbaşında yer alan mezarlığın üzerindeki sıra sıra selvi ağaçları gibi başlarına külah takmış gibi duran ruhani varlıkların ve ölmüş ruhların mezarlığın üzerindeki bir ileri bir geri hareket ederek dalgalanmalarını ve kabir aleminin görünmeyen manzaralarını görmeye başlamış, sanki kalbi açılıp ameliyat edilerek temizlenircesine gayb aleminin kapalı perdeleri gözünün önünde açılmıştı ki, ailesinin bile tüm bunlardan ve onun bu gizli yeteneklerinden haberi yoktu. Öyle ki, bu küçük çocuğun gayb alemi ve ruhanilerle irtibatlı olduğu kimse tarafından bilinmiyor ve büyük bir sır gibi saklanıyordu. Üstelik, bu küçük çocukta hiç kimsede görünmeyen çok yüksek bir dini hassasiyet ve manevi sert bir duruş hakimdi ki, bu da ailesi dahil herkesi ürkütüyor ve tedirgin ediyordu. Hatta, bir keresinde oyuncağını almak isteyen ve kendisine küfreden bir komşu çocuğuna öyle bir şekilde yumruk atmıştı ki, çocuk neredeyse ölecekti. Bu olaydan sonra, babası onun bu halini Hz. Musa'nın çocukluğuna benzetmekteydi ve ona çok büyük bir ihtimam göstererek, özenle yetiştirmekteydi. Yoksa bu küçük çocuk, 1400 yıldır beklenen İslam peygamberinin müjdelediği Son Müceddid miydi? Bilinmez ki.. Bunu zaman gösterecekti. Literatürde bu kişiye Hz. Mehdi, yani islamiyeti dünyaya hakim kılacak olan kişi, deniyordu ve İslam aleminde çok uzun bir zamandır gelmesi bekleniyordu.

Ahmet'in ağabeyleri olan Mustafa ve Hilmi de çok bilgili ve akıllı çocuklardı. Daha küçük yaşlarda Molla Mehmet Emin efendiden Kur'an dersleri almışlar ve kısa zamanda pek çok ilmi tahsil ederek okuldaki başarısızlıklarını telafi etmişlerdi. Babaları ise, her üçüyle de her zaman gurur duymuştu ve onları en iyi şekilde yetiştirmek için olanca gayretini sarfediyordu.

Tarih, günlerden **21 Aralık 2012 Cuma** gününü gösteriyordu. Tüm aile, çiftlik evinde dinleniyor ve hafta sonu olduğu için tüm zamanlarını çiftlik işlerini bir kenara bırakarak dinlenmeye ayırmışlardı. Hava oldukça soğuk, kışın en şiddetli zamanlarıydı ve dışarıda yoğun bir sisle birlikte lapa lapa yağan kar ve sert şiddetli rüzgarın oluşturduğu tipi etrafın görülmesini büyük ölçüde engelliyordu. Hava biraz kararıp akşam üzeri olduğunda, küçük Ahmet yine her zamanki yaptığı gibi pencerenin kenarına koşmuş ve meraklı gözlerle evlerinin karşısındaki ıssız ve sessiz bir heykel gibi duran terkedilmiş çiftlik evinin sert ve ürkütücü karanlıktaki siluetine odaklanmıştı.

İşte, tam bu sırada garip bir şey oldu. Çünkü, çiftlikte kimse olmamasına rağmen, evin içerisinde sanki bir ışık yanıyormuş gibi bir parıltı etrafa yayılıyordu ve çiftlik evinin camından dışarı doğru hafifçe süzülüyordu. Ahmet, gözlerini oğuşturdu ve tekrar pencerenin kenarından daha dikkatli bir şekilde baktı. Yine, o ışık huzmesini görmeye devam ediyordu ki, birden karyoladan aşağıya inip dışarıya, çiftlik evine doğru koşmaya başladı. Babası: "Oğlum dur! Bu soğukta, gecenin karanlığında nereye gidiyorsun böyle?" dediyse de, onu durduramadı. Çünkü, sanki bir şeyler küçük çocuğu o esrarengiz eve doğru çekiyordu.

Ahmet, hızla uzun yıllardır kırık bir vaziyette duran ahşap kapıya doğru yöneldi ve o iki rahibin öldürülmesi olayından sonra kimsenin cesaret edip de giremediği terkedilmiş evin kapısını büyük bir gıcırtıyla ürpertici bir şekilde araladığında, karşısında duran üç tane nurani varlıkla karşılaştı. Bunun üzerine Ahmet ilk etapta korkudan irkilip geri dönüp kaçmak istediyse de, ahşap kapı büyük bir gürültüyle gerisin geri büyük bir hızla kendi kendine kapandı. Ahmet, tarihin belki de en gizemli görümlerinden birine tek başına şahitti. Buna benzer bir görüm ise, yaklaşık 100 sene önce **1917** yılında Fransa'nın **Fátima** köyünde yaşanmıştı ve olaya şahit olan üç küçük çoban çocuk, ruhani bir melekle üç kez karşılaşmış ve dünyanın kaderiyle ilgili melek tarafından üç kez uyarılmışlardı. Fakat, bu kez durum farklıydı ve tek bir çocuk, üç ruhani varlıkla karşı karşıyaydı. Artık, Ahmet ve bilinmeyen varlıklar evin içerisinde baş başa kalmışlar ve tarihi bir anı belirlemek için nurani yaratıklar konuşmaya başlamışladı:

Birinci nurani varlık şöyle seslendi:

- **"Ey seçilmiş kişi, yaklaş!"**

- Ahmet: "Ne istiyorsunuz benden?"

- "Seninle konuşmak istiyoruz. Zaman yaklaştı. Yani zamanın sonu. Çünkü, sen zamanın sonundaki son müceddid olacaksın!"

- Ahmet: "Buraya niçin geldiniz, siz kimsiniz?"

Bunun üzerine, ikinci nurani varlık şöyle seslendi:

- "Sakın bizden korkma. Buraya sana müjdeli bir haber vermek için geldik ve biz Allah'ın elçileriyiz. Çünkü, bu müjdeli haberi bütün dünyaya ilan etme görevi sana verildi ve sen olgun bir insan olduğunda bu görev sana verilecek ve tüm dinler hak din, İslamiyet etrafında birleştirilecek."

Ve son olarak üçüncü nurani varlık şöyle seslendi:

- "Sakın korkma! Çünkü, bu görevde sana Hz. İsa ve Ashab-ı Kehf de yardım edecekler.."

Ve melek tam bu sözleri bitirmişti ki, etrafta tekrar daha büyük bir parlama ve aydınlanma oldu. Şimşek çakar gibi evin hemen üzerinde sekiz nurani kişi daha belirmişti. Ahmet'in korkusu büsbütün arttı fakat çocuk aklıyla şu soruyu sormak aklına geldi:

- "Amca, siz kimsiniz? Benden ne istiyorsunuz?"

Bunun üzerine, birinci ruhani varlık şöyle seslendi:

- "Korkmana gerek yok. Ben Mesih İsa'yım. Meryem'in oğlu. 100 sene önce, Allah'ın izin vermesiyle annemi kıyametin yaklaştığını üç küçük çocuğa işaret etmesi için gönderen de yine bendim. 2000 yıldır Allah katında bulunmaktayım ve zamanı geldiğinde ve sen 30 yaşına ulaştığında birlikte göreve başlayacağız ve işte ben o zaman Kıyameti ilan etmek üzere dünyaya tekrar döneceğim!"

Diğer yedi ruhani varlık ise, hep bir ağızdan şöyle seslendiler:

- "Biz ise, ey mübarek zat Ashab-ı Kehf, yani mağara adamlarıyız. Senin arkadaşların ve müritleriniz. 1600 yıldır bir mağarada uyumaktayız. Sana islamiyeti tecdid görevinde yardım edeceğiz. Fakat bunun için bir şey yapman gerek: 2019 yılına kadar hoca Yahyagil'i bulmalı ve sakın bu gördüğün olaylardan kimseye bahsetmemelisin. İşte o zaman geldiğinde, sana vereceğimiz bu belgelerle yerimizi bulduğunda, seninle tekrar karşılaşacağız.."

diyerek ve ahşap sandıktaki belgelerle haritaları ona teslim ederek azalan ışıkla birlikte gökyüzüne doğru yükseldiler ve bir süre sonra aniden yine büyük bir parlamayla gözden kayboldular. Bunun üzerine, olayın dehşetinden korkudan yüzüstü yere düşen Ahmet, tam bayılmıştı ki, koşarak gelen babası terkedilmiş eve doğru koştu hızla kapıdan içeriye girdi ve: "**Oğlum! Oğlum! Neler oluyor burada?**" diyerek yerde baygın halde yatan oğlunu kucakladı ve hemen annesini ve kardeşlerini de yardıma çağırarak eve alıp götürdü. Harita ve belgeleri ise, Ahmet kimse görmesin diye gömleğinin altına sıkıca gizlemişti.

Olay gizli bir şekilde gerçekleştiği için köyün civarında kimsenin olanlardan haberi yoktu. Henüz kimse farkında olmada da, 21 Aralık 2012 gecesi gerçekleşen bu garip olay, dünyanın kaderini etkileyecek olan çok önemli bir gelişmeydi. Ayrıca, küçük ahmet ve ailesi üzerinde derin bir şok etkisi bırakmıştı ki, daha henüz babasının oğlunun birtakım ruhani varlıklarla görüştüğünden haberi yoktu. O da o gece göğe doğru yükselen birtakım garip ışıklar ve parlamalar görmüştü fakat buna bir anlam verememişti. Çünkü soğuk ve tipi oldukça şiddetli olduğundan hava kapalıydı ve bu sayede bu gizemli olay, arkasında az sayıda şahit bırakmıştı. Oysa ahmet, olay sonrasında, kendisine sıkı sıkıya tembih edildiği üzere, olan biten her şeyi hiç kimseye anlatmayacağına dair verdiği sözü hatırlayarak, babasının bütün ısrarlarına rağmen sessizliğini sürdürdü ve o günden sonra daha az konuşan bir çocuk haline geldi. Fakat bununla birlikte, belgeleri odasının çok gizli bir köşesine saklamıştı ve Hz. İsa'nın verdiği tarih ile Ashab-ı kehfle yaptığı konuşma, aklının bir köşesine kazınmış gibi duruyordu ve onu daima sonraki yıllarda takip edeceği yol konusunda yönlendirecekti.

Din gerçekte ne demekti? İslamiyet neden yenilenmek zorundaydı? Görmüş olduğu o ruhani varlıklar gerçekte kimlerdi ve nereden gelmişlerdi ve neden bir ışık huzmesi şeklinde tecelli etmişlerdi? Yoksa, sanıldığının aksine her şey aslında görünmeyen bir ışıktan mı ibaretti? Tüm bu cevapsız sorular, ahmetin daha sonraki okul yıllarındaki ve yetişme tarzındaki ilmi hedeflerini belirleyecek olan dünya tarihinin çok önemli bir dönüm noktasını oluşturan köşe taşları olacaklardı.

Yani, Kıyamet sürecine doğru giden gizemli yolun köşe taşları..

2. BÖLÜM (Chapter 2)

ASHAB-I KEHF VE AHİT SANDIĞI'NIN PEŞİNDE:

İSLAMİYETİN GELECEĞİ, ZAMANIN SONU (AHİRZAMAN) KAVRAMI VE 1400 YILDIR BEKLENEN KURTARICI KİM?

Takvim, günlerden **19 Mayıs 2019** tarihini gösteriyordu ki, ülke yaklaşık 10 yıldır süren iç çatışmalar ve ekonomik kaoslar ile yer yer yaşanan kuraklık ve kıtlık gibi sorunlarla boğuştuğu gibi, büyük bir siyasi istikrarsızlığa doğru da hızla sürükleniyordu. Öyle ki, 1919 yılında başlatılan büyük kurtuluş mücadelesi, 100. senesini tamamlamak üzere olduğu bir dönemde ülke, yeni yeni krizlerin ve siyasal değişimlerin eşiğine gelmişti. Sokaklar, her gün ellerinde pankartlar taşıyan hınca hınç kalabalıklarla dolup taşıyor, yer yer ülkedeki işsizlik ve ekonomik buhrana tepki gösteren halkın bir kesimi ile güvenlik güçleri arasında yer yer çatışmalar yaşanıyordu. Özellikle, Ahmet'in ailesinin yaşadığı semt bu olaylardan daha çok nasibini alıyor ve artan şiddet hızla tırmanıyordu. Aydın kesim ise, özellikle çıkan son olaylarda dış güçlerin parmağının olduğunun altını çiziyor ve ülkeyi bu neviden bir tehdidin etkisi altında olduğunu vurguluyordu. Çarşı meydanları ile kahvehaneleri dolduran büyük kalabalıklar ise, yeni bir darbe olmaması için dua ediyor ve tırmanan şiddetin bir an önce son bulması için merakla televizyonların başına koşuşuyorlardı. Gerçi, bu dönemde dünyanın birçok bölgesinde de iç çatışmalar tırmanmış ve dünyanın her tarafında kıtlık ve ekonomik buhrandan dolayı sokak çatışmaları başlamıştı. Bu yüzden, ülke adeta yeni bir kurtarıcı bekliyor hale gelmişti. Öyle ya, hakikat her 100 senede bir tekrar edermiş ve her nedense farklıymış gibi görünse de bazı ortak paydalarda geçmişimize bakıldığında tarihin bir tekerrürden ibaret olduğu görülür.

Bu arada Ahmet, iyice büyümüş ilköğretim 5. sınıfa başlamış

ve gençlik ve spor bayramına katılmak üzere okulun düzenlediği bahar şenliklerine katılmıştı. Şişli'deki devam ettiği M. Sarıgül ilköğretim okulu, büyük bir coşkulu kalabalık halinde bu gösteriyi en etkili bir şekilde kutlayan okullardan birisi olmuş ve diğer eğitim kurumlarına örnek gösterilecek bir seviyeye gelmişti. Ahmet'in ailesinin çiftlik işlerinin kötü gitmesi üzerine, babası Ahmet'i amcasının Şişli'deki evinde kalmak üzere bu okula gitmesini uygun görmüş ve maddi durumu iyi olan amcası da, onun bu teklifini seve seve kabul etmiş ve Ahmet'in tüm eğitim giderlerini üstlenmeyi kabul etmişti. Ahmet, eskiye oranla şimdiki hayatından oldukça memnundu ve derslerinde çok başarılı bir öğrenci olup, özellikle Matematik konularında okulda birinci olarak gösteriliyordu. Amcası da bu durumdan gurur duyup, öğretmenlerine ona ihtimam göstermeleri konusunda uyarılarda bulunmuştu.

* * *

Tarih, 2019 yılının yaz aylarını gösterdiğinde, okullar yaz tatiline girmişti. Ahmet, 7 yıl önce terkedilmiş köy çiftliğinde gerçekleşen ve hiç unutamadığı o görümü düşünüyordu ve ayrıca Ashab-ı Kehf tarafından kendisine verilen şifreli tarihlerin ortaya çıkma zamanının geldiğini de düşünüyordu ki, bunun için Antakya'daki içerisinde Ahit Sandığı'nın bulunduğu Ashab-ı Kehf mağarasına bir ziyaret gerçekleştirmek için Temmuz ayının sonuna doğru yola çıkmayı planlıyordu. Acaba Ahit sandığı sanıldığının aksine yoksa İstanbul'da mıydı? Özellikle son zamanlarda çıkan bazı haberlere göre, İstanbul'un üzerinde yaklaşık 50 km.'lik bir alandan kaynaklanan yoğun bir MANYETİK ALAN'ın var olduğu tesbit edildi ki, özellikle ÇEMBERLİ TAŞ'ın bulunduğu civarda daha yoğun hissedilen bu alanın ahit sandığının yayınladığı Elektromanyetik ışınımdan kaynaklanması da olasıydı ki, benzer bir manyetik alanın URFA BALIKLI GÖL üzerinde de bulunuyor olması tesadüf olamazdı ve bu konuyu bilen kişi sayısı da çok azdı veya hiç değildi. Hani hep derler ya **"İstanbul'un farklı bir manevi havası vardır!!"** veya **"Bu şehirde hep insanı çeken bir şeyler var!!"** gibisinden söylemleri hep duymuşsunuzdur. İlginçtir ki, bu konuda manyetik alanlar uzmanı ve kozmik gizemci Ergun Arıkdal 2007 yılında şunları söylemişti:

"İstanbul'un spiritüel yani ruhanî özellikleri, apaçık belli olan bir iştir. İstanbul sadece farklı dinlerin merkezi olarak görülmesinden dolayı bir dünya kenti değildir. İstanbul; kuruluş itibarıyla bu ülke, o yer, bir enerji jeneratörü gibidir. Özel bir yayımı vardır. Bu yayımı herkes hissedemez. Hissedenler de bu yayından bir daha kurtulamaz. Çünki bu yayının bereketi çok büyüktür. Bu yayının geliş istikameti, tamamen kozmik birtakım noktalardan çıkıp gelmektedir. Yani çok yüksek seviyeli kozmik plânetlerin bulunduğu merkezlerle alâkalı bir noktada bulunmaktadır.

*İstanbul, dünyayı aydınlatacak olan, insanlara gerçekten çağ atlatacak, açacak olan Büyük Bilgi Işığı'nın, diğer adıyla **Yüce Işık Bilgi**'nin muhafaza edildiği bir memlekettir. Dünyanın hiçbir yeri O'nu muhafaza edebilecek kalitede değildir ve güçte de değildir. Tahammül edemez. Öyle yoğun bir bilgi, öyle yoğun bir etkisi ve gücü vardır ki, O'nu ancak İstanbul gibi, kozmik bir kuvvete sahip olan, bir manyetik alana sahip olan bir şehir olmak üzere ancak İstanbul bunu taşıyabilmektedir. Bu bakımdan bizler için de İstanbul çok önemli bir yerdir. Çünki kendisinin tesir alışverişi* öyle lâf-ı güzaf, tahminlere dayanan mistik ve okült bir güzergâhta değil, tamamen çok orijinal tesirlerin altında meydana gelmektedir. Kozmik tesirler, İstanbul'da çok yoğundur. **Elektromanyetik etkiler** İstanbul'da tamamen odaklanmış vaziyettedir ve bunca zamandan beri Yüce Bilgi Işığı'nı da kendi koynunda muhafaza etmektedir. Buna her toprak parçası, her insanlık parçası tahammül edemez, dayanamaz. İstanbul'un bu dayanma gücü vardır.

İstanbul, bu Yüce Işık Bilgi'yi yani insanları bir realiteden diğer bir realiteye aktaracak, tahvil edecek, çevirip döndürecek, onun tekâmül hızını arttıracak olan bilgeliği muhafaza eden, muhafaza etme liyakatine sahip olan bir yerdir. Niçin başka bir yere teslim edilmemiştir bu bilgi? İstenirse dünyanın çok başka yerlerine gidebilirdi. Gönderilebilirdi. Bu imkânlar mevcuttu. Bu bilgi İstanbul'a teslim edilmiştir; çünki İstanbul şu ana kadar çok büyük bilgiyi muhafaza etmiş olan bir yerdir. Dünyanın en büyük, en kıymetli tebliğleri İstanbul'da alınmıştır ve İstanbul şehri, **Yüce Peygamber Muhammed (sav)** tarafından müjdelenmiş olan bir şehirdir, ifade edilmiş olan bir şehirdir. Başka hiçbir yerde geçmemiştir. Kendi hadislerinde ve sözlerinde başka hiçbir şehrin ismini kullanmamıştır. İstanbul şehri, o zamanki ismiyle Konstantiniyye olarak Arapların ifadesiyle kullanılmış bir şehirdir ve o zamandan beri o şehrin ele geçirilmesi, o şehrin büyük bir manyetik alan, bir manyetik kâbe gibi düşünülmesi mümkündür.."

İşte, Ahmet de bundan tam olarak emin değildi ve eğer bu

kuram doğruysa ahit sandığının 13. yüzyılda Bizans imparatorluğu'nun son dönemlerinde tapınak şövalyeleri'yle birlikte İstanbul'a gelme ihtimali de vardı. Malum, bu tarihlerde haçlı seferlerinin İstanbul merkez olmak üzere Anadolu ve Suriye üzerine yoğunlaşması bir tesadüf olamazdı. Ayrıca, İstanbul'un İstanbul'un Fatih tarafından fethinden beri gizemli bir manevi havasının olmasının sebebi acaba ahit sandığı olabilir miydi? Ahmet, elindeki haritaların çok sayıda karmaşık şifreli yönü tarif etmesi yüzünden bu konuda tereddütte kalmıştı fakat çiftlik evinde bulunan kırık sandığın gerçek ahit sandığı olması da düşünülemezdi. O sadece sandığın gerçek yerini işaret eden belgeleri bulunduruyordu o kadar. Fakat Ahmet kısa bir süre önce aşağıdaki şu ayetle bu konuyla ilgili bir hadisi karşılaştırdığında bu olasılığı tekrar düşünmek zorunda kalmıştı:

"Peygamber onlara şunu da söylemişti: -Talut'un, Musa'ya verilen Tabut'u (sandığı)- getirmesi padişahlığın alametidir (Onun hükümdarlığının alameti size o sandığın gelmesidir).. O Tabut'da, Rabbiniz tarafından size manevi bir kuvvet ve Musa ailesiyle Harun ailesinin arkaya bıraktıkları Tevrat levhalarından arta kalanlar vardır. Melekler onu taşıyacaktır. Şüphesiz ki bu Tabut'un size gelmesi, peygamberin sözünün doğruluğuna delildir, eğer iman edenlerdenseniz.."

(Bakara suresi, 248. ayet)

"Hz. Mehdi.. Beyt-ül Mukaddes'in hazinelerini, –Ahit Sandığı (Tabut-u Sekine)'yi, Ben-i İsrail sofrası ile levhaların madenlerini, Hz. Adem'in cübbesini, Hz. Süleyman'ın minberinin asasını ve Allah'ın Ben-i İsrail'e gönderdiği süt kadar beyaz olan eldivenlerini– Taberiye gölünün altından çıkaracaktır.."

(El-Kavlu'l Muhtasar Fi Alamatil Mehdiyy-il Muntazar, s. 35)

Ahmet, konuyla ilgili Kur'an ayetleri ve Hadisleri de inceleyerek Kıyemet'le ilgili çok önemli belgelere ulaşmıştı ve bu belgelerdeki cifirsel hesaplamalar yardımıyla pek çok şifrelenmiş tarihleri gün yüzüne çıkartmayı başarmıştı. Tüm bunlar, zamanın gizli sırlarını öğrenmek için elde edilmiş çok büyük bulgulardı ve adeta yeni bir Kumran yazıtı niteliğinde idi. Öyle ki, bunlar sayesinde zamanın derin Mağarasında bir köşeye sıkışmış olan pek çok hakikat artık gün yüzüne çıkmak üzereydi. Dolayısıyla, artık Kıyamet için son geriye sayım başlamak üzereydi.

Yaşı ilerledikçe Ahmet ilmen hızla olgunlaşıyordu. Öyle ki, henüz 13 yaşlarında olmasına rağmen, tüm pozitif bilimlerle birlikte Kur'an ilimlerinin tamamına yakınını kendi kendine tahsil ettiği gibi, okuldan arta kalan boş zamanlarında da Osmanlıca hat çalışmalarına katılmakla birlikte Arapça ve Farsça'yı da çok iyi bir şekilde öğrenmişti. Öyle ki, geçen Cuma günü Cuma namazı sonrasındaki bir sohbet sırasında kendisine yöneltilen en zor ilmi soruları ve İslamiyetin geleceği ile ilgili merak edilen konuları, o kadar mükemmel bir şekilde cevaplandırmıştı ki, cemaatte bulunan yaşlı hocalar bile onun bu zekasına ve verdiği bu şaşırtıcı cevaplara -tıpkı Hz. İsa Mesih'in yaklaşık 2000 yıl önce Yahudi mabedinde 12 yaşına geldiğinde mükemmel bir tarzda tapınak bilginlerinin sorularını yanıtlaması gibi- hayran kalmışlardı. O gün, sohbet bittiğinde Ahmet kendisini büyük bir zaman yolculuğuna çıkmış gibi hissetmişti ki, avludan çıkarken son bir kez antik bir bilgelikle cemaate bakmıştı ve şöyle demişti:

-"**B'nin noktası!!**" dedi Ahmet "**Gölün altında!!**", elindeki haritayı göstererek. "**Şimdilik, size söyleyebileceğim en büyük sır bu..**" dedi bir Harry Poter edasıyla ve ardından son sözünü ekledi: "**Bütün hazinelerin ve bilginin esas kaynağı orada!**"

Yani, Ahmet AHİT SANDIĞI'nın aslında, rahmet-i ilahiyeyi dünyaya dolduran bir SONSUZ ÖZ-ENERJİLİ kondansatör olduğunu ima etmek istiyordu ki, Sandığın daha başka POZİTİF ve NEGATİF etkili güçleri de var olabilirdi. Örneğin, düşmanları korkutabilir ve/veya yok edebilir, iyi ya da kötü şans getirebilir, kendisine dokunanları yok edebilir, GELECEĞİ söyleyebilir, ışık, kıvılcım veya duman saçabilir. Bazı hadislere göre ise, sandığın kendine has bir aklı ve içsel ZAMAN çarkı vardır ki, ilk kez **1919** yılında **Nicola Tesla** tarafından ortaya atılan bir kurama göre, sandığın ışık ve enerjiyi depolayabilen ve daha sonra da ışıma yaparak etrafına yayan dev bir kondansatör, yani elektriği depolayıp tek bir kıvılcım ya da sürekli akkor halinde (sandık ile ilişkilendirilen ve İsrailoğullarına göserilen etkiler) gösterebilen ve belki de **ZAMANDA YOLCULUK** yapılmasına imkan tanıyan bir aygıt olduğudur. Yoksa, acaba tarih içerisinde **İSRAİLOĞULLARI**'nın başına gelen olaylarla da sandığın sıkı bir ilişkisi var mıydı?

Ahmet, amcasıyla birlikte yolculuğa çıkmadan önceki Cuma günü bu sohbeti yapmıştı ki, camideki yaşlıca bir cemaatle yaptığı bu konuşmalarıyla herkesi şaşırtmıştı ve herkesin aklında pek çok soru bırakmıştı. Gerçi bazı sahih dini kaynaklarda Mehdi'nin İstanbul'da çıkacağı hadislerin müteşabih yorumlarında bildirilmişti fakat Ahit Sandığıyla ilgili bu konu acaba yine aynı yeri işaret ediyor olabilir miydi? İşte, Ahmet kendisini çok yakından ilgilendiren bu meselenin peşindeydi. Yani, bir nevi Hz. Mehdi'nin saltanatının bir işareti. Ayrıca buna benzer bir iddia yakın bir zamanda ortaya atılmıştı ve bu iddiaya göre, kutsal sandık İstanbul'un merkezinde yer alan çemberlitaşın altında yer alan gizli bir mahzene çok uzun bir zaman önce dönemin Roma imparatorları tarafından getirtilip gizlenmişti. İlginçtir ki, İstanbulun Çemberlitaş semtinde bulunan dikili taşın altından başlayan ve ta Balat'a kadar uzanan gizli bir yeraltı delhizinin bulunduğu çok az kişi tarafından bilinir veya hiç bilinmez. Bu mesele kesin değildi fakat bazı ipuçları ve haritalarda çokça işaret edilen bir yer daha vardı ve burası ilginçtir ki, yine Türkiye sınırları içerisindeydi: ANTAKYA, yani eski adıyla ANTİOCUS şeklinde yazılırsa günümüzde Güneydoğu Anadolu bölgesi ve Hatay ilini de kapsayan geniş bölge. Ve ilginç bir not daha: KAHTA'dan NEMRUD'a uzanan hat boyunca var olan yeraltı delhizlerinin bulunduğu da yüzıllardır bilinmektedir fakat henüz bulunamamıştır ve bu mesele de çok az kişi tarafından bilinir veya hiç bilinmez.

* * *

Tarih, 2019 yılının Ağustos ayını gösterdiğinde, Ahmet yaklaşık 7 yıl önce o eski köy çiftliğindeki gerçekleşmiş olan görümü düşünüyordu ve Ashab-ı Kehf tarafından kendisine verilen şifreli tarihlerin zamanının artık geldiğini anlamıştı ki, bunun için amcasını ikna etmesi gerekiyordu ve zar zor da olsa öyle de oldu. Önce Antakya'ya Ashab-ı Kehf mağarasına gidecekler ve daha sonra da Nemrud Dağı'na doğru yolculuklarını sürdüreceklerdi. Amcasını bu yolculuk konusunda zor ikna etmesine rağmen, Ahmet'in bilinmeyene doğru devam eden gizemli yolculuğu devam ediyordu ve sanki bir şeyler onu kendisine doğru çağırıyordu. Oysa o, yaşı daha küçük olmasına rağmen, son 4-5 yıldır içindeki bu gizemli hislerin daha da kuvvetlendiğini hissetmişti. Sanki, bir ara *"Altıncı his"* filmindeki gibi bir duruma düştüğünü sürekli hayal ediyor ve bilinmeyen bir '*Beşinci boyut*' gibi açılan bir tünel içerisinden öteki alemlerdeki ruhani varlıkları seyrediyor ve ayak seslerini dinliyordu. İşte, onu bu maceraya sürükleyen faktörleri de bu, sonu gelmek bilmeyen tuhaf ve korku dolu bir tutku ve his oluşturuyordu. Uzun bir yaz gününde hazırlıklarını tamamlayarak amcasının arabasıyla birlikte sıkıcı ve yorucu bir 15 saatlik yolculuk sonunda mağaranın bulunduğu, tümülüsün buluduğu Nemrud Dağı'nın eteğinde kurulu olan bir kasabaya ulaştılar ve yol üzerindeki bir pansiyonda mola vermek ve geceyi geçirmek üzere konaklamışlardı. Kasaba yakınlarında büyük bir Tümülüs vardı ve aynı zamanda pek çok yeraltı mağarası da vardı bu kızıl kumlu tepenin yamaçlarında. Bu arada Ahmet elindeki bir hadis kitabından Peygamberimizin bu konuyla ilgili bir hadisini okuyordu ki, o hadis şöyledir:

Ebu Hureyre'den nakledilmiştir ki: Resulallah Efendimiz (sav); **"Eğer ben Musa'nın gömüldüğü o yerde sizinle birlikte bulunsaydım, O'nun yol kenarındaki Kızıl Kum tepesinin altında olan kabrini muhakkak sizlere gösterirdim.."**

Buhari ve Müslim'den nakledilmiştir ki: Resulullallah Efendimiz (sav); **"Miraç gecesi, Musa Aleyhisselam'ın kabri yanından geçirildim. Ayakta, kızıl kumların üzerinde namaz kılıyordu.."**

Nemrud dağı bölgesindeki Commagene Krallarına ait olduğu bildirilen bu 3 ton ağırlığındaki devasa heykeller aslında Hz. Musa'ya yanındaki de yardımcısı kardeşi Hz. Harun'a ait olabilir mi?

Tuva Vadisi Nemrud Dağında mı? Burada Hz. Musa'nın Kabri mi var? Hz. Musa'nın Kabri Kızıl Kum Tepesi Höyük'te mi? Ve en önemlisi Hz. Musa'nın Kabri buradaysa <u>KUTSAL TABUT</u> da orada mı?

Ertesi gün, sabaha karşı tekrar yola çıktıklarında, yolculuğun öğleye yakın bir zamanında mağaranın önüne varmışlardı ki, hiç beklemedikleri bir şekilde o gün o saatlerde tıklım tıklım olması gereken mabedimsi görkemli yapı son derece ıssız ve bomboştu. Bu durum ona yol üzerinden geçerken uğradıkları aziz Saint George Manastırı'ndaki gizemli sessizliği hatırlatmış ve aynen '*Kuzuların sessizliği*' filmindeki dini ikonlarla kaplı görkemli şatoyu ve yüzyıllardır süregelen Kabir-misal bu anıt yapılardaki gizemli '*Ölüm sessizliği*'ni hatırlatmıştı ve ürpertmişti.

Ahmet, mağaranın içerisine girmeden önce amcasına dışarıda bir süre kendisini beklemesini söyledikten sonra, yavaş ve ürkek adımlarla mağaranın içerisindeki büyük ve geniş bir tavanı olan ana salona doğru ilerlemeye başladı. Yukarıdaki travertenlerden dökülen su damlaları yere çarptıkları anda büyük bir tınlamayla birlikte, mağaranın duvarlarında yankılanıyor ve bir süre sonra mağara tekrar yeniden huşu içerisinde aynı sessizliğine bürünüyordu.

Ahmet, bir süre etrafı süzüyordu ki, aniden mağaranın giriş koridoru doğrultusundan içeriye doğru kuvvetli bir ışık huzmesi süzülmeye başladı. Öyle ki, tüm mağaranın içerisi gündüz gibi aydınlanmış ve karşıdaki mağara duvarında yedi adet belli belirsiz siluet aynen 7 sene önceki gibi tekrar belirmişti. Ahmet, bunun üzerine sessiz ve derinden gelen bir *"Hoş geldin!"* sadasının yankılandığı mağarada yine o büyük korkuya kapılarak, ilk etapta kendini mağaradan dışarıya atmak istemişti ki, ansızın sanki gizli bir el tarafından yakalandı ve dışarıya çıkmasına müsaade etmedi. Bunun üzerine, o anda soluk soluğa kalan Ahmet belli belirsiz bir korkuya kapılarak kekeleyerek sordu: *"Neee ne istiyorsunuz?"* "İşte, istediğiniz üzere, tam 7 sene sonra bu mağaraya geldim!" Bunun üzerine Ashab-ı Kehf'den Yemliha diğerleri (Mekselina, Mislina, Mernuş, Debernuş, Sazenuş ve Kefeştatayuş) adına söz alıp konuşmaya başladı:

- "Ey Salih ve seçilmiş kişi! Şimdi sana Kıyamet ve Ahir zaman bilgilerinin kayıp anahtarını vereceğiz ki, o anahtar CİFİR İLMİ'dir ve sen tarihte ilk kez bu ilme bu kadar geniş bir ölçüde sahip olduğunu unutma!"

- "İşte sen, şu cifir ilmini bildiren ve sana vereceğimiz şu yazılı kitabeyi al ve onu doğruca Mardin'de bulunan Aramice dili uzmanı Hoca Yahyagil adlı kişiyi bularak, bu şifreli yazıları çözmesi için ona teslim et. Çünkü, ancak o kişi sana bu belgeleri Türkçeye çevirmende yardımcı olabilir."

- "Ayrıca, bu kitapta Hz. Musa'ya ait kutsal emanetlerin ve kayıp ahit sandığının yerini bildiren gizli hazilerin yeri ile Davut peygamberin sana vermemiz için emanet ettiği kılıcın yeri de bu şifreleri çözdüğünde bildirilecek."

- "Bu kitabı al ve hemen ona git. Çünkü, vakit daraldı. ARMAGEDDON, yani KIYAMET SAVAŞI'nın arefesi çok yaklaştı ve artık DECCAL denilen şer güçlerin temsilcisi ortaya çıkmak üzere. Unutma, onunla savaşabilecek tek güç senin ellerinde duruyor ve o gücün kaynağı da AHİT SANDIĞI'dır. O'nu ancak ahit sandığının gizemli gücüyle mağlub edebilirsin."

- "Allah yardımcın olsun!" diyerek gözden kayboldular.

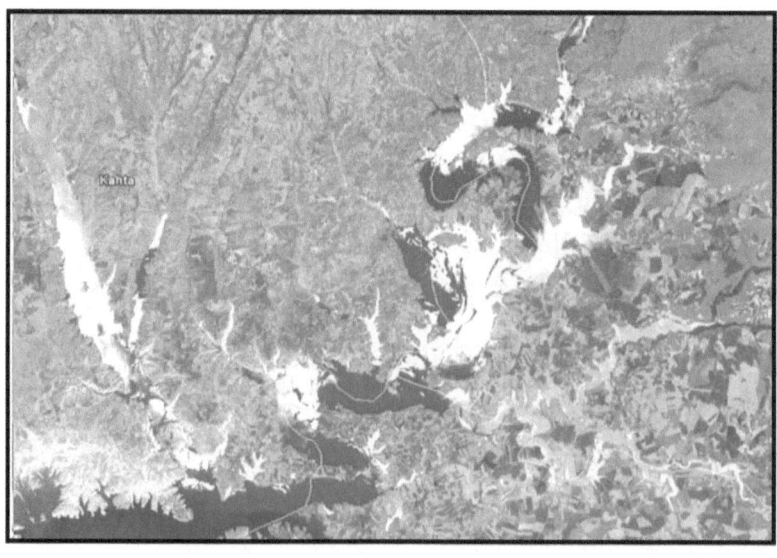

Hadislerde bildirilen ve Ahit Sandığı'nın bulunduğu yer olarak bildirilen Taberiye Gölü (Günümüzün, Atatürk Baraj

Gölü'nün bir kısmı) havzası, aslında Nemrut Dağı eteklerindeki Arapça (تبري) (T, B, R, Y) harfleri şeklinde kıvrılan vadi olabilir mi? Resimdeki beyaz renkli bölgeler bu hakikate mi işaret ediyor? Ahit Sandığı'nın gizemli bir güce sahip olduğu tarih boyunca hep tartışılmış ve hatta filmlere bile konu olmuştur. Hatta, onun güçlerini kullanabilmek ve II. Dünya savaşında Ruslara karşı silah olarak kullanabilmek için, A. Hitler'in bile Mısır'da Ahit sandığını bulabilmek için küçük bir askeri birlik görevlendirip kazılar yaptırdığı söylenir.

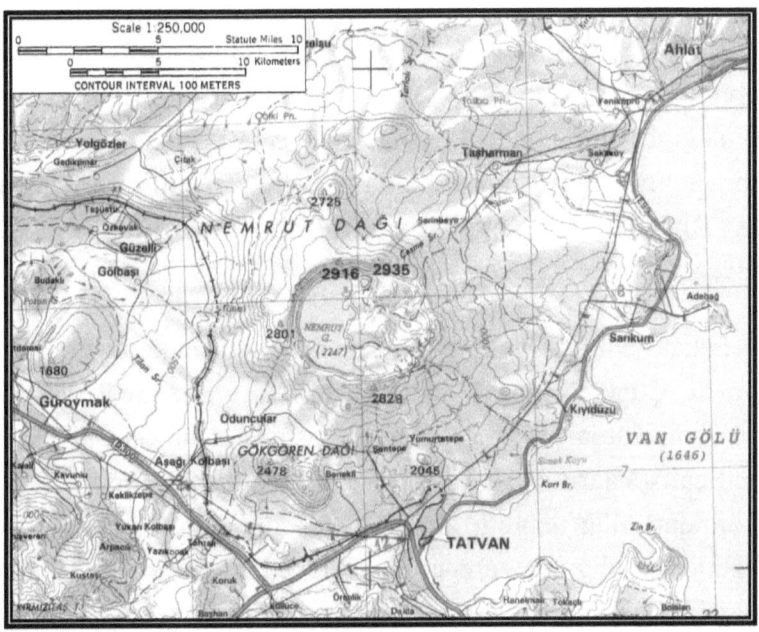

Türkiye coğrafyası içerisinde Nemrud Dağı olarak bilinen iki adet dağ vardır ki, birincisi ve en önemlisi Adıyaman ilinin sınırları içerisinde bulunurken; diğeri de Van gölü yakınlarındaki yaklaşık 3000 m yüksekliğindeki volkanik nemrud dağıdır. Dolayısıyla, hadislerde bildirilen dağın birincisi olması daha kuvvetle muhtemeldir.

Ahmet, büyük bir şaşkınlık içerisinde ve ne yapacağını bilemez bir halde elinde tuttuğu sanki binlerce yıldır hiç bozulmamış gibi duran üzeri tozlanmış antik kitabeyi meraklı bakışlarla inceliyordu ki, amcası mağaranın dışından seslendi:

- "Ahmet! Ahmet!"

- "İyi misin oğlum? Haydi gidelim istersen."

Ahmet seslendi:

- "Tamam geliyorum amca!"

Fakat, Ahmet bu sırlı ve kapalı bilginin de saklanması gerektiğinin düşündüğü için kitabı amcasına göstermemek için gömleğinin altına gizledi. Ashab-ı Kehf'in kendisine işaret ettiği gibi, en kısa zamanda Mardin'e gidecek ve bu antik kitapta yazılı olan Kıyametle ilgili bilgileri deşifre etmesi için Hoca Yahyagil'i bulacaktı.

Fakat, sonraki yıllarda bu hiç de düşündüğü gibi kolay olmadı. Çünkü, Hoca Yahyagil artık çok yaşlanmıştı ve ayrıca son zamanlarda oldukça hastaydı. Üstelik daha önceki pek çok İncil çalışmalarından dolayı pek çok kez kimliği belirsiz kişiler tarafından ölüm tehdidi almıştı. İşte, tüm bu olumsuz faktörler değerlendirildiğinde, ahmet'in acele edip bir an önce ona bu önemli bilgiyi deşifre etmesi için ulaştırması gerekliydi. Nitekim, bu kolay olmadı ve Hoca Yahyagil'i bulması 2-3 yılını alacaktı ve ayrıca Hoca Yahyagil'in kitaptaki şifreli bilgileri çözmesi ise en azından 3-4 yıl demekti. Dolayısıyla, bu da toplamda 6-7 yıllık bir araştırma ve şifre çözme süreci demekti.

Fakat, ilerleyen yıllarca araştırmalar sonuç verdi ve Ahmet lise son sınıfa geldiğinde 17 yaşındaydı ki, tarih 2023 yılını gösteriyordu ki, çok yaşlanan ve ölümü iyice yaklaşan Hoca Yahyagil son görevini de yerine getirmenin mutluluğu içerisinde artık rahatça ölebildi. Çünkü, ahit sandığının yerini de gösteren şifreli bilgiler nihayet son çalışmalarıyla gün yüzüne çıkmış ve antik haritalardaki işaret edilen bölgelerin neresi olduğu Aramice belgelerden okunabilmişti.

Fakat, bu kez de başka bir sorun vardı ki, o da haritada işaret edilen bölgelerin Antakya veya Hatay olarak bilinen çok dağlık ve aşırı engebeli bir bölgedeki bir köyün yakınlarını göstermesiydi. Peki, ahit sandığı nasıl olur da, ta çıkış kaynağı olan Mısır'dan bu topraklara kadar gelebilmişti veya kimler getirmişti? İşte, esas merak konusu olan da asıl buydu.

Aradan yaklaşık 7 yıl geçmişti ve ortaya çıkan işaretleri takip eden Ahmet, Antakya yani günümüzde Hatay ili sınırları içerisinde bulunan bir köye doğru ikinci bir yolculuğa 2030 yılı yaz ayları civarlarında tekrar yola çıktı. O yıl 24 yaşındaydı ve Mimarlık akademisini yeni bitirmişti. Pozitif bilimlerle birlikte hemen hemen tüm dini konularda içtihad derecesinde geniş bir ilme sahip olan Ahmet, İstanbul havalisindeki tüm akademik camiada tanınmıştı ve zaman zaman yapılan ilmi münazaraların baş konuğuydu. Neredeyse, Üstad Said Nursi'ye benzerliği ve sahip olduğu yüksel ilmi seviyesi ve yüksek manevi şuuru, parça parça olmuş olan İslam dünyası için bir umut ışığı oluşturuyordu ve bu yüzden dünyadaki çok azınlıkta kalan mü'minler topluluğu ondan çok şey umuyordu. Genç yaşına rağmen ülke meselerinde getirdiği çözümler ve parlak zekası kısa zamanda tüm ülkede ve bazı komşu ülkelerde tanınmasına yol açmıştı. Ahit sandığını bulmak üzere yola çıktığı sırada, yanında herhangi bir ekipman yoktu ve üstelik haritalarda şifresi çözülen bölgenin coğrafi yapısı hakkında da en ufak bir bilgisi yoktu. Fakat, şimdi eskiye oranla yaşı ilerlemiş ve olgunlaşmıştı ki, pek çok olayın gidişatını sezebilecek bir öngörü yeteneğini de yıllar içerisinde kazanmıştı. Üstelik, 2020'lerden sonra Ortadoğu bölgesinin son zamanlarda iyice kaosa sürüklenmesi, bölgede hakim olan güçlerin tek bir kuşun uçmasına dahi müsaade etmemesine neden oluyordu ki, işte esas mesele ve yolculuğun en tehlikeli kısmını da bu oluşturuyordu. Hele bu bölgede izinsiz bir kazı yapmak tam bir intihar anlamına gelebilirdi.

Halbuki, Hatay, İskenderun ve Urfa ile Antep illerini içerisine alan geniş bir bölgenin bundan yaklaşık 2000-2500 yıl önce Roma imparatorluğu topraklarının dışında yer alan gizemli bir medeniyete ev sahipliği yaptığı günümüzde çok az kişi tarafından bilinir veya hiç bilinmez. Hatay, İskenderun, Adıyaman, Nemrud Dağı ve Mardin ilinin bir kısmını içerisine alan bu antik medeniyetin ismi KOMAGENE idi. Yine ilginçtir ki, Ahit sandığının M.Ö. 586 yılında Kudüs'ün ünlü Babil kralı Nabukadnessar tarafından işgal edilerek kaybolmasından sonra başlayan kayıp yolculuğu ve macerası da Komagene kralı ANTİOCUS (Antiyokus) zamanına dek uzanmaktaydı. İşte, hadislerde bildirilen ANTAKYA kenti, ismini bu dönemde (M.Ö. 162-M.S. 72) hükümran olmuş olan bu kraldan almaktaydı.

İddialara göre, Hz. İsa'dan yaklaşık 100-150 yıl önce yaşayan gizemli bir Yahudi tarikatı olan ESSENÎLER ('Essenliler' veya 'Sabah Yıkananaları') olarak da bilinir ki, bu tarikat tarih içerisinde ismini değiştirerek SİON tarikatı ismini alacaktır. İşte bu tarikat, Kutsal Ahit sandığını bu tarihlerde ele geçirmişler ve gizlice KUMRAN'daki mağaralarda uzun yıllar boyunca sakladıktan sonra, M.S. 66 yılındaki Yahudiye bölgesinin Romalılarca işgal edilmesinden sonra, Ahit sandığını daha güvenli bir yer bulmak amacıyla daha kuzeyde bir yer olan Antakya civarına taşımışlardı. İlginçtir ki, bu tarihten tam 1000 yıl sonra M.S. 1066 yıllarında Kudüs'e seferler düzenleyen ve kendilerini Sion tarikatının devamı olarak gören TAPINAK ŞÖVALYELERİ de kutsal toprakları ve Hristiyan hacıları korumak bahanesiyle yıllarca Süleyman mabedinin altında bu sandığı aramışlar fakat bulamamışlardı. Bu yüzden, bu bölgeyi uzunca bir süre araştırdıktan sonra, onların ahit sandığını buldukları ve ardından onun sayesinde sahip oldukları büyük bir servetle birlikte sandığı Avrupa'ya taşıdıkları iddia edildi. Fakat bu görüş, sonraki zamanlarda daima bir teori olmaktan öteye gidemeyecekti, çünkü sandık henüz bulunmamıştı ve bir yerlerde büyük bir sır olarak saklıydı ve üstelik onu ahir zamanda tek bir kişi bulabilecekti ki, o da hadislere göre Hz. Mehdi idi. Dolayısıyla, Ahit sandığı hala bulunamamıştı ve gömülü olduğu Antakya'daki bir mağarada gün yüzüne çıkarılmayı bekliyordu.

* * *

Essenîler, öyle gizemli bir topluluktu ki, tarihte çok az gizemci tarikat onlarla boy ölçüşebilirdi. Sahip oldukları sırları öylesine iyi koruyorlardı ki, sırf bu yüzden kendi kurdukları çiftliklerde yaşıyorlar ve tüm ihtiyaçlarını buralarda karşılayarak topluma kapalı bir şekilde yaşıyorlardı. Ayrıca devamlı ibadet ediyorlar ve temizliğe oldukça büyük bir önem gösteriyorlar ve çok az yemek yiyiyorlar ve az uyuyorlardı. Daha Hz. İsa'nın dini olan İsevilik gelmeden önce bunları temel bir din kuralı olarak benimseyen Essenîler, esas olarak kendilerini Ahit sandığını korumaya adamışlardı ki, bu onların her şeyden önce gelen başlıca görevleriydi.

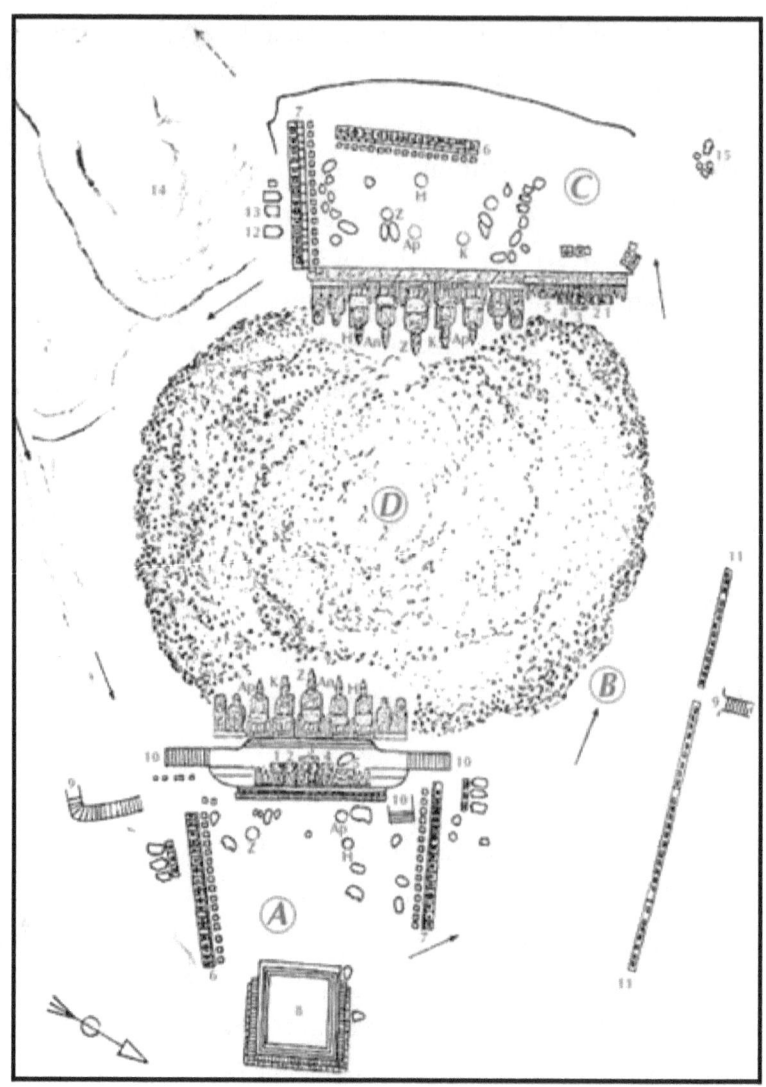

Nemrud Dağı eteklerindeki Kızıl kum tepesi ve eteklerinde saklı bir Höyük mezarı'nın temsili kesiti. Bazı iddialara göre, Hz. Musa'nın eşyalarıyla birlikte, kabri ve Ahit sandığı da bu höyüğün altındadır (Kaynak: Thron der Gutter).

Hz. Musa'ya ait eşyaların bulunduğu kutsal Ahit Sandığı'nın temsili bir resmi.

Tevrat'ın şeriata ilişkin ana kurallarına öylesine sıkı sıkıya bağlıydılar ki, hatta Hz. İsa'nın peygamberlik görevine başlamadan önce onlarla temas halinde olduğu ve Yahudi şeriatındaki değişim getiren bazı düzenlemelerin ve temizliğe ilişkin ibadet kurallarındaki ilk öğretilerinin temelini onlardan aldığı iddia edilir. Ayrıca bazı gizemci uzmanlara göre, Hz. İsa peygamberlik görevine başlamadan önce onlarla görüşmüştür ve bunun en kuvvetli işareti de çok az kişinin gördüğü ahit sandığını onun da bu ziyaretleri sırasında görmüş olmasıdır. Dolayısıyla, onun bu manada gerçekten de yeni bir peygamber olmakla birlikte, esas amacının gerçek Yahudilikteki dejenerasyonun önlenmesi, Tevrat'taki şeriata ilişkin birtakım kuralların yeniden belirlenmesi ve düzeltilmesi olduğu ve hatta bunun incilin pek çok yerinde de dile getirilmesi bir tesadüf değildir. Öyle ki, peygamberlik döneminin çoğu da yine bu bölgelerde, yani Kumran ve Celile arasındaki geniş vadide ve Yahudiye bölgesinde geçmesi ve akidesinin de Tevrat'ın kanunlarının yeni bir uyarlaması olması da bir tesadüf değildir. Tabi, yanlış yorumlanmazsa!

İşte, Ahit sandığı'nın Antakya'ya geliş hikayesi de bu şekilde başlamıştı. Bunun üzerine, Ahmet yanına kazı aletleri, alet-edevat çantası ile birlikte ahit sandığının bulunduğu mağara civarındaki köyden küçük bir grup oluşturarak mağaranın bulunduğu bölgeye ulaştı. İlginçtir ki, bu mağara kendileriyle konuşmuş olduğu Ashab-ı Kehf'in 300 yıl uykuda kaldığı mağara ile aynı bölgedeydi. Yani, ahit sandığının hiç kimse tarafından bilinmeyen gerçek ashab-ı kehf mağarasına gizlenmiş olması da bir tesadüf olması düşünülemezdi elbette. İşte, Ahmet bu ekstra bilgilere de sahip olduğu için, çalışmalarına ilk önce bu mağaradan başlamak istiyordu. Özellikle, bölgenin kalkerli yapısından dolayı, çok sayıda mağara vardı ve gerçek mağarayı bulmak on yıllar alabilirdi. Fakat, kendisine ashab-ı kehf tarafından bizzat verilen belgeler ve haritaların yardımıyla, bu mağarayı eliyle koymuş gibi kolaylıkla bulabilmiş ve çok büyük bir zaman kazanmıştı.

Ertesi günün sabahında, gün doğmadan önce ekip, büyük bir hızla tekrar çalışmaya başladı. Mağaranın içerisi didik didik aranıyor ve hızla kazılıyordu. Mağaranın ana arterinin koridorunun bulunduğu boşluğun en sonunda kazı yapan köylü: **"Burada bir şey var!"** diye bağırdı. Ahmet, bunun üzerine hızla oraya doğru koştu ki, elleriyle kızıl kumlarla kaplı yüzeyi hızla kazımaya başladı. Bir yandan da küreklerle kuyudaki kum hızla boşaltılıyordu. Fakat, böyle bir mağarada bir kuyunun ne işi vardı ve daha da ilginci ancak sıcak çöl iklimlerinde rastlanabilecek bu kızıl kum buraya nereden gelmişti. Ayrıca, kaç metre derinliğe kadar devam ettiği bilinemeyeceği için veya belki 100-200 metreye kadar kazmak gerekebileceği için, köylünün birisinin aklına başka bir fikir gelmişti. Yakındaki şehre gidip, bir elektrik üreten mazotlu jeneratörle bir su motoru alırlarsa, kuyudaki tüm kumu kısa sürede boşaltmak mümkün olabilirdi.

Ahmet: **"Tamam!"** dedi **"Öyleyse hemen gidip bir motor ve jeneratör alalım, belki akşama kadar kuyuyu boşaltabiliriz!"** diye devam etti. Bunun üzerine, ahmet ve iki köylü, bir motor ve jeneratör almak üzere yakındaki şehre doğru yol almaya başladılar. Acele etmeleri gerekiyordu, çünkü birileri bu bölgede kazı yaptıklarını öğrenirse, başları derde girebilir veya ahit sandığı onu aramakta olan başka tarikatların eline geçebilirdi ki, yakın zamanlarda bölgedeki iki rahiple bir hahamın gizlice ve bilinmeyen nedenlerle öldürülmeleri hazinenin peşinde olan başka güçlerin varlığını doğruluyordu.

Birkaç saat içerisinde, Ahmet ve köylüler motoru ve jeneratörü bir kamyonete yükleyerek mağaranın birkaç kilometre yakınına kadar getirdiler. Fakat, mağara civarı dağlık olduğu için, geri kalan yolu yaya olarak gitmek ve malzemeleri elle taşımak zorundaydılar. Yaklaşık, bir saatlik yorucu bir uğraşıdan sonra, tüm ekipman mağaranın içerisine getirildi. Motor çalıştırılmaya başladı ve kuyudaki kum hızla boşaltılıyordu. Yaklaşık bir on metrelik bir derinliğe ulaşmışlardı ki, sert bir cisim motorun ucuna takıldı kaldı. Çünkü, kum sona ermiş ve kuyunun dibine ulaşılmıştı. Fakat gariptir ki, kuyunun dibinde toprak olması gerekirken; taş bir levha kapağı yekpare olarak, sanki oraya birileri tarafından yerleştirilmiş gibi öylece duruyordu. Bunun üzerine anlaşıldı ki, bu kez kuyunun dibine inmek ve levhanın kapağını açmak gerekiyordu. Bunun üzerine, Ahmet ve bir köylü sarkıtılan bir iple kuyuya indiler. Levhanın kapağını kenarlarından gevşettikten sonra özenle kapağı kaldırmaya başladılar ki, ahmet "**Kerubim!**" diye bağırdı "**Kanatlı melek figürleri!**". Ahmet gözlerine inanamamıştı. Çünkü, bu figürler ahit sandığının en önemli işaretleriydi. Bunun üzerine hemen kapağı kaldırdılar. Binlerce yıldır aranılan ahşaptan yapılmış iki kollu ahit sandığı mezar şeklinde yapılmış olan tümülüsün içerisinde hazır bir vaziyette, sanki hiç bozulmamış gibi kendilerine bakıyor ve kendisini çıkarmak için gelmelerini bekliyor ve hazır bir vaziyette orada öylece duruyordu.

Ahmet, ahit sandığının kapağını açtığında ise gözlerine inanamadı. Çünkü, Musa A.S.'a Sina dağında Allah tarafından vahyedilen iki adet taş levha ile bazı metal eşyalar ve katlanmış bir örtü ile bir adet çok eski olduğu belli olan deri içerisine sarılmış orijinal Tevrat parşömenleri sandığın içerisinde öylece duruyordu. Belli ki, bunlar Ezra A.S. tarafından yeniden kaleme alınmış olan en eski Tevrat belgeleriydi ve KIYAMET'e doğru giden uzun zaman yolculuğunun GEÇMİŞ ve GELECEK arasındaki bağlantısını sağlayan uzun yol üzerindeki köprüleri hükmünde idi.. İşte şimdi, bundan sonraki bölümlerde, Ahmet'e sorulan o soruları ve cevaplarını bulmaya çalışan GEÇMİŞ ve GELECEK ZAMANLARI da kapsayan derin bir tarih yolculuğuna çıkacağız ve geçmiş zamanla birlikte geleceğe de uzanan büyük bir keşfe çıkacağız. Eğer sen de çoğu, Hz. İsa'nın gelişi, Deccal'ın ortaya çıkışı, Yecüc ve Mecüc kavimlerinin ortaya çıkışı ile Dabbet-ül Arz ve Güneşin Batıdan Doğması gibi Kıyamet'in Büyük alametleriyle ilgili olan ve içerisinde bulunduğumuz bu çağı çok yakından ilgilendiren bu önemli soruların cevaplarını öğrenmek istiyorsan ve Ahir zamanın gelecekte meydana gelecek olaylarını keşfetmek istiyorsan, eski antik bilgelikle günümüzün modern çizgisinde buluşan cifirsel veri kaynaklarından derlenen şu gelecek olan Kıyamet hakikatlerini nefsimle beraber dinle ve şu Zaman yolculuğuna nefsimle beraber çık ve o Hakikatleri keşfet!..

Vesselam..

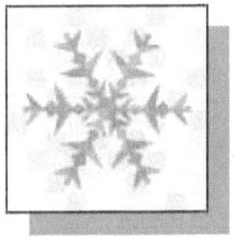

3. BÖLÜM (Chapter 3)

DÜNYA TARİHİNİN BİLİNMEYEN SIRLARININ PEŞİNDE:

KIYAMETİN GİZLİ TARİHLERİ, DÜNYA HAYATININ AMACI VE İMTİHAN SIRRI NEDİR?

Yapımı tamamlanamayan Babil kulesi, antik çağ öncesi, insanlık tarihinin en büyük inşaatlarından birisiydi..

Basit bir tanımlamayla **KLASİK GERÇEKLİK** düşüncesi, umumi fikirleri gerçekte olduğu gibi yansıtmaya çalışan; nefs-ül emre uygun düşünen ve birer hakikat sayan bir felsefi görüş sistemidir. Hadiseleri olduğu gibi gösterme gayesi güden sanat çığırı ve fikridir. **KIYÂMET GERÇEKLİĞİ** düşünce sisteminin amacı ise, çeşitli türde yayın ve fikirlerle Âhiret fikrinin zihinlerde inkişaf ettirilmesi; yeniden dirilme, ölüm ve ölüm ötesindeki yaşamla ilgili düşüncelere yeni bir bakış açısı getirerek tahkiki bir iman kazandıracak şekilde Kur-ân ve diğer bazı İslâmi kaynaklardaki ahir zamanla ilgili gerçeklikleri içinde bulunduğumuz zamanın ihtiyaçlarına göre yorumlamaktır. Bu doğrultuda, içinde bulunduğumuz zaman diliminin çoğu ehl-i tahkik tarafından zamanın son devresi ve kıyamet öncesi ahir zaman olarak nitelendirilmesi sebebiyle öncelikle Kur-ân'ı Kerim'deki ahir zamanla ilgili bölümler (Özellikle Kur-ân'ın son 30-40 âyeti) ve Risâle-i Nur Külliyatındaki günümüze bakan bazı risaleler ve iman hakikatleri açıklanmaya çalışılır. Dolayısıyla Kıyâmet Gerçekliğinde ele aldığımız meselelerin esas hedefi; Kur'an, hadis ve diğer ilmî eserlere başvurarak öncelikle kıyamet alametlerini açıklamaya çalışarak tahkiki imanın zihinlerde inkişaf ettirilmesidir. Eski zamanlarda iman ile inkar arasındaki ince çizgi oldukça keskindi. Fakat günümüzde bu çizgiler iyice iç içe geçmiş durumda ve inkarın mahiyeti de şekil değiştirmiştir.

İşte bu sebepten dolayı inkarın mahiyeti ve teorik altyapısı iyi analiz edilmezse ve günümüzdeki şekli iyi yorumlanmazsa bunun zıttı olan doğru bir imana ulaşmak da bir hayli zorlaşacaktır. Bundan 100-150 sene önce imansızlık ve inkar dalgaları ve teorileri büyük fikirler halinde hazırlanıp diktatör bir lider tarafından kitlelere empoze ediliyordu. Dolayısıyla, 19. ve 20. yüzyılın insanı bu iki uçtan birinde yer alır, fikir ve davranışları bu yönde olurdu. Halbuki 21. yüzyılda durum oldukça farklılaşmıştır. İnkar sistemleri ve teorileri öyle dallanıp budaklaşmıştır ki adeta imanla inkar iç içe girmiş bir vaziyet almıştır. Sıradan bir insanın bunu analiz edip araştırması ve doğru sonucu ayıklayıp su yüzüne çıkarması seneler alabilir. Hatta bu durum şu anda öyle bir duruma gelmiştir ki adeta şeytan her sene yeni bir teorik fikir üreterek bir sene öncesinden bunun altyapısını oluşturmaktadır. Yaşadığımız günlük hayattan ve teknolojinin akışından bunu fark edebilirsiniz. Bu hızlı değişimin arka planındaki oluşumun analiz edilerek bir antitez (panzehirinin) üretilmesi tahkiki iman açısından önem taşımaktadır. Özellikle bu, oldukça teorik ve anlaşılması güç birtakım projelerden oluşuyorsa bunun panzehirinin üretilmesi ise çok daha fazla bir araştırma ve bilgi gerektirecektir. İşte bu da ancak *tahkiki iman*'ın elde edilmesiyle mümkündür.

Bilindiği gibi İmanın üç mertebesi vardır, bunlar zayıftan kuvvetliye doğru:

1- İlmelyakîn

2- Aynelyakîn

3- Hakkalyakîn

Şeklinde sıralanan bu iman mertebelerinin en yükseği olan *Hakkalyakîn* mertebesine ulaştıran iki yol vardır:

BİRİNCİ YOL: İman-ı tahkiki ilmelyakînden hakkalyakîne yakınlaştıkça daha selbedilmeyeceğine ehl-i keşf ve tahkik hükmetmişler ve demişler ki: *"Sekerât vaktinde şeytan vesvesesiyle ancak akla şüpheler verip tereddüde düşürebilir."Bu nevî iman-ı tahkiki ise yalnız akılda durmuyor. Belki hem kalbe, hem ruha, hem, hem sırra, hem öyle letâife* sirayet ediyor, kökleşiyor ki şeytanın eli o yerlere yetişemiyor; öylelerin imanı zevalden mahfuz kalıyor.

Bu iman; İman-ı tahkikinin vüsûlüne vesile olan bir yolu, velâyet-i kâmile ile keşf ve şuhûd ile hakikata yetişmektir. Bu yol ehass-ı havassa mahsustur, iman-ı şuhûdidir.

İKİNCİ YOL: *İman-ı bilgayb cihetinde sırr-ı vahyin feyziyle, bürhanî ve Kur-anî bir tarzda akıl ve kalbin imtizaciyle hakkalyakîn derecesinde bir kuvvet ile zaruret ve bedâhet derecesine gelen bir ilmelyakîn ile hakaik-ı imaniyeyi tasdik etmektir.* Bu ikinci yol Risâle-i Nur eserlerinin temelini oluşturmaktadır.

Fakat biz, Kıyâmet Gerçekliği'nde bu iki yolu birden kullanarak İman-ı tahkikiyi elde etmeye çalışacağız. İkinci yolu kullanırken Risâle-i Nur, hakaik-ı imaniyeye muhalif olan yolların muhal ve gayr-ı mümkün olduğunu ispata gitmektedir. Biz bunun yerine yine iman-ı bilgayb (Gayb'a (Gelecek) iman) cihetinden yaklaşarak Kıyamet, Haşir ve âhiretle ilgili âhir zamana yakın gelişecek önemli olayları ve ilmî sonuçları, sırr-ı vahyin feyziyle bürhanî ve kuranî bir tarzda akıl ve kalbi ikna ettirerek hakkalyakîn derecesinde bir kuvvet ve zaruret ve bedâhet derecesindeki bir açıklıkta keşf ve şuhûd ile gözler önüne sererek meydana getirilen bir ilmelyakîn ile hakaik-ı imaniyeyi ve Kur-âniyeyi tasdik etmektir. Buna bir örnek verecek olursak, Kıyametin bir alâmeti sayılan *"Güneşin batıdan doğması"* ile birlikte tevbe ve iman kapısının kapanmasının sebebi sırr-ı teklifin bozulması ile kâfir ve müminin tasdikte eşit olmasıdır. Yani imtihanın bedâhet derecesine gelerek özelliğini kaybetmesidir. İkinci bir örnek de şöyledir ki, *"Gökyüzündeki bulutların hareketini"* seyreden taklidî iman sahibi bir mümin bunun sebeb-i zâhirisinin bulutları hareket ettiren rüzgar yada hava basıncı olduğunu düşünür. Fakat hareketin sebeb-i hakikisinin, ilâhi kanun dairesinde gerçekleşen bir âdetullah olduğunu birisi ona hakkalyakîn derecesinde isbât etse, rüzgar ve hava basıncının birer yardımcı kuvvet ve sebep olduğunu bilir ve hakikî müessirin kendisini görür.

Birinci örnek, İmân-ı Tahkikînin Batınî kutbuna bakarken; ikinci örnek ise, Zahirî kutbuna bakar. Dolayısıyla bu neviden hadiselerin; ilmelyakîn derecesindeki bir müminin zihninde ve hayalinde, hakkalyakîn derecesinde bir bedâhet (açıklık) ile gösterilmesi; hakkalyakîn derecesinde bir iman-ı kâmil kazanmasına vesile olabilir. Bizim buradaki amacımız Tahkikî İmânı elde etmek olduğu için, bu iki yolun birleşimi takip edeceğimiz eserlerin esas hammaddesini ve içeriğini oluşturacaktır.

KUR'ÂN-I HAKÎM'de **KIYAMET**'e ve **AHİR ZAMAN**'a bakan pek çok âyetin cifirsel hesaplamalarını ele aldığımız, küçük bir kitapçık şeklinde fakat içeriği ve ele aldığı meseleleri gayet geniş olan bu önemli eserimizde, ahirzamanda gerçekleşecek olan pek çok önemli dini meselelerden ve kıyamet alametlerinden kısa kısa özet parçalar halinde yalnız işaret etmek suretiyle bahsedeceğiz. Detaylarına girmeyeceğiz. Elbette ki, elde edilen bu cifirsel sonuçların kaynağı olan Kur'an bahri, burada kısaca ele aldığımız ve bahsettiğimizden çok daha fazlasını içerir ve buradaki yekûn, o bahrin ve okyanusun yalnızca küçücük bir damlası belki bir katresi hükmündedir. Bununla birlikte, diğer Kıyamet Gerçekliği eserlerinin aksine, bu eserde sadece Arapça bir Kur'ân ile bir ebced hesabı tablosundan başka kaynak kullanılmayıp; elde edilen sonuçlar **6 PENCERE** ve **6 HAKİKAT**'ten meydana gelen toplam **6 MADDE** halinde not edilmiştir.

Ayrıca, Kur'ândaki bazı âyetlerde Kıyamet Alametlerine ve Gerçekliğine yapılan işaretlerin bir kısmını da ele aldığımız bu eserimizde, içinde bulunduğumuz ahir zamanın önemi ve kıyamet konusu ana temayı oluşturarak, açıklamaları da verilen detaylı cifirsel hesaplamalar yardımıyla vurgulanmaya çalışıldı. Bir nevî Kıyamet Gerçekliği'nin önemli bir kısım tevâfukâtı olan bu özel kısımlarda, günümüzde henüz ortaya çıkmaya başlayan manevi ve hakiki bir tefsirin hangi önemli konulara işaret etmesi gerektiğinin önemine işaret edilmekle beraber, çok tartışılan Hz. Mehdi'nin gelişi ve Hz. İsa'nın ikinci gelişi gibi önemli meselelere ve diğer kıyamet alametlerine de detaylı olarak değinilerek, belki de daha önceki hiçbir çalışmada değinilmemiş yönleriyle gerçekçi bir şekilde ele alınarak kıyamet ve haşir konuları tahkiki bir şekilde isbatlanmaya çalışılmıştır.

KIYÂMET ALÂMETLERİ ve tarihlerindeki bazı gizli sırlar zamanımızda neden bu kadar önem kazanmıştır? Ayrıca bu mesele, zamanımızda neden bu kadar önemlidir ve imtihan sırrının, kıyamet sürecinin günümüze bakan bir yönüyle ilişkisi var mıdır? Şeklinde bazı sorular gelebilir aklımıza. Bunu basit bir şekilde, şu şekildeki bir üç durumlu örnekle açıklayabiliriz:

Tarih-i Kadim'in eski zamanlarındaki imtihan özelliğinden ve medeniyetin çok fazla inkişaf etmemesinden dolayı, çoğu ehl-i tahkik bu meseleye sadece icmalen değinir, işârî manada genel yorumlar getirerek, konunun tüm medeniyete ders verecek bir tarzda altyapısı olmadığından ve tam olarak henüz kıyametin işaretlerinin büyük bir kısmı belirmediğinden dolayı detaylarına giremezdi. Çünkü kıyamet zamanı o eski dönemlere göre oldukça uzaktı ve bu kadar kısa bir bilgi o dönemin insanı için yeterli sayılıyordu. Halbuki günümüzde, bu konu hemen hemen her zaman tartışılan ve hemen her sahada etkisini gösteren ağırlıklı bir meselenin merkezini teşkil etmektedir. Dolayısıyla, günümüzde dinin hakâik-ı imâniye kısmına bakan pek çok imtihan sırrı bu mesele ekseninde yoğunlaşmıştır. Bu durumu şöyle bir **üç** durumlu örnekle açıklayabiliriz:

Birincisi: Birisi size, içerisinde önemli bilgilerin bulunduğu bir kutu olduğundan bahsediyor ve içerisindeki bilgi o zamanla çok alakadar olmadığı için bazı ehl-i tahkik der ki:

"Böyle bir kutunun varlığı şüphe götürmez, fakat yerini bilmemekle beraber tahmini olarak filan yerde ve zamandadır" der, sadece işaret eder. İşte, tarih-i kadimin eski zamanlarındaki kıyamet bilgisi bu nevîdendir.

İkincisi: Birisi de size, yine önemli bilgilerin bulunduğu bir kutu olduğundan bahseder fakat içeriğindeki bilgi o zamanla çok az alakadar olduğu için, kutunun içerisindeki bazı önemli bilgileri sınırlı bir şekilde izah eder, açıklar. Onun için bazı ehl-i tahkik der ki:

"Kutudaki bilgilerin varlığı çok önemli olmakla birlikte, şu zamanla ilgisi olan bir kısmı şunlardır ve geriye kalanlar gaybî olan müteşâbihâttandır" der, detaylarına girmez.

İşte, kıyamete görece daha yakın olan tarih-i mukaddimenin hazır elinde bulunan bazı kıyamet bilgisi bu nevîdendir.

Üçüncüsü ise: Bir kısım ehl-i tahkik ise, bu kutudaki bilginin içerdiği bilgiyle ilgili olan zaman diliminin çok yaklaşması sebebiyle, kutudaki bilgilerin ait olduğu meselelerin çok yaklaşmış olduğu bir zamanda konu ile çok alakadar olduğu hatta, o zamanın hakikatinin merkezini oluşturduğu için ve bir derece en önemli tahkiki iman meselesi haline geldiği için içindeki bilgilerin tamamını size gösterir ve zaman makinesimisal elinizdeki hazır bir bilgi birikimi gibi gösterir ki, artık içerisine girdiğimiz o kutudaki makinenin ve onun programı hükmündeki bilgi paketinin ahirzamanın gerçekleşmeye başlayan ve gözümüzün önünde cereyan etmeye başlayan kıyamet alametleri olduğunu ve açıklanmasının bir derece zorunlu olduğunu gösterir. Çünkü, eski zamanlarda kutudaki bilgiyle ilgili yakın işaretlerin pek çoğu, hatta çok eski zamanlarda hiçbirisi gerçekleşmemişti. Dolayısıyla, o eski zamanlarda iman-ı tahkiki'nin önemli bir kutbunu oluşturan kıyamet ve haşr'e iman, diğer iman esaslarından çok sonra geldiği için, iman-ı tahkikinin zahiri ve Batıni kutupları bu meseleye çok fazla bakmıyordu ve bunun için açıklanması ve isbat edilmesi çok lüzumlu olmuyordu. Bu yüzden, içerisine girdiğimiz kıyamet döneminde, özellikle son 20-30 yılda, kıyametin hadislerde bildirilen tüm küçük alametleriyle birlikte büyük alametlerinin de işaretlerinin ortaya çıkmaya başlaması nedeniyle, kıyamete yakın olan tarih-i hazır içerisinde hazır olarak bulunan bu anahtar ve şifreli bilgiler, meselelerin boyutuna göre bu bilginin elimizde hazır olarak bulunan kıyamet bilgisi ve onunla bağlantılı olan ve önemli bir kutbunu oluşturan tahkikî iman bilgisi nevîdendir.

Dolayısıyla, bu meselede eski dönemlerdeki pek çok ehl-i tahkikin sadece işaret ederek, daha gerçekleşme vakitleri gelmediği için detaylarına girmemeleri ve açıklayamamaları bu sebeptendir. **İşte bu yüzdendir ki, o eski zamanlardaki ehl-i tahkik üstadları, faraza üstad Said-i Nursî ve Abdulkadir-i Geylanî gibi zatlar dahi, şu zamanda bulunsalar tahkiki imanı tahsil etmek için şu meseleye daha çok çalışacaklar, diğer bir kısım hakâik-ı imâniyeyi ise, ikinci veya üçüncü plana alacaklardı.** Hatta bir hadis-i şerifte, eski zamanlara ders verilirken der ki: **"Kıyameti bekleyiniz, intizar ediniz!"**

Halbuki, ahir zamandaki ehl-i tahkik için der ki: **"Kıyamete hazırlanınız, onunla ve ortaya çıkmaya başlayan açık işaretleriyle korkutup uyarınız, ders alınız!"**

Yine aynı metodolojiyi, Kur'ân-ı Hakîm'de de görürüz. Özellikle, büyük bir kısmını teşkil eden ve **kur'ân'ın ilk 1-25 cüzlük kısmını oluşturan bölümlerinde kıyamet ve haşirden yer yer bahsedilirken; daha küçük bir hacmi kaplayan son 30-40 suresini içeren 25-30. cüzlerine baktığımızda, ağırlıklı olarak kıyamet ve ahir zamana ilişkin olaylar ile Haşir, Cennet ve Cehennem ehlinin akibetleri ve durumları gibi meselelerin detaylı olarak anlatıldığını görürüz.** İşte bu da, iman-ı tahkikinin ahir zamana bakan önemli bir kutbunu oluşturur ki, **ahirzamana ilişkin tasarrufu bulunan üç büyük evliyadan ikisi olan gavs-ı azâm ve imam-ı rabbanî gibi önemli zatlar, iman-ı tahkikinin bu kutbuna işaret ederek, Hz. Mehdi'nin zuhuru ve güneşin batıdan doğması gibi bazı kıyametin büyük alametlerinde o kutbun bir vechini keşfetmişlerdir.**

Öyle ki, bu şekilde oluşturulacak olan bir tefsir-i hakiki sadece dinî ilimleri içermemelidir. **Fizik, Kimya, matematik, Astronomi, Edebiyat** ve **Tarih** gibi diğer bilim dallarındaki bilgilerin araştırılarak elde edilmiş önemli sonuçlarını da içerecek şekildedir. Ayrıca disiplinler arası bilgi alışverişi sonucu (Örneğin, Fizik-Matematik ya da Astronomi-Geometri gibi v.b.) sayesinde sınırlı bir bakış açısı ile yetinilmeyip, temel bilimlerin birbirinin içine dahil olan (mütedâhil) bölümlerinin de su yüzüne çıkarılması sağlanmalıdır. Bunun amacı ise, elbette ki Kur-ân'daki metodolojinin izlenmesi ve aklî ve dinî ilimlerde bir bütünlüğün sağlanmasıdır. Ayrıca bu tür apokaliptik, yani kıyamete yönelik bir eserde ele alınan konular, 2000'li yılların başlarından itibaren başlayan bir kronolojik tarih sırasını takip etmediği takdirde, kıyamet süreci hakkında pozitif net bir bilgi ortaya koyamadığı da görülür. İşte bu özelliklere sahip kitap, makale veya bir grafik, bu türden bir anlatıma ve cifirsel kronolojiye sahip olacaktır. İşte bu yüzden, kitabımız boyunca ele aldığımız bu doku, cifirsel hesaplamalar yanında konunun bilimsel teorik isbatlardan da yararlanılması gerektiğini ortaya koymuştur.

Tabi yine de buradaki esas amaç, salt gerçeklik olgusunu (birtakım saplantılara bağlı kalmadan) araştırmaktır. Fakat burada şu da ifade edilmelidir ki, bulunan sonuçların kesin olarak doğru ve gerçeğin ta kendisi olduğunu söylemek hata olur. Çünkü malumdur ki her şeyin en doğrusunu Allah (C.C.) bilir. Bize düşen ise, gerçeği araştırmak ve buna ait kuvvetli bürhan ve deliller getirebilmektir. Zaten Kur-ân'ı mübînin metodu da budur. Bunun için der: *"düşünmüyor musunuz, akıl etmiyor musunuz?"* şeklinde araştırmaya ve ilme teşvik eder.

Özellikle İslâm'ın yok edilmeye çalışıldığı ve karanlık bir döneme doğru sürüklendiğimiz şu çağda, ilmin ve fennin değeri daha da artmıştır. Özellikle Fizik, Astronomi ve Matematik gibi bilimler oldukça ilerlemiş olup, bu bilimlerin elde etmiş olduğu son veriler bu yaşadığımız kainattan başka gözümüzle göremediğimiz bir **"Beka"** (sonsuzluk) aleminin varlığını ve gerçekliğini ispat etmiştirler. Her ne kadar basın ve medya bu tip ilmî araştırma sonuçlarını çarpıtarak evreni ve doğayı, kendi kendini oluşturan ve yaratıcıdan bağımsız olarak kendini yenileyebilen bir sistem olarak; Allah'ı inkâr etme noktasına götürmeye çalışsa da, araştırmalar bir metafizik âlemin varlığını gözler önüne seriyor. Bu gerçeklik karşısında gözlerimizi kapamamız ve duyarsız davranmamız düşünülemez.

Daha binde birinin bile tam olarak müşahede edilemediği şu koca kainat, ölümden sonra başlamak üzere sırasıyla **Kabir**, **Berzah**, **Cennet** ve **Cehennem** gibi daha pek çok duraklarıyla bizleri beklemektedir. Bize düşen vazife ise buna göre hazırlık yapmak ve bu yolculuk hakkında bilgi edinmektir...

4. BÖLÜM (Chapter 4)

KIYAMET SÜRECİNİN BAŞLANGICI VE KIYAMETİN GİZLİ TARİHLERİNİN PEŞİNDE:

Mayalar, mükemmel denebilecek bir güneş saatine sahiptiler ve onlara göre zaman, 21 Aralık 2012 tarihinde sona ermekteydi.

HIZLA YAKLAŞAN KIYÂMET VE İNSANLIĞIN DURUMU

Büyük bir hızla yaklaşan Kıyamet ve Dünyanın bozulan dengesi; insanları İslâm ahlakından iyice uzaklaştırmakta, uygarlık tarihinde eşine rastlanmadık bir düzensizlik her alanda etkisini göstermekte ve geleceğimizi tehdit etmektedir. İşte bu sebepten;

"Muhakkak ki insan azmıştır. "

{Alak, 6}

âyeti makam-ı cifrisi itibariyle **2004** yılını gösterip yaşadığımız çağa işaret ederek, içine düştüğümüz bu düzensizlik ve <u>kaos</u> ortamına dikkat çekiyor. Bu olumsuz gidişin aksi itibariyle yapılan olumlu gelişmeler ve tüm bu çaba ve gayretler zamanın akışını ve yaklaşmakta olan büyük felaketleri engelleyememektedir. **Âhir Zaman** olarak nitelendirilen içinde yaşadığımız bu çağ, bütün peygamberlerin ve kutsal kitapların haber verdiği zamanın sonu ve kıyâmetin hemen öncesinde yaşanacak olan zaman dilimidir. Gerçekleşmesi, 1400 yıl öncesinden peygamberimiz **Muhammed A.S. (S.A.V.)** tarafından birçok hadiste haber verilen bu felaketler zinciri, Kıyâmetin bir nevî küçük sûreti olup, insanoğlunu uyarmakta ve *"Aklını başına al, yoksa semavî ve arzî tokatlar yiyeceksin"* diye uyarmaktadır. Kıyâmetin büyük alametleri ise altı tane olup ve her birisinin ortaya çıkması, bir sonrakinin çıkmasının yaklaştığını gösterecektir.

Bunlar sırasıyla:

1– Hz. Mehdi'nin Zuhuru,

2– Deccal'in Çıkışı,

3– Hz. İsa'nın Nuzulü,

4– Yecüc ve Mecüc'ün Çıkışı,

5– Dabbetül Arz'ın Yerden Çıkışı,

6– Güneşin Batıdan Doğması.

Bu alametler zincirinin sonuncusu ise yine [Duhan, 11]'de;

يَغْشَى النَّاسَ

"İnsanı kaplayacak olan duman "

Diye bahsedilen ve makam-ı cifrisi **Miladî 2091** yılını gösteren bir dumandan bahsedilmekte olup, bu felaketler zincirinin bir kimyasal reaksiyonlar zinciri sonucunda oluşturduğu zehirli bir gaz gibi göğün getireceği bir dumana işaret ederek, elim bir azâbın öncesindeki tabloyu gözler önüne sermektedir.

"O duman insanları kaplar, işte bu elîm bir azaptır."

{Duhân, 11}

İşte yakın zamandaki bu felaketler zincirinden bazıları aşağıdadır. Çok ilginçtir ki, bu felaketlerin hemen hepsinin ortak özelliği ise; meydana gelme tarihlerinin, uğursuz olarak kabul edilen 666 sayısının ondalıklı katlarıyla ilişkili olmasıdır:

- **17 Ağustos 1999;** büyük *MARMARA* depreminde 40 bin kişi öldü, birçok kişi evsiz kaldı; 7.6 şiddetindeki deprem Marmara'yı yerle bir etti. Bu felaketin makam-ı cifrisi; 666,6×3 = 1999,8 (Ağustos 1999)

- **11 Eylül 2001;** *AMERİKA*'da düzenlenen uçaklı terörist saldırılarda 3000'den fazla masum insan öldü; İkiz kulelerden oluşan 110 katlı Dünya ticaret merkezi 10 dakikada yerle bir oldu. Bu felaketin makam-ı cifrisi; 666,7 ×3 = 2000,1 (2001'e işaret ediyor.)

- **24 Aralık 2004;** büyük okyanusta meydana gelen 9.2 şiddetindeki denizaltı depreminden sonra meydana gelen dev *TSUNAMİ* dalgaları güney Asya, Pasifik adaları ve Afrika'nın kıyı sahillerindeki 200 binden fazla insanın ölümüne neden oldu; milyonlarca insan evsiz kaldı. Bu felaketin makam-ı cifrisi; 666,8 × 3 = 2000,4 (2004'e işaret ediyor.)

- **3 Ekim 2005;** Amerika'da oluşan *"KATRINA"* ve *"RITA"* kasırgaları 100 binden fazla insanın ölümüne neden oldu, on binlerce insan evlerini terk etti; meydana gelen maddi hasar ve yıkımın boyutları hesaplanamıyor.

İşte, bu ve bunlar gibi pek çok büyük felaket ve olay Kıyamet Gerçekliğini isbat eder..

5. BÖLÜM (Chapter 5)

KUR'ÂN'DAKİ KIYAMET GERÇEKLİĞİ

Kur'an'da Kıyamet o kadar detaylı ve gerçekçi bir şekilde anlatılır ki, insan sanki o manzaranın karşısına geçmiş, seyrediyor gibi bir izlenim edinir.

Kur'an'da pek çok âyet, kıyametin dehşeti ve azameti ile insanı irkiltmekte *"Kalk artık ve uyan uyuduğun bu derin uykudan."* dercesine dehşet-engîz ifadeleriyle insan tahayyülünde hayretler ile beraber onu gaflet uykusundan uyandırmaktadır. İşte bunlardan bazıları:

{İNFİTAR; 1-5. âyetler}:

بِسْمِ اللهِ الرَّحْمٰنِ الرَّحِيمِ

اِذَا السَّمَاءُ انْفَطَرَتْ {1} وَاِذَا الْكَوَاكِبُ انْتَثَرَتْ {2}

وَاِذَا الْبِحَارُ فُجِّرَتْ {3} وَاِذَا الْقُبُورُ بُعْثِرَتْ {4}

عَلِمَتْ نَفْسٌ مَا قَدَّمَتْ وَأَخَّرَتْ {5}

1. Gök yarıldığında,

2. ve yıldızlar dağıldığında,

3. ve denizler boşaltıldığında,

4. ve Kabirler alt üst olduğunda,

5. kişi, önüne koyduğunu ve arkasına koyduğunu bilecek!

Ve {TEKVİR; 1-14. âyetler}:

بِسْمِ اللَّهِ الرَّحْمَنِ الرَّحِيمِ

إِذَا الشَّمْسُ كُوِّرَتْ {1} وَإِذَا النُّجُومُ انكَدَرَتْ {2} وَإِذَا الْجِبَالُ سُيِّرَتْ {3} وَإِذَا الْعِشَارُ عُطِّلَتْ {4} وَإِذَا الْوُحُوشُ حُشِرَتْ {5} وَإِذَا الْبِحَارُ سُجِّرَتْ {6} وَإِذَا النُّفُوسُ زُوِّجَتْ {7} وَإِذَا الْمَوْؤُودَةُ سُئِلَتْ {8} بِأَيِّ ذَنبٍ قُتِلَتْ {9} وَإِذَا الصُّحُفُ نُشِرَتْ {10}

وَإِذَا السَّمَاء كُشِطَتْ {11} وَإِذَا الْجَحِيمُ سُعِّرَتْ {12} وَإِذَا الْجَنَّةُ أُزْلِفَتْ {13} عَلِمَتْ نَفْسٌ مَّا أَحْضَرَتْ {14}

1\. Güneş, yörüngesinden ayrıldığında,

2\. ve yıldızlar, karardığında,

3\. ve dağlar, yürütüldüğünde,

4\. ve doğurması yaklaşmış develer, başıboş bırakıldığında,

5\. ve yırtıcı hayvanlar, bir araya getirildiğinde,

6\. ve denizler, kaynatıldığında,

7\. ve ruhlar, eşleştirildiğinde,

8\. ve diri diri gömülen kız çocuğu konusunda

sorulduğunda:

9. "Hangi suçtan dolayı öldürüldü?"

10. ve sayfalar, açıldığında,

11. ve gök, sıyrılıp alındığında,

12. ve Cahîm –Cehennem alevlendirildiğinde,

13. ve Cennet, yaklaştırıldığında,

14. kişi, ne hazırladığını bilecek.

Ve {İNŞİKAK; 1-6. âyetler}:

بِسْمِ اللهِ الرَّحْمٰنِ الرَّحِيمِ

إِذَا السَّمَاءُ انْشَقَّتْ {1} وَأَذِنَتْ لِرَبِّهَا وَحُقَّتْ {2}

وَإِذَا الْأَرْضُ مُدَّتْ {3} وَأَلْقَتْ مَا فِيهَا وَتَخَلَّتْ {4}

وَأَذِنَتْ لِرَبِّهَا وَحُقَّتْ {5}

يَا أَيُّهَا الْإِنْسَانُ إِنَّكَ كَادِحٌ إِلَى رَبِّكَ كَدْحًا فَمُلَاقِيهِ {6}

1. Gök, yarıldığında,

2. ve Rabb'ini dinlediğinde, -ki ona yakışan budur-,

3. ve yer, dümdüz olduğunda,

4. ve içindekini dışarı attığı ve boşaldığında,

5. Ve Rabb'ini dinlediğinde, -ki ona yakışan budur-,

6. Ey insan! Sen; Rabb'ine doğru bir koşuşla koşacak, sonra; O'nunla karşılaşacaksın.

İşte, bu ve bunlar gibi daha burada yer vermediğimiz pek çok Kur'an ayeti Kıyamet Gerçekliğini isbat eder..

6. BÖLÜM (Chapter 6)

İNCİL'DEKİ KIYAMET GERÇEKLİĞİ

Kur'an gibi İncil de, Kıyametten detaylı olarak bahseder. Özellikle, Vahiy kitabında Hz. İsa'nın ikinci gelişinden bahseden pasajlar, bu olaydan sonra kıyametin iyice yaklaşacağından haber verir..

Hz. İsa'nın Havarilerinden **BARNABAS**'ın yazmış olduğu ve bugüne kadar korunabilmiş en iyi ve en doğru ve ayrıca Hz. İsa'nın peygamber olduğunu söyleyen tek İncil olan **BARNABAS İNCİLİ**'nde de Kur'andaki Kıyamet sahnelerinin benzerleri daha detaylı bir şekilde mevcuttur. Yakın bir zamanda ortaya çıkartılıp İngilizceye tercüme edilen bu İncil'de Kıyametten bahseden **ALTI PASAJ**'ı sıra numarasına göre inceleyelim:

52.

"«Allah'ın Hüküm günü öylesine korkunç olacaktır ki, bakın size söylüyorum. Günahkarlar, Allah'ın kendilerine kızgın kızgın konuşmasını duymaktansa, hemen on cehennemi seçeceklerdir. Onlara karşı bütün yaratıklar şahitlik edecektir. Bakın size diyorum ki, yalnızca günahkarlar korkmakla kalmayacak, Allah'ın seçilmiş (kulları) ve veliler (korkacak). Öyle ki İbrahim takvasına güvenmeyecek, Eyüp günahsızlığına itimad etmeyecek. Ve, ne diyorum? Allah'ın Elçisi (Hz. Muhammed) bile korkacak, şu sebepten ki, Allah ululuğunu bildirmek için; Allah'ın kendisine her şeyi nasıl vermiş olduğunu hatırlamasın diye Elçisini hafızadan yoksun bırakacak. Bakın size diyorum ki, bütün kalbimle söylüyorum, Dünyadakiler bana tanrı diyeceklerinden ve bundan dolayı açıklamada bulunmam gerekeceğinden ben titriyorum. Ruhumun huzurunda durduğu Allah sağ ve diridir ki, ben de diğer insanlar gibi ölümlü bir insanım; Allah beni, hastalar şifa bulsun, günahkarlar doğrulsun diye İsrail ailesi üzerine peygamber yapmışsa da, ben Allah'ın kuluyum ve siz, benim dünyadan ayrılmamdan sonra, Şeytan'ın çalışmalarıyla benim kitabımdaki gerçeği iptal edecek olan şu habislere karşı nasıl konuştuğuma şahitsiniz. Fakat, ben sonlara doğru döneceğim ve benimle birlikte Enoh'la İlya da gelecek ve sonları meş'um olacak habisler karşısında delil ve şahit olacağız.>> Ve, İsa böyle deyip, göz yaşı döktü, bunun üzerine havariler hüngür hüngür ağlayıp seslerini yükseleterek dediler : <<Bağışla Ey Rabbımız Allah ve suçsuz kuluna merhamet et.>> İsa karşılık verdi : <<Amin, Amin.>>

53.

<<Bu günden önce>> dedi İsa, <<Dünyanın üzerine büyük bir bela gelecektir; öylesine amansız ve acımasız bir savaş olacak ki, insanlar arasındaki ayrılık ve gruplaşmalar nedeniyle baba oğlu öldürecek, oğul babayı öldürecektir. Bu şekilde şehirler yerle bir edilecek ve kırlar çöl olacaktır. Öylesine salgın hastalıklar baş gösterecek ki, ölüleri taşıyacak kimse bulunmayacak ve hayvanlara yem olsun diye terk edilecekler. Yeryüzünde kalanlara Allah öylesine bir kıtlık gönderecek ki, ekmek altından daha kıymetli olacak ve her türlü pis şeyleri yiyecekler. Ey, hiç kimseden, << Günah işledim, bana yardım et Ey Allahım>> sözünün duyulmayacağı, fakat korkunç seslerle her zaman azametli ve Sübhan olan Allaha küfredileceği zavallı çağ! >>

<<Bundan sonra, o gün yaklaşırken, yeryüzünün sakinleri üzerine, onbeş gün süreyle her gün korkunç bir işaret gelecek. İlk gün, güneş gökteki yörüngesinde ışıksız, fakat kumaş boyası gibi siyah olarak seyredecek; ve bir babanın ölmekte olan oğluna ah-vah ettiği gibi, ah-vah edecek. İkinci gün, ay kana dönecek ve kan yeryüzüne çığ gibi inecek. Üçüncü gün, yıldızların düşman orduları gibi, aralarında savaştıkları görülecek. Dördüncü gün, taşlar ve kayalar, vahşi düşmanlar gibi birbirleri üzerine hücum edecekler. Beşinci gün, her bitki ve ot kan ağlayacak. Altıncı

gün, denizler yüzelli gez kadar yükselip, bütün gün öyle duvar gibi kalacaklar. Yedinci gün, tersine pek az görülebilecek kadar derine batacaklar. Sekizinci gün, kuşlarla yeryüzünün ve suların hayvanları bir araya gelip, feryat ve figan edecekler. Dokuzuncu gün, öylesine korkunç bir dolu fırtınası olacak ki, ancak canlıların onda biri kalacak şekilde her şeyi öldürecek. Onuncu gün, öylesine korkunç yıldırımlar ve gök gürlemeleri meydana gelecek ki, dağların üçte bir parçası yarılıp savrulacak. Onbirinci gün, her ırmak geriye doğru akacak ve su yerine kan akıtacak. Onikinci gün, her canlı figan edip, inleyecek. Onüçüncü gün, gök kitap gibi dürülecek ve her canlının ölmesi için ateş yağdıracak. Ondördüncü gün, öylesine korkunç bir deprem olacak ki, dağların tepeleri kuşlar gibi havada uçuşacak ve bütün yeryüzü bir ova haline gelecek. Onbeşinci gün, kutsal melekler ölecek ve Allah tek başına hayatta kalacak şan, şeref ve azamet O'nundur.>>

Ve İsa böyle deyip, her iki eliyle yüzünü tokatladı ve başını yere vurdu. Ve, başını kaldırıp, dedi: << Benim sözlerime, benim Allahın oğlu olduğumu katanlara lanet olsun.>> Bu sözler üzerine Havariler ölüler gibi yere kapandılar, bunun üzerine İsa onları kaldırıp, dedi : <<O günde korkuya kapılmak istemiyorsak, şimdi Allahtan korkalım.>>

54.

<<Bu işaretler geçince, dünya üzerine kırk gün karanlık olacak, yalnızca yaşayan Allahtır (o gün), şan ve azamet ebediyen O'nadır. Kırk gün geçince Allah, tekrar güneş gibi, fakat bin güneş kadar parlak kalkacak olan Elçisine hayat verecek. O, oturacak ve konuşmayacak, çünkü kendinden geçmiş

gibi olacak. Allah, sevdiği dört meleği yeniden diriltecek ve onlar Allahın Elçisini arayacak. Bulunca da, kendisine göz kulak olmak için (bulunduğu yerin) dört yanına yerleşecekler. Ardından, Allah tüm meleklere hayat verecek ve Allahın Elçisinin çevresinde arılar gibi dönerek gelecekler. Bundan sonra, Allah tüm peygamberlerine hayat verecek ve Adem'in ardından hepsi Allahın Elçisinin elini öpmeğe gidecek ve kendilerini O'nun himayesine bırakacaklar. Sonra, Allah tüm seçkin (kullarına) hayat verecek ve (şöyle) bağıracaklar: <<Ey Muhammed, bizi hatırından çıkarma!>> Bu bağırışmalar üzerine Allahın Elçisinde acıma duygusu uyanacak ve kurtuluşları için endişelenecek, ne yapması gerektiğini düşünecek. Bunun ardından, Allah her yaratılmışa hayat verecek ve önceki varlıklarına dönecekler, fakat herkes ayrıca konuşma gücüne sahip olacak. Sonra, Allah tüm günahkarlara (fasık, facir, kafir, münafık) hayat verecek, yeniden dirildiklerinde çirkinliklerine bakarak, Allahın tüm yaratıkları bağıracaklar: <<Rahmetin bizi bırakmasın, Ey Allahımız Rabb.>> Bunun ardından, Allah Şeytanı diriltecek ve onu görünce, görünümünün iğrençliğinden korkarak, her yaratık ölü gibi olacak. <<Allah razı olsun ki>> dedi İsa, <<Bu canavarı ben o gün görmem, yalnızca Allahın Elçisi bu tür şekillerden korkuya kapılmayacak, çünkü o sadece Allah'tan korkacak.>>

Sonra, surunun sesiyle herkesin dirileceği melek, suruna yeniden üfürüp, diyecek :<<Hüküme gelin Ey yaratıklar, çünkü Yaratıcınız sizi yargılamak diliyor!>> Ardından, göğün ortasında Yehoşafat Vadisi üzerinde ışıldayan bir taht belirecek ve üzerine beyaz bir bulut gelecek, bunun üzerine melekler bağıracaklar: <<Sen, bizi yaratan ve bizi Şeytanın kaydırmasından koruyan Allahımızı tesbih ve ta'zim ederiz.>> Sonra, Allahın Elçisi korkacak, şu sebepten ki, kimsenin gerektiği kadar Allahı sevmemiş olduğunu algılayacak. Çünkü, karşılığında bir parça altın alacak olanın altmış akçesi olmalı; öyle de, eğer bir akçeden başka bir şey yoksa, karşılığında bir şey alamıyacaktır. Ya, Allahın Elçisi de korkacak olursa, kötülük ve pislik dolu dinsizler ne yapacak ?>>

55.

<<Allahın Elçisi tüm peygamberleri toplamağa çıkacak, onlarla konuşup kendilerinden müminler için birlikte Allaha yalvarmağa gitmelerini rica edecek. Ve, hepsi de korkuyla özür dileyecek; Allah sağ ve diridir ki, bildiğim şeyi bilerek ben de gitmeyeceğim. Sonra Allah bu durumu görüp, Elçisine her şeyi nasıl O'nun sevgisi için yarattığını hatırlatacak ve böylece korkusu gidecek ve melekler, <<Ey Allah, Allahımız, Senin kutsal adını tesbih ederiz>> diye söyleşirken, sevgi ve saygıyla tahta yaklaşacak.>>

<<Ve, tahta yaklaştığında, Allah Elçisine uzun zamandır bir araya gelmemiş bir dostun bir dosta (açtığı) gibi açacak. İlk konuşan Allahın Elçisi olacak ve diyecek: <<Ey Allahım, seni seviyor ve sana ibadet ediyorum; bütün kalbim ve ruhumla, beni kulun olarak yaratmak lütfunda bulunduğun ve her şeyde, her şey için ve her şeyin üstünde seni seveyim diye her şeyi benim sevgim için yarattığından dolayı sana hamd ederim; bu bakımdan, bütün yaratıkların sana sena etsinler, ey Allahım.>> Sonra, Allahın yarattığı her şey diyecek: <<Sana hamd ederiz Ey Rabb ve kutsal adını tesbih ederiz.>> Bakın, size diyorum ki, Şeytanla birlikte cinler ve tevbe etmeyenler o zaman öyle ağlayacaklar ki, her birinin gözlerinden akan su, Erden ırmağının suyundan daha çok olacak. Ve Allahı da görmeyecekler.>>

«Ve Allah Elçisine konuşarak, diyecek: «Hoş geldin, Ey benim imanlı kulum; şimdi ne dilersen iste benden, çünkü her şeyi elde edeceksin.»

Allahın Elçisi cevap verecek: «Ey Rabbim, hatırlıyorum ki, beni yarattığın zaman benim sevgim için, ben kulun aracılığıyla Seni yüceltsinler diye dünyayı ve cenneti, melekleri ve insanları yaratmak istediğini söylemiştin. Bu bakımdan Rahim ve Adil olan Rabbim Allah; sana, kuluna yapılan vaadi hatırlaman için yalvarıyorum.»

Ve Allah, dostuyla şakalaşan bir dost gibi cevap verecek ve diyecek: «Buna şahitlerin var mı dostum Muhammed?» Ve O saygıyla diyecek: «Evet Rabbim.» Sonra, Allah cevap verecek, «Git, çağır onları Ey Cebrail.» Melek Cebrail Allahın Elçisine gelip, diyecek: «Efendi, şahitlerin kimdir?» Allahın Elçisi cevap verecek: «Adem, İbrahim, İsmail, Musa, Davut, ve Meryem oğlu İsa.»

Sonra melek gidecek ve adı geçen şahitleri çağıracak, korkuyla oraya gidecekler. Ve, hazır olduklarında, Allah onlara diyecek: « Elçimin iddia ettiği şeyi hatırlıyor musunuz?» Cevap verecekler: «Hangi şeyi Ey Rabbimiz?» Allah diyecek: «Bütün şeyler kendi aracılığıyla bana sena etsinler diye, her şeyi O'nun sevgisi için yarattığımı.» Sonra, onların hepsi cevap verecekler:

«Bizimle birlikte, bizden daha iyi üç şahit daha var, Rabbimiz.» Bunun üzerine, Allah cevaplayacak: «Kimlerdir bu üç şahit?» Sonra, Musa diyecek: «Bana verdiğin kitab ilkidir»; ve Davut diyecek: «Bana verdiğin kitab ikincisidir»; ve size konuşan diyecek: «Rabbim, Şeytan tarafından aldatılan tüm dünya, benim senin oğlun ve yoldaşın olduğumu söyledi ve fakat, bana verdiğin kitab gerçekte benim senin kulun olduğumu söylüyordu»; ve bu kitab, «Bana verdiğin kitab da böyle der, Ey Rabbim.» Ve, Allahın Elçisi bunu söyleyince Allah konuşup diyecek: «Şimdi yapmış olduğum şeylerin hepsini herkesin seni ne kadar çok sevdiğimi bilmesi için yaptım.» Ve, böyle konuştuktan sonra, Allah elçisine içinde bütün seçilmiş kulların adı yazılan bir kitab verecek. Bunun üzerine, her yaratık Allaha saygı gösterisinde bulunup, diyecek: «Yalnızca Sanadır, Ey Allahımız şan ve izzet. Çünkü bize Elçini Sen gönderdin.»

56.

Allah, Elçisinin elindeki kitabı açacak ve Elçisi oradan okuyup, tüm melekleri, peygamberleri ve seçilmiş kulları çağıracak ve her birinin alnında Allahın Elçisinin işareti yazılı olacak. Ve kitapta cennetin ihtişamı yazılacak. Sonra herkes Allahın sağına geçecek; Allahın yanına Elçisi oturacak ve peygamberler O'nun yanına oturacaklar. Evliyalar peygamberlerin yanına oturacaklar. Asfiya velilerin yanına oturacak ve melek sura üfürüp Şeytanı mahkemeye çağıracak.

57.

Sonra, bu zavallı (yaratık) gelecek ve en büyük küfür ve hakaretlerle her yaratık tarafından suçlanacak. Bu nedenle, Allah melek Mikail'i çağıracak, o da Allahın kılıcıyla (Şeytana) yüzbin defa vuracak. Her vuruş on cehennem ağırlığında olup, (Şeytan) cehennem çukuruna atılanların da ilki olacak. Melek, Şeytanın yoldaşlarını çağıracak ve onlar da aynı şekilde suçlanıp, hakarete uğrayacaklar. Bunun üzerine Melek Mikail, Allahtan aldığı yetkiyle bir kısmına yüz defa, bir kısmına elli, bir kısmına yirmi, bir kısmına on ve bir kısmına da beş (defa) vuracak. Ve, sonra hepsi çukura inecekler, çünkü Allah onlara diyecek: <<Cehennem sizin mekanınızdır, ey mel'unlar.>>

Bundan sonra, mahkemeye tüm kafirler ve fasıklar çağırılacak, bunlara karşı önce insanın altındaki yaratıklar çıkacak ve Allahın önünde, bu insanlara nasıl hizmet ettiklerini ve bunların Allaha ve yaratıklarına nasıl rezilce davrandıklarını (anlatıp), tanıklık edecekler. Ve peygamberlerin hepsi kalkıp, aleyhlerinde tanıklık edecek. Bunun üzerine, Allah tarafından cehennemî alevlere mahkum edilecekler. Bakın size diyorum ki, bu korkunç günde hiçbir boş söz veya düşünce cezasız kalmayacak. Bakın size söylüyorum ki, at kılından gömlek güneş gibi parlayacak ve kişinin Allah aşkıyla taşıdığı her bit inciye dönüşecek. Gerçek yoksulluk içinde Allaha yürekten kulluk eden fakirler iki kat, üç kat daha çok kutsanır. Çünkü onlar bu dünyada dünyevî hazlardan yoksundurlar. Ve bu nedenle pek çok günahlardan da azadedirler; o günde de, dünyanın zenginliklerini nasıl harcadıkları konusunda hesap vermek zorunda kalmayacaklar, tersine sabırları ve yoksullukları nedeniyle ödüllendirilecekler. Bakın size diyorum ki, eğer dünya bunu bilse kaftandan önce at kılından gömleği, at kılından önce bitleri ve ziyafetlerden önce oruçları seçer.

Her şey incelendiğinde Allah, Elçisine seslenerek: <<Bak, Ey dostum kötülükleri ne kadar da büyük, halbuki yaratıcıları olan ben tüm yaratılmış şeyleri hizmetlerine verdim ve onlar her şeyde şanımı kırmaya çalıştılar. Bu nedenle en adaletli şey, onlara merhamet etmememdir.>>

Allahın Elçisi cevap verecek: <<Doğrudur Rabb, azametli Allahımız senin dostlarından ve kullarından hiçbiri onlara

merhamet etmeni senden isteyemez; hayır, hepsinden evvel ben Senin kulun onlara karşı adalet isterim.>> Ve bu sözleri söyledikten sonra, tüm melekler ve peygamberler Allahın seçilmişleriyle birlikte –Hayır, neden seçilmişler diyorum?– bakın size söylüyorum ki, örümcekler ve sinekler, taşlar ve kumlar dinsizlere karşı haykıracak ve adalet isteyecekler. Sonra, Allah insanın altındaki tüm canlı ruhları yeniden toprak edecek ve dinsizleri de cehenneme gönderecek. Giderlerken köpeklerin, atların ve diğer hayvanların katılacakları toprağı tekrar görecekler. Bunun üzerine diyecekler: <<Ey Rabb Allah, bizi de şu toprağa iade et.>> Fakat bu istekleri kendilerine bahşedilmeyecek."

Gibi daha pek çok âyet Kıyâmet ve Haşrin geleceğini ve yaklaşmakta olduğunu isbat ve ilan etmektedir. Daha bunlar gibi pek çok kıyamet alametinin, **Deccal** ve **Süfyan** gibi dehşetli şahısların âlem-i insaniyette zuhur ettiğini gören akıllı kişiler, hayat-ı içtimaiyeden bir nevî çekilmek arzu ediyor. Emr-i Peygamberî ile ta 1400 sene öncesinden haber verilen bu müthiş dehşetli şahısların kötülüklerini tüm dünyaya yaymaya hızla devam ettiği şu zor günlerde yapılacak en iyi şey belki de evde kapanmak ve fitneye atılmamaktır. Bu yüzden peygamberimizin âhir zamanla ilgili bir hadîsi bu konuda ihtar ediyor.

Peygamber efendimiz (S.A.V.) buyurdu ki:

"Kıyamet yaklaştıkça, fitneler çoğalır. Gece başlarken karanlığın artması gibi olur. Sabah evinden mümin olarak çıkan kimse akşam kafir olarak döner. Akşam mümin iken, gece safâlarında imanları gider. Böyle zamanlarda, evinde kapanmak fitneye karışmaktan hayırlıdır. Kenarda kalan, ileri atılandan hayırlıdır. O gün oklarınızı kırınız! Silahlarınızı, kılıçlarınızı bırakınız! Herkesi tatlı dil ile, güler

yüz ile karşılayınız! Evinizden çıkmayınız.!"

Şeklinde, İmâm-ı Rabbânî Hz.'lerinin Mektûbâtındaki bu Hadîs bizi uyarıyor.

İşte, İncil'deki bu ve bunlar gibi daha pek çok ayet Kıyamet Gerçekliğini isbat eder..

7. BÖLÜM (Chapter 7)

KIYEMETİN EN BÜYÜK İŞARETİNİN PEŞİNDE: HZ MEHDİ'NİN ZUHURU

Hadislere göre, Hz. Mehdi'nin gelişinin en büyük işaretlerinden birisi bir kuyruklu yıldızın doğmasıdır. Sahih rivayetlere göre bu, 1986 yılında dünyanın yakınından geçen HALLEY kuyruklu yıldızıdır. Geçtiğimiz asırda, 1910 yılındaki geçişiyle üstad Bediüzzaman'ın Müceddidlik görevine başlama dönemlerine işaret eden bu yaşlı ve güzel kuyrukluyıldız, dünya tarihi boyunca pek çok önemli dini olayın gerçekleşmesine tanıklık etmiştir.

Bilindiği gibi başlangıcı olan her şeyin, bir sonu da olacaktır. Dünyanın da bir başlangıcı olduğu gibi, sonu da vardır ve bu da Kıyametin kopması demektir. Kıyametin kopmaya başlaması da bazı işaretlerin ortaya çıkmasıyla anlaşılacağı için o işaretleri inceleyerek kıyamet süreci hakkında bilgi edinebiliriz. Kıyamet alametlerinin en önemlisi **MEHDİ** meselesi olduğu için buradan başlayarak bu işaretleri inceleyeceğiz. Ayrıca bu işaretlerin incelenmesi dünyada son **25-30** yılda meydana gelen hızlı değişime ve yaşanan olayların tarihçesine de ışık tutacaktır. Mehdi kelime manası olarak; hidayet yeri, hidayet olunmuş kişi anlamında, ahir zamanda kıyametin yaklaştığının bir işareti olarak Allah tarafından özel bir tarzda hidayete erdirilen ve insanları içine düştükleri sıkıntılardan kurtarmak için gönderileceği peygamberimizin birçok hadisiyle müjdelenen; peygamberimizin soyundan kutlu bir kişidir.

Bazı kimseler bu kelimenin manasını yanlış algılamakta ve İslâm literatüründe farklı bir yere oturtarak bunun bir fikir akımı ya da şahs-ı manevî olarak nitelendirmiştir. Ayrıca Mehdi'nin ortaya çıkış tarihi ile ilgili birçok spekülasyonlar ve yanlış yorumlar da yapılmaktadır. Oysa Mehdi kelimesi beklenilen ve tarif edilen bu kişiye aittir, O'nun dışındaki kişilere yakıştırmak doğru olmaz ve ortaya çıkış tarihi de biraz sonra değineceğimiz gibi Kur'an'da **cifr hesabı**'yla net bir şekilde verilmektedir.

Mehdi'nin ahir zamanda gelmesi konusunda dört ayrı teori ortaya atılmıştır:

1– Bazı İslam alimleri; Mehdinin gelip geçtiğini ve bu zatın Emevîlerin halifesi **Ömer Bin Abdul Aziz** olduğunu söylemişlerdir. Bunlar İslam alimlerinin yüzde beşlik bir kısmıdır. Bu görüşü tüm büyük İslam alimleri Ömer Bin Abdül Aziz *"Dünyayı fetih etmediği için Mehdi ilan edilemez."* diyerek reddetmişlerdir.

2- Bazı İslam alimleri; Mehdi'nin gelmeyeceğini ve bu konuyla ilgili sahih hadis olmadığını, Mehdi konusunun efsaneden başka bir şeyden ibaret olmadığını söylemişlerdir. Bunlar İslam alimlerinin yüzde onbeşlik bir bölümünü teşkil eder. Bu görüşü ileri süren alimlerin başında dünyaca tanınan felsefeci **İbni Haldun** da vardır.

3- Şiî alimlerinin görüşleridir ki, Şiilerin inancına göre Mehdi ehli beytin 12. imamı olan **Muhammed Bin Hasan Askerî** 'dir. Şiilerin inancına göre *"Bu kişi hicretin 260. yılında 5 yaşındayken babası Hasan Askerî vefat etmiş, o da Medine'de kaybolmuş ve o günden beri hiçbir haber alınamamıştır. Ahir zamanda bu zat çıkacak bütün dünyayı fetih edecek."* Bu iddiada bulunan Şii alimleri İslam Alimlerinin yüzde birini teşkil eder. Bu görüşler diğer İslam alimleri tarafından kabul görmemekte ve gerçek dışı, safsata olarak değerlendirilmektedir.

4- Sünnî Alimlerin görüşü de şöyledir; Mehdi ile ilgili hadislerin çoğu doğru ve güvenilir hadislerdir. Ravîleri itibar edilen kişilerdir. Bizim de burada savunacağımız bu görüşü savunan Alimler İslam alimlerinin yüzde seksenini oluşturmaktadır. Bunlar arasında hicrî 13. asrın Müceddidi **Bediüzzaman Said Nursî** de vardır. Bu Alimlerin hepsi ve talebeleri Mehdi konusunda aynı görüşü beyan etmiştir. Yüzyıllardır halk arasında bu görüşler kabul görmüş ve yayılmıştır.

KUR'AN ÂYETLERİ VE HADİSLERİN IŞIĞINDA HZ. MEHDİ'NİN ZUHURU

Hz. Mehdi'nin çıkış alametleri ile ilgili Peygamber efendimiz (S.A.V.)'in pekçok hadisi bulunmaktadır. Bu hadislerin, içinde bulunduğumuz dönemin ortam ve şartlarını açıkça tarif ettiklerini ve çok yakın geçmişte arka arkaya gerçekleşen bazı kritik olayları mucizevî bir biçimde haber verdiklerini ve ayrıca Kur'an'da Fetih sûresinin 28. âyetinin Mehdi'ye işaret ederek çıkış tarihini cifir hesabıyla verdiğini göreceğiz.

Fetih Sûresi, 28. âyette:

بِسْمِ اللَّهِ الرَّحْمَنِ الرَّحِيمِ

هُوَ الَّذِي أَرْسَلَ رَسُولَهُ بِالْهُدَى وَدِينِ الْحَقِّ لِيُظْهِرَهُ عَلَى الدِّينِ كُلِّهِ وَكَفَى بِاللَّهِ شَهِيدًا

"Hak dinini Bütün dinlerden üstün kılmak üzere, Elçi'sini, yol gösterme ve doğru din ile gönderen O'dur. Tanık olarak Allah yeter."

{Fetih, 28}

Âyetindeki *"Hak dinini bütün dinler üzerine, üstün kılmak için."* ifadesi Hz. Mehdi'ye işaret etmektedir çünkü âyetteki ifadelere baktığımızda şunu anlıyoruz; hak dininin bütün dinler üzerine üstünlüğü herkes tarafından kabul edilecek ve hak dini diğer dinler karşısında tam galibiyetini alacak ve hak diniyle hükmedilecek. Böyle bir üstünlük bu güne kadar olmamıştır. Bu olsa olsa Hz. Mehdi ile olacaktır. Çünkü Hz. Mehdi ile ilgili hadislerin hepsinde Hz. Mehdi'nin İslamiyeti dünyaya hakim kılacağı geçmektedir.

"Elçi'sini, yol gösterme ve doğru din ile gönderen O'dur."

ifadesinin makam-ı cifrîsi **Hicri 1426** (**Miladî**) **2006** olup, Mehdinin bu tarihte ortaya çıkacağını cifr hesabıyla veriyor ki yine buradaki ifadede geçen Elçi (Rasûl) kelimesi hem Peygamberimize hem de Ahir Zaman Mehdisine işaret etmektedir. Ayrıca bazı Alimler bu kelimenin Rasûl olduğu için Hz. İsa'ya da atfedilebileceğini söylemişlerdir. Fakat âyetin başındaki *"Hak Dini'ni bütün dinlerden üstün kılmak üzere"* ifadesi, İslâmiyetin bütün dünyaya hakimiyetini ifade ettiği için ve bu da ancak Hz. Mehdi ile mümkün olacağı için Hz. Mehdi'ye işaret etmektedir.

Yine, Kur'an-ı Kerim'in başlangıç suresi olan Fatiha'nın 2. ve 7. ayetlerinde geçen;

العالمين رب لله الحمد

عليهم أنعمت الذين صراط

"Hamd, Alemlerin RAB'bi olan ALLAH'a mahsustur."

"Doğru yola ve nimet verdiğin (Salih kullarının) yoluna ilet.."

{Fatiha, 2-7}

"**Salih kulların**" cümlesinin makam-ı cifrisi, **Hz. Mehdi**'ye işaret etmek üzere "**1426**" olup, dikkat edilirse her iki ayetinde harf sayılarının "**26**" olması, Hz. Mehdi'nin zuhurunun tarihine te'kidli olarak manayı kuvvetlendirerek işaret etmektedir:

El hamdü lillahi Rabbil alemin = **26 Harf**

Sıratallezine en'amte aleyhim = **26 Harf**

Hz. Mehdinin zuhuru, yani ortaya çıkışı çıkışı, kıyamet alametleri ile ilgili hadiselerin art arda gerçekleşmesine sebep olacağı için; Hicrî 14. yüzyıl başından (1979-1980) itibaren sırayla ortaya çıkmaları, içinde bulunduğumuz dönemin Hz. Mehdinin yeryüzünde bulunuş yılları olduğunu çok net bir şekilde ortaya koymaktadır.

Bu alametlerden bazıları şunlardır:

◇ Fitnelerin çoğalması,

◇ Mehdinin çıkışından önce yaygın ve bitmesi mümkün görünmeyen katliamların meydana gelmesi,

◇ Dünyanın her yerini karışıklık ve kargaşanın kaplaması,

◇ Masum insanların (Kadınların ve çocukların) katledilmesi,

◇ Mescid ve camilerin yıkılması,

◇ Müslümanlara yapılan baskıların artması,

◇ Haramların helal sayılması,

◇ Allah'ın açıkça inkar edilmesi,

◇ İran-Irak savaşı,

◇ Afganistan'ın işgali,

◇ Irakta **Saddam**'a ait bir ordunun çöle batması,

◇ Fırat nehrinin suyunun kesilmesi,

◇ Mehdinin çıktığı tarihte iki kez ay ve güneş tutulması meydana gelmesi,

◇ Kuyruklu yıldızın (**Halley**) doğması,

◇ Kabe baskını ve kabe'de kan akıtılması,

◇ Doğu tarafında bir ateşin görülmesi,

◇ Sahte peygamberlerin çoğalması,

◇ Dinin şahsi çıkarlar için kullanılması,

◇ Büyük ve hayret verici olayların meydana gelmesi,

◇ Güneşten bir alametin belirmesi,

◇ Büyük şehirlerin yok olması,

◇ Depremlerin çoğalması.

Peygamber efendimizin bu alametlerle ilgili birçok hadisi vardır, bunlardan bazıları şunlardır:

◇ *Günahsız insanlar öldürülmeden Mehdi çıkmaz...*

[Ali Bin Hüsamettin El Muttaki, Celaleddin suyutî'nin tasnifinden]

◇ *Bu fitnelerin en sonuncusu günahsız insanların*

öldürülmesidir ki, artık o zaman kendisinden herkesin razı olacağı bir gidişatta olan Hz. Mehdi çıkar...

<> **Bir fitne görülür, bunu diğer fitneler takip eder ve birinciler sonuncuların kılıçla çatışmaya dönüşünü kamçılar ve bundan sonra bütün haramların helal sayılacağı bir fitne gelir.** Sonra da Hilafet, yeryüzünün en hayırlısı olan Mehdiye evinde otururken gelecektir...

[Kitab-ül Burhan Fi Alamet-il Mehdiyy-il Ahir Zaman]

<>İnkar her yanı istila edip hükmü cemiyet içinde âşikare işlenmedikçe Mehdi zuhur etmez. Bu vakitte vâki olan ise inkarın istilasıdır. Onun kuvvetidir...

[Mektubât-ı Rabbânî]

<>Fırat nehri altın bir dağ üzerinden açılmadıkça kıyamet kopmayacaktır. İnsanlar onun için harb edecek ve her yüz kişiden doksan dokuzu öldürülecek, onlardan her adam, keşke kurtulan ben olsaydım diyecektir...

[Sahih-i Müslim]

<> **Mehdinin çıkmasından önce bir Ramazan içinde güneş iki defa tutulacaktır...**

[İmam Şaranî, Ölüm-Kıyamet-Ahiret ve Ahir Zaman Alametleri]

<> *O gelmeden önce, doğudan ışık veren bir kuyruklu yıldız görünecektir...*

[El– Kavlu'l Muhtasar Fi Alamet-il Mehdiyy-il Muntazar]

◇ *O yıldızın doğması, güneş ve ay tutulmasından sonra olacaktır...*

[Kitab-ül Burhan Fi Alamet-il Mehdiyy-il Ahir Zaman]

NOT:

Halley kuyruklu yıldızı ile ilgili bazı ilginç rakamlar:

Halley kuyruklu yıldızı **76** yılda bir geçiyor.

76 = 19×4

Bu yıldız en son Hicri **1406**' da görüldü.

1406 = 19×74

74 sayısı ise Kur'an'da bahsi geçen **19** mucizesine işaret eden **MÜDDESİR** sûresinin sıra numarasıdır. Bazı İslam âlimleri Sûrenin 1 ve 2. âyetlerinde geçen *"Ey örtüye bürünen, kalk ve korkut (uyar)!"* ifadelerinin üstü kapalı olarak Mehdi'ye işaret ettiğini belirtmişlerdir. Zira tarih boyunca bu kuyruklu yıldızın geçtiği zamanlarda Müslümanlar açısından çok önemli hatta dönüm noktası sayılabilecek hadiseler meydana gelmiştir.

İşte bunlardan bazıları:

◇ **Hz. Nuh**'un kavmi helak olmuştur,

◇ **Hz. İbrahim** ateşe atılmıştır,

◇ **Firavun** ve kavmi yok edilmiştir,

◇ **Hz. Yahya** öldürülmüştür,

◇ **Hz. İsa** doğmuştur,

◇ **Peygamber efendimize** ilk vahiy gelmeye başlamıştır,

◇ **Osmanlı devleti** tarih sahnesinde yer almaya başlamıştır,

◇ **İstanbul, Fatih Sultan Mehmet** tarafından fethedilmiştir.

Peygamber efendimiz (S.A.V.) birçok hadisinde (200'e yakın sahih hadis) bu mübarek zat için hazırlık yapmanın önemine dikkat çekmiş, Mehdi'nin fiziksel özelliklerinden ve yapacağı işlerden tafsilatlı olarak bahsetmiştir. Şimdi bu hadislerden bazılarını konu başlıklarına göre inceleyeceğiz:

HZ. MEHDİ'NİN MUHAKKAK ÇIKACAK OLMASI

◇ *Kıyametin kopması için zamanda sadece bir günden başka vakit kalmamış da olsa Allah (c.c.), benim ehli beytimten (soyumdan) bir zatı (Mehdi) gönderir ve o idareyi ele alıncaya kadar o günü uzatırdı.*

[Kitab-ül Burhan Fi Alamet-il Mehdiyy-il Ahir Zaman]

◇ *Ümmetim arasında Mehdi gelecektir... Ümmetim onun zamanında iyi ve kötünün, benzeriyle nimetlenmediği bir nimetle nimetlenecek, sema üzerlerine bol bol yağdıracak, arz nebatından hiçbir şey saklamayacaktır.*

[Kitab-ül Burhan Fi Alamet-il Mehdiyy-il Ahir Zaman]

<> *Benim ehl-i beytimden bir şahıs bütün dünyaya hakim oluncaya kadar günler ve geceler bitmez.*

[En-Necmu's Sakıb]

MEHDİ' NİN PEYGAMBERİMİZİN (S.A.V.) SOYUNDAN OLMASI

<> *Mehdi, kızım Fatıma' nın neslindendir.*

[Sünen-i İbn Mace]

<> *Mehdi ile müjdelenin, O Kureyş'ten ve Ehl-i Beytimden bir kişidir.*

[Kitab-ül Burhan Fi Alamet-il Mehdiyy-il Ahir Zaman]

<> *Mehdi, benim çocuklarımdan birisidir. Yüzü gökyüzünde parlayan yıldız gibidir.*

[Kitab-ül Burhan Fi Alamet-il Mehdiyy-il Ahir Zaman]

HZ. MEHDİ'NİN ALLAH TARAFINDAN BİR GECEDE ISLAH EDİLMESİ

<> *El-Mehdi, bizden, Ehl-i Beyttendir. Allah onu bir gecede ıslah eder.*

[Sünen-i İbn Mace]

NOT: Yani tevbesini kabul eder, feyizler ve hikmetlerle donatır... Bir gecede Mehdi'nin ıslah edilmesi ifadesinin anlamı ise kendisine **KUTUP** mertebesinin verilmesine işarettir. Bu dereceyi çalışmakla, uğraşmakla kazanamaz. Kur'an' da belirtildiği gibi Hz. Peygambere verilen bu lütuf, Hz. Mehdi'ye de verilmiştir. Bununla beraber Hz. Mehdi'de "**Kutbiyet**" ve "**Gavsiyet**" ile beraber "**Ferdiyet**" makamı da bulunacak ve vilâyetin en yüksek derecesinde olacaktır. Önceki asırlarda hiçbir evliyâya verilmeyen bu mertebe Hz. Mehdi'ye verilecektir. Bu da onun mertebesinin yüksekliğini, makamının yüceliğini gösterir...

İmâm-ı Rabbânî Hz. 'leri, Mektubâtında bu konuyu ve Hz. Mehdinin irşad vazifesini nasıl yapacağını şöyle açıklar:

"Kutb-u İrşâdın (Hz. Mehdi) feyz vermesi ve ondan feyz almakla ilgili ma'rifetler, kemâlat-ı Ferdiyeye de mâlikdir. Asırlardan çok uzun zaman sonra böyle bir cevher dünyaya gelir. Kararmış olan âlem onun gelmesiyle aydınlanır. Onun irşâdının ve hidayetinin nurları, bütün dünyaya yayılır. Yer küresinin ortasından tâ Arş'a kadar; herkese rüşd, hidayet, iman ve ma'rifet onun yolu ile gelir. Herkes, ondan feyz alır. Arada o olmadan kimse bu nimete kavuşamaz. Onun hidayetinin nurları, bir okyanus gibi [çok kuvvetli radyo dalgaları gibi] bütün dünyayı sarar. O deryâ, sanki buz tutmuştur. Hiç dalgalanmaz. O büyük zâtı tanıyan ve seven bir kimse; onu düşünürse, yahud o bir kimseyi sever, onun yükselmesini isterse; o kimsenin kalbinde sanki bir pencere açılır. Bu yoldan, sevgisi ve ihlâsına göre o deryâdan kalbi feyz alır..

Bunun gibi bir kimse; Allahü teâlâyı zikrederse ve bu zâtı hiç düşünmese bile, mesela onu tanımazsa; yine ondan feyz alır. Fakat, birinci feyz daha fazla olur. Bir kimse, o büyük zâtı inkâr eder, beğenmezse; yahud o büyük zât bu kimseye incinmiş ise, bu kimse Allahü teâlâyı zikretse bile rüşd ve hidayete kavuşamaz.

Ona inanmaması hidayet yolunu kapatır. O zâta inanan ve sevenler, onu düşünmeseler de ve Allahü teâlâyı zikretmeseler de yalnız sevdikleri için rüşd ve hidayet nûruna kavuşurlar... "

{Mektubât-ı Rabbânî, 260. Mektup}

HZ. MEHDİ' NİN İNSANLAR TARAFINDAN ÇOK SEVİLMESİ

<> *Muhakkak ki O, insanların karşılaştıkları şerler sebebiyle, kendilerine en sevgili gelen kişi olmadıkça çıkmayacaktır.*

[Ali Bin Hüsamettin El Muttaki, Celaleddin suyutî'nin tasnifinden]

<> *Allah bütün insanların kalplerini onun muhabbetiyle dolduracaktır.*

[El– Kavlu'l Muhtasar Fi Alamet-il Mehdiyy-il Muntazar]

HZ. İSA, HZ. MEHDİ' NİN ARKASINDA NAMAZ KILACAKTIR

<> *Hz. İsa semadan nuzul edecek ve onun emirliğini kabul edecektir. Hz. İsa'ya "Bize namaz kıldır" denilecek, ancak o, "Emir sizin içinizdedir"karşılığını vererek, "Bu Allah'ın ümmeti Muhammed'e bir ikramıdır." diyecektir.*

[El– Kavlu'l Muhtasar Fi Alamet-il Mehdiyy-il Muntazar]

◇ *Hz. Mehdi müminlerle beraber Beytül Makdis'de sabah namazını kılarken, o sırada nuzul eden Hz. İsa'yı takdim edecek ve Hz. İsa ellerini onun omzuna koyarak, "Namazın kameti senin için getirildi, bu yüzden sen kıldır" diyecek ve nihayet Hz. Mehdi, Hz. İsa ve müminlere imam olarak namazı kıldıracaktır.*

[El- Kavlu'l Muhtasar]

NOT:

İmâm-ı Rabbânî Hz.'leri, Mektubâtında bu konuyu ve Hz. İsa'nın Hz. Mehdi ile birlikte bu vazifeyi nasıl yapacağını şöyle açıklar:

"İsâ "aleyhisselâm" gökten inerek, âhirzaman peygamberinin dinine uyunca, onun hakikati, kendi makamından yükselerek, ona uyduğu için, hakikat-ı Muhammedînin makâmına gelir. Hakikat-ı Muhammedî ismi, hakikat-ı Ahmedî adına döner ve Zât-ı ilâhînin mazharı olur. İsâ "aleyhisselâm" gökten inerek, Muhammed aleyhisselâmın dinine göre yaşayacağı zamana kadar, hakikat-ı Muhammediyenin yeri boş kalır. O zaman, İsâ aleyhisselâmın hakikati, kendi makâmından yükselerek, hakikat-ı Muhammediyenin boş kalmış olan makâmına yerleşir..."

{Mektubât-ı Rabbânî, 209. Mektup}

Yine bu konu ile ilgili, Bediüzzaman Hz.'leri de Risale-i Nurda şöyle değinir: *"Şahs-ı İsa Aleyhisselâm'ın kılıncı ile maktul olan şahs-ı Deccal'ın teşkil ettiği dehşetli maddiyyunluk ve dinsizliğin azametli heykeli ve şahs-ı manevîsini öldürecek ve inkâr-ı uluhiyet olan fikr-i küfrîsini mahvedecek ancak İsevî ruhanîleridir ki; o ruhanîler, din-i İsevî'nin hakikatını hakikat-ı*

İslâmiye ile mezcederek o kuvvetle onu dağıtacak, manen öldürecek. Hattâ "Hazret-i İsa Aleyhisselâm gelir. Hazret-i Mehdi'ye namazda iktida eder, tâbi' olur." diye rivayeti bu ittifaka ve hakikat-ı Kur'aniyenin metbuiyetine ve hâkimiyetine işaret eder."

{Şuâlar, 5. şuâ}

HZ. MEHDİ GERÇEK İSLÂM AHLAKINI İLMÎ ÇALIŞMALARLA ORTAYA ÇIKARACAKTIR

◇ *Mehdi, Peygamber (sav) 'in yolunda gidecek, zamanında ne bir kimse uykusundan uyandırılacak, ne de bir kimsenin burnu kanayacaktır.*

[El– Kavlu'l Muhtasar Fi Alamet-il Mehdiyy-il Muntazar]

◇ *Mehdi, kaldırılmadık bid'at bırakmayacak, mezhepleri kaldıracak ve dini Peygamber (sav)'in zamanında olduğu gibi aynen uygulayacak. Halis hakiki dinden başka hiçbir mezhep kalmayacak.*

[Muhammed B. Resul El Hüseyin El Berzenci, Kıyamet Alametleri]

HZ. MEHDİ' NİN İSTANBUL'U MANEN FETHETMESİ

◇ *Mehdi, <u>Konstantiniyye</u> ve <u>Deylem</u> dağını fethedecektir.*

[El– Kavlu'l Muhtasar Fi Alamet-il Mehdiyy-il Muntazar]

◇ *Dünyadan hiçbir zaman kalmayıp ancak tek bir gün kalsa bile o günde benim soyumdan bir zatın Deylem dağına (veya eyaletine) ve Konstantiniyye (İstanbul) şehrine sahip olması için Allah muhakkak o günü uzatacaktır.*

[Kitab-ül Burhan Fi Alamet-il Mehdiyy-il Ahir Zaman]

HZ. MEHDİ'NİN KUTSAL EMANETLERLE BERABER ÇIKMASI

◇ *Mehdi, Peygamberimizin (sav)'in sancağı, gömleği, kılıcı ve işaretleri ile çıkacaktır. O bayrak dört köşeli olup dikişsizdir ve rengi siyahtır. Onda bir hicr (hale) bulunur. O, Resûlullah (sav) 'in vefatından beri açılmamış olup Mehdi çıkınca açılacaktır.*

[Ali Bin Hüsamettin El Muttaki, Celaleddin suyutî']

◇ *Şu muhakkak ki ahir zamanda mağrib memleketinin en uzak mevkiinden Mehdi denilen bir zat çıkacak. Ve ön tarafında kırk mil mesafe olarak yardım yürüyecek. Mehdi'nin bayrakları siyah ve sarıdır. İçinde çizgiler bulunur. Bayraklarında Allah'ın "İsm-i Azamı" ve "Biat Allah içindir" yazılıdır. Onun bayrağı altındaki hiçbir birliği mağlup edilmez...*

[İmam Şaranî, Ölüm-Kıyamet-Ahiret ve Ahir Zaman Alametleri Muhtasarı (Tezkireti'l Kurtubî)]

◇ *Beyt-ül Makdis'in hazinelerini, Tabut-u Sekine'yi, Beni İsrail sofrası ile levhaların madenlerini, Hz. Adem'in cübbesini, Hz. Süleyman'ın minberinin asasını ve Allah'ın*

Beni İsrail'e gönderdiği süt kadar beyaz olan eldivenleri çıkaracaktır...

[El- Kavlu'l Muhtasar Fi Alamet-il Mehdiyy-il Muntazar]

◇ **Antakya denilen bir yerden Tabut'u (Kutsal emanetler sandığını) ortaya çıkaracaktır.**

[Suyutî, El Havi li'l Feteva]

◇ **Hz. Mehdi, Tabut-u Sekine' yi Antakya mağarasından çıkaracaktır.**

[El- Kavlu'l Muhtasar Fi Alamet-il Mehdiyy-il Muntazar]

NOT:

Peygamber efendimiz Hz. Muhammed' in Sancak-ı Şerifi ve Mübarek Mührü, Hırka-i Saadeti ve Kılıcı ile beraber **İSTANBUL** Topkapı sarayında saklanmaktadır. Hadis-i Şeriflerde,Hz. Mehdi'nin çıkış yeri ile ilgili alametlerin başında bu emanetlerin olduğu yer gösterilmektedir. Bu Hadislerden biri şöyledir:

Abdullah b. Şurefe' den nakledildi ki: **"Mehdi'nin beraberinde süslenmiş bir halde Peygamberimizin bayrağı olacaktır."**

[Kitab-ul Bürhan Fi Alamet-il Mehdiyyil Ahir Zaman, 65]

Alametlere gelince: beraberinde Allah Resulu' nun (s.a.v.) gömleği, kılıcı, sancağı bulunacaktır. O sancak ki Resulullah (s.a.v.)'ın vefatından bugüne kadar hiç açılmamıştır. Hz. Mehdi'nin zuhuruna kadar da açılmayacaktır. Sancağında

"El Biat' u Lillah" (Allah için Biat) ibaresi yazılı olacaktır.

[Kıyamet Alametleri, sayfa 164]

Hiç şüphesiz yüzyıllar öncesinden bildirilen bu Hadis-i Şeriflerde Peygamber Efendimiz (s.a.v.)'in ahir zamanda olacakları müjdelemesi de büyük mucizelerdendir. Hadis-i Şeriflerde bildirildiği gibi günümüzde Topkapı Sarayında korunan bayrak, süslenmiş ve yine hadiste belirtildiği gibi Osmanlı İmparatorluğunda olduğu dönemde savaşlara götürülmesine rağmen bir muhafazanın içinde tutulmuş ve günümüze kadar da açılmamıştır.

BAZI İNSANLARIN HZ. MEHDİ'YE ORTAM HAZIRLAMALARI

◇ *Doğu tarafından birtakım insanlar çıkıp, Hz. Mehdi' nin saltanatını hazırlayacaklardır.*

[El– Kavlu'l Muhtasar Fi Alamet-il Mehdiyy-il Muntazar]

◇ *Şarktan bir cemaat çıkar ve Hz. Mehdi' nin saltanatına yardım eder.*

[Ali Bin Hüsamettin El Muttaki, Celaleddin suyutî'nin tasnifinden]

◇ *Bilahare Kudüs'e inecekler ve Hz. Mehdi için saltanat hazırlayacaklardır.*

[El– Kavlu'l Muhtasar Fi Alamet-il Mehdiyy-il Muntazar]

◇ *Ashab-ı Kehf, Mehdi' nin yardımcıları olacaktır.*

[Kitab-ül Burhan Fi Alamet-il Mehdiyy-il Ahir Zaman]

HZ. MEHDİ'NİN TÜM DÜNYAYA HAKİM OLMASI

◇ **Mehdi tıpkı Zülkarneyn (a.s.) ve Süleyman (a.s.) gibi dünyaya hükmedecektir.**

[El- Kavlu'l Muhtasar Fi Alamet-il Mehdiyy-il Muntazar]

◇ **Yeryüzüne dört kişi malik olmuştur. İkisi mümin, ikisi kafirdir. Müminler; Zülkarneyn ve Süleyman, kafirler ise Nemrud ve Buhtunnasr'dır. Beşinci olarak Ehl-i beytimden birisi (Hz. Mehdi) gelecek ve o da dünyaya malik olacaktır.**

[Kitab-ül Burhan Fi Alamet-il Mehdiyy-il Ahir Zaman]

HZ. MEHDİ'NİN AHLÂKI ve FİZİKSEL ÖZELLİKLERİ

◇ **Ahlakı benim ahlâkım olan bir evladım çıkacak.**

[Kitab-ül Burhan Fi Alamet-il Mehdiyy-il Ahir Zaman]

◇ **İlahi feyz ona ulaşır, dini ilimleri ve örnek ahlakı Allah'tan alır.**

[Konevî, Risalet-ül Mehdi]

◇ **İnsanlar hakka dönünceye kadar fikri mücadelesine devam edecektir.**

[El- Kavlu'l Muhtasar Fi Alamet-il Mehdiyy-il Muntazar]

◇ Hz. Mehdi, o kadar merhametli olacaktır ki, zamanında bir kimsenin bile burnu kanamayacaktır.

[El- Kavlu'l Muhtasar Fi Alamet-il Mehdiyy-il Muntazar]

◇ O, benim ümmetimden, tenezzül etmeyen Allah'tan başka hiçbir varlığa minnet duymayan bir adamdır.

[Suyutî, El-havi]

◇ Her görevi üzerine alır ve zayıfa, düşküne yardım eder.

[M. Muhiddin Arabî, Futuhat El- Mekkiye]

◇ Kardeşi az olandır.

[Konevî, Risalet-ül Mehdi]

◇ Siyah saçlıdır, siyah sakallıdır. Yüzünde bir ben bulunacaktır.

[El- Kavlu'l Muhtasar Fi Alamet-il Mehdiyy-il Muntazar]

◇ O, güzel bir delikanlıdır, güzel yüzlüdür. Yüzünün nuru başına ve saçlarının siyahına kadar yükselir.

[İkdü-dürer, Mehdilik ve İmamiye]

◇ Mehdi, orta boylu ve güzel yüzlü bir gençtir... Yüzünün nuru, saçının, sakalının ve başının siyahlığı üzerinde gün gibi parlar ve ona yücelik verir.

[En-Necmu's Sakıb, Ukayli]

◇ *Mehdinin omzunda, Peygamber efendimiz (sav)' deki alamet bulunacaktır.*

[El- Kavlu'l Muhtasar Fi Alamet-il Mehdiyy-il Muntazar]

◇ *Mehdi sanki Benî İsrail'den bir şahıstır. (Tavrı onlara benzer yani heybetli ve akıllı)*

[Kitab-ül Burhan Fi Alamet-il Mehdiyy-il Ahir Zaman]

HZ. MEHDİ'NİN İSMİ ve YAŞI

◇ *Yaşı 30 ila 40 arasında olduğu halde gönderilecektir... Mehdi benim evlatlarımdandır. 40 yaşlarındadır.*

[Kıyamet Alametleri, Berzencî]

◇ *İsmi benim ismim olan bir evladım çıkacak.*

[El- Kavlu'l Muhtasar Fi Alamet-il Mehdiyy-il Muntazar]

NOT: Bilindiği gibi Peygamber (a.s.m.) efendimizin tek ismi Muhammed değildir. Diğer başka güzel isimleri de vardır. Peygamber Efendimiz bir hadîsinde **Kur'an**' daki isminin **MUHAMMED** (محمد), İncil'deki isminin **AHMED** (أحمد) ve **Tevrat**'ta ki isminin **AHYED** (أحيد) olarak geçtiğini söylemiştir. Dolayısıyla Mehdi'nin gerçek ismi bu isimlerden birinin türevi olabilir. Yoksa gerçek adı Muhammed Mehdi demek değildir. Buna bir örnek verecek olursak; İslâmiyetin ilk birkaç yüzyılında gelen büyük müceddit lerin ismi Muhammed olmuştur. Örneğin,

MUHAMMED GAZZALÎ ve **MUHAMMED Bahâeddin BUHARÎ Hz.** gibi. Daha sonraki yüzyıllarda gelen Müceddidlerden en büyüğü sayılan ve Hicrî ikinci bin yılın yenileyicisi olan **Müceddid-i Elf-i Sânî İmâm-ı Rabbânî Hz.**'lerinin ismi ise **AHMED FÂRUKÎ'** dir. Bu isim de Peygamberimizin İncil'deki isimleri olan **AHMED** ve **FARAKLÎT** kelimelerinden türemiştir. Dolayısıyla âhir zamanda gelecek olan büyük Mehdi'nin isminin, Peygamberimizin Tevrat'taki isimleri olan **AHYED** ve **HİMYATA** isimlerinin bir türevi olması ihtimali vardır. Nitekim, son zamanlarda çıkan *"Tevrat'ın Şifresi"* adlı kitapta, Tevrat'ta âhir zamanla ilgili birtakım gizli bilgilerin şifreli bir şekilde verildiğinden bahsedilmekte ve bu konu ile ilgili ipuçları bulunmaktadır.

Allahu a'lem.

En doğrusunu Allah bilir...

Tüm bu kaynaklardan başka; kendisinden bir asır sonra Hz. Mehdi'nin geleceğini ve fikri mücadelesini başlatacağını, kendisinin Hz. Mehdi'nin bir öncüsü ve mukaddimesi (zemin hazırlayıcı) olduğunu belirten **13. asrın Müceddidi Bediüzzaman Said Nursî Hz.**'leri de; yazdığı Risale-i Nur isimli eserlerinde bu konuya ayrıntılı olarak değinmiş ve açıklamaya çalışmıştır.

İşte onlardan bazıları:

"Sual: Ahirzamanda Hazret-i Mehdi geleceğine ve fesada girmiş alemi ıslah edeceğine dair müteaddit rivâyât-ı sahîha var. Halbuki şu zaman, cemaat zamanıdır; şahıs zamanı değil! Şahıs ne kadar dâhi ve hatta yüz dâhi derecesinde olsa, bir cemâatin mümessili olmazsa, bir cemâatin şahs-ı mânevîsini temsil etmezse; muhalif bir cemâatin şahs-ı mânevîsine karşı mağlûbdur. Şu zamanda –kuvvet-i velâyeti ne kadar yüksek olursa olsun– böyle bir cemâât-i beşeriyenin ifsâdât-ı azîmesi içinde nasıl ıslah eder?.. Eğer Mehdi'nin bütün işleri hârika olsa, şu dünyadaki hikmet-i ilahiyeye ve kavânîn-i âdetullaha muhalif düşer. Bu Mehdi meselesinin sırrını anlamak istiyoruz?

Elcevap: Cenâb-ı hak; kemâl-i rahmetinden, şeriat-ı islamiyenin ebediyetine bir eser-i himayet olarak, her bir fesâd-ı ümmet zamanında bir muhlis veya bir müceddit veya bir halife-i zîşan veya bir kutb-u âzam veya bir mürşid-i ekmel veyahut bir nevi Mehdi hükmünde mübarek zatları göndermiş; fesâdı izâle edip, milleti ıslah etmiş; Dîn-i Ahmedîyi (A.S.M.) muhafaza etmiş. Mâdem âdeti öyle cereyan ediyor,<u>Ahirzamanın en büyük fesâdı zamanında; elbette en büyük bir müçtehid, hem en büyük bir müceddit, hem hâkim, hem mehdi, hem mürşid, hem kutb-u âzam olarak bir zât-ı nuranîyi gönderecek ve o zât da, Ehl-i Beyt-i Nebevîden olacaktır</u>. Cenâb-ı Hak, bir dakika zarfında beyn-es-semâ vel-arz âlemini bulutlarla doldurup boşalttığı gibi, bir saniyede denizin fırtınalarını teskin eder. Ve bahar içinde bir saatte yaz mevsiminin nümunesini ve yazda bir saatte kış fırtınasını icad eden Kâdîr-i Zülcelâl; Mehdi ile de, Alem-i İslâm'ın zulümatını dağıtabilir. Ve va'detmiştir, va'dini elbette yapacaktır. Kudreti İlâhiye noktasında bakılsa, gayet kolaydır."

{Mektûbat, 29. mektup}

*"Nifak perdesi altında Risalet-i Ahmediyeyi (A.S.M.) inkâr edecek "**süfyan***" *namında müthiş bir şahıs, ehl-i nifakın başına geçecek, Şeriat-ı İslamiyenin tahribine çalışacaktır. Ona karşı Ali-i Beyt-i Nebevînin silsile-i nuranîsine bağlanan, ehl-i velâyet ve ehl-i kemâlin başına geçecek Muhammed Mehdi isminde bir zât-ı nuranî, o süfyanın şahs-ı mânevîsi olan cereyan-ı münafıkaneyi öldürüp dağıtacak..."*

{Mektûbat, 15. Mektup}

"<u>O zat, o taifenin uzun tedkikatı ile yazdıkları eseri kendine hazır bir program yapacak</u>, onun ile o birinci vazifeyi tam yapmış olacak. Bu vazifenin istinad ettiği kuvvet ve manevî ordusu, yalnız ihlâs ve sadakat ve tesanüd sıfatlarına tam sahib olan bir kısım şakirdlerdir. Ne kadar da az da olsalar, manen bir ordu kadar kuvvetli ve kıymetli sayılırlar."

{Emirdağ Lahikası}

"<u>Ümmetin beklediği, Ahirzamanda gelecek zatın (Mehdi) üç vazifesinden en mühimi ve en büyüğü ve en kıymettarı olan iman-ı tahkikiyi neşr</u> ve ehl-i imanı dalaletten kurtarmak cihetiyle, o en ehemmiyetli vazifeyi aynen Risale-i Nurda görmüşler. İmam-ı Ali ve Gavs-ı Azam ve Osman-ı Halidî gibi zatlar, bu nokta içindir ki, o gelecek zatın makamını Risale-i Nurun şahs-ı manevisinde keşfen görmüşler gibi işaret etmişler. Bazen de o şahs-ı maneviyi bir hadimine vermişler, o hadime mültefitane bakmışlar. Bu hakikatten anlaşılıyor ki; sonra gelecek o mübarek zat, <u>Risale-i Nuru bir programı olarak neşr ve tatbik edecek</u>...

<u>O zatın ikinci vazifesi, Şeriatı icra ve tatbik etmektir</u>. Birinci vazife, maddi kuvvetle değil, belki kuvvetli itikad ve ihlâs ve

sadakatle olduğu halde, bu ikinci vazife gayet büyük maddi bir kuvvet ve hakimiyet lazım ki, o ikinci vazife tatbik edilebilsin...

<u>O zatın üçüncü vazifesi, Hilafet-i İslamiyeyi İttihad-ı İslama bina ederek, isevî ruhanîleriyle ittifak edip, Din-i İslama hizmet etmektir.</u> Bu vazife, pek büyük bir saltanat ve kuvvet ve milyonlar fedakârlarla tatbik edilebilir. Birinci vazife, o iki vazifeden üç-dört derece daha ziyade kıymettardır, fakat o ikinci, üçüncü vazifeler pek parlak ve çok geniş bir dairede ve şa'şaalı bir tarzda olduğundan umumun ve avâmın nazarında daha ehemmiyetli görünüyorlar..."

{Sikke-i Tasdik-i Gaybî}

İşte, Risale-i Nur'da yer alan bu ve bunlar gibi daha pek çok ilmi delil ve 200'e yakın sahih Hadis, Hz. Mehdi'nin gelişiyle birlikte Kıyamet'in Gelmesini ve Gerçekliğini isbat ve ilan eder..

8. BÖLÜM (Chapter 8)

1400 YILLIK BEKLEYİŞİN PEŞİNDE:

BEKLENEN GENÇ FATİH, HZ. MEHDİ'NİN MÜCEDDİDLİK GÖREVİNE BAŞLAMASI (İ.S. 2006-2036)

Mehdi konusunu ele aldığımız bu bölümde özellikle İslâmî kaynaklarda çokça yer alan ve âhir zamanda geleceği müjdelenen Hz. Mehdi'yi klasik anlamından ziyade farklı bir bakış açısından ele alarak inceleyeceğiz. Hz. Mehdi, kelime manası olarak *"hidayete erdiren ve kurtuluşa vesile olan kudsî ve peygamber soyundan gelen bir zat-ı şerîf"* ve *"İslâmiyetteki bid'at fırkalarını düzeltmek ve Şeriat-ı Muhammediyeyi aslına döndürmek ve İslâm dünyasındaki bölünmüşlüğü birleştirmek için gönderilmiş olan Son Müceddid"* olarak tanımlanmakla birlikte, O aynı zamanda Hz. İsa'nın öncü bir askeri ve zemin hazırlayıcısıdır. Dolayısıyla kıyametin en büyük alametlerinden birincisi olan Hz. Mehdi'nin zuhûru meselesi, aynı zamanda Hz. İsa'nın ikinci gelişinin de büyük bir işareti ve müjdeleyicisi olduğundan, bu bölümde Hz. Mehdi ile ilgili yapacağımız incelemeler bu konuya da ışık tutacak şekilde olacaktır.

Her ne kadar, Hakikî İsevîliği tesis edecek ve uygulayacak olan zât Hz. İsa olsa da; Hristiyanlığın İsevîliğe dönüşümünün ilk önce Hz. Mehdi'nin yapacağı öncü çalışmalarla başlayacağını ve bu çalışmaların son aşamasına gelindiği bir hengâmda; Hz. İsa'nın gökten inerek Hz. Mehdi'ye tabi olacağını birçok hadisten ve günümüzde Batı dünyasında meydana gelen çarpıcı gelişmelerden ve olaylardan okumaktayız. Bu konuları bölümün ilerleyen kısımlarında vermekle birlikte, "Mehdi" meselenin aydınlatılması için konuya İslâm dünyasında ve genel olarak insanlık tarihinde *"kurtarıcı inancı"*na değinerek başlayacağız ve daha sonra "Mehdi" kelimesinin kelime manası üzerinde duracak ve daha sonra da Hz. Mehdi'nin kendi misyonu içerisinde yapacağı çalışmalara değinecek ve bu konu ile ilgili bazı önemli İslâm âlimlerinin görüşlerine yer vereceğiz.

İNSANLIK TARİHİNDE KURTARICI İNANCI

Mehdi inancı, insanlık tarihindeki "kurtarıcı fikri"nin tabii bir uzantısıdır. Kur'ân'da "Sünnetullah" kelimesiyle ifade edilen Allah'ın kainatta değişmeyen ve mükemmel bir biçimde işleyen tabiat kanunları ve yaratılış kuralları vardır. Bu kanunların bir kolu kainatın işleyişini sağlayan kevnî kanunlar olduğu gibi, diğer bir kolu da insanların ve toplumların tâbi oldukları psikolojik ve sosyal kanunlardır. İşte insanlardaki "kurtarıcı ihtiyacı" da bu kanunlardan biridir. Bu konu insanlık tarihini ve geçmiş dönemlerdeki peygamberlerin ve müceddidlerin hayatlarının detaylı bir şekilde incelenmesiyle ve o dönemlerdeki toplumların ihtiyaçlarının belirlenmesiyle tam olarak anlaşılabileceği için şimdilik bu kadar detaya ve derinlikli bir tarih araştırmasına girmeyeceğiz. Fakat burada şunu da belirtmeliyiz ki, tarihin her döneminde ve her çağında ve hatta her yüzyılında insanların fıtrî ihtiyaçları değişmiş ve onları doğru ve yeni bir din anlayışı çerçevesinde hak dine çağıracak bir kurtarıcıya ihtiyaçları olmuştur. Bu konunun psikolojik ve sosyolojik tahlilleri, insanlık tarihinde bu kanunların yansımaları ve örnekleri oldukça çoktur ve çok uzun bir meseledir. Biz bu bölümde sadece bu gerçeğin tarih boyunca var olduğuna değinerek yetineceğiz.

Peygamber efendimiz (sav) ümmetinin geleceği ile yakından ilgilenmiş ve onların karşılaşabilecekleri belli başlı problemlere işaret etmiş, hangi durumlarda neler yapmaları gerektiğini de söylemiştir. Ayrıca ümmetinin karşılaşacağı fitnelere işaret etmiş ve çeşit çeşit ve tarihin çeşitli dönemlerinde ortaya çıkan fitneleri gaybî olarak haber vermiş ve bu durumlardan nasıl sakınılabileceği konusunda detaylı açıklamalarda bulunmuştur. İşte bu fitnelerin en sonuncusu ve en büyüğü olarak da âhir zamanda ortaya çıkacak olan "Deccal fitnesi" olduğunu bildirmiş ve tarih içerisindeki diğer bütün peygamberlerin de ümmetini bu konuda uyardıklarını haber vermiştir. Bu kainatın hamuru zıtlarla yoğrulmuştur. Çünkü sırr-ı imtihan bunu gerektirmektedir. Aksi takdirde imtihanın bir manası kalmazdı. İşte bu sebeple, hayır-şer, iyilik-kötülük, günah-sevap, güzellik-çirkinlik.. gibi v.b. zıtların iç içe geçtiği bu âlemde, kâlû belâ'da yani tüm varlıkların ruhlarının yaratılış anında Allah bütün insanlardan bu karşılıklı zıtlıklar arasında iyi ve doğru olanı seçmelerini ve kendisini RAB olarak kabul etmelerini istemişti. Fakat bu ilk yaratılış anında tüm ruhlar, can-ı gönülden "evet, inandık ve âlemlerin RAB'bi olan Allah'a iman ettik" demelerine rağmen sırr-ı imtihan gereği bu cevabı tasdiklemek için dünyaya gönderildik ve doğru yolu bulmak için imtihana tâbi tutulduk.

İşte Allah insanlara acıyarak bu imtihan sırasında da kendilerine iyi ve doğru olan yolu gösterecek olan peygamberler gönderdi. Ve bütün peygamberler gönderildikten sonra da kâinatın efendisi olan yüce peygamberimiz Muhammed AS gönderildi. O insanlara çok iyi bir rehberlik yaparak insanları tamamen doğru bir yola İslâm'a sevketti. Fakat Allah bununla da yetinmeyip insanların yine doğru yoldan ayrılma ihtimaline karşılık olarak O'nun ümmetinin içinden de öncü ve kurtarıcı şahıslar gönderdi ve insanları onların etrafında birleşmeleri için teşvik etti. Ümmetin birlik ve beraberliğini koruması; ayrılığa ve ihtilafa düşmemesi için buna ihtiyaç vardı. İşte kabul etmek gerekir ki bu ihtiyaç, fitnelerin en büyüğünün yaşanacağı zaman olan âhir zamanda en çok kendisini hissettirecektir. Dolayısıyla Peygamber efendimiz (sav) bu ihtiyacı ta 1400 sene öncesinden çok iyi bir şekilde görebilmiş ve insanları bu fitneden koruyabilmek için böyle rehber bir şahsiyet veya manevî bir şahsiyet etrafında toplanmasına çok önem vermiştir. Hatta bu konunun önemini belirtmek için uzunca bir hadisin sonunda ifade ettiği gibi:

"Sizden kim o güne (âhir zaman) yetişirse, kar üstünde emekleyerek de olsa O'na (Hz. Mehdi'ye) katılsın."

{Abdullah bin Mesud, İbn-i Mâce, c:10, bâb:34, s:347}

şeklinde buyurmaktadır. Bölümün başında da belirttiğimiz gibi, âhir zamanın en önemli şahıslarından (Hz. İsa, Hz. Mehdi ve Deccal) birisi de Hz. Mehdi'dir. Bilindiği gibi Hz. Mehdi, kendisinden önce insanlar arasında her türlü kötülüğü yaygınlaştıran ve meşrûlaştıran Deccal ve ekibinin meydana getirdiği kötü ortamı düzeltmeye çalışacak ve onunla savaşacak olan şahıstır. Deccal nasıl ki şer güçlerin ve kötülüğün temsilcisi olduğu gibi; Hz. Mehdi de hayır cemaatinin ve iyilik hareketlerinin temsilcisidir. Hz. Âdem as.'dan bu güne kadar devam eden ve kıyamete kadar da devam edecek olan bu hayır-şer güçleri kavgasında hayır tarafında yer almak isteyenlerin O'nu tanıması çok önemlidir. Biz de bu bölümde Hz. Mehdi'yi tanımaya çalışacağız. Hz. Mehdi'yi tanımaya geçmeden önce, Mehdi konusunda bütün insanlığın ortak düşünce ve duygularını ve Mehdi inancının insanlık tarihinde ne kadar köklü bir inanç olduğunu dile getirmeye çalıştıktan sonra Hakikî Mehdi'yi tanımaya çalışacağız.

İNSANLIĞIN HZ MEHDİ'YE OLAN İHTİYACI

Bir kurtarıcıyı bekleme inancı, yalnız Yahudi ve Hristiyanlarda değil, hemen hemen bütün dinlerde ve kültürlerde mevcut olup, tüm insanlığın ve hatta tüm insanlık tarihinin ortak bir inancıdır. Bir kurtuluş ümidi ve idealidir. İslâmiyetten önceki dönemlerde dünyanın değişik yerlerindeki toplumların bir kurtarıcı beklentisi içinde olduklarına, kıyamet gerçekliği eserlerinde incelediğimiz hemen hemen tüm peygamberlerin ve gönderildikleri toplumların hayat hikayelerinde rastlamıştık. Dolayısıyla tüm dünya üzerindeki tüm kültürlerde kökleşen bu inanç sistemi, içinde bulunduğumuz âhir zamanda en üst seviyesine çıkmıştır. Buna birkaç kültürden örnek verecek olursak; örneğin, Habeşistan Hristiyanları, kralları olan Theodor'un âhir zamanda Mehdi olarak döneceğine inanıyorlardı. Yine aynı şekilde Hindistan'da yaşayan Budizm inancına sahip insanlar Budizm'in kurucusu olan Budha'nın âhir zamanda Mehdi olarak yeniden geri döneceğine inanıyorlardı. Yine aynı şekilde Roma İmparatorluğu sınırları içinde yayılan eski bir din olan Mitraizm'de, bu dinin kurucusu olan Mithra'nın Mehdi olarak âhir zamanda yeniden bireceğine inanılıyordu. Yine aynı şekilde Moğollar Cengiz Han'ın dokuz asır sonra dünyaya tekrar Mehdi sıfatıyla gelip milletini Çin'in boyunduruğu altından kurtarmayı va'dettiğini ileri sürerlerdi. Yine aynı şekilde eski Çin ve İran kültürlerinde de (Ahura Mazda gibi v.b.) kurtarıcı inancı vardı.

Dolayısıyla verdiğimiz tüm bu örneklerin ortak yönü, Hz. Mehdi'ye ait bir vasıf olan, âhir zamanda bir yenilik ve tecdid hareketinin rehberliğini yapmasına ve manevî olarak güçlü bir şahsiyet olarak ortaya çıkmasına işaret etmeleridir. İşte yukarıda verdiğimiz bu örneklerde de görüldüğü gibi tarihteki bütün dinler, toplumlar, kültürler bazı detaylarda farklılıklar olsa da; hep ortak bir inanç ve görüş içinde olan, kurtarıcı bir Mehdi'nin gelişi konusunda görüş birliğine sahiptir. Hatta zaman ve mekan bakımından aralarında kültür alışverişi mümkün olmayan birbirinden uzak kültürler arasında da bu konuda ortak bir inanç ve düşünceye sahip olunması, sonuç olarak bizi, hepsinin ortak bir kaynaktan, yani vahiyden gelen bir mesajla beslendiği fikrine götürmektedir. Bu mesaj, şüphesiz ki ilâhî kaynaklı bir mesajdır. Kur'ân'daki bu konudaki âyetler incelenirse, geçmiş zamanlardaki peygamberlere bildirilen bazı meselelerin âhir zaman peygamberine de bildirildiği ve her peygamberin kendisinden sonra gelecek olan peygamberi kendi toplumuna haber vermesi ve O'nun zamanına yetiştikleri takdirde O'na uymaları gerektiği sık sık geçer. İşte aynen bunun gibi tüm toplumlar da çağlar boyunca içlerinden çıkan kurtarıcı figüründeki öncü peygamberler ve Müceddidler vasıtasıyla dünyanın sonuna, yani kıyamete yakın bir zamana doğru son bir kurtarıcının, yani Hz. Mehdi'nin geleceği konusunda bilgilendirilmişler ve uyarılmışlardır.

Bir Hadis-i Şerif'te Hz. Peygamber'in (sav) bütün peygamberlerin, ümmetlerine âhir zaman fitnelerinden ve özellikle de Deccal fitnesinden bahsettiğini öğreniyoruz. Dolayısıyla Deccal ve Mehdi kavramları büyük ve bâki bir hakikatin birbirine zıt iki yüzü gibidir. Hakikate ve gerçeğe ışık tutan sırlı bir aynanın karanlık ve parlak iki yüzü gibidir veya içerdiği parlak ve nûranî maddeleri Cennet havuzuna, sönük ve süflî maddeleri Cehennem çukuruna boşaltan iki nehir gibidir. Birisi, diğeri olmaksızın düşünülemez ve tam olarak anlaşılamaz. Aynen karanlık olmadan aydınlığın anlaşılamaması gibidir. Çünkü birinin yaptığını diğeri yıkacaktır. Kainatın yaratılış anından itibaren devam etmekte olan bu tezat durum, insanın fıtratının bir gereği olarak ve içerisinde bulunan ve kendi nefsi tarafından yönetilen, iyi ve kötü hasletler gibi bir zıtların çatışmasına sahne olur. Dolayısıyla bu karşıtların çatışması kainattaki madde âlemine de yansır ve ışığın karanlıkla çatışması şeklinde bir optik kanunuyla, ahengin düzensizlikle çatışması şeklinde bir mekanik kanunuyla veya ısının soğukla çatışması şeklinde bir termodinamik kanunuyla kıyamete kadar sürüp gider. Yani bütün insanlar yaratılış bakımından aynı temel özelliklere sahip olarak yaratılmıştır. İşte tüm bunlar da, mükemmel bir şekilde tanzim edilmiş gözle görülebilen bir güneş sistemi veya galaksiden atomun çekirdeğine kadar; veya hiç görülemeyen zerre'den küre'ye veya atomaltı parçacıklardan karadeliklere kadar ilâhî bir kanunlar manzûmesini oluşturur. Kainatta gerçekleşen tüm bu saydığımız temel olaylara, İslâm literatüründe "Sünnetullah" denir ki, Kur'ân'da Allah'ın kainattaki yaratma sanatı olarak tanımlanan Sünnetullah'ın asla değişemeyeceği bildirilir.

Sünnetullah tabirinden genel olarak ilk anlaşılan; kainatın çarklarını döndüren maddî kanunlar bütünü olsa da, buna insanları fert ve toplum olarak yöneten sosyal, psikolojik ve sosyolojik kanunlar da dahildir. Dolayısıyla buradan çıkaracağımız bir sonuç olarak şunu söyleyebiliriz ki, Hz. Mehdi'nin gerekliliği de bu ilâhî kanunlar bütününün bir parçasıdır ve belki de sosyolojik kanunların önemli bir sonucudur.

İnsanlar tarihin her döneminde, ister hak bir din olsun isterse batıl bir din olsun mutlaka bir dine inanma gereğini hissetmişlerdir. İnsanda bulunan bu inanma isteği onun yaratılışında vardır. Buna bir örnek verecek olursak yetişkin ve hiçbir dine inanmayan bir insanı ıssız bir adaya yerleştirdiğimizi ve onu bir süre hayalî olarak gözlemlediğimizi düşünelim. O yetişkin insan, toplumda inançsız bir insan olduğu halde; yalnız kaldığında mutlaka bir şeyden yardım isteyecek, gökyüzünü inceleyecek, dağları inceleyecek, nehirleri inceleyecek ve hakeza herşeyde muazzam bir sanat ve mükemmel bir tasarım olduğunu müşahede edecektir ve sonunda bu mükemmel düzeni yaratan birisini mutlaka kabul edecektir. Daha sonra da bu yaratıcıyı bulmak için araştırmaya başlayacaktır ve fıtratı onu mutlaka o yaratıcıya ulaştıracaktır. Çünkü bu, insanın doğasında vardır ve her madde, eşya ve gökcismi: *"Bana bak ve beni incele, ve beni araştır!"* diyerek onu kendine celbedecek ve *"Benim vasıtamla aradığın yaratıcıyı sana gösterebilirim ve sen de O'nu bulabilirsin!"* diyerek hakikatin nurlu yüzünü gösterecektir. İşte aynen bu hayalî durumda anlatıldığı gibi insan mutlaka bir şeye inanmaya ihtiyaç duyar ve bu yönünü ve hasletlerini yetişkin bir insan olunca, çevresinde tanıdığı birtakım varlıklara veya kainatın gerçek yaratıcısı olan Allah'a yöneltir.

Yani kültürü, inancı, ideolojisi ne olursa olsun bütün insan topluluklarındaki ortak davranış biçimlerine dikkatle bakıldığında hepsinde bazı ortak noktalar olduğu görülür. Örneğin, bütün toplumlarda üstün insan, üstün kitap, üstün mekan ve üstün zaman kavramları vardır. Bütün toplumlar bunlara farklı manalar yüklerler. Örneğin bir Müslüman için Arefe günü üstün bir zaman, Kâbe üstün bir mekan, Kur'ân üstün bir kitap, Hz. Muhammed (sav) üstün bir insandır. Müslümanlar bunlara farklı bir kıymet verir ve ona göre de amel ederler. Kendisini dinden en uzak, hatta bir zamanlar (Komünizm devrinde) dinlerle savaşı varlık sebebi olarak kabul eden Rusya'da; Ekim devriminin yapıldığı gün üstün bir zaman, Kremlin üstün bir mekan, Das Kapital üstün bir kitap ve Karl Marks da üstün bir insan olarak kabul edilmiştir. O zamanlarda

Müslümanlar tarafından Hac esnasında ve başka zamanlarda ibadet olarak yaptıkları davranışların bir benzeri, komünist bir devletin vatandaşları tarafından Moskova'da yapılmaktaydı.

Bu iki örneği burada vermemizin amacı, dünya görüşü birbirine tamamen zıt ve hatta en uzak olması bakımındandır. Dolayısıyla bunun gibi birçok örnek de verilebilir. Tarihin hangi devresinde ve dünyanın hangi coğrafyasında olursa olsun bütün toplumlarda benzeri durumları görmek mümkündür.

Burada üç konu dikkatimizi çekmektedir: Birincisi, insan fıtratının aynı oluşu; İkincisi, bütün toplumların ilk mesaj kaynaklarının vahye dayalı olması ve ortak bir kaynaktan beslenmesi; Üçüncüsü, tüm bu kaynakların hemen hemen aynı şeyi ifade etmeleri. Gerçekten de öyledir. Çünkü Allah Kur'ân'da her topluma peygamber gönderildiğini bildirmekte, Hz. Peygamber'den (sav) önce 124 bin peygamber gönderildiğini bildirmektedir. Kur'ân'da bunlardan sadece 30 kadarından bahsedilmekte olup, haklarında bilgi sahibi olmadığımız binlerce peygamber vardır. Bize bildirilmeyen o yüzbinden fazla peygamber, hangi toplumlara gönderilmiş ve onlara hangi ilâhî mesajları iletmiştir. Buna ilişkin kesin bir bilgimiz olmamakla beraber, hemen hemen bütün toplumlara peygamber gönderildiğini ve hepsinin de ortak bir mesajı insanlara ilettiklerini anlıyoruz. İşte bütün kültürlerdeki ortak düşünce ve inançlar, bu kaynaktan beslenmiştir. Fakat kaynağından ilk çıktığında tertemiz olan suyun, kaynaktan uzaklaştıkça ilk temizliğini koruyamaması ve içerisine yabancı maddeler karışması gibi, ilâhî mesaj da peygamberlerin dilinden çıktığı sırada tertemiz olduğu halde, onların vefatından sonra insanların elinde ve dilinde aslî unsurlarını kaybetmektedir.

Fakat aslî şekli değişse de o mesajda değişmeyen unsurlar

bulunmaktadır. İşte bütün toplumlarda görülen ortak fikir ve inançlar buradan kaynaklanmaktadır. Örneğin, bütün toplumlarda bir Yaratıcı inancı, Peygamber, Melek, Mehdi, Deccal, Kıyamet, Yeniden diriliş, Âhiret, Cennet, Cehennem, Hesap, Ceza, Mükafat.. gibi v.b. kavramlar bulunmaktadır. Bu kavramların nasıl açıklandığına baktığımızda birçok farklar ortaya çıkmaktadır ama temelde hepsinde belli ortak noktalar vardır. İşte bu ortak noktalar peygamberler tarafından bildirilmiş haberlerdir. Zaman içinde çeşitli sebeplerle bu inançların çarpıtılmış ve adeta tanınmaz hale gelmiş olması, bu inançların asılsız ve tamamen uydurma olduğu anlamına gelmez. Nitekim bu ve benzer inançların hepsinin en doğru şekli, Son Peygamber olan Peygamber (sav) efendimiz tarafından açık ve geniş bir biçimde bildirilmiştir. Bu konu kötüye kullanılıyor ve yanlış anlaşılıyor diye onun aslını inkar etmenin ilimle, akılla, mantıkla, gerçekle ve dinle bir alakası olamaz. Bu, olsa olsa, o konuya peşin bir hükümle ve önyargılı olarak yaklaşmakla açıklanabilir. Yukarıda saydığımız yaklaşık onbeş temel inanç konusu hakkında çok sayıda birbirinden farklı ve bazen de karşıt fikir ve inançlar ileriye sürülebilir fakat bu şekil bir düşünsel süreç konunun asıl varlığını inkar etmeye götürmemek şartıyla eleştirilebilir ve üzerinde felsefe yapılabilir ve hakeza tarihin birçok döneminde bu gibi felsefî tartışmalar yoğun bir biçimde yapılmıştır.

Esas ilgilendiğimiz temel konular olan âhir zaman olayları ve Kıyametin büyük alâmetleri, Mehdi, Deccal gibi konular da bu felsefî konular nevîdendir. Gerçekten de bu konular, tarih boyunca inkar edilmese de hep tartışmalara ve konunun varlığı konusunda zıt fikirlere sahne olmuştur. Fakat bu felsefî tartışmaların temelde ortak olan birçok noktası vardır. İşte o noktalardan en önemlilerini, özet olarak aşağıdaki **ONİKİ**

İŞARET'le verebiliriz:

1- Kurtarıcı beklentisi olarak karşımıza çıkan sosyolojik olgu; dinlerin çoğunda insanlığın maddî ve manevî sıkıntılarını sona erdirerek, içtimaî ve dinî hayatı ideal olgunluğa ulaştıracak bir otoritenin geleceği inancı olarak her zaman var olmuştur.

2- Geleceği beklenen ideal zamanın vakti ve süresi, her dinde merak konusu olmuştur ve hemen hemen her ümmet bu altınçağ döneminin kendi dönemlerinde zuhûr edeceğini düşünmüşlerdir. Genel olarak ise, bu sürecin dünya hayatının sonlarına, yani Kıyamete doğru gerçekleşeceği inancı her zaman var olmuştur.

3- Mevcut durumda ideal mutluluğu bulamadıklarına inanan insanlar, kendi dönemlerini güz mevsiminin son zamanlarıyla karşılaştırırlar ve hayatın ilerleyen zamanlarda daha da kötüye gideceğinden endişe ederler. Ancak mevsimlerin birbirini takip etmesi ve bir sonbahardan sonra bir kış ve ondan sonra da ilkbahar ve en sonunda yaz döneminin geleceğini hiç düşünmezler. Halbuki güzel çiçekler ve insanın içini aydınlatan aydınlık manzaralar baharda gelirler. İşte aynen bunun gibi sosyal bozulmaların da kışı sayılan o karanlık devirlerin bir bahar ve yaza veya karanlık bir gecenin aydınlık bir gündüze dönüşeceğini kestiremezler. Dolayısıyla böyle karanlık devirlerden geçen insanlık tarihi boyunca, elbette böyle aydınlık bir dönemin geleceği inancı her zaman var olmuştur.

4- Tarihin çeşitli dönemlerinde, Hz. Mehdi zamanındaki altınçağ döneminin açılış ve başlangıcına ilişkin bazı olaylar zincirine ve olağanüstü görüntülere rastlanılması ve o dönemin çok yaklaştığı konusundaki mevcut inanç her zaman var olmuştur.

5- Hz. Mehdi'nin ne zaman çıkacağı konusunda tarihin hemen hemen her döneminde çeşitli hesaplamalar ve tahminler yapılmıştır. Fakat bu konuda en doğru zamanlamayı ve tahmini, Peygamber (sav) efendimizin hadisleri çerçevesinde bu konuyu yorumlayan İslâm âlimleri ve bu âlimler içerisinde de Hz. Mehdi'den bir önceki Müceddid olan Bediüzzaman Said Nursî yapmıştır. Fakat buna rağmen Hz. Mehdi'nin ne zaman geleceği meselesi her zaman var olmuştur.

6- Hz. Mehdi'nin iktidar süresi ve yapacağı işler meselesi her zaman var olmuştur.

7- Hz. Mehdi'nin doğum yeri ve ortaya çıkacağı yer meselesi ile Hz. Mehdi'nin fiziksel özellikleri de her zaman tartışma konusu olarak var olmuştur.

8- Hz. Mehdi'nin gelişi her zaman olağanüstü olaylarla tasavvur edilmiştir. Bunda, hadislerin eski zamanlardaki görüşlere göre yorumlanması ve ona göre değerlendirilmesi rol oynamıştır. Halbuki eski dönemlerde akla aykırı veya olağanüstü gibi görülebilen olaylar günümüzde sıradan şeyler olarak karşımıza çıkmaktadır. Bütün bunlar da Hz. Mehdi'nin gerçek kişiliğinin tanımlanabilmesi konusunda her zaman tartışma konusu olarak var olmuştur. Ayrıca bazı ehl-i tahkik tarafından, Mehdi'nin olağanüstü eserlerle, kıyafetlerle veya işaretlerle ortaya çıkacağı zannedilerek adeta Mehdi kavramı gerçek anlamından uzaklaştırılarak saptırılmıştır. Daha önceki bölümlerde de değindiğimiz gibi, bu dünya imtihan meydanıdır. Bu yüzden, akla kapı açılır fakat ihtiyarı elinden alınmaz. Dolayısıyla, hadislerde Mehdi hakkında gelen rivayetlerin te'villi yorumlarını içeren bu olağanüstü tasvirler, hakikî beklenilen ve gelecek olan âhir zaman mehdisine ait olamaz. Bu görüşlerin birçoğu da, özellikle şiî kaynaklı hadislerden ve benzetmelerden ortaya çıkmıştır. Bu yüzden İslâm dünyasında her zaman olağanüstü bir Mehdi beklentisi hakim olmuştur.

Bu durum aynen, **İsevilik İşaretleri-I** isimli kitabımızın birinci cildinde ele aldığımız, Hz. İsa gelmeden önceki Yahudi toplumunda hakim olan güçlü bir Kral olacağı beklenilen Mesih kavramına benzemektedir. Bu yüzden Yahudilerin aşırı fanatik grubunu oluşturan Yasa oluşturucuları, Tevrat bilginleri ve Ferisî grupların birçoğu, beşerî özelliklere sahip olmasına rağmen birçok mu'cize gerçekleştiren Hz. İsa'yı pasif tutumundan dolayı ve yönetici bir Kral gibi davranmaması yüzünden eleştirmişler, Peygamberliğini reddetmiş ve nübüvvetini inkar etmişlerdi. Dolayısıyla, Mehdi de diğer insanlar gibi beşerî özelliklere sahip, sıradan ve basit bir insan gibi ele alınmalı ve O'nun kuvveti ve gücü beşerî özelliklerinde değil; yapacağı önemli icraatlarında, tecdid faaliyetlerinde ve Müceddidlik görevlerinde aranmalıdır. Ayrıca Mehdi'nin vazifesini bir parça yerine getiren ve bir nevî Mehdi vazifesi gören veya O'na yapacağı faaliyetlerinde yardımcı olan birtakım yapılanmaların ve eserlerin de yine bu Mehdi kavramı içinde ele alınarak değerlendirilmesi gerekir. Yoksa Dünya çapında etkili olacak ve muazzam bir güç gerektiren olağanüstü işlerin tek bir kişiden hasıl olduğunu düşünmek yanlış olur.

Dolayısıyla tecdid vazifesini yerine getirirken, Mehdi'nin yardımcısı olan ve O'na destek olan bir şahs-ı manevî kavramını da göz önünde bulundurmalı ve bu özelliği O'nun cemaatinde veya meydana gelen olağanüstü eserlerinde değerlendirilmeli ve tasavvur edilmelidir. Bununla beraber, Mehdi'nin en önemli özelliklerinden birisi, Kıyametin yaklaştığının bir işaretçisi ve habercisi olmasıdır. Dolayısıyla, O'nun zamanında meydana gelen hadiselerin ve önemli eserlerin bu mesele üzerinde odaklanıyor olması, Hz. Mehdi'nin Zuhurunun ve buradan hareketle Kıyametin yaklaştığının en önemli ve açık bir göstergesi ve işaretidir.

9- Hz. Mehdi'nin yaşayacağı ve faaliyetlerini yürüteceği bölgeler, eski zamanlardaki cemaatların ve dinlerin yayıldıkları bölgenin merkezi olarak tasavvur edilmiştir. Halbuki bu merkeziyet, tarih içinde pek çok kez yer değiştirmiştir. Dolayısıyla bu konudaki tartışmalar da neticelenememiş ve her zaman var olmuştur.

10- Hz. Mehdi, dünya halklarını açıktan açığa İslâm'a davet eden ve insanlara kendi vasıtasıyla Cennet saadeti vaat eden, bütün dünyaya hükmedecek şekilde büyük bir iktidarı elinde bulunduran büyük bir devlet adamı ve sosyal reformcu ve din kurallarını hayata geçirecek olan bir peygamber veya bir rahip gibi tasavvur edilmiştir. Halbuki böyle bir durum bırakın geleceği günümüz şartlarında bile imkansızdır. Bütün bu abartılı görüşler, olsa olsa Yahudilik ve Muharref Tevrat kaynaklı yanıltıcı düşüncelerdir ve bu çeşit görüş ve düşünceler insanları tembelliğe ve bir kurtarıcı beklentisiyle atalete sürükler. Halbuki kendi kendisini hidayete ulaştırmaya gayret göstermeyen bir toplumu, Allah'ın ve O'nun gönderdiği mürşid-i kâmil şahısların hidayete erdirmesi mümkün değildir. Her toplum kendi kendisini kurtarır. Gönderilen Müceddid veya Mürşid-i kâmil zâtlar ise sadece bir uyarıcıdır. Hz. Mehdi de diğer büyük İslâm Müceddidleri gibi Deccal'la ve diğer inkarcı görüşlerle maddî ve manevî bir mücadele sürdürecek ve diğer ölümlü insanlar gibi görevini yerine getirdikten sonra vefat edecektir. Dolayısıyla yukarıda zikredilen olağanüstü durumlar beklenilen hakikî

Mehdi'ye ait olması düşünülemez ve zaten böyle bir durum da sırr-ı teklife uygun değildir. Belki tam tersine olarak Hz. Mehdi'nin kendisinin bile kendisini tanıyıp Mehdi olup olmadığını bilebilmesi mümkün değildir ve belki çok büyük maddî bir gücü de yoktur ki bunu ilân edip ispat etsin. Dolayısıyla tarihin her döneminde bir kurtarıcının gelerek herkesi birdenbire ve mu'cizevî bir tarzda hidayete erdirmesi ve Cennet'e sevketmesi düşüncesi hep var olmuştur. Halbuki böyle bir durum hiç olmamıştır.

11- Hz. Mehdi'den sonraki devir, her zaman parlak bir dönem olarak düşünülmüş ve öyle tasavvur edilmiştir. Halbuki Peygamber (sav) efendimiz, Hz. Mehdi'den sonraki hayatta hayır olmadığını, dünyanın daha da bozulacağını ve kıyametin iyice yaklaşacağını hadislerinde bildirmiştir. Dolayısıyla böyle iyimser düşünceler ve çok uzun süren bir altınçağ dönemi düşüncesi, bu gibi hadislerin doğru yorumlanmaması sebebiyle her zaman var olmuştur.

12- Tarihin çeşitli dönemlerinde, Hz. Mehdi'nin ölümünden sonra hakimiyetin Allah'ın eline geçeceği ve ölülerin yeniden diriltileceği hesap gününün geleceği ve hemen sonrasında da tüm kainatın kıyametinin kopacağı ve ardından haşir meydanının kurulacağı düşünülmüştür. Halbuki Hz. Mehdi, oldukça uzun süren Kıyamet sürecinin bir devresinde ortaya çıkacaktır. Evet, geçmiş tarihî dönemleri düşündüğümüzde, görece Kıyamete daha yakın olduğumuzu söyleyebiliriz fakat yine de bu sürecin belli bir dönemindeyiz. Dolayısıyla şu an hayatta olan ve görevine başlayan Hz. Mehdi vefat ettikten sonra, İslâm yönetimi Hz. İsa'ya geçecektir. Hatta O vefat ettikten uzunca bir süre sonra bile dünya hayatı yine devam edecek ve kıyamet hemen kopmayacaktır. Bu bahsettiğimiz süreç Peygamber (sav) efendimizin hadislerinde de belirtiği gibi yaklaşık 200 yıllık bir süreçtir ve biz şu anda bu sürecin başlangıcındayız. Her ne kadar son zamanlarda, dünya iyice bozulmaya doğru gitse de, büyük kıyametin süresi daha henüz yakın değildir. Dolayısıyla bu gibi görüşlerin varlığı da tarihin her döneminde var olmuştur.

Yukarıda maddeler halinde verilen meseleler hakkında tarihin çeşitli dönemlerinde bütün toplumların kendilerine göre açıklamaları vardır. Açıklamalar birbirinden farklı, ama yukarıdaki konu başlıkları hemen hemen ortaktır. Bu da, toplumların bu bilgileri aynı kaynaktan aldığını ve vahiy kaynaklı olduğunu göstermektedir. İşte biz de, bu sebepten dolayı bu çalışmanın hemen hemen tüm bölümlerinde bunu ispat etmeye çalışıyoruz.

MEHDİ'NİN TANIMI

"Mehdi" kelimesi, Arapça "Hedy" kökünden gelir. Sözlük anlamı olarak; "doğru yolu bulmak, yol göstermek" demektir. Ayrıca "kendisine rehberlik edilen" manasına da gelir. "Mehdiyy-i Muntazır" kelimesi ise, asırlardır gelmesi ümit edilerek beklenilen, yani "Kıyametten önce gelmesi beklenilen bir kurtarıcı" anlamını kazanmaktadır. Dolayısıyla bu tanımlamaların hepsi de bir tek kişi için, yani âhir zaman Mehdi'si için kullanılmıştır. Fakat İslâm tarihinin çeşitli dönemlerinde bu kelime başka kişiler için de kullanılmıştır. Bunlara birkaç örnek verecek olursak: İslâmiyetin ilk dört halifesi olan, Hz. Ebû Bekir, Hz. Ömer, Hz. Osman ve Hz. Ali için de bu kelime kullanılmıştır. Hatta onlardan sonraki 1400 sene içerisinde her 100 senede bir gelen ve Müceddid olduğu düşünülülen şahıslar için de bu kelime kullanılmış ve o dönemlerde zuhûr eden bir nevî Mehdi olarak telakki edilmişlerdir. Örneğin bir hadis-i şerifte Hz. Peygamber (sav) şöyle buyurmuştur:

"Sizi benim sünnetime sarılmaya, Râşit ve Mehdi Halifelerin yolunda gitmeye teşvik ederim."

Hadisi incelediğimiz zaman burada bahsedilen Mehdi kelimesinin "doğruyu izleyen ve kendilerine yol gösteren halifeler" anlamındadır ve buradaki Râşit ve Mehdi halifelerden maksadın yukarıda isimleri geçen ilk dört halife olduğundan şüphe yoktur. Hatta Mehdi kelimesi, "müşriklere doğru yolu gösterdiği, mü'minleri Allah'a kulluk etmeye yönelttiği için", Hz. Peygamber hakkında da kullanılmıştır. Bazı dönemlerde de bu kelime Emevî ve Abbasî devletleri gibi İslâm Devleti'nin başındaki halife unvanı taşıyan şahıslar için de kullanılmıştır. Bunlardan en ünlüsü, Emevîlerin halifesi olan Ömer Bin Abdulaziz'dir. İlginçtir ki o dönemde bu kelime O'nun hakkında herkes tarafından kullanılmıştır. Dolayısıyla tarih boyunca bu zâtın hakikî Mehdi olduğu zannedilmiştir. Hz. Hüseyin'in Kerbelâ'da feci şekilde şehid edilmesinden sonra O'nun hakkında "Mehdi Bib El-Mehdi", yani Mehdi oğlu Mehdi ifadesi kullanılmıştır ki bu unvan Hz. Ali için de kullanılmıştır. Dolayısıyla bütün bu bahsettiğimiz şahısların ve halifelerin hakikî Mehdi olmadığını anlıyoruz. Çünkü 200'e yakın sahih hadiste bildirildiğine göre Hz. Mehdi yaklaşık 1400 sene sonra ve âhir zamanda gelecektir ve burada bahsedilen kişilerin hemen hepsi ise İslâmiyetin ilk dönemlerinde yaşamışlardır ve bir nevî Hakikî Mehdi zannedilmişlerdir.

"Mehdi" kelimesinin sözlük anlamını basit bir şekilde şöyle

de tanımlayabiliriz: *"Âhir zamanda, yani dünyada her türlü kötülüğün ve bütün günahların hepsinin birden işlendiği ve yaygınlaştığı bir dönemde gelip, Allah'ın izni ve yardımıyla o kötülükleri ortadan kaldırıp, onların yerine her türlü iyilik ve güzel hasletin kaynağı olan İslâm ahlakını ve Şeriat-ı Muhammediyeyi tesis edecek olan ve Peygamberimizin (sav) soyundan gelen bir şahıs ve o şahsın temsil ettiği Cemaatten oluşan Müslümanlar topluluğu"*dur. Bu çalışmada, "Mehdi" kelimesiyle ilgili daha başka birçok tanımlama yapılabileceğinden, şimdilik bu tanımlamalarla yetineceğiz.

İSLÂM'DA MEHDİ İNANCI

Bazı yabancı araştırmacılar ve onların tesirinde kalan bir kısım yerli yazarlar, Ehl-i sünnet inancındaki Mehdi inancını dış tesirlerin bir yansıması olarak değerlendiriyorlar. Onlar, bu inancın Yahudilikten Hristiyanlığa, onlardan da Şiîliğe, Şiîlikten de Ehl-i sünnete geçtiğini söylemektedirler. Fakat günümüzde bu görüşlerin ilmî bir değeri yoktur. Bu sözler, zan ve tahminden öteye geçmeyen birtakım varsayımlardan ibarettir. İslâm âlimleri bu görüşleri çok kuvvetli delillerle çürütmüşlerdir. İslâm âlimlerinin tamamına yakını sayılabilecek büyük bir çoğunluğu Mehdi inancının yabancı kaynaklı olmadığını, onun tamamen sağlam hadislere dayanan İslâmî bir mesele olduğunu söylemişlerdir. Onlara göre; bu konudaki hadisler hem sayı, hem de sağlamlık bakımından şüpheye yer bırakmayacak şekilde Mehdi'nin geleceğini açıkça bildirmektedir.

Şurası kesindir ki, kıyametin kopmasına az bir vakit kalsa bile, Hz. Mehdi gelecek ve İslâm'ı yeniden dünyaya hakim kılacak, imanı kuvvetlendirecek, dine yeniden eski parlaklığını kazandıracaktır. Hatta bu konuda sahabeden nakledilen merfu' hükmünde o kadar çok eser vardır ki; bu meselede içtihada ve re'ye mahal bırakmaz. Şia'yı tenkitte çok hassas ve bu konularda çok titiz davranan İbn-i Teymiyye bile, Mehdi hakkındaki hadisleri tenkit etmemiştir, bilakis bu hadislerin hepsinin sahih olduğunu söylemiş ve şöyle demiştir: "Rasulullah'tan gelen ve âhir zamanda kendi soyundan, ismi ismine, künyesi künyesine denk olan ve yeryüzünü adaletle dolduracak olan birisinin çıkacağını haber veren Mehdi hadislerinin hepsi sahihtir."

Bu konudaki hadisleri reddedenlerin dayandıkları ilim adamlarından biri ve en önemlisi İbn-i Haldun'dur. Fakat büyük hadis âlimleri, onun hadis konusunda uzman olmadığını, bu konudaki görüşlerinin delil olarak kabul edilemeyeceğini, hatta reddedilmesi gerektiğini söylemiş ve "Her fende erbabına müracaat etmek gerekir" demişlerdir. Kaldı ki İbn-i Haldun bile bu hadislerin hiç olmazsa bir kısmının sahih olduğunu söylemiş ve sadece âhir zamanda kurtarıcı olarak gelecek tek bir kişinin varlığını kabul etmemiş ve Mehdi'nin şahs-ı manevîsini kabul etmiştir. Mevdudî de, Mehdi'nin sahih hadislerde peygamberimiz (sav) tarafından açıkça tanımlanmış olduğunu, diğer dinlerde de buna yakın bir düşüncenin olmasının, bu meseleyi asla cerhetmeyeceğini söylemektedir. Mevdudî, bilakis böyle bir şeyin buna destek olacağını ifade etmekte ve bunu garip karşılayarak tenkit edenlerin dayandıkları ilmî bir temelin olmadığını dile getirmektedir. Çoğunlukla Şiîlerde olmak üzere, bir kısım Sünnîlerin de bu konuda hadis uydurmaları, konunun aslının İslâmî olduğuna engel değildir. Zaten büyük hadis âlimlerimiz bu konuda uzun ve çok dikkatli çalışmalar yapmışlar ve hadisleri adeta imbikten geçirerek tasnif etmişler ve uydurulan hadisleri de ayıklamışlardır.

Sonuç olarak şu gerçek açıkça anlaşılıyor ki; Mehdi düşüncesi İslâm'a dışarıdan girmiş bir inanç değildir. Hz. Peygamber (sav) bizzat hadis-i şeriflerinde Mehdi'den ve O'nunla ilgili hususlardan bahsetmiştir. Diğer dinlerde ve toplumlarda bu inancın olması, bu inancın onlardan bize geçtiğini göstermez. Tam tersine, onların da bu bilgiyi ve inancı, kendilerine gönderilen Allah elçilerinden aldıklarını gösterir. Zamanla bu inancın içine hurafelerin karışması ise ayrı bir meseledir.

İSLÂM'DA MÜCEDDİD İNANCI VE MÜCEDDİDLER

Bir Hadis-i Şerif'te "Allah, bu ümmet için her yüz senenin başında, dini tecdid edip yenileyecek kimseler (Müceddidler) gönderecektir" şeklinde buyurulmaktadır. Müslümanlar bu hadisin müjdesine dayanarak, ilk zamanlardan itibaren sürekli bir müceddid beklentisi içerisinde olmuşlardır. Nitekim hicrî birinci yüzyılda herkes Ömer Bin Abdulaziz'i zamanın müceddidi olarak kabul etmiştir. Sonraki yüzyıllarda da çeşitli gruplar tarafından çeşitli isimler zamanın müceddidi olarak kabul edilmişlerdir. Fakat zaman içerisinde bu isimleri verilen zâtlardan hangisinin gerçek Müceddid olduğu tartışma konusu olmuştur. Mesela bazı âlimler, hicrî birinci asrın müceddidi olarak Ömer Bin Abdulaziz'i, ikinci asırda İmam-ı Şafiî'yi, üçüncü asırda Ebu-l Hasan El-Eş'arî'yi teklif etmiştir. Dördüncü asır için Ali Bin Ebî Sehl Eş-Şu'lukî'yi veya Bâkillânî'yi, beşinci asır için ise, İmam-ı Gazalî'yi zikretmişlerdir. Dolayısıyla Müceddid konusunda yakîn söz konusu değildir, bu sebeple Hanefîler için ikinci asırda Hasan Bin Ziyâd, üçüncü asırda Tahâvî; Malikîler için ikinci asırda Eşbâb; Hanbelîler için üçüncü asırda Hallâl, beşinci asırda Ragunî; Muhaddisler için ise, ikinci asırda Yahyâ İbn-i Maîn, üçüncü asırda Nesaî; İktidar sahipleri için ise, El-Me'mûn, El-Muktedir; Zâhidler için ise, ikinci asırda Ma'rufî Kerhî ve üçüncü asırda ise Şiblî olarak kabul edilmiştir.

Fakat zaman içinde yukarıda zikrettiğimiz hadis-i şerif, çeşitli gruplar tarafından farklı algılanmış, dinde tashih (düzeltme, tecdid) yapacak olan kişiye atfen kullanılan "men" zarfı, "kimse" yerine "kimseler" olarak çoğul bir şekilde algılanarak "müteaddite", yani "sayıca çokluğa" dalalet ediyor olabileceği manasını vererek, yukarıda ismi verilen tüm zâtların din hizmeti (tashihu'd-din) yapması sebebiyle, hepsine birden ayrı ayrı birer Mehdi misyonu yüklemişlerdir. Çalışmamızın ilerleyen bölümlerinde hicrî birinci asırdan itibaren gönderilen gerçek Müceddidlerin isimlerini, yaptıkları ilmî eser isimlerini ve gönderildikleri tarihleri de içerecek şekilde tablo halinde vereceğiz. Buna göre, Müslümanların tarih içindeki Müceddid beklentisine ait görüşleri aşağıdaki **YEDİ İŞARET** altında özetleyebiliriz:

1- Müceddid, dine ait Zahirî ve Batınî ilimlerin âlimidir, Sünneti Bid'atten ve Hurafelerden temizleyip, kendi zamanına göre açıklanamayan derin dinî meselelere akılcı çözümler getirerek ilmi yayar ve ilim ehline bu konuda yardımcı olur. Bid'at ehline karşı koyar ve onları ilmen ilzam eder.

2- Her yüz senede gelecek olan Müceddidin bir kişi olması gerekmez; aynı zamanda, farklı yerlerde çok sayıda Müceddid gelebilir. Örneğin bazı yüzyıllarda tek Müceddid gelerek dine ait meselelerin her iki kutbuna ait olan Zahirî ve Batınî yönleri kendinde toplarken; bazı yüzyıllarda iki Müceddid gönderilerek birisi dinî ilimlerin Batınî yönlerini açıklayacak eserler ortaya koyarken, diğer Müceddid de Zahirî yönlerini açıklayan eserler meydana getirir ve böylece ikisinin oluşturduğu eserlerin toplamı o yüzyıl içerisindeki tecdid hareketini üslenmiş olur.

3- Tarih içindeki çeşitli dönemlerde her grup, kendi büyüğünü (imamını) hadiste geleceği söylenen Müceddid olarak telâkki etmiştir. Halbuki bu mananın, her gruptan (Müfessir, Muhaddis, Fakih, Kelamcı, Nahivci, Lügatçi v.b.) öncü birer Müceddid çıkacağı şeklinde anlaşılması, şeklinde yorumlanmasıyla çok sayıda Müceddidin geleceği olarak anlaşılmıştır.

4- Gelmesi beklenen Müceddidin, "Gerçek Müceddid" olduğu hayattayken kesin olarak bilinemeyebilir. Ancak onun zamanında yaşayanlar, onun yaptığı hizmetlere ve oluşturduğu ilmî eserlere bakarak, zann-ı galiple onun Müceddid olduğuna hükmedebilirler.

5- Dinde meydana getirilen "Tecdid"den maksat; Kitap (Kur'ân) ve Sünnetin (Hadisler) günlük hayatta ihmal edilen hükümlerini tekrar yaşanır ve uygulanabilir bir hale getirilmesi, dinin emir ve yasaklarının canlı tutulması, ilmin ihmal edilen cihetlerinin yeniden yorumlanarak canlandırılması, fitnelerin bertaraf edilmesi ve ortalığı saran ve Sünnete aykırı olan Bid'atların yok edilmesidir.

6- Müslümanların vicdanlarında böyle bir Müceddid telâkkisi olduğu müddetçe, -ki bu durum Kıyamete kadar devam edecektir- dine aykırı kötülüklerin arttığı devirlerde; ilmi, ameli ve din uğrundaki gayretiyle herkes tarafından bilinen kimseler daima diğerlerince takip edilecek, kendilerine tabi olan bir cemaat muhakkak ortaya çıkacaktır. İşte bu cemaat de, o zamandaki Müceddidin ve tecdid hareketinin şahs-ı manevîsini oluşturacaktır. Dinî düşüncede meydana gelen bu yeniliğe ve tecdid hareketine bağlı olarak, manevî bir uyanışa geçen Müslümanlar, bu şekilde din için gayretli bir aşk ve şevkle çalışma gayretine girecek ve tüm bu yenilenme hareketinin bu şahısların vesilesiyle olduğunu düşünen insanlar böylelikle onların gerçek Müceddid olduğunu bilecektir.

7- Bu durumda, bazı kimselerce bir kısım ilim ve hamiyet sahiplerinin Müceddid olarak bilinmesi, din açısından sakıncalı değildir. Kınamak, onları yanlış yapmakla itham etmek doğru değildir. Fakat daha önce, tarihte vaki olan bu durumun bundan sonra da devam edeceği çok açıktır. Bununla birlikte hiç kimsenin kesin bir dille: "Bu asrın Müceddidi falancadır" demeye, başkalarının bu konudaki farklı düşüncelerini yanlışlıkla itham etmeye hakkı yoktur. Çünkü geçmişte ciddi âlimlerce Müceddid olduğu ileri sürülen isimler hakkında farklı görüşler hep olagelmiştir. Tarihte bazı Sünnî âlimlerin, bazı Şiîleri bile Müceddid olarak kabul ettikleri halde, bizim yetersiz sayılabilecek ilmimizle bu konuda peşin hükümler vermemiz sakıncalı olabilir. Bununla birlikte tarihteki bazı âlimler, o asrın Müceddidi olduğunu (belki ilâhî bir ihtar ve işaret ile) daha sağlığındayken ilân etmişlerdir. Örneğin, Celaleddin Es-Suyûtî gibi son derece meşhur ve herkes tarafından kabul görmüş mu'teber bir âlim, her asrın Müceddidini sayarken kendisini de hicrî dokuzuncu asrın Müceddidi olarak ilân etmiştir ki, Suyûtî gerçekten de hicrî dokuzuncu asrın gerçek Müceddididir.

Tarihteki ilim ve kültür alanında yenilik yapmış olan büyük şahıslar genel olarak incelendiğinde, her 100 senede bir iki tane Müceddidin (zamanın hakikatlerini içinde bulunulan koşullara göre yenileyen ve anlatan mürşid-i kâmil insan) gönderildiğini görürüz. Bu Müceddidlerden birisi, Doğu dünyasına ve İslâm ümmetine gönderilirken; diğer Müceddid, Batı dünyasında çoğu Ehl-i Kitab olan Hristiyan ve Yahudi milletlerinden oluşan topluma gönderilir. Bu Müceddid de İslâm dünyasına gönderilen Müceddid gibi görevini yapar ve önemli dinî ve dünyevî hakikatleri Batı dünyasına anlatır ve aydınlatır. Gerçek bilgiler ışığında onlara öncülük ve rehberlik eder. Örneğin, aşağıdaki tabloda verilen ve günümüz de dahil olmak üzere, son 600 yıl içerisinde Doğu ve Batı dünyasına gönderilen Müceddidleri ve yaptıkları çalışmaları incelersek, bu durumu daha açık bir şekilde görebiliriz.

Tabloyu dikkatli bir şekilde incelediğimizde, batı dünyasında ortaya çıkan Müceddidlerin de, doğu dünyasında olduğu gibi bazen iki tane olabildiğini görebiliriz. Fakat bunlardan hangisinin gerçek Müceddid olduğunu tam olarak bilemeyiz. Yalnız şu var ki, bu iki Müceddidden birisinin din alanında reform yaparken; diğerinin de, diğer pozitif bilim dallarında reform yaparak, iki kutuplu olarak tecdid işlevini gerçekleştirdiklerini söyleyebiliriz. Mesela, Mevlanâ Hâlid-i Bağdadînin 12. asrın gerçek Müceddidi olduğu tüm Râsih Âlimlerce tasdik edilmiştir. Çünkü Mevlanâ Hâlid, zülcenâheyn, yani iki kutupludur. Dinî ve aklî ilimlerin hepsini birden kendinde toplamış ve kendi zamanının Doğuya gönderilen tek ve gerçek Müceddidi olmuştur. Üstelik, Batıya gönderilen Müceddidlerden birisini (George Cantor) de kendisi eğitmiştir.

İşte aynen bu örnekte olduğu gibi, tabloyu dikkatli bir şekilde incelersek, Hz. Mehdi ve Hz. İsa'nın da zülcenâheyn yani iki kutuplu olduklarını sonucuna buradan ulaşırız. Çünkü her ikisi de, ilmin zahirî ve Batınî kutuplarını kendilerinde toplamış ve 14.

asrın gerçek Müceddidleri oldukları bütün sâdık ihbâr-ı gaybî işaretlerle tasdik edilmiştir. Ayrıca, tabloda dikkat edilirse Doğuya gönderilen Müceddidlerden İmâm-ı Rabbânî, İbrahim Hakkı Erzurûmî ve Bedîüzzaman Said-i Nûrsî'nin de zülcenâheyn olduğu görülür. Fakat buna karşılık, Batıya gönderilen Müceddidlerden sadece Isaac Newton zülcenâheyn, yani iki kutuplu olmaktadır. Çünkü Newton'un çalışmaları ve eserleri incelendiğinde her iki sahada da eserler verdiği görülebilir.

Ayrıca Batı dünyasına gönderilen Müceddidleri incelediğimizde, bunların batının ilerlemesinde ve kültürel gelişmesinde öncü eserler verdiklerini ve aynı zamanda Hz. İsa'nın gelişine zemin hazırlayan ve O'nun öncüsü olan kişiler olduğu anlaşılmaktadır. Çünkü bu kişilerin yaptıkları yenilikler ve bilimsel çalışmalar, batı dünyasını hakikate ve İslâm'a yaklaştırmış ve böylece pozitif bilimler yoluyla Allah'ın varlığına deliller getirmeye yönelik çalışmalar yapmışlardır. Bu Müceddidlerin bazılarına dikkat edilirse birer Matematikçi veya Fizikçi oldukları da göze çarpmaktadır. Demek ki, Hz. İsa'ya da bu sayı ve hikmet ilminin verileceği ve bu ilmin çok yüksek bir seviyede olacağı buradan anlaşılmaktadır. Çünkü Hz. Mesih ilk gelişinde ilimsizdi ve bu haliyle yarı cahil sayıldı ve bu yüzden ikinci gelişinde, Allah katından kendisine verilecek çok yüksek bir ilim ve hikmet, yani anlayış gücüyle âlim olma mertebesine O da ulaşacak ve böylece İslâm'ın batı dünyasına hakim olması için bir Müceddid olarak görevini yerine getirebilecektir.

Ayrıca dikkate çarpan bir diğer hususun da, Batı dünyasında ortaya çıkan bu öncü kişilerin tarihçe-i hayatları incelendiğinde ekserinin, batı dünyasında dışlandığı ve çok büyük sıkıntılarla mücadele ettikleri görülebilir. İşte yaptıkları öncü çalışmalarla, bilim ve insanlık tarihinde büyük devrimler gerçekleştiren bu öncü kişiler bütün birikimlerini, âhir zamanın son Müceddidi ve kıyametin en büyük alâmetleri olan Hz. Mehdi ve Hz. İsa'ya transfer etmektedirler. Ayrıca yine bu kişilerin eserlerini incelediğimizde, Hz. İsa'nın gelişini açık bir şekilde müjdelemekte olduklarını görebiliriz.

Buna birkaç örnek verecek olursak; örneğin, Leonardo Da Vinci'nin resimlerinin çoğunun Hz. İsa ve annesi Hz. Meryem ile ilgili olduğunu görürüz. Yine aynı şekilde, engizisyon mahkemelerinde cezaya çarptırılan ve işkence gören Galileo'nun soy ismi Galilei olup, Hz. İsa'nın yaşadığı Filistin bölgesi olan Celile'yi çağrıştırmaktadır. Aynı şekilde, modern matematik ve fiziğin temellerini atan Newton'un ismi de İsaac olup, İsa ismini ve Hz. İsa'nın atalarından ve soyundan geldiği peygamber olan İshak (a.s.)'ı çağrıştırır. Benzer şekilde George Cantor ve Albert Einstein'in çalışmaları ve İzafiyet (Relativite) teorisi, Hz. İsa'nın 2000 sene sonraki sonsuzluk âleminden dünyaya relatif geri dönüşünü ve yaptığı 2000 senelik (Allah katında 2 günlük) izafî zaman yolculuğunun teorisini ortaya koymakta ve bunu ispat etmektedir.

Doğu Dünyasına Gönderilen Müceddid İsmi	Doğu Dünyasına Gönderilen Müceddidin Eseri	Batı Dünyasına Gönderilen Müceddid İsmi	Batı Dünyasına Gönderilen Müceddidin Eseri	Müceddidin ve Görev Süresinin Başlangıcı (Hicrî Tarih)	Müceddidin ve Görev Süresinin Sonu (Cifrî Milâdî Tarih)
Fatih Sultan Mehmed Han- İmâm-ı Suyûtî	İstanbul'un Fethi- Celâleyn Tefsiri	Leonardo Da Vinci- Martin Luther King	Rönesans – Protestan Mezhebi	900	1555
İmâm-ı Rabbânî Ahmed-i Farûkî	Mektubât	Galileo Galilei- Nostradamus	İki Büyük Yer Sistemi (Deneysel Fizik) - Yüzyıllar / Dörtlükler	1000	1666
İbrahim Hakkı Erzurûmî	Ma'rifetnâme	Isaac Newton	Doğa Bilimlerinin Matematiksel İlkeleri (Yerçekimi Yasaları, Gravitasyon, Optik ve Kronoloji)	1100	1777
Mevlanâ Hâlid-i Bağdadî	Hızır Tezkîreleri, Risaleleri	George Cantor- Ernest Renan	Sonsuz Setler Teorisi - İsevîlik Yazıları	1200	1888
Bedîüzzaman Said-i Nûrsî	Risâle-i Nûr	Albert Einstein- Jose Maria Escriva	Genel Görelilik Teorisi - Opus Dei	1300	1999
Hz. Mehdî	-	Hz. İsa	-	1400	2222

Tablo-I Son 600 Yıl İçerisinde Doğu ve Batı Dünyasına Gönderilen Müceddidler.

Bu yüzden Allah (C.C.) Kur'ân-ı Hakîm'inde buyurduğu;

"O (Allah) iki Doğu'nun ve iki Batı'nın Rabb'idir."

{Rahmân, 17}

gibi Rahmân sûresi, 17. âyetinde geçen, iki Doğu ve iki Batı'nın işârî manalarından birisi de; Doğu ve Batı dünyasına gönderilen bu Müceddidlerdir.

İSLÂM ÂLİMLERİNİN HZ. MEHDİ İLE İLGİLİ GÖRÜŞLERİ

Genel olarak Ehl-i Sünnet âlimlerinin, özel olarak da onlardan birkaçının Hz. Mehdi ile ilgili görüşlerini burada kısaca özetleyeceğiz. Kural olarak bazı İslâm âlimleri, "Allah, bu ümmet için her yüz senenin başında, dini tecdid edip yenileyecek kimseler gönderecektir" meâlindeki hadis-i şerife dayanarak "periyodik olarak gelen <u>iman müceddidleri</u>"ne de bir nevî Mehdi gözüyle bakmışlardır. Ehl-i Sünnet âlimlerine göre Mehdi, Hz. Peygamber'in (SAV) son ve en büyük halifesidir.

Aşağıdaki tabloda ise, Hz. Muhammed (S.A.V.)'den sonraki hicrî 1400 yıl içerisinde, İslâm âlimlerinin çoğunlukla olarak üzerinde ittifak ettikleri, Doğu dünyasına gönderilen gerçek Müceddidlerin isimleri ve eserleri verilmektedir.

Risâlet-i Ahmediyenin <u>hakikî vârisi</u> ve Rasûlullah'ın <u>gerçek vekîlidir</u>. Ehl-i Sünnette Mehdilik bir inanç meselesi olarak kabul edilmemiştir. İlk akâid (temel inanç bilgileri) kitaplarında Mehdi meselesi yer almamaktadır. Zira bir akâid konusu olarak düşünülmemiştir. İmâm-ı Azâm'ın El- Fıkh-ül Ekber isimli kitabında, Matûridî ve Eş'ârî'nin eserlerinde bu hususa temas edilmemektedir. Kelâm âlimleri Mehdiliği imâmetle ilgili bir mesele olarak kabul etmişlerdir. Fakat İmâmet konusu da daha sonraki dönemlerde kelâm kitaplarında yer almıştır. Mehdiliği geniş çaplı bir sosyal hareket olarak değerlendiren ve kötü durumdaki toplum ve cemiyet için bir ümit ışığı ve müsbet bir unsur şeklinde yorumlayan İslâm âlimleri de vardır. Şimdi tarih sıralamasına göre, bu İslâm âlimlerinden bazılarının görüşlerine kısaca değinelim:

İbn-i Hâcer El-Heytemî: Hz. Mehdi ile ilgili eserini Sünnî Mehdi akidesini ortaya koymak için te'lif etmiştir. Gerçek Mehdi'den önce birtakım yalancı mehdilerin ortaya çıkacağını belirtmiştir. Onun bu eseri aynı zamanda bir fetva niteliğindedir. Eserini yazmaya sevkeden etken ise, kendi döneminde (Hicrî 10. yüzyıl) bir grubun, kırk sene önce ölen liderlerinin âhir zamanda Mehdi olarak tekrar geleceğine inanmaları olmuştur. Bu eseri aynı zamanda Şiîlerin buna benzeyen Mehdi inançlarını çürütmek amacıyla te'lif etmiştir.

Taftazânî: İslâm ilim tarihinin en büyük kelâm âlimlerinden birisidir. Taftazânî, Mehdi meselesini imâmet konusunun bir ek bahsi gibi ele almaktadır. Hatta Hz. İsa'nın nuzûlü'nü de bu konuya dahil etmiştir.

Mevdûdî: Yakın çağımızın en büyük âlimlerinden birisidir. O da bu konuda kayda değer yorumlar yapmıştır. Şöyle der: "Mehdi ne zaman gelirse gelsin, o kendi zamanının ihtiyaç duyulan bilgilerini, kültürünü, ahvalini, zorunlu şeylerini ve çözülmesi gereken önemli problemlerini çok iyi bilecek, yüzyılardır çözüm bekleyen bu problemlere akılcı ve kolay çözümler getirerek zamanına uygun tedbirler alacak, kendi dönemindeki ihtiyaç duyulan fennî ve ilmî buluşlardan, aletlerden faydalanacak ve onları en iyi şekilde kullanacaktır.

Hz. Muhammed (S.A.V.)'den Hz. Mehdi'ye Kadar 1400 Yıl İçinde Gelen Müceddidler

Sırası	İsmi/Eseri		Yaşadığı Dönem (Milâdî)	Yaşadığı Dönem (Hicrî)
1	Ömer Bin Abdulaziz- İmâm-ı Âzâm Ebû Hanefî Nûman Bin Sâbit Ömer Bin Abdulaziz, ilk büyük İslâm Halifesidir. İslâm devletini genişletmiş ve bir ilim ve kültür medeniyeti olması yolundaki öncü çalışmaları başlatmıştır. İmâm-ı Âzâm ise, Dört mezhebin en büyüğü olan Hanefî mezhebinin kurucusudur. Fıkıh bilgilerini Ehl-i Sünnet itikâdına göre topladı ve kitaplarında açıkladı.		680-720 699-797	60-101 80-150
2	İmâm-ı Şafiî Ebû Abdullah Muhammed Bin İdris	Büyük bir müctehid ve Şafiî mezhebinin kurucusudur. Hadis, Fıkıh, Lügat ve Kelâm ilimlerinde birçok eser verdi. Usûl-i Fıkıh ilmini ilk kez ortaya koydu.	767-820	150-204
3	İmâm Ahmed Bin Hanbel Büyük bir müctehid ve Hanbelî mezhebinin kurucusudur. Üçyüz binden fazla hadis ezberleyerek bunların arasından seçtiği otuz bin hadisi Müsned eserinde yazmıştır.		780-855	164-241

4	**İmâm-ı Buhârî Ebû Muhammed Bin İsmâil** Kur'ân'dan sonra dünyanın en mu'teber İslâm kitabı olan Sahih-i Buhârî isimli hadis kitabını, altı yüz bin hadis arasından seçerek on altı senede oluşturmuştur.	810-870	194-256
5	**İmâm-ı Gazzâlî Ebû Muhammed Bin Muhammed** İslâm âlimlerinin en büyüklerindendir ve müctehiddir. O kadar çok kitap yazdı ki, kitap sayısı ömrüne bölününce günde on sekiz sayfa yazdığı ortaya çıkmaktadır. Kitaplarının birçoğu batı dillerine de çevrilen Gazzâlî aynı zamanda büyük bir İslâm felsefecisidir.	1058-1111	450-505
6	**Abdulkâdir-i Geylânî Ebû Muhammed Bin Musâ Cengî Dost** Abdulkâdir-i Geylânî, hem seyyid ve hem de şerif olup Peygamberimizin soyundan gelmektedir. Evliyâlık yolunun tamamlayıcısı ve en büyüklerinden birisidir. Hz. Peygamberin hakikî vekîlidir ve Kıyâmete kadar bütün Müceddidlere gelen hidâyet ve nûrlar O'nun vasıtasıyla gelmektedir.	1078-1166	471-561
7	**Mevlânâ Celâleddin-i Rûmî** Mevlânâ Hz., en büyük üç evliyâdan birisi olup daha beş yaşındayken Kirâmen Kâtibîn meleklerini ve evliyâların ruhlarını görürdü. Şemseddin-i Tebrizî'den ders ve manevî feyz alıp olgunlaşmıştır. Bütün dünyada Kur'ân'dan ve Sahih-i Buharî'den sonraki en önemli İslâm eseri sayılan Mesnevî'yi yazdı. Mesnevî, kırk bin beyitten oluşmakta olup	1207-1273	604-672

	Farsça yazılmıştır. Evliyâlık yolunun kemâlâtını bildiren kitapların en önemlisi Mesnevî'dir.		
8	**Şâh-ı Nakşîbend Behâeddin Bin Muhammed Buharî** Evliyânın büyüklerinden ve Nakşîbendî tarikatının kurucusudur. Allah'a ulaştıran tasavvuf yollarını ders verip kitaplar yazan Şâh-ı Nakşîbend, çok âlim yetiştirmiştir.	1318-1389	718-791
9	**Fatih Sultan Muhammed Han-İmâm-ı Suyûtî Celâleddin Bin Muhammed** Fatih, İstanbul'un Hz. Peygamberin müjdelediği fethini gerçekleştiren büyük bir Müceddiddir, İslâm'ın batı dünyasını fethetmesi ve yayılması için çok büyük ilmî ve askerî hizmetler yapmıştır. Peygamberimiz tarafından geleceği bildirilen üç Mehdiden birincisidir. İmâm-ı Suyûtî ise, Hadis imâmı ve büyük bir müctehiddir. Beş yüzden fazla kitap yazmıştır. Bunların birçoğu Mısır, Avrupa ve İstanbul'da basılmıştır. Yirmi iki yaşındayken Celâleyn Tefsiri isimli ünlü tefsir kitabını yazan Suyûtî, yetim olarak büyümüştür. Sekiz yaşında hâfız olmuş ve Tefsir, Fıkıh, Nahiv, Me'âni, Bedî ve Lügat ilimlerinin her birinde mütehassıs olmuş ve yüzlerce eser yazmıştır. Şam, Hicaz, Yemen, Hindistan ve Fas'a gitmiştir. Çok derin bir Müctehiddir.	1429-1481 1445-1505	833-886 849-911

10	**İmâm-ı Rabbânî Ahmed-i Farûkî** İslâm âlimlerinin en yükseklerinden birisidir ve nübüvvet yolunun tamamlayıcısıdır. Hicrî ikinci bin yılın yenileyicisi olan İmâm-ı Rabbânî'nin en önemli eseri, İslâm kitapları içerisinde Kur'ân'dan ve Sahih-i Buharî'den sonra gelen Mektûbât isimli eseridir. Bu kitap, Kelâm, Fıkıh bilgilerini ve Rasûlullah'ın güzel ahlâkını açıklayan bir ilim deryasıdır. Afganistan'da Farsça basılan bu kitabın Türkçeye tercümesi İhlas Vakfı tarafından 1976 yılında yapılmıştır. En büyük Müceddidlerden birisi olan İmâm-ı Rabbânî Hz., Rasûlullah'ın hakikî vekîli ve vârisidir.	1563-1636	971-1034
11	**İbrahim Hakkı Erzurumî** Sofiye-i Âliyeden ve İslâm âlimlerinin büyüklerindendir. Ma'rifetnâme eseri çok kıymetlidir. Dinî ve aklî ilimleri anlatan eserdir.	1707-1781	1121-1195
12	**Mevlânâ Hâlîd-i Bağdadî** İslâm âlimlerinin mütehassıslarından ve Nakşîbendî tarikatının büyüklerindendir. Yüzlerce büyük âlim yetiştirmiştir. Hz. Osman'ın soyundan gelmekte olup, Hızır Aleyhisselam'dan ders almışdır. Hızır Tezkîreleri ve El-İmân ve-l İslâm isimli eserleri çok kıymetlidir.	1776-1826	1192-1242
13	**Bedîüzzaman Saîd-i Nûrsî** Peygamber efendimiz tarafından âhir zamanda geleceği bildirilen Üç Mehdi'den Birisidir. İmân hakîkatlerini açıklamış ve tarikat devrinin sona erdiğini bildirerek en önemli meselenin imânın kurtulması gerektiğinin üzerinde	1876-1960	1293-1380

> durarak imân-ı tahkikînin tahsiline şiddetli bir şekilde çalışarak bu yönde oluşturduğu çok kıymetli bir eser olan Risâle-i Nûr Külliyâtını yaklaşık otuz senelik sıkıntılı ve çoğu hapishanelerde geçen bir süreç içerisinde yazmıştır. Üstâd Saîd Nûrsî, iki büyük dünya savaşının yaşandığı çok zor bir dönemde yaşamış ve neredeyse tüm ömrü, ağır ve sıkıntılı şartlar içerisinde geçmiştir. Buna rağmen Saîd Nûrsî, Hz. Mehdi'den bir önceki Müceddid olması sebebiyle, İslâm tarihindeki önemli ve büyük evliyâlardan birisidir. Fakat böyle olmasına rağmen, yaşadığı dönemde eserlerinin birçoğu yasaklanmış ve bu kıymetli eserlerin değeri anlaşılamamıştır.

Tablo-II Hz. Muhammed (S.A.V.)'den Hz. Mehdi'ye Kadar 1400 Yıl İçinde Gelen Müceddidler

Bedîüzzaman: Hiç şüphesiz son yakın çağın en büyük mütefekkiri ve 13. asrın gerçek Müceddididir. Onun bu konudaki yaklaşımı İbn-i Haldun'un sosyolojik tahlilleri ile yakınlık arz etmektedir. Bedîüzzaman, Mehdi konusunda olağanüstü bir şahıs beklentisi içinde değildir. O, Her şeyin kevnî kanunlar içerisinde cereyan edeceğine inanır. Bu bakımdan nassların zâhirine, akla uygun olsun veya olmasın, yapışıp kalan katı tutumlu ilim adamlarından değildir. Mesela "Muslih", "Mürşid-i Ekmel", "Müceddid", "Halife-i Zîşan" gibi tabirleri de gelecek olan Mehdi'nin bir sıfatı olarak görmektedir. Fitne zamanlarında bir ıslahatçının bulunmasını, Allah'ın kâinata koyduğu kevnî ve sosyolojik kanunların bir sonucu olarak görmektedir. O'na göre kıyamete yaklaşılan âhir zamanın en büyük fesadına karşı, Allah tarafından en büyük bir Müceddid ve Mürşid-i kâmil olan bir zât görevlendirilecek ve o zât da Ehl-i Beytten, yani Peygamber efendimizin (SAV) mübarek soyundan olacaktır.

O'na göre bir şahıs ne kadar kuvvetli olursa olsun büyük bir ıslahatı tek başına yapamaz. İşte bu yüzden, Mehdi'nin beşerî güç kaynağı, Âl-i Beyt-i Nebevî, yani Rasûlullah'ın soyundan gelen insanlardır. Dolayısıyla Mehdi, tek başına hiçbir kuvveti ve gücü olmadığı halde, bu mübarek nesille birlikte ortak hareket etmesi durumunda, muazzam bir güç elde edeceği sonucuna ulaşılmaktadır ki, yapacağı pek çok harika işi de yine onların yardımıyla başaracağını buradan anlıyoruz. Bedîüzzaman bu konu ile ilgili olarak şöyle der:

"Eski zamandan beri bütün ehl-i hakikatin başında onlar vardı. Ehl-i kemâlin namdar reisleri yine onlardı. Şimdi de kemiyyeten (sayısal olarak) milyonları geçen bir nesl-i mübarektir. Elbette, o kuvve-i âzimedeki bir hamiyet-i âliye feveran edecek ve Hz. Mehdi başına geçip, tarîk-ı hakk ve hakikate sevkedecektir. Böyle olmak ve böyle olmasını beklemek, bu kıştan sonra baharın gelmesi gibi, âdetullahtan ve rahmet-i ilâhiyyeden bekleriz ve beklemekte haklıyız.."

Bedîüzzaman'a göre Mehdi'nin üç önemli görevi vardır:

a)- Maddecilik ve Tabiatçılık (Gücünü Darwinist felsefeden alan Materyalizm ve Ortaçağ doğmatik felsefesinden alan Naturalizm) fikrini tam susturmak,

b)- İslâm Şeriatını ihyâ etmek, yani yeniden canlandırmak, c)- Bütün iman ehlinin yardımıyla ve ittihad-ı İslâm'ın desteğiyle, bütün âlimler ve velîlerin, bilhassa her asırda Hz. Peygamberin soyundan gelen oldukça çok ve güçlü bulunan seyyid ve şeriflerin iltihakıyla büyük tecdid vazifesini yapmaya çalışmak.

Mehdi, her şeyi mu'cizevarî bir şekilde silahla düzelten bir şahıs değildir. Bedîüzzaman, Mehdi'yi normal bir insan, büyük bir ıslahatçı olarak görmekte ve etrafındaki nuranî cemiyetten bahsetmektedir. Rasûlullah (SAV)'ın sünnetini ihyâ edeceğini, Süfyan'a (İslâm Deccalı) karşı olan mücadelesinin de silahla değil manevî olacağını belirmiştir. Böylesine esbâb dairesinde hareket eden bir zâtın muvaffak olması kudret-i ilâhiye noktasından da mümkündür. Bir dakikada yer ve gök arasını bulutlarla doldurup boşaltan, bir saniyede denizin fırtınalarını teskin eden, bahar içinde bir saatte yaz mevsimini, yazda bir saatte kış fırtınasını icâd eden Allah(C.C.) Mehdi ile de İslâm âlemininin karanlıklarını dağıtabilir. Her ne kadar rivayet edilen hadisler ahad ise de, Fezâil-i â'mal (ibadetlerin sevapları) ve hâdisât-ı İslâmiye (gelecekte Müslümanların başına gelecek hâdiseler) bu durumu daha iyi ispatlar.

ŞİÎ İNANCINDA MEHDİLİK

Mehdi inancı, Şiîlikte temel iman esaslarından biri olmasına rağmen Şiî grupları arasında da farklı ayrılıklar vardır. Zeydîlik dışında hemen hemen her şiî fırkasının gizli imamı, kayıp Mehdi'dir. Bu gizli imamlar, "zâhir" imamlardaki mevcut vasıfların hepsine sahiptir. Gizliliğin ardından bir gün mutlaka ortaya çıkacak ve ilâhi yardım O'nu destekleyecektir. O'nun zuhuru, sadece dünyayı zulüm ve haksızlıklardan kurtarmak için değil, muhtelif hükümdarlar elinde çok haksızlıklara uğramış olan Rasûlullah'ın (SAV) soyunu da saadete kavuşturacaktır.

Gizlenmiş durumda olan bu Mehdi, hiçbir zaman insanlardan tamamen uzak, yalnızlık içerisinde değildir. Kalbi temiz ve Allah'tan korkan takva sahiplerinin onunla çeşitli münasebetleri olabilir. O, zaman zaman onların ya bir ihtiyacına cevap verir veya kötülükten sakındırır ve onları doğruya yönlendirir. Şiî eserlerinin hemen hemen hepsinde, Mehdi ile görüşenlerin isimleri ve ne münasebetle görüştükleri de uzunca anlatılmaktadır. Bununla birlikte bu ilişki, sadece şahsî değil, başka ehliyetli kimselerin vasıtasıyla da her türlü sorunun cevaplandırılmasında ve problemlerin çözülmesinde de geçerlidir. Kayıp imamdan istifade etmeyi hadislerle de delillendirmeye çalışır ve O'ndan istifadeyi, insanların güneşten istifadesine benzetirler.

Şiî düşüncesinde, Mehdi geçmiş peygamberlerin birçoğunun özelliklerini de taşımaktadır. Mesela, Hz. Nuh'un ömrünün uzun oluşu, İbrahim a.s.'ın doğumunun gizli ve insanlardan ayrı oluşu, Musa a.s.'ın korkusu ve gizlenişi, İsa a.s. hakkında insanların ihtilaf etmeleri, Eyyub a.s.'ın her türlü dertlerinden sonra refaha kavuşması ve Hz. Muhammed'in kılıcı ile çıkıp halkı doğru yola sevketmesi ve kendisine tabi kılması Mehdinin taşıdığı vasıflardandır.

Yine Şiîlere göre, Mehdi zuhur ettiğinde yanında Musa a.s.'ın ordusuna yedirip içirdiği meşhur tası, büyük ve küçük iki cefr (Şia'ya göre Cefr, cifir ilmiyle ilgili büyük bir kitap olup, dünyanın sonuna kadar her şeyi içine alan, Batınî, siyasî ve dinî bir bilgi mecmuasıdır), Hz. Ali ve Hz. Fatıma'nın mushafı "El-Câmia" ve birinde kıyamete kadarki Mehdi'nin dostları, diğerinde de düşmanlarının vasıflarının yazılı olduğu "İki sahife" bulunacaktır.

Hz. Peygamber'in kılıcı ve zırhı da O'nun yanında olacaktır.

HZ. MEHDİ'NİN İSMİ, SOYU VE ÖZELLİKLERİ

Bu kısımda yüzyıllardır tartışma konusu olan Mehdi hakkındaki önemli meselelerin bazılarına değinerek hakikî Mehdi'yi ve özelliklerini tanımaya çalışacağız.

HZ. MEHDİ'NİN İSMİ

İslâm tarihi boyunca Hz. Mehdi'nin hangi isimle geleceği hep tartışma konusu olmuştur. Bu konuyla ilgili sadece isminin Peygamber efendimizin ismine benzeyeceği belirtilmiştir. Bundan başka bu konuda en önemli bilgiyi, evliyânın en büyüklerinden biri ve Rasûlullah'ın hakikî vârisi olan Abdulkadir-i Geylanî Hz. vermiştir. Abdülkadir-i Geylanî Hz., Rasûlullah (SAV)'in âhir zamana yakın geleceğini müjdelediği üç mehdi'nin isimlerini tek bir isim altında zikreden dörtlüklerden oluşan önemli bir kasidesinde değinerek âhir zamanda gelecek önemli bir "Mürîd"inden bahseder.

İşte bu mürîd, Peygamberimizin işaret ettiği üç Mehdi'den en büyüğü ve sonuncusuna işaret etmektedir. Gavs-ı âzam Abdulkadir-i Geylanî'nin nazım şeklinde yazılmış aşağıdaki dört satırlık kasidesi, Gavs'ın bu önemli Mürîd'inden (gelecekte ortaya çıkacak olan) bahsetmektedir:

* انا لمريدي حافظًا ما يخافه *

* و احرسه في كلّ شرّ و فتنة *

* مريدي اذا ما كان الشرقا و المغربا *

* أغثه اذا ما سار في اىّ بلدة *

* و كُنْ قادريَتْ الوقت الله مخلصًا *

* و جدّى رسولُ الله اعْنى محمّدا *

Yukarıdaki kaside özet olarak şu anlama gelir:

"İleride gelecek olan ehemmiyetli Mürîdimi (Hz. Mehdi) her neden korkuyorsa, her türlü fitneden ve şerden muhafaza edeceğim. Mürîdim nereye giderse gitsin, Doğu'ya veya Batı'ya, O'nu gittiği her beldede ve şehirde hıfz-ı ilâhi ile koruyacağım. Ve zamanının Salih bir Abdulkâdir-i Geylanîsi olman ve ceddin Rasûlullah Muhammed (SAV) gibi inayet olunman için vaktin gelmiştir.."

şeklinde Gavs, yüzyıllar öncesinden Hz. Mehdi'nin geleceğini ve kendisinin ehemmiyetli bir Mürîdi olacağını ihbar-ı gaybî nev'înden mu'cizevî bir tarzda haber vermektedir.

HZ. MEHDİ'NİN SOYU

Mehdi, Hz. Peygamber'in soyundandır. Dolayısıyla, Fatımatüz Zehrâ'nın çocuklarından birisinin soyundandır. Nesebi, Hz. Hasan'ın kanalıyla Hz. Fatıma'ya dayanır. Dedesinin Hz. Hüseyin olduğu da söylenmekle birlikte, İslâm âlimlerinin büyük bir çoğunluğu O'nun, Hz. Hasan'ın soyundan geldiğini kabul etmişlerdir. Bazı âlimler bu konuyla ilgili şöyle der: "Hz. Hasan, Allah için Hilâfeti terk edince, Allah O'na, mükafat olarak "Kutup" mertebesini verdi ve Hz. Mehdi'yi O'nun nesebinden kıldı. Böylece, Hilâfet de O'nunla (Mehdi) tamamlanmış olacaktır. Bu âlimler, Hz. Ali'nin Hz. Hasan'ı methedici sözlerini, bu görüşe delil olarak getirmektedirler. Ümmü Seleme'den gelen bir rivayette şöyle denilmektedir: Rasûlallah'ın şöyle dediğini işittim:

"Mehdi benim soyumdan, Fatıma'nın çocuklarının soyundan birisidir. Ben, Vahiy üzere savaştığım gibi; O da, Sünnetim üzerine savaşacaktır.."

HZ. MEHDİ'NİN ÖZELLİKLERİ

Rivayetlerde Mehdi'nin bazı özelliklerinden de bahsedilmiştir. Bu özellikler, O'nun vücut yapısı, ahlakı, ortaya çıkış zamanı, yaşadığı toplumun yapısı ve içinde bulunduğu zamanın şartlarına aittir. İslâm âlimleri, Hz. Mehdi'nin özelliklerinden bahsedilmesini, insanların Mehdilik iddiasında bulunabilecek kişileri, bu özelliklerle karşılaştırarak aldanmalarına engel olma ve gerçek Mehdi'yi doğru olarak tanıyabilme hikmetine bağlı olabileceğini söylemişlerdir. Ayrıca bu rivayetlerden, Hz. Peygamber'in bazı insanların Mehdilik iddiasıyla ortaya çıkacak olmasına bağlı olarak, ümmetini bunlara karşı bir uyarı niteliğinde oldukları anlaşılmaktadır. Mehdi hakkında gelen rivayetlerde, O'nun burun yapısından başındaki sarığın şekline kadar çok detaylı bilgiler verilmektedir. İbn-i Hacer bu işaretlerden altmış kadarını eserlerinde belirtmiştir. Buna göre Mehdi'nin doğum yeri Medine'dir ve rengi esmerdir. Konuşmaktan sıkıldığı zaman, sağ elini sol dizine vurur. Çağdaş bazı âlimlere göre ise, Mehdi'nin kendisi de hakikî Mehdi olduğunu önceden bilemeyecek fakat daha sonradan anlayacaktır. Ayrıca istediği Salih kullarını, onun Mehdi olduğuna muttali kılacaktır.

A)- Mehdi'nin Maddî/Bedenî Özellikleri:

- Alnı açık ve geniş, yüzü güzeldir,

- Kaşları ince, yüzü parlak, gözleri siyah ve büyüktür,

- Yüzü, parlayan yıldız gibidir ve sağ yanağında siyah bir ben vardır,

- İsrâiloğullarının erkeklerine benzer,

- Dişleri aralıklı, alnı geniştir,

- Mehdi, genç görünüşlü bir adamdır: "Mehdi bizden, Ehl-i Beyten bir gençtir. İhtiyarlarımız ona yetişemeyecek, gençlerimiz ise ona yetişmeyi ümit edecektir."

B)- Mehdi'nin Manevî/Ahlakî Özellikleri:

1. Allah'tan Çok korkar: "Mehdi, gerges kuşunun kanadı ile titremesi gibi Allah'tan çok korkan bir kimsedir. Mehdi, Allah'a karşı son derece boyun eğicidir."

2. Ahlakı Peygamberimize benzer: Mehdi, ahlak bakımından Peygamber'e benzer; "Ahlakı, benim ahlakım olan bir evladım çıkacak."

3. Hz. Mehdi, zamanın en hayırlısıdır: "Mehdi, zamanındaki insanların en hayırlısıdır. Devrinde, yeryüzünün en hayırlısı kendisi olacaktır."

4. Gizli bir gücün sahibidir: "O, kimsenin bilemediği gizli bir gücün sahibi olduğu için kendisine Mehdi denilmiştir."

5. Hiç kimseden bir beklentisi olmaz: "Mehdi bizden, Ehl-i Beyttendir. O, benim ümmetimden, tenezzül etmeyen, Allah'tan başka hiçbir varlığa minnet duymayan bir şahıstır.

6. Gözden uzak olur: "Geceleri ibadet ile meşgul olup, gündüzleri gizli olacak"

7. Meleklerin yardımıyla desteklenir: "Allah (CC) O'na, üç melekle yardım edecektir. Onlar, Mehdi'ye muhalefet edenlerin yüzlerine ve arkalarına vuracaklardır" (Bu hadis, "Melekler, onların (kafirler) yüzlerine ve arkalarına vurarak canlarını alırlar" âyetiyle benzerlik gösterir).

8. Helal ve Haram konusunda çok hassastır: Hz. Hüseyin'e soruldu ki: "Mehdi hangi alâmetlerle bilinir?" Şöyle cevap verdi: "Gönül rahatlığı ve vakar sahibi oluşu ile, helal ve haramı çok iyi bilmesi ile."

9. İhtiyacını bildirmez: Hz. Hüseyin'e (ra) yine soruldu ki, "Mehdi, başka hangi alâmetlerle bilinir?" Şöyle cevap verdi: "İnsanlar, O'na muhtaç olurlar. O ise, insanlara ihtiyacını bildirmez."

10. Muhiddin-i Arabî'ye göre Hz. Mehdi'nin 9 özelliği vardır:

1. Basiret sahibi olması,

2. Kutsal Kitabı anlaması,

3. Âyetlerin manasını bilmesi,

4. Tayin edeceği kimselerin hal ve hareketlerini bilmesi,

5. Öfkelendiğinde bile merhamet ve adaletten ayrılmaması,

6. Varlıkların sınıflarını bilmesi,

7. İşlerin girift taraflarını bilmesi,

8. İnsanların ihtiyacını iyi anlaması,

9. Bilhassa kendi zamanında ihtiyaç duyulan gaybî ve cifrî ilimlere vukufunun bulunması ve çok az bilinen bu gaybî ilimlerden haberdar olması.

C)- Hz. Mehdi'nin sosyal özellikleri/icraatları

1. Mehdi'nin Fazileti: Mehdi'nin faziletine dair şöyle bir rivayet nakledilir: *"Abdulmuttalib'in evlatları olan bizler, Cennet ehlinin efendileriyiz. Ben, Hamza, Ali, Cafer, Hasan,*

Hüseyin ve Mehdi. İbn-i Hacer bu husustaki tahlilinde, O'nun faziletli kılınmasının sebebi olarak, zamanındaki ağır fitneleri göstermektedir. Zamanındaki fitnelerin zorluğu sebebiyle onun meziyetleri çoktur" der. Bazıları O'nu, fazilet bakımından Dört Halife'den daha önde görmüşlerse de İbn-i Hacer Heytemî ve Es-Seferanî gibi zâtlar, O'nun Dört Halife ve Sahabeden sonra geldiği hususunda icma olduğunu söylemişlerdir. Hz. İsa'nın onun arkasında namaz kılacağına dair rivayetlere dayanarak bazıları O'nun bir Peygambere imamlık yapacak kadar faziletli oluşuna dikkat çekmişlerdir. Hz. Ali'den (ra) gelen bir rivayette, Mehdi ve askerlerinin fazileti hakkında şöyle denilir: *"Öncekiler onları geçemediği gibi, sonrakiler de onlara yetişemez."*

2. Hz. Mehdi Mücadelecidir: Hz. Mehdi üstün ahlakıyla ve güçlü, mücadeleci karakteriyle tüm inananlara örnek olacaktır: *"Mehdi, Doğu tarafından çıkacak, karşısına dağlar bile dikilse onları ezip geçecek, dağlarda kendisine yol bulacaktır."*

3. Dinî Gayreti Çok Yüksektir: *"İslâm'ın aleyhine söylenecek bir söz bile, ona ağır gelir."* Bu hadisten anlıyoruz ki, Mehdi dinî meseleler üzerinde yoğun ve etkili bir çalışma içerisine girerek İslâmiyet aleyhinde gelişen materyalist ve ateist akımların tümünü susturacak ve İslâm'ın dünya gündemindeki yükselişini ilerletecek çalışmaları titizlikle yürüteceğini anlıyoruz.

4. Mehdi Dünyayı Adaletle Dolduracaktır: Mehdi'nin, daha önce zulüm ile dolu olan yeryüzünü adaletle dolduracağına dair çok sayıda rivayet vardır. Hatta bu konuda denebilir ki, Mehdi'den bahseden hadislerin hemen hemen tamamına yakınında bu husus dile getirilir. Biz burada bunlardan birkaçına yer vereceğiz. Abullah Bin Mesut'tan gelen bir rivayetin son kısmında şöyle denilmektedir:

"Şüphesiz Ehl-i Beytim, benden sonra belalara uğrayacak, sürülecek ve kaçırılacaklardır. Bu iş şu noktaya varacak. Doğu yönünden siyah sancaklı bir kavim (Burada siyah sancaklılar olarak, Türkler kasdediliyor ve Mehdi'nin onların arasından çıkacağına işaret ediyor) gelecek, hayrı (hükümdarlığı ve yönetimi) isteyecekler, fakat onların bu isteği yerine getirilmeyecektir. Bunun üzerine onlar da savaşacaklar ve onlara yardım edilecektir (Burada, Osmanlı Devleti ve Türkiye'nin kuruluşu kasdediliyor olabilir). Bundan sonra kendilerini istedikleri hükümdarlık verilecek, fakat onlar bunu Ehl-i Beytimden bir adama (Hz. Mehdi) teslim edeceklerdir. Bu kişi de, yeryüzünü daha önce zulümle doldurulduğu gibi (Burada, Hz. Mehdi'nin zuhûrundan önce yeryüzündeki savaşların biteceğine bir işaret olabilir), adaletle dolduracaktır. Sizden kim buna ulaşırsa, kar üzerinde sürünerek de olsa, anlara yardıma gelsin, zira o Mehdi'dir."

Yine Hz. Ali'den gelen bir rivayet şöyledir: Hz. Ali, Hz. Hasan'a bakarak şöyle demiştir;

"Benim bu oğlum, Rasûlullah'ın kendisini isimlendirdiği gibi efendidir. Bunun soyundan, Nebî'nin ismiyle isimlendirilmiş, ahlakta O'na benzeyen ama yaratılışta O'na benzemeyen birisi çıkacaktır. Rasûlullah (sav) daha sonra, O'nun yeryüzünü adaletle dolduracağını anlattı."

5. Mehdi Döneminde Bolluk ve Bereket Olacaktır:

"Birisi O'na gelir ve şöyle der: Ya Mehdi! Bana ver. O da taşıyabileceği kadar elbisesini doldurur." Aynı hadisin Müsned'deki rivayetinde şu ilave vardır: *"Gök, üzerlerine bol bol yağmur yağdırır; yer, bitkilerinden hiçbir şeyi saklamaz ve mal değersiz hale gelir. Mehdi dönemindeki bu bolluk, onun*

cömertliğinden ve fetihlerden dolayı ganimetlerin çoğalmasındandır."

Bu hadisten anlıyoruz ki, Mehdi döneminde etkili ve verimli tarım yöntemlerine dayalı çalışmalar sayesinde her türlü ürün rekoltesinde büyük artışların meydana geleceği ve üretilen mal miktarlarında teknolojinin de gelişmesiyle aşırı bir artışın yaşanacağını hadisten açık bir şekilde anlıyoruz.

6. Çalışanlara Disiplinli Davranır, Miskinlere Merhamet Eder: Bu konuyla ilgili olarak, Mehdi'nin çevresi ile uyum içinde olacağı, insanlarla iyi geçineceği anlaşılmaktadır. Dolayısıyla Mehdi'nin çalışma ve iş hayatıyla ilgili gerçekleştirdiği reformlar ve yenilikler iş disiplinini sağlayacak ve çalışma hayatını daha zevkli ve kolay bir hale getirecektir.

7. Herkes Tarafından Çok Sevilir:

"Allah yeryüzündeki bütün insanların kalplerini onun muhabbetiyle dolduracaktır. Ümmet-i Muhammed'den memnun olmadık hiçbir fert kalmaz. Allah onun muhabbetini insanların kalplerine yerleştirecektir. Böylece onlar, gündüzleri aslan kesilen ve geceleri de ibadetle geçiren bir toplum olacaklardır. Onun halifeliğinden yer ve gök ehli, hatta havadaki kuşlar bile razı olacaklardır."

Bu hadisten anlıyoruz ki, Mehdi yeryüzünün tüm insanları tarafından tanınan ve sevilen bir kişi olacak ve onun gerçekleştirdiği dünya çapındaki olumlu gelişmeler tüm dünya tarafından yakından takip edilecek ve örnek alınacaktır.

8. Mehdi Zamanında Yaşamak Herkesin İstediği Birşey Olacak:

"Mehdi'nin zamanında küçükler büyük, büyükler de küçük olmayı temenni eder."

Bu hadisten anlıyoruz ki, Mehdi'nin içerisinde yaşadığı zaman dilimi diğer zamanlara göre daha verimli ve üstün bir kıymet taşır. Dolayısıyla bu dönemde, tüm insanlık tarihinde eşine rastlanmadık bir ilerlemenin ve ivmenin yaşanacağını, daha önce uzun seneler boyunca elde edilemeyen yeniliklerin bir çırpıda keşfedileceğini ve hayatın oldukça kolaylaşacağını anlıyoruz.

9. İrşad ve Tebliğ Gücü Çok Yüksektir:

"Hz. Mehdi, kuru bir ağacı diktiğinde o ağaç hemen yeşillenip yapraklanacaktır. Onun zamanında cahil, cimri ve korkak bir adam hemen âlim, cömert ve cesur olur."

Bu hadisten anlıyoruz ki Mehdi, irşad ve tebliğ yöntemi olarak en etkin yöntemleri ve usûl-i dine ait hakikatleri en iyi bir biçimde anlatarak insanları irşad edecek ve aynı zamanda kullandığı tebliğ yöntemlerinde de bu hassasiyeti koruyacaktır.

10. Zalimlere Karşı Hakkı Savunur:

"Mehdi zalime karşı hakkı müdafaa edecektir. Hatta zalim bir insanın azı dişinde kalan haksız bir lokmayı bile ondan çekip alacak ve sahibine iade edecektir."

Bu hadisten de anlıyoruz ki, Mehdi döneminde zalim ve haksız kişilere karşı büyük bir hukuksal ve adalete ve eşitliğe dayalı insanî bir mücadelenin başlatılacağı ve herkesin hakkının sorulacağı bir dönemin yaşanacağı anlaşılmaktadır.

11. Deccal Tarafından Takip Edilir:

"Deccal çıkınca, ona karşı mü'minlerden bir şahıs (Mehdi) yönelir. Derken o mü'min kimseye birçok silahlılar, Deccal'ın merkezlerde gözetleme yapan silahlıları karşı çıkarlar."

Bu hadisten de anlıyoruz ki, Mehdi Deccal tarafından takip edilecektir. Deccal'ın birtakım askerî birimleri tarafından yapılan bu gizli takip, Mehdi'nin çalışmalarını engellemeye yönelik olacaktır. Deccal'ın ne tür bir gözetleme yapacağı hadiste belirtilmemekle birlikte teknolojinin ilerlemesiyle, elektronik gözetleme, kamera ve görüntü teknolojisinin gelişmesiyle hadisin mücmel ifadesi daha anlaşılır bir hale gelerek, hadisi anlaşılır ve akla uygun bir şekilde te'vil edilebilmesini olanaklı kılmaktadır.

12. Eziyetlere Maruz Kalacaktır: Rasûlullah şöyle buyurmuştur:

"Mehdi, bizden yani Ehl-i Beyttendir. Biz öyle bir ev halkıyız ki, Allah bizim için âhireti dünyaya tercih etmiştir. Benim Ehl-i Beytim muhakkak benden sonra bela, kaçırılma ve sürgüne uğrayacaktır. Benden sonra eziyet ve sıkıntılarla karşılaşacaklardır."

Bu hadisten de anlıyoruz ki, aynen Ehl-i Beyt gibi, Hz. Mehdi de birçok sıkıntı ve eziyetlerle karşılaşacaktır.

13. Kutsal Emanetlerle Çıkar:

"O, Peygamber (SAV)'nin bayrağı ile çıkacaktır. O bayrak dört köşeli olup dikişsizdir ve rengi siyahtır. Onda bir Hicr (Hale) bulunur. O, Rasûlullah'ın vefatından beri açıklamış olup Mehdi çıkınca açılacaktır."

Bu hadisten da şunu anlıyoruz ki, Mehdi Peygamber efendimizin kutsal emanetlerinin bulunduğu yerden çıkacak ve bu emanetler O'nun eline geçecektir. Bilindiği gibi bu kutsal emanetler, yüzyıllardır Osmanlı devletinin elindeydi ve halen de günümüzde Topkapı Sarayındaki Kutsal Emanetler Dairesinde bulunmakta olup, büyük bir özenle saklanmaktadır. İşte bu kutsal emanetler Mehdi çıkınca ortaya çıkarılarak kendisine ulaşacak ve böylece Peygamber efendimizin yüzyıllar öncesinden haber verdiği, mu'cizevî bir olay gerçekleşmiş olarak, bu emanetler Mehdi'nin eline ulaşmış olacak ve herkese *"Sadakte yâ Rasûlallah"*, yani doğru söyledin yâ Rasûlallah dedirtecektir.

14. Hz. Mehdi Aleyhinde Olumsuz Propaganda Yapılacaktır: İslâm düşmanı olan Deccal ve taraftarları, her türlü teknolojik vasıtayı kullanarak Hz. Mehdi'yi ve O'na taraftar olanları ve O'nunla aynı görüşlere sahip olan modern Müslümanları kötüleyecekler, halkın nazarında O'nun itibarını sarsmaya çalışacaklardır. Bu konuya bir hadis şöyle işaret etmektedir:

"Mehdi Deccal'ı görünce: "Ey insanlar! Rasûlullah'ın zikrettiği Deccal işte budur" der. Deccal hemen onunla ilgili emir verir ve O'nu karnı üzerine uzatırlar ve arkasından: "O'nu alın ve yaralayın'" der. Artık o zâtın sırtı ve karnı döve döve genişletilir. Bu sefer O'nu iki eli ve iki ayağı ile yakalar da fırlatır atar. İnsanlar Deccal'ın O'nu bir ateş içine attığını sanırlar. Halbuki O, bir Cennet içine atılmıştır."

Bu hadise dikkat edilirse Hz. Mehdi'nin Deccal ile fiziksel bir mücadeleye girişeceğinden ve Deccal'ın Hz. Mehdi'yi yaralayarak sahte bir ateşe, yani aslında manevî bir Cennet hükmünde olan bir nevî duruma veya ortama sürükleyeceğinden mecazî bir şekilde bahsedilmektedir. Burada dikkat edilirse, mücadelenin yapılacağı yer veya bölge ismi zikredilmemekte ve Hz. Mehdi'nin Deccal taraftarlarınca yapılan bu olumsuz propagandalar neticesinde halk tarafından da kötü olarak bilindiği için, kendisine yardım edilmeyeceğine değinilmektedir. Dolayısıyla hadisten, bu mücadele esnasında Mehdi'nin ilmî eğitim almış askerî gücünün, Deccal'ın eğitilmiş ordusundan çok çok küçük ve teknolojik olarak da ondan daha yetersiz olduğu sonucunu çıkarabiliriz.

15. Yoksullara Karşı Çok Merhametlidir:

"Çalışanlar üzerine disiplinli olması, malı cömertçe vermesi ve yoksullara karşı çok merhametli olması, Mehdi'nin alametlerindendir."

16. Sorumluluktan Kaçmaz:

"Her görevi üzerine alır, zayıfa ve düşküne yardım eder."

17. İki Defa Kaybolur:

"Mehdi'nin iki gaybeti (gizlenmesi) vardır. Bu iki gaybetin birisi o kadar çok uzayacak ki, bazıları: "O öldü, bazıları da: "O gitti" diyeceklerdir. O'nu sevenler de, başkaları da onun yerini bilemeyeceklerdir. Sadece ona çok yakın hizmetçisi onun yerini bilir."

HZ. MEHDİ'NİN ÇIKIŞ ZAMANI, YERİ VE İŞARETLERİ

Hadislere göre Dünyada yaşamak için sadece bir gün bile kalmış olsa, Allah o günü uzatır ve o günde soyu Ehl-i Beyte dayanan Hz. Mehdi'yi gönderecektir. Hadislerden anladığımıza göre, bu durum Allah'ın bir vaadidir ve zamanı geldiğinde mutlaka gerçekleşecektir. İbn-i Hacer'in kaydettiğine göre, Mehdi'nin çıkışından önce öyle fitneler ve kötülükler olacak ki, dünyanın başına öyle büyük felaketler gelecek ki, insanlar artık "Bugün dünyaya neler oluyor böyle, bütün bu büyük olayların sebebi nedir?" diye sormaya başlayacaklardır. İşte, hemen hemen bütün haramların helal sayılacağı ve her türlü günahın açıktan açığa işleneceği bu dönemin süresini belirleyen çok önemli iki olay ve orjin noktası vardır. Bunlardan birincisi, bu sürecin başlangıcında ortaya çıkan Hz. Mehdi ve ikincisi olan sürecin sonunda da gökyüzünden inecek olan Hz. İsa'dır. Dolayısıyla buradan şunu anlıyoruz ki, bu iki olay gerçekleşmeden kesinlikle kıyamet kopmayacaktır ve Hz. Mehdi Hz. İsa'dan önce ortaya çıkacaktır. Hz. Mehdi'nin ortaya çıkış zamanının gelip gelmediği hemen hemen bütün hicrî tarih boyunca tartışma konusu olduğu gibi günümüzde de bu tartışma bitmiş değildir. Hatta pek çok Müslüman, her sene hacca giderlerken belki Hz. Mehdi'nin ortaya çıkış zamanına denk gelirim diye, O'nunla karşılaşma ümidiyle rükün ile makam arasında beklerler. Hz. Mehdi'nin ortaya çıkış zamanı ve tam olarak tanınması konusunda belirli bir fikir birliği olmamakla birlikte bu konudaki en gerçekçi yorumu Üstad Bediüzzaman Said Nursî yapmaktadır. Bediüzzamana göre, Mehdi hemen ortaya çıkmayacak, görevine başladıktan sonra bir süre gizlenecek ve daha sonra gerçek Mehdi olduğu anlaşılacaktır. O'nun verdiği hicrî tarih ise, **Milâdî 2011** yılına işaret etmektedir. Mehdi'nin çıkacağı yer konusunda da bir fikir birliği olmamakla birlikte, hadislere göre O'nun Doğu tarafında çıkacak olan siyah sancaklı bir kavimin içerisinde belireceğine işaret edilmektedir. Bazı âlimler bu hadisin, Türklere ve onların kurmuş oldukları İslâm devletlerine işaret ettiği sonucuna varmışlardır. Kurtubî, onun Kuzey Afrika'dan çıkacağını söylemekte ise de, bu rivayetin aslı ve esası yoktur. Son dönemin en büyük âlimi olan Üstâd Said Nursî'ye göre, Âhir zamanda gelecek olan önemli şahısların çıkabileceği yerler olarak; Medine, Horasan, Kudüs, Şam ve İstanbul'u gösterir. Bunlar arasında da bilhassa son üçü, yani **Kudüs, Şam** ve **İstanbul** en önemli merkezler olarak gösterilmektedir. Biz bu çalışmada, âhir zamanda gerçekleşecek önemli olayların merkezinin İstanbul olduğunu ve âhir zamanın tüm önemli şahıslarının ortak çıkış noktasının da yine İstanbul olduğunu ispatlamaya çalışacağız. Şimdi sırasıyla bu üç önemli merkezi inceleyelim ve ulaştığımız sonuçları grafiksel olarak bir harita üzerinde gösterelim:

KUDÜS: Kudüs, Süleyman Mabedi ile Yahudiler; Doğuş Kilisesi ile Hristiyanlar ve Mescid-i Aksa ile Kubbet-üs Sahra ile de Müslümanlar açısından önem taşıyan kutsal bir şehirdir. Bazı İslâm âlimlerinin Peygamberimizin (SAV)'nin hadisleri doğrultusunda verdikleri bilgilere göre Kudüs, âhir zamanda pek çok önemli olayın meydana geldiği önemli bir şehirdir. Bu konudaki bir rivayet şöyledir: "Rasûl-i Ekrem (SAV) bize hitabettiler ve şöyle buyurdular:

"Medine, körüğün demir tortularını temizleyip attığı gibi, pislikleri atar. Bugün kurtuluş günüdür diye ilan edilir. Ümmü Şüreyk: "Ey Allah'ın Rasûlü! O gün Araplar nerede olacak? diye sordu. Rasûlulllah ona: "O gün, onların erkekleri Beyt-ül Makdis'dedir. İmamları Salih bir kimsedir. Onlara sabah namazını kıldırmaya geçtiğinde, Meryem Oğlu İsa Mesih ellerini imamın omuzlarının arasına koyar ve şöyle der: "Namazın kameti senin için getirildi, buyur sen kıldır." Bunun üzerine imamları onlara namazı kıldırır."

ŞAM: Bazı İslâm âlimlerinin yorumlarına göre ise, Hz. Mehdi Şam'dan çıkacaktır. Ancak **"Şam"** kelimesi sadece Suriye'nin başkenti olan Şam şehrini ifade etmez. Suriye'nin başkenti olan ve bizim Şam dediğimiz şehir Arapçada

"**Dımeşk**" kelimesi ile ifade edilir. Şam, Arapçada kelime olarak "sol" anlamına gelir ve eskiden beri Hicaz bölgesinin (Mekke ve Medine Şehirlerinin bulunduğu yarımada) sol tarafında kalan ve Suriye'den Adana'ya ve hatta Maraş'a ve Türkiye'nin Batı bölgelerini de içine alan geniş bir bölgeyi de kapsar. Rasûlullah bir hadisinde şöyle buyurmuştur: "Mesih Deccal, Doğu'dan Medine'ye gitmek üzere Uhud'un arka tarafına iner fakat Medine'yi bekleyen melekler, onun yüzünü Şam tarafına çevirirler ve orada helak olur. Ayrıca hadislerde Mehdi'nin düşmanı olarak zikredilen birkaç isim vardır fakat bunların en önemlileri Süfyan ve Deccal'dır. Süfyan'ın en önemli özelliği, Mehdi'yi engellemeye çalışmasıdır. İlginçtir ki, Peygamberimiz bir hadisinde Süfyan'ın ve Deccal'ın da bu Şam denilen bölgeden çıkacağını bildirmektedir. Peygamberimiz Süfyan'ı tarif ederken iri cüsseli olduğunu, yüzünde çiçek hastalığı izi olduğunu, gözünde beyaz bir leke olduğunu ve kendisine tabi olanların çoğunun Benî Kelb kabilesinden olacağını belirtir. Süfyan, masum insanları, kadınları, çocukları ve hatta kadınların karınlarındaki bebekleri bile öldüren acımasız ve diktatör bir kişi olarak tarif edilir. Hadislerde ayrıca Hz. İsa, Şam'daki beyaz minareye inip orada Hz. Mehdi ile buluşacağını belirtmiştir. Nafi İbn-i Keysan'a göre Rasûlallah bir hadisinde şöyle buyurmaktadır:

"**Meryemoğlu İsa, Şam'daki beyaz minarenin yanına inecektir.**"

İSTANBUL: Hadislerde dikkat çeken bir başka önemli şehir ise, o dönemde Konstantiniyye ismiyle bilinen İstanbul'dur.

Peygamberimizin (SAV) pekçok hadisinde, Hz. Mehdi'nin Konstantiniyye'yi manevî anlamda fethedeceği bildirilmiştir. Bu konudaki hadislerden bazıları şöyledir:

"Allah O'nun (Mehdi) eli ile Konstantiniyye'nin manen fethini müyesser kılar. Altı şey vardır ki, onlar olmadan kıyamet kopmaz; altıncısı Medinenin (Şehrin) fethidir."

Peygamberimize bu şehrin hangisi olduğu sorulduğunda: *"Konstantiniyye"* cevabını vermiştir. Dolayısıyla Mehdi, Konstantiniyye ve diğer beldelerin imarına çalışır. Fatih'in hocası olan Akşemseddin de bu konudaki rivayetlerden çıkardığı sonucu şöyle ifade etmiştir:

"İstanbul'u önce Mehmed fethedecek, daha sonra da Mehdi İstanbul'u tekrar fethedecektir."

Her ne kadar rivayetlerin farklı te'villeri sonucu farklı şehirler ortaya çıksa da, âhir zaman olaylarının vuku bulduğu yerle ilgili olarak rivayetlerin ortak noktası, bu olayların Peygamberimizin (SAV) iki sancağı, gömleği ve diğer mukaddes emanetlerinin de bulunduğu ve ayrıca son Hilafet merkezi olarak da gösterilen bir yere işaret etmektedir. Nitekim İslâmiyetin ilk dönemlerinden günümüze kadar Halifelik Merkezi'nin bulunduğu yer, Şam, Halep, Kûfe, Mekke ve en son olarak da İstanbul olmak üzere pek çok kez yer değiştirmiştir. Bediüzzaman da, eserlerinde rivayetlerdeki bu farklılıklara işaret ederek mealen:

"Hadisleri açıklamaya çalışan bazı râviler, hadislerin metnindeki bazı mücmel ifadeleri kendi görüş ve yorumlarına göre izah etmişler. İsim zikredilmeden Müslümanların yönetim merkezlerinde ve civarında meydana geleceği haber verilen olayları, kendi zamanlardaki merkezlerde olacağını düşünmüş ve o merkezlerin isimlerini rivayetlerin metinlerine karıştırmışlardır. Sonrakiler de, bu açıklamaları hadisin kendi metninden sanıp öyle nakletmişlerdir. Bu ve benzeri

sebeplerden dolayı aynı olayı anlatan farklı rivayetlerde farklı yer isimleri ortaya çıkmıştır." şeklinde bu konuya farklı bir yorum getirmiştir.

Aşağıdaki haritada ise, yukarıda anlattığımız bu durumun grafiksel bir yorumu verilerek, âhir zamanın en önemli şahısları olan Hz. Mehdi ve Hz. İsa'nın ortaya çıkış yerleri ve faaliyet gösterecekleri önemli İslâm beldelerine işaret edilmektedir.

Aşağıdaki Haritada **Hz. MEHDİ** ve **Hz. İSA** ile ilgili olarak **BEŞ**'er **NOKTA**'dan oluşan toplam **ON NOKTA**'yı içine alan ve bu Noktalar etrafında çizilen ve Merkezi **İSTANBUL** olan Büyük **ÇEMBER** ve ona içten **TEĞET** olan **DÖRT** Küçük **ÇEMBER**'le ilgili **DÖRT** Büyük **İŞARET**'ten oluşan toplam **ON DÖRT İŞARETİ MATEMATİK** ve **GEOMETRİ** Lisanıyla kısaca açıklayalım:

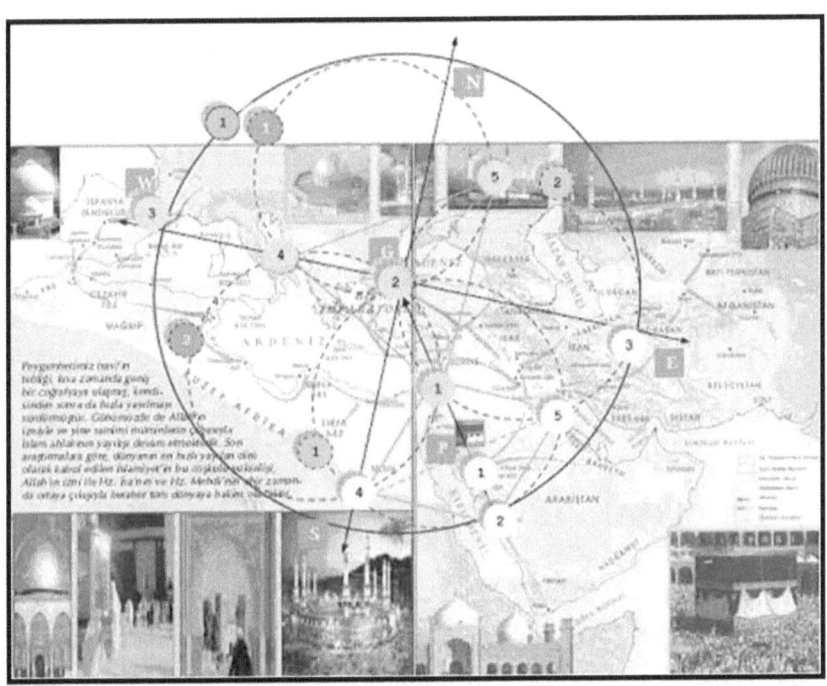

Haritada, Açık Eflatun renklerle gösterilen Haritanın Orta Çizgisinin Batısındaki çoğu Avrupa Kıtasında yer alan bölgeler ve kesik çizgili Koyu Kırmızı çemberlerle (1. ve 2. kırmızı çemberlerin kapsadığı bölge) belirtilen alan, Hz. İsa'nın ikinci gelişinde Hristiyanlığı hurafelerden arındırıp aslı olan İseviliğe dönüştüreceği, manevi mücadelesini başlatacağı ve hakim olacağı yerlere işaret etmektedir.

Bunun tam zıttı olan ve Açık Sarı renklerle gösterilen Haritanın Orta çizgisinin Doğusundaki çoğu Asya Kıtasında yer alan bölgeler ve kesik çizgili Koyu Mavi çemberlerle (1. ve 2. mavi çemberlerin kapsadığı bölge) belirtilen alan ise, Hz. Mehdi'nin İslâmiyeti hurafelerden arındırarak manevi olarak tecdid edip aslına döndüreceği, manevi mücadelesini başlatacağı ve hakim olacağı beldelere işaret etmektedir.

BİRİNCİ İŞARET

Haritada, **AÇIK SARI** Dairelerle gösterilen **NOKTA**'lardan oluşan toplam beş noktadır:

BİRİNCİ SARI NOKTA, **Hz. MEHDİ**'nin ilk kez ortaya çıkacağı yer ve **MODERN İSLÂM MEDENİYETİNİN** Merkezi olan **MEDİNE**'ye işaret etmektedir.

İKİNCİ İŞARET

İKİNCİ SARI NOKTA, **Hz. MEHDİ**'nin ikinci kez ortaya çıkacağı ve kendisine biat edileceği yer ve İslâmiyetin Merkezi olan **Hz. MUHAMMED**'in doğum yeri olan MEKKE'ye işaret etmektedir.

ÜÇÜNCÜ İŞARET

ÜÇÜNCÜ SARI NOKTA, **Hz. MEHDİ**'nin son kez ortaya çıkacağı ve **DECCAL**'la mücadelesine başlayacağı yer olan **HORASAN**'a (Batı Afganistan'ın bir bölümünü içine alan bölge) işaret etmektedir.

DÖRDÜNCÜ İŞARET

DÖRDÜNCÜ SARI NOKTA, **Hz. MEHDİ**'nin **Hz. MUSA**'ya ait olan **KUTSAL AHİT SANDIĞINI** ortaya çıkartacağı, **Hz. MUSA**'nın doğum yeri ve **YAHUDİLİĞİN** en eski merkezi olan Yukarı **MISIR**'daki **TEB** (Thebes) Kenti'ne işaret etmektedir.

BEŞİNCİ İŞARET

BEŞİNCİ SARI NOKTA, **Hz. MEHDİ**'nin **DECCAL**'in kuvvetleriyle savaşa başlayacağı **GÜNEY IRAK** ve **BASRA KÖRFEZİ**'nde bulunan **Hz. İBRAHİM**'in doğum yeri olan **UR** Kenti'ne işaret etmektedir.

ALTINCI İŞARET

Haritada, **AÇIK PEMBE** Dairelerle gösterilen **NOKTA**'lar sırasıyla:

BİRİNCİ PEMBE NOKTA, **Hz. İSA**'nın ilk gelişindeki doğduğu ve **PEYGAMBERLİK** görevini yaptığı yer olan ve üç dinin, **İSLÂMİYET, HRİSTİYANLIK** ve **YAHUDİLİĞİN** en eski ortak merkezi olan **KUDÜS**'e işaret etmektedir.

YEDİNCİ İŞARET

İKİNCİ PEMBE NOKTA, **Hz. İSA**'nın ikinci gelişindeki ineceği, ilk kez ortaya çıkacağı yer ve **Hz. MEHDİ**'nin doğum yeri ve **MÜCEDDİDLİK** görevine başlayacağı yer olan ve **İSEVÎLİĞİN** Merkezi olan **İSTANBUL**'a işaret etmektedir.

SEKİZİNCİ İŞARET

ÜÇÜNCÜ PEMBE NOKTA, **Hz. İSA**'nın ikinci gelişinde ikinci kez ortaya çıkacağı ve manevi mücadelesi ve **MÜCEDDİDLİK** görevine başlayacağı yer olan **ENDÜLÜS**'e (İspanya'nın Orta Batısında yer alan bir bölge) işaret etmektedir.

DOKUZUNCU İŞARET

DÖRDÜNCÜ PEMBE NOKTA, **ROMA KATOLİK KİLİSESİ**'nin Merkezinin bulunduğu VATİKAN'a işaret etmektedir.

ONUNCU İŞARET

BEŞİNCİ PEMBE NOKTA, **DOĞU ORTODOKS KİLİSESİ**'nin Merkezinin bulunduğu **MOSKOVA**'ya işaret etmektedir.

ONBİRİNCİ İŞARET

Haritada, Koyu Yeşil büyük Çemberin, Koyu Kırmızı ve Koyu Mavi küçük Çemberlerin; Kırmızı Eşkenar Üçgenin ve Paralelkenarın üzerinden geçtiği yerler arasındaki Matematiksel işaretler; Geometrik olarak, sırasıyla aşağıdaki bağıntılara ve rastlantı olamayacak derecede mükemmel orantılara denk düşmektedir:

BİRİNCİ KIRMIZI ÇEMBER, Haritadaki merkezinde İstanbul'un bulunduğu yeşil çizgiyle gösterilen büyük çembere (1. yeşil çember) dikkat edilirse, İstanbul'un; üstteki kesik çizgili koyu kırmızı çember (1. kırmızı çember) hattı üzerinde bulunan Doğu (**E**) Ortodoks Kilisesinin merkezi olan kuzeydeki (**N**) Moskova, Katolik Kilisesinin merkezi olan Batıdaki (**W**) Roma ve üç dinin, yani İslâmiyet, Hristiyanlık ve Yahudiliğin en eski ortak merkezi olarak kabul edilen Güneydeki (**S**) Kudüs'ün köşelerinde bulunduğu, Eşmerkezli ve Ağırlık Merkezinin İstanbul'u işaret ettiği kırmızı renkli bir eşkenar üçgenden ('**G**' ile gösterilen üçgen) meydana gelen hattın tam ağırlık merkezinde bulunduğu görülür. Yani İstanbul, tam olarak "**G**" ile gösterilen Ağırlık Merkezine, kesik kırmızı renkli Kenarortay Çizgisinin üçte birlik bir bölümlenmesine denk gelir.

Ayrıca kırmızı eşkenar üçgene dikkat edilirse, kenarortay

çizgisinin üçte ikilik bölümünün küçük çemberlerin yarıçapına ve İstanbul-Kudüs arası mesafeye eşit olduğu görülür. Dolayısıyla İstanbul'un dıştaki büyük çembere içerden teğet olan dört eş yarıçaplı çemberin (1 ve 2. kırmızı çemberler ile 1. ve 2. mavi çemberler) Teğet-Kesişme noktasında olduğu görülür.

Ayrıca "P" ile gösterilen şeklin aşağısındaki Kırmızı Paralelkenara dikkat edilirse bu Paralelkenar'ın Köşe Noktalarında ve karşılıklı kenarlarında Dört Büyük Ulü-l Azm Peygamber olan **Hz. MUHAMMED** ve **Hz. MUSA**'nın doğdukları yerler olan **MEKKE** (2. sarı nokta) ve **TEB** (4. sarı nokta) Kentleri ile; **Hz. İBRAHİM** ve **Hz. İSA**'nın doğdukları yerler olan **UR** (5. sarı nokta) ve **KUDÜS** (1. pembe nokta) Kentlerinin yer aldığı görülür.

Dolayısıyla şekilden de görüldüğü gibi bu dört nokta ve oluşturdukları Karesel Geometri, **KABE'NİN HAKİKATİNİ** oluşturmaktadır. Yukarıda adı geçen dört büyük peygamberin bu Hakikatle ayrı ayrı ve derecelerine göre pek çok alakaları ve bağlantıları vardır. Fakat biz burada bu Hakikatle ilgili olarak sadece Matematiksel ve Geometrik olan basit bir bağlantıya işaret ettik. Üstten bakıldığında Kabe'nin şeklinin bu Paralelkenarın Karesel biçimine uyması buna bir işarettir.

ONİKİNCİ İŞARET

İKİNCİ KIRMIZI ÇEMBER, Haritadaki şekil dikkatlice incelenirse, İstanbul'u Kudüs'le birleştiren aynı yarıçaplı alttaki çemberin (kesik koyu kırmızı çizgilerle gösterilen alttaki 2. kırmızı çember); Hristiyanlığın merkezi olarak kabul edilen Roma Katolik Kilisesi'nin bulunduğu Roma'nın hemen güneyinde yer alan Vatikan'dan ve Yukarı Mısır'da bulunan, Yahudiliğin en eski merkezi, Yahudiliğin ilk çıktığı yer ve Hz. Musa'nın doğum yeri olan Mısır'ın ve Dendera Tapınağının Güneyinde yer alan Antik dönemdeki Teb (Thebes) kentinden de geçiyor olması oldukça ilginçtir.

ONÜÇÜNCÜ İŞARET

BİRİNCİ MAVİ ÇEMBER, Haritada İstanbul'un, Kudüs'ü merkez alan ve Mekke'den geçen eşmerkezli bir çemberin (kesik mavi çizgilerle gösterilen alttaki 1. mavi çember) üzerinde yer aldığı ve dıştaki büyük çembere Teğet-Merkez olmak üzere Nısf-i Kutr olarak, çapın diğer ucunda yer alan Mekke'nin tam karşısında yer aldığı görülür.

ONDÖRDÜNCÜ İŞARET

İKİNCİ MAVİ ÇEMBER, Haritadaki bir diğer önemli nokta da, koyu yeşil renkli büyük çember (1. yeşil çember) dikkate alındığında, İstanbul ve Kudüs'ten geçen üstteki kesikli mavi renkli çizgilerle gösterilen çembere (2. mavi çember) ve İstanbul-Horasan arasındaki mesafeyi yarıçap olarak kabul eden yeşil renkli büyük çemberin karşılıklı iki uçlarına dikkat edilirse büyük çembere Teğet-Merkez olmak üzere Nısf-i Kutr olarak, çapın diğer ucunda yer alan Horasan'ın tam karşısında Endülüs'ün bulunduğu görülür. Yani, Hz. İsa'nın ikinci kez ortaya çıkacağı bölge olan İspanya'nın Batısında bulunan Endülüs'ün; Hz. Mehdi'nin son kez ortaya çıkacağı yer olan Afganistan'ın Batısındaki Horasan'ın tam karşısında yer aldığı görülür.

Şimdi de Âhir zamana yönelik bazı Sahih Hadislerin ışığında Hz. Mehdi'nin zuhuru, yani ortaya çıkışının diğer önemli işaretlerini, dünyadaki son 30 yılda meydana gelen önemli gelişmelerin bu hadislere göre yorumlanmasıyla birlikte daha detaylı bir şekilde inceleyerek MEHDİ konusunu noktalayalım:

Başta Rasûl-i Ekrem (A.S.M.) olmak üzere bütün peygamberlerin (A.S.) ümmetlerini korkuttukları, büyük Deccal ve Süfyaniyet fitnelerinin zuhur ettiği ve Ye'cûc ve Me'cûc'un âlemi fesada ve ifsada vermesinin işaretlerinin ortaya çıkmaya başladığı bir zaman içinde bulunuyoruz. İşte insanlık tarihinin bu en büyük fitnelerinin zuhur etmeye başladığı ve içinde bulunduğumuz bu âhirzamanda, elbette çok büyük tehlikelere ve felaketlere maruz ve müptela olmakla beraber, aynı zamanda âlemi ıslah edecek, insanları karanlıklardan nura çıkaracak olan Hz. Mehdi ve Hz. İsa (A.S.)'ın da zuhur zamanının yakın olması sebebiyle, yine bir o kadar müjdeli ve saadetli bir döneme girmekteyiz. İşte bu dönemin başlangıcının en önemli işaretçisi olan Hz. Mehdi'nin Zuhuru, yani ortaya çıkışının zamanı da, tarihin birçok dönemlerinde tartışılmıştır. Bu kısımda bu konuya işaret eden en önemli Hadisleri ve Rivâyetleri yorumlamaya çalışarak, konuyu bir kez daha ve son kez zihnimizde toparlamaya çalışacağız ve âhir zamanda gelişen önemli olaylara bu hadislerin penceresinden bakarak, içinde bulunduğumuz zamanın şartlarını bu hadislere göre değerlendireceğiz.

Bilindiği gibi, Mehdîlik âhirzamanda gelişecek öyle bir hidayet cereyanıdır ki, bu cereyanın Üç Mümessili (Mehdilik fikrinin taşıyıcı öncüsü) vardır. Fakat ortak olarak bu üç mümessilin her birine de Mehdî denilmiştir, şöyle ki:

Birinci Mehdî; Hakâik-ı imaniyenin (İman hakikatlerinin) mehdîsidir. Birinci Mehdî'nin yapmış olduğu bu vazife, diğer iki Mehdî'nin vazifelerine nisbeten çok daha ehemmiyetlidir. Çünkü bu birinci Mehdi, iman-ı tahkikînin esasını teşkil eden derin imanî meselelere değinerek, bu önemli felsefî meselelere çözüm getirerek, dinde büyük bir tecdid yapmaktadır. Bu Mehdî'nin vazife-i maneviyesi takriben 100 sene devam edecektir. Bazı kuvvetli gaybî işaretlere ve sahih hadislere göre, bu Birinci Mehdi, gelmiş ve vazifesini tamamlayarak gitmiştir.

İkinci Mehdî ise; Âlem-i İslâmı zulümattan nura çıkaracak ve Âlem-i İslâmın ittihadını (İslâm Birliğini) temin ederek, şeâir-i İslâmiyeyi (İslâm Şeriatını) ve ahkâm-ı Kur'aniyeyi (Kur'ân'ın değişmeyen hükümlerini) bütün Âlem-i İslâmda tatbik edecek olan zattır. Hazret-i İsa (A.S.), bu ikinci Mehdî'nin hakimiyetinin son zamanlarında nuzul edecektir. Bu Mehdî'nin hakimiyeti ise takriben 45 senedir. Bazı kuvvetli gaybî işaretlere ve sahih hadislere göre, bu İkinci Mehdi de hicrî 1400'lü yılların başında gelmiş, tecdid hareketine başlamış, fakat henüz vazifesini tamamlamamıştır.

Üçüncü Mehdî ise; Hazret-i İsa (A.S.) ile birleşerek Âlem-i Nasrâniyeti (Hristiyan dünyasını) de arkasına alarak ahkâm-ı Kur'aniyeyi ve şeâir-i İslâmiyeyi bütün dünyaya hakim edecektir. Bu zatın hakimiyeti de takriben 40 senedir. Bazı kuvvetli gaybî işaretlere ve sahih hadislere göre bu Üçüncü Mehdi henüz gelmemiştir, fakat Hz. İsa'nın ikinci gelişine denk gelen önümüzdeki 20-30 yıl içerisinde, yani hicrî 1450'li yıllarda gelmesi beklenmektedir.

Ahirzamandaki Mehdiyet cereyanı bu üç zata da şamildir, yani üçüyle de alakalıdır. Yalnız "Mehdî-yi Âhirzaman" denildiğinde, ikinci Mehdî kasdedilmektedir. Bu ikinci ve üçüncü Mehdî'nin yapacağı vazifeler, her ne kadar efkâr-ı umûmiyede (genel anlamda ve dünya çapında) daha şaşaalı ve büyük görülüyorsa da hakikat noktasında birinci Mehdî'nin yaptığı iman vazifesi daha kıymetli ve ehemmiyetlidir. Bu konu ilmî olarak da sabit olup, özellikle Risale-i Nur'da mehdîliğin üç vazifesinin bulunduğunun izah edildiği mevzularda ve "El Burhan Fî Alamat-i Mehdî-yi Ahirizzaman" ve "El-İşarât Lieşrât-is Saat" isimli kitaplarda, âhirzamanda üç tane Mehdî'nin gelip vazife yapacağı isbat edilmiştir.

Şimdi bu meseleyle ilgili hadislerin işarî ve cifrî manalarının anlaşılması için Üstad Bediüzzaman Said Nursi'nin (R.A.), Risâle-i Nur'da bu hadislerin hazinesinden istihrac ettiği (manasını çıkarttığı) şu işaretleri dikkatli bir şekilde inceleyelim, şöyle ki:

"Sure-i Tevbe'de:

يُرِيدُونَ أَنْ يُطْفِئُوا نُورَ اللَّهِ بِأَفْوَاهِهِمْ وَيَأْبَى اللَّهُ إِلَّا أَنْ يُتِمَّ نُورَهُ وَلَوْ كَرِهَ الْكَافِرُونَ

âyetindeki

نُورَ اللَّهِ بِأَفْوَاهِهِمْ وَيَأْبَى اللَّهُ إِلَّا أَنْ يُتِمَّ نُورَهُ

cümlesi, kuvvetli ve letafetli münasebet-i maneviyesiyle beraber şeddeli "lâmlar" birer "lâm" ve şeddeli "mim" asıl kelimeden olduğundan iki "mim" sayılmak cihetiyle **bin üçyüz yirmidört (1324), -miladi 2004- ederek, Avrupa zalimleri devlet-i İslâmiyenin nurunu söndürmek niyetiyle müdhiş bir sû'-i kasd plânı yaptıkları** ve ona karşı Türkiye hamiyetperverleri, hürriyeti yirmidörtte ilânıyla o plânı akîm bırakmağa çalıştıkları halde, maatteessüf altı-yedi sene sonra, harb-i umumî neticesinde yine o sû'-i kasd niyetiyle Sevr Muahedesinde Kur'anın zararına gayet ağır şeraitle kâfirane fikirlerini yine icra etmek olan plânlarını akîm bırakmak için Türk milliyetperverleri cumhuriyeti ilânla mukabeleye çalıştıkları tarihi olan bin üçyüz yirmidörde, tâ otuz dörde, tâ ellidörde tam tamına tevafukla, o herc ü merc içinde Kur'anın nurunu muhafazaya çalışanlar içinde Resail-in Nur müellifi yirmidörtte (1324) ve Resail-in Nur'un mukaddematı otuzdörtte (1334) ve Resail-in Nur'un nuranî cüzleri ve fedakâr şakirdleri ellidörtte (1354) mukabeleye çalışmaları göze çarpıyor. Hattâ hakikat-ı hali bilmeyen bir kısım ehl-i siyaseti telaşa sevkettiler ve bu itfa sû'-i kasdına karşı tenvir vazifesini tam îfa ettiklerinden bu âyetin mana-yı işarîsi cihetinde bir medar-ı nazarı olduklarına kuvvetli bir emaredir. Şimdi İslâmlar içinde Nur-u Kur'ana muhalif haletlerin ekserisi, o sû'-i kasdların ve Sevr Muahedesi gibi gaddarane muahedelerin vahîm neticeleridir. Eğer şeddeli "mim" dahi şeddeli "lâmlar" gibi bir sayılsa; **o vakit bin ikiyüz seksendört (1284) eder. O tarihte Avrupa kâfirleri devlet-i İslâmiyenin nurunu söndürmeğe niyet ederek on sene sonra Rusları tahrik edip Rus'un doksanüç (1293) muharebe-i meş'umesiyle âlem-i İslâmın parlak nuruna muvakkat bir bulut perde ettiler.** Fakat bunda Resail-in Nur şakirdleri yerinde Mevlâna Hâlid'in (K.S.) şakirdleri o bulut zulümatını dağıttıklarından bu âyet bu cihette onların başlarına remzen parmak basıyor. **Şimdi hatıra geldi ki; eğer şeddeli "lâmlar" ve "mim" ikişer sayılsa, bundan bir asır sonra zulümatı dağıtacak zâtlar ise, Hazret-i Mehdi'nin şakirdleri olabilir.** (Haşiye)

Her ne ise.. Bu nurlu âyetin çok nuranî nükteleri var.

القطرة تدل على البحر

sırrıyla kısa kestik..."

{Şualar, 1. Şua-28. Ayet-i Kerime}

(Haşiye) Yani, Hz. Mehdi ve şakirdleri demektir. Nasıl ki;

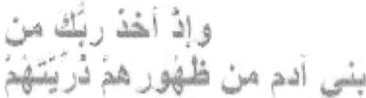

ayetinde "Rabbin, Adem oğullarının sırtlarından zürriyyetlerini çıkardı" derken "Adem oğulları" ifadesi "Adem ve oğulları" manasındadır ve yine ayetlerde "Al-i Fir'avn" dendiğinde Fir'avn ve onun âli anlaşılmaktadır. Öyle de "Hz. Mehdi'nin şakirdleri", yani Mehdi'nin öğrenci olan talebeleri ve cemaati demek de, Hz. Mehdi ve onun şakirdleri manasına gelmektedir. Gerçekten de, 100 senelik aralıklarla, Hz. Halid-i Bağdadi, Bediüzzaman Said-i Nursi ve Hz. Mehdi'nin içinde bulunduğumuz dönemlere gelen önemli manevi mücahedelerinin başlangış tarihlerine ve İslam iyetin yükselişe geçtiği tarihlere baktığımızda müthiş bir tevafuk ve 100 sene aralıkla önemli dini hadiselerde tam bir çakışma meydana geldiği görülür. Örneğin, her üç şahsın da ilmi tahsiline başlamaları, içinde bulundukları hükümetin saltanatına girmeleri ile ilk ve ikinci kez ortaya çıkış tarihleri cifirsel olarak (**Hicri 1190-1293-1396** veya **Miladi 1793-1893-1993** veya **Miladi 1808-1908-2008** veya **Miladi 1811-1911-2011** gibi v.b.) tam bir tevafuk arz eder.

Vesselam..

9. BÖLÜM (Chapter 9)

2000 YILLIK BEKLEYİŞİN PEŞİNDE: HZ. İSA'NIN İKİNCİ GELİŞİ (İ.S. 2036)

Hz. İsa Mesih (İ.S. 36-2036)

Hz. İsa'nın ref'i [gökyüzüne yükseltilmesi] ve nuzulü [Dünyaya ikinci kez gelişi (Hristiyan Literatüründe "*Second Coming*" olarak geçer)] konusunu açıklamaya çalışacağız. Bilindiği gibi Hz. İsa'nın semavî nuzulü, yakın bir zamanda beklenmektedir ve Kıyametin büyük alametlerinden üçüncüsüdür. Çeşitli kaynaklardan araştırılarak elde edilen önemli sonuçları ve ipuçlarını içeren bu inceleme, yüzyıllardır tartışma konusu olan bir meseleye değişik bir bakış açısı getirerek aydınlatmaya çalışmaktadır.

Bilindiği gibi Hz. İsa yahudiler tarafından öldürülmemiş, **Allah (C.C.)** onu, tehlikelerden koruyarak gökyüzüne yükseltmiş ve hakkındaki iftiraların temizlenebilmesi için tekrar dünyaya göndereceğini vaat etmiştir. İsa Aleyhisselam'ın gelip gelmeyeceği ya da ne şekilde geleceği konusunda bir hayli fazla spekülasyonlar yapılmaktadır...

Hz. İsa'nın nuzulünün ne şekilde olacağı konusunda çeşitli teoriler vardır. Bunlardan en bilinenleri aşağıdadır:

I - Hz. İsa ölmüştür ve ikinci bir kez gelmeyecektir.

II- Allah tarafından üçüncü kat göğe yükseltildiği ve serbest bir şekilde bedeni ile burada bulunduğu ve kıyamete yakın bir zamanda Şam'daki Emeviye camiinde bulunan beyaz minareye ineceği.

III- Hz. İsa'nın güneş sisteminde bulunan bir gezegene (*GEZEGEN X*" olarak adlandırılan ve 2012 yılında dünyanın yakınından geçeceği söylenen bir 10. gezegen) gittiği ve kıyamete yakın bir zamanda dünyaya ineceği.

IV- Allah tarafından, kendi katına yakın bir mevkiye (Arş'a yakın bir bölge) ruhu ve bedeniyle yükseltildiği ve kıyamete yakın bir zamanda ruhuna yeni bir cesed giydirilerek ikinci bir anneden tekrar dünyaya gönderileceği.

Makalemizde, yukarıdaki tüm olasılıkları, konunun çok öenmli olması sebebiyle, detaylı bir şekilde tüm bilimsel ve ilmi yönleriyle ve sırasıyla inceleyeceğiz.

Birinci teoriye göre, **Hz. İsa, Yahudiler tarafından çarmıha** gerilerek öldürülmüştür ve ikinci bir kez Dünya'ya gelmeyecektir. **Bu görüşü, Katolik kilisesine ait büyük bir çoğunluk ile İslâmî kesimin yüzde birlik bir kısmı savunmaktadır.**

İkinci teoriye göre ise, çoğu İslâm ve Hristiyan kaynakları tarafından (Özellikle İncil ve Kur'ânda) ve İslâm alimlerinin büyük bir çoğunluğu tarafından savunulmakta olup, bizim de burada ağırlıklı olarak üzerinde duracağımız bir görüştür.

Üçüncü teori ise, ki ilginç bir teoridir, birtakım metafizikçiler ve kıyamet tarikatları; Hz. İsa'nın, Güneş sisteminde bulunan, büyüklüğü jüpiterin birkaç katı olan ve batılıların **"Gezegen X"** veya **"Marduk"** olarak adlandırdığı bir onuncu gezegende olduğu varsayımına dayanarak, yani gökyüzüne Allah tarafından ref'edildiğinde bu gezegene gittiğini varsayarak; bu gezegenin **"21 Aralık 2012"** tarihindeki dünyanın yakınından geçişi sırasında, dünyaya yörüngesinin teğet olduğu en yakın noktada –ki bu tarihte gezegenin dünyaya en yakın noktasının bazı astronomların yaptıkları hesaplamalara göre, Türkiye'nin Ege bölgesi civarında bulunan Efes Antik kenti ve dünyaca ünlü Meryem Ana manastırı yakınlarındaki **"Şirince Köyü"** olduğu iddia edilmektedir– tekrar dünyaya ineceğini savunmaktadırlar. Oldukça ütopik olan bu görüşün destekçisi çok az olduğu için bu teorinin de detaylarına girmemekle birlikte, bu bölümün sonunda bu teoriyi ülkemizin de içinde bulunduğu bir bölgeyi ilgilendirdiği için kısaca inceleyeceğiz.

Dördüncü teoriye göre ise, bu konuyu işleyen bazı Hristiyan kaynaklarına ve tapınak şövalyelerinin devamı olan **"Sion"** tarikatını yöneten bir gruba göre Hz. İsa'nın soyu devam etmektedir (Özellikle ünlü ressam *Leonardo Da Vinci*'ye ait bazı resimlerin ve Dan Brown'ın **"Da Vinci Şifresi"** isimli kitabının da ilham kaynağıdır) ve kıyamete yakın bir zamanda ikinci bir anneden yeniden dünyaya gelecektir. Bununla ilgili çeşitli ipuçlarını da kitabımızın ilerleyen bölümünde detaylı olarak inceleyeceğiz.

İlk teori, Hristiyan ve İslâmî kaynakların azınlık kısmını oluşturduğu için, biz burada sırasıyla ikinci, üçüncü ve dördüncü teoriyi inceleyeceğiz. Fakat burada altını çizerek tekrar söylemeliyiz ki, açıklamaya çalıştığımız görüşler sadece bir teoridir.

İNCİL'DE HZ. İSA'NIN GÖĞE YÜKSELTİLMESİ

Bugün birçok tarih araştırmacısının tahminine göre, Romalı lejyonerler Samiriye kentini yağmalarken, birkaç kilometre yakınındaki Nasıra köyünde bulunan Hz. Meryem hamiledir ve Nasıralı İsa birkaç aylıktır.

Roma İmparatoru vergilerin belirlenmesini emredip bunun için her ailenin nüfusa bağlı olduğu yere gitmesi gerektiğinden, Hz. İsa ile Hz. Meryem yurtları Nasıradan Beytüllahim'e doğru yola çıkarlar. Ve bu sırada doğum gerçekleşir. Tarihçiler birçok antik kaynaktan, **MS 6** yılında vergilerin belirlenmesinin gerçekten emredildiğini biliyorlar. Dolayısıyla Hz. İsa'nın bu tarihte doğmuş olma olasılığı yüksektir.

Hz. İsa'nın ilk vaazını verdiği sırada 30 yaşlarında olduğu ve halk arasındaki faaliyetinin en az bir yıl sürdüğü düşünülürse tahminen **MS 36** civarında göğe yükseltilmiştir. Çünkü onu yakalama emrini verdiren vali Pontius Pilatus, 36 yılında Roma'ya geri çağrılır. ***BARNABAS İNCİLİ***'ndeki aşağıdaki üç pasajda konuya şöyle değinilmektedir:

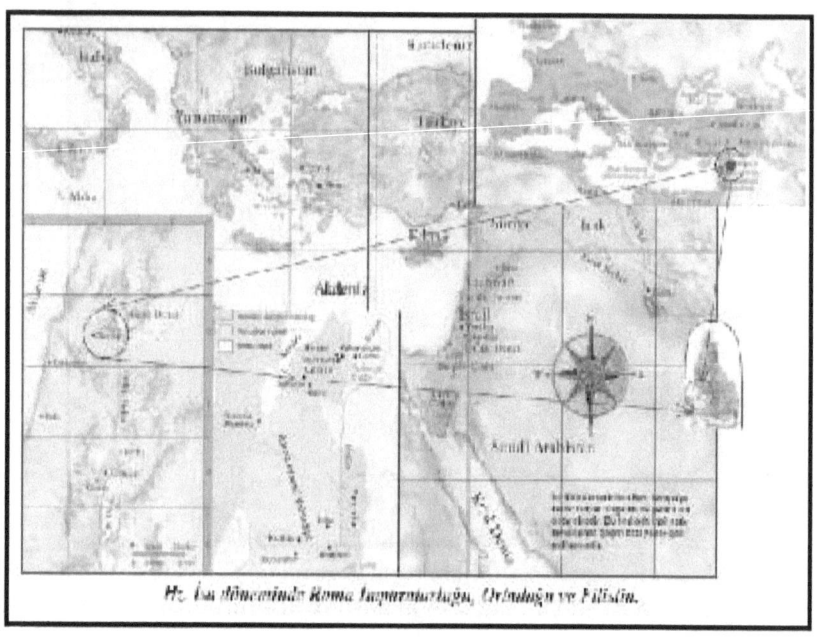

Hz. İsa'nın yaşadığı dönemde Celile Bölgesi, Ortadoğu ve Filistin.

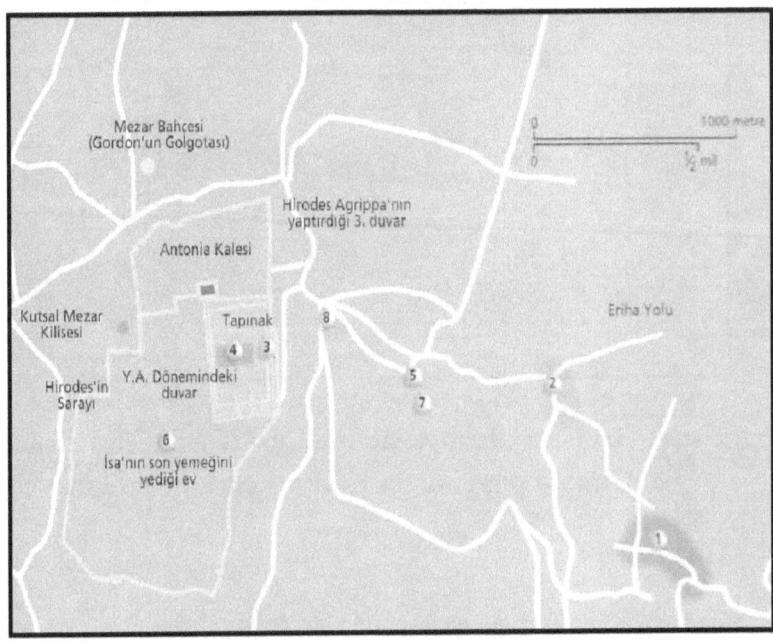

Üstte: Hz. İsa'ya hediye sunmak üzere gelen üç bilge kral
ve Altta: O dönemdeki Kudüs kentinin krokisi.

214.

"İsa evden çıkıp, ibadet etme adeti üzere yüz kez dizlerini büküp, secdeye vararak ibadet (Namaz) etmek için bahçeye çekildi. Bu sırada, İsa'nın şakirtleriyle birlikte bulunduğu yeri bilen YAHUDA (On iki Havariden biri) başkahine vardı ve dedi:

<<Bana vaad olunanı verirseniz, bu gece aradığınız İsa'yı elinize vereceğim; çünkü o onbir ashabıyla birlikte yalnızcadır.>>

Başkahin karşılık verdi: <<Ne kadar istersin ?>>

Yahuda dedi: <<Otuz altın.>>

O zaman, başkahin hemen kendisine parayı saydı ve asker getirmesi için vali ve Herodes'e bir Ferisî gönderdi ve bir lejyon asker verdiler çünkü halktan korkuyorlardı; bu nedenle, silahlarını alarak değnekler üzerindeki meş'ale ve fenerlerle Kudüs'ten çıktılar.

215.

Askerler Yahudayla birlikte İsa'nın bulunduğu yere yaklaştıklarında, İsa çok sayıda kişinin yaklaştıklarını işitip korkuyla eve geri çekildi. Ve onbir Havari uyumakta idiler.

O zaman kuluna gelen tehlikeyi gören Allah, Elçileri Cebrail, Mikail, İsrafil ve Uriel'e İsa'yı dünyadan almalarını emretti.

Kutsal melekler gelip İsa'yı güneye bakan pencereden çıkardılar. Onu götürüp Üçüncü göğe, daima Allahı tesbih ve takdis etmekte olan meleklerin yanına bıraktılar.

216.

Yahuda herkesin önünden hızlı hızlı İsa'nın yukarı alındığı odaya daldı. Ve, şakirtler uyuyorlardı. Bunun üzerine, mucizeler yaratan Allah yeni bir mucize daha yarattı. Öyle ki, Yahuda konuşma ve yüz bakımından İsa'ya o şekilde benzetildi ki,

O'nun İsa olduğuna inandık. Ve, o bizi uyandırdı. Muallim'in bulunduğu yeri arıyordu.

Bunun üzerine, biz hayret ettik ve cevap verdik: <<Sen Rab, bizim Muallimimizsin; bizi unuttun mu?>>

O, gülümseyerek şöyle dedi: <<Şimdi benim Yahuda İskariyot olduğumu bilmeyecek kadar budalalaştınız mı!>>

Ve O bunu derken askerler girdiler, ellerini Yahuda'nın üzerine koydular, Çünkü O her bakımdan İsa'ya benziyordu. Biz Yahudanın dediklerini duyup, yığınla askeri de görünce delirmiş gibi kaçtık. Ve keten beze dolanmış olan Yuhanna da uyanıp kaçtı ve askerin biri kendisini keten bezden yakalayınca, keten bezi bırakıp çıplak olarak kaçtı. Çünkü Allah, İsa'nın duasını duymuş ve onbir Havariyi şerden korumuştu."

KUR'ÂN ÂYETLERİ IŞIĞINDA HZ. İSA'NIN NUZULÜ

Hz. İsa'nın gökten inmesini birçok ayet haber veriyor, fakat bunların en belirgini aşağıdaki iki ayettir.

BİRİNCİSİ

بِسْمِ اللهِ الرَّحْمٰنِ الرَّحِيمِ

وَإِنَّهُ لَعِلْمٌ لِلسَّاعَةِ فَلَا تَمْتَرُنَّ بِهَا وَاتَّبِعُونِ هَذَا صِرَاطٌ مُسْتَقِيمٌ

◇ "Şüphesiz ki O (İsa), Kıyamet için (onun yaklaştığını

gösteren) bir bilgidir. Sakın onda şüpheye düşmeyin ve bana uyun, çünkü bu (yol) dost doğru bir yoldur."

{Zuhruf, 61}

Âyeti ahir zamanda Hz. İsa'nın tekrar dünyaya döneceğini haber vermektedir. Onun için Hz. İsa'nın nuzulü kıyametin büyük alametlerinden biridir. Hz. İsa'nın, kıyamet için bir bilgi olduğunu bildirerek Hz. İsa'nın nuzulünün tarihini makam-ı cifrisi **hicrî 1456**, veya **miladî 2036** olarak vermektedir. **Muhiddinî Arabî**'nin beyitlerindeki cifrî hesaplamalardan, bu tarihten bir sene sonra yani Hz. İsa'nın nuzulünden bir sene sonra **miladî 2037** tarihinde de **Deccal** 'in ortaya çıkıp hazırlık yapmaya başlayacağı sonucu çıkmaktadır.

Hz. İsa'nın nuzulü ve Deccalin ortaya çıkışı birbirini takip eden yıllarda gerçekleşecek ve Hz. İsa, nuzülünden hemen sonra Deccal ile mücadelesine başlayacaktır. Hz. İsa, nuzulü esnasında 33 yaşında olacak; Deccal ise, ortaya çıktığında 40 yaşlarında olacaktır. Ayrıca bu beyitlerdeki cifrî hesaplamalara göre, **miladî 2052** tarihinde ortaya çıkacak olan ve şu anda doğu tarafındaki bir yeraltı uygarlığında ("*Agartha Uygarlığı*" olarak da bilinir) bulunan insan ırkından türeme yarı insan yarı hayvan özelliği taşıyan bir kavim olan **ye'cüc** ve **me'cüc**'ün, kıyametin iyice yaklaştığı bir döneme doğru Hz. İsa tarafından öldürüleceği hadislerle sabittir.

Bu olay; Hz. İsa'nın nuzulünün son dönemlerinde meydana gelecek ve bundan sonra Dünya daha da bozulup, materyalist maddeci dünya görüşüne iyice kapılan insanlık; iyice kötüye gidecek ve Deccal'ın da kışkırtmasıyla bir nevî uluhiyet (tanrılık) iddiasında bulunacak bir noktaya (makineleşme ve teknolojinin de çok ilerlemesiyle) gelecektir.

NOT:

Nakledilir ki, Hz. İsa yeryüzünden ayrılmadan önce *"İki bin sene sonra tekrar aranıza döneceğim!"* demiştir. Hz. İsa'nın göğe alındığı yıl olan M.S. 36 tarihine 2000 eklersek **M.S. 2036** yılını elde ederiz.

Böylece, M.S. 2036 olarak Hz. İsa'nın göğe alındığı yıla bu elde ettiğimiz sonucu eklediğimizde kesin olarak Hz. İsa'nın ikinci geliş tarihini elde etmiş oluruz.

İKİNCİSİ

◇ Nisa suresinin aşağıdaki üç ayetidir:

بِسْمِ اللَّهِ الرَّحْمَنِ الرَّحِيمِ

وَقَوْلِهِمْ إِنَّا قَتَلْنَا الْمَسِيحَ عِيسَى ابْنَ مَرْيَمَ رَسُولَ اللَّهِ وَمَا قَتَلُوهُ وَمَا صَلَبُوهُ وَلَكِن شُبِّهَ لَهُمْ وَإِنَّ الَّذِينَ اخْتَلَفُواْ فِيهِ لَفِي شَكٍّ مِّنْهُ مَا لَهُم بِهِ مِنْ عِلْمٍ إِلاَّ اتِّبَاعَ الظَّنِّ وَمَا قَتَلُوهُ يَقِينًا {157}

بَل رَّفَعَهُ اللَّهُ إِلَيْهِ وَكَانَ اللَّهُ عَزِيزًا حَكِيمًا {158}

وَإِن مِّنْ أَهْلِ الْكِتَابِ إِلاَّ لَيُؤْمِنَنَّ بِهِ قَبْلَ مَوْتِهِ وَيَوْمَ الْقِيَامَةِ يَكُونُ عَلَيْهِمْ شَهِيدًا {159}

157. **"Ve "Biz, Allah'ın Rasulü Meryem oğlu Mesih İsa'yı gerçekten öldürdük."** demeleri nedeniyle de (onlara böyle bir

ceza verdik.). Oysa onu <u>öldürmediler</u> ve onu <u>asmadılar</u>. Ama onlara (bir) <u>benzeri</u> gösterildi. Gerçekten onun hakkında anlaşmazlığa düşenler, kesin bir şüphe içindedirler. Onların zanna uymaktan başka buna ilişkin hiçbir bilgileri yoktur. Onu kesin olarak öldürmediler. "

158. "Hayır; Allah onu <u>kendine yükseltti</u>. Allah üstün ve güçlüdür, hüküm ve hikmet sahibidir."

159. "Ehl-i kitaptan her biri, <u>ölümünden önce</u> ona muhakkak iman edecektir. Kıyamet gününde de o onlara şahit olacaktır."

Bu ayetler Hz. İsa'nın Mehdi ile birleşip bütün kitap ehlini imana davet edeceği tarihi de cifr hesabıyla veriyor. Nisa suresinin 159. ayeti cifr hesabıyla **Hicri 1458** veya **Miladi 2038** tarihini veriyor. Allah, peygamberi İsa'yı yahudilerden korumuş, öldürmelerine de mani olmuştur. Bu kesindir. Kendilerine O'nun bir benzeri olan Yahuda gösterilmiştir. O'nu kendi katına yükselttiği de şüphesizdir. Ancak bunun şekli ve zamanı üzerinde farklı açıklamalar ve anlayışlar vardır. Çoğunluğa göre Allah onu, kudretiyle manevi semalardaki hususi mevkiine kaldırmış ve kıyametten önce tekrar dünyaya gönderecektir. O zaman ehl-i kitap onun peygamber olduğuna, ölümünden önce inanacak ve batıl inançlarından kurtulacaklardır. Hz. İsa, dünyada kaldığı müddetçe Kur'an ile hükmedecek, haç, domuz v.b. ile ilgili batıl uygulamalara ve mevcut Katolik Kilisesine son verecektir.

Şimdi Hz İsa'nın nuzulü üzerinde ve ne şekilde olacağı üzerinde Kur'ân'daki şu âyeti incelersek;

بِسْمِ اللهِ الرَّحْمَنِ الرَّحِيمِ
لَنْ يَسْتَنْكِفَ الْمَسِيحُ أَنْ يَكُونَ عَبْدًا لِلَّهِ وَلَا الْمَلَائِكَةُ الْمُقَرَّبُونَ

"Ne Mesih ne de yakınlaştırılmış melekler Allah'a kul olmaktan asla geri durmazlar."

{Nisa, 172}

Mukarrebîn Melekleri, yani Allah'a makam olarak daha yakın meleklerle Hz. İsa'nın ubudiyet noktasında aynı seviyede ve aynı cümlede zikredilmeleri Hz. İsa'nın gökyüzüne yükseldiği makamın Âhiretin yüksek bir yeri olması gerektiği sonucuna ulaşılır ve bu hususiyetle **nuzul** (inmek) fiilinin arapça zıt anlamlısı olan **refe'a** (yükselmek) fiilinin, Nisa, 158'deki "**Bel** refe'ahullahu ileyhi" (*"O'nu kendine yükseltti."*) şeklinde bir zamirle kullanılması gösteriyor ki Allah, Hz. İsa'yı kendine yakın bir gökyüzü katına (mukarreb) bir makama yükseltmiştir. Dolayısıyla nuzulü esnasında da kendisinin hakiki İsa (A.S.) olduğunu çoğu insan bilemeyecektir. Çoğu insanın bilemeyeceği bir şekilde zuhur etmesi de tanıdığı ve muhatap olduğu çok fazla insan olmayacağını göstermektedir. Ve bütün bunlar da, Hz. İsa'nın Deccal ile mücadelesini gizli bir şekilde yürüteceğini ve etkili olmasını da bu gizliliğin sağlayacağını göstermektedir.

NOT:

Hz. İSA'nın nereye ineceği konusunda yakın bir zamanda ortaya çıkarılan bazı ipuçlarına göre, Hz. İSA'ya ait olduğu düşünülen çarmıha gerilmesi esnasında kullanılan çivilerle çarmıha ait bir tahta parçası ve son yemeğinde kullandığı kutsal kâse gibi bazı kutsal emanetlerin; 3. Yüzyıldaki **Bizans** İmparatoru tarafından İstanbul'a getirildiği ve **Çemberlitaş** semtinde bulunan **Yılanlı Sütun**'un altındaki gizli bir odaya gömüldüğü iddia edilmektedir. Fatih Sultan Mehmet İstanbul'u fethettiğinde bu odaya ulaşmış fakat emanetlere dokunulmadan aynen muhafaza edilmesini emretmiştir. Ve bugüne kadar da bu gizli odaya ulaşılamamıştır. Tüm bunlardan çıkaracağımız sonuç ise şudur: Nasıl ki Hz. Mehdi, Peygamberimize ait kutsal emanetlerin bulunduğu yerden çıkacaksa; Hz. İSA da kendine ait bu kutsal emanetlerin bulunduğu yere inecektir. Yani Hz. İsa'nın nuzulünün **İSTANBUL**'da gerçekleşeceği sonucu çıkmaktadır. Ayrıca Bediüzzaman Said Nursi Hz.'leri de bu konu ile ilgili Risale-i Nur'da tafsilatlı ve son derece ilginç açıklamalar yapmıştır. İşte, bunlardan en dikkat çeken ikisi aşağıdadır.

BİRİNCİSİ

"Hatta Hazret-i İsa Aleyhisselam'ın nuzulü (inişi) dahi ve kendisi İsa Aleyhisselam olduğu, nur-u imanın dikkatiyle bilinir, herkes bilemez."

{Şuâlar, 5.Şuâ}

Burada Bediüzzaman Hazretleri Hz. İsa'nın <u>nuzulünün ve tanınmasının dikkatli bir inceleme</u> sonucunda bilinebileceğini ısrarla vurgulamaktadır. Ve herkesin bunu anlayamayacağını ifade etmektedir.

İKİNCİSİ

"Hakim-i Zülcelal, Hz. İsa (a.s.)'ı, İsa dinine ait en mühim bir hüsn-ü hatimesi için (iyi bir sonuç) için, <u>değil sema-i dünyada cesediyle bulunan ve hayatta olan Hz. İsa, belki alem-i Ahiretin en uzak köşesine gitseydi ve hakikaten ölseydi, yine şöyle bir netice-i azime (büyük bir sonuç) için ona yeniden cesed giydirip dünyaya göndermek, o hakimin hikmetinden uzak değil...</u>" Belki onu hikmeti öyle iktiza ettiği için va'detmiş ve va'dettiği için elbette gönderecek.

{Mektubat, 15. mektup}

Burada ise Bediüzzaman Hz. İsa'nın, Ahiretin uzak bir köşesinde cesediyle birlikte bulunmasından ve tekrar dünyaya gönderilmesinin hikmetten uzak olmadığından bahsetmekte ve bunun Allah'ın bir vaadi olduğunu ifade etmektedir. Bütün bunlar da, kitabımız boyunca ele aldığımız ve doğruluğunu savunduğumuz ikinci teoriyi destekler niteliktedir.

Gelelim üçüncü teoriye:

GERÇEK: 1983 yılında Marduk gezegeni, ilk kez "Gezegen X" ismiyle uzayda Pluton gezegeninin ötesinde keşfedildi, fotoğrafları şekildi. Buna göre, Marduk hızla dünyaya yaklaşmaktaydı ve koyu kırmızı renkliydi. Yani, Alizarin veya şarap kırmızısı. İlginçtir ki, İncil'e göre bu renk Hz. İsa'nın da sembolik rengidir!

Güneş sisteminde bulunan ve tam olarak gözlemlenemeyen üç gezegen daha vardır: Marduk, Ehlara ve Polinicus. Kur'an'da göğün 12 burcundan "GÜNEŞİN MENZİLLERİ" olarak ve hatta Risale-i Nur'da bile 12 gezegenin varlığından bahsedilir. Dolayısıyla, Güneş sisteminde tesbit edilemeyen 3 gezegen daha vardır.

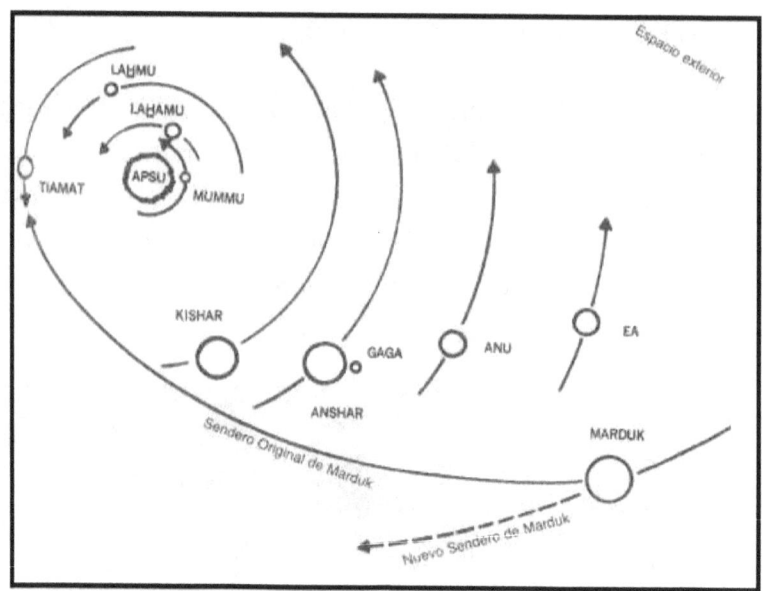

Mezopotamya uygarlıklarına göre Marduk Gezegeni ve Yörüngesi. Antik Mezopotamya uygarlıkları teleskop olmamasına rağmen güneş sistemindeki bu gezegenleri nasıl tasvir edebilmişlerdi. Bu günümüz için hala bir muamma olmakla birlikte, bazı antik tarihöncesi kaynaklarda, bu uygarlıklardan gelen bazı varlıkların olabileceği ve bu verilerin onlardan elde edildiği üzerinde durulur.

ANADOLU'NUN ÜCRA BİR KÖŞESİNDEKİ KÜÇÜK BİR KÖYÜN 2000 YILLIK GİZEMLİ SIRRI: ŞİRİNCE KÖYÜNÜN VE MERYEM ANA EVİ ile ASHAB-I KEHF MAĞARASI'NIN TARİHÇESİ

Kiliseleri, yüzlerce yıllık evleri, dar sokakları, bağları, zeytinlikleri, 2012'de Hz. İsa'yı ağırlayacağına dair söylenceleriyle Şirince, Ege'nin tarihi kadar zengin bir cennet parçasıdır.

- **Köyünüz nerede?**
- Dağlar arasında.
- **Nasıl bir yer?**
- Çirkince!...

Gel zaman git zaman Şirince olmuş köyün adı. İzmir valilerinden Kazım Dirik Paşa yukarıdaki diyalogda geçtiği gibi, bu şirin köye Çirkince adını yakıştıramamış; toplamış köylüleri. "**Köyünüz pek şirin**" demiş; "**Adı da Şirince olsun.**"

Öyle de olmuş! Toprağının bereketiyle, hala yaşayan ve yaşanan Rum dönemi evleriyle, bağlar, meyve ağaçları, şarabı, daracık sokakları kadar Hz. Meryem'in gömütünün burada bulunduğu söylencesiyle de bilinen Şirince'ye her gelişinizde ilk seferinde duyduğunuz heyecanı yine hissedersiniz. Doğanın yaşama sunduğu güzellik eski dönem insanlarından size ulaşmış mirasla buluşturup 2000 yıllık geçmişi günümüzle buluşturup, tarihi dokuyu daha da zengin kılıyor.

1924'te mübadele sonrasında Şirince'den göçle ayrılan Rumlar'ın yerini Kavala. Selanik ve Provusta'dan gelen Türkler almış. Bugün yaşları 200'e yakın yaklaşık 185 evden oluşan ve 1986'da sit alanı ilan edilen Şirince'nin çevresi de 1997'den bu yana koruma altında. Birbirinden şirin Şirince Evleri kagir, çok pencereli, balkonlu ve genelde iki katlı. Kimi evlerin saçaklarında ve pencere pervazlarındaki motifler halen duruyor. Aynen, 2000 yıl önceki Roma evleri gibi.

Şirince'ye, zeytinliklerle, bağlarla, meyve ağaçlarıyla kaplı dağların arasında kıvrılarak yükselen asfalt bir yoldan ulaşıyorsunuz. Araçtan indiğinizde ayak bastığınız topraklar, çocukluğunu buralarda geçirmiş Yunan yazar **Dido Sotiriyu**'nun "**Benden Selam Söyle Anadolu'ya**" adlı romanında, **Sabahattin Ali**'nin "**Sırça Köşk**" adlı eserinde bahsettikleri yerdir. Şirinceliler'in davetkar çağrılarına "**hayır**" demek zor ama önce ara sokaklara dalıp dolaşmak gerek. Bu gezi esnasında unuttuğunuz bahçe çiçekleriyle yeniden buluşmanın tadını duyumsamalısınız. İki dere vadisinin iki yanındaki eğri-büğrü, inişli-çıkışlı parsellere oturtulmuş 185 evin aralarına ve çarşı yöresine pansiyonlar, dükkanlar, elişi tezgahları serpiştirilmiş.

Şirince duygu yüklü bir köy. Şirince için üretilmiş söylenceler yıllar öncesinden süzülerek bugüne kadar ulaşmış; Şirince'de yaşamış insanlar romanlara konu olmuş; Şirince üzerine öyküler yazılmış. Eski kaynaklarda "**Dağdaki Efes**" tanımlamasıyla anılan Şirince Köyü'nün birbirinden ilginç mimari örnekleri sunan evleri arasına sıkışmış daracık sokaklarında yürürken bir "**Antik nostalji krizi**"ne tutulduğunuzu neden sonra anlar; çoğu yıkılmaya yüz tutmuş bu güzelim evlere bakarak iç geçirirsiniz. Şirince'deki iki kiliseden Aziz Yohannes'e ithaf edileni Efes Müzesi önderliğinde Amerikalı bir vakıf tarafından restore edilmiş. Köyün girişinde Aziz Demetrius'un adını taşıyan kilise ise harap durumda ve ilgililerin ilgisizliğine yenik düşmek üzere. Şirince'de hemen her şey eskiyi anımsatıyor. Antik dönemlerde ölü küllerini koymak için kullanılan taş ya da mermer ostoteklerin çeşme yalağı ya da bir binanın balkonunda çiçek saksısı olarak kullanıldığını görüyorsunuz.

Şirince adı ile ilk anımsananlardan biri de meyve şarapları. Şeftali, kayısı, mandalina, karadur, vişne, ahududu, kavun, elma, çilek, ayva, nar ve kivi sokak tezgahlarında ya da dükkan raflarında sergilenen şarap türlerinden bizim sayabildiklerimiz. Şirince'ye yapacağınız bir gezide, çarpıcı bir şekilde denizden sadece 5 km uzakta olan **Selçuk** başta olmak üzere **Efes, Meryem ana manastırı, Priene (Güllübahçe), Milet, Klaros** antik kentleri ile hatta çok ilginçtir ki, **Ashab-ı Kehf (Yedi Uyuyanlar Mağarası)**'nın da yine aynı bölgede olduğunu görürsünüz. Yine bazı rivayetlere göre, Hz. İsa'nın annesi olan Hz. Meryem'in Hz. İsa göğe alındıktan bir süre sonra kalan ömrünü inzivada geçirmek üzere, Şirince Köyü yakınlarındaki Zümrüt dağının tepesinde kurulu olan bir evde yaşadığına inanılır. Hz. İsa'nın havarilerinden birisi olan Thomas'ın da buraya yakın bir bölgede, **Didim**'de (Eski adıyla "**Didymos**") yaşaması bu tezi kuvvetlendirmektedir. Dolayısıyla, ahir zamanı ilgilendiren yukarıda sayılan tüm kutsal beldelerin bu aynı bölgede olması, yani Hz. İsa, Hz. Mehdi ve Ashab-ı Kehf'in burada buluşmaları yönündeki bu üçüncü teoriyi güçlendirmekte ve gerçekçi bir yapı kazandırmaktadır. Peki, neden? diyeceksiniz.

İlginçtir ki, birçok hadiste Hz. İsa ve Hz. Mehdi buluştuktan sonra Ashab-ı Kehf gençlerinin de uykularından uyanarak birlikte mücadele edecekleri vurgulanmıştır. Söz konusu bu bölge ise, hem Hz. İsa'nın annesi Hz. Meryem'in hatıralarının bulunması ve hem de tüm dünyaca kabul edilen Hristiyan ve Müslüman kaynaklarının ortak görüşlere göre, Ashab-ı Kehf mağarasının yine bu bölgede bulunması bu tezi daha da kuvvetlendirmektedir. Olayın hikayesi şöyledir ki:

Hemen hemen tüm Hıristiyan kaynaklar, gençlerin sığındıkları mağaranın bulunduğu yer olarak Efes'i gösterirler. Bazı Müslüman araştırmacı ve Kur'an yorumcuları da Efes konusunda Hıristiyanlarla hem fikirdirler. Bazıları da bölgenin Efes olmadığını uzun uzadıya açıkladıktan sonra, olayın geçtiği yerin Tarsus veya başka yerlerdeki mağaralar (yaklaşık 33 ayrı yerdeki mağaralar) olduğunu ispatlamaya çalışmışlardır. Fakat biz bu çalışmada gerçek yerin o günkü roma imparatorluğunun büyük bir metropolü olan Efes olduğu ihtimali üzerinde duracağız. Tüm bu araştırmacı ve yorumcular -Hıristiyanlar da dahil- olayın Roma İmparatoru Hadrianus (başka bir ismiyle Hadriyan) zamanında, yani MS 138 civarında geçtiğini belirtirler. O dönemdeki Efes valisi ise, Diocletianus (başka bir ismiyle Dakyanus'tur).

Hadrianus; Decius ve Neron'la birlikte Hıristiyanlara en çok zulmeden Roma İmparatoru olarak bilinir. İktidarda bulunduğu kısa dönemde, hakimiyeti altında yaşayan herkesin Roma tanrılarına kurban adamalarını zorunlu kılan bir kanun çıkarmıştır. Herkes bu putlara kurban adamakla, dahası bunu yaptıklarını gösteren bir onay belgesi almak ve devlet görevlilerine göstermekle yükümlü tutulmuştur. Karara uymayanlar için de idam cezası uygulanmıştır. Hıristiyan kaynakları bu dönemde Hıristiyanların önemli bir bölümünün "şehirden şehire" kaçarak ya da daha gizli sığınaklara giderek bu putperest ibadetinden kaçındıklarını yazarlar. Ashab-ı Kehf, büyük olasılıkla, bu İsevilerin içinden salih bir gruptur.

Bu arada vurgulanması gereken bir nokta daha vardır: Bazı Hıristiyan ve Müslüman tarihçi ve yorumcular tarafından hikaye tarzında anlatılmış, birçok uydurma ve eklenen rivayetler neticesi efsaneye dönüştürülmüştür. Oysa ki, olay tarihi bir gerçektir.

Ashab-ı Kehf Efes'te mi?

Ashab-ı Kehf'in yaşadığı şehir ve sığındığı mağara konusunda çeşitli kaynaklarda değişik yerler gösterilmektedir. Bunun en büyük sebebi, halkın, bu denli cesur ve yiğit insanların kendi yaşadıkları ortamda olmalarını istemeleri ve bu bölgelerdeki mağaraların birbirine çok benzemesidir. Örneğin, bu yerlerin hemen hepsinde mağaraların üzerine yapıldığı belirtilen birer mabed vardır.

Konuyla ilgili en eski kaynak ise, Suriyeli rahip Saruclu James'e aittir (Doğumu, MS 452). Ünlü tarihçi Gibbon, Roma İmparatorluğu'nun Çöküşü adlı kitabında James'den birçok alıntı yapmıştır. Buna göre, yedi Hıristiyan gence işkence yaparak onları mağaraya sığınmaya zorlayan kralın ismi, İmparator Hadrianus'tur. Hadrianus, Roma İmparatorluğu'nu MS 117-138 yılları arasında yönetmiştir ve onun dönemi Hz. İsa'yı takip edenlere yapılan işkencelerle ünlüdür. Müslüman tefsircilere göre olayın geçtiği yer "Aphesus" veya "Aphesos"tur. Gibbon'a göreyse bu yerin ismi Ephesos, yani (Efes)'tir. Yani Anadolu'nun batı sahilinde, Roma'nın en büyük limanlarından ve en büyük şehirlerinden biri. Bu şehrin harabeleri bugün de Efes Antik Kenti olarak bilinmektedir.

Gençlerin uzun uykularından uyandıkları tarih MS 448 ve o dönemin İmparatorunun adı ise Müslüman araştırmacılara göre Tezusius, Gibbon'a göre ise II. Theodosius'tur (MS 408-450). Bu İmparator, MS 395 yılında Doğu ve Batı olmak üzere ikiye ayrıldıktan sonra, Doğu Roma İmparatorluğu'nun başında; MS 325 yılında İznik konsilinde alınan karardan sonra, yani I. Konstantin'in Hristiyanlığı kabul etmesinden sonra, MS 408-450 yıllarında tahtta bulunuyordu. Gerçekten de Kur'an'da belirtildiği üzere gençler mağarada 309 yıl kaldıklarına göre, MS

138 tarihine 309 yıl eklersek MS 448 yılına ulaşırız ki, elde edilen bu tarih de ayetleri doğrulamaktadır. Örneğin, bu konuya işaret eden, Kehf suresinin 25. ayetini ele alırsak:

"**Oysa, onlar mağaralarında üçyüz yıl kaldılar ve buna dokuz (yıl) daha eklediler (toplam 309 yıl kaldılar)..**"

(Kehf Suresi, 25)

Kehf suresi Kur'an'da 18. suredir. Dolayısıyla;

18 (SURENİN SIRA NUMARASI) x 25 (OLAYA İŞARET EDEN AYET'İN SIRA NUMARASI) = **450**

olarak **MS 450**'li yıllara işaret eder. Ayrıca, bu ayetin cifir değeri ise, ilginç bir şekilde **Miladi 2012**[haşiye2] ve **Miladi 2026** tarihlerini vermektedir.

[haşiye2]Yine ilginçtir ki, sıra numarası 112 olan ve Kur'an'da 2012 yılına veya tam olarak 21-12-2012 tarihine işaret eden tek sure olan İHLAS SURESİ'nin ebced değeri de yaklaşık olarak aynı tarihleri vermektedir. İlginçtir ki, hemen ardından gelen Kur'an'ın son sureleri olan 113. ve 114. sıradaki FELAK ve NAS sureleri de, İNSAN ve CİN ŞEYTANLARI olarak ortaya çıkacak olan ve yine ilginç bir şekilde gelecek olan büyük bir fitneden veya felaketten Allah'ın korumasına sığınmayı konu alan kısa ve kapalı cümleler içerirler. Ayrıca, daha önceki bölümlerden hatırlarsak, Hadislerde Hz. Mehdi'nin bir gecede ıslah edileceği, yani 700 adet manevi ilimlerle donatılacağı ve Kutb-u İrşad mertebesine yükseltileceği bildirilir ki, yine bu gecenin de 21-12-2012 tarihinin gecesi olması ihtimali oldukça kuvvetlidir. Örneğin, Kur'an'da sadece bir tane 21 ayetli sure vardır o da Leyl Suresidir ve ne tesadüf ki? Leyl de Gece demektir. Ayrıca, 21 Aralık kuzey yarım kürede yılın en uzun gecesidir ve ne şaşırtıcıdır ki bu sure dahil olmak üzere 112. Sureye kadar tam 21 sure vardır. Dolayısıyla, bu 21 Aralık 2012 tarihinde daha pek çok iç içe geçmiş şifre bulunmaktadır ve kriptolojisi Mayalara kadar uzanan bu önemli şifreli tarihe, Kur'an'da da birkaç yerde işaret edilmektedir.

İşte şimdi, bu işaretlere ulaşmak için bu cifirsel tarihlendirme yöntemine ilişkin aşağıdaki çizelgeyi takip ederek görelim:

99. sure = 1999 (Zilzal suresi, Deprem ve Doğal Afet sarsıntılarının başlangıç Dönemi)

....

101. sure = 2001 (Karia, Ekonomik ve Askeri sarsıntılar ile birlikte III. Dünya Savaşı'nın çarpışmalarının başlangıç Dönemi)

....

110. sure = 2010

....

112. sure = 2012 (İhlas suresi, Tevhid Döneminin Başlangıcı)

113. sure = 2013 (Felak suresi, Cin Şeytanlarının dünyada fitneyi yaymaya başlaması Dönemi)

114. sure = 2014 (Nas suresi, İnsan Şeytanlarının dünyada fitneyi yaymaya başlaması Dönemi)[haşiye3]

^{haşiye3}7500 yıllık dönemin Sonu, Aydınlanma çağı ve yükselişin, yani ALTINÇAĞ'ın başlangıcı. Bu konuyla ilgili elde ettiğimiz bu tarihsel kronoloji, Hadis rivayetlerindeki 7500 yıllık takvimin sonunda, yani Dünyanın ancak bir günlük ömrü kalmış gibi olduğu insanlığın son zaman diliminde, Hz. Mehdi'nin aktif görevine başlayacağı dönemi bize bildirilmekte ve mükemmel bir şekilde hadisleri doğrulamaktadır..

....

114 x 19 = 2166 (İnsan ve Cin Şeytanlarının Dünyayı tamamen istila etmesi Dönemi) ^{haşiye4}

^{haşiye4}Altınçağın ve 7666 yıllık İNSANLIK TARİHİ'nin sonu ve Zamanın sonunun, yani KIYAMET'in başlangıcı.

Dolayısıyla, İHLAS suresinin bildirdiği cifirsel tarihi hesaplarsak:

112 (SURE NUMARASI) x 4 (AYET SAYISI):

112 x 4 = **448**

yılına yani, **MS 448** olarak ASHABI KEHF'İN UYANDIĞI YIL'a, yani TEVHİD DÖNEMİ'nin batıl ve putperest dinler üzerine galip gelmeye başladığı dönemin başlangıcına tam tevafuk ederek işaret ettiğini görürüz. Aynı zamanda, birbiriyle bağlantılı tüm bu işaretler aslında, Ashabı Kehf'in yeniden zamanımızda yaşayacağını gösteriyor olsa da, Ashabı Kehf ile ilgili bütün bu işaretler belki de, geçmişte yasamış olan Ashab-ı Kehf'in günümüzde tekrar canlanıp hayat bulmaları olabileceği gibi; Hz. Mehdi ve Hz. İsa zamanında yaşayacak ve ona yardımcı olacak benzeri gençlerin gaflet uykusundan uyanıp kendilerinin farkına varmaları ve ayetin işaret ettiği gibi, **MS**

2012 yılında Hz. Mehdi'nin yanında yer alıp göreve başlamaları, aynen mağara ashabı gibi inkar ehline karşı İHLAS suresinde bildirilen tevhid inancını tüm dünyaya yaymaya başlamaları tarihi de olabilir. Dolayısıyla tüm bu cifirsel sonuçlar da, yine bu aynı tarihte Hz. İsa'nın İkİncİ gelİşİyle birlikte Ashab-ı Kehf'İn İkİncİ uyanış tarihi olması ihtimalini de kuvvetlendirir.

Yine, bazı tefsirlerde aşağıdaki ayeti açıklarken, mağaranın ağzının kuzeye baktığından ve bu nedenle güneş ışığının içeri girmediğinden söz edilir. Böylece mağaranın önünden geçen birinin içeriyi görmesi de mümkün değildir. Nitekim, ayette de bu mu'cizevi olay anlatılırken şöyle denmektedir:

"(Onlara baktığında) görürsün ki, güneş doğduğunda onların mağaralarına sağ yandan yönelir, battığında onları sol yandan keser geçerdi ve onlar da onun (mağaranın) geniş boşluğundalardı. Bu, Allah'ın ayetlerindendir."

(Kehf Suresi,17)

Bugün bu kalıntı ve mezarların üzerlerine birçok dini yapı inşa edildiği biliniyor. 1926'da Avusturya Arkeoloji Enstitüsü tarafından bölgede yapılan kazılardan sonra, Panayır (Pion) Dağı'nın doğu yamacında bulunan kalıntıları bulmuş ve bu kalıntıların V. yüzyılın ortalarında (II. Theodosius dönemi) Ashab-ı Kehf adına yapılmış olan yapıya ait olduğunu belirlemiştir. Mağaranın o dönemdeki, bulunuş hikayesi ise ilginçtir. Mağaranın bulunduğu bölgede koyunlarını otlatmakta olan bir çiftçi, bir ağıl yapmak için uygun bir yer ararken mağaranın girişini kapatan taşlara rastlar ve taşları kaldırdıktan sonra içeriye girer ki, bu sırada Ashab-ı Kehf uyanır ve olayın gerçekleştiğini isbat etmek için ve yiyecek almak için Yemliha'yı veya Temliha'yı çobanla birlikte şehre gönderirler fakat her şey değişmiştir ve aradan yaklaşık 300 yıl geçmiştir. Hz. Meryem'in yaşadığına inanılan bölgedeki evin kalıntılarının bulunuşu ise, daha da ilginçtir. Şöyle ki:

Hz. Meryem Evi'nin Bulunuşu:

Üç bin yıllık bir uygarlığın merkezi olan ölümsüz Efes'in hemen bitişiğindeki Zümrüt dağına tırmandığımızda, şimdiki adı Bülbül Dağı, daha önce Panaya Kapulu denene yerde tam tepesinde çok ama çok eski bir ev olduğunu görürüz. İşte bu evde bir büyük peygamberin Hz. İsa'nın annesi Meryem Ana'nın ölümünün son yıllarında yaşadığı ve öldüğü kabul edilir, bu inancın ne kadarı gerçektir?

Tartışılır ama ortada bir başka ilginç olay var; İzmir'in Selçuk İlçesi'nin hemen yanıbaşında olan Bülbül Dağı'ndaki Meryem Ana Evi, nasıl bulundu biliyormusunuz? Tam bir Ruhani olay ile. Şöyle ki: 3500 km ötede, Almanya'nın küçük bir köyünde yaşayan kötürüm rahibe Anne Caterina Emmerich tarafından. Olabilir diyeceksiniz ama dikkat edin, kötürüm dedik. Emmerich, genç kızken geçirdiği felç sonucunda kötürüm kalmıştı, ölünceye kadar da ayağa hiç kalkamadı. Emmerich, vizyonlarında Meryem Ana'nın 15 Ağustos'da öldüğünü söylüyordu. Öyleyse doğru söylüyor olabilirdi. Peki ama nasıl? Ömrü boyunca Almanya'nın küçük bir köyünden hiç ayrılmamış, kötürüm bir kadın, binlerce kilometre uzaktaki yöresel bir geleneğin yıldönümünü nasıl bilebilirdi?

Hz. Meryem'in temsili bir resmi. Yapılan araştırmalar, Hz. İsa göğe yükseltildikten sonra, Hz. Meryem'in son dönemlerini o zamanlar Roma imparatorluğu sınırları içerisinde yer alan Efes yakınlarındaki Şirince isimli bir dağ köyünde geçirdiğini doğrular niteliktedir.

Şöyle ki: Anne Caterina Emmerich, mistik medyum olarak Parapsikoloji literatürüne de geçmiştir ki, kötürüm rahibe, bir tür transa geçiyor ve Hz. İsa veya Meryem Ana ile ilgili vizyonlar görüyordu, yarı uyku haldeyken gördüğü bu vizyonları anlatırken, dönemin şairlerinden Clemans Brentano Emmerich'in anlattıklarını yazdı. İşte o yazılanlar veya sonraki Brentano'nun "Anne Caterina Emmerich'in Vizyonları" adlı kitabı şu andaki evin bulunmasını ortalama 200 yıl sonra sağladı. Bu kitaptan yola çıkan İzmirli bir grup dindar, Meryem Ana'nın evi olarak anlatılan evi, tam olarak Anne Caterina Emmerich'in anlattığı yerde buldular.

Meryem Ana'nın Efes'e gelip, son yıllarını yaşadığını ve de öldüğünü bir şekilde kanıtlayan birçok belge var ama bütün bunlar uzun bir konu, teolojik ve antik metinler üzerinde tartışmalar getirebilir, kaldı ki bu tür metinlerin birbirleriyle olan çelişkileri de ayrı bir dert. Burada bizi daha çok ilgilendiren bir diğer önemli bir gizem daha vardır: Hz.İsa'nın annesi eğer Bülbül Dağı'nda öldüyse ve eğer bir an bunun bir gerçek olduğunu düşünürsek, demek ki Meryem Ana burada bir yere gömülmüştür. Dolayısıyla, Hz. İsa'nın ikinci gelişi ile bu bölge arasında bir bağlantı olabilir. Peki ama nasıl ve en önemlisi neden? Acaba 2000 yıllık annesinin hatıraları bunda etkili olabilir mi? Şimdilik kesinliği olmayan, çok uzunca bir mesele. Ayrıca ev, Emmerich'in vizyonları sonucunda bulunduysa, mezar da bulunabilir? Böyle bir mantık sürdürürsek haksız sayılmayız, tabii eğer bütün bunlar gerçekse. Böyle bir kesin cevap yok, belki de olmamalı diyebiliriz çünkü büyük dinsel kişiliklerin peygamberimiz Hz. Muhammed'in dışında hiçbirisinin mezarı belli değil veya Meryem Ana'nın şahsında, Müslüman Anadolu toprağı üzerinde evrensel barış tohumlarının atılması fikri belki de yanlış ya da zaman erken. Acaba, bunlar gerçek mi? Geleneksel inançların peşinden mi gidiyoruz yoksa işin içinde bilinmeyen bir şeyler var mı? İkisi de mümkün, çünkü gerek Bülbül Dağı, gerekse de altta sözünü edeceğim Şirince Köyü bilinmeyen sırları saklıyorlar sanki. Zaten, bu kadar mistik duygunun çağlar boyunca biriktiği bir yerde, bütün bunları hissetmeniz olası değil midir?

Şöyle bir bakıp geçildiğinde veya gidildiğinde, Meryem Ana evi gezildiğinde mistik bir doyumla huzur bularak oradan ayrılırsınız. Ama aslında, olayın psikolojisi farklıdır, çünkü gerek söz konusu yöre, gerekse de Meryem Ana olayı, günümüzde dünyayı yönlendiren iki dev dinin İnsanlığı tek bir noktada buluşturduğu tek yer olduğu gibi, gezegensel barışın da elle tutulur biçimde yaşatılabileceği ender yerlerden birisidir. Eski adıyla Panaya Kapulu'ya, yani Bülbül Dağı'na gittikçe artan keyifli virajlarla tırmanıp, Meryem Ana Evi'ne geldiğinizde, hele dönem turizm sezonu ise, bir tarafta haç çıkararak, rahiplerle beraber dua eden Hıristiyanları, bir tarafta ise Kuranı Kerim'in Meryem Suresi'ni, Fatiha ile beraber okuyan Müslümanları görürsünüz. Hz. İsa ve Hz. Muhammed bu küçücük taş yapıda kendinden sonrakilerin gerçekleştiremedikleri bir şekilde ve aslında olması gerektiği gibi burada kucaklaşırlar, ortak noktaları ise kutsal bir kadındır; Meryem Ana yani bir ayrı dinin İslamiyet'in de kutsal kabul ettiği kadın.

Peki nasıl olmuş da Meryem Ana, 2000 yıl öncelerinde Kudüs'den yola çıkıp, buralara gelebilmiştir? İncillerden biri olan Yuhanna İncili bize şu öyküyü anlatır, ama dikkat edin öteki üç İncil'de öykü böyle değildir. Hz. İsa çarmıha gerildikten sonra, son dakikalarını yaşarken ayağının dibinde havarilerinden John veya Yuhanna bulunur, Havari John Meryem Ana'yı ve Azize Mary Magdalena'yı son anda orada bulunsunlar diye getirmiştir. İşte tam o acı anda, Hz. İsa başını çevirir ve John'a annesini göstererek; "İşte senin annen.." ve sonra da annesine "işte senin oğlun.." der. Çizilen teolojik kişiliğe göre Havari John, efendisi İsa'ya saf ve katışıksız olarak tam bağımlılığı ve teslimiyeti olan birisidir. O andan başlayarak John, İsa'nın emrini benimser, Meryem Ana'yı, Mary Magdalena'yı ve daha birkaç yakınını yanına alarak korumaya çalışır ama Kudüs, İsa'ya ilk inananlar ve yakınları için artık tehlikelidir. Gerek fanatik Yahudiler, gerekse de egemen Romalılar göz açtırmamakta ve yakaladıklarını öldürmektedirler. Dolayısıyla,

İncil çerçevesinde anlatılan olayların gerçekçi olma payı yüksektir.

Sonuçta John kutsal kadınları yanına alarak, Kıbrıs üzerinden Anadolu'ya uzanan uzunca bir yola düşer, 2000 yıl öncelerinin dünyasında çok önemli bir liman kenti olan, ticaret merkezi Efes'e kadar gelirler. Neden mi Efes? Çünkü Efes o yıllarda tam bir megapolisdir ve herkese açıktır. Aynen, günümüzdeki büyük bir metropol olan İstanbul kenti gibi. Üstelik, belli bir anlamda da orada düşünce özgürlüğü vardır, ayrıca da İsa ve yarattığı olaylar henüz oralarda etkin ve duyulmuş değildir. Kaynaklara göre Meryem Ana ve yakınları Efes'e gelerek, gözden uzak, güvenli ve huzurlu ve aynı zamanda da kente ve limana hakim olan Bülbül Dağı'na yerleşirler. John efendisinin annesine küçücük bir taştan ev inşa eder, işte bu ev bugün ziyaret edilen evin bulunduğu yerde yapılır, şu an ziyaret edilen ev, John'un yaptığı ev değildir, aynı yere yaklaşık 300 yıl sonra yapılan kilise yapısıdır. Yani John'un Meryem Ana için yaptığı evin temellerinin üzerine yapılan yapıdır, araştırmalar bunları gösterir.

Şirince Köyündeki gizemli olaylar, Hz. İsa'nın İkinci Gelişi ve 21 Aralık 2012 tarihi Arasındaki İlişki

Türkiye'nin Ege bölgesi sınırları içerisinde yer alan ve 2000 yıl öncesi antik tarih dokusuyla iç içe olana bu gizemli köyü yakın zamanlarda çokça ziyaretçi akınına uğramaya başlamış olması giderek tüm dünyanın ilgi odağı olmaya başlamasına neden olmuştur. Acaba bunun nedeni ne olabilir? Turistik havası ve doğa güzellikleriyle tarihi dokusu mu? Yoksa manevi ve gizemli atmosferi mi? Şimdilik ilk seçenek daha akla makul görünse de, giderek ikinci şık daha cazibeli hale getirmektedir bu anadolunun ücra bir köşesindeki gizemli köyü.

Şirince'yi değişik zaman dilimlerinde dolunay vakitlerinde, sabahın ilk ışıklarında, gün batımlarında her dolaştığınızda geçmiş zaman yaşamının efsanelerinin ve gizeminin günümüze hatta bilinmeyen geleceğe taşındığı bir film şeridindeymiş gibi hissedersiniz kendinizi adeta. Mürver ve zeytin ağaçlarıyla çevrili bol oksijeninden mistik havasından Şirince tepelerinin pozitif enerjisinden etkilenmemek mümkün değildir. Rivayete göre, bu köydeki pansiyonlarda konaklayan misafirler dilek dileyerek uyuduklarında dileklerini rüyalarında görüp gerçek yaşamda da beklemedikleri bir anda bu temennilerinin karşılarına çıktığını şaşırarak ifade ederlermiş ve bu yüzden tekrar tekrar gelip bu köyü ziyaret eden insanların sayısı sıklıkla çoğalmaktadır. Hatta, tebdili kıyafet dünya çapında birçok ünlünün de sıradan bir vatandaş gibi hiçbir protokol hizmetine müsaade etmeden kaçamak yapıp bu köyün büyülü atmosferinde kaybolduklarını da unutmamak gerek.

Şirince köyünün gizemi henüz çözülemedi çözüleceğe de benzemiyor. Elbette bu kadar ilgi, alaka ve yoğunluğu sadece yöresel meyve şaraplarıyla köyün evleriyle bağlantılı kalabileceğini düşünemeyiz. Amerika'da Nasa tarafından yayımlanan bir dergideki makalede 2012 tarihinin ve Hz. İsa'nın dünyaya tekrar dönüşünün ve inişinin Meryem Ana ile bağlantılı olarak Şirince köyünü işaret ettiği açıklandı. Hatta Fener Rum Patriği Bartholomeos'un ve yabancı devlet başkanlarının çeşitli dinlerden birçok etnik ve ezoterik grup ve din adamının da bu köye göstermiş oldukları ilginin bir manası bu olsa gerek. Öyle ki, 2006 yılında Şirince'ye gelen astronot gurubu ve 5 haziran 2009 da 1978 de uzaya gidenlerden astronot John Mcbride (Usa Nasa Space Shuttle-astronot pilot) **"Mavi bir ışık gördüm,**

uzayda kordinatlara baktığımda aradığım noktada Şirince olduğunu tespit ettim, kısmet bu güneymiş!" diyerek Şirince'ye olan merak, hayret ve şaşkınlığını sözlü olarak ifade etmiştir. Nasa'nın 2005'lerde yaptığı bir araştırma ise, çok daha çarpıcı bir iddiayı gündeme getirmiştir. Bu iddia ise, **21 Aralık 2012** tarihindeki Marduk gezegeninin dünyanın en yakınından geçişi ile dünyanın gezegene en yakın konumu ile ilgilidir. Bu iddiaya göre, Marduk gezegeninin bu tarihteki dünyaya en yakın teğet konumu Türkiye'nin Ege bölgesinde yer alan Şirince Köyü civarının koordinatlarını vermektedir.

Peki kanıt nedir? diye soracak olursanız bu kez cevap çok daha ilginç bir şekilde çok eski kaynaklardan, antik belgelerden ve mısıra kadar uzanan birtakım doğal afetlerin gerçekleşme noktasının yine aynı bölgeyi işaret ediyor olmasından gelecektir. Şöyle ki, bundan yaklaşık **3666** yıl önce bu gezegen yine dünyanın yakınından geçmiştir ve tarihi belgelere göre, bu geçişi sırasındaki zaman dilimi Hz. Musa'nın peygamberlik dönemine rastlamaktadır, yani milattan önce 1650 yıllarına. Antik mısır belgelerine dayanılarak, bu tarihlerde ilk gerçekleşen felaket ise, Ege denizi açıklarındaki **Thera** yanardağının harekete geçmesi ve beraberinde pek çok afeti de tetiklemesidir. Bu konunun detayları için okur, **Burak Eldem**'in 2003 yılında kaleme aldığı **"2012: Marduk'la Randevu"** isimli eserine başvurabilir. Dolayısıyla, o tarihlerde gerçekleşen Ege bölgesi civarındaki **3666** yıl önceki tektonik ve atmosferik hareketlenmelerden anlıyoruz ki, Marduk gezegeni tam bir yörünge periyodu boyunca dolaşımını tamamladığında ve matematiksel olarak yörünge üzerindeki hareketi, tahmini olarak hesaplandığında yine **3666** yıl sonraki dünyaya en yakın konumunun bu bölgeler olduğunu rahatlıkla görebiliriz.

İşte, Nasa'nın bu konuda yaptığı son gözlemler ise, başka bir gerçeği ortaya koymaktadır: Buna göre, 21 Aralık 2012 tarihindeki en yakın konum geçişinin koordinatları, Ege bölgesinde bulunan Şirince Köyü civarını göstermektedir ki, bu tahmini hesaplama da 3666 yıl önceki bölgede görülen doğal afet hareketlenmesinin sebeplerini açıklayıcı bir kanıt oluşturmaktadır. Dolayısıyla bu görüş de, üçüncü teoriye göre desteklenen Hz. İsa'nın Marduk gezegeni üzerinde ruhsal hayatını bedeniyle uyku halinde devam ettirmesi ve bu geçişi sırasında dünyaya ikinci kez indirilmesi fikrini desteklemektedir.

Allahu A'lem.

Elbette, en doğrusunu Allah (C.C.) bilir.

Bir sonraki bölümde dördüncü teoriyi ele alacağız..

10. BÖLÜM (Chapter 10)

DA VINCI ŞİFRESİNİN PEŞİNDE:

LEONARDO DA VINCI'NİN RESİMLERİNDEKİ
500 YILDIR ÇÖZÜLEMEYEN GİZEMLİ
ŞİFRELER

Leonardo Da Vinci (1452-1519)

Tarih: **1500**'lü yıllar. **Yer**: Paris Ulusal Kütüphanesi.

Beni İsrail'e (İsrail Oğulları) ait ahit sandığını açıyoruz. İçinden bir kutu çıkıyor. O kutuyu da açıyoruz. İçinden bir kutu çıkıyor. O kutuyu da açıyoruz, onun içinden de bir kutu çıkıyor. Adeta her kutu açıldıkça içinden yeni ve farklı bir kutu çıkıyor. Pandora'nın kutusu gibi. Şimdi bu şekilde kutuları açmaya devam ediyoruz. Ve her bir kutunun üzerinde onun emanet edildiği geçici sahibinin ismi okunuyor. Yüzlerce senedir devam eden bu devir teslim işlemi, adeta büyük bir bulmacanın parçaları gibi görünüyor. Tam çözemiyoruz. Fakat numune olarak kutulardan birini alıp açıyoruz. Evet, bu kutu, Sion tarikatının büyük üstadlarından biri olan **Leonardo Da Vinci**'ye ait.

Yüzyıllardır süregelen ve Tapınak Şövalyeleri olarak bilinen ve kendilerine İsa'nın fakir şövalyeleri de diyen bu gizemli adamlar bu kutsal emanet olarak bilinen ve gizlenen birtakım gizli bilgilerin taşıyıcısı olmuşlar ve bu bilgiyi nesilden nesile aktararak günümüze kadar ulaştırmışlardır. Peki bu gizli bilgi neydi ve neden bu kadar önemliydi? Bu arada aklımıza bir şey geliyor:

Madem ki bu adamlar kendilerine İsa'nın fakir şövalyeleri demişlerdi, o halde bu gizli bilgiler Hz. İsa ile ilgili olabilir miydi? Şimdilik tam emin değiliz fakat ilerleyen kısımlarda bunu aydınlatmaya çalışacağız.

1257 yılında kurulan Paris Ulusal kütüphanesinin arşiv bölümündeki bir parşömen, tarihin en gizemli tarikatlarından tapınak şövalyelerinin devamına ilişkin ve Sion tarikatının şimdiye kadar bilinmeyen büyük üstadlarıyla ilgili çok önemli bir bilgiyi içerdiği yakın bir zamanda keşfediliyor ve tarihin bilinmeyen gizemlerinden birisine doğru açılan bir kapıyı aralıyor. *"Dossiers Secrets"* (**Dossier Belgeleri**) adı verilen ve **1975** yılında Paris *'Bibliotheque Nationale'*da ortaya çıkartılan bu gerçek belgelere göre, yaklaşık geçmişi **1000** seneyi bulan bu tarikatı son **700** sene içerisinde yöneten büyük üstadlar aşağıdadır:

SİON TARİKATINI YÖNETEN BÜYÜK ÜSTADLAR

1- HUGHES DE PAYENS (1300-1330)

[Tapınak şövalyesi ve ilk büyük üstad]

2- NİCHOLAS FLAMEL (1330-1418)

3- RENE D'ANJOU (1418-1480)

4- SANDRO BOTTİCELLİ (1483-1510)

5- LEONARDO DA VİNCİ (1510-1519)

6- JEANNE DE BAR (1519-1550)

7- ROBERT FLUDD (1595-1637)

8- JOLANDE DE BAR (1637-1654)

9- ROBERT BOYLE (1654-1691)

10- İSAAC NEWTON (1691-1727)

11- CHARLES RADCLYFFE (1727-1746)

12- CHARLES DE LORRAİNE (1746-1780)

13- BENJAMİN FRANKLİN (1780-1791)

14- CHARLES NODİER (1801-1844)

15- VİCTOR HUGO (1844-1885)

16- CLAUDE DEBUSSY (1885-1918)

17- JEAN COCTEAU (1918-1963)

18- PİERRE PLANTARD DE SAİNT (1963-1984)

19- ? (1984-?)

Peki tarikat bu bilgiyi hep aynı şekilde mi kodluyordu? Sion tarikatını yönetmiş olan büyük üstad **isimlerine** ve **mesleklerine** baktığımız zaman vereceğimiz cevap hayır olacaktır. Bu, bazen müzik, bazen resim; bazen de bir bilimsel çalışma ya da edebiyatla ilgili bir çalışma olarak da karşımıza çıkabiliyordu.

Sion tarikatını uzun yıllar yöneten bu çok yönlü dahi de bu bilgilere ulaşmıştı ve bunları şifreli bir şekilde resimlerinde ifade etmişti. Yani resimleri tek tek ele alındığında, bir şey ifade etmezken ve anlaşılmaz olmaktan öteye gidemezken resimlerin arasında bir ilişki kurulursa acaba bir mesaj ortaya çıkıyor muydu? Ve bu mesajı da bir anahtar olarak düşünürsek, bu anahtar da başka bir kutuyu mu açıyordu? Tüm bunlar cevaplanması gereken ayrı birer konu olduğu için şimdilik Da Vinci'ye ait iki ünlü resmi ve aralarındaki ilişkiyi inceleyeceğiz. Bilindiği gibi Hristiyan dünyasının ve İtalyan rönesansının yetiştirdiği en büyük adamlardan biridir Leonardo [1452-1519]. Daha yaşarken çağdaşları kendisine hayranlık duymuş, yaptığı olağanüstü güzellikteki resimlerine bilmecemsi bir gözle bakmışlardır. *"Sınırları yalnızca sezilip bir türlü saptanamayan"* bu alabildiğine çok yönlü dahi, çağını en başta ressamlığıyla etkilemiş ayrıca doğa bilimleri ve teoloji ile de uğraşmıştır. Kilisenin otoritesini giderek antikçağın otoritesine bırakmaya başladığı, ama hiçbir ön koşul tanımayan özgür araştırma döneminin de henüz açılmadığı bir zamanda bu öncü kişi, hatta öncülükte Bacon ve Kopernik'den hiç de aşağı sayılmayacak Leonardo, resimlerinde çok yoğun bir dinsel tema kullanarak olağanüstü eserler ortaya koymuştur.

Bu eserlerden bazıları: **"Leda, Vaftizci Yahya, Baküs, Kayalıklar Madonnası, Son Akşam Yemeği, Mona Lisa ve Ermiş Anna Selbdritt"** sayılabilir. Bizim incelememize konu olan ise son iki resim olan *'Mona Lisa'* ve *'Ermiş Anna Selbdritt'* tablolarıdır. Şimdi sırasıyla bu iki tabloyu ve aralarındaki ilişkiyi inceleyeceğiz.

Dosier Belgeleri (Gizli Dosyalar, Kripteks)

Tarih: 2000'li yıllar (500 yıl sonra).

Yer: Paris Louvre Ulusal Müzesi.

MONA LİSA TABLOSUNDAKİ GİZEMLİ GÜLÜMSEMENİN ÇÖZÜLEMEYEN SIRRI

Mona Lisa tablosu aslında birçok gizem ve sır taşır.

Mona Lisa tablosundaki kadın figürünün bir Fransız köylüsü olan Madam **GIOCONDO**'nun resmi olduğu çeşitli kaynaklar tarafından söylenmektedir. Ne var ki aslında böyle değildir. Çünkü tablonun isminde gizli bir şifre vardır.

Tablonun ismini "**MONNA L'İSA**" şeklinde yazarsak ve bunun da açılımını yaparsak; "**MONNA LE İSA**" yani latince ve italyanca karışımından meydana gelen bir kelime oyunu vardır burada. Bunun da anlamı "**İSA'NIN ANNESİ** " olduğu çıkar. Bunun daha ayrıntılı bir çözümünü ilerleyen bölümlerde vereceğiz. Yani bu resimdeki kadın madam GIOCONDO değil, Hz. Meryem'in <u>temsili</u> bir resmidir. Bütün şifre Hz. İsa'nın annesi Hz. Meryem'de gizlidir. Ve Leonardo Da Vinci'nin resimleri de (özellikle iki tanesi; Mona Lisa ve E. Anna Selbdritt tabloları) bu şifreli mesajı yüzyıllardır vermektedir.

Mona Lisa, Leonardo Da Vinci'nin en ünlü resmidir. En az bu tablo kadar güzel olan bir diğer eserinin ismi de E. Anna Selbdritt olduğu bilinmektedir. Fakat bilinmeyen ise, acaba bu iki ünlü resim arasında bir ilişki var mıdır? İşte şimdi bu önemli iki sorunun yanıtını bulmaya çalışacağız. İki resim arasında çok önemli üç ilişki vardır. Ayrıntılarda olduğu ve dikkat edilmediği için hemen dikkati çekmez.

Ermiş Anna Selbdrit tablosu. Bu tablo aslında Mona Lisa ile sıkı bir şekilde ilişkilidir.

BİRİNCİSİ

Bu ilişki, ayrıntılarda olduğu için ilk bakışta hemen dikkati çekmemektedir. Fakat iki resim de dikkatli incelenirse MONA LİSA tablosundaki kadının esrarengiz gülümsemesi ile ERMİŞ ANNA SELBDRİTT tablosundaki iki kadının (Hz. İsa'nın annesi **Hz. Meryem** ve Anneannesi **Anna** [veya **Hanna**]) gülümsemesi birbirinin tıpatıp aynısıdır. Acaba bu bir tesadüf müdür yoksa bilinçli bir şekilde mi her iki resme de benzer gülümseme ifadesi verilmiştir.

Yukarıdaki resimlere dikkatle incelersek, bu küçük detayı görebiliriz: **Ermiş Anna Selbdrit tablosu. Bu tablo aslında Mona Lisa ile sıkı bir şekilde ilişkilidir.**

İKİNCİSİ

Arka plandaki dağlık manzara ve uçsuz bucaksız uzanan perspektiflerdeki benzerliktir. Bu dağlık ve kayalık arazilerdeki benzerlik oldukça dikkat çekicidir. Dolayısıyla, bu iki resim birbirini tamamlayan bir bütünün parçaları gibi görünmektedir.

ÜÇÜNCÜSÜ

MONA LİSA isminin şifreli olarak ERMİŞ ANNA'yı göstermesidir. Eğer Mona Lisanın şifreli yazılımını ele alırsak: **MONNA L'ISA** olduğu sonucuna varılır. Şimdi bu tam olarak neyi ifade etmektedir, onun üzerinde biraz düşünelim. Bilindiği gibi İtalyanca'da; **MAMMA = Anne** ve **NONNA = Anneanne** demektir. MONNA kelimesini de bu şekilde açarsak:

MONNA = MAMMA + NONNA

Bunun, MAMMA kelimesinin ilk harfi ile NONNA kelimesinin son dört harfi alınarak oluşturulmuş gizli bir şifre olduğu sonucuna ulaşırız. Peki şimdi bu ne demektir:

MONNA = ANNE ANNEANNE,

Ermiş Anna Selbdrit tablosunun Londra'daki *National Gallery*'de bulunan ve İsa çocuğu çocuk Yahya (Vaftizci Yahya) ile birlikte gösteren bir diğer versiyonu.

Yani aslında anne olan bir anneanneyi işaret etmektedir. Peki bu anne olan anneanne kimdir? Bunun cevabı basittir çünkü Leonardo'nun bu şekilde tek bir resmi vardır o da "E. ANNA SELBDRITT" tablosundan başkası değildir. Ve bu anneanne, çocuk İsa'nın anneannesi olan ANNA'dan başkası değildir. Mona Lisa tablosundaki kadın, aslında şifreli olarak butablodaki Anna'ya dikkat çekmektedir. Aynı şekilde **L'ISA** kelimesini de açarsak:

L'ISA = LE ISA yani şifreli olarak,

İtalyanca **İSA'NIN** demektir. Bütün bunları birleştirirsek şu sonuca ulaşırız: **Ermiş Anna Selbdrit tablosunun Londra'daki** *National Gallery*'**de bulunan ve İsa çocuğu çocuk Yahya (Vaftizci Yahya) ile birlikte gösteren bir diğer versiyonu.**

MONNA L'ISA = MAMMA NONNA LE ISA

= İSA'NIN ANNE ANNEANNESİ

Yani Hz. İsa'nın aslında annesi olan bir anneannesi, bir diğer tanımlamayla ikinci bir annesi. Resimdeki iki kadın arasındaki yaş farkının çok az ya da hiç olmaması ve anneannenin genç bir kadın olarak resmedilmesi bizi bu sonuca götürmektedir. Bunların tesadüf olamayacağı kesindir. Çünkü Leonardo DA VINCI her iki resmi de aynı zamanlarda (1503-1507 tarihleri arasındaki dört yıllık dönem) yapmıştır ve her ikisi üzerinde de yıllarca çalışmıştır. Hatta bir keresinde çırağı **VASIRI**'ye

"Resimlerin bu kadar mükemmel olduğu halde onların henüz bitmediğini ve eksik." olduğunu bile söylemiştir. Acaba bitmeyen şey resimlerin kendisi mi? Yoksa ifade ettikleri <u>çok önemli tarihsel bir olay</u> mıydı? Şu anda ikinci şık daha makul ve akla yatkın görünüyor.

Evet, tarihi incelediğimiz zaman daha henüz bitmemiş ve yarım kalmış çok önemli bir olay vardır. Bu da Hz. İsa'nın peygamberlik görevi ve hakkında yapılan haksız iftiraların (Babasız doğması ve gösterdiği mucizelerin yanlış anlaşılması v.b.) bertaraf edilmemiş olmasıdır. Hz. İsa'nın, kıyamete yakın bir zamanda tekrar dünyaya gönderileceği ve hakkındaki iftiraların düzeltileceği ve ömrünü tamamlayarak vefat edeceği Kur'an, İncil gibi kutsal kitaplarda söylenmiştir. Fakat bunun şekli ve zamanı konusunda birçok tartışmalar yapılmıştır. İşte bu noktada Leonardo Da Vinci, resimlerinde aslında bize beş yüz sene öncesinden burada ele aldığımız dördüncü teori ile ilgili çok önemli bir ipucu vermektedir. Hz. İsa'yı annesi Hz. Meryem ve anneannesi Anna ile gösteren Ermiş Anna Selbdritt tablosu (Hz. İsa'yı üçlü bir kompozisyon içerisinde gösteren nadir eserlerden biri) bu çok önemli ipucunu içermektedir. [1503-1507] tarihleri arasında Mona Lisa ile aynı dönemde yapılan bu eserde göze çarpan ve ilk bakışta dikkat edilmeyen bir özellik, dikkatli bakılırsa gerçekte yaşlanmış bir kadın olması gereken İsa çocuğun anneannesi, belki resimde Hz. Meryem'den biraz olgun ve ağırbaşlı görünür, ama insanda <u>**genç bir kadın**</u> izlenimi bırakır.

Doğrusu Leonardo, tabloda İsa (a.s.) çocuğa ait; biri kollarını kendine uzatan, öbürü arka planda yer alan **iki anne** resmi çizmiştir. Dolayısıyla bunun Hz. İsa'nın kıyamete yakın bir zamanda, ikinci bir anneden yeniden dünyaya geleceğini savunan dördüncü teoriyi destekleyen bir ipucu olduğu sonucunu çıkarabiliriz. Bu resmin Londra'daki *National Gallery*'de bulunan ve İsa çocuğu çocuk Yahya (Vaftizci Yahya) ile birlikte gösteren bir diğer versiyonunda ise Leonardo, bu durumu daha belirgin bir hale getirip adeta bir gövdeden iki anne çıkıyormuş gibi bir izlenim vermiştir.

Leonardo Da Vinci ölüm döşeğinde iken, Mona Lisa ve Vaftizci Yahya tabloları ile birlikte bu tablonun da yanında olduğu tarih araştırmacıları tarafından bulunmuştur. Ve bu da, onun, Hz. İSA'nın ikinci gelişiyle ilgili gelecek kuşaklara verdiği önemli bir mesaj niteliği taşımaktadır. Batı ve Doğu dünyasında farklı yaklaşımlarla tartışılan, Hz. İsa'nın ikinci gelişiyle ilgili olası meseleleri kısaca inceledikten sonra, şimdi de İncil ve Kur'an'da yer alan ve dolaylı veya doğrudan Hz. İsa'nın ikinci gelişiyle ilgili olan kısımları ve Hz. İsa'nın niçin, nerede ve hangi amaçlar için geleceği gibi önemli meseleleri detaylı bir şekilde yorumlayalım:

İNCİL'DE HZ. İSA'NIN İKİNCİ GELİŞİ (İ.S. 2036)

Matta, Markos, Luka ve Yuhanna İncilleri, iki bin yıldır beklenen Hz. İsa'nın ikinci gelişi ile ilgili kesin bir tarih verilmemekle birlikte; ortaya çıkacak olan bazı işaretler ve büyük olaylar (Büyük Depremler (Çin, Pakistan, Los Angeles ve Marmara depremleri v.b. gibi), Seller (El Nino, Katrina, Rita kasırgaları ve Büyük Okyanus Tsunamisi gibi v.b.) ve Devletlerin Devletlere Karşı Savaşması (I. ve II. Dünya Savaşları, İran-Irak Savaşı, İsrail-Filistin Savaşı, Afganistan'daki Savaş ve Irak'taki Büyük Ortadoğu Savaşı gibi v.b.)) gibi açık işaretlerin yardımıyla O'nun gelişinin zamanını belirleyebilmemiz için ipuçları verir.

İncilde bizzat Hz. İsa'nın ağzından, ikinci gelişinin Allah'tan başka kimsenin bilemeyeceği bir zamanda gerçekleşeceği şöyle vurgulanmaktadır:

Sonun Belirtileri

"[1]İsa tapınaktan çıkarken öğrencilerinden biri O'na, "Öğretmenim" dedi, "Şu güzel taşlara, şu görkemli yapılara bak!" [2]İsa ona, "Bu büyük yapıları görüyor musun? Burada taş üstünde taş kalmayacak, hepsi yıkılacak!" dedi. [3]İsa, Zeytin Dağı'nda, tapınağın karşısında otururken Petrus, Yakup, Yuhanna ve Andreas özel olarak kendisine şunu sordular: "Söyle bize, bu dediklerin ne zaman olacak, bütün bunların gerçekleşmek üzere olduğunu gösteren belirti ne olacak?"

[4-5]İsa onlara anlatmaya başladı: "Sakın kimse sizi saptırmasın" dedi. [6]"Birçokları, 'Ben O'yum' diyerek benim adımla gelip birçok kişiyi saptıracaklar. [7]Savaş gürültüleri, savaş haberleri duyunca korkmayın. Bunların olması gerek, ama bu daha son demek değildir. [8]Ulus ulusa, devlet devlete savaş açacak; yer yer depremler, kıtlıklar olacak. Bunlar, doğum sancılarının başlangıcıdır.

[9]"Ama siz kendinize dikkat edin! İnsanlar sizi mahkemelere verecek, havralarda dövecekler. Benden ötürü valilerin, kralların önüne çıkarılacak, böylece onlara tanıklık edeceksiniz. [10]Ne var ki, önce Müjde'nin bütün uluslara duyurulması gerekir. [11]Sizi tutuklayıp mahkemeye verdiklerinde, 'Ne söyleyeceğiz?' diye

önceden kaygılanmayın. O anda size ne esinlenirse onu söyleyin. Çünkü konuşan siz değil, Kutsal Ruh olacak.

¹²Kardeş kardeşi, baba çocuğunu ölüme teslim edecek. Çocuklar anne babalarına başkaldırıp onları öldürtecek. ¹³Benim adımdan ötürü herkes sizden nefret edecek. Ama sonuna kadar dayanan kurtulacaktır. ¹⁴"Yıkıcı iğrenç şeyin* (Burada, "Yıkıcı İğrenç Şey"den kasıt, Kudüs'teki yıkılan tapınağın şeytanî amaçlar için yeniden inşa edilmesi veya Dünya'ya çarpacak olan bir Kuyruklu yıldız veya büyük bir Gezegen'e de işaret ediliyor olabilir. Dolayısıyla buradan, bu işaret her neyse, Hz. İsa'nın ikinci gelişiyle önemli bir ilişkisinin olduğunu anlıyoruz), bulunmaması gereken yerde dikildiğini gördüğünüz zaman - okuyan anlasın- Yahudiye'de bulunanlar dağlara kaçsın. ¹⁵Damda olan, evinden bir şey almak için aşağı inmesin, içeri girmesin. ¹⁶Tarlada olan, abasını almak için geri dönmesin. ¹⁷O günlerde gebe olan, çocuk emziren kadınların vay haline! ¹⁸Dua edin ki, kaçışınız kışa rastlamasın. ¹⁹Çünkü o günlerde öyle bir sıkıntı olacak ki, Allah'ın var ettiği yaratılışın başlangıcından bu yana böylesi olmamış, bundan sonra da olmayacaktır. ²⁰RAB o günleri kısaltmamış olsaydı, hiç kimse kurtulamazdı. Ama RAB, seçilmiş olanlar, kendi seçtiği kişiler uğruna o günleri kısaltmıştır.

²¹Eğer o zaman biri size, 'İşte Mesih burada', ya da, 'İşte şurada' derse, inanmayın. ²²Çünkü sahte mesihler, sahte peygamberler türeyecek; bunlar, belirtiler ve harikalar yapacaklar. Öyle ki, ellerinden gelse seçilmiş olanları saptıracaklar. ²³Ama siz dikkatli olun. İşte size her şeyi önceden söylüyorum.""

Mesih'in Tekrar Gelişi

"²⁴"Ama o günlerde, o sıkıntıdan sonra, 'Güneş kararacak, Ay ışık vermez olacak, Yıldızlar gökten düşecek, Göksel güçler sarsılacak.' (İşaret edilen bu yorumlardan, Hz. İsa'nın gelişinin hemen öncesine rastlayan bu dönemde, bu büyük felaketin ardından gökyüzünün ve atmosferin, dünyaya gelen güneş ışığını büyük bir oranda engelleyecek şekilde kararacağını anlıyoruz) ²⁵⁻²⁶"O zaman İnsanoğlu'nun* (Hz. İsa) bulutlar içinde büyük güç ve görkemle geldiğini görecekler. ²⁷İnsanoğlu o zaman meleklerini gönderecek, seçtiklerini yeryüzünün bir ucundan göğün öbür ucuna dek, dünyanın dört bucağından toplayacak. ²⁸"İncir ağacından ders alın. Dalları filizlenip yaprakları sürünce, yaz mevsiminin yakın olduğunu anlarsınız. ²⁹Aynı şekilde, bu olayların gerçekleştiğini gördüğünüzde bilin ki İnsanoğlu yakındır, kapıdadır. ³⁰Size doğrusunu söyleyeyim, bütün bunlar olmadan bu kuşak ortadan kalkmayacak. ³¹Yer ve gök ortadan kalkacak, ama benim sözlerim asla ortadan kalkmayacaktır.""

Bilinmeyen Gün ve Saat

"³²"O günü ve o saati, ne gökteki melekler, ne de O (Hz. İsa) bilir; Allah'tan başka kimse bilmez. ³³Dikkat edin, uyanık kalın, dua edin. Çünkü o anın ne zaman geleceğini bilemezsiniz. ³⁴Bu, yolculuğa çıkan bir adamın durumuna benzer. Evinden ayrılırken kölelerine yetki ve görev verir, kapıdaki nöbetçiye de uyanık kalmasını buyurur. ³⁵Siz de uyanık kalın. Çünkü ev sahibi ne zaman gelecek, akşam mı, gece yarısı mı, horoz öttüğünde mi, sabaha doğru mu, bilemezsiniz. ³⁶Ansızın gelip sizi uykuda bulmasın! ³⁷Size söylediklerimi herkese söylüyorum; uyanık kalın!""

{Markos, 13:1-37}

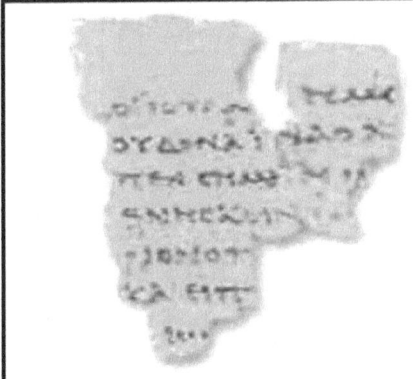

Şimdiye kadar bulunmuş en eski İncil parçası (MS 125). İncil, Roma İmparatorluğunun doğu kesiminde konuşulan Grekçeyle yazılmıştır.

Dikkat edilirse yukarıdaki İncil pasajlarında bahsedilen Hz. İsa'nın ikinci gelişinin birçok işareti bir tanesi hariç gerçekleşmiştir. İncilden önemli ve büyük bir işaret olduğunu anladığımız bu önemli gelişme henüz yaşanmamıştır. Bu önemli işaretin, kutsal topraklarda inşa edilecek yıkıcı bir şey veya dünyayı tehdit edecek olan çok önemli bir Astronomik olay olduğunu anlıyoruz. Fakat gerçekleşme zamanını ve yerini tesbit edebilmemiz mümkün görünmese de ilerki bölümlerde bu konunun detaylarına inmeye çalışacağımız için şimdilik bu olayın henüz gerçekleşmediğini belirtmekle yetinelim.

Fakat burada şunu da belirtmeliyiz ki, bu olayın gerçekleşme zamanı; Hz. İsa'nın ikinci gelişinin gerçekleşmesinden sonra ve ortaya çıkacağı döneme yakın bir dönemde gerçekleşebileceği için, Hz. İsa'nın ikinci gelişinin gerçekleşmiş olmasını etkilememektedir. Sadece ortaya çıkıp, insanlar tarafından anlaşılacağı dönemi etkilemektedir..

11. BÖLÜM (Chapter 11)

HZ. İSA NİÇİN GELECEK, NEREDE VE NE ZAMAN ORTAYA ÇIKACAK, İKİNCİ GELİŞİNDE NELER YAPACAK?

Hz. İsa ve Havarilerini gösteren Son Akşam Yemeği isimli tablo.

Hz. İsa ile ilgili Hristiyan ve İslâm dünyasında yüzyıllardır tartışılan BEŞ önemli mesele vardır:

1- Hz. İsa'nın ikinci gelişinin ne zaman gerçekleşeceği?

2- Hz. İsa'nın ikinci gelişinin ne şekilde gerçekleşeceği?

3- Hz. İsa'nın ikinci gelişinin nerede gerçekleşeceği?

4- Hz. İsa'nın niçin ikinci kez geleceği?

5- Hz. İsa'nın ikinci gelişinde neler yapacağı?

İşte bu bölümde, neredeyse iki bin yıldır tartışma konusu olan bu önemli sorulara bir çözüm getirerek, matematiksel hesaplama ve cifir yöntemlerinden de yararlanarak aklî ve ilmî çözümler içeren kuvvetli bürhan ve deliller sunacağız. Şimdi sırasıyla bu üç meseleyi yanıtlamaya çalışalım:

BİRİNCİ MESELE

Hz. İsa'nın İkinci Gelişinin Ne Zaman Gerçekleşeceği?

Bu sorunun cevabına, aşağıda sunulan iki matematiksel hesaplama ve cifirsel sonuçla açıklık getirilerek net bir şekilde cavaplandırılmaktadır. Ayrıca elde ettiğimiz bu sonuçlarla, Hz. İsa'nın şu anda gelip gelmediği veya yeryüzündeki hizmetine başlayıp başlamadığı sorusunu aşağıda vereceğimiz cevapla açıklayabiliriz:

CEVAP

Hz. İsa Milâdî sıfır yılında doğduğu için; İ.S. 33 yılında göğe alınmıştır. Bu tarihe güneş ve ay takvimleri arasındaki farktan dolayı 2000 yıllık süreç içerisindeki 3 yıllık gecikmeyi de eklersek; İ.S. 33 + 3 +2000 = İ.S. 2036 yılında veya göğe yükseltildiği yıl olan **İ.S. 33** yılına 2003 yıl ekleyerek; **İ.S. 2036** yılında geri döneceğini bulmuş oluruz. Çünkü, Barnabas İncilinde yer alan bu konu ile ilgili bir bilgiyi hatırlarsak; Hz. İsa yeryüzünden ayrılmadan önce *"İki bin sene sonra tekrar aranıza döneceğim"* sözünü vermişti.

Unutulmaması gereken bir şey de, yukarıdaki tabloya dikkat edilirse; Hz. İsa'nın ikinci gelişinde bir peygamber olarak değil de bir Müceddid olacağı ve İslâm dininde İsevîliğin özüne uygun olarak tecdid yapacağı sonucuna ulaşılmaktadır ki; bundan sonraki inceleyeceğimiz bölümler boyunca Hz. İsa bir peygamber olarak değil de, diğer Büyük İslâm Âlimleri gibi bir Müceddid olarak karşımıza çıkacaktır. Elde ettiğimiz bütün bu sonuçlar da, Hz. İsa'nın ikinci gelişinin mutlaka gerçekleşecek olduğuna işaret etmekte ve Müceddidlik Görevi'ne yukarıdaki tarihlerde başlayacağını göstermektedir..

Hz. İsa'nın İlk Gelişi (Peygamberlik Dönemi)		Hz. İsa'nın İkinci Gelişi (Müceddidlik Dönemi)	
Gerçekleşen Olay	**Milâdî Tarih**	**Gerçekleşecek Olay**	**Milâdî Tarih**
Hz. İsa'nın Doğumu	Milâdî 0 [Milât]	Hz. İsa'nın İkinci Gelişi	İ.S. 2036
Peygamberlik Görevi'ne Başlaması	İ.S. 30	Müceddidlik Görevi'ne Başlaması	İ.S. 2037
Göğe Yükseltilmesi	İ.S. 33	İkinci Geliş Sürecinin Tamamlanması ve İsevîliğin Dönüşüm Sürecinin Başlaması	İ.S. 2038

Tablo: Hz. İsa'nın İkinci Gelişine ilişkin Tarihsel Kronoloji.

İKİNCİ MESELE

Hz. İsa'nın İkinci Gelişinin Ne Şekilde Gerçekleşeceği?

Bu meselenin çözümü de uzun yıllar boyunca konunun uzmanlarını ve İslâm Âlimlerinin büyük bir çoğunluğunu uğraştırmış fakat neticede ortak bir sonuca varılamamıştır ve halen günümüzde de aydınlatıcı bir açıklama getirilememektedir. Fakat önceki asrın büyük müceddidi olan Bedîüzzaman Saîd

Nursî Hz., yazdığı Risâle-i Nûr Külliyâtında bu konuya değinmiş ve mâkul bir açıklama getirmiştir fakat O'nun bu yorumu da te'vile muhtaç ve kapalı bir ifade olduğundan konu muğlak kalmıştır. Öte yandan Kur'ân'daki bazı âyetler Hz. İsa'nın ne şekilde geleceği konusuna müteşabih bir biçimde değinmiş fakat bu âyetler de te'vil edilmeye muhtaç olduğundan ve şimdiye kadar doğru te'villerin yapılamaması sebebiyle uzun süre bu çalışmalar da bir sonuca ulaştırılamamış ve konuyu çözemeyen uzmanlar, konunun açık olarak belirtilmediğini ve Hz. İsa'nın ikinci gelişinin ne şekilde olacağı konusunun tam olarak belli olmadığını; hatta bunun bir nevî Şahs-ı Manevî olacağını ve Hz. İsa'nın kendisinin gökyüzünden bedenen nuzûl etmesinin bugünkü ilâhi imtihan ve sırr-ı teklif koşullarına uymadığını ileri sürerek, bu konu ile ilgili Hadis ve Âyetlerin bu yöndeki yorumlarının kapalı ve gaybî müteşâbih olduğunu savunarak, konunun inkârına gitmişlerdir. Aşağıda sunulan üç te'ville bu konuya açıklık getirirerek net bir şekilde cevaplandırmaya çalışacağız. Bu elde ettiğimiz te'vil sonuçlarıyla da, konuya akılcı ve ilmî bir yorum çerçevesinde ve sırr-ı teklif kanunlarını bozmadan gerçekçi bir çözüm elde etmeye çalışacağız:

BİRİNCİ CEVAP

Önceki bölümlerden de bildiğimiz gibi Hz. İsa ölmeden önce Allah katına yükseltilmiştir. Yükseltildiği bu makamın tam olarak neresi, üçüncü kat gök mü? Yoksa Allah'a daha yakın olan Arş-ı Âzam'a yakın olan daha yüksek bir gökyüzü katı mı? Olduğu tam olarak bilinememekle ve tartışma konusu olmakla birlikte, şimdilik Hz İsa'nın ve Meleklerin ubudiyetleri konusunda karşılaştırmalı bir ifade içeren Kur'an' daki şu ayeti incelersek;

لن يستنكف المسيح أن يكون عبدا لله ولا الملائكة المقربون

"**Ne Mesih ne de yakınlaştırılmış melekler Allah'a kul olmaktan asla geri durmazlar."**

{Nisa, 172}

Âyetinde geçen Mukarrebîn Melekleri, yani Allah'a makam olarak daha yakın (Arş-ı Âzam'a yakın) meleklerle Hz. İsa'nın ubudiyet noktasında aynı seviyede ve aynı cümlede zikredilmeleri, Hz. İsa'nın göğe yükseltildiği makamın ahretin yüksek bir yeri olması gerektiği sonucuna ulaştırır. Çünkü âyet; dilbilgisi, sarf ve nahiv kaidelerine göre yorumlanırsa; Hz. İsa ile Mukarrebîn Meleklerinin bulundukları konumları birbirine eşitlemektedir. Bu da her birinin bulunduğu yerin aynı olduğu sonucuna götürür. Bir örnek vermek gerekirse bunu şu duruma benzetebiliriz: Kur'ân'da pek çok âyette "**RAB Es-Semâvâti ve-l Arz**", yani "**Göklerin ve Yerin RAB'bi**" şeklinde geçen ifadede "**Gökler**" ve "**Yer**" ahirete 'menzil' ve 'mâ'kes' olma konumunda eşit olarak zikredilmekte ve birbirine eşitlenmektedir. Böylece Allah (C.C.) göklerin ve yerin konumlarını, âhiret hayatı açısından önemleri üzerinde durarak; dünyevî ve uhrevî fonksiyonları açısından aynı cümlede zikrederek ikisini de aynı çizgiye getirerek birbirine eşitlemektedir. Bu sonuç ise, Göklerle Yerin birbiriyle bir bütün oluşturacak şekilde bir bağlantıya sahip olduğunu ispatlamaktadır. Bu da, Hz. İsa'nın Mukarrebîn Melekleriyle aynı konumda zikredilmeleriyle büyük bir benzerlik oluşturmaktadır. Şimdi Hz. İsa'nın göğe yükseltilmesiyle ilgili olan ve bu hususiyetle "**nuzûl**" (inmek) fiilinin zıt anlamlısı olan **refe'a** (yükselmek) fiilinin, **Nisa, 158**'deki;

بَلْ رَفَعَهُ اللّٰهُ اِلَيْهِ

("**O'nu kendine yükseltti.**") şeklinde bir "**hû**" zamiriyle kullanılması gösteriyor ki Allah, Hz. İsa'yı kendine yakın bir gökyüzü katına (mukarreb) bir makama yükseltmiştir. Dolayısıyla buradan, nuzulü esnasında da kendisinin hakiki İsa (A.S.) olduğunu çoğu insanın bilemeyeceği bir tarzda göndereceği sonucunu çıkarabiliriz. Çünkü mantık ve fizik kaideleri uyarınca düşündüğümüzde bile bu durumu kolayca anlayabiliriz: Örneğin, bir cisim ne kadar yükselirse geri gelip düştüğünde o kadar derine iner ve gözlerden uzaklaşarak kaybolur:

"Hatta Hazret-i İsa Aleyhisselam'ın nuzulü (inişi) dahi ve <u>kendisi İsa Aleyhisselam olduğu</u>, nur-u imanın dikkatiyle bilinir, <u>herkes bilemez</u>."

{Şuâlar, 5.Şuâ}

Şimdi Nisâ Sûresi **158** ve **172**. âyetlerde zikredilen Hz. İsa ile ilgili ifadeleri ve Hz. İsa'nın konumunu aklımızda tutalım, Bediüzzaman Hazretlerinin Hz. İsa'nın <u>nuzulünün ve tanınmasının dikkatli bir inceleme</u> sonucunda bilinebileceğini ısrarla vurguladığı ve <u>herkesin bunu anlayamayacağını</u> ifade ettiği yukarıdaki ifadesiyle birleştirelim ve aşağıda Üstâd'ın Mektûbât isimli eserinde yer alan çok önemli bir ifadesiyle karşılaştıralım ve Hz. İsa'nın hakikaten ahretin uzak bir köşesine yükseltilip (Ref'edildiğini) yükseltilmediğini ve ikinci kez gelip (Nuzûlünü) gelmeyeceğini veya ne şekilde gerçekleşeceğini aklımızın diğer bir köşesinde tutarak zihnimizde hayalî olarak canlandıralım ve her iki durumu karşılaştırarak bir sonuca ulaşalım:

"Hakim-i Zülcelal, Hz. İsa (a.s.)'ı, İsa dinine ait en mühim bir hüsn-ü hatimesi için (iyi bir sonuç) için, <u>değil sema-i dünyada cesediyle bulunan ve hayatta olan Hz. İsa, belki alem-i ahretin en uzak köşesine gitseydi ve hakikaten ölseydi, yine şöyle bir netice-i azime (büyük bir sonuç) için ona yeniden cesed giydirip dünyaya göndermek, o hakimin hikmetinden uzak değil.</u> Belki onu hikmeti öyle iktiza ettiği için va'detmiş ve va'dettiği için elbette gönderecek."

{Mektubat, 15. mektup}

İşte, burada Bediüzzaman Hz. İsa'nın, ahretin uzak bir köşesinde cesediyle birlikte bulunmasından ve tekrar dünyaya gönderilmesinin hikmetten uzak olmadığından ve en önemlisi de O'nun Ref'edilen Ruh'una yeniden bir ceset giydirilerek tekrar dünyaya gönderilmesinin ilâhî hikmet kanunlarından uzak olmadığından ve bunun mümkün olabileceğinden bahsetmekte ve bunun Allah'ın bir va'di olduğunu ifade etmektedir.

Burada zikredilen yeniden cesed giydirilerek bedenlenme, ilâhî hikmet ve sırr-ı teklif kanunları içerisinde tek bir şekilde mümkün olabilir: O da Hz. İsa'nın ikinci kez dünyaya geldiği olgunluk çağında İslâm'a ve Şeriat'a ait kanunları tekâmül ederek öğrenmesiyle mümkündür. Yoksa Hz. İsa birdenbire ve iki bin sene önceki haliyle dünyaya gökten inse, bu hem sırr-ı teklifi bozacak ve hem de Allah'ın kâinatta gerçekleşen yavaş yavaş ve tekâmül ettirerek gerçekleştirdiği yaratma ve eğitme sanatına muhalif olacaktır.

İKİNCİ CEVAP

Hz. İsa'nın ikinci gelişine işaret eden bir başka âyet de Meryem Sûresi'nin 33. âyetidir:

وَالسَّلَامُ عَلَيَّ يَوْمَ وُلِدْتُ وَيَوْمَ أَمُوتُ وَيَوْمَ أُبْعَثُ حَيًّا

"**Doğduğum (İLK GELİŞİNDE) gün, Öleceğim gün (KIYAMETTEN ÖNCEKİ İKİNCİ GELİŞİNDEN SONRAKİ GERÇEK ÖLÜMÜ –ÇÜNKÜ Hz. İSA ÖLMEMİŞTİR-) ve Yeniden diriltileceğim gün SELÂM üzerimedir."**

{Meryem, 33}

Şimdi âyette geçen (Doğduğum), (Öleceğim) ve (Yeniden Diriltileceğim) ifadelerinin bir insan hayatındaki anlam bütünlüğü düşünüldüğünde, bu ifadelerin Hz. İsa'nın ikinci gelişinden sonraki hayatıyla ilgili olduğunu ve konuya ilişkin bir tarih sıralaması ortaya koyduğunu kolayca görebiliriz. Çünkü Hz. İsa daha henüz ölmemiştir, yani ölümü ve yeniden diriltilmesi ikinci hayatından sonra olacağı için âyetteki ifadelerde yer alan ve "**Vulidtu**" (Doğduğum veya Doğurulduğum) şeklinde edilgen bir yapıda kullanılan "**Doğmak**" Muf'ûl fiiline ait Masdarın Hz. İsa'nın ikinci gelişine, yani nuzûlüne ait olabilecek bir ifade olması kuvvetle muhtemeldir. Üstelik bu âyetten önceki **30,31** ve **32.** âyetler, zaten Hz. İsa'nın ilk gelişindeki doğumundan ve daha bir bebekken konuşmasından bahsetmektedir. Dolayısıyla bir bebek olan ve henüz doğmuş durumda bulunan bir çocuğun birbiriyle bağlantılı üç ifade içeren böyle bir cümle kurması ve gerçek ölümünden önceki bir durumdan bahsetmesinin tek açıklaması bunun, Hz. İsa'nın ikinci gelişine ait bize verilen bir işaret olduğunu göstermektedir. Çünkü dikkat edilirse âyette göğe yükseltilme olayı geçmemektedir. Eğer buradaki **"doğmak"** fiili Hz. İsa'nın ilk hayatıyla ilgili olsaydı, tarihsel sıralamaya göre bu fiilden sonra **"göğe yükseltilmek"** fiili yer almalıydı:

"Çocuk dedi ki: "Ben gerçekten Allah'ın kuluyum. Bana Kitap verdi ve beni peygamber seçti. Nerede olursam olayım beni kutsadı; ve yaşadığım sürece, bana namazı ve zekâtı emretti ve beni anneme iyi davranan bir kimse kıldı. Beni şakî bir zorba yapmadı."

{Meryem, 30-32}

ÜÇÜNCÜ CEVAP

Bu konuyla ilgili bir başka âyet de Târık Sûresi 8. âyetidir:

انّه على رجعه لقادر

"Elbette Allah O'nu (Hz. İsa) yeniden getirmeye (Âhiret âleminden) Kadîr'dir."

{Târık, 8}

Âyetinde geçen **"İnne"** pekiştirmeye işaret eden kuvvetli Te'kidi (İki kat kuvvetlendirilmiş manayı) göstermekte olup; Hz. İsa'nın ikinci gelişinin mutlaka gerçekleşeceğine dalalet eden bir kesinlik ifadesiyle birlikte; eklenen **"Hû"** zamiri, Hz. İsa'nın Allah katındaki semavî bir mevkide bulunan bir gök katından (3. kat gök veya daha yüksek bir âhiret âlemi) yeryüzüne, O'nun (Allah) tarafından indirileceğine kesin olarak dalalet eder.

"**Rece'a**" yani "**Geri döndürmek**" fiiline eklenen "**Hû**" zamiri ise, 3. tekil şahıs zamiri için kullanılan müzekker isimdir ve bu da Hz. İsa'dır ve geri döndürülecek olanın Hz. İsa olduğuna dalalet eder. "**A'lâ**" yani "**Üzerinde**" zamirine ilişkilendirilen ve "**Kâdirun**" ism-i failine izafeten eklenen Tenvinin âyetin sonunda kullanılması ise; iki önemli sonuca işaret eder: Birincisi, Hz. İsa'yı âhiret âleminden geri getirecek yegâne Kudret'in Allah olduğuna ve İkincisi ise, Hz. İsa'nın Gökten Yeryüzüne, yani Yukarı âlemden aşağıya, Dünyanın üzerine inerek nuzûl edeceğine dalalettir. "**Lekâdirun**" ism-i mevsûlünde kullanılan '**Lam**', harf-i tarifinin illetli olarak kullanılması ise, Hz. İsa'yı diri olarak âhiret âleminden geri getirmek gibi mu'cizevî bir olayın, ancak Allah'ın üzerine vazife olduğunu ve O'ndan başka hiçbir gücün böyle bir olayı gerçekleştiremeyeceğine; dolayısıyla buradan hareketle, Haşirde de tüm Ruhları bedenlerine iade etmenin ve İkinci Dirilişle gerçekleşecek olan Kıyamet ve Haşrin Hak ve Hakikat olduğunu ve O'ndan başka hiçbir Kudret'in buna gücünün yetmeyeceğine ve yine benzer bir şekilde O'nun tarafından gerçekleştirileceğine bir işarettir.

İlginçtir ki, aynı fiil sûrenin 11. âyetinde de benzer bir şekilde, "**Gökyüzü**" için kullanılmış olup, "**And olsun Dönüşlü Göğe!**" şeklinde gökyüzünün de soğurma ve geri yansıma gibi bazı benzer semavî özelliklere sahip olduğuna işaret etmektedir.

Dolayısıyla Gökyüzünde kullanılan "**Dönüşlü olma**" sıfatı, Hz. İsa'nın da âhiret hayatından dünyaya yapacağı "**Dönüşle**" ve "**İkinci gelişi**"yle bağlantılıdır. Üstelik ilginç olan bir başka nokta da, 8. âyetten önceki âyetlerde yer alan ifadelerde, aynen incilde Hz. İsa'nın ikinci gelişinin tasvir edilmesi gibi, akşam gelen birisinden bahsedilmesi ve akabinde de bu âyetin yer almasıdır.

Dolayısıyla tüm bu sonuçlar da, Hz. İsa'nın ikinci gelişinin ne şekilde olacağına ilişkin bu yorumumuzu destekler niteliktedir:

"And olsun, Göğe ve Akşam Gelene (Buradaki "Akşam Gelen", Venüs gezegenine veya Hz. İsa'ya işaret etmektedir)! Ve kim söyleyecek sana, Akşam Gelen'in ne olduğunu? O, Işıldayan Yıldız'dır (Dikkat edilirse İncillerde Hz. İsa'dan bahsedilirken Hz. İsa'nın kendisini, 'Parlak Sabah Yıldızı, Venüs veya Zühre' olarak adlandırdığını görürüz. Bu da âyetin Hz. İsa'ya işaret ettiğinin bir başka yorumudur). Üzerinde gözetleyici olmayan bir kişi yoktur (Burada da O'nun üzerinde yer alan gözetleyici veya koruyuculardan bahsedilmektedir ki bunlar, açık olarak Meleklere işaret etmektedir veya burada asıl bahsedilmek istenen bir Gökcismi değil bir İnsandır). Öyleyse insan neden yaratıldığına bir baksın! O, bel ile göğüs arasından çıkan, akıtılan bir sudan yaratılmıştır (Buradaki yaratılış mekanizması anlatılan "insan"ın, diğer âyetlerle bağlantı kurulduğunda, te'villi bir yorumunun Hz. İsa'nın ikinci gelişini işaret ettiği sonucuna ulaşılabilir)!" **{Târık, 1-7}**

ÜÇÜNCÜ MESELE

Hz. İsa'nın İkinci Gelişinin Nerede Gerçekleşeceği?

Bu meselenin çözümü de uzun yıllar boyunca konunun uzmanlarını ve İslâm Âlimlerinin büyük bir çoğunluğunu uğraştırmış fakat neticede ortak bir sonuca varılamamıştır ve halen günümüzde bu konuya da aydınlatıcı bir açıklama getirilememektedir. Fakat bu konuyu çözmek için iki bin yıl önceki Hz. İsa'nın yaşadığı Filistin topraklarının ve Celile bölgesinin fiziksel ve coğrafi yapısı incelenirse; Hz. İsa'nın ikinci gelişinden önce de benzer bir Coğrafî Bölge'nin dünya üzerinde bir yerde oluşması gerektiği sonucuna ulaşırız. Çünkü Hz. İsa ikinci kez geldiğinde 33 yaşında olacağı için o zamana kadar, bu ilk hayatının izlerini taşıyan bir bölge de ilk yaşadığı ve peygamberlik görevini yaptığı yer olan Celile'ye benzeyecektir. Bunun da nereden çıkarıldığı düşünülebilir. Fakat mantıkî olarak düşünüldüğü zaman Hz. İsa'nın, gerçekten iki bin sene önce yaşayan İsa a.s. olduğunun anlaşılması ve özellikle kendisinin de bunu anlaması için bu benzerlikler ve ilk yaşadığı yerin anılarının kendisine hatırlatılması neredeyse elzemdir. Bir düşünün, Hz. İsa ikinci kez dünyanın herhangi bir yerine indi ve kim olduğunu da sırr-ı imtihan gereği bilmiyor ve kendisini tanımıyor. Kendisinin bile bilmediği bir hakikati diğer insanlar ve özellikle ehl-i kitap nasıl bilebilir ve tanıyabilir. Dolayısıyla bu tanınma işleminin gerçekleşmesi için tarih içerisinde, Hz. İsa'nın ilk hayatına ait birtakım işaretlerin ve yapılanmaların gerçekleşmesi mutlaka gereklidir.

BİRİNCİ CEVAP

Bu yapılanmalardan ilki, Hz. İsa'nın ikinci gelişindeki ortaya çıkacağı ilk yapılanmalardan birisiyle ilgilidir. Evet, gerçekten de dünyada böyle bir yapılanma vardır ve Hz. İsa'nın ikinci gelişi için oluşturulan bir medeniyet ve büyük çaplı projeler halen sürdürülmektedir. Evet, nasıl ki Yahudiler içinde Sahte Mesih'in, yani Deccal'ın gelmesi için planlar yapılıyorsa; Hristiyan ve İslâm dünyasının içinde de, belki de ikisinin kesiştiği yerde ve tam ortasında Allah (C.C.)'ın ilâhî bir programı olarak böyle bir zemin hazırlama çalışması yapılmakta ve halen devam etmektedir. Dünya medeniyetlerindeki büyük ölçekli yapılanmaları, siyasî, ekonomik ve coğrafî kutuplanmaları genel olarak incelediğimizde bunu görebiliriz. Fakat olaylara dar bir çerçeveden ve 50-60 senelik bir süreç içerisinden bakarsak büyük resimdeki asıl anlatılmak istenen meseleyi tam kavrayamayız. İşte bu da, Hz. İsa'nın ikinci kez geldiğinde dünyada nasıl bir medeniyetin olması gerektiği ve hangi coğrafî koşulların oluşmasının gerektiğini bilmekle olur. Bunu bilemeden Hz. İsa'nın ikinci kez geleceği yerin tam olarak neresi olduğunu bilemeyiz. Kısacası olaylara kısa bir zaman sürecinden değil de en az iki bin yıllık bir tarih sürecinden başlayarak bakmamız gerekir. Dolayısıyla tarih içinde Batı dünyasındaki pek çok ilâhiyâtçı, uzman din adamları ve Hristiyan rahipleri ile İslâm dünyasındaki birçok âlim bu konuya bir açıklama getirmek için çaba vermişler ve çeşitli tahminlerde bulunmuşlardır. Bazı âlimler Hz. İsa'nın ineceği yerin, Şam'daki Emeviye camisinin bir minaresi olduğunu, bazıları Kudüs'teki Mescid-i aksâ'nın kubbesi olduğunu ve bazıları da Arabistan Yarımadası'ndaki Ürdün Nehri'ne yakın çöllük bir bölge olduğunu iddia etmişlerdir. Buna karşılık, Batıdaki Hristiyan Din adamları ve İlâhîyât Uzmanları ile İncil Araştırmacıları da Hz. İsa'nın Avrupa veya Amerika'daki bir yere ineceğini veya bu iki kıtanın birisinde ilerki bir zamanda yeniden doğacak bir çocuk olduğunu ve hayatının ilerleyen dönemlerinde bu çocuğun Papazlar ve Din adamları ve konunun uzmanları tarafından tanınarak Hakikî İsa AS. olduğunun anlaşılacağı şeklinde yorumlar yapılmıştır.

İncillere göre ise, Hz. İsa'nın gökyüzündeki bulutların üzerinden görkemli ikinci gelişi tüm dünya tarafından açıkça görülecek ve herkes O'nun geldiğine inanacaktır. Şimdi mantıklı bir şekilde düşünürsek bu görüşlerin hemen hemen hepsinin gerçekçi ve akla yakın olmadığını ve sırr-ı imtihan koşulları içerisinde değerlendirildiğinde imkansız olduğunu anlarız: Şöyle ki, Birincisi, Hz. İsa'nın geldiğini açıktan açığa herkes anlayamayacaktır, böylece batılı düşünürlerin ve İncillerin Hz. İsa'nın bedenen gökyüzünden açıktan açığa gelmesi düşüncesinin yanlış olduğu ispatlanmış olur. İkincisi, İslâm âlimlerinin bu konu ile ilgili ifadelerinin çoğu kapalı ve te'vile muhtaç olduğunda Şam'a veya Kudüs'e bedenen inmesi akla ve sırr-ı imtihan koşullarına aykırı gibi görünmektedir ve bu görüşler de doğru yorumlanmazlarsa yanlış anlaşılmalara sebep olmaktadır. İslâm âlimleri bu konu ile ilgili hadisleri Üstad Said Nursî'nin de söylediği gibi kendi zamanlarına ve şartlarına göre yorumlamışlardır. Mesela buna bir örnek vermek gerekirse; bir Hadîs-i Şerif'te Hz. İsa'nın Şam'daki bir caminin beyaz mineresine sabahleyin ineceği ve O'nu bekleyen Hz. Mehdi'ye tabi olup: "Ey Mehdi, bu namazın kameti senin için getirildi, buyur namazı sen kıldır. Bu, Allah'ın ümmet-i Muhammed'e bir ikramıdır." Şeklinde ifade edilen Nuzûl-ü İsa meselesini çoğu âlim bugünkü Suriye'nin Başkenti olan Şam kenti olarak yorumlamışlardır.

Fakat o zamanlar şuna dikkat edilmemiştir: Şam eski devirlerde ve hatta İslâmiyetin dünyaya yayılmaya başladığı ilk dönemlerinde İslâmiyetin ve ilmin merkeziydi. Oysa ki Hadis'te geçen Şam kelimesinin başka bir anlamı daha vardır ve o da "Sol"dur. Yani İslâmiyetin ilk dönemlerinde "Şam" kelimesi coğrafî olarak, Arap Yarımadası'nı solunda kalan ülkeler ve yerler için (bu bölgelere Türkiye'nin batısında bulunan bölgeler de dahildir) kullanılmaktaydı. Dolayısıyla İ.S. 1000-1500 yılları arasındaki dönemde, Hadis'te geçen bu kelime, İslâmiyet için merkezî bir konumda bulunan "Şam" kenti olarak yorumlandı. Oysa ki, tarihi incelediğimiz zaman İ.S. 1453 yılındaki İstanbul'un fethinden günümüze kadar geçen süren 500 yıllık süreç içerisinde ve özellikle de içinde yaşadığımız bu yüzyılda bu merkeziyet Şam'dan İstanbul'a doğru kaymış ve yer değiştirmiştir. Üstelik uzun bir süre İslâmiyetin hamisi olan Osmanlı İmparatorluğu'nun son zamanlarındaki merkezi ve halifeliğin bulunduğu makam da İstanbul'da bulunmaktaydı. Dolayısıyla Hadis'te geçen "Şam" kelimesini anlamı zamanla değişmiş ve Hz. İsa'nın ikinci gelişinin gerçekleşeceği yerin belirlenmesi için te'vile muhtaç bir hale gelerek yeniden yorumlanması gerekmiştir.

Sonuç olarak Hadis'te geçen "Şam" kelimesiyle İstanbul'un kasdedildiği sonucuna ulaşmış oluruz. Şimdi gelelim "Beyaz Minare" ifadesinin çözümlenmesine. Hadiste geçen bu caminin ve minarenin bulunduğu kasdedilen yerin, merkezî bir yerde bulunan ve içinde bir caminin de yer aldığı çok büyük bir külliye olduğu anlaşılmaktadır. İstanbul'da bulunan bu camilerden ve külliyelerden en büyüklerini araştırdığımız zaman en büyük cami ve külliye'nin Kanunî Sultan Süleyman zamanında Mimar Sinan tarafından inşa edilen Süleymaniye camii ve külliyesi olduğu kolayca anlaşılır. Yani "Şam'daki Beyaz Minare" ifadesinde kasdedilen yerin aslında, İstanbul'da bulunan "Süleymaniye Camiini ve Külliyesi"ni işaret ettiğini çözümledik. Şimdi gelelim Hz. İsa'nın sabaha karşı, seher vaktinde inmesine. İkinci meselede, Hz. İsa'nın ikinci gelişinde yetişkin bir insan olarak geleceğine ve daha sonraları Hakikî İsa a.s. olacağının anlaşılacağını çözümlemiştik. Dolayısıyla Hz. İsa'nın ikinci kez geleceği yerin neresi olacağı ve nasıl geleceği meseleleri bu noktada ortak bir paydada buluşmuş olur ve her iki meselenin de âyetler ve hadisler çerçevesinde aklî ve ilmî bir çözümü de ortaya çıkmış olur. Böylece, Hadis-i Şerif'in 1400 sene önce bildirdiği bu mu'cizevî te'vili, bu şekilde çözümlersek harika bir şekilde bu Büyük Caminin minaresine, yani Hz. İsa'nın ikinci kez geldiğinde sabaha karşı dünyaya gönderildiği yere ve dünyaya indiği yere ulaşmış oluruz. Yani Hz. İsa, ikinci kez geldiğinde yedi tepeli İstanbul'un en yüksek tepesi (70 m) olan ve aşağıdaki haritada ikinci tepe olarak işaret edilen yerde inşa edilen Süleymaniye Camii'nin Beyaz Mermer'den yapılan sağdan ikinci minaresine inecek ve böylece ikinci kez dünyaya gönderilmiş olacaktır. Üstelik I. Konstantin'in İ.S. 325 yılında Hristiyanlığın merkezini, Roma'dan İstanbul'a taşıdığını düşünürsek savunduğumuz ve burada istpatlamaya çalıştığımız bu görüşün daha akla yatkın ve ilâhî kanun ve hikmet çerçevesi içinde gerçekleştiğini görmüş oluruz.

İKİNCİ CEVAP

Hz. İsa'nın ikinci gelişindeki yapılanmalardan ve yerlerden ikincisi ve en önemlisi; O'nun ikinci gelişindeki otuzlu yaşlarının başlarına, yani müceddidlik görevinin başlangıcında oluşan ve etnik, demografik ve coğrafî olarak iki bin yıl önceki yaşadığı yer olan Celile Bölgesi ve Nasıra Köy'üne benzer bir yapılanma olan "Yeni Roma"dır. Evet, gerçekten de dünya üzerinde böyle bir yapılanma oluşmaktadır. Allah'ın âhir zamana yönelik ve Kıyamet Süreci için tasarladığı bu ilâhî plan belli bir program çerçevesinde oluşturulmaya devam eden bir yapılanmadır. Biraz sonra göreceğimiz Haritalarda ve Tablolarda iki bin yıl önceki coğrafî ve demografik koşullarla günümüzde oluşturulan bu yeni yapılanmanın koşullarının ve planlarının benzeştiğini ve Hz. İsa'nın ilk yaşadığı dönemdeki koşulların oluşmaya başladığını hayretle göreceksiniz. Yaklaşık 2000 seneden beri devam eden bu yapılanma günümüzde de devam etmektedir. Hz. İsa'nın iki bin yıl önce geldiği ortam ve coğrafî koşulların bir benzeri günümüzde de oluşturulmaktadır. Aşağıdaki Haritaları bu çerçevede yorumlarsak bazı yerlerin benzeştiğini kolayca görebiliriz.

Hz. İsa'nın ikinci gelişinin İstanbul'da gerçekleşeceğini ispatladıktan sonra benzeşen bu yerlerin bazılarını şöyle yorumlayabiliriz: Örneğin iki bin yıl önceki bir iç deniz olan Akdeniz'in yerini, bu kez yine bir iç deniz olan Marmara Denizi. Yine iki bin sene önceki Roma İmparatorluğu'nun yerini, Avrupa Birliği'ni oluşturan Avrupa Kıtası ve Türkiye'nin Batısını da içine alan Bölge; iki bin yıl önce hak din olan İsevîğin hakim olduğu Filistin (Yahudiye) topraklarının yerini, İslâmiyetin hakim olduğu Türkiye; Süleyman Mabedinin bulunduğu Kudüs ve Hz. İsa'nın ilk gelişindeki doğum yerinin bulunduğu Beytlehem Kentlerinin içinde bulunduğu Yahuda Bölgesi'nin yerini, Süleymaniye Camiinin bulunduğu İstanbul (Yeni Yeruselâm ve Yeni Celile) almaktadır. Âhir zaman şahıslarının en önemlilerinin kim oldukları şimdilik tam olarak bilinmemekle beraber, aşağıdaki büyük haritalarda âhir zamanın en önemli şahısları olan Hz. İsa, Hz. Mehdi, İslâm Deccalı ve Büyük Deccal'ın ortaya çıkarak faaliyetlerine başlayacakları muhtemel önemli yerler, küçük haritalarda roma rakamlarıyla işaretlenmiştir. Haritaya dikkat edilirse âhir zamanın büyük şahıslarının en önemli ve ortak özelliğinin, İstanbul'da dünyaya gelip bu bölgede ortaya çıkmaları ve hepsinin de denize yakın ve kıyıda yer alan yerler olmasıdır.

Dolayısıyla bu özellik de, onları tanıyabilmemiz için Allah tarafından bize verilen coğrafî ve geometrik bir işaret olabilir ve bu da O'nun âhir zamana yönelik mükemmel bir planı ve projesidir. Çünkü daha önceki kısımlarda da incelediğimiz gibi hadislerde, âhir zamanın önemli şahıslarının ortaya çıkacakları ve mücadelelerine başlayacakları yerler belirtilirken (Gerek Hz. İsa, gerek Hz. Mehdi ve gerekse her iki Deccal'a ait hadisler olsun) hep "Şam Bölgesi" ve "Üç Deniz'in birleştiği bir yer" olarak belirtilen ve tarihî yarımadayı da içine alan eski İstanbul ve Adaları da içine alan ve kozmopolitan bir bölge olarak belirtilen bir yerden bahsedilmekte ve üstü kapalı olarak bu şahısların ortak olarak çıkacakları yer olarak mu'cizevî bir tarzda yakın tarihteki Osmanlı İmparatorluğu'nun son halifelik merkezinin ve Antik dönemdeki Roma İmparatorluğu'nun son merkezi olan İstanbul'a işaret edilmektedir.

Aşağıdaki tabloda ve haritalarda bu durum ve benzeşen bu bölgeler daha iyi görülebilmektedir.

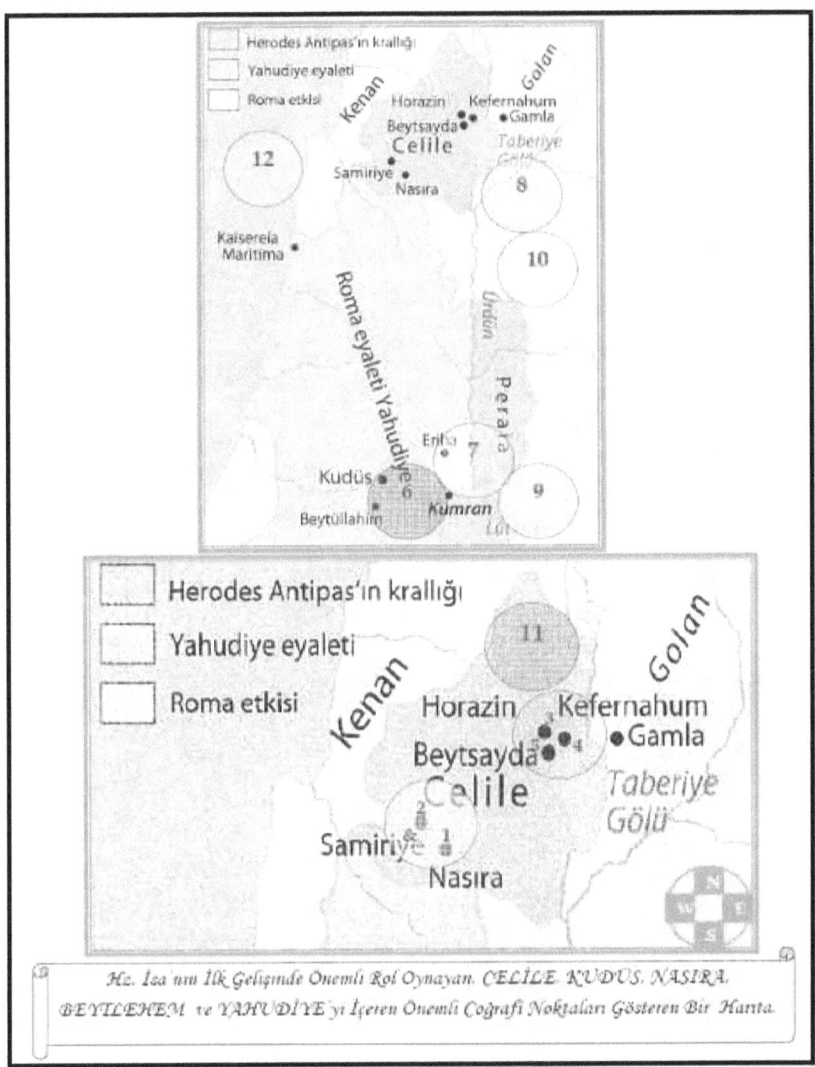

Hz. İsa'nın İlk Gelişinde Önemli Rol Oynayan, CELİLE, KUDÜS, NASIRA, BEYTLEHEM ve YAHUDİYE'yi İçeren Önemli Coğrafi Noktaları Gösteren Bir Harita.

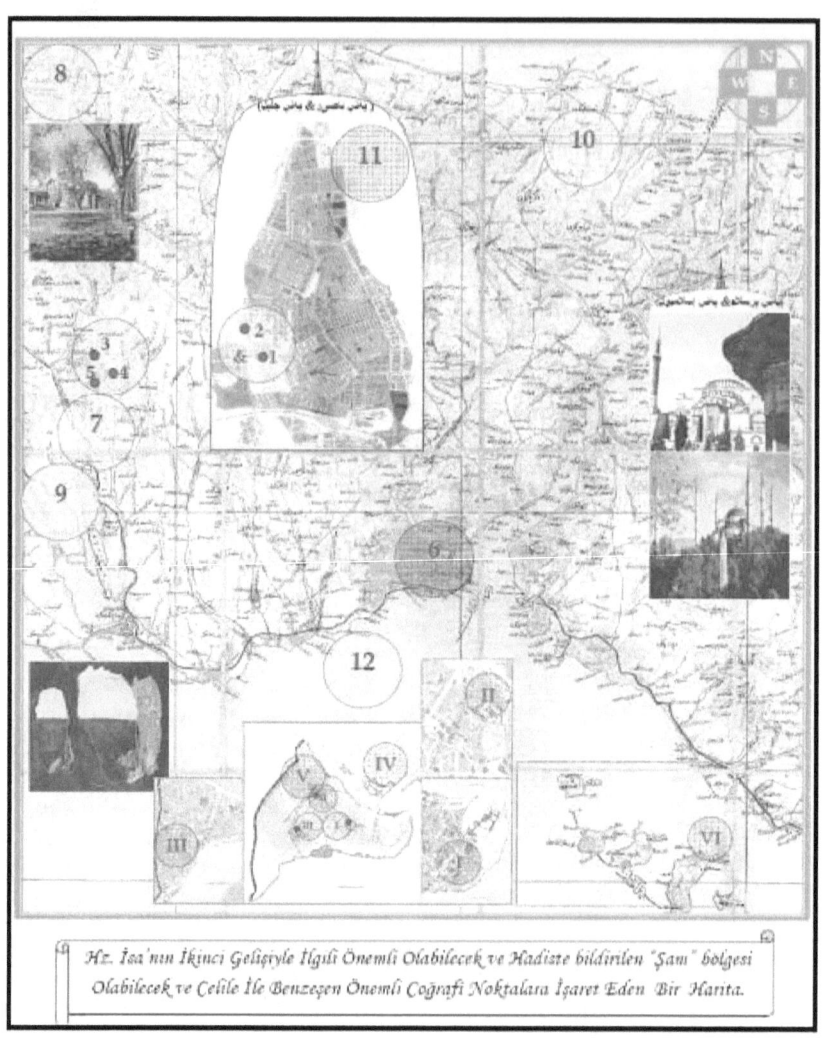

Hz. İsa'nın İkinci Gelişiyle İlgili Önemli Olabilecek ve Hadiste bildirilen "Şam" bölgesi Olabilecek ve Celile İle Benzeşen Önemli Coğrafi Noktalara İşaret Eden Bir Harita.

Dolayısıyla İstanbul âhir zaman açısından çok önemli bir merkez olup, önemli gelişmelere sahne olacak çok önemli bir Kozmopolitan kenttir. Yani, nasıl ki Kudüs Hz. İsa'nın ilk gelişinde ve Mekke Hz. Muhammed'in Peygamberlik döneminde Medeniyetin ve gelişen önemli olayların merkezi konumunda ise; aynı şekilde İstanbul da, âhir zamanda gelişecek olayların merkezi konumundadır. Yakın zamanlarda, tüm dünyanın gözünün İstanbul'un üzerinde olması bunun en önemli göstergesi ve işaretidir. Dolayısıyla tüm bu hadisler, âhir zamanın bütün önemli şahıslarının ilk ortaya çıkış yerleri ve âhir zamanda gelişeceği bildirilen önemli olayların ortak noktası olarak İstanbul'u işaret etmektedir.

Fakat işin ilginç tarafı hadisleri ve âhir zamanda gelişecek olayları ve bu şahısların karşılaşma ortamlarını iyi bir şekilde tasvir ettiğimiz zaman; bu durumun sadece Hz. İsa ve Hz. Mehdi için geçerli olmadığını; Büyük Deccal (Antiisa veya İsa Karşıtı olarak da bilinir) ve İslâm Deccalı'nın (Süfyan veya Küçük Deccal olarak da bilinir) da İstanbul'dan çıkacağı sonucuna ulaşırız. Bu sonuca şu şekilde ulaşabiliriz ki, nasıl ki Hz. İsa ve Hz. Mehdi birlikte bir buluşma gerçekleştireceklerse ve bu durum hadiste belirtilen aynı bölge olarak geçiyorsa; Büyük Deccal ve İslâm Deccalı olan Süfyanın dahi bir ittifak ve işbirliği için birleşmeleri ve ortak hareket etmeleri için birbirine yakın bir bölge içinde bulunmaları gayet mantıklıdır. Eğer bunu bir gelecek kurgusu ve bir Armageddon olarak da düşünsek yine aynı sonuca ulaşırız ki, yine her iki durumda da iki hayır gücüne karşı iki şer gücün aynı bölge içerisinde bir kutuplaşma oluşturdukları ve bunun altyapısının işaretlerinin şimdiden oluşmaya başladığını görürüz.

Bunun birçok kanıtı olmakla birlikte tüm hayır güçleri ve İslâm dünyasıyla birlikte eşzamanlı olarak tüm şer güçlerin ve ehl-i nifakın dahi Türkiye ve İslâm dünyasının kalbi olan ve adeta son zamanlarda Dünya'nın merkezi konumuna gelmeye başlayan İstanbul'la yakından ilgilenmeye başlaması bu durumun en güçlü kanıtlarından birisidir. Fakat, şimdilik çok fazla yakından hissetmediğimiz bu olaylar zinciri, ilerki zamanlarda daha çok belirginleşecek ve bir iman-küfür mücadelesinin ön hazırlığının zeminini oluşturacaktır. Aşağıda sırasıyla, İstanbul'da bulunan bu bölgeleri ve âhir zamanda hangi şahsın nereden çıkacağını yaklaşık olarak belirleyen, özet bir tablo oluşturulmuştur:

Âhir Zamanın Önemli Şahsı/Unvanı
Hz.İSA (Meryem'in Oğlu & Mesih)
SÜFYAN (İslâm Deccalı & Küçük Deccal)
Hz. MEHDİ (Sâhibüzzaman & Son Müceddid)
DECCAL (İsa Karşıtı & Büyük Deccal)

Üstteki Tablo: Ahirzaman şahıslarının çıkacağı yerlere işaret eden karşılaştırmalı bölgeler.

ÜÇÜNCÜ CEVAP

Hz. İsa'nın İkinci Gelişinden Önce Medeniyetin Yeniden İnşa Edilmesi

Hz. İsa'nın ikinci gelişindeki yapılanmalardan ve yerlerden üçüncüsü ise; O'nun İ.S. 2036 yılındaki ikinci gelişindeki müceddidlik görevinin başlangıcından (2037), otuzlu yaşlarının sonlarına doğru (2042), yani ortaya çıkacağı dönemin başlangıcına kadar geçireceği dönem içerisinde oluşan ve etnik, demografik ve coğrafî olarak iki bin yıl önceki yaşadığı yer olan Roma İmparatorluğu ve Yahudiye'ye benzer bir yapılanma olan ve tüm Ortadoğu Bölgesi'nin batısıyla Avrupa Kıtası'nı kapsayan "Yeni Roma"dır. Bu coğrafî bölgeyi genel ölçekli olarak incelediğimiz zaman, gerçekten de dünya üzerinde böyle bir yapılanmanın var olduğunu kolaylıkla görebiliriz.

Bu bahis, oldukça uzun ve geniş çaplı bir tarih incelemesini gerektirdiğinden; şimdilik biz burada, bu yapılanmanın kısa bir özetini sunmaya çalışacağız. Hatırlarsak, Ulü-l Azm peygamberlerin gelmesinden önce büyük medeniyetlerin inşa edilir ve bu medeniyetlerin kuruluş amaçlarını ve o dönemlere ait özelliklerinden bazıları, örneğin İbrahim A.S. ve Mezopotamya Medeniyeti veya Musa A.S. ve Mısır Medeniyeti veya İsa A.S. ve Roma Medeniyeti gibi v.b. o peygamberin dönemine ait bir altyapı oluşturur. İşte bu incelemenin detaylarına girmeden önce de, yani Hz. İsa'nın ikinci gelişinden önce oluşturulmaya başlayan bu medeniyetin yapısını da tahkiki bir şekilde görebilmek için; yeni oluşan bu medeniyeti, daha önceki büyük medeniyetler gibi görebilmek ve Hz. İsa'nın ikinci gelişinden önce O'nun ortaya çıkacağı medeniyetin ve bu medeniyet karşısında yer alan ve gücünü inkarcı bir felsefeden alan inkarcı medeniyetin yapısını inceleyeceğiz. Daha önceki bölümlerde değindiğimiz gibi, her medeniyet bir müceddid veya bir peygamber liderliğinde nasıl yeniden yapılandırılıyorsa; içinde bulunduğumuz günümüz medeniyeti de, bu şekilde yeniden oluşturulmaktadır.

Fakat bu oluşum, genel olarak 50-60 yıllık bir döneme yayıldığından kısa zaman aralıklarında yapılan yüzeysel gözlemler ve araştırmalar bize bu konu ile ilgili tam bir fikir ve kesin bir kanaat kazandıramaz. Dolayısıyla bu türlü elde edilecek ilmî sonuçlar, oluşmakta olan bu yapıyı tam olarak göz önüne seremez. Bu yüzden bu dönemde, yani en az bir kuşağın geçtiği bu ara dönemde bu medeniyet sistemi o günkü koşullara ve şartlara göre gelecek olan yeni bir müceddid ve/veya peygamber için yeniden inşa edilir. Dünyada ortalama bir 100 yıllık süre içerisinde oluşmaya başlayan bu medeniyetlerin coğrafî, siyasî, ekonomik, askerî ve demografik yapısını ve dinî kutuplaşmanın yapısını görebilmek için aşağıdaki haritaları ve tabloları dikkatlice incelersek bu konuda bir fikir sahibi olabiliriz. Dikkat edilirse yukarıdaki haritalarda ve toblolarda en göze çarpan etkenin ve hemen hemen tüm sahalarda yükselişe geçen değerin İslâm olduğu kolaylıkla görülebilir.

İşte bu kısa incelememiz sonucunda, 1900'lü yılların başlarından 2000'li yılların başlarına doğru hızla yükselişe geçen İslâmiyetin bu hızlı yükselişi; Hz. İsa'nın ikinci gelişinin önemli bir işareti ve Hz. İsa'nın ilk gelişinden ve peygamberlik görevini yerine getirdiği dönemden tam 2000 yıl sonra Hz. İsa'nın ikinci gelişiyle oluşan yeni bir medeniyetin oluşumunun yavaş yavaş başladığının bir göstergesidir. Öyle görünüyor ki, yakın bir zamanda bu oluşum yapılanmasını bitirecek ve asıl inşa edilme amacı olan Modern İslâm Medeniyeti'ne ve Hz. İsa ile Deccal arasındaki İman-Küfür mücadelesine tanıklık edecektir.

İşte genel olarak bu oluşum halindeki medeniyetin ilerleme safhaları dikkatlice izlenirse bu büyük ve çok uluslu medeniyetin yakın bir gelecekte, kendisini oluşturan ve bu mücadelenin yapılacağı iki medeniyetten oluşan; Amerika (Yeni Dünya) ve Avrupa (Yeni Roma) olarak adlandırılan, iki alt medeniyete ve Gayrimüslim (Yeni Dünya Dini ve Ateizm) ve Müslüman (İslâm ve İsevîlik) şeklinde iki alt inanç sistemine indirgeneceği görülür. Dolayısıyla Amerika Medeniyeti'nin tabi olduğu inanç sistemi,

Deccal'ın ve Şeytan'ın öncülüğünü yaptığı Yeni Dünya Putperest Dini ve Ateizm olurken; Avrupa ve Asya ile Afrika'nın bir bölümünü içine alan Medeniyet'in tabi olduğu inanç sisteminin, Hz. İsa ve Hz. Mehdi'nin öncülüğünü yaptığı İsevîlik ve İslâm olacağı görülür.

İşte, şimdi oluşmakta olan bu iki Medeniyet'in yapısını ve oluşma nedenlerini ve sonuçlarını kısaca inceleyelim:

İKİ BÜYÜK MEDENİYET: AMERİKA VE AVRUPA

Eski Antik çağlarda olduğu gibi tarihin her döneminde inşa edilen yeni bir medeniyet günümüzde de yeniden doğmakta ve inşa edilmektedir. Tüm zamanlarda olduğu gibi yine iki kutuplu olarak inşa edilen bu medeniyetin bir kutbunda inkarcı fikir sisteminden güç alan ve Şeytan tarafından yönlendirilen bir medeniyet olan "YENİ DÜNYA DÜZENİ" olarak adlandırılan "AMERİKA MEDENİYETİ" yer alırken; bunun tam zıttı olan ve karşısında yer alarak "Tevhid İnancını" ve "Üç Dinin Birliğini" savunan ve Allah tarafından bu ilâhî plan ve programa göre oluşturulmakta olan ve "YENİ ROMA İMPARATORLUĞU" olarak adlandırdığımız "AVRUPA BİRLİĞİ" yer alır. Yeni Dünya Düzeni ve Amerika, Deccal'ın gelişi ve Şeytanî krallığını oluşturması için devasa gökdelenlerle ve muazzam yapılarla yeniden inşa edilirken; Yeni Roma ve Avrupa ile Ortadoğu'nun bir kısmını (Türkiye'nin Batısı da dahil) içine alan bölge, Hz. İsa'nın ikinci gelişi, üç dinin birliği ve İSEVÎLİK için yeniden inşa edilmektedir. Dolayısıyla, bu aşamada 2000 yıldır süren Ortadoğu'daki yapılanma yavaş yavaş sona ermekte ve Avrupa Birliği'nin sınırlarını belirleyen bölge, tıpkı 2000 sene önce olduğu gibi Roma İmparatorluğu ile benzer bir yapı arzetmektedir.

Dünyanın son zamanlarda almaya başladığı bu ekonomik, siyasî ve coğrafî yapılanma dikkatli bir şekilde incelenirse, oluşturulan bu medeniyetlerin yapısının ve esas oluşum sebebinin; Deccal'la Hz. İsa arasındaki İman-Küfür savaşının bir işareti ve altyapısı olduğu görülür. Dolayısıyla diğer inkarcı fikirler ve felsefeler gibi (Örneğin, Darwin'in SEÇİLİMLİ NATURALİZM (Evrim) Teorisi veya KARL MARX'ın DİYALEKTİK MATERYALİZM TEORİSİ gibi v.b.), 1960'lı yıllarda oluşturulmaya başlayan ve ileride "Çatışan Medeniyetler" şeklinde insanları din savaşına sürükleyecek olan ve gücünü Deccal'ın inkarcı felsefesinin temelini oluşturan "KAOS TEORİSİ"nden alan ve yeni bir Darwin olarak ortaya çıkan Samuel P. Huntington'un savunduğu gibi inşa edilmekte olan bu medeniyetler; bir çatışma ve kaos ortamı için değil, Allah'ın 21. asır için takdir ettiği Deccal'la Hz. İsa arasındaki İman-Küfür mücadelesi için oluşturulmaktadır. İşte tüm bunlar da gösteriyor ki Deccal'ın savaşçı ve çatıştırmacı fikirlerinin karşısında Hz. İsa'nın birleştirici ve barışçı fikirlerinin mücadele edeceği medeniyetler ve bunların altyapıları hazırlanmaktadır. Fakat bu mücadele, Deccal'a tabi olan fikir adamları ve yazarların savunduğu gibi, Hristiyanlık ve İslâm arasında yaşanacak bir çatışmayla değil; Allah'ın izniyle tüm ehl-i kitabın Kur'ân'a ve Hz. İsa'ya tabi olmasıyla başlayacak ve tüm ehl-i kitabın İslâm'a tabi olmasıyla sonuçlanacaktır.

Dolayısıyla burada kısaca değindiğimiz bu konuyla ilgili sonuç olarak şunu söylemeliyiz ki; bu gibi Batılı yazarlarların savunduğu gibi, medeniyetler arasındaki ilişki bir çatışmayla değil; ancak karşılıklı diyalog, hoşgörü ve barışla tesis edilebilir.

Bu da ancak dünyadaki gelmiş ve geçmiş olan tüm medeniyetlerin, gerek Hristiyan dünyası olsun gerekse Müslüman dünyası olsun hepsinin barış ve saadet kaynağı olan Hz. İsa ve Hz. Mehdi'nin öncülüğünde âhir zamana yönelik tesis edilecek olan Modern İslâm Medeniyeti'ne tabi olmasıyla gerçekleştirilebilir.

İşte günümüzdeki tüm medeniyetleri ortak bir noktada ve paydada birleştirecek olan yegane gerçek budur. Bunun dışındaki tüm görüşler ve kişisel yorum ve çözümler insanları ve medeniyetleri daha çok karmaşaya, kaotik bir dünyaya ve bunun sonucunda da mutlaka çatışmaya götürecektir. İşte içinde bulunduğumuz bu âhir zamanda, Kur'ân eczanesindeki ilaçlarla medeniyetlerin hastalıklarını ve tedavi yöntemlerini teşhis ve tedavi edebilecek yegane doktorlar Hz. İsa ve Hz. Mehdi'dir. Hadislerden de anladığımıza göre, bunun dışında bir çözüm aramak bizi daha büyük açmazlara ve çatışmalara götürecektir. Bütün tarihsel zamanları ve çağları hak dinin hakimiyeti için yeniden yapılandıran ve yenileyen hakîm-i zülcelâl hazretleri, içinde bulunduğumuz bu yüzyılı da bu şekilde oluşturulan bir medeniyetler sistemi ile yeniden yapılandırmaktadır. Dolayısıyla bu yapıya dar bir çerçeveden değil de geniş ölçekli ve yaşanmış tarihle birlikte bir bütün olarak bakabilenler bunu görebileceklerdir. Şimdi yukarıda kısaca değindiğimiz bu iki medeniyeti başka bir açıdan ve belki de aklımıza hiç gelmeyen bir yönüyle, yani Hz. İsa'nın ikinci gelişinin bir ön hazırlığı olarak düşünerek; oluşumunun nedenlerini, tarihî yapılanma sürecini ve günümüze kadar süren yapılanmasını basitçe ve özet olarak anlatmaya çalışalım:

AMERİKA MEDENİYETİ: YENİ DÜNYANIN KEŞFİ

Modern Tarih Bilimi, oldukça uzun bir süredir Amerika kıtalarını Eski Dünya ile tanıştıran gezginin Christoph Colombus olmadığını; bu yolculukların sanıldığından oldukça eski tarihlerde, yani bildiğimiz en eski "Deniz Halkları"nın seferleri sırasında keşfedildiğini bulmuştur. Şimdi şöyle diyebilirsiniz neden tarih kitaplarında onlarca hatta yüzlerce senedir Amerika'yı keşfeden kişinin Colomb olduğu yazıldı ve herkes de bunun doğru olduğuna inandı. Bunun sebebi oldukça basittir, çünkü nasıl ki Hz. İsa'nın peygamber olduğunu ve Allah tarafından gönderildiğini ilan eden kitaplar ve yayınlar iktidarı elinde bulunduran zamanın yöneticileri tarafından işlerine geldiği gibi yorumlanıp, Hz. İsa'nın Tanrı ve/veya Tanrı'nın Oğlu olduğu şeklinde halka lanse edildiyse ve bu yolla çok büyük tarihî gerçekler saptırıldıysa; benzer anlayışla, Amerika'nın keşfinden ve oradaki altınların yağmalanmasından ve yeni koloniler elde edilemesinden başka bir gerçeği düşünmeyen ortaçağ baskıcı ve emperyalist yönetimleri de tarihsel gerçeklikleri saptırdılar ve Amerika'yı sahiplenip bir Yahudi mirası elde etmek uğruna, varolan gerçekleri tarih kitaplarına geçirmediler. İşte bu kısımda bu tarihsel saptamaları ve tespitleri yeniden ve farklı bir orjine göre yapacağız ve şimdilik klasik tarih anlayışını es geçeceğiz ve gerçeklerin ne kadar farklı olduğunu göreceğiz. Ne var ki, Arkeolojik bulguların gerçekten (günümüz şartlarında bile) çok sınırlı olması, bu "Orjin Noktası"nı saptayabilmemizin önündeki en büyük engellerden biridir.

Tarih bilgimiz konusunda bugün gelinen nokta her ne kadar küçümsenmese de bunun gerçekliğine ilişkin veriler ne yazık ki çok azdır. Pek çok bilgi ve doğru sanılan şeyler aslında bir yanılsamadan ibarettir ve buna yakın tarih de dahildir. Şunu da ilave etmeliyiz ki, bir bilim dalı olarak Arkeoloji henüz çok genç bir bilimdir ve bu alandaki sistematik çalışmaların ancak bundan 200 yıl önce başladığını unutmamamız gerekir. Oysa ki yazılı insanlık tarihi neredeyse 6000 yıllık bir geçmişe sahiptir ve bugün sahip olduğumuz ve elde ettiğimiz bilgi birikiminin ağırlıklı bölümünü, yirminci yüzyılda yapılan araştırmaların ve keşiflerin oluşturduğunu unutmamamız gerekir. Dolayısıyla bundan önceki dönemlerden kalan Arkeolojik ve Tarihî araştırma sayısı çok azdır ve tarihin büyük bir bölümü hala tam olarak aydınlatılabilmiş değildir. Orta ve Güney Amerika Arkeolojisi ise, tüm bu araştırma süreci içinde en yenisidir ve bu konudaki araştırmaların başlaması bundan yaklaşık 100 sene öncesine dayanır. Yucatan ve Meksika platosundaki düzenli araştırmaların başlangıcı, 20. yüzyılın başlarına denk gelmektedir.

Bilimsel disiplinlerde, herhangi bir alan çalışmasında elde edilen sonuçların öncelikle akademik düzeyde genel kabul görecek duruma ulaşması; ardından da bir anlamda tescil edildikten sonra artık kamuoyuna sunulacak hale gelmesi, gerçekten çok fazla ve gereksiz bir zaman alan; atıl ve sancılı bir süreçtir. Orta Amerika'da yapılan çeşitli araştırmalar sırasında elde edilmiş bulgular ya da bu bulguların değerlendirilmesiyle ileri sürülmüş kimi varsayımlar, bu nedenle şimdilik yalnızca ve sadece Amerika'daki Yahudi yönetiminin çıkarı için bekleme halinde tutulurken, üzerinde karara varılamamış "Eksik tezler" kategorisinde tutulmaktadır. Bu tezlerden birisi de Eski Dünya'dan Amerika'ya yapılan ilk seferlerin, 10. yüzyıl sırasında Kuzey Avrupalı denizciler tarafından başlatıldığına ait bulgulardır. Bu seferlerin gönüllü liderliğini de, İrlandalı bir Rahip olan Brendan''ın başlattığı kanıtlanmış bir bilgidir.

Amerika yerlilerinin kültürlerinde pek de iz bırakmayan bu keşif seferleri, Kuzeydoğu Amerika'da, dar bir bölgeyle sınırlı kaldı. Ancak yine de bu seferlerin, Amerika'ya yapılan ilk ziyaret olup olmadığı kesin olarak belirlenemedi. Ta ki Venezuella'da 1976 yılında keşfedilen ve yüzlerce Roma parası içeren bir hazine keşfedilene kadar. Yapılan Kriptolojik ölçümlerin sonucunda, bu paraların en yakın tarihlisinin, İ.S. IV. Yüzyıla ait olduğu belirlendi. Bu keşiften kısa bir süre sonra da Meksika'da XII. Yüzyıldan kalma bir Aztek mezarının içinde İ.S. III. Yüzyıla ait bir Roma heykelinin başı bulundu.

Peki ama XII. Yüzyıldan kalan bir Aztek mezarının içinde İ.S. III. Yüzyıla ait bir Roma heykelinin ne işi vardı. Tüm bu bulgular uzun bir süre kamuoyundan gizli tutulurken; Amerika'nın gerçek tarihi konusunda yapılan araştırmalar bambaşka bir boyut kazandı. Yapılan bu buluşlar Amerikan tarihinin, bilinen ve tarih içerisinde anlatılagelen tüm dogmasını yıkmakta ve bambaşka bir tarih ortaya koymaktaydı. Dolayısıyla yapılan keşiflerin tarihlerine bakıldığında Romalıların ve Hristiyanlığın ve en önemlisi de Hz. İsa'nın hakikî dini olan İsevîliğin bu topraklara Colomb'dan çok daha önce gelmiş olması mümkündür. İşte bu gerçek, Amerikan tarihinin tüm değerlerini yıkar ve gücünü barbar ve yıkıcı bir Yahudi inancı olan Kabala'dan alarak inşa edilen bir medeniyet yerine; barışcıl ve modern bir din olan İsevîliğin, belki de tarihte ilk defa Allah tarafından gönderilmiş bir hak dinin Amerika'ya yani yeni dünyaya ulaşması anlamına gelmektedir.

Bir İspanyol denizcisi olan Kristof Colomb, Amerika kıtasını ilk kez 1500'lü yıllarda keşfettiğinde herhalde burasının günün birinde muazzam büyüklükte 100-200 katlı yüzlerce gökdelenden oluşan yeni bir medeniyetin beşiği olacağını tahmin etmemiştir. Amerika'nın yerlisi olan Eski Maya ve İnka Medeniyetlerinin oldukça sade ve basit bir yaşantısı olduğu göz önüne alındığında, yeni oluşan bu medeniyetin bu hale geleceği herhalde tahmin bile edilemezdi. Oysa ki, beyaz ırkın üstünlüğüyle sonuçlanan faşist bir istila ve soykırım sonrasında Avrupa'dan ve özellikle elit tabakadan oluşan birtakım toprak sahiplerinin buralara yerleştirilmesiyle, yapay ve tamamıyla temeli güçlü olanın hakim olma ilkesine dayalı, yani darwinist ve şeytanî bir felsefeye dayalı bir medeniyet inşa edilmeye başlanmıştı bile. Aslında Colomb bir İspanyol yahudisiydi ve Amerika'yı keşfetmesindeki temel amaç, yeni bir kıta ve doğal kaynaklar bulmak değildi.

Onun amacı, buradaki altın kaynaklarını kullanarak Kudüs'teki Süleyman Mabedi'nin bir benzerini burada, yani yeni Kudüs olarak belirlenmiş olan Amerika topraklarına inşa etmekti. Onların burada başlatacakları çalışmalar ise, yüzyıllar hatta binyıllar öncesinden tasarlanmış olan çok daha büyük bir planın küçük bir parçası ve başlangıç aşamasıydı. Bu büyük plan ise, tamamen sömürgeci bir anlayışa sahip olan ve tüm dünyanın küçük bir azınlığını oluşturan ve aynı zamanda tüm dünyaya yayılmış olan küçük bir elit tabakasının eline geçmesinden ve bu azınlığın tüm dünyaya rahatça hükmedebilmelerinden başka bir şey değildi. Dolayısıyla Colomb'un burada başlatacağı çalışmalar, bu plana önayak oluşturacak ve Yahudilerin bekledikleri kendi Mesihleri olan Antiisa, yani Deccal'ın gelişine zemin hazırlayacak olan Masonik ve Kabalacı felsefeleri temel alan putperest Eski Mısır Medeniyeti burada inşa edilecekti. Tüm bunlardan da şunu anlıyoruz ki, bu keşif hiç de klasik tarih kitaplarında anlatıldığı gibi bir rastlantı olmayıp; yukarıda sözünü ettiğimiz planın birer aşaması gibi görünmektedir.

1800'lü yıllara gelinceye dek birtakım toprak sahibi zenginlerin ve kakao, tütün üreticileriyle çiftçilerin oluşturduğu kasaba devletlerinden oluşan bu medeniyet, büyük ivmesini ve ilerlemesini petrolün bulunması ve kullanılmaya başlanmasından sonra hızlandırdı. Bu program içerisinde yeni oluşum halindeki dev petrol şirketlerinin temelleri işte bu yıllarda atılıyordu. Her ner kadar aksini ispat etmeye çalışanlar olsa da, bugün Amerika'nın ekonomisinin kaynağı ve temeli dolara ve dolar da petrole endekslidir. İşte yaklaşık 200 yıl önce George Washington'un önderliğinde Ortadoğu'ya ve oradan da tüm dünyaya, Jules Verne'nin romanlarında geçen devasa büyüklükteki bir ahtapot gibi dokunaçlarını uzatan bu dev petrol şirketleri (Standart Oil, Exxon, Mobil ve Shell gibi) daha çok büyümek ve zengin olmak için neredeyse 200 yıldır dünyada karışıklıklar ve savaşlar çıkartmak için planlar yapmakta ve her türlü şer gücün ve yapılanmanın altından çıkmaktadır.

İşte kendisinin de içerisinden çıkacağı bu Deccal sisteminin temelini oluşturan bu dev şirketler grubu, Amerika'nın keşfedildiği 1500'lü yıllardan beri, güç almakta olduğu bu yeni medeniyeti adeta köleleştirmiş ve 200 yıldır neredeyse Amerikan yönetiminin başına geçen tüm liderleri, nihaî hedefleri olan bir "Dünya Hükümeti" ve bu hükümet liderliğindeki "Dünya Hakimiyeti" için bir araç olarak kullanmaktan geri durmamıştır. İşte 500 sene önce Colomb ve adamlarının Amerika'nın yerli halkına karşı yaptığı baskı ve zulümlerin bir benzerini, bugün bu elitin elinde bulundurduğu siyasî otorite, tüm Amerika halkına ve aynı zamanda dünyaya uygulamaya çalışmaktadır. Dolayısıyla Deccal'ın içinden çıkacağı ve büyük oranda güç aldığı bu medeniyetin yüksek kuleleri ve piramitleri suretinde inşa edilen gökdelenleri ve altyapısı bu şekilde oluşmaya başlamıştı.

AVRUPA MEDENİYETİ: YENİ ROMA İMPARATORLUĞU'NUN İNŞASI

Hz. İsa Aleyhisselâm, gökyüzüne yükseltilmeden önceki İ.S. 30'lu yıllarda o günkü hakimiyetini tamamlayan ve Akdeniz'i kendi gölü haline getiren bir medeniyetin günün birinde yıkılacağını ve yaklaşık 2000 sene sonra tekrar benzerî bir medeniyetin kurulacağını tahmin etmiş olsa gerekir. Çünkü O bir Peygamberdi ve tüm peygamberlere bildirildiği gibi gaybî bilgiler O'na da mutlaka Allah (C.C.) tarafından bildirilmiştir. Bu ve benzerî işaretlere İncil'de rastlıyoruz. Fakat günümüzde yeni yeni oluşmaya başlayan bu medeniyet, bu kez farklı olarak Avrupa'nın tamamını kaplamakla birlikte Türkiye'nin sadece Batı kısmını içine alacak bir şekilde oluşmakta; İran'a ve Ortadoğu'ya kadar uzanmamaktadır. Tarihteki en önemli ve dönüm noktası olabilecek olaylardan birisi olan 1453 yılında Fatih Sultan Mehmet'in İstanbul'u fethetmesiyle birlikte, "Yeni Roma" olarak sınırları belirlenen bu bölgeye "İsevîlik"ten sonra ikinci kez hak bir din olan "İslâm" hakim olmuş ve böylece İslâm'ın Avrupa'ya yayılma süreci bu tarihten sonra başlamıştı.

İşte bu uzun hakimiyet dönemi, bir başka açıdan bakıldığında Hz. İsa'nın ikinci gelişinin de habercisi ve müjdecisi olan uzun bir sürecin başlangıcını oluşturmuştu. Bu süreç içerisinde, Marmara, Ege ve Akdeniz bir Türk ve aynı zamanda İslâm Medeniyeti gölü haline gelirken, eski antik dönemlerde Eski Yunan ve Helenistik Uygarlıklarının çok tanrıcı ve ateist felsefelerinin kök saldığı ve yayıldığı bu topraklar, tarihte ilk kez hak bir dinin hakimiyetine girmekteydi. Her ne kadar Osmanlı'nın çöküşe geçmeye başladığı 1800'lü yıllara kadar bu hakimiyet süreci devam etmiş olsa da, günümüzde bu bölgelerin büyük bir kısmı, Kilise'nin etkisiyle ve teslis inancı doğrultusunda tekrar Hristiyanlık etkisi altında kalmıştır.

Hz. İsa'nın ikinci gelişinden önce oluşmaya başlayan ve Antik dönemdeki Roma İmparatorluğuna benzeyen bu kent devletleri ve site yönetimleri biçiminde oluşan bu muazzam medeniyetin temelleri de tıpkı Amerika Medeniyeti gibi 1500'lü yıllarda böylece atılmış oldu. Büyük mimarların (Mimar Sinan ve Da Vinci gibi) öncülüğünde inşa edilen yeni yapılarla İsevîliğin temelini oluşturan bu kent devletleri ve siteler, Amerika'daki gökdelenli kentlerin aksine daha az katlı, mükemmel bir sanatsal tarzda oluşturulan ve genellikle gösterişsiz yapıların oluşturduğu kentlerden ve gelişmiş köylerden oluşmaktaydı.

Aynı zamanda büyük bir tarihî mirası da içerisinde barındıracak şekilde oluşan bu yapılanmalar, adeta her köşesinde yaklaşık 2000 senelik bir tarihî mirasın izini taşıyacak biçimde gerçek İsevî dininin yeniden yapılanmasına ve Allah'ın takdir etmiş olduğu ilâhî programa göre yeniden tasarlanmaya başlamıştı. Özellikle Avrupa'daki ve Türkiye'nin Batısındaki turistik yerler ve eski antik kentler dikkatli bir şekilde incelenirse bu yapılanma daha net bir şekilde göze çarpmaktadır. Tabi bu incelemeyi yaparken, 50-60 senelik kısa bir süreç değil de, yaklaşık 2000 senelik tarihî bir süreç göz önüne alınmalıdır.

İşte Hz. İsa'nın ikinci gelişinden önce oluşmaya başlayan ve Hristiyanlığın özü ve esasını oluşturan İsevîliğe dönüşüm sürecinde önemli gelişmelere sahne olacak olan bu Medeniyet, adeta birer sanat eseri olan mükemmel yapılarıyla (Ayasofya, Sultanahmet, Süleymaniye, Selimiye Camileri ile Efes, Milet, Troya, Roma ve Atina, Antik kentleri gibi) yeni bir medeniyete zemin oluşturacak şekilde bu şekilde inşa edilmeye başlandı. Peki İsa Aleyhisselâm neden "Kudüs" veya "Şam" olarak belirtilen Doğu dünyasına değil de Batı'ya gönderilecektir?

Bu sorunun cevabını, tarihî bilgileri biraz karıştırarak ve İsevîliğin dejenerasyona başladığı dönemdeki ilk kurulan Hristiyan Kiliselerinin (Özellikle İncil'de bahsedilen ve Türkiye'nin Batı'sında yer alan yedi büyük Kilise ile Roma ve Atina'da bulunan kurulan ilk büyük Kiliseler) yerleşimini ve coğrafî konumlarını dikkatli bir şekilde inceleyerek basit olarak verebiliriz. Çünkü dikkat edersek İsevîlik, Hz. İsa'nın ilk öğretilerinden ibaret olan hakikî öğretisinden sapmaya Eski Yunan ve Roma'nın çok tanrıcı felsefî inançlarından etkilenerek ve özellikle Pavlos'un İsevî inancına Logos öğretisini sokmasıyla ilk defa bu bölgelerde başlamıştır. Bu öğretinin temelini oluşturan ve ortaya çıktığı yer olan Batı dünyasının Doğu dünyasına açılan kapısı ise, Grek Medeniyeti, Makedonya ve şimdiki Yunanistan olarak da bildiğimiz Antik dönem Medeniyetiydi.

DÖRDÜNCÜ MESELE

Hz. İsa'nın Niçin İkinci Kez Geleceği?

CEVAP

Bu meselenin çözümüyle ilgili ayrıntılara geçmeden önce çok sorulan bir sorunun cevabına burada yer verelim: Niçin diğer peygamberlerden birisi değil de, Hz. İsa ikinci kez gelecektir? veya bu sorunun diğer bir şekline göre: Hz. İsa niçin ikinci kez gelmek zorundadır, mutlaka buna gerek var mıdır? İslâm âlimlerinin büyük bir çoğunluğu da zaman içerisinde bu soruların yanıtlarını aramışlar ve bu konuya, Kur'ân ve Hadis kaynaklı olmak üzere, aşağıdaki ON İŞARETLE özetleyebileceğimiz bir çözüm sunmuşlardır:

1. Yahudiler, Hz. İsa'yı öldürdüklerini iddia etmişlerdi. Allah ise, Kur'ân'da onların yalan söylediklerini, Hz. İsa'yı öldüremediklerini beyan etmiştir. Dolayısıyla Yahudilerin bu iddialarını ret ve yalanlarını ortaya çıkarmak için Hz. İsa tekrar gelecektir.

2. Âhir zamanda çok kuvvetlenen inkarcı küfür sistemleri karşısında hak dini savunmak için gereken büyük güç, insanlarının büyük bir kısmının (bunlara eski zamanlarda yaşayan insanlar da dahil) peygamber olarak kabul ettiği Hz. İsa'nın vasıtasıyla gerçekleşebilir. Çünkü O'nu hem Müslümanlar, hem hristiyanlar ve hem de Yahudilerin büyük bir kısmı kabul etmektedirler. Dolayısıyla bunları tek bir çatı altında birleştirebilecek yegâne Peygamber Hz. İsa olduğu için Hz. İsa tekrar gelecektir.

3. Hz. İsa, İncil'de Hz. Muhammed'in ümmetinin güzel vasıflarını görmüş ve kendisinin de onlardan birisi olması için dua etmiş, Allah da O'nun bu duasını kabul etmiştir. Böylece, O'nun hayatını, âhir zamanda bir İslâm Müceddidi olarak inme vaktine kadar ertelemiştir. Dolayısıyla O'nun bu duasının kabul olması sebebiyle, Hz. İsa tekrar gelecektir.

4. Hz. İsa, Hz. Mehdi'ye tabi olacak ve İslâm dini ile amel edecektir. Dolayısıyla İslâmiyetin âhir zamanda güç kazanabilmesi için, Hz. İsa tekrar gelecektir.

5. Hz. İsa ikinci gelişinde Hristiyanlığı yanlış ve batıl olan

inançlarından arındıracak ve Teslis inancını Tevhid inancına çevirecektir. Dolayısıyla Hristiyanlığın özüne dönüp tasaffi edebilmesi için, Hz. İsa ikinci kez gelecektir.

6. Hz. İsa ikinci gelişinde savaşlardan usanmış ve barışa muhtaç olan insanlık sulh ve sükûnete kavuşacaktır. Dolayısıyla dünyadaki savaşların sona ermesi ve barışın tesis edilmesi için, Hz. İsa tekrar gelecektir.

7. İnkarcı fikirler, ateizm ve dinsizliğin hızla yayıldığı ve insanî değerlerin hızla dejenerasyona uğradığı dünyayı yeniden din ahlakına döndürmek için Hz. İsa ikinci kez gelecektir.

8. Hz. İsa ikinci gelişinde Yahudilerle mücadele edecek ve onların kendisinden güç ve destek aldıkları Deccal ve O'nun inkarcı fikir sistemini yok edecektir. Dolayısıyla Yahudilerin ve Deccalın şerlerini etkisiz hale getirmek için, Hz. İsa tekrar gelecektir.

9. Hz. İsa'nın ikinci gelişi bolluğa ve berekete vesile olacaktır. Dolayısıyla daha önceki çağlarda kıtlık ve sefaletle mücadele eden insanlığı bolluk ve refaha kavuşturmak için Allah (C.C.) Hz. İsa'yı âhiret âleminden tekrar geri getirecektir.

10. Sahih araştırmalara göre Hz. İsa ilk gelişinde bekar olarak yaşamış ve hiç evlenmemiştir. Hatta İncil'in birkaç yerinde O'nun evli olmadığı fakat ismi Mecdelli Meryem olarak geçen ve hatta bazı batılı araştırmacılara göre O'nun nişanlısı olabileceği ihtimali üzerinde durulan bir hanımla evlenmek üzereyken göğe yükseltildiğine dair işaretler vardır. Dolayısıyla Hz. İsa'nın ikinci gelişinde evleneceği ve hatta bazı sahih hadislere göre çoluk çocuk sahibi olacağı ve yeryüzünde yaklaşık 45 yıl yaşadıktan sonra vefat edeceği ve cenaze namazının

Müslümanlar tarafından kılınarak Peygamber (SAV) efendimizin yanına defnedileceği bildirilmiştir.

BEŞİNCİ MESELE

Hz. İsa'nın İkinci Gelişinde Neler Yapacağı?

CEVAP

Hz. İsa Kıyametin büyük alâmetlerinden birisidir. Dolayısıyla âhir zamanda, yani dünyanın ömrünün sona erdiğine bir işaret olarak tekrar dünyaya gelecek ve ilk gelişinde yarım kalan misyonunu tamamlayarak diğer ölümlü insanlar gibi O da vefat edip yarım kalan ömrünü tamamlayacaktır. Bu esnada Hz. İsa'nın gerçekleştirdiği faaliyetler ve dünyada gerçekleşen büyük değişimler O'nun ikinci gelişinin en büyük işareti olacaktır. Nitekim, Kitabımız boyunca açıklamaya çalıştığımız bu tafsilatlı konu, çok geniş kapsamlı olup değindiğimiz noktalar sadece buzdağının tepesi misali olup, gelecekte oluşacak olan önemli gelişmelerin basit bir incelemesi niteliğinde kalmaktadır. Daha açık bir şekilde bir ifade etmek gerekirse, bu konu ile ilgili tam ve kesin bir yakîn bilgisine sahip olamadığımız için yaptığımız incelemeler ve elde ettiğimiz sonuçlar İslâm âlimlerinin Kur'ân'a ve hadislere dayandırarak ulaştıkları toplu sonuçlar olup, gerek Hz. İsa'nın kim olduğu ve gerekse ikinci gelişinde çok az kişi tarafından tanınacak olması sebebiyle konu bir dereceye kadar açıklanabilirken, daha derin kısımları yoruma açık ve kapalı kalmaktadır. Dolayısıyla bu kısımda Hz. İsa'nın faaliyetlerine bazı sahih hadisler ışığında işarî bir surette kısaca değineceğiz ve bu işaretler henüz gerçekleşmediğinden ve uzun bir süreci içerdiğinden dolayı üstü kapalı olarak Hz. İsa'nın ikinci gelişindeki faaliyetlerine değineceğiz. Hz. İsa'nın geleceğini ve yapacağı işleri özet olarak ifade eden hadislerin en kuvvetlisi aşağıdaki hadistir. Çünkü bu hadis, en sağlam olarak kabul edilen hadis kitaplarının dördünde de bulunmaktadır:

"**Nefsim kudreti elinde olan Allah'a yemin ederim ki, Meryem Oğlu İsa'nın aranıza adaletli bir hakim olarak ineceği, haçı kırıp, domuzu öldüreceği, cizyeyi kaldıracağı vakit yakındır. O zaman, mal öylesine artar ki, kimse onu kabul etmez; tek bir secde, dünya ve içindekilerin tamamından daha hayırlı olur. Meryem Oğlu İsa iner ve Deccal'ı öldürür. O'ndan sonra kırk yıl bol nimet içinde yaşarsınız.**"

{Sahih-i Buharî, Müslim, Ebû Davud, Tirmizî}

Bu hadisin te'vili ve İslâm âlimlerinin görüşlerinin ışığı altında Hz. İsa'nın ikinci gelişindeki faaliyetlerini ON İŞARET halinde aşağıdaki gibi özetleyebiliriz:

1. Hz. İsa'nın gelmesiyle birlikte bolluğun ve refahın artacağının ifadesi şuna işaret eder: O'nun ıslahat hareketi sadece manevî cihette olmayacak, maddî cihette de olacak, iktisadî, ekonomik ve teknolojik düzelmeler de gerçekleşecektir.

2. Haçın kırılması şuna işaret eder: Hristiyanlığın iptal edilerek hakikî İsevîliğin tesis edilmesi, Teslis inancının ve Kilisenin yeryüzünden kaldırılması, bunların yerine Tevhid inancının yerleşerek Batı dünyasında İslâmiyetin kabul edilmesi.

3. Domuzun öldürülmesi şuna işaret eder: Hristiyanların domuz eti yeme alışkanlıklarının iptal edilmesi demektir. Hristiyanlık ortadan kalkınca dolaylı olarak domuz eti yemek, vaftiz etmek, komünyon ayinleri düzenlemek gibi ve benzeri pek çok batıl uygulamanın da iptal edilmesi anlamına gelmektedir.

4. Hz. İsa'nın adaletli bir hakim olarak inmesi şuna işaret eder: Hz. İsa'nın ikinci gelişinde ırk ve din ayrımı gözetmeksizin tüm dünya halklarını eşit olarak; İslâmî ve İsevî değerlerine göre yargılayacak olması ve farklı dinler arasındaki yüzyıllarıdır süregelen kin ve düşmanlığın ortadan kaldırılarak barış ve adaletin yeniden tesis edilmesi anlamına gelmektedir.

5. Cizyenin ortadan kaldırılması şuna işaret eder: Hristiyanların Hz. İsa'nın gelişiyle topluca Müslüman olması anlamına gelmektedir. Çünkü İslâmiyete göre Müslümandan cizye alınmaz gayrimüslimlerden alınır; Müslümanlardan sadece zekat alınır. Dolayısıyla İslâmiyete en yakın teb'a olan Hristiyanların Müslüman olmalarıyla Cizyeye de gerek kalmayacağı anlamına gelmektedir.

6. Tek bir secdenin dünya ve içindekilerden daha hayırlı olması şuna işaret eder: Hz. İsa'nın geliş döneminde öylesine bir huzur ve refah dönemi yaşanacaktır ki, insanlar bu dönemde maddiyatı çok fazla düşünmeyip maneviyata, yani ibadet ve namaza yöneleceklerine bir işarettir.

7. Hz. İsa'nın ikinci gelişinde Hz. Mehdi'nin arkasında namaz kılması şuna işaret eder: Hz. İsa, ikinci gelişinde yeni bir din getirmeyip Hz. Mehdi'ye, yani O'nun temsilcisi olduğu büyük cemaat olan İslâmiyete tabi olacağına işaret eder. Dolayısıyla bu hadisten şunu anlıyoruz ki, Hz. İsa bir Peygamber olarak değil, bir Mücceddid olarak inecektir. Yeryüzüne inmeden

önce, o günün şartlarına göre İslâmiyeti en iyi bir şekilde öğrenmiş vaziyette bir donanıma sahip olacak ve geldiğinde bu bilgilerini tatbik ederek İslâmiyette bu yönde bir tecdid gerçekleştirecektir.

8. Hz. İsa'nın Deccal'ı öldürmesi şuna işaret eder: Hz. İsa'nın yeryüzüne indiğinde yapacağı işlerin en önemlisinin Deccal'ın öldürülmesi olduğu anlamına gelir. Zaten O'nun ikinci gelişinin en önemli amaçlarından birisi de budur. Bu sebeple O'nun ikinci gelişini haber veren pek çok hadiste yapacağı işlerin en önemlisi olarak bu mesele zikredilmektedir. Fakat buradaki Deccal'ın öldürülmesi meselesi birbiri içerisinde pek çok anlama gelebilen te'viller olarak karşımıza çıkabilir. Örneğin, bu öldürme işinin nasıl gerçekleşeceği konusunda çeşitli yorumlar vardır. Bazıları hadislerdeki ifadenin zahirî manasını esas alarak gerçekten fiili bir çatışma sonucunda Hz. İsa'nın Deccal'ı öldüreceğini söylerken; bazıları da bu öldürme işinin mecazî veya sembolik olduğu, yani O'nun temsil ettiği inkarcı fikir sisteminin yok edilmesi, olduğu üzerinde durmuştur.

9. Hz. İsa'nın Deccal'ı öldürmesi ayrıca şuna da işaret eder: Hz. İsa'nın yeryüzüne inişinden sonra gerçekleştireceği en önemli faaliyetlerden birisinin de, Yahudilerin öncülük edecekleri ve başlarında Deccal'ın olduğu şer güçlerin etkisiz hale getirilmesi ve onların kesin bir yenilgiye uğratılmasıdır. Hadislere dayanarak anlıyoruz ki, Deccal'ın önemli bir orandaki taraftarı ve askerî gücünü Yahudiler oluşturmaktadır. Bu hadislere göre ise, Hz. İsa Deccal ve ona tabi olan ve çoğu Yahudilerden oluşan ordusunu bugünkü Lût Gölü yakınlarında yapılacak olan çok şiddetli bir çatışmada bozguna uğratacak ve başlarında bulunan Deccal'ı bu gölün Doğu kıyısında bir yerde öldüreceğini anlıyoruz. Bu sonuç çok ilerideki tarihlerde

yaşanacak olmasına rağmen geçmiş tarihi incelediğimizde bu bölgede pek çok büyük savaşın yaşanması ve genellikle Yahudilerin şerli planlarından kaynaklanan pek çok çatışmaların yine aynı bölgede yaşanması ileride böyle büyük çaplı bir savaşın yaşanacağı ve bu savaşta Hz. İsa'nın Deccal'ı öldürmesi o kadar da abartıldığı gibi akla aykırı görülmemeli ve gerçekleşmesi gayet muhtemel bir olay olduğu tarihin seyrinden ve bölgede yaşanan sıcak çatışmalardan anlaşılmaktadır. Dolayısıyla hadisin bildirdiği olayların yaşanması gerçeklikten uzak ve olağanüstü bir mesele değil, tam aksine gayet mantıklı ve muhtemel bir gelişmedir.

10. Hz. İsa'nın Deccal'ı öldürmesinden sonra kırk yıl bolluk içinde yaşanması şuna işaret eder: Dinsizliğin ve inkarcı fikir sistemlerinin temsilcisi olan Deccal'ın ve onun çoğu Yahudi olan ordusunun yok edilmesiyle birlikte tüm dünyaya barış ve adaletin gelmesi, dünyanın yeniden bolluk ve refah içerisinde yaşanabilecek bir yer haline gelmesi anlamına gelmektedir. Tarihte eşine az rastlanacak, çok mükemmel bir hayatın ikame olunacağı bu dönem içinde savaşlar ve çatışmalar bitecek ve tüm dünyaya muhteşem bir barış hakim olacaktır. Hz. İsa, bu dönemde yaşamına devam ederek evlenecek, çoluk çocuk sahibi olacak tüm İslâm dünyasının yönetimini üstlenerek ömrünü tamamlayarak vefat edecektir. Hz. İsa'nın ölümünden sonra ise, ye'cüc ve me'cüc'ün de etkisiyle, insanlar eskisinden daha fazla dinden ve insanlıktan uzaklaşarak dünya tekrar geri dönülmez bir biçimde bozulmaya ve kargaşaya doğru sürüklenecektir. Bu dönemde kıyametin daha büyük işaretleri (Örneğin Güneşin Batıdan Doğması, Dabbet-ül Arz denen bir hayvanın yerden çıkışı ve Gökyüzünün Dumanla kaplanarak güneşten gelen ışığın büyük oranda azalması ve bunun sonucunda canlıların büyük bir kısmının ölümü ile birlikte dünyadaki canlı hayatının yavaş

yavaş sona ermesi ve insanlığın yeraltında yaşamaya mahkum olması ve aynı zamanda Kur'ân hattının silinip insanlığın tamamen inkara sapmaları gibi daha büyük olaylar) ortaya çıkarak dünyadaki yaşam yavaş yavaş sona erecek ve insanlık toplu olarak dinden uzaklaşmaya başlayacaktır.

Dolayısıyla, her ne kadar Hz. İsa'nın ölümünden sonra uzunca bir süre daha (yaklaşık 100 yıl) dünyada yaşam devam edecek olsa da, yaşamakta hayır kalmayacak ve savaşlar yeniden başlayacaktır. Dolayısıyla hadis, bunu açıkça ifade etmese de, mecazî anlamındaki te'villerinden bunu anlıyoruz..

12. BÖLÜM (Chapter 12)

RİSALE-İ NUR'DAKİ İŞARETLER

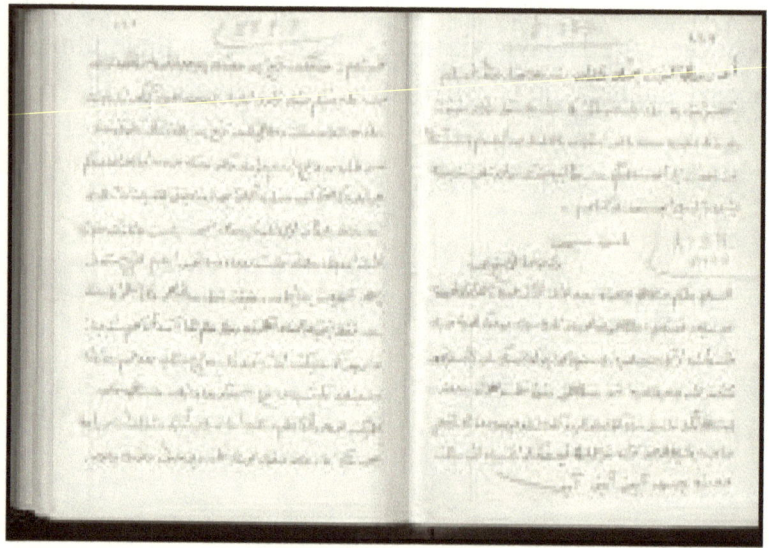

Risale-i Nur'da geleceğe ilişkin pek çok gaybi haberlerle ilgili tarihsel cifir hesaplamaları bulunur. Üstad Said Nursi, yaklaşık 100 yıl öncesinden bu hesaplamaları özellikle yapmıştı ve Sikke-i Tasdik-i Gaybi ve Mektubat gibi eserlerinde kendisinden sonra gelecek olan ahir zaman şahıslarının ortaya çıkışına işaret etmişti.

Bu kısımda, Hz. İsa'nın ikinci gelişi ve faaliyetleriyle ilgili meselelere, yazdığı Risâle-i Nûr Külliyâtında oldukça tafsilatlı bir şekilde değinen Üstâd Bedîüzzaman Said Nursî'nin görüşlerine değineceğiz. Hz. İsa'nın ikinci gelişi ve faaliyetleriyle ilgili çok önemli tespitlerde bulunan Bedîüzzaman, İslâm âlimleri içerisinde bu konuya en çok değinen ve gayet makul açıklamalar getiren birisi olup, Risâle-i Nur'da bulunan ve O'nun bu önemli meseleyle ilgili en önemli tespitlerini içeren ALTI İŞARET şu şekilde verilmektedir:

BİRİNCİ İŞARET

"Hatta Hz. İsa'nın Nuzûlü (ikinci gelişi) ve kendisi İsa Aleyhisselâm olduğu (Başkaları ve kendisi tarafından O olduğunun bilinmesi) nûr-u imanın dikkatiyle (Dikkatli ve tahkikî bir imana dayalı derin bir araştırma ve bu işaretleri incelemekle) bilinebilir, herkes bilemez (Sırr-ı imtihan gereği bedahet (açıklık) derecesinde O olduğu herkes tarafından bilinemez, ilan edilmez. Çünkü bu durumda imtihan özelliğini kaybederek ortadan kalkmış olur. İşte bu yüzden İsa Aleyhisselâmın nuzûlü, açıktan açığa bilinemez). Şimdi O eşhas hakkındaki rivâyâtın ihtilâfâtı ve sırrı şudur ki: Ehâdisi (Hadisleri) tefsir edenler, metn-i ehâdisi (Hadis metinlerini), tefsirlerine ve istinbatlarına (Kendi zamanlarındaki yorumlarına) tatbik etmişler. Mesela: Merkez-i saltanat (saltanat merkezi) o vakit ŞAM'da veya MEDİNE'de olduğundan, vukuât-ı istikbâliyeyi (Gelecekte meydana gelecek olayları) merkez-i saltanat civarında olan Basra, Kûfe, Şam gibi yerlerde tasavvur ederek öyle tefsir etmişler. Hem de O eşhâsın (Şahısların: Hz. İsa ve Hz. Mehdi) şahs-ı manevîsine veya temsil ettikleri cemaate ait âsâr-ı azîmeyi (Büyük ve harika tarzda oluşturulan eserleri, işaretleri) o eşhâsın zâtlarında (kendilerinin yaptığını) tasavvur ederek öyle tefsir etmişler ki, o eşhâs-ı harika (Harika şahıslar) çıktıkları vakit bütün halk onları tanıyacak gibi bir şekil vermişler. Halbuki demiştik: Bu dünya tecrübe meydanıdır. Akla kapı açılır, fakat ihtiyarı (Özgür iradesi) elinden alınmaz. Öyle ise o eşhâs, hatta o müthiş DECCAL dahi çıktığı zaman çokları, hatta kendisi bile bidâyeten (Açıktan açığa veya başlangıçta) Deccal olduğunu bilmez. Belki nur-u imânın dikkatiyle o eşhâs-ı âhirzaman tanınabilir."

{Sözler, 24. Söz}

İKİNCİ İŞARET

"Kat'î ve sahih rivayette var ki: 'İsa Aleyhisselâm Büyük Deccal'ı öldürür.'

Ve-l ilm-ü indallah, bunun da iki vechi var:

Bir vechi şudur ki: Sihir ve manyetizma ve ispirtizma gibi istidracî harikalarıyla kendini muhafaza eden ve herkesi teshir eden (etkisi altına alan) o dehşetli Deccal'ı öldürebilecek, mesleğini değiştirecek; ancak harika ve mu'cizâtlı (Mu'cizevî ve harika eserler ortaya koyan) ve umumum makbülü (herkes tarafından kabul edilen) bir zât olabilir ki: O zât, en ziyâde alakadar (Bu meseleyle en çok ilgilenen) ve ekser insanların (Dünyanın büyük bir çoğunluğunu oluşturan Hristiyan Cemaatinin) Peygamberi olan Hazreti İsa Aleyhisselâm'dır.

İkinci vechi şudur ki: Şahs-ı İsa Aleyhisselâm'ın kılıncı ile maktul olan şahs-ı Deccal'ın (Hz. İsa'nın silahı ve ordusu, O'nun tarafından öldürülen Deccal'ın ve ordusunun) teşkil ettiği dehşetli maddiyyunluk (Materyalizm) ve dinsizliğin azametli heykeli (Büyük yapısı ve oluşumu) ve şahs-ı manevîsini öldürecek ve inkâr-ı ulûhiyet olan fikr-i küfrîsini (Allah'ı inkar eden inkarcı fikir sistemini) mahvedecek ancak İsevî Ruhanîleridir ki; O Ruhanîler (Rahipler ve papazlar) Din-i İsevînin hakikatını (İsevî Dininin gerçekliğini) hakikat-ı İslâmiye (İslâmiyetin gerçekliği) ile mezcederek (birleştirerek) o kuvvetle onu dağıtacak, mânen öldürecek."

{Şuâlar, 5. Şuâ, 13. Mesele}

ÜÇÜNCÜ İŞARET

"Çok zaman böyle büyük bir nuru gözetledim (Hz. Mehdi'ye ve Hz. İsa'nın ikinci gelişine işaret ediliyor). Fakat çiçekler (Hz. İsa ve hz. Mehdi) baharda (İslâmiyetin baharının başlangıcı olan 14. asrın başlarına işaret ediliyor) gelir. Şimdi anlaşıldı ki, bu hizmetimizle (Risâle-i Nur eserlerine işaret ediliyor) öyle kudsî zâtlara zemin izhâr ediyoruz (Burada yine Hz. Mehdi ve hz. İsa'ya işaret ediliyor. Fakat Dikkat edilirse Üstâd burada tek bir zâttan değil; "zâtlara" ifadesiyle iki kudsî zâttan bahsetmektedir. Dolayısıyla buradan anlaşılıyor ki, Üstâd hem hz. İsa'nın ve hem de hz. Mehdi'nin öncüsü ve zemin hazırlayıcısıdır. Yani Üstâd ve eserlerinin; hem hz. İsa'nın ve hem de hz. Mehdi'nin eğitim ve hazırlık programı için bir ön hazırlık aşamasını oluşturduğuna işaret ediliyor)."

{Emirdağ Lahîkası}

DÖRDÜNCÜ İŞARET

"Âhirzamanda Hazreti İsa Aleyhisselâm gelecek, Şeriat-ı Muhammediye (A.S.M.) ile amel edecek" meâlindeki hadisin sırrı şudur ki: Âhirzamanda felsefe-i tabiiyenin (Tabiat veya Doğa felsefesi) verdiği cereyan-ı küfrîye (inkarcı fikir akımı) ve inkâr-ı ulûhiyyete (Allah'ı varlığını inkar etme) karşı İsevîlik dini tasaffi ederek (temizlenerek veya özüne dönerek) ve hurâfâttan tecerrüd edip (hurafelerden ve batıl uygulamalardan arınıp) İslâmiyete inkılâb edeceği (dönüşeceği) bir sırada; nasıl ki İsevîlik şahs-ı manevîsi, vahy-i semavî kılıncıyla (Kur'ân'ın semavî gücüyle) o müthiş dinsizliğin şahs-ı manevîsini öldürür, öyle de: Hazreti İsa Aleyhisselâm, İsevîlik şahs-ı manevîsini temsil ederek (Burada, Hz. İsa'nın ikinci gelişinde, İsevîliğin şahs-ı manevîsini bizzat kendisinin oluşturacağına işaret ediliyor), dinsizliğin şahs-ı manevîsini temsil eden Deccal'ı (Hem fikren hem de şahsen) öldürür."

{Mektubât, 1. Mektup}

BEŞİNCİ İŞARET

"Âlem-i insaniyette (insanlık âleminde) inkâr-ı ulûhiyyet niyetiyle medeniyet ve mukaddesât-ı beşeriyeyi (insanların kutsal saydığı dinî değerleri) zîr-ü zeber eden (yıkıp yok eden) Deccal Komitesini (Deccal'ın gizli örgütüne işaret ediliyor), Hazreti İsa Aleyhisselâm'ın din-i hakikîsini (İsevîlik) İslâmiyetin hakikatiyle birleştirmeye çalışan hamiyetkâr ve fedakâr bir İsevî cemaati nâmı altında ve "MÜSLÜMAN İSEVÎLERİ" ünvânına layık bir cemiyet, o Deccal Komitesini, Hazreti İsa Aleyhisselâm'ın riyâseti (Reisliği veya önderliği) altında öldürecek ve dağıtacak (Hz. İsa ve o'nun ordusu tarafından); beşeri (insanlığı), inkâr-ı ulûhiyyetten kurtaracak."

{Mektubât, 29. Mektup}

ALTINCI İŞARET

"Âhirzamanda dinsizliğin iki cereyanı kuvvet bulacak:

Birincisi: Nifak perdesi altında Risâlet-i Ahmediyeyi (A.S.M.) inkâr edecek "SÜFYAN" nâmında müthiş bir şahıs, ehl-i nifakın başına geçecek, Şeriat-ı İslâmiyenin tahribine çalışacaktır. Ona karşı Âl-i Beyt-i Nebevînin silsile-i nuranîsine (Peygamberin soyuna) bağlanan, ehl-i velâyet ve ehl-i kemâlin başına geçecek Âl-i Beyt-i Muhammed Mehdi isminde bir zât-ı nuranî, o Süfyanın şahs-ı manevîsi olan cereyan-ı münafıkâneyi (Münafıklık akımını) öldürüp dağıtacaktır.

İkinci cereyan ise: Tabiiyyun (Naturalizm), Maddiyyun (Materyalizm) felsefesinden tevellüd eden (doğan) bir cereyan-ı nemrudâne (Nemrudluk akımı), gittikçe âhirzamanda felsefe-i maddiyye (Doğa felsefesi veya darwinizm) vasıtasıyla intişar ederek kuvvet bulup, ulûhiyyeti inkâr edecek bir dereceye gelir. Nasıl ki bir padişahı tanımayan ve ordudaki zâbitân (rütbeli subaylar) ve efrad onun askerleri olduğunu kabul etmeyen vahşi bir adam, herkese, her askere bir nevî padişahlık ve bir gûna (gurur, kibir veya büyüklenme ile) hâkimiyet verir. Öyle de; Allah'ı inkâr eden o cereyan efradları, birer küçük nemrud hükmünde nefislerine birer rubûbiyyet verir (Üstâd burada bu inkârcı felsefenin verdiği güçle, herşeyin ve herkesin birer rab ve tanrı olduğuna inanan Deccal ve komitesini oluşturan adamların, herkesi de bu fikre inanmaya zorlayacaklarına ve oluşturacakları ekonomik sistemi ve siyasî güçlerini dahi bu inkârcı fikri desteklemek için kullanacaklarına işaret ediyor).

Ve onların başına geçen en büyükleri (Deccal'a işaret ediyor), İSPİRTİZMA (toplu hipnoz ve kitlesel beyin uyuşturma sayesinde gerçekleri görmeyi engellemeye yönelik uygulanan bir simya işlemi) ve MANYETİZMA (elektromanyetik dalgaların özelliğini kullanarak, insanları kontrol altında tutmak ve yönetmek için kullanılan ve gücünü doğrudan şeytan'dan alan başka bir simya işlemi) hâdisâtı nev'inden (Yapay depremler ve küresel iklimi değiştirmeye yönelik çalışmalar biçiminde) müthiş harikalara mazhar olan Deccal ise; daha ileri gidip, cebbârâne (Zorla ve dikta yönetimi ile) sûrî hükümetini (Ülkeyi yönetiyormuş gibi gösteren, fakat gerçekte kendisinin yönetmediği bir hükümet sistemine işaret ediyor) bir nevî rubûbiyyet tasavvur edip (Bu Hükümet yönetiminin bir İlâhî sistem veya otorite olduğunu düşünüp) ulûhiyyetini ilân eder. Bir sineğe mağlub olan ve bir sineğin kanadını bile icâd edemeyen âciz bir insanın ulûhiyyet dava etmesi, ne derece ahmakçasına ve maskaralık olduğu malumdur.

İşte böyle bir sırada, o cereyan pek kuvvetli göründüğü bir zamanda, Hazreti İsa Aleyhisselâm'ın şahsiyet-i manevîyesinden ibaret olan hakikî İsevîlik dini zuhûr edecek; yani rahmet-i ilâhiyenin semâsından nuzûl edecek; hâl-i hazır Hristiyanlık dini o hakikata karşı tasaffi edecek, hurâfâttan ve tahrifâttan sıyrılacak, hakâik-ı İslâmiye (İslâm hakikatları) ile birleşecek; mânen Hristiyanlık bir nevî İslâmiyete inkılâb edecektir. Ve Kur'ân'a iktidâ ederek, O İsevîlik şahs-ı manevîsi, İslâmiyete tâbi olacaktır. Din-i hak bu iltihak (katılım) neticesinde azîm (büyük) bir kuvvet bulacaktır.

Dinsizlik cereyanına karşı ayrı ayrı iken mağlub olan İsevîlik ve İslâmiyet; ittihad neticesinde, dinsizlik cereyanına galebe edip dağıtacak istidadında iken (dinsizliği ortadan kaldıracak bir noktaya geldiğinde); âlem-i semâvâtta (gökler âleminde) cism-i beşerîsiyle bulunan şahs-ı İsa Aleyhisselâm, o din-i hak cereyanın (İsevîlikle İslâmiyetin birleşimi olan bir akımın) başına geçeceğini, bir Muhbir-i Sâdık (Hz. Peygamber), bir Kâdir-i Külli Şey'in (Allah c.c.) va'dine istinad ederek haber vermiştir. Madem haber vermiş, haktır; madem Kâdir-i Külli Şey va'detmiş, elbette yapacaktır.

Evet, her vakit semâvâttan melâikeleri yere gönderen ve bazı vakitte insan suretine vaz'eden (Hazreti Cibrîl'in "Dıhye" suretine girmesi gibi) ve ruhânîleri âlem-i ervâhtan (ruhlar âlemi) gönderip beşer suretine temessül ettiren (insan gibi gösteren); hatta ölmüş evliyâların çoklarının ervâhlarını cesed-i misâliyle (kendilerine benzeyen temsilî bir görünümde) dünyaya gönderen bir Hakîm-i Zülcelâl, Hazreti İsa Aleyhisselâm'ı, İsa dinine ait en mühim bir hüsn-ü hâtimesi (Hz. İsa'nın hakikî dini olan İsevîliğin en iyi bir sonuçla sonlanması) için, değil semâ-i dünyada cesediyle bulunan ve hayatta olan Hazreti İsa, belki âlem-i âhiretin en uzak köşesine gitseydi ve hakikaten ölseydi, yine şöyle bir netice-i azîme (İsevî dinine ait büyük ve önemli bir sonuç) için ona yeniden cesed giydirip dünyaya göndermek (Burada Üstâd, Hz. İsa'nın ruhuyla birlikte göğe yükseltilen bedenine, Allah'ın gerekirse yeni bir beden giydirip yeniden dünyaya göndermesinin, kudretinden uzak olmadığına işaret etmek istiyor) o Hakîmin hikmetinden uzak değil. Belki O'nun hikmeti öyle iktiza ettiği (öyle gerektiği) için va'detmiş ve va'dettiği için elbette gönderecek. Hazreti İsa Aleyhisselâm geldiği vakit, herkes O'nun hakikî İsa olduğunu bilmek lazım değildir. O'nun mukarreb ve havassı, nur-u imân ile O'nu tanır.

Yoksa bedâhet derecesinde herkes O'nu tanımayacaktır (Burada da Üstâd, Hz. İsa'nın Nuzûlü gerçekleştiği zaman, O'nun herkes tarafından açıkça tanınmayacağına ve sadece yakın çevresinde bulunan küçük bir cemaatin imânın nuru ve kuvvetli bir yakîn ile O'nu tanıyabileceklerine işaret etmek istemektedir..)"

{Mektubât, 15. Mektup}

KUR'AN'DA HZ. İSA'NIN İKİNCİ GELİŞİNİN İŞARETLERİ

"[61]Şüphesiz ki O (İSA MESİH), KIYAMET için (ONUN YAKLAŞTIĞINI GÖSTEREN) bir bilgidir. Sakın O'nda (Hz. İSA'NIN İKİNCİ GELİŞİNDE) şüpheye düşmeyin ve BANA UYUN, çünkü bu YOL (HAKİKÎ İSEVÎLİK) dost doğru bir yoldur."

{Zuhruf, 61}

"[159]EHL-İ KİTAB'dan her biri (TÜM HRİSTİYANLAR ve YAHUDİLER), ölümünden önce (Hz. İSA'NIN, KIYAMETE YAKIN İKİNCİ GELİŞİNDEN SONRAKİ ÖLÜMÜNDEN ÖNCE) O'na (İSA MESİH) muhakkak iman edecektir. KIYAMET gününde de o onlara ŞAHİT olacaktır."

{Nisâ, 159}

Sonuç olarak;

I - Hz. İsa ölmemiştir ve Allah-ü Teala onu kendi katına yakın bir yere (secde eden meleklerin bulunduğu 3. kat gökyüzüne) yükseltmiştir.

II- Hz. İsa kıyamete yakın bir zamanda tekrar dünyaya gelecektir ve bu bir kıyamet alameti olacaktır.

III- Nisa suresi 172. ayeti ve Mektûbâtın 15. mektubu birlikte düşünüldüğünde Hz. İsa, Ahiretin uzak bir köşesine (3. kat gökyüzü) cesediyle birlikte Ref'edilmiştir ve Allah-ü Teala onu cesediyle birlikte tekrar dünyaya gönderecektir.

IV- Allah nasıl ki Hz. İsa'yı babasız dünyaya getirerek bir mucize gerçekleştirmiştir, <u>kıyamete yakın bir zamanda bir mucize olarak onun ref'edilen ruhunu cesediyle birlikte ikinci bir kez dünyaya göndererek bir mucize daha gerçekleştirebilir.</u> Hikmet noktasında bakıldığında imkansız gibi görülen bu olay kudret noktasından bakıldığında gayet kolay ve O zatın kudretinden uzak değildir..

Vesselam,

Allahu a'lem..

13. BÖLÜM (Chapter 13)

DECCAL'IN ORTAYA ÇIKIŞI (İ.S. 2037)

Deccal'ın gelişinin ilk temelleri 1776 yılında Amerika'nın kurulmasıyla atılmıştı. George Washington önderliğinde kurulan bu yeni medeniyet, binlerce yıldır planlanan ve

Şeytan'ın yeryüzündeki hakimiyetini tamamlamayı amaçlayan Deccal imparatorluğunun merkezi olarak seçilmiş ve buna göre inşa edilmişti. Tarih içerisinde İsa Karşıtı'nın suretini gösteren pek çok askeri veya politik şahıs olmakla birlikte, onun bir din savunucusu veya dinleri birleştirmeyi öneren bir önder olarak arka plandaki kötülüğü saklayan ve örten bir şirk unsuru olarak ortaya çıkışı Hadislerde 1400 yıl öncesinden Hz. Peygamber tarafından açıkça bildirilmekteydi. Tabi, Hadisleri doğru yorumlayabilenlere..

DECCAL VE İNKARCI FİKİR SİSTEMİ: KAOS TEORİSİ

Bu kısımda, belki de daha önceki hiçbir ilmi çalışmada yer almayan ve farklı boyutlarına değinilmeyen yönleriyle gerçek Deccal'ı, yani şeytanın yardımcısı olacak olan ve Kıyametin büyük alametlerinden birisi olan dehşetli bir şahsı, bu konuda bildirilen en önemli ilmi kaynaklardaki haberleri tahkiki bir şekilde yorumlayarak, manevi bir alemde tasvir etmeye ve tanımaya çalışacağız. Makalemizi dikkatlice okuyanlar, ahir zamanda çevremizde gerçekleşmekte olan birtakım karmaşalara, savaşlara ve son zamanlarda gelişen önemli olaylara bakışını da değiştirecek ve gerçek yüzünü ortaya çıkartacaktır. Böylece Hazreti peygamber tarafından bildirilen ve en büyük fitne olarak bildirilen olaylar zincirinin başlangıcında ve aynı zamanda Deccal'ın ortaya çıkışı için büyük bir zemin hazırlama çalışmasının da başlatılmış olduğunu müşahede edeceğiz.

Allahu A'lem..

DECCAL'IN ORTAYA ÇIKIŞI

İçinde bulunduğumuz şu âlemin hamuru ve muhtevâsı, zıtlarla ve zıtlıklarla yoğrulmuştur ve adeta her şey zıttıyla bilinmektedir. Bu zıtlar birbirlerinin düşmanı olduğu gibi, aynı zamanda birbirinin varlık sebebidir de. "İyi"nin kıymeti "kötü"nün var olmasıyla bilinir. İyi ve kötünün kavgası ise, ilk insan olan Hz. Âdem'den bugüne kadar devam etmiş olup, Kıyamete kadar da devam edecektir. Hâbil ve Kâbil ile başlayan bu kavga, günümüze kadar devam etmiştir, halen etmektedir ve bundan sonra da edecektir de. İşte inceleyeceğimiz bu bölümde, Hz. İsa'nın karşıtı, yani bir "Antiisa" figürü olarak karşımıza çıkan "DECCAL" kavramına farklı bir bakış açısından yaklaşarak, belki de hiç değinilmemiş yönleriyle bu konuyu ele almaya çalışacağız. İşte tarihte birçok kez benzerî örneklerinin yaşandığı gibi, Hz. İsa ile Deccal arasında Kıyamete yakın bir zamanda yaşanacak olan bu kavga ve çekişme de, mahiyet olarak aynı kalmakla birlikte, şekli, metodu ve boyutları gibi özellikleri bakımından, yaşadığımız zemine ve zamana göre elbette ki tarihteki benzer örneklerinden farklı yönler içerecektir.

İnsanlık tarihi bir bakıma da Peygamberler tarihi olarak da düşünülebilir. Peygamberlerin mücadelesi, yüce kitabımız olan Kur'ân'da bir hayli genişçe ve detaylı olarak anlatılmaktadır. İşte tarih içindeki bu uzun maceradan çıkaracağımız sonuç şudur ki: Peygamberler, gönderildikleri toplumlara hep aynı şeyi söylemişler, onlardan da hemen hemen aynı karşılıkları görmüşlerdir. Zaman, mekan ve toplumlar değişmiş; fakat mücadelenin özü ve tarafların konumları pek değişmemiştir.

Demek ki, insanların temel özellikleri değişmemektedir. Çünkü Yaratıcı her şeyi bu şekilde zıtlıklarla yaratmıştır. Tarih boyunca insanlar bu mücadelede aldıkları yere göre davayı kazanmışlar veya kaybetmişlerdir. Bu mücadele bazen çok açık, net ve doğrudan olmakla beraber; çok zaman da belirsiz, karışık, aldatıcı ve yanıltıcı metotlarla yapılmıştır. Böyle durumlarda ise, insanların kafaları karışmış, nerede ve hangi safta duracaklarını çoğu zaman şaşırmışlardır.

İyi'nin temsilcisi olan Peygamberler, Kötü'nün temsilcisi olan kişilerin karşısına dikilmiş ve onlarla savaşmışlardır. Peygamberlerin vefatlarından sonra da bu mücadele, onların takipçileri tarafından devam ettirilmiştir. Son Peygamber olan Hz. Muhammed (SAV)'den sonra başka bir peygamber gelmeyeceği için, bu mücadele O'nun yolundan giden öncü kişiler ile karşısında olanlar arasında sürüp gitmiştir. Hz. Peygamber, kıyamete kadar ümmetinin yolu üzerindeki tehlikeleri ana hatlarıyla Allah'ın izniyle haber vermiş, kurtuluş yollarını da göstermiştir. Bu durum, Allah'ın büyük lütuflarından biridir. Dolayısıyla yüce Allah, kullarının şaşırıp yanlış yollara sapmalarını ve yollarını kaybetmelerini istemiyor. Onların doğru yolda (SIRÂT-I MÜSTAKÎM) yürüyüp, rızasına uygun olarak yaşamaları ve sonunda da büyük mükâfatlara nâil olmaları için her türlü kolaylığı gösteriyor. İşte, Son Elçi'sinin dilinden insanların ileride karşılaşabilecekleri kötülükleri de onlara haber vermiş ve aynı zamanda çarelerini de göstermiştir.

İşte bu makalede tanımaya çalışacağımız Deccal, tarih boyunca tüm kötülüklerin ve kötülerin bir sembolü ve en önemli temsilcisi, yani bir nevî ŞEYTAN'ın en yakın yardımcısı olarak tanımlanmıştır.

Kötülüğün başka pek çok sembolü olmakla birlikte, en büyük kötülük sembolü Deccal'dır. Fakat bu konudaki gelen çok sayıdaki sahih hadisten anladığımıza göre Deccal bir tane değildir. Birçok Deccal, yani Deccallar vardır. Fakat bunların içerisinde en dehşetli ve en yıkıcı olanı âhir zamanda ortaya çıkacak olan Deccal olarak tanımlanmıştır. Zaten "Aldatıcı, yalancı, hilekâr vb." gibi anlamlara gelen "Deccal" kelimesi isim değil sıfattır. Yani Deccal, belli bir şahsın ismi olmayıp, aynı kategorideki kötü insanlara verilen ortak bir isimdir, yani onların müşterek sıfatıdır.

İşte bu şahıslar her devirde, her toplumda bulunmuş, kıyamete kadar da bulunmaya devam edecektir. İnsanların bu şahısları ve grupları tanıması çok önemlidir. Çünkü, insanların ölüm sonrası sonsuz hayatta mutlu olabilmeleri ve davayı kazanabilmeleri için, bu kişileri tanıyarak saflarını ve dünyadaki yaşamlarını buna göre doğru bir şekilde belirlemeleri gerekmektedir. Bu ise, dünyada iyinin yanında ve iyilerle birlikte olmakla çok yakından ilgilidir. O halde buradan şu sonuca varabiliriz: insanlar dünyada bir imtihandadırlar ve bu imtihanda başarılı olabilmeleri de doğru kişilerin öncülüğünde bu sınava hazırlanmalarıyla mümkündür. İşte Bu sebeple, kötülük sembolü olan Deccal'ı veya Deccallar'ı tanımak çok önem kazanmaktadır.

Hz. Peygamber (SAV), bu konuya çok önem vermiş, bize ulaşan yüzlerce rivâyette, adeta her asıra hitâb edecek şekilde, ümmetini bu Deccallar'ın tuzaklarına düşmekten sakındırmıştır. Bütün zamanlarda, bütün mekanlarda ve bütün toplumlarda yaşayan insanların bu tür uyarılara ihtiyacı olmuştur. Çünkü, bu ikâzlar insanları uyanık olmaya, olan biten hadiseleri takip etmeye ve tavır almaya davet eder. Şu geçici dünya hayatı bir imtihan yeri olduğu için, elbette ileride meydana gelecek olaylar tarih, yer ve şahıslar olarak açıkça bildirilmemiş, fakat bu konunun uzmanı olan ve ilimde "Râsih" olma seviyesine yükselmiş olan âlimler, zamanı geldikçe insanların anlayamayacağı bir şekilde ve üstü kapalı olarak bu olaylara, tarihlerine ve yerlerine işaret etmişlerdir.

İşte bu şekildeki dolaylı anlatıma Din'de "Müteşâbih", yani "yorum yapmaya açık" veya "zamanın değişimine bağlı" olan bir ifade şekli denilmektedir. Bu tarz bir anlatım, Kur'ân'da olduğu gibi, Hz. Peygamber'in hadislerinde de vardır. Nitekim kendisi de, kendisinden sonra meydana gelecek olayları işte böyle kapalı bir üslupla haber vermiştir.

DECCAL'IN TANIMI

Deccal, Arapça bir kelimedir ve "D-C-L" kökünden gelmektedir. Sözlüklerde bu kelimeye "Deveye katran sürmek, zina etmek, yerin her tarafını gezip dolaşmak, bir şeyi yaldızlayıp olduğundan farklı göstermek ve hakkı batıla karıştırmak vb." gibi anlamlar verilmektedir. Bu kelime ayrıca, tef'îl bâbında "tedcîl" şeklinde kullanıldığında "Örtme veya saklama" manasına da gelmektedir. Yine aynı bâba göre, "Batılı hakmış gibi gösterme ve karıştırma" gibi anlamlara da gelmektedir. Ayrıca "Altın" manasına gelir ki, "Yeryüzünün hazinelerinin kendisine tabi olduğu kişi" anlamında gelir. Burada daha pek çok tanımlama da yapılabilir, fakat görüldüğü gibi bu tanımların hepsinin ortak özelliği şudur ki, Deccal kelimesi kötülüğün veya negatif olarak tanımladığımız güçlerin ortak bir sembolize edilmiş hali olarak karşımıza çıkmasıdır.

Deccal'a bazen Mesih kelimesi eklenerek, "Mesih Deccal" da denmektedir. Bunun sebebi ise, gözlerinden birisinin silik veya az görüyor alması ya da dünyanın her yerini çok gezen birisi olarak tanımlanmasından ileri gelmektedir. Mesih kelimesi her ne kadar Hz. İsa'nın bir unvanı olsa da başka pek çok manası da vardır. Konumuzla ilgili bir manası da şöyledir ki: Yüzünün bir tarafında kaşı veya gözü eksik olan, yaratılıştan bozuk, kötü, uğursuz, yalancı veya çok öldüren gibi manaları bunların bazılarıdır. Hadislerde ise, daha çok bu kelime "Mesih-üd Deccal" şeklinde kullanılmaktadır. Buradaki Mesih kelimesi "İnsanları aldatmak için güzel sözler söyleyen kişi, bir kaşı veya gözü olmayan kötü kişi" olarak da tanımlanmaktadır. Elmalılı Hamdi Yazır, Mesih kelimesini "Yalancı Deccal" olarak tanımlamaktadır. Bediüzzaman'ın bu konudaki yorumu ise oldukça detaylıdır ve özet olarak şöyledir:

"Nasıl ki Allah'ın emri ile Hz. İsa (AS), Hz. Musa'nın şeriatından bir kısım zorlukları kaldırıp şarap gibi nefsin hoşuna giden bazı şeyleri helal etmiş. Aynen öyle de: Büyük Deccal'da Şeytan'ın telkini ve hükmüyle Hz. İsa'nın tebliğ ettiği şeriatın, yani Şeriat-ı İsevîyye'nin hükümlerini kaldırır. Hristiyanların sosyal hayatlarını düzenleyen bağlarını bozarak anarşistliğe, Ye'cüc ve Me'cüc'e zemin hazırlar. Ve İslâm Deccal'ı olan Süfyan dahi; aldatmayla ve hakkı batıl veya batılı hak olarak göstermekle ve etrafındaki fetvacılarının da yardımıyla Hz. Peygamber'in tebliğ ettiği İslâm Şeriatı'nın içki, zina ve faiz gibi haramlarını; Namaz, Oruç ve Zekât gibi ebedî bir kısım hükümlerini, nefis ve şeytanın desiseleriyle kaldırmaya çalışarak, sosyal hayatın maddî ve manevî bağlarını bozar; böylece serkeş, sarhoş ve sersem durumuna gelmiş olan nefisleri özgürlük ve insan hakları perdesi altında başı boş bırakarak, esas üzerinde durulması gereken hürmet, merhamet ve adalet gibi nurânî zincirleri çözerek, kokuşmuş heves ve istekler bataklığında birbirine saldırmak için zorlamaya dayalı bir serbestiyet ve zorbalığa benzeyen bir yönetimle hürriyet vererek, dehşetli bir anarşistliğe meydan açar. O zaman da bu insanları, çok şiddetli bir baskı ve istibdattan başka türlü yola getirmek ve kayıt altına almak mümkün olamaz."

{Şuâlar, 5. Şuâ, Tetimme, 1. Mesele}

Bediüzzaman Deccal'la ilgili görüşlerinin devamında, iki tür Deccal olduğunu belirtir. Bunlardan birincisi kâfirlerin büyük deccalı olarak tanımlanan "Büyük Deccal"dır. İkincisi ise, Müslümanların başına musallat olan ve "İslâm Deccalı" olarak nitelendirilen "Süfyan"dır. Bediüzzaman konuyla ilgili olarak özet olarak şöyle der:

"Rivâyetler, Deccal'ın dehşetli fitnesinin İslâm dünyasında olacağını gösterir ki, bütün ümmet bu fitneden çekinmiştir. Gaybı ancak Allah bilir. Bunun bir te'vili şudur ki: İslamların deccalı ayrıdır. Hatta bir kısım ehl-i tahkik İmâm-ı Ali'nin (ra) dediği gibi demişler ki: Onların deccalı süfyandır; İslâmların içerisinde çıkacak ve aldatmayla, yani hile ile iş görecek.

Kâfirlerin büyük deccalı ayrıdır. yoksa büyük deccal'ın cebir ve zorlamasına itaat etmeyen şehid olur ve istemeyerek itaat eden kâfir olmaz, belki günahkâr da olmaz."

{Şuâlar, 5. Şuâ, 8. Mesele}

Yine başka bir yerde bu konuya şöyle değinir: *"Nifak perdesi altında, Risâlet-i ahmediyeyi (asm) inkâr edecek Süfyan namında müthiş bir şahıs, ehl-i nifakın başına geçerek Şeriat-ı İslâmiyenin tahribine çalışacaktır."* Nitekim Peygamberimiz de hadislerinde İslâm Deccalı olan Süfyan'a dikkat çekmiştir. Mesela, bu hadislerden birisinde meâlen şöyle der: **"Âhir zamanda bir adam çıkacak, O'na Süfyanî denilecek."**

İSLÂM'DAN ÖNCEKİ DÖNEMDE DECCAL İNANCI

Bölümün giriş kısmında da değindiğimiz gibi, Deccal fikri tarih boyunca her toplumda görülmüştür. Nitekim Hz. Peygamber, bütün peygamberlerin ümmetlerini Deccal'ın şerrinden sakınmaları için uyardığını söylemiştir. Bu konuda şöyle buyurmaktadır: "Ümmetini Deccal'dan sakındırmayan hiçbir Peygamber yoktur." Tarih içinde bir Deccal'in geleceği inancı, isim olarak benzemese de, mana olarak çok eski zamanlara dayanmaktadır. Mesela Mısırlıların inancına göre, iyiliği temsil eden tanrı "Moris" ile kötülüğü temsil eden "Sit" arasında seksen yıl süren bir savaş yaşanmıştır. Yine Eski Çin inançlarında da iyiliği temsil eden "Hong Kong", kötülüğü temsil eden ormanların tanrısıyla kanlı bir savaş halindeydi. Hint inanışına göre de, iyiliği temsil eden "Sihata" ile kötülüğün temsilcisi "Mara" vardı. Bu inanışa göre Mara, kötülüğün vücut bulmuş şekli ve hakikatin düşmanı olarak tanımlanırdı. Şeytan onun misafirliğine gider ve kadınları fitne çıkarması için kullandırırdı. Dikkat edersek bu inanıştaki Mara'nın rolü de Deccal'a oldukça benzemektedir. Babillilerin inancına göre ise, suların ve karanlıkların idarecisi olan "Tiamat"ın kıyametten hemen önce tekrar gelip ilâhlara karşı çıkacağına inanılırdı. Eski İran inanışına göre ise, iyiliği temsil eden "Ahura Mazda"nın muhalifi olan ve karanlıkta yaşayan "Angra Mainyu" ile devamlı savaş halinde olması, Deccal kavramının ilk temellerini teşkil eder.

YAHUDİLİK'TE DECCAL İNANCI

Yahudilikte Deccal kelimesi ilk defa milattan önce II.

Yüzyıldan itibaren kitaplarda görülmeye başlar. Daniel Kitabında "Günlerin Sonu"nda Allah'ın otoritesine karşı gelecek olan güçlü bir varlıktan bahsedilmektedir. Yine benzer şekilde, Hezekiel Kitabının 38-39. Bâblarında geçen "Gog ve Magog" hikayesinde Yahudilerin düşmanlarına kumandanlık edecek olan kötü karakterli Gog'un Rab Yehova tarafından nasıl mağlup edileceği anlatılır. Ayrıca Yahudi Kutsal Kitabının Yoel, Zekeriya ve Daniel bölümlerinde de buna benzer anlatımlar vardır. Daniel Kitabında Deccal için bir benzetme yapılarak "Küçük boynuz veya Canavar" olarak tanımlanan ve insanüstü güçlere sahip olan bir yaratıktan söz edilmektedir. Ayrıca İsrâiloğullarının oniki kabilesinden birisi olan "Dan Kabile"sine mensup olan, İsrâiloğullarının Allah'a ibadet etmekten vazgeçiren şeytanî bir karakter olan ve ismi "Belial" olarak geçen bir şahsiyetin de Deccal olduğu ileri sürülür. Yahudiler her zaman Deccal'ı, kendilerini kurtaracağına inandıkları Mesih'in muhalifi olarak görmüşler ve tarih içinde öne çıkan bu tip kişileri Deccal olarak değerlendirmişlerdir.

HRİSTİYANLIK'TA DECCAL İNANCI

Hristiyanlık'ta Deccal Kavramı, "Anti Christ" yani "İsa Karşıtı" olarak değerlendirilerek, Mesih'in düşmanı olarak Kutsal Kitap'taki Yuhanna'nın yazmış olduğu Vahiy Kitabı'nda geçen ve bu bölümde detaylı bir şekilde değineceğimiz gibi 13-17. bâblarda karakteri detaylı bir şekilde çizilen Kıyametten hemen önce gelecek ve Hz. İsa ile savaşacak olan kötü bir şahsiyet ve Şeytan'ın yardımcısı olarak geçer. Hristiyan dünyasında kökleri Helenistik Yahudiliğe kadar giden, ayrıca İslâmî çevrelerce de paylaşılan bu terim ve onunla ilgili düşünceler tarih içinde inanç, teoloji, sanat, edebiyat ve siyaset gibi birçok sahada etkisini göstermiştir. Yahudilik'te Mesih'in muhalifi olarak gelişen bu kavram; Hristiyanlık'ta Mesih'in ikinci gelişinden önce ortaya çıkacak ve O'na karşı duracak olan yarı Şeytanî yarı İnsanî bir karakter olarak temsil edilir. Yeni Ahit'teki Deccal Karakteri ile ilgili mecazî anlatımlar, Yahudilerin kurtuluş öncesinde kötülüğün artacağı ve bir şahısta odaklaşacağı gibi inançlardan etkilenerek, özellikle Daniel Kitabındaki benzer örnekleriyle anlatılarak somutlaştırılmaktadır. Onun ibadet eden herkese karşı çıkacağı, tanrılık iddiasında bulunacağı ve ortaya çıkmasının önemli bir âhir zaman işareti olduğu önemle vurgulanır. Yeni Ahit'in Vahiy Kitabında Deccal'ın "İki Canavar" şeklinde sembolik bir tasviri yapılır. Bunlardan birincisi, denizden çıkan on boynuzlu ve yedi başlı olarak tanımlanan bir canavardır. Bu canavar, Daniel Kitabındaki dört canavarın birleştirilmiş ve tek bir şahısta toplanmış şeklidir. Kendisinin içine girmiş olan Şeytan'dan kudret ve hakimiyet almıştır.

İkincisi ise, yeryüzünü yöneten on büyük kralın içinden çıkan ve bu kralların en büyükleri olan üçünden tam bir yetki alan ve "Küçük Boynuz" şeklinde tanımlanan bir yaratık olarak nitelendirilir. Bu yaratık, yine benzer bir şekilde denizden çıkmakta ve kendisine itaat eden herkesin eline ve alnına işaret vurduran ve kendisine itaat etmeye zorlayan bir karakter olarak karşımıza çıkar. Kendisine itaat etmeyen herkesin ne bir şey satın alabildiği ve ne de satabildiği, yani sanki ekonomik bir sistemdeki güçlü bir otoriteyi tanımlayacak şekilde kötü bir karakter olarak sembolize edilir. Bu yaratığı tanımak için, büyük bir bilgi ve bilgelik istediğini ileri süren Yuhanna, Canavarın simgesi olarak 666 sayısını gösterir. İşte Vahiy Kitabında detaylı bir şekilde sembolize edilen bu karakter, aslında Büyük Deccal'dan başkası değildir. Vahiy Kitabının ilgili bölümünde bahsi geçen ve bir bütün olarak Roma İmparatorluğu'nu da temsil eden bu canavarın dört başından her birisi, kendisine destek veren dört büyük Roma İmparatorunu veya âhir zamanda ortaya çıkacak olan dört büyük kralı temsil eder. Bu imparatorlardan birisi olarak "Neron" gösterilir. Vahiy Kitabının sonunda, Deccal yargılanır ve Hz. İsa tarafından ateş ve kükürtten oluşan bir göle atılarak yok edilir. Böylece dünyadaki tüm kötülükler de ortadan kalkmış olur. Dolayısıyla İslâmî literatürde Hz. Mehdi veya Hz. İsa tarafından öldürüleceği bildirilen Deccal inancı, hemen hemen diğer iki semavî dinde de benzerlikler gösterir.

İSLÂM'DA DECCAL İNANCI

İslâm'da Deccal konusu tamamıyla hadis kaynaklıdır. Kur'ân'da Deccal kelimesi geçmemektedir. Fakat bazı İslâm âlimleri bazı âyetlerin Deccal'a işaret ettiğini iddia etmişlerdir. Bu konuda farklı görüşler vardır. Bununla birlikte Deccal hakkında çok sayıda hadis bulunmaktadır. Bu hadislerden 100 kadarı tevâtür derecesinde hadis kitaplarında yer almaktadır. Nitekim Kettânî şöye nakleder: *"Bu konuda 100 kadar hadis vardır. Bunlar sahih olarak kabul edilen hadis mecmualarında ifade edilmektedir. Bunların hepsini nazar-ı itibara aldığımızda bu husus tevâtüren sabit olmaktadır."* Deccal'la ilgili hadisler, Neseî'nin Sünen'i dışında Kütüb-i Sitte'nin diğer beş kitabında, imâm Malik'in Muvattâ'sında, İbn-i Hibbân'ın Sahih'inde, Ahmed İbn-i Hanbel'in Müsned'inde, Hakîm'in Müstedrek'inde yer almaktadır. Bu hadislerden en önemlileri şunlardır:

"Rasûlullah (SAV) Deccal'ı o kadar dehşetli anlattı ki, biz Deccal'ın yakındaki hurmalıktan çıkacağını zannettik."

"Nuh'tan sonra gelen her peygamber, ümmetini Deccal'den sakındırmıştır. Ben de sizi ondan sakındırıyorum."

"Ümmetini şaşı gözlü Deccal'den sakındırmayan hiçbir peygamber yoktur."

"Âdem'in (AS) yaratılışından Kıyamete kadar geçen zaman içerisinde Deccal'den daha büyük bir hadise yoktur."

DECCAL'IN ÖZELLİKLERİ

Hadis-i Şeriflerde her iki Deccal hakkında yapılan yorumlar onların vücut yapıları, güç ve kuvvetleri ve icraatlarına ilişkin olağanüstü olarak kabul edilebilecek ifadeler içerir. Yine hadislerde bildirildiğine göre, onların bu olağanüstü durumları yüzünden bazı talihsiz insanlar onlarda bir nevî tanrılık özellikleri bulunduğuna inanacaklardır. Daha önce de belirttiğimiz gibi, Hz. Peygamber'in gelecek hakkında verdiği bu müteşâbih ve mecazlı anlatımlar, sırr-ı imtihan gereği kapalı tutulmuş ve te'vile ihtiyaç duyacak şekilde, konunun uzmanları tarafından o günkü zamanın şartlarına göre yorumlanmaya gereksinim duymuşlardır.

Çünkü bu haberlerin çoğu gaybîdir ve gaybı ise ancak Allah ve O'nun bunları bildirmek istediği kişiler bilebilir, herkes açıkça bilemez. Mesala Deccal'ın boyunun minareden daha yüksek olduğu, bağırdığı zaman sesinin dünyanın her tarafından işitilmesi, kırk günde dünyayı dolaşması, olağanüstü bir bineğinin (eşeğinin) olması, yalancı Cennet ve Cehenneminin bulunup dostlarını Cennetine, düşmanlarına Cehennemine atacağı, insanları öldürüp dirilteceği, istediği zaman yağmur yağdırıp bitkiler bitireceği, önce peygamberlik sonra da ilâhlık iddiasında bulunacağı gibi vb. özelliklerinden bahseden hadisler bu nevîdendir. Bunların hepsi müteşâbih (teşbihli veya mecazlı) ifadelerdir. Birçok bakımdan da böyle ifade edilmeleri gerekiyordu. Çünkü, Hz. Peygamber (SAV) kendisinden sonra kıyamete kadar her devirde yaşayacak ümmetinin karşılaşacağı durumlar hakkında onları uyarmıştır. Halbuki zaman ilerledikçe şartlar değişmektedir. O günün şartları içinde yaşayan insanlara, gelecekte olanları aynen söyleseydi, onların bu olayları kavramaları mümkün olmazdı. Ayrıca imtihan sırrı gereği olarak da bu şekilde kapalı bir biçimde ifade edilmesi gerekiyordu. Fakat günümüzde bu şartlar oldukça değişmiştir.

Özellikle içinde bulunduğumuz zaman diliminin, çoğu ehl-i tahkik tarafından Kıyamete oldukça yakın bir zaman dilimi olarak kabul edilmesi, bu kapalı ve müteşâbih ifadelerin artık daha açık bir biçimde ifade edilmesi gerektiğini ve artık insanların gelmiş oldukları gelişmişlik düzeyinin bu açıklığı kaldırabileceğinin ve kapalı manaların esas ifade ettiği anlamların ne olduğunun anlatılması gerektiğinin bir işaretidir.

Dolayısıyla Kıyameti bildiren bu gibi müteşâbih âyet ve hadislerin, çağımızdaki yorumlarını akıl ve mantık kuralları çerçevesi içinde kabul edebilecek bir altyapının oluşması bu sürecin, yani Kıyamet sürecinin başladığının ve artık açıklanması gerektiğinin önemli bir işaretidir. Aklını kullananlar, iradesinin hakkını verenler bu sözlerden ve uyarılardan alacakları hisseyi alırlar. Ayrıca her asırda gelen Peygamberin vârisleri olan hakikî âlimler bu süreci, her devirde o zamanın içinde bulunduğu şartlara ve insanların anlayış seviyesine göre, bu tür rivâyetleri yaşadıkları çağdaki insanların genel kültür seviyesine hitâbedecek şekilde açıklamaktadırlar. Yine Hz. Peygamber'in bildirdiği gibi, Allah (C.C.) her yüz sene başında bir müceddid göndererek bu hakikatları yeniden açıklamaktadır. Bu büyük zâtlar, dinin esaslarına sıkı sıkıya bağlı kalarak, onları gelişen zamanın şartlarına ve insanların değişen anlayışlarına göre yeniden yorumlamaktadırlar. Geçmişte her devirde yaşamış olan bu âlimler, yorumlarını yaşadıkları zamanın şartlarına ve imkânlarına göre yapmaya özen göstermişlerdir. Buna bir örnek olarak, geçtiğimiz asrın Müceddidi olan Bediüzzaman Saîd Nursî Hz.'leri de kendisine bu konularda çeşitli zamanlarda sorulan sorulara cevap olmak üzere, eserlerinin büyük bir kısmını bu konuları açıklamaya yönelerek, bu hadisleri ve âyetleri yorumlamaya çalışmıştır. O'nun **Risâle-i Nur**'da değindiği bu yorumlardan yola çıkarak, aşağıdaki gibi bir değerlendirme yaparak **ONYEDİ İŞARET** altında **DECCAL**'ın özelliklerini inceleyelim:

BİRİNCİ İŞARET

Deccal'ın Şahsı İle İlgili Olağanüstü Tasvirler

Bu tasvirlerin çoğu O'nun temsil ettiği cemaatla ilgilidir. Yani onun fikirlerini ve yaşam biçimini benimseyen insanların, teşkilâtların, kurumların ve devletlerin yaptıkları işler Deccal'ın kendi şahsına verildiği için bu olağanüstü yapılar ve icraatlar insanüstü bir görünüme bürünmüştür. Esasen hak ve adalet prensipleri; iyiliklerin ve başarıların bütün o işleri yapan ekibe, cemaate, millete ve orduya verilmesini gerektirir. Halbuki bu zorba reisler; ücretle tutulmuş alkışçıların, propagandistlerin, reklamcıların, medyanın ve hakezâ başka pek çok faktörlerin şişirmesiyle bütün o başarıları kendi şahıslarına mal ederler.

İKİNCİ İŞARET

Deccal ve Yardımcılarının İcraatlarının Büyük ve Hatta Olağanüstü Görünmesi

Deccal'ın faaliyetlerinin olağanüstü görünmesinin sebebi ise, onların icraatlarını zorla ve zorbalıkla yaptırmalarından, insanların hevâ ve heveslerine, çoğunlukla hayvanî ve şehvanî duygularına hitâbetmelerinden kaynaklanmaktadır. Böylece insanların bir kısmı zorla, diğer bir kısmı da Şeytanın ve nefislerinin oyuncağı olmalarından dolayı onların emirlerini itiraz etmeden yerine getirirler ve hatta bir kısım insanların onları gözlerinde büyütüp ilâh yerine koymaları sebebiyle yaptıkları icraatlar büyük ve harika işler olarak görünür. İnsanlar da bütün bu sonuçları onların olağanüstü güçlerine ve kahramanlıklarına verirler. Zaten insanların büyük bir kısmı kahramanlığa ve kahramanlara hayrandırlar. Onlar da insanların bu zaafını değerlendirirler. Halbuki gerçekte insanların nefretini gerektirecek olan bu durum, cahil ve gafil insanlarca tam aksine hayranlık duyulan, hatta tapınılacak derecede sevilen kişiler ortaya çıkarır. Hele bu gibi durumlar, toplumların bunalımlı bir zamanına ve bir kurtarıcı aradıkları bir döneme denk gelirse bu zorba reisler kendilerini daha kolay kabul ettirirler. Gerçeği görenleri ve kendilerine karşı çıkanları ise, en zalim bir şekilde ve şiddetle susturur, astırır, kestirir; üstelik onları hain olarak ilân ettirirler.

ÜÇÜNCÜ İŞARET

Her İki Deccal'ın da Sinsi ve Münâfıkâne Bir Yol İzlemesi

Her iki Deccal da, hedeflerine ulaşabilmek için her şeyi kullanırlar. Mesela kendi dönemlerinde dünyadaki diğer güç odaklarıyla işbirliği yapıp, onları kendi emelleri için hizmet ettirirler. Dünyada her zaman askerî, siyasî, ideolojik ve ekonomik gizli/açık güç odakları vardır. Mesela son zamanlarda Yahudiler dünyada belli bir güç odağı haline gelmişlerdir. Onların tarihten gelen bir Hristiyan ve Müslüman düşmanlığı vardır ve ellerinde de her türlü güç büyük ölçüde bulunmaktadır. Yine benzer şekilde Masonluk, aynı emellere hizmet etse de, bunlardan tamamen ayrı ve gizli bir güç odağıdır. Benzer şekilde Feminizm, Materyalizm ve Darwinizm gibi fikir akımları ile çeşitli sağ ve sol görüşlü ideolojiler ile silahlı mafya örgütlenmeleri ayrı birer güç odağı oluştururlar. İşte her iki Deccal, bu değişik güç odakları ile işbirliği yaptığı için kendilerinde olağanüstü bir güç varmış gibi gösterirler ve bunu herkese göstermeye çalışırlar, büyük ölçüde de başarılı olurlar.

DÖRDÜNCÜ İŞARET

Her İki Deccal'ın da İnsanları Etkileme Yöntemleri

Büyük Deccal Sihir, Büyü, İspirtizma, Manyetizma ve Telepati gibi insanları etkileyen metafizik olayları kullanır. Müslümanlar arasında faaliyet gösteren ve Süfyan denilen İslâm Deccalı ise, bir gözünde bulunan etkileyici ve manyetik tesir gücüyle insanlara hükmeder. Nitekim rivâyetlerde Deccal'ın bir gözünün kör olduğuna değinilerek buna işaret edilmektedir.

Bediüzzamanın bu konudaki ifadesi şöyledir:

"Büyük Deccal'ın bir gözü kör ve ötekinin bir gözü, öteki göze nispeten kör hükmünde olduğunu hadiste kaydetmekle, onlar kâfir-i mutlak bulunduğundan, yalnız münhasıran bu dünyayı görecek bir tek gözü var ve âkibeti ve Âhireti görebilecek gözleri olmamasına işaret eder. Ben bir manevî âlemde İslâm Deccalı'nı gördüm. Yalnız bir tek gözünde teshirci bir manyetizma gözümle müşahede ettim ve onu bütün bütün münkir bildim. İşte bu inkârı-ı mutlaktan çıkan bir cüret ve cesaretle mukaddesâta hücum eder. Âvam- nâs (halk) hakikat-ı hali (gerçeği) bilmediklerinden, harikulâde bir iktidar ve cesaret zannederler."

{Şuâlar, 5. Şuâ, Tetimme, 2. Mesele}

BEŞİNCİ İŞARET

Deccal'ın Çok Hızlı Hareket Etmesi

Deccal'ın hızlı hareket edeceği ve az bir zaman içinde çok büyük işler yapacağı hakkında hadisler vardır. Bunlardan bazıları şöyledir:

"Deccal çıktığı gün bütün dünya işitir, kırk günde dünyanın her yerini gezer ve olağanüstü bir bineği (Aracı: Otomobili, Treni, Uçağı veya günümüz teknolojisinin çok ilerisinde olan bir taşıt: örneğin, Uçan Daire benzeri bir araca işaret ediyor olabilir) vardır."

"Deccal yürürken yeryüzü ayaklarının altında koyunun derisinin yünden dürüldüğü gibi (Yine, Çok hızlı giden bir araca işaret ediyor) dürülür."

"Deccal, önüne bulutu katan rüzgar gibi (Uçağa işaret ediyor) hızlı hareket eder."

"Deccal Mekke ve Medine dışında her yere girecek (Deccal'ın sadece Mekke ve Medine kentleri dışındaki, dünyada bulunan bütün ülkeleri ve kentleri, bahsedilen aracıyla dolaşacağına işaret ediyor)."

İşte yukarıda bazılarını kısaca verdiğimiz hadislerdeki gibi te'vile muhtaç rivâyetler, Deccal'ın çok hızlı hareket edeceğini ve az bir zaman içerisine çok işler sığdıracağını anlatmaya çalışmaktadır. Hz. Peygamber'in (SAV) yaşadığı zamanın şartlarında yukarıda zikrettiğimiz bu hadislerde ifade edilen manaları anlamak çok güçtü. Bu sebeple, bu haberlerin yoruma, yani te'vile ihtiyacı vardı. Nitekim İslâm âlimleri, bu haberleri daha önceleri çeşitli şekillerde yorumlamışlardır. Mesala, *'Bir hadisenin veya sözün aynı anda veya bir günde bütün dünyada duyulması'*nı, **'Haberleşme teknolojisi'**nin bugün geldiği noktayı dikkate alarak anlamak çok kolaydır. Radyo, televizyon, internet veya diğer iletişim araçlarıyla bir söz, bir olay bugün anında her yerde, hem de canlı ve görüntülü olarak duyurulmaktadır. Yine, *'Deccal'ın kırk günde dünyayı gezmesi'* ve *'Önüne bulutu katan rüzgar'* gibi hızlı hareket etmesi' de **'Ulaşım teknolojisi'** ile ilgilidir. Günümüzdeki ulaşım araçları sayesinde, örneğin, sesten hızlı gidebilen uçaklar düşünüldüğünde, kırk günde değil kırk saatten daha kısa bir zamanda bile dünyayı dolaşmak mümkün olabilmektedir. Dikkat edilirse buradan, hadisteki 'Kırk' ifadesinin çokluk anlatan bir terim olduğunu kolayca anlayabiliriz. Ayrıca dikkat edersek bu burum, bize aynı zamanda **Deccal'ın Çıkış Zamanı** hakkında da bir fikir vermektedir. Demek ki Deccal, haberleşme ve ulaşım teknolojisinin böyle bir seviyeye (Hatta belki de günümüz teknolojisinden de ileri bir seviyeye) geldiğinde çıkacaktır.

ALTINCI İŞARET

Deccal'ın Az Zamanda Çok İşler Yapması

Deccal'ın az zamanda çok işler yapması, aynı zamanda Hz. Peygamber'in (SAV) bir mu'cizesidir ki, ortaya çıkışından yüzlerce sene önce günümüz teknolojisini haber vermiş ve bu önemli olaylara işaret etmiştir. Bediüzzaman bu konuya eserlerinde şöyle değinir:

"Deccal zamanında vasıta-i muhabere (Haberleşme araçları) ve seyahat o derece terakki edecek (geşilecek) ki, bir hâdise (Olay) bir günde umum (bütün) dünyada işitilecek. Radyo ile bağırır, şark/garp (Doğu/batı) işitir ve umum ceridelerinde (gazetelerde) okunacak. Ve bir adam kırk günde dünyayı devredecek ve yedi kıtasını ve yetmiş hükûmetini görecek ve gezecek diye zuhûrundan (ortaya çıkmasından) on asır evvel telgraf, telefon, radyo, şimendifer (tren), tayyare'den (uçak) mu'cizâne haber verir. Bindiği merkebi (eşeği) ve himarı (aracı) ise, ya şimendiferdir ki bir kulağı ve bir başı Cehennem gibi ateş ocağı, diğer kulağı Cennet gibi güzelce tezyin (süsleme) ve tefriş (dekorasyon) edilmiş. Düşmanlarını ateşli başına, dostlarını ziyafetli başına gönderir. Veyahut onun eşeği, merkebi; dehşetli bir otomobildir veya tayyaredir veyahut (Sükut lazım..)!!"

{Şuâlar, 5. Şuâ, 17. Mesele}

Yine O'na göre; Deccal'ın bütün dünyayı gezmesi, Mekke ve Medine dışında her yere gitmesi, olumlu gelişmeler için değil; tam aksine, fitneyi uyandırmak ve insanları baştan çıkarmak içindir. Bu konuda şöyle der:

"Hem Deccal, deccallık haysiyetiyle (sıfatıyla) değil, belki gayet müstebit (zorba) bir kral sıfatıyla işitilir. Ve gezmesi de her yeri istilâ etmek için değil, belki fitneyi uyandırmak ve insanları baştan çıkarmak içindir.."

{Şuâlar, 5. Şuâ, 17. Mesele}

YEDİNCİ İŞARET

Deccal'ın Olağanüstü İşler Yapması

Rivâyetlerde Deccal'ın bazı harikulâde işler yapacağından bahsetmiştik. Müslüman olmayan şahısların yaptıkları olağanüstü işlere **istidrac** denir. İstidrac; Allah'ın, bu kişilere kazandırdığı özel bir yetenek sonucu yaptıkları olağanüstü işlere verilen genel bir tanımlamadır. Bu kişiler, Sihir, Büyü ve Manyetizma gibi metafizik yollarla insanların dikkatlerini kendilerine çekebilirler ve akıllarını çelmeye çalışırlar. Bu durum, hem bu işi yapanlar, hem de diğer insanlar için bir imtihandır. Bir rivâyette şöyle bir olay anlatılır: Deccal zamanında bir çok insan onun yalanlarına aldandığı, hile ve tuzaklarına düştüğü halde, genç bir mümin (Bu Hz. Mehdi'ye işaret ediyor olabilir) ona karşı çıkar. Deccal, onu öldürmek ister fakat başarılı olamaz. Bunun üzerine, Rasûlullah'ın haber verdiği Deccal'ın kendisi olduğunu onun yüzüne karşı haykırır. Deccal, tekrar genci öldürmek ister. Fakat yine başarılı olamaz. Çünkü artık Allah onun elinden gücünü ve insanları aldatma özelliğini almıştır ve artık o, kimseyi kandıramaz.

SEKİZİNCİ İŞARET

Deccal'ın Boyunun Minareden Daha Yüksek Olması

Rivâyetlerde, Deccal'ın boyunun minareden daha yüksek olup, Hz. İsa'nın ise ona kıyasla daha kısa olduğu, şeklinde bildirilen ifadeler vardır. Hatta Hz. İsa onu öldürmek için sıçrar ve kılıcı ancak onun dizine ulaşabilir, denilmiştir. Bu ve benzeri ifadeler, onun iktidar ve icraatlarını ve maddî/siyasî gücünü temsil etmektedir. Bediüzzaman'ın yorumlarına göre ise, bu durum, Hz. İsa ile Deccal'ın ordularının veya maddî/siyasî güçlerinin oranını gösteren bir ifade şeklidir. Bu konuya şöyle değinir:

"Rivâyette var ki: İsa Aleyhisselâm Deccal'ı öldürdüğü münasebetiyle "Deccal'ın fevkalâde büyük ve minareden daha yüksek bir bir azamet-i heykelde (Büyük bir maddî büyüklükte) ve Hazreti İsa Aleyhisselâm ona nisbeten çok küçük bulunduğunu.." gösterir. Gaybı Allah'tan başkası bilemez. Bunun bir te'vili şu olmak gerektir ki: İsa Aleyhisselâm'ı nur-u iman ile tanıyan ve tâbi olan cemaat-i ruhâniye-i mücahidînin (Deccal'la Manevî mücadele yapan İsevî ruhânileri, rahipleri veya papazları) kemiyeti (sayısı), Deccal'ın mektepçe (Deccal'ın Eğitimli birimleri, Bilim adamları) ve askerce (Deccal'ın Askerî birimleri, ordusu) ilmî ve maddî ordularına nisbeten çok az ve küçük olmasına işaret ve kinâye (Benzetme)'dir."

{Şuâlar, 5. Şuâ, 16. Mesele}

DOKUZUNCU İŞARET

Deccal'ın Fitnesinin Çok Câzibedâr Olması

Rivâyetlerde, âhir zaman fitnelerinin çok cazip olduğu, o fitnelerin câzibesinden kimsenin kendisini kurtaramadığı bildirilmektedir. Bu sebeple, mü'minlere günlük duâlarında Deccal'ın ve Âhir zamanın bu fitnelerinden korunmaları gerektiği hatırlatılmıştır. Çünkü bu fitneler, insanların hayvanî duygularına hitâb eder ve insanlar da bunlara çabuk kapılıp kolayca baştan çıkabilir. Deccal, bilhassa kadın fitnesini etkin bir biçimde kullanır. Bediüzzaman Hz. bu konuya şöyle değinir:

"Rivâyette var ki: "Fitne-i Âhirzaman (Âhir zaman fitnesi) o kadar dehşetlidir ki, kimse nefsine hâkim olmaz." Bunun için, binüçyüz sene zarfında emr-i peygamberî ise (Peygamberin hatırlatması ile) bütün ümmet o fitneden istiâze etmiş (çekinmiş), azâb-ı kabir'den (kabir azâbı) sonra -Deccal'ın ve âhirzamanın fitnesinden Allah'a sığınırız- vird-i ümmet olmuş.

En doğrusunu Allah bilir, bunun bir te'vili şudur ki: O fitneler nefisleri kendilerine çeker, meftun eder (alışkanlık yapar). İnsanlar ihtiyarlarıyla (kendi istekleriyle), belki zevkle irtikâb ederler (katılırlar). Mesela: Rusya'da hamamlarda kadın/erkek beraber çıplak girerler ve kadın kendi güzelliklerini göstermeye fıtraten çok meyyâl (eğilimli) olmasından seve seve o fitneye atılır, baştan çıkar ve fıtraten cemâl-perest (güzellik düşkünü) erkekler dahi, nefsine mağlub olup o ateşe sarhoşâne bir sürur ile düşer, yanar. İşte dans ve tiyatro gibi o zamanın levhiyatları (eğlenceleri) ve kebâirleri (büyük günahları) ve bid'aları, birer câzibedârlık ile pervane gibi nefis-perestleri (nefsine düşkün olanları) etrafına toplar, sersem eder. Yoksa, Cebr-i mutlak ile (zorla) olsa ihtiyar kalmaz, günah dahi olmaz."

{Şuâlar, 5. Şuâ, 6. Mesele}

ONUNCU İŞARET

Deccal'ın Elinin Delik Olması

Rivâyetlerde, Deccal'ın bir su içeceği ve elinin delineceği bildirilmektedir. İslâm âlimleri bu ve benzer rivâyetlerin, onun içkiye ve israfa düşkün olacağına işaret ettiğini söylemişlerdir. Yani, Deccal'ın ortaya çıkacağı zamanda insanları israfa sevkedecek birçok sebepler ve serbestlikler bulunacaktır. Nitekim halk arasında *'Falan adamın eli deliktir'* dendiğinde o kişinin müsrif birisi olduğu anlaşılır. Oyun, eğlence, sefâhet ve ahlaksızlık gibi kötü alışkanlıklara tiryaki olan insanlara para yetmeyecektir. Hatta bu insanlardan bazıları, bir gecede koca bir serveti bu gibi alışkanlıklar yüzünden hebâ edebilecek bir hale geleceklerdir. Bu parayı elde etmek için de meşru olmayan yollara sapacak ve böylece Deccal'ın tuzağına düşeceklerdir. Bu konuda Bediüzzaman Hazretleri şunları söylemektedir:

"Rivâyette var ki: "Âhirzamanın eşhas-ı mühimmesinden (önemli şahıslarından) olan süfyan'ın eli delinecek."

En doğrusunu Allah bilir, bunun bir te'vili şudur ki: Sefâhet ve Levhiyât için gayet israf ile elinde mal durmaz, israfâta akar. Darb-ı meselde (örnek bir misalde) deniliyor ki: "Filan adamın eli deliktir." Yani çok müsriftir.

İşte, "Süfyan israfı teşvik etmekle, şiddetli bir hırs ve tamâ'ı (açgözlülük) uyandırarak insanların o zaif damarını tutup kendine musahhar eder (kendi amaçları için kullanır)." diye bu hadis ihtar ediyor. "İsraf eden ona esir olur, onun damına düşer."

diye haber verir."

{Şuâlar, 5. Şuâ, 1. Mesele}

ONBİRİNCİ İŞARET

Deccal'ın Bir Gözünün Kör Olması

Deccal'ın bir gözünün kör olması hakkında birçok rivâyet vardır. Bunlardan bazıları şöyledir:

"Deccal tek gözlüdür."

"Haberiniz olsun ki o (Deccal) kördür. Halbuki Allah asla kör değildir."

"Deccal kör olduğu halde, 'Ben sizin Rabbinizim!' der."

Bu rivâyetlere dayanarak Deccal'ın gözünün kör olması hakkında çeşitli yorumlar yapılmıştır. Bu yorumlara göre; Deccal'ın iki gözü de kusurludur. Fakat bunlaradan birisi doğuştan kusurlu olduğu halde, diğeri daha sonradan bozulmuştur. Ayrıca bu körlük onun kalp gözünün de kör olduğu anlamına gelmektedir. Halk dilinde tek gözlülük kötüler ve zorbalar için kullanılır. Örneğin herkesin çocukluktan bildiği bir çizgi roman kahramanı olan ve denizlerde dolaşarak kötülük yapan korsanların hep tek gözlü olduğunu biliriz. Bu özellik sadece maddeyi gören ve maneviyâta kapalı olan Batı medeniyetinin görüş ve felsefesine de aynen uymaktadır. İşte bu noktada Üstâd Bediüzzaman da gerçek Hristiyanlıktan uzaklaşan Batı'yı '*Deccal gibi tek gözlü olan ve tek bir göz taşıyan kör deha*' şeklinde niteler. Bediüzzaman'a göre; büyük Deccal'ın bir gözü tam kör olup, diğer de ona nispeten kör hükmündedir. Ayrıca gözünde ispirtizma nev'inden büyüleyici bir manyetizma bulunur. İslâm Deccal'ı olan Süfyan'ın da gözünde bu nev'iden teshir edici manyetizmanın bulunduğunu belirtir: "Büyük Deccal'ın, ispirtizma nev'inden teshir edici (etkileyici) hassaları bulunur. İslâm Deccalı'nın dahi, bir gözünde teshir edici manyetizma bulunur. Hatta rivâyetlerde, 'Deccal'ın bir gözü kördür.' diye nazar-ı dikkati gözüne çevirerek Büyük Deccalın bir gözü kör ve ötekinin bir gözü, öteki göze nispeten kör hükmünde olduğunu hadiste kaydetmekle, onlar kâfir-i mutlak bulunduğundan yalnız münhasıran (yüzeysel olarak) bu dünyayı görecek bir tek gözü var ve âkibeti ve âhireti görebilecek gözleri olmamasına işaret eder. Ben bir manevî âlemde İslâm Deccalını gördüm. Yalnız bir tek gözünde teshirci bir manyetizma gözümle müşahede ettim ve onu bütün bütün münkir bildim. İşte bu inkâr-ı mutlaktan çıkan bir cüret ve cesaretle mukaddesata hücum eder. Âvam-ı nâs (insanlar) hakikat-ı hali bilmediklerinden hârikulâde bir iktidar ve cesaret zannederler."

{Şuâlar, 5. Şuâ, Tetimme, 2. Mesele}

ONİKİNCİ İŞARET

Deccal'ın Yahudilerin Arasından Çıkması ve Onların Desteğini Alması

Bu konunun giriş kısmında yer alan Deccal'a ait bazı özellikleri belirtirken, Deccal'ın sinsi ve münafıkça bir yol izleyeceğinden ve gerçek hedefine ulaşıncaya kadar kendisini gizleyerek ve özellikle Yahudileri etkin bir biçimde kullanarak hareket edeceğinden bahsetmiştik. Deccal, özellikle Yahudilerin dünya üzerindeki siyasî, askerî, medyatik, ekonomik (finansal) ve her türlü gücünden faydalanacak ve onları kendi görüşlerine destekçi yapacak ve bu şekilde dünya gündeminde yükselecektir. Bediüzzaman bu konuya şöye değinir:

"Rivâyetlerde var ki: 'Deccal'ın mühim kuvveti Yahudidir. Yahudiler severek tabi olurlar. Allah en doğrusunu bilir, diyebiliriz ki, bu rivâyetin bir parça te'vili Rusya'dan çıkmış. Çünkü, her hükümetin zulmünü gören Yahudiler, Almanya memleketinde kesretle (çoğunluğu oluşturacak şekilde) toplanıp intikamlarını almak için, Komünist Komitesi'nin tesisinde mühim bir rol ile Yahudi milletinden olan Troçki namında dehşetli bir adamı, Rusya'nın başkumandanlığına ve terbiyegerdeleri (öncü lideri) olan meşhur Lenin'den sonra Rus Hükümetinin başına geçirerek Rusya'nın başını patlatıp bin senelik mahsulâtını yaktırdılar. Büyük Deccal'ın komitesini ve bir kısım icraatını gösterdiler. Ve sâir (diğer) hükümetlerde dahi ehemmiyetli sarsıntılar verip karıştırdılar."

{Şuâlar, 5. Şuâ, 14. Mesele}

ONÜÇÜNCÜ İŞARET

Deccalın Yalancı Cennet ve Cehenneminin Bulunması

Allah Rasûlü bir keresinde Deccal'ı anlatırken şöyle buyurmuştur:

"Ben Deccal'ın yanında neler bulunduğunu, kendisinden daha iyi bilirim. Onun yanında akan iki nehir vardır. Biri dış görünüşünde beyaz bir sudur. Diğeri de parlak bir ateş olarak görülür. Kim ona yetişirse, ateş olarak görünen nehrin yanına varsın ve başını eğip ondan içsin. Zira bu parlak ateş gibi görünen nehir, soğuk bir sudan ibarettir. Kensine tabi olanları, bu nehirlerden birincisi olan yalancı cennetine; tabi olmayanları ise, ikincisi olan yalancı cehennemine atar."

Dikkat edersek bu rivâyetler de diğer benzer hadisler gibi müteşâbih, yani sembolik ifadeler içerir. Çünkü, Deccal'ın beraberinde getirdiği bu yalancı ateş ilâhî ölçülere göre sahte ve sunî bir sıkıntılı hayat ve Deccal'ın kendisine tabi olmayanları zorladığı zorlu yaşam koşullarına işaret eder. Kendisine tabi olanları ise, bir nevî yalancı cennetten oluşan, tamamıyla nefsin ve şehvetin istekleriyle süslendirilmiş olan yapay bir refah, lüks ve sefahet içindeki bir yaşam şekline işaret eder. Dolayısıyla Rasûlullah'ı dinleyen bilinçli Müslümanların, bu sahte yaşam tarzına kanmamaları ve hadiste belirtilen ve ateş gibi görülen o ikinci nehre atlamaları, gerçek kurtuluş yolu olan İslâmiyetin emir ve yasaklarına tam uymakla elde edilebilir. Ayrıca geçtiğimiz yüzyılda yaşanan bazı büyük felaketler ve özellikle Büyük Deccal'ın bir nevî suretini sergileyen Hitler'in uygulamaları, yani insanların diri diri kızgın fırınlara atılıp yakılması, insanların suçsuz yere idamlara ve hapishanelere mahkum edilmesi veya birçoğunun da açlıktan ölmesi ile sonuçlanan dehşetli uygulamalar hadiste belirtilen bu yalancı cehennem tanımına aynen uymaktadır. İşte bu sebepten dolayı Hz. Peygamber gelecekte meydana gelecek bu olayları en ince ayrıntısına kadar görmüştür ve ümmetini bu fitnelere karşı yüzyıllarca öncesinden uyararak Deccal'ın ateşinde yanmayı birinci durumda bahsedilen bu yalancı cennete tercih etmeleri gerektiğine önemli işaret etmiştir. Dolayısıyla bu büyük fitneden tam kurtulabilmek için Müslümanların her iki Deccal'ı da çok iyi tanımaları ve kendilerine isabet eden bu sıkıntılara göğüs germeleri ve âhiretleri için bir kurtuluş vesilesi olarak bilmeleri gerekir. Deccal elindeki maddî güç ve imkanla, zeka ve kurnazlığıyla bir istibdat (sıkıyönetim veya bir nevî baskı rejimi) kuran Deccal, kendisini kabul etmeyen bir topluluğu kıtlık ve yoksulluk belasına atar, ellerinde hiçbir mal bırakmaz. Fitneyi en büyük koz olarak kullanan Deccal, medeniyetin zevk ve eğlencelerini, nefsin hoşuna gidecek olan her şeyi taraftarlarının, dostlarının önüne serer. Onlara makam, mevkî ve maddî imkanlar sağlayarak el üstünde tutar, kendilerine refah ve saadet sunar, yani onlara bu dünyada bir nevî cennet hayatı yaşatır. Kendisini tanımayan kişileri ise, yokluğa, azaba, işkenceye ve sıkıntılara atar. Hayatlarını zindana çevirir. Hapishaneler bile onun zamanında bir nevî cehenneme döner. Bediüzzaman bu konuya, çok ilginç bir benzetme kullanarak şöyle değinir:

"Rivâyette var ki: 'Âhirzamanın müstebit hâkimleri, hususan (özellikle) Deccal'ın yalancı Cennet ve Cehennemi bulunur.' En doğrusunu Allah bilir, bunun bir te'vili şudur ki: Hükümet dairesinde karşı karşıya kurulan ve birbirine bakan vaziyette bulunan hapishane ile lise mektebi, 'Biri, Hûri ve Gılman'ın çirkin bir taklidi; diğeri, azab ve zindan suretine girecek.' diye bir işarettir."

{Şuâlar, 5. Şuâ, 3. Mesele}

ONDÖRDÜNCÜ İŞARET

Deccal'ın Bilginleri Kendisine Taraftar Yapması

Rivâyetlerde, Deccal'ın ilim sahibi olacağı, fakat ilmini kötü yolda, yani insanlık aleyhinde kullanarak sahip olduğu bu ilim ve teknikle insanları ve özellikle de âlimleri kendisine taraftar yapacağı bildirilmektedir. Nitekim çağdaş İslâm âlimlerinden Muhammed Gazzalî, Deccal'ın tabiat ilimlerine vâkıf olan bir Yahudî âlimi olacağını ve haktan sapan Yahudileri temsil edeceğini söyler. Bediüzzaman'a göre ise, Deccal gücünü ve kuvvetini mensup olduğu aileden, bu ailenin sahip olduğu maddî imkanlardan ve cesaretinden değil de; aklından, zekâsından ve siyasî dehasından almaktadır. Bu özellikleriyle birçok ilim adamını etkisi altına alan Deccal, bunları kendisine fetvacı yapar. Öğretmenleri ve toplumu etkileyecek olan önemli insanları kendisine taraftar yapar ve bu sayede tamamıyla dinden soyutlanmış olan bir eğitimi yaygınlaştırır. Bu konuya Bediüzzaman şöyle değinir:

"Rivâyette var ki: 'Süfyan büyük bir âlim olacak, ilim ile dalâlete düşer. Ve çok âlimler ona tabi olacaklar. Ve-l ilm-ü İndallah, bunun bir te'vili şudur ki: Başka padişahlar gibi ya kuvvet ve kudret veya kabile ve aşiret (AİLE) veya cesaret ve servet (finansal güç) gibi vasıta-i saltanat olmadığı halde, zekâvetiyle (aklıyla) ve fenniyle (tabiat bilimleriyle) ve siyasî (politika yeteneğiyle) ilmiyle o mevkii kazanır ve aklıyla çok âlimlerin (bilim adamlarının) akıllarını teshir eder, etrafında fetvacı yapar. Ve çok muallimleri (öğretmenleri) kendine taraftar eder ve din derslerinden tecerrüd eden (din derslerinden soyutlanan) maarifi (eğitim sistemini) rehber edip tâmimine (uygulamasına) şiddetle çalışır, demektir."

{Suâlar, 5. Şuâ, 7. Mesele}

ONBEŞİNCİ İŞARET

Deccal ve Süfyan'ın Müslümanların ve Diğer İnsanların İhtilâflarından Faydalanması

Rivâyetlerde, Deccal ve Süfyan'ın Müslümanların ve bütün insanların arasına ayrılık fikirlerini ve bölücülük duygularını sokacağı, böylelikle onları birbirine düşürteceği ve sonra da teker teker etkisiz hale getireceği, böylece az bir kuvvetle büyük kitleleri egemenliği altına alacağı bildirilmektedir. Yani bir çeşit **'parçala'** ve **'yut'** politikası uygulacağı anlaşılmaktadır. Onların bu tuzaklarına karşı Müslümanlar ve tüm insanlık, birlik ve beraberlik prensiplerine, bilhassa da Kur'ân'ın **'İnananlar ancak kardeştir.'** {Hucurât, 10} düsturuna dört elle sarılmaları gereklidir. Bediüzzaman da bu konunun önemine şöyle değinir:

"Ey ehl-i imân! Zillet içinde esâret altına girmemek isterseniz, aklınızı başınıza alınız. İhtilâfınızdan istifade eden zâlimlere karşı 'Mü'minler, ancak kardeştirler.' Kale-i kudsiyesi içine giriniz, tahassun ediniz. Yoksa, ne hayatınızı muhafaza ve ne de hukukunuzu müdafaa edebilirsiniz. Malumdur ki, iki kahraman birbiriyle boğuşurken, bir çocuk ikisini de dövebilir. Bir mizânda (terazi) iki dağ birbirine karşı muvazenede (denge) bulunsa, bir küçük taş, muvazenelerini bozup onlarla oynayabilir; birini yukarı, birini aşağıya indirir. İşte Ey ehl-i imân! İhtiraslarınızdan ve husumetkârâne tarafgirliliklerinizden, kuvvetiniz hiçe iner; az bir kuvvetle ezilebilirsiniz. Hayat-ı içtimâiyenizle (sosyal hayat) alakanız varsa, 'Mü'minin mü'mine bağlılığı, parçaları birbirini tutan binâ gibidir.' düstur-u âliyeyi düstur-u hayat yapınız, sefalet-i dünyevîden ve şekâvet-i uhrevîyeden kurtulunuz.."

{Mektubât, 22. Mektup}

ONALTINCI İŞARET

Deccal'ın Peygamberlik İddiasında Bulunması

Deccal'ın özelliklerinde birisi de, önce peygamberlik daha sonra da tanrılık iddiasında bulunmasıdır. Yani Deccal, önce gerçek kimliğini ve amacını saklayacak, insanların iyiliği için çalıştığını söyleyecektir. Böyle bir propaganda ile toplumda kendisine iyi bir yer edindikten sonra, taraftar halkasını genişletecek, alıştıra alıştıra ve sindire sindire insanlara kendisini kabul ettirecektir. Yani, ayakları yere sağlam basıncaya, belli bir güç ve kuvvet kazanıncaya kadar gerçek niyetini saklayacaktır. Nitekim büyük hadis âlimi İbn-i Hâcer, Deccal'ın bu özelliğini şöyle dile getirir: *"Deccal, önce imân ve iyilik iddiasıyla ortaya çıkar, sonra peygamberlik, daha sonra da tanrılık iddiasında bulunur."*

Ayrıca bu konuya değinen iki hadis-i şerifte şöyle buyurulmaktadır:

"Ben size Deccal'ın, benden önce hiçbir peygamberin anlatmadığı bir özelliğini anlatacağım. İlk olarak o, 'Ben peygamberim' der. Fakat benden sonra peygamber gelmeyecektir.."

(Hadiste belirtilen bir konuya burada dikkat edilmelidir. Hz. Peygamberden sonra peygamber sıfatıyla kimse gelmeyecektir. Her ne kadar Hz. İsa, tekrar gelecekse de bu ikinci gelişinde peygamber olarak değil; bir İslâm Müceddidi olarak gelecektir. Dolayısıyla okuyucu, bu hassas konuya dikkat etmeli ve Deccal'ın ortaya çıkışının bir işareti olarak onun, kendisinin Hz. İsa olduğunu iddia ederek topluma takdim edebileceğini ve özellikle Ehl-i kitab ve İslâm dünyasını bu iddiayla çelişkiye düşürebileceği ihtimali üzerinde önemle durmalıdır. Nitekim geçen bölümde bahsettiğimiz gibi, Hz. İsa'nın ikinci gelişi henüz gerçekleşmemiştir ve bu konudaki cifrî hesaplamalara göre daha uzunca bir süre daha vardır. Dolayısıyla bu tarihlerden önce ortaya çıkacak olan sahte Mesihlere ve kendisini Hz. İsa olarak iddia eden kişilere dikkat etmeli ve bunların tuzaklarına düşmemeye çalışmalıyız.)

İkinci olarak da 'Ben Rabbinizim' der. Halbuki ölünceye kadar O'nu göremeyeceksiniz."

ONYEDİNCİ İŞARET

Deccal'ın İlâhlık İddiasında Bulunması

"Deccal ne zaman çıkarsa muhakkak kendisinin ilâh olduğunu iddia eder. Her kim ona imân eder, onu tasdik eder ve ona iltihak ederse, onun geçmişteki amelleri artık kendisine fayda vermez. Her kim Deccal'ı inkâr eder, onu yalancı kabul ederse, o da geçmişteki kötü amellerinden dolayı ceza görecek değildir."

Bediüzzaman da, bu konudaki hadislerden birini zikreder ve konuya şöyle bir yorum getirir:

"Rivâyette vardır ki: "Âhirzamanda Deccal gibi bir kısım şahıslar, ulûhiyyet (tanrılık) davâ edecekler ve kendilerine secde ettirecekler." Allahu A'lem, bunun bir te'vili şudur ki: Nasıl ki padişahı inkâr eden bir bedevî kumandan, kendinde ve başka kumandanlarda, hâkimiyetleri nisbetinde birer küçük padişahlık tasavvur eder. Aynen öyle de; tabiiyyûn (naturalizm) ve maddiyyûn (materyalizm) mezhebinin başına geçen o eşhâs, kuvvetleri nisbetinde kendilerinde bir nevî rubûbiyyet (Rab olma özelliği) tahayyül ederler (düşünürler) ve raiyyetini (kendisine tabi olanları) kendi kuvveti için kendine ve kendi heykellerine ubûdiyyetkârâne serfürû ettirirler, başlarını rükûa getirirler (kendilerine ve heykellerine secde ve rükû ettirirler) demektir."

{Şuâlar, 5. Şuâ, 5. Mesele}

14. BÖLÜM (Chapter 14)

DECCAL'IN ORTAYA ÇIKIŞININ DİĞER İŞARETLERİ VE GİZLİ TARİKATLARLA BAĞLANTISI

Dolar üzerindeki bu her şeyi gören göz ve alttaki yazı Deccal'ın sistemini temsil eden piramidal küresel yapılanmanın ve Vahiy Kitabında sözü geçen 666 sayısıyla temsil edilen Ekonomik egemenliğin yapıtaşlarını sembolize eden masonik işaretlerdir. Dolayısıyla, bu sembolizm dilinin güneşe tapan eski kadim mısır pagan dinleri ve her şeyi gören Horus'un gözünü temsil ettiği düşünülebilir ki, bu da eski Mısır Firavunlarının felsefeleriyle özdeşleşen deccal sisteminin inkarcı din felsefesinin temellerini oluşturur..

Deccal'ın özelliklerine kısaca değindikten sonra şimdi de, onun yürüteceği faaliyetlerden ve güç alacağı inkârcı fikir sisteminden ve bu konuya işaret eden tarihteki önemli gelişmelerden bahsedelim. İnceleyeceğimiz bu olaylar, içinde bulunduğumuz kaotik ve karmaşık ortamın felsefesine ve fikirsel altyapısına da ışık tutacak ve yakın tarihte ortaya çıkmış olan inkârcı fikir sistemlerin güç aldığı temel ilkeleri özet olarak açıklamaya çalışacaktır. Ayrıca İncil'in Vahiy Kitabı olarak adlandırılan son kısmındaki bu konuya işaret eden önemli pasajları verip, bunların günümüze düşen karşılıklarını yorumlamaya çalışacağız.

Bilindiği gibi Deccal, hadislerde de detaylı bir şekilde bildirildiği gibi, âhir zamanda ortaya çıkacak olan, kötülük ve şer güçlerin temsilcisi olan ve '**Yalancı Mesih**' veya '**İsa Karşıtı**' olarak tanımlanan kişidir. Bu kişi, Yahudilerin arasından çıkacak olup, ilk zamanlarda sözde bir barış elçisi gibi görünecek fakat daha sonraları gerçek yüzünü ortaya koyarak insanları aldatıp tüm insanlığı bir din savaşının içerisine doğru sürükleyecektir. Bilindiği gibi, mütevâtir bir hadise göre Hz. İsa Deccal'ı öldürecektir. Deccal'ın Hz. İsa ile olan bu çekişmesinden ayrıca şunu anlıyoruz ki, Deccal Hz. İsa veya O'nun bir unvanı olan Mesih propagandası ile çıkarak halkı ve özellikle de Ehl-i kitap içerisindeki çoğunluğu oluşturan Hristiyanları kandırarak öne çıkacaktır.

Yani ilk çıktığında Deccal, Deccallık özelliğiyle değil de, Hz. İsa veya O'nun soyundan geldiğini iddia eden birisi olarak belirecektir. Halbuki Kutsal Kitab ve diğer kaynaklardan anlıyoruz ki, Hz. İsa diri olarak 33 yaşında göğe alınmıştır ve hiç evlenmeyip bekar olarak yaşadığı için bir çocuğu ve dolayısıyla soyu da yoktur. İşte Deccal, bu gibi iddiaları, çoğunluğu Batı dünyasında bulunan bir taraftar topluluğunun da yardımıyla dikte ederek toplumlara kendisini kabul ettirmeye çalışacaktır. Ayrıca tarihteki gelişmelerden Deccal'ın, sadece Hristiyanları değil; içlerinden çıkmış olduğu samimi Yahudileri de hedef alacağı ve onların içerisine de ayrılıkçı fikir akımlarını yerleştireceğini anlıyoruz. Bu arada ona inanan Hristiyanların çoğunun da, tıpkı Müslümanlar gibi bu din savaşında onun kurbanı olacağını pek çok sahih hadisten anlıyoruz. Deccal bütün bunları insanlara yaptırırken çeşitli yöntemler kullanacaktır. Sihir, Elektromanyetizma ve toplu hipnoz gibi sayamadığımız pek çok doğaüstü yöntem sayesinde insanları teshir edecek ve etkisi altına alacaktır. Dolayısıyla güçlü yöntemlerden oluşan tüm bu şer güçlerin karşısına çıkabilecek ve ona karşı koyabilecek, daha doğrusu onu yok edebilecek (yöntemleriyle birlikte) tek otorite ve ilâhî gücün Hz. İsa'nın elinde olacağını hadislerin gaybî yorumlarına göre anlamaktayız. Bu yüzden Hz. İsa Mesih, Deccal'ın bu yöntemlerini deşifre edip bunları yok edebilecek olan yegâne insan, mu'cizâtlı bir zât ve müstesnâ bir peygamberdir. Dolayısıyla, O'nun kullanacağı yöntemlerin mu'cizeli ve etkili olması da bunu kolaylaştıracak başka bir etkendir.

Deccal, ilk çıktığı zamanlarda Hz. Mehdi ve Hz. İsa'nın tanınmaması için tüm propaganda yöntemlerini, basın ve yayın dünyasını kontrol ederek onları takip edecek ve tanınmamaları için mücadele edeceğini bazı müteşâbih hadislerin te'villi yorumlarından anlıyoruz. Çünkü Deccal, insanların onları tanımasıyla kendisinin güç kaybedeceğini bildiği için, bunu kontrol eden güçlü bir istihbarat teşkilâtı kurarak kendisine yardımcı olan bilim adamları ve araştırmacıların da yardımıyla onların tanınmamasına çalışacaktır. Tabi bütün bu olup bitenler, çok üst düzey bir teknik bilgi içerdiği ve çoğunlukla gizli olarak yürütüldüğü için geniş halk kitlelerinin bu olaylardan ve yapılanmalardan haberi olmayacaktır. Dolayısıyla onun yöntemlerini çözebilecek tek kişi de Hz. İsa'dan başkası olamayacak ve Hz. İsa'nın ikinci gelişinde onun kullandığı yöntemleri etkisiz hale getireceğini, başka çarenin kalmayacağını ve onu ancak O'nun öldürebileceğini bu müteşâbih hadislerin âhir zamana yönelik yorumlarından anlamaktayız.

Âhir zamanda ortaya çıkacak olan Büyük Deccal'ın dünya konjönktürü göz önüne alındığında ve onun zamanında oluşacak olan büyük çaplı ekonomik sistemin analizi yapıldığında büyük bir maddî gücü elinde bulunduran bazı Yahudi şirketlerinden ve Yahudi ailelerinden güç alacağını da anlıyoruz. Deccal bu gibi güçlerden yardım alarak iyice güçlendikten sonra, Kudüs'e yerleşecek ve orada Dünya Krallığını ilân edecektir. Özellikle şu anda İsrâil Hükümetinin, **Mescid-i Aksâ** yakınlarında devam ettirdiği kazı çalışmalarından, tüm bunların birer işareti olduğunu anlıyoruz. Unutmayalım ki, aslında Deccal Şeytan tarafından sahiplenilmiş ve öğretisini doğrudan ondan alan ve İncil'de tarif edildiğine göre **666** sayısı ile sembolize edilen Hristiyanlık karşıtı bir lider olarak ortaya çıkacaktır. Daniel Kitabı'nda bahsedilen 'Küçük boynuz' ifadesiyle tanımlanan bu adam, Napolyon'un, Lenin'in, Stalin'in ve Hitler'in başlattığı işi tamamlayacaktır.

Yani aslında saydığımız tüm bu diktatörler tarih içerisinde, aynı sisteme ve aynı efendiye, yani şeytana hizmet eden ve Büyük Deccal'ın öncüsü olan birer kuklaydılar. Onların düzenlemiş olduğu bu şerli planın karşısında ise, **6666** sayısı ve ilâhî planı ile temsil edilecek olan Hz. İsa Mesih yer alacaktır. İşte önümüzdeki süreçte girmekte olduğumuz zaman dilimi, inananlarla inkârcıları ayıran ve uygarlığı yok edecek olan bu ilâhî planın bir parçasıdır. İşte İncil'de özellikle Vahiy Kitabı'nda bahsedilen gizli kehânetler bu süreç içerisinde teker teker gerçekleşecektir. Bu süreç içerisinde Hz. İsa'nın ikinci geliş süreci tamamlanacak ve Kudüs'te inşâ edilmeye çalışılan Deccal'ın tapınağı yavaş yavaş tamamlanacaktır. Bu ilâhî planın bundan sonraki aşamasında ise, Vahiy Kitabı'nda bahsedilen 7 borazanın çalınmasını anlatan sembolik olaylar ve hemen ardından da 7 mühürün açılmasını ifade eden sembolik olaylar gerçekleşecektir. Bu süreçte her şey yıkılacak, dev depremler ekonomileri çökertecek, okyanuslar yükselecek ve birçok kıyı kenti sular altında kalarak denizlerin toplam alanı genişleyecektir. Okyanuslar yükselecek ve bunu izleyen olaylar ve karışıklıklar sonrasında ise, Deccal kendisini süper güçle donatılmış bir politikacı olarak dünyaya tanıtıp, dünyayı eski düzenine sokacağını ileri sürdüğü bir plan önerecektir. Deccal'ın bu planı, dünyanın çoğu yerinde ticareti koordine eden **Merkezî Bir Çiple** insan vücuduna monte edilebilen ve **Elektronik Para**'ya dayalı bir **Elektronik Ekonomi**'yi içerecektir. İşte, bu önemli gerçeği Vahiy Kitanbı'ndan anladığımız sembolik anlatıma göre, bu ekonominin bir parçası olmak ve otomasyondan yararlanabilmek için kişinin bu lidere bağlılık yemini etmesi koşulunu öngören ve herkese kabul ettirilmeye çalışılan, bir nevî zorunluluk getiren ticaret anlaşması öne sürülecektir.

Böylece, tüm elektronik etkileşimlerin ve sözleşmelerin

belgelendiği bir çip kişinin eline yerleştirilecektir. İsa karşıtı bu lider, önce İsrâil'i kanatlarının altına alıp barış antlaşması sağlayacak, daha sonra da tüm İslâm devletlerine ve Hz. İsa'ya karşı saldırıya geçip **3. Dünya Savaşı**'nı başlatacaktır. **Nostradamus**'un kehânetlerine göre **Rusya** ve **Çin** de bu savaşa katılmak zorunda kalacaklardır. Vahiy Kitabı'na göre, **BM** ve **Avrupa Birliği**'nin de desteğini alan Deccal ve ordusu şeytanla birlikte, uzun süre devam edecek bu savaşın sonunda yenilecek, ateş ve kükürt gölünden oluşan Cehenneme atılacaktır. Bu savaşa ve gelecekte gerçekleşecek bu olaylara işaret eden bazı filmler yapılmıştır. Örneğin, '**Yüzüklerin Efendisi**', '**Matrix**', '**Omen: 666**' ve '**Yarından Sonra**' isimli filmler bunlardan bazılarıdır.

DECCAL VE İLLÜMİNATİ TARİKATI

Tarihte pek çok kanlı ihtilâl ve pek çok imparatorluk ve devletin yıkılmasına neden olan bu şeytanî örgüt **1776** yılında **Adam Weibshaut** isimli bir Yahudi gizemci ve felsefeci tarafından kurulmuştur. 'Aydınlanma' veya 'Işık sahipleri' olarak da kendilerini tanımlayan bu örgüt, içlerinde Osmanlı İmparatorluğu da dahil olmak üzere pek çok devleti parçalayıp yavaş yavaş Deccal'ın imparatorluğu ve hâkimiyeti için zemin hazırlamıştır. Şu anda ise, bu durum son aşamasına gelmiş olup, dünya hâkimiyetini ekonomi, politika ve bütün dinler üzerinde uygulayarak Deccal'ın dünya hâkimiyetine zemin hazırlamaktadır. Bugün, Hz. İsa'nın doğumundan iki bin yıl sonra, üçüncü bin yılın eşiğinde, illüminatinin verdiği mücadelenin son safhası olan **Milliyetçilik (tez)** ve **Evrenselcilik** veya **Globallik (antitez)** arasında yaşanılacak bir çatışma aşamasına getirilmiştir. Bu tez ve antitez arasında **Yeni Dünya Düzeni (sentez)** oluşacaktır. Bu düzenin gizli önderi ise,

'Kaosun içinden düzen yaratmak' felsefesiyle hareket eden ve 'Dünyayı kurtaran adam' gibi ortaya çıkacaktır. Vahiy Kitabı'na göre O, insan etine bürünmüş Şeytan, yani Deccal olacaktır.

Deccal'ın dünya üzerindeki krallığı ise, para ve servet tekeli, yani Tekel Kapitalizmi olarak düşünülebilecek olan bu sosyo/ekonomik sistem, bir nevî Kapitalist Faşizm veya Marksist Kapitalizm'in gelebileceği son evre demek olan küresel bir süper devlete işaret eder. Devletleri bile teker teker yok edebilecek derecede güçlenecek olan bu devasâ Tekel Şirketi yapısı, dünyayı sömürgeleştirip insanları köleleştirecektir. Yani İllüminati Tarikatı'nın planı, "**KAOS TEORİSİ**" sayesinde gelişmektedir.

Evet yukarıda değindiğimiz konular ilk etapta inanması güç ve fantezi olarak gelebilir fakat İncil'de bahsedilen kehânetlerin yorumlarına göre Deccal'ın ortaya çıkacağı zamana doğru tüm dünyayı on kadar insan yönetiyor olacaktır. İşte İncil'de bahsedilen bu on kral, İllüminati'nin iç çemberini oluşturan on kişilik ekibe işaret ediyor olabilir. Hiyerarşik piramide göre, altlarında kendilerine bağlı yaklaşık 300 küresel teknisyen (Tam sayısı **313** olabilir, çünkü hadislerden anlıyoruz ki, **Hz. Mehdi** ve **Hz. İsa**'nın da **313** önemli talebesi olacaktır) bulunuyor. Onların da altlarında yüzbinlerce mürid ya da "Yeni Dünya Düzeni Hizmetkârı" bulunuyor. İncil devamında bu on adamın, kıyamete yakın bir zamanda dünya çapında üstün bir güce sahip olacağını mükemmel bir şekilde anlatıyor.

Vahiy 17:3 âyeti bize, *"On boynuzlu, kâfir ve kırmızı renkli bir canavar"*ın ortaya çıkacağını söylüyor. Burada sembolik olarak bahsedilen kırmızı renkli canavarın ne olduğunu biraz düşünürsek İllüminati'nin Rusya ve Çin'de Komünizmi temsil etmesi için seçtiği rengi incelersek hemen görebiliriz. İşte bu renk bu ifadede geçen kırmızı renkle uyumlu olan *"Kızıl Devrim"*i temsil etmektedir. **Vahiy 17:12-14**'ten ise, on boynuza ilişkin çıkaracağımız sonuç ise, *"On kral"*ın dünyanın son günlerinde sınırsız bir siyasî ve ekonomik güç elde edecek bu on adama işaret ettiği kolayca görülebilir. On adamın tam yetkiyle destekleyecekleri canavar ise, insan şekline girmiş olan Şeytan, yani ondan tam yetki alan Deccal'dan başkası değildir. Tanımlanan bu Deccal **Vahiy 13**'te 'On boynuzlu' olarak ortaya çıkar ve canavar şeklinde tasvir edilir. Ayrıca bu on boynuzun üzerinde de *"On taç"* taşımaktadır. Burada yeniden, tüm dünyaya hükmeden ve şeytana yani **Vahiy 13:18**'de **666** sayısı ile temsil edilen Deccal'a verilen on adet büyük yetki gücüne rastlıyoruz ki, bu on taç Deccal'ın dünya üzerindeki hakimiyetini sağlayan on büyük yetki alanına işaret eder.

Ayrıca bu on adamın, şeytanın kötü amaçlarına boyun eğmek ve desteklemekten çok daha fazlasını yaptıklarını görüyoruz. Onlar, bu 666 sayısıyla temsil edilen bu canavara, yani şeytanî lidere bir ilâh olarak tapmaktadırlar. **Vahiy 13:8**'de ise, Deccal'ın son günleri hakkında ilginç bilgiler elde ediyoruz ve iki önemli gerçeğe rastlıyoruz: İlk önce, gerçek Hristiyanları (İsevîleri) hor gördüğünü, onları yok etmek, etkisi altına almak ve inançlarını zayıflatmak istediğini anlıyoruz.

Daha sonra bu amacını tüm yeryüzüne yönlendirir. Bu kehânet, açıkça Şeytan'ın dünyanın son zamanlarına doğru kurmuş olduğu dehşetli bir komployu tarif eder. Bu komplo, hakikî Hristiyanlar (İsevîler) hariç tüm insanlar ve tüm uluslar üzerinde uygulanır ve ondan yetki almış alan on adam tarafından yönetilir. Canavar olarak tarif edilen iblis ruhlu Deccal ise, kendisiyle birlikte komployu yöneten on adamdan oluşan bir iç çemberin tam merkezinde yer alır ve kendisini ışığın ve hakikatin oğlu olarak tanıtır. Bu on adamın aynı doğrultuda çalışması ve sahip oldukları güçleri bu yaratığın hizmetine sunmaları tesadüf değildir. Nitekim, bunu bu şekilde yerine getirmek zorundadırlar. Çünkü efendileri olan Şeytan tutsak edildiği için yetkisi elinden alınmıştır ve tüm yetkisini bu on kişiye devretmiştir. Tüm bu komplonun karşısında ise, Allah'ın büyük kurtarma planı devreye girer ve Hz. İsa'nın vasıtasıyla bu şerli plan ortadan kaldırılmış olur. Yani bu kurtarma planına göre, Şeytanî iblis karakteri olarak **666** sayısıyla karşımıza çıkan Deccal'ın faaliyetleri, Hz. İsa tarafından **6666** ilâhî sayısı ile sınırlandırılmış olur.

DECCAL'IN İNKARCI FİKİR SİSTEMİ: KAOS TEORİSİ

George Friedrich Hegel (1770-1831), çoğunlukla **Hegel Diyalektiği** olarak bilinen felsefesiyle Kaos Teorisi'ne ve İllüminati felsefesine ön ayak olmuş bir felsefecidir. Hegel, insanın sadece **'mantık'** (Bir Mason kavramı) sayesinde özgürlüğüne kavuşabileceğine inanıyordu. Hegel'e göre tarih, üç basamaklı bir değişim (Diyalektik) süreciydi: **Tez, Antitez** ve **Sentez**. İlk önce tez aşamasında krizler ortaya çıkar ve halkta korku oluşturulur. İnsanlar mevcut duruma sinirlenir ve psikolojisi bozulur. Yaşanılan ümitsizliği, korkuyu ve bazen de paniği gidermek için de bunun çözümü olarak ileri sürülen karşıt bir durum yaratılmalıdır. İşte bu karşıt durum, Antitezdir. Bu sosyal sürecin üçüncü aşamasında, probleme uzlaşmacı bir çözüm, yani Sentez getirilir. Karşıt güçlerin (Tez ve Antitez) sürekli çarpışmasıyla elde edilen **Kaotik durumdan** (*Chaotic State*) geçici bir çözümü ortaya koyan **Geçici bir durum** (*Transient State*) elde edilir. Oluşan bu yeni denge ise, yeni bir tez olur ve bir kez daha karşıtlıklar ortaya çıkar. Böylece dengede ulaşmak istenilen nihâî **Hedef duruma** (*Ultimate State*) doğru yavaş yavaş bir ilerleme kaydedilirken, çarpışma ve kaos devam eder.

İşte **Hegel** ve **Marx**, İllüminatinin yaklaşık 200 yıl boyunca kullandığı bu yıkıcı ve ölümcül teorinin temellerini atan iki Yahudi felsefecisiydi. Bu arada Hegel'in teorilerinin yeni olmadığını da bilmeliyiz. Çünkü Eski Yunanlılar ve Çinliler de buna benzer inkârcı ve ateist teoriler geliştirmişlerdi. Bu inkârcı teorilerin hemen hepsi, koyu bir ateist (Allah'ın varlığını açık açık inkâr ve ispat etmeye çalışan felsefeci) olan **Charles Darwin**'in "**EVRİM TEORİSİ**"yle büyük bir benzerlik gösterir. Darwin'in yaklaşık 150 yıldır etkisini sürüdüren hatalı teorisi, doğadaki karşıt güçlerle (**antitez**) çatışan organizmalara (**tez**) dayanıyordu. İşte Darwin'in okullarda ders olarak okutulan Bilim dışı ve mantıksız teorisinin temeli aslında bu ilkeye dayanıyordu. Dolayısıyla Deccal yanlısı eğitim kurumlarınca da desteklenen Darwinizm'in bir ileri aşamasının kaos teorisine doğru kapı açması o kadar da şaşılacak bir şey değildir. Bu gibi teoriler tarih içerisinde; her zaman vahdâniyyetçi, yani birleştirici ve bütünleştirici unsurlar içeren fikirlerin karşısında yer alarak; bölücü, ayrıştırıcı ve unsuriyyetperverliğe dayalı çatışmacı fikir akımlarının gelişmesine yol açmıştır.

KAOS TEORİSİ VE KOMÜNİZM İLİŞKİSİ

1860'larda bir Alman felsefecisi ve ekonomisti olan **Karl Marx (1818-1883)**, kendi ekonomik ve politik devrim teorilerini içeren fikirlerini '**DAS KAPİTAL**' isimli kitabında yayımladı. Komünist Parti Programı ve Das Kapital isimli kitabında Marx,

"**Diyalektik Materyalizm**" fikrini ortaya attı. Bu yayınlarında Marx, insanın geçtiği evrimsel yolun, kaçınılmaz olarak hayalî bir **SOSYALİZM**'e varacağını ileri sürüyordu: Bu da **KOMÜNİZM**'di. Evrim teorisinin ekonomik ve sosyal hayata ilişkin bir uygulaması niteliğinde olan bu dehşetli teori, diğer bütün dinlere olduğu gibi özellikle İslâm'a ve Müslümanlara yaklaşık bir buçuk asır boyunca büyük kayıplar verdirmiş ve pek çok müslümanın da inkâra sapmasına neden olmuştur. Fakat günümüzde Komünizm tamamıyla ortadan kalkmış olup, Sovyetler Birliği'nin dağılmasıyla birlikte gücünü kaybetmiştir. Fakat Marx'ın Hegel diyalektiğini kendi teorilerine uyarlamasının ve "Bilimsel Evrim"e olan inancının asıl sebebi, Hz. İsa'ya ve Hristiyan Kilisesine duyduğu nefretti. Marx, dini beyinleri uyuşturan bir afyon gibi tahayyül ediyordu. Oysa ki, Karl Marx sadece bir İllüminati üyesi olmakla kalmayıp, aynı zamanda bir Yahudi gizemi olan koyu bir Kabala üyesiydi ve görüşlerinin birçoğunu Tevrat'tan yaptığı uyarlamalarla oluşturmuştu. Marx bir keresinde şöyle söylemiştir: *"Benim hayattaki tek amacım Allah'ı tahttan indirmek ve Kapitalizm'i yok etmektir!"*

HİTLER VE DECCAL İLİŞKİSİ

Hitler'le Deccal'ın ne gibi bir ilişkisi var? diye sorabilirsiniz. Fakat ilk etapta ilişkisiz gibi görünse de aslında birçok ilişkisi vardır. Bunlardan en önemlisi, Darwin'in inkârcı teorilerini alıp, ırkların üstünlüğü ilkesini ve 'Safkan Irk' teorisini geliştirip milyonlarca suçsuz Yahudiyi katleden Adolf HİTLER'in hadislerde bildirilen Büyük Deccallardan ikincisi olduğuna dair bazı işaretlerin bulunması ve Âhirzamanda gelecek olan Büyük Deccal'ın habercisi olduğudur. Hitler, Deccal'ı tarif ederken, kısa zamanda ve az sayıda kişinin yardımı sayesinde ilerleyeceğini bildirmektedir. Hitler'in tanımlamasına göre Deccal, hiç kimsenin karşı koyamayacağı bir şekilde ahlakî çöküntüye uğratır, etkili bir konuşma yeteneğine sahiptir ve büyü ve sihir gibi okült öğretileri de etkin bir biçimde kullanır. Ona göre bu kişi, Cennet ve Cehennem arasındaki tüm ruhlara hükmedecektir. Hatta buna doğa olayları ve kimyasal olaylar da dahildir. Dünyanın efendisi olacak bu kişi için Hitler *"O, Tanrının Oğlu (Antiisa) olacak."* demiştir.

Hitler'e göre yukarıda bahsettiğimiz bu safkan ırktan olan bu kişinin liderlik sırrı, kanda, yani bir nevî asil bir ırktan geldiğini iddia etmesinde saklıydı. Hitler, dünyayı fethetmenin anahtarının kanda yattığına inanıyordu. Evet, Hitler haklıydı. Çünkü İllüminati tarikatı da esas gücünü kan bağından alıyordu. İllüminati, yüzyıllar boyunca dünyanın serveti ve zenginliği üzerinde tekel oluşturmuş nesiller arasındaki kanbağının bir diğer adıydı. Hitler de bir Deccal'dı ama kendisi de bu aldatmacanın bahtsız kurbanlarından birisi olmuştu. Adolf Hitler'i meydana getiren ve hayal gücünü tetikleyen İllüminatiydi. Fakat o, başarısız bir deney olmuş ve kendi efendilerine karşı gelen ve kendi kurallarıyla zafer arayan bir iktidar delisine dönüşmüştü.

İLLÜMİNATİ'NİN NİHÂÎ HEDEFİ

İllüminati'nin nihâî hedefi nedir? Dünyadaki tüm siyasî iktidarları birleştirmek ve yönlendirmek istedikleri halde, tek hedefleri Dünya Hükümeti kurmak değildir. Bunun da ötesinde, gerçek hedefleri muazzam bir servet sahibi olmak, harcamak, aşırı ve doymak bilmeyen bir arzuya sahip oldukları halde tek hedefleri sadece daha fazla para kazanmak da değildir.

İllüminati'nin asıl hedefi, Allah'ın kendisine bahşettiği yüksek ve âli bir makamda oturan Hz. İSA MESİH'i Hristiyanlık âlemindeki tahtından indirmektir. Dolayısıyla İllüminati O'nu tahttan indirerek, yerine Cehennem yaratıklarının en kötüsü olan ŞEYTAN'ı oturtmaktır.

Bu yüzden İllüminati'nin iç çemberini oluşturan on şeytanî adamı ve ileride onları yönlendirecek olan Deccal'ı iyi tanımamız ve ondan korunmamız gerektiğini birçok hadis mu'cizevî bir tarzda haber vermektedir. İllüminati'nin kurulmasından 200 yıl sonra bugün, bu şeytanî elitin iç çemberi, dünyaya bir başka SAHTE MESİH tanıtma aşamasındadır. O, Hitler'in bıraktığı yerden başlayacak ve İncil'e göre **"Azizlerle savaşacaktır."** {**Vahiy 13. Bâb**} O ve onu dünya iktidarına taşıyanlar trajik bir şekilde, kendi aldanmışlıkları içinde ziyan olacaklardır. Dolayısıyla İllüminati'nin sahte gururunun ve Hz. İsa karşıtı eylemlerinin, onları güçten düşüreceğini ve büyük servetlerinin zayi olacağını İncil'in Vahiy bölümünden okumaktayız. Daha sonra öfke ve korku içinde cehennem yüzlü efendilerine dönüp şöyle yakaracaklar: "Bizler sadece insanız, tanrı değiliz! Bizi aldattın, her şeyimizi kaybettik!" Vahiy Kitabı'na göre, onların bu yakarışları kendilerine fayda vermeyecek ve onunla birlikte cehennem ateşine atılacaklar.

İNCİL KEHÂNETLERİ VE İLLÜMİNATİ

İncil kehânetlerine yeniden dönersek Teselyalılara II. Mektup 2, Hezekiel 38 ve Vahiy Kitabı gibi diğer bazı kehânetlerde, Deccal'ın Kudüs kentini fethetmeye çalışacağı ve Hz. İsa ve onun ordusu ile savaşacağını görüyoruz. Vahiy Kitabı'na göre Kudüs ve ortadoğu bu dönemde, yani dünyanın son günlerinde kâfir bir şehir ve nefret edilen bir bölge olacaktır. Özellikle günümüzde bu bölgede yaşayan birçok Yahudinin Hz. İsa'yı reddetmesi ve İsrâil'in başına geçen birçok liderin ortadoğuyu karıştırmaya yönelik entrikalar çevirmesi bu kutsal şehri ve beldeleri bir günah yuvası haline çevirmiştir. İşte İllüminati'nin Deccal kralı, Allah tarafından âhir zamanda Sodom ve Mısır gibi lânetleneceği bildirilen bu kutsal şehirden, yani Kudüs'ten emirlerini vereceğini ve orada üs kuracağını Kutsal Kitap'tan ve pek çok sahih hadisten anlamaktayız. Yüzyıllar boyunca Kudüs, üç büyük dinin merkezi oldu ve bunların çatışmalarına sahne oldu. Hristiyanlık, İslâm ve Yahudilik. Peki Deccal, bu onlarca asırlık meseleyi nasıl çözmeye çalışacak? İşte bu durum, **Vahiy 16:19'da;**

"**Büyük kent (Kudüs) üçe bölündü. Ulusların kentleri yerle bir oldu. Allah büyük Babil'i (Ortadoğu) anımsadı, ona ateşli gazabının şarabını içeren kâseyi verdi. Bütün adalar ortadan kalktı, dağlar yok oldu. İnsanların üzerine gökten tanesi yaklaşık kırk kilo ağırlığında iri dolu yağdı. Dolu belası öyle korkunçtu ki, insanlar bu yüzden Allah'a hakaret ettiler."**

{Vahiy, 19}

Şeklinde tasvir edilmektedir. Özellikle son zamanlarda Kudüs'ün Hristiyanlar, Müslümanlar ve Yahudiler arasında bölüştürüleceğine dair planlar ortaya atılmaktadır. İşte bu planın asıl amacı ise, bu kente BM denetiminde uluslararası bir statü kazandırmaktır. Yani Kudüs âhir zamanda üç büyük din için de eşit bir öneme sahip bir kent haline getirilmeye çalışılmaktadır. İşte tüm bu gelişmeler de, Deccal'ın *"A Pluribum Unum (Çeşitlilik içinde birlik)"* şeklinde tanımlanan *"Yeni dünya düzeni"* öğretisine tamamen uymaktadır. Şimdi Vahiy Kitabı'nda yer alan ve bu konuyla ilgili olan bazı pasajları inceleyelim:

Denizden Çıkan Canavar (Büyük Deccal, Antiisa)

"[1]Sonra on boynuzlu, yedi başlı bir canavarın denizden çıktığını gördüm. Boynuzlarının üzerinde on taç vardı, başlarının üzerinde küfür niteliğinde adlar yazılıydı. [2]Gördüğüm canavar parsa benziyordu. Ayakları ayı ayağı, ağzı aslan ağzı gibiydi. Ejderha canavara kendi gücü ve tahtıyla birlikte büyük yetki verdi. [3]Canavarın başlarından biri ölümcül bir yara almışa benziyordu. Ne var ki, bu ölümcül yara iyileşmişti. Bütün dünya şaşkınlık içinde canavarın ardından gitti.

[4]İnsanlar canavara yetki veren ejderhaya taptılar. "Canavar gibisi var mı? Onunla kim savaşabilir?" diyerek canavara da taptılar. [5]Canavara, kurumlu sözler söyleyen, küfürler savuran bir ağız ve kırk iki ay süreyle kullanabileceği bir yetki verildi. [6]Allah'a küfretmek, O'nun adına ve konutuna, yani gökte yaşayanlara küfretmek için ağzını açtı. [7]Kutsallarla savaşıp onları yenmesine izin verildi. Canavar her oymak, her halk, her dil, her ulus üzerinde yetkili kılındı. [8]Yeryüzünde yaşayan ve dünya kurulalı beri boğazlanmış Kuzu'nun yaşam kitabına adı yazılmamış olan herkes ona tapacak. [9]Kulağı olan işitsin! [10]Tutsak düşecek olan Tutsak düşecek. Kılıçla öldürülecek olan Kılıçla öldürülecek. Bu, kutsalların sabrını ve imanını gerektirir."

Yerden Çıkan Canavar (Küçük Deccal, Süfyan)

"[11]Bundan sonra başka bir canavar gördüm. Yerden çıkan bu canavarın kuzu gibi iki boynuzu vardı, ama ejderha gibi ses çıkarıyordu. ¹²İlk canavarın bütün yetkisini onun adına kullanıyor, yeryüzünü ve orada yaşayanları ölümcül yarası iyileşen ilk canavara tapmaya zorluyordu. ¹³İnsanların gözü önünde, gökten yere ateş yağdıracak kadar büyük belirtiler gerçekleştiriyordu. ¹⁴İlk canavarın adına gerçekleştirmesine izin verilen belirtiler sayesinde, yeryüzünde yaşayanları saptırdı. Onlara kılıçla yaralanan, ama sağ kalan canavarın onuruna bir heykel yapmalarını buyurdu. ¹⁵Canavarın heykeline yaşam soluğu vermesi için kendisine güç verildi. Öyle ki, heykel konuşabilsin ve kendisine tapmayan herkesi öldürebilsin. ¹⁶Küçük büyük, zengin yoksul, özgür köle, herkesin sağ eline ya da alnına bir işaret vurduruyordu. ¹⁷Öyle ki, bu işareti, yani canavarın adını ya da adını simgeleyen sayıyı taşımayan ne bir şey satın alabilsin, ne de satabilsin. ¹⁸Bu konu bilgelik gerektirir. Anlayabilen, canavara ait sayıyı hesaplasın. Çünkü bu sayı insanı (bir insanı, yani Deccalı) simgeler. Sayısı 666'dır."

{Vahiy, 13:1-18}

Kuzu (Hz. İsa) ve 144 000 Kişi (Hz. İsa'nın Ashâbı)

"¹Sonra Kuzu'nun (Hz. İsa) Siyon* (Kudüs) Dağı'nda durduğunu gördüm. O'nunla birlikte 144 000 kişi (Hz. İsa'nın Ashâbı veya ordusu) vardı. Alınlarında kendisinin ve Allah'ın adları yazılıydı. ²Gökten, gürül gürül akan suların sesini, güçlü gök gürlemesini andıran bir ses işittim. İşittiğim ses, lir çalanların çıkardığı sese benziyordu. ³Bu 144 000 kişi, tahtın önünde, dört yaratığın ve ihtiyarların önünde yeni bir ezgi söylüyordu. Yeryüzünden satın alınmış olan bu kişilerden başka kimse o ezgiyi öğrenemedi. ⁴Kendilerini kadınlarla lekelememiş olanlar bunlardır. Pak kişilerdir. Kuzu nereye giderse ardısıra giderler. Allah'a ve Kuzu'ya ait olacakların ilk bölümü olmak üzere insanlar arasından satın alınmışlardır (seçilmiş kişiler). ⁵Ağızlarından hiç yalan çıkmamıştır. Kusursuzdurlar."

Üç Melek

"⁶Bundan sonra göğün ortasında uçan başka bir melek gördüm. Yeryüzünde yaşayanlara -her ulusa, her oymağa, her dile, her halka- iletmek üzere sonsuza dek kalıcı olan Müjde'yi (İncil) getiriyordu. ⁷Yüksek sesle şöyle diyordu: "Allah'tan korkun! O'nu yüceltin! Çünkü O'nun yargılama saati geldi. Göğü, yeri, denizi, su pınarlarını yaratana tapının!" ⁸Ardından gelen ikinci bir melek, "Yıkıldı! Kendi azgın fuhuş şarabını bütün uluslara içiren büyük Babil (Mezopotamya veya günümüzdeki Irak) yıkıldı!" diyordu.

⁹Onları üçüncü bir melek izledi. Yüksek sesle şöyle diyordu: "Bir kimse canavara ve heykeline taparsa, alnına ya da eline canavarın işaretini koydurursa, Allah'ın gazabının kâsesinde saf olarak hazırlanmış öfkesinin şarabından içecektir. Böylelerine kutsal meleklerin ve Kuzu'nun önünde ateş ve kükürtle işkence edilecek. ¹⁰⁻¹¹Çektikleri işkencenin dumanı sonsuzlara dek tütecek. Canavara ve heykeline tapıp onun adının işaretini alanlar (Deccal'a tabi olanlar) gece gündüz rahat yüzü görmeyecekler. ¹²Bu da, Allah'ın buyruklarını yerine getiren, İsa'ya imanlarını sürdüren kutsalların sabrını gerektirir." ¹³Gökten bir ses işittim. "Yaz! Bundan böyle Rab'be ait olarak ölenlere ne mutlu!" diyordu. Ruh, "Evet" diyor, "Uğraşlarından dinlenecekler. Çünkü yaptıkları onları izleyecek.""

Yerin Ürünü Toplanıyor

"[14]Sonra beyaz bir bulut gördüm. Bulutun üzerinde "insanoğluna benzer biri" oturuyordu. Başında altın bir taç, elinde keskin bir orak vardı. [15]Tapınaktan çıkan başka bir melek bulutun üzerinde oturana yüksek sesle bağırdı: "Orağını uzat ve biç! Biçme saati geldi. Çünkü yerin ekini olgunlaşmış bulunuyor." [16]Bulutun üzerinde oturan, orağını yerin üzerine salladı, yerin ekini biçildi. [17]Gökteki tapınaktan başka bir melek çıktı. Onun da keskin bir orağı vardı. [18]Ateş üzerinde yetkili olan başka bir melek de sunaktan çıkıp geldi. Keskin orağı olana yüksek sesle, "Keskin orağını uzat!" dedi. "Yerin asmasının salkımlarını topla. Çünkü üzümleri olgunlaştı." [19]Bunun üzerine melek orağını yerin üzerine salladı. Yerin asmasının ürününü toplayıp Allah'ın öfkesinin büyük masarasına attı. [20]Kentin dışında çiğnenen masaradan kan aktı. Kan, 1 600 ok atımı kadar yayılıp atların gemlerine dek yükseldi."

{Vahiy, 14:1-20}

Canavarın Sırtındaki Kadın

"[1]Yedi tası alan yedi melekten biri gelip benimle konuştu: "Gel!" dedi. "Sana engin suların kenarında oturan büyük fahişenin çarptırılacağı cezayı göstereyim. [2]Dünya kralları onunla fuhuş yaptılar. Yeryüzünde yaşayanlar onun fuhşunun şarabıyla sarhoş oldular." [3]Bundan sonra melek beni Ruh'un yönetiminde çöle götürdü. Orada yedi başlı, on boynuzlu, üzeri küfür niteliğinde adlarla kaplı kırmızı bir canavarın üstüne oturmuş bir kadın gördüm. [4]Kadın, mor ve kırmızı giysilere bürünmüş, altınlar, değerli taşlar, incilerle süslenmişti. Elinde iğrenç şeylerle, fuhşunun çirkeflikleriyle dolu altın bir kâse vardı. ⁵Alnına şu gizemli ad yazılmıştı:

'BÜYÜK BABİL, DÜNYA FAHİŞELERİNİN VE İĞRENÇLİKLERİNİN ANASI'

⁶Kadının, kutsalların ve İsa'ya tanıklık etmiş olanların kanıyla sarhoş olduğunu gördüm. Onu görünce büyük bir şaşkınlığa düştüm. ⁷Melek bana, "Neden şaştın?" diye sordu. "Kadının ve onu taşıyan yedi başlı, on boynuzlu canavarın sırrını ben sana açıklayayım. ⁸Gördüğün canavar bir zamanlar vardı, ama şimdi yok. Biraz sonra dipsiz derinliklerden çıkacak ve yıkıma gidecek. Yeryüzünde yaşayan ve dünya kurulalı beri adları yaşam kitabına yazılmamış olanlar canavarı görünce şaşacaklar. Çünkü o bir zamanlar vardı, şimdi yok, ama yine gelecek. ⁹"Bunu anlamak için bilgelik gerek. Yedi baş, kadının üzerinde oturduğu yedi tepedir (Yani yedi tepeli bir kent, burada sanki İstanbul'a işaret ediyor olabilir) bu; aynı zamanda yedi kraldır (G-7 ülkelerine işaret ediyor olabilir). ¹⁰Bunların beşi düştü, biri duruyor, ötekiyse henüz gelmedi. Gelince kısa süre kalması gerek. ¹¹Yaşamış, ama şimdi yok olan canavarın kendisi sekizinci kraldır. O da yedilerden biridir ve yıkıma gitmektedir.

¹²Gördüğün on boynuz henüz egemenlik sürmemiş on kraldır; canavarla birlikte bir saat egemenlik sürmek üzere yetki alacaklar. ¹³Düşünce birliği içinde olan bu krallar güçlerini ve yetkilerini canavara verecekler. ¹⁴Kuzu'ya karşı savaşacaklar, ama Kuzu onları yenecek. Çünkü Kuzu (HZ. İSA), Rablerin Rabbi, Kralların Kralı'dır. O'nunla birlikte olanlar, çağrılmış,

seçilmiş ve O'na sadık kalmış olanlardır." [15]Bundan sonra melek bana, "Şu gördüğün sular -fahişenin kenarında oturduğu sular- halklar, toplumlar, uluslar ve dillerdir" dedi. [16]"Gördüğün canavarla on boynuz fahişeden nefret edecek, onu perişan edip çıplak bırakacaklar. Etini yiyip kendisini ateşte yakacaklar. [17]Çünkü Allah, amacını gerçekleştirme isteğini onların yüreğine koymuştur. Öyle ki, Allah'ın sözleri yerine gelinceye dek krallıklarını canavara devretmekte sözbirliği edecekler. [18]Gördüğün kadın dünya kralları üzerinde egemenlik süren büyük kenttir."'

{Vahiy, 17:1-18}

Gökteki Sevinç

"'[1]Bundan sonra gökte büyük bir kalabalığın sesini andıran yüksek bir ses işittim. "Haleluya (Yaşasın)!" diyorlardı. "Kurtarış, yücelik ve güç Allah'a özgüdür. [2]Çünkü O'nun yargıları doğru ve adildir. Yeryüzünü fuhşuyla yozlaştıran Büyük fahişeyi yargılayıp Kendi kullarının kanının öcünü aldı." [3]İkinci kez, "Haleluya! Onun dumanı sonsuzlara dek tütecek" dediler. [4]Yirmi dört ihtiyarla dört yaratık yere kapanıp, "Amin! Haleluya!" diyerek tahtta oturan Allah'a tapındılar. [5]Sonra tahttan bir ses yükseldi: "Ey Allah'ın bütün kulları! Küçük büyük, O'ndan korkan hepiniz, O'nu övün!" [6]Ardından büyük bir kalabalığın, gürül gürül akan suların, güçlü gök gürlemelerinin sesine benzer sesler işittim. "Haleluya!" diyorlardı. "Çünkü Her Şeye Gücü Yeten Rabbimiz Allah Egemenlik sürüyor. [7]Sevinelim, coşalım! O'nu yüceltelim! Çünkü Kuzu'nun düğünü başlıyor (Hz. İsa'nın evliliğine işaret ediyor olabilir, çünkü hatırlarsak bazı hadislere göre, Hz. İsa'nın ikinci gelişinde evleneceğine daha önce değinmiştik), Gelini hazırlandı. ⁸Giymesi için ona temiz ve parlak İnce keten giysiler verildi." İnce keten kutsalların adil işlerini simgeler. ⁹Sonra melek bana, "Yaz!" dedi. "Ne mutlu Kuzu'nun düğün şölenine çağrılmış olanlara!" Ardından ekledi: "Bunlar gerçek sözlerdir, Allah'ın sözleridir." ¹⁰Ona tapınmak üzere ayaklarına kapandım. Ama o, "Sakın yapma!" dedi. "Ben de senin ve İsa'ya tanıklığını sürdüren kardeşlerin gibi Allah'ın bir kuluyum. Allah'a tap! Çünkü İsa'ya tanıklık, peygamberlik ruhunun özüdür." "

Beyaz Atın Binicisi (Hz. Mehdi)

"¹¹Bundan sonra göğün açılmış olduğunu, beyaz bir atın orada durduğunu gördüm. Binicisinin adı Sadık ve Gerçek'tir. Adaletle yargılar, savaşır. ¹²Gözleri alev alev yanan ateş gibidir. Başında çok sayıda taç var. Üzerinde kendisinden başka kimsenin bilmediği bir ad yazılıdır (Burada bahsedilen 'beyaz atın binicisi', Hz. İsa'nın ikinci gelişinden önce ortaya çıkacak olan, Hz. Mehdi'ye işaret ediyor olabilir). ¹³Kana batırılmış bir kaftan giymişti. Allah'ın Sözü adıyla anılır. ¹⁴Beyaz, temiz, ince ketene bürünmüş olan gökteki ordular, beyaz atlara binmiş O'nu izliyorlardı. ¹⁵Ağzından ulusları vuracak keskin bir kılıç uzanıyor. Onları demir çomakla güdecek. Her Şeye Gücü Yeten Allah'ın ateşli gazabının şarabını üreten masarayı kendisi çiğneyecek. ¹⁶Kaftanının ve kalçasının üzerinde şu ad yazılıydı:

'KRALLARIN KRALI VE RABLERİN RABBİ'

[17]Bundan sonra güneşte duran bir melek gördüm. Göğün ortasında uçan bütün kuşları yüksek sesle çağırdı: "Kralların, komutanların, güçlü adamların, atlarla binicilerinin, özgür köle, küçük büyük, hepsinin etini yemek için toplanın, Allah'ın büyük şölenine gelin!" [18-19]Sonra canavarı, dünya krallarını ve onların ordularını, ata binmiş Olan'la O'nun ordusuna karşı savaşmak üzere toplanmış gördüm (Hz. Mehdi ile Deccal arasındaki bir savaşa işaret ediyor olabilir). [20]Canavarla onun önünde doğaüstü belirtiler gerçekleştiren sahte peygamber yakalandı. Sahte peygamber, canavarın işaretini alıp heykeline tapanları bu belirtilerle saptırmıştı. Her ikisi de kükürtle yanan ateş gölüne diri diri atıldı. [21]Geriye kalanlar (Ye'cüc ve Me'cüc'e işaret ediyor olabilir), ata binmiş Olan'ın ağzından uzanan kılıçla (Burada kılıç ifadesi, tank veya top gibi öldürücü bir silaha işaret ediyor olabilir) öldürüldü. Bütün kuşlar bunların etiyle doydu.."

{Vahiy, 19:1-21}

15. BÖLÜM (Chapter 15)

DECCAL'IN İNKARCI FİKİR SİSTEMİ: KAOS TEORİSİ

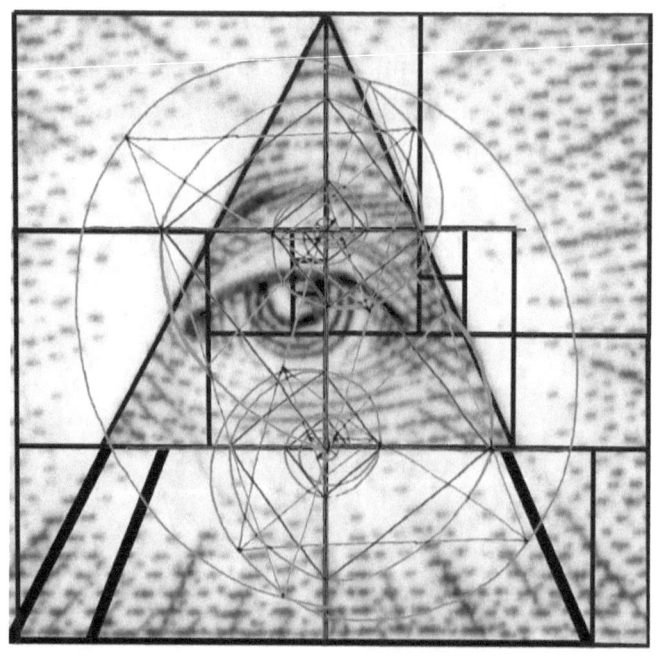

Dolar işaretlerinin altındaki "NOVUS ORDO SECLORUM" "DİNDIŞI YENİ DÜNYA DÜZENİ" ve "ORDO AB CHAO" "KAOSTAN OLUŞAN YENİ DÜZEN" kavramlarının anlamı, Deccal'ın inkarcı fikir sisteminin "KAOS TEORİSİ"nin temelini oluşturan temel iki slogandır.

Tarih: 1960'lı yıllar. **Yer**: Amerika Birleşik Devletleri, Kaliforniya Pasadena Uzay ve hava bilimleri Araştırma Enstitüsü.

KAOS TEORİSİ

Kitabımızın bu bölümünde, belki de tarihte ilk defa, Kaos Teorisi'ne farklı bir bakış açısından yaklaşarak, onun içyüzüne ve inkârcı felsefî temellerine değineceğiz. Son yıllarda bilim dünyasında, Evrim Teorisi gibi bir alternatif bilim teorisi ve her şeyin yapısını açıkladığını iddia eden bir fikir sistemi olarak ortaya atılan bu teoriyi detaylı bir şekilde analiz edersek, pek çok bölücü ve ayrılıkçı fikir sistemlerinin ve karmaşaya yol açan sosyal, ekonomik veya politik uygulamaların fikirsel altyapısını oluşturduğunu görebiliriz.

Yıl, 1960'lı yılların başı. Bilim dünyası pek çok buluşa imza atmaktadır. Fakat Amerika Pasadena araştırma enstitüsünde, Kaotik davranışlar ve hava durumu tahminleri üzerine birtakım araştırmalar yapan Edward Lorenz (1917-2008) farklı bir buluşun ve tarihin içerisindeki pek çok olayın ve bilimsel gelişmenin seyrini etkileyebilecek yeni bir buluşun eşiğindedir. Elde ettiği verileri o akşam bilgisayarına girmiştir ve yazıcıdan aldığı çıktıdaki grafiksel eğriler, hava durumu tahminlerine ilişkin tam da beklediği sonuçları vermektedir. Fakat elde ettiği bu buluşun teorik altyapısı ve sonuçlarının tüm dünyayı, şekillendireceğini ve bilime, ekonomiye ve hatta siyasete dahi uygulanarak yeni bir dünya düzenin temel kuramını oluşturacağını ve bu buluşun temellerinin ta eski mısır medeniyetine ve tapınak rahiplerine kadar gittiğini nereden bilebilirdi. Lorenz, çıktıyı aldı ve bilgisayarının başında bir 15 dakika daha verileri inceledikten sonra,

"**Tamam işte, 20. yüzyılın en büyük buluşlarından birisinin temelini atmak üzereyim!**" diyerek, hızla Enstitünün koridorlarında bölüm başkanlığına yeni buluşunu duyurmak üzere heyecanla koşmaya başladı. Hemen bu konuyu isbatlayan bir makale yazacak ve bilim dünyasına sunacaktı:

"20. YÜZYILIN YENİ BİLİMİ: KAOS TEORİSİ"

20. yüzyılda (1960'lı yıllarda) birtakım Yahudi bilim adamları ve matematikçiler (Poincaré, Hedemark ve Lorenz gibi) tarafından teorik altyapısı ve temelleri oluşturulan bu şeytanî felsefe teorisinin asıl amacı, birtakım hava durumu değişimleri ve kaotik yapı gösteren sistemlerin sürekli salınımı veya kendi kendini tekrar etmesiyle (periyodik olarak sonsuz bir döndü kurması ve titreşim oluşturmasıyla) bu kaotik durumun ve sistemin içinden, düzenli ve kısa süreli sürekli olan kararlı bir sistemin, olayın veya herhangi bir süredurumun çıkabileceği ilkesine dayanarak kâinatın ilk yaratılış anındaki (BİG BANG) maddenin karışım (HEYÛLA veya KAOTİK) şeklinde bulunduğunu varsayıp, bu maddenin partiküllerinin sürekli birbiriyle temas ederek ve birtakım tesadüfler sonucunda titreşimler yaparak kendi kendine içinden sürekli ve düzenli bir sistemin ve böylece kâinatın oluştuğu şeklinde yaratıcıyı inkâr etme ve O'nun hikmet ve kademe kademe yaratma işlevini, birtakım kuvvetlerin ve karmaşık sistemlerin eline vererek ŞİRK'e kapı açmaktadır.

21. yüzyıla varıldığında ise, bu dehşetli ve şeytanî teori kendisine EKONOMİ, TARİH, MATEMATİK, FİZİK, KİMYA, BİYOLOJİ ve ASTRONOMİ gibi pek çok bilim dalında modern teknolojinin ve bilgisayarların da yardımıyla büyük bir uygulama

alanı ve zemini buldu. İşte bu dehşetli teorinin fikirlerinden faydalanan Deccal Sistemi ve onun çevresinde güdümlenen ve çoğu Yahudi olan bilim adamları grubu, bu teoriyi Ekonomiye, Siyasete, Matematiğe, Fiziğe, Kimyaya, Biyolojiye ve Astronomiye uygulayarak her şeyin karmaşık bir kaotik bir sistemden kendi kendine bir denge durumuna ulaşmasıyla kendi kendisini oluşturduğunu ve bir yaratıcının (Allah'ın) varlığını inkâr etme noktasına götürmektedirler.

KAOS TEORİSİ'NİN GEÇERSİZLİĞİ

Bu bölümde, yüzeysel olarak ve özet olarak incelediğimiz bu teorinin detaylarına çok fazla girmemekle beraber, teorinin çıkış noktalarını ve geçersizliğini birkaç matematiksel teorik ispat vererek göstermeye çalışacağız. Daha fazla bilgiye sahip olmak isteyen okuyucu, İsevilik İşaretleri (İşarat-ul İseviyye) isimli kitabımızın ekinde verilen Kaynak Kitap listesindeki Kaos teorisiyle ilgili olan kitapları inceleyebilir. Bu teorinin temel olarak iki ana çıkış noktası vardır:

BİRİNCİSİ

Başlangıç Durumuna Hassas Bağımlılık

Bu konunun teorisyenleri ve kurucuları, birtakım açıklayamadıkları ve karmaşık gibi görünen, fakat arkasında pek çokil ilâhî hikmete bağlı sebebin bulunduğu fiziksel olayları "Karmaşık Bir Sonsuz Döngü" şeklinde devam eden ve kendi oluşturdukları "Yapay Ortam Simülasyonları"nı örnek olarak göstererek adeta "Devede kulak kalabilecek" kadar küçük ve önemsiz bir durumu "İğne deliğinden deveyi geçirme"ye benzer bir sahte 'Kurgu' ve 'Tutum'la bu teoriyi ispatlamaya çalışmaktadırlar. Oysa örnek olarak verdikleri sistemlerde ve olaylarda da, gizli bir düzen ve bir yaratıcının işlettiği ve belki bizce anlaşılması güç olan birtakım hikmet yasaları elbette işlemektedir. Zaten bu fikri savunan teorisyenlerin kendileri de, bu durumun kendi içerisinde çeliştiğini ve bu kaotik sistem içerisinde gizli bir düzenin olduğunu kendileri de itiraf etmekte ve kendi kendileriyle çelişmektedir. İşte bununla ilgili ileri sürülen, yani başlangıç durumuna hassas bağımlık içeren en önemli iki örnek ve onların geçersizliğini ispat eden iki Vahdâniyyetçi cevap aşağıda verilmektedir. Şimdi bu örnekleri dikkatle inceleyelim ve ne kadar yanıltıcı olduklarını görelim:

Birincisi

Kurşunkalem Örneği

SORU: Bir kurşunkalemi sivri ucunun üzerinde dengede tutmaya çalışırsanız ne olur?

KAOSCU CEVAP: Bunu yapmak imkansızdır. Çünkü kalemin denge durumundan en ufak bir sapma, kurşunkalemin şu ya da bu yana düşmesini sağlayacaktır. Eğer kalemin düşmesini, klasik mekanik yasalarına uygun olarak incelersek (ki bunu yapamayız) kalemin düşme hızının yaklaşık olarak veya en azından başlangıçta üstel bir biçimde arttığını bulruz. Yani kalemin düşüş sırasında denge noktasından sapma hızı, belli bir süre içinde iki katına, yine ona eşit olan bir sürenin içinde de tekrar iki katına çıkar ve tekrar ve tekrar iki katına çıkar ve en sonunda kalem masanın üzerinde yatay bir konumda kalır. İşte bu deney, kalemin "Başlangıç durumuna hassas bağımlı"dır ve kalemin yapacağı hareketin geleceğindeki bütün konum ve hız değişimleri bu başlangıç durumu tarafından belirlenir, başka hiçbir etken kalemin düşüş sürecini etkileyemez.

VAHDÂNİYYETÇİ CEVAP: Sıfır noktasında, yani kalemin başlangıçtaki konumu ya da hızı anında, sistemin durumunda meydana gelen değişimler (rüzgar veya sürtünme kuvveti gibi faktörlerin etkisiyle), zamanla üstel bir biçimde büyüyen değişikliğe yol açar. Çok küçük bir neden, yani diferansiyel değişimler olarak tanımlayabileceğimiz kalemin milimetrik bir oranda sağa ya da sola sapması gibi, çok büyük bir etki yaratır (Newton'un III. Yasasıyla ifade edilen etki/tepki ilkesi gibi). Bu durumda, yani küçük bir durumun büyük bir etki yaratması için sıfır noktasında olağandışı koşulların oluşması gerekir ki, bu koşullar yaratıcı tarafından ilk başlangıç anında belirlenmiştir ki, kalemin kaderi olarak nitelendirebileceğimiz bu ilk koşulları yaratıcıdan başkası belirleyemez. Dolayısıyla yapay olarak oluşturulmuş bir deney düzeneği kursanız bile, kalemin hareketini, yani yörüngesinden ibaret olan kaderini, bu başlangıç durumunda oluşan hassas bir orandaki değişimlerle belirleyemezsiniz. Sonuçta kalem mutlaka masanın üzerine düşecektir. Çünkü Allah'ın kâinatın ilk yaratılış anında koymuş olduğu yerçekimi yasaları kalemi masanın üzerine düşmeye zorlayacaktır. İşte bu noktadan bakıldığında ise, başlangıç durumuna hassas bağımlı olmak ya da olmamak, kalemin düşmesini ve geleceğini engelleyemeyecektir.

Bu durum, sadece yapay olarak oluşturulan bir düzenek ve sistemdir. Dolayısıyla bu olayın anlaşılmasının sezgi ve tespitlerimize aykırı bir yanı olması, bunun gerçekleşme olasılığının trilyonda bir gibi çok küçük ve önemsiz bir olasılığa ve rastlantıya sahip olması, olayın gerçekleşmesini, yani başlangıç durumunun tespit edilebilmesini imkansız kılmaktadır. İşte bu nedenle başlangıç durumunda şöyle olmuş ya da böyle olmuş ne fark eder? Sonuçta kalem Allah'ın koymuş olduğu genel bir kanun olan yerçekimi etkisiyle, yani fizik kanunları çerçevesinde masanın üzerine düşecektir. İşte bu çok basit problem de, yani kalemin mutlaka masanın üzerine düşecek olması, Kaoscu düşüncenin açıklayamadığı sahte bir kurgudan ibarettir.

İkincisi

Bilardo Topu Örneği

SORU: Şimdi bu konuya ilişkin bir başka örneği, bir masa ve önünde dışbükey bir engelin bulunduğu bir bilardo topunu ele alalım. Sistemi bir ölçüde amacımıza uyacak biçimde değiştirerek, yani topların dönerek yuvarlanmasından meydana gelen sürtünmeleri ihmal edersek ve çarpışmaların esnek olduğunu varsayarsak; masanın üzerine aşağıdaki şekildeki gibi yerleştirilen biri gerçek diğeri hayalî iki bilardo topunun hareketini incelediğimizde, topların geleceklerini oluşturan yörünge hareketleri, yani topların başlangıçtaki vuruş açısına göre izleyecekleri yörüngeler nasıl olur?

KAOSCU CEVAP: İkisine birden aynı anda vuruyoruz ve böylece toplar aynı hızla fakat biraz farklı yönlerde yuvarlanmaya başlarlar. Bu durumda iki topun izlediği yollar arasındaki fark belli bir açı oluşturur ve iki top arasındaki uzaklık zamanla orantılı olarak artacaktır. Aradaki bu açıya 'alfa' açısı diyelim. Buradaki zamanla orantılı artış, daha önce örnek olarak verdiğimiz kurşunkalemle aynı üstel artışa sahip olduğundan, 'gerçek' ve 'hayalî' topların merkezleri bir saniyelik bir süre sonunda, birbirine bir mikronluk (milimetrenin binde biri) bir uzaklıkta bulunuyorsa, yirmi saniye sonra bu uzaklık yirmi mikrona erişmiş olacaktır ki, bu oran hala çok küçük bir uzaklıktır. Başlangıçta iki topun izlediği yolların 'alfa' açısını oluşturduğunu ve topların bilardo masasının düz kenarına çarpıp geri dönmesi durumunda da bu açının değişmediğini düşünebiliriz. Buna karşılık toplar, yuvarlak engellerden birine çarptığı zaman izledikleri yollar birbirinden uzaklaşır ve başlangıçtaki 'alfa' açısının iki katı büyüklükte olan bir açı oluşturur. İkinci kez yuvarlak engele çarpmaları durumunda, topların izlediği yollar dört alfa büyüklüğünde bir açı oluşturur. Bu tür on çarpışmadan sonra oluşan açı, başlangıçtaki açının 1024 katı büyüklükte olur. Bu durum böylece, yani kaotik ve üstel bir biçimde sonsuza kadar sürer. Her saniyede bir çarpışma olması durumunda, gerçek ve hayalî topların izledikleri yollar arasındaki açının, zamanla üstel bir biçimde arttığı görülür. Aslında, küçük olmaya devam ettiği sürece toplar arasındaki uzaklığın, aynı biçimde arttığını matematiksel yoldan kolayca! (ki gerçekte bunu matematiksel yoldan kanıtlamak imkansızdır) kanıtlayabilirsiniz. İşte, topların hareketini oluşturan izledikleri bu yörüngeler, topların "Başlangıç durumundaki hassas vuruş açısı olan 'alfa'ya bağımlıdır."

VAHDÂNİYYETÇİ CEVAP: Şimdi, gerçek ve hayalî topların merkezleri arasındaki uzaklığın her saniyede kaoscu cevapta olduğu gibi iki kat arttığını düşünelim. Bu durumda başlangıçtaki 1024 mikrona ulaşan fark, 20 saniye sonra bir metreyi, 30 saniye sonra ise, bir kilometreyi geçmiş olacaktır. Doğal olarak bilardo masası bu kadar geniş olmadığı için topların yörüngeleri masanın içinde sınırlı kalır. Bu mantıksızlığı oluşturan şey ise, topların yuvarlak bir engele çarptıktan sonra izledikleri yolların kaoscu cevabın iddia ettiğinin tersi olarak, yani kesin olarak bilinemeyişidir. Dolayısıyla aslında oldukça karmaşık ve tahmin edilemeyecek olan bu sistemi kaoscu cevap çok basite indirgeyerek açıklamaya çalışmaktadır. İki topun izleyeceği yollar, birbirine yakın olduğu sürece bu varsayım az/çok doğru sayılabilirse de daha sonra yanlışa dönüşür. "Gerçek" topun izlediği yol, engelin çok uzağından geçecektir. Dolayısıyla toplar engellere ve masanın kenarlarına çarptıktan sonra, yörüngeleri tamamen uzaklaşacak ve ilk başlangıç durumdaki benzerlikleriyle hiçbir alakası kalmayacaktır. Doğrusunu söylemek gerekirse, bu deneyde "hayalî" top için olağandışı, yani gerçekleşmesi imkansız bir yörünge öngörülmüştür. İki topun hareketini üstel bir artışla birbirinden ayıramayız. Dolayısıyla her iki örnekten de görmekteyiz ki, iki durumda da çıkış noktaları ve aşamalar hemen hemen aynıdır. Neden başka bir çok örnek varken bu örnekleri verdik? Bunun çok önemli iki temel sebebi vardır:

Birincisi; Dikkat edilirse ilk örnek, kaos teorisiyle kâinatın yaratılış anındaki başlangıç noktasının kestirilemeyeceğini ve rastgele seçilmiş pek çok alternatif düzenlemelerin (ki bu durum ŞİRK'e kapı açar) olabileceğini öne sürerek, Allah'ın tüm kâinatı tek bir H_2 (Hidrojen) atomundan büyük patlamayla ve tesadüf eseri olmadan, yani tamamen bilinçli ve programlı bir şekilde tasarlayarak başlattığının, belli bir KADER programı çerçevesinde aşama aşama tekâmül ettiğinin inkârına yönelik aldatmaca bir kurgudur.

İkincisi; Aynı şekilde ikinci örnekte de kâinatın başlangıç anındaki H_2 atomları arasındaki çarpışmalar, bilardo toplarının rastgele (kaotik) çarpışmalarıyla mukayese edilerek, güya başlangıç anındaki açıları değiştirmekle farklı yörüngelerin (ki buradan hareketle farklı EVREN'lerin oluşabileceği düşüncesine götürür ki, evren mutlaka şu an olduğu gibi ve farklı bir yaratılışa müsaade etmeksizin eşsiz bir biçimde yaratılmıştır. İşte bu düşünce de ŞİRK'e kapı açar. Çünkü başlangıç anında pek çok evren modelinin belirmesi, kâinatın birden çok yaratıcısının olduğuna yönelik yanlış fikirlere götürür) oluşacağı düşüncesinden hareket ederek kâinatın aynen bilardo toplarının rastgele açılarla çarpışması gibi oluştuğu şeklinde yaratıcıyı ve yaratılışı inkâr etme yoluna gitmektedir. Halbuki kâinatta tesadüf (olasılık) imkansızdır ve her şey, her olay belli bir kader programı ve planı dahilinde gerçekleşmektedir.

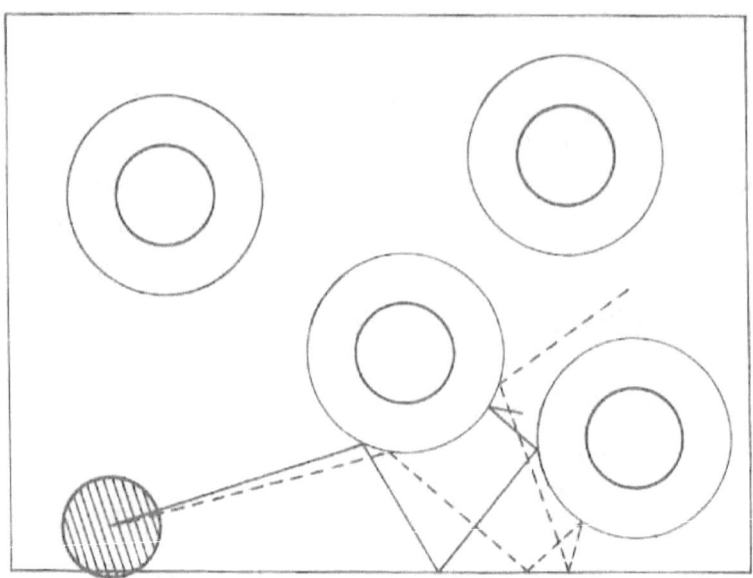

Şekil: Üzerinde dışbükey engeller bulunan bir bilardo masasında bulunan bir topun hareketi sol alt köşeden başlamak üzere, topun izleyeceği yörünge düz çizgilerle gösterilmektedir. Kaos teorisine göre, İkinci bir hayalî topun hareketi ise, vuruş açısı çok az değiştirildiğinde, kırık çizgilerle gösterilen ve diğerinden çok az bir fark gösteren bir yörünge izler. Gerçekte ise, birkaç çarpışmadan sonra, iki topun izlediği yolların birbiriyle hiçbir ilgisi kalmaz.

İKİNCİSİ

Türbülans ve Sonsuz Döngü

Kaos teorisinin bir başka önemli dayanak noktasını meydana getiren, Türbülans oluşturan 'Garip Çekerler' (karmaşık eğri takımları veya kümeleri); genel olarak bir sarkacın, titreşim çubuğunun veya salınım yapan herhangi bir cismin yörüngesinin yaklaşık aynı kalarak 'kendi kendisini tekrar etmesi' ilkesine dayanır. Cismin bulunduğu konuma göre, salınım soldan sağa veya sağdan tekrar sola veya yukarı/aşağı yönlerde sürekli kendini tekrar eder ve bu biçimde sonsuza kadar sürer gider. Aslında salınım yapan bir sistemin durumunun, sadece konumu tarafından belirlendiği pek söylenemez. Ayrıca sistemin hızını, ivmesini, hacmini, kütlesini, akışkanlığını, yoğunluğunu ve bunun gibi pek çok parametresini de bilmemiz gerekir ki, bu yörüngeyi tam olarak tahmin edelim ve doğru bir şekilde matematiksel olarak ifade edelim.

İşte sadece yaratıcının bilebileceği ve takdir ettiği bu yörüngeyi ve kader planını açıklamak için kaos teorisyenleri, yörüngeyi tasvir eden belirli bir halka biçiminde çizerek ve birtakım yetersiz matematiksel denklemler yardımıyla temsil edilen bir noktayı (başlangıç noktası) bu yörüngeye oturtarak belirli periyotlarla (süredurumlar) takip edildiğinde belirlenebileceğini iddia ederler. Bu periyot değişimlerinin, hayalî canlandırmalar yardımıyla sistemli bir düzen oluşturabileceğini savunurlar. Oysa ki bir musluğu açıp, suyun akışındaki geçici değişimleri veya hava akımının sirkülasyonundaki geçici durumlarının içinde kendi kendine oluşan sistemli bir düzen aramak samanlıkta iğne aramaktan farksızdır.

Böyle bir sistemi çok uzun bir süre izleseniz bile; suyun akışının değişimini tahmin etmek ya da havada oluşan bir dumanın nasıl bir şekil alacağını kestirmek mümkün değildir. Suyun bütün moleküllerinin ve dumanın her atomunun hareket denklemini bilmeniz lazım gelir ki, onların toplamından oluşan kütlenin hareketini tayin edebilesiniz. İşte bunu da tam olarak yaratıcıdan başkası bilemez, daha doğrusu böyle bir bilgi sonsuz boyutlu bir uzay-zaman matematiğini ve bu da tüm bunları bilen ve sonsuz bir ilmi olan bir zâtın varlığını gerektirir. Bunu bizim bilebilmemiz ise imkansızdır. Zira bunu bilebilmek için, sistemdeki yer alan akışkanın veya havanın doldurduğu uzayın tüm noktalarındaki değişimleri ve her bir atomun veya molekülün hareket yasalarını bilmek zorunda kalırız. Elbette ki böyle akla uzak bir meseleyi, sonsuz bir Kudret ve İlmi bulunan Allah'tan başkası yapamaz. Türbülans ve Sonsuz Döngü fikrinin de iki ana çıkış noktası vardır. Şimdi sırasıyla onları inceleyelim:

Birincisi

Lorenz Çekicisi ve Kelebek Etkisi

Massachusetts Teknoloji Enstitüsünden meteoroloji uzmanı Edward Lorenz, atmosferik konveksiyon olgusuna ilişkin bazı araştırmalar yaptı. Bu olguyu kısaca şöyle tanımlayabiliriz: Güneş ışınlarının yeryüzünü ısıtması ve bu ısının havaya yansıması nedeniyle atmosferin alt katmanlarındaki hava, üst katmanlardakinden daha sıcak ve hafif duruma gelir. Isınan ve hafifleyen hava yukarı doğru yükselirken daha soğuk ve yoğun olan üst katmanlardaki hava aşağı doğru hareket eder. Bu iki yönlü harekete atmosferik konveksiyon denir. Hava da su gibi akışkan olduğu için sonsuz sayıda boyutları bulunan bir uzaydaki nokta ile tanımlanması gerekir.

Lorenz yaklaşık bir biçimde sonsuz boyutlu uzaydaki gerçek zamansal evrimi bilgisayarda inceleyebileceği üç boyutlu bir evrimle değiştirilmiş olan ve bu işlemin sonucunda ortaya bugün "Lorenz Çekeri" olarak bilinen nesne çıkmıştır. Alt ve üst katmanları yukarıda anlattığımız gibi yer değiştirmekte olan atmosferi temsil eden bir noktanın bilgisayarın çizdiği doğru üzerinde hareket ettiğini düşünelim. Bu durumda bu nokta, koordinat ekseninin başlangıç noktasındaki çıkış noktası yakınından başlayarak çekerin "sağ kulağı"nın çevresinde bir kez döner, sonra birkaç kez "sol kulağın" çevresinde dönerek tekrar "sağ kulağa" gelir ve bu kez iki tur yapar ve süreç bu şekilde sonsuza kadar sürer. Noktanın çıkış noktası civarında çıplak gözle görülemeyecek kadar çok küçük bir değişim yapması durumunda sağ ve sol kulaklar çevresindeki birbirini izleyen turların sayısı tamamen farklı olur. Bunun nedeni, Lorenz'in idiasına göre noktanın başlangıç durumuna olan hassas bağımlılığı sonucu oluşan "Kelebek Etkisi"dir. Yani diğer bir ifadeyle, sistemin başlangıç durumundaki çok küçük bir değişim, sistemin sonunda çok büyük bir değişimi tetiklemektedir. Bu nedenle sol ve sağ kulaklar çevresindeki turlar gelişigüzel (rastgele) bir biçimde gerçekleşir ve bunların önceden saptanmaları güç olur.

İşte Lorenz'in bu zaman içindeki evrime ilişkin teorisi, atmosferik konveksiyon olayının gerçekçi bir tanımlaması olmakla birlikte, daha sonraları Kaos Teorisi'nin de temelini oluşturdu. Bu görüş, atmosferde meydana gelen hareketlerin hiçbir zaman kesin olarak bilinemeyeceğini savunur. Bir meteoroloji uzmanı olan Lorenz, bu bilim dalının bir parçası olan bir olguyu alarak, daha sonra bunu Poincaré ve Hedemark'ın felsefeleri yardımıyla diğer bilim dallarına da uygulamış ve bunun sonucunda her şeyin karmaşadan ibaret olduğunu ve kesin olarak belirlenemeyeceğini savunan Kaos Teorisi ortaya çıkmıştır..

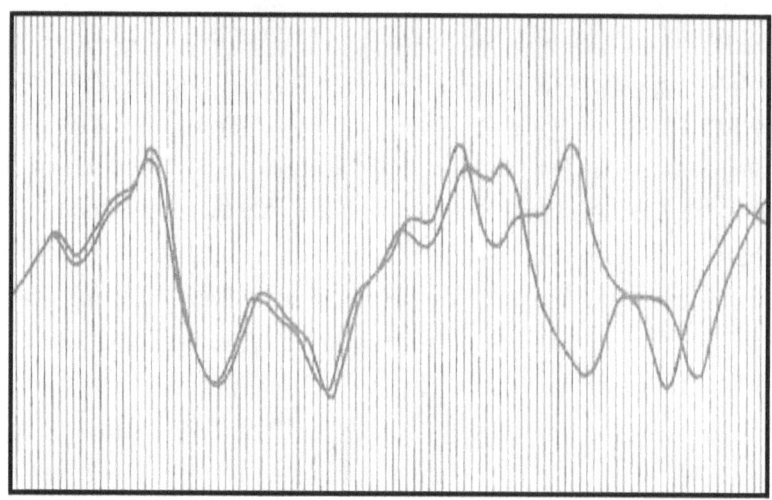

Şekil: Edward Lorenz'in Kaos Teorisi'ne göre; meteorolojik iki sürece ait hava durumu değişiminin, bilgisayarın oluşturduğu sıcaklık değerlerine bağlı olarak, hemen hemen aynı çıkış noktasından hareket etmelerine rağmen zaman geçtikçe birbirinden gittikçe uzaklaştıklarını ve hatta sonunda aralarındaki benzerliğin tamamen yok olduğunu gösteren 1961 yılına ait bir bilgisayar dökümü.

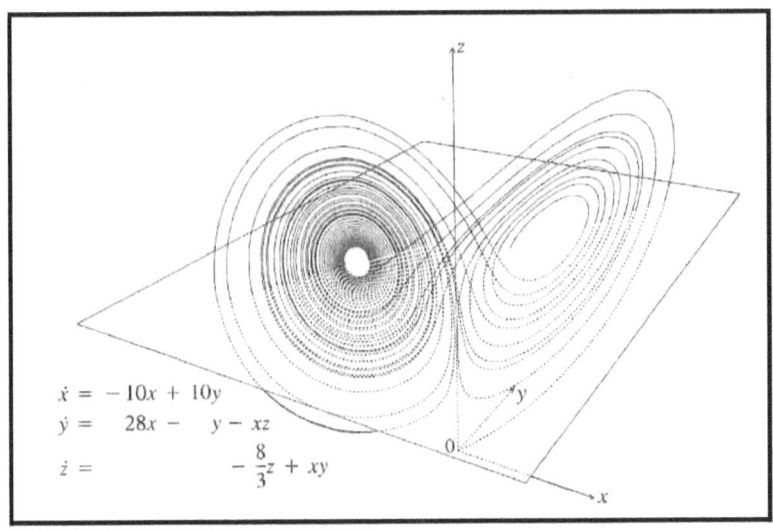

Şekil: Lorenz'in Garip Çeker'i. Oscar Lanford tarafından programlanan bu bilgisayar çizimine göre, kaotik bir sürece ilişkin bir noktanın izleyeceği yörünge eğrisi, birbirine çok yakın bir sirkülasyon yaparak sonsuza dek sürüp gider.

İkincisi

Periyod Katlama ve Sonsuz Döngü

Kaos teorisinin temelini oluşturan buluşlardan birini de Mitchell Feigenbaum yapmıştır. Feigenbaum, Lorenz'in çalışmalarından etkilenerek periyodik katlama ve sonsuz döngü (devr-i dâim) teoremini ortaya atmıştır. Bu teoremin detaylarına çok fazla girmemekle birlikte mantıksal yapısını kısaca inceleyelim. Bir fiziksel dinamik sistemi etkileyen güçler değiştirildiği zaman, periyod sayısının ikiye katlandığını verdiğimiz ilk iki kaoscu örnekte görmüştük. Bu durumda periyodik yörüngenin yerini, ona yakın olan fakat çıkış noktasına geri dönmeden önce bir yerine iki tur yapan diğer bir yörünge alır. Buna bağlı olarak, yörüngenin periyodu çıkış noktasına geri dönüşüne dek geçen sürede iki katına çıkar. Periyod Katlama olarak tanımlanan bu durum, bazı konveksiyon deneylerinde de görülmektedir. Örneğin, alttan ısıtılan bir akışkanda bazı periyodik hareketler oluşur.

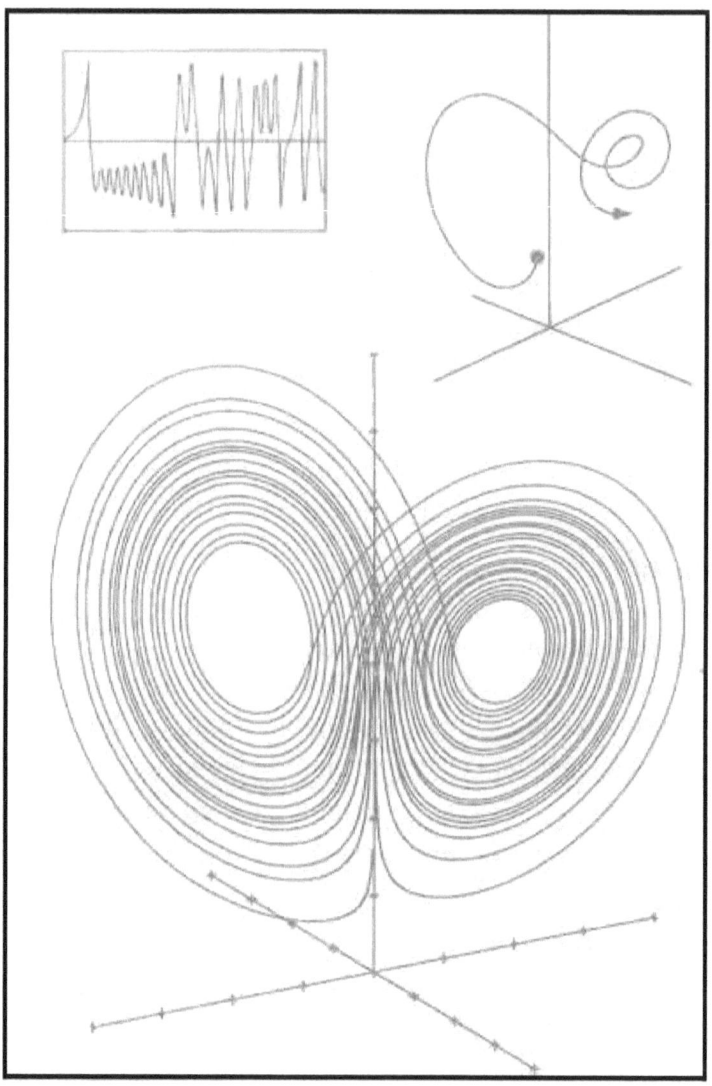

Şekil: Lorenz çekicisi olarak tanımlanan ve kaos teorisinin çıkış noktasını oluşturan bu grafik, baykuş gözlerini ya da kelebek kanatlarını andırmaktadır ve kaos teorisinin ilk kâşifleri tarafından bir sembol olarak benimsenmiştir. Düzensiz bir veri akışının içinde sağlam ve düzenli bir yapının saklı bulunduğunu bu şekil sayesinde açıklamaktadırlar. Normal olarak, herhangi bir fiziksel sürece ait değişkenin değerlerindeki zamanla değişmeler, sözde zaman dizileri denen kümelerle (çekici olarak tanımlanan şekillerle) ortaya konmaktadır.

Newton dinamiğinin üç cisimden oluşan bir sisteme ait kütleçekim ifadesini tanımlayamaması gibi fiziksel olayların açık noktalarından yararlanarak, üç değişken arasındaki ilişkilerin değişimlerini göstermek için daha farklı bir tekniğe veya teoriye ihtiyaç duyulduğunu iddia ederek; bu üç değişkenin, bir noktanın zaman içinde herhangi bir anda üç boyutlu uzay içinde bulunduğu yeri bu eğrilerin tanımladığı yörüngelerle tespit etmekle adreslemektedirler. Sistem değiştikçe, devamlı surette değişen değişkenler de bu noktanın hareketiyle ifade edilmektedir. Sistem hiçbir zaman aynen tekerrür etmediği için, yörünge kendi kendisiyle asla kesişmez. Tam tersine sonsuza kadar kendi etrafında sarılmaya devam eder. Bu düşünceye göre, Çekici üzerindeki bu hareket soyut olmasına rağmen, gerçek sistemin hareketi hakkında bir fikir vermektedir. Çekicinin bir kanadından diğerine geçiş, konveksiyon halindeki bir akışkanın yön değiştirmesine veya bir hava akımının dönüş hareketinin ters yöne dönmesine tekabül eder..

Isının arttırılmasıyla periyod sayısı iki katına çıkan başka bir periyodik hareket görülür. Damlayan bir muslukta da bazen aynı durum görülebilir. Örneğin, musluk biraz açılırsa damlama periyodu iki katına çıkar. Bunun örnekleri çoktur.

İlginç olan nokta ise, periyod katlama olayının birçok kez tekrarlanabilmesi ve bu yoldan periyodun 4, 8, 16, 32, 64 vs. katına çıkmasıdır. Böyle bir periyod katlamalı sistem aşağıdaki şekillerde görülmektedir. Sistemde yatay eksen uygulanan kuvvetleri ölçmekte olup, birbirini izleyen periyod katlamaları A_1, A_2, A_3 ... noktaları olmaktadır ve bu noktaların bir araya geldikleri yer A_∞ ile gösterilmektedir. Şimdi A_1A_2, A_2A_3, A_3A_4, ... olarak gösterilen aralıklara bakalım. Bunların özelliği birbirini izleyen oranların hemen hemen aynı ve değişmez olduğudur:

$$A_1A_2/A_2A_3 = A_2A_3/A_3A_4 = A_3A_4/A_4A_5 = K$$

veya daha açık bir şekilde anlatmak istersek;

$$\lim_{n \to \infty} (A_nA_{n+1}/A_{n+1} + A_{n+2}) \approx 4{,}66K$$

şeklinde ilginç bir sonuç çıkar.

Mitchell Feigenbaum, bu formülü bulduktan sonra konuyla ilgili önce reddedilen fakat daha sonra başka bir yayımcı tarafından yayınlanmasına izin verilen bir makale yayımladı ve Cornell Üniversitesi'nden fizik profesörü olan Kenneth Wilson'un *'Renormalizasyon Grubu Teoremi'* ile ilgili görüşlerinden yola çıkarak kanıtların peşine düştü. Feigenbaum bu uğraşısı sırasında, birbirini izleyen periyod katlamaların doğru bir şekilde yeniden ölçeklendirilmesi (yani çeşitli parametreler için kullanılacak birimlerde gerekli değişikliklerin yapılması) durumunda tüm bu periyodik katlamaların temelde aynı olgu olduğu kanısına vardı. İşte Feigenbaum bunu kanıtlamak için uzun matematiksel işlemler ve bilgisayar hesaplamalarına girişti. İlerki dönemlerde ise bu fikir, periyod katlamanın ötesinde kaosun varlığına bir işaret olarak algılanarak; tekrar eden periyodların yerini önce Hidrodinamik alanında ve daha sonra da diğer uygulamalarda kaotik davranışlar olduğu fikrine bıraktı. Dolayısıyla, yukarıda kısaca değindiğimiz bu görüşlerin de çıkış noktaları ve amaçları aşağı yukarı aynıdır.

Dikkat edersek burada, Sonsuz Döngü şeklinde tasavvur edilen sistem, aslında kâinat olup; kâinatın sürekli kendi içerisinde tekrar eden döngüler yardımıyla tekrar tekrar kendini yenilediği ve ezelden ebede kadar sürüp gittiği ve sonsuz bir biçimde kadîm kalacağını savunan Platoncu ve Darwinci fikir sistemleri ve teorileriyle aynı felsefî görüşü savunarak, onların yeniden ve farklı bir biçimde vücut bulmuş şekli olarak karşımıza çıkarak; yaratılışı inkâr etmeyi ve kıyametin geleceğini, yani evrenin varlığını sonsuza kadar sürdürüp gidemeyeceğini haber veren tevhid inancını inkâr etmeyi amaçlamaktadır. Yine dikkat edersek burada, belirli bir süreç içinde belirli aralıklarla kendini tekrar eden periyod katlama olayı da, bu sonsuz döngü şeklinde devam eden alt uzay (küçük evren) oluşumlarının tıpkı büyük evren gibi, SONSUZ'a kadar devam edeceğini iddia ederek adeta her atom veya molekül topluluğu içeren canlı veya cansız sisteme bir nevî RUBÛBİYYET, yani ilâhlık özelliği istinâd ederek ŞİRK'e kapı açmaktadır. Oysa ki, son yapılan bilimsel araştırmalar kâinatın bir başlangıcı olduğunu, maddenin ve evrenin ölümlü yani SONLU olduğunu ve KIYAMET'in mutlaka geleceğini ortaya koymaktadır...

Kur'ân'da Yaratılış ve Kaos Teorisi

"[59]Gaybın anahtarları Allah'ın yanındadır; onları O'ndan başkası bilmez. O, karada ve denizde ne varsa bilir; O'nun ilmi dışında bir yaprak bile düşmez. O yerin karanlıkları içindeki tek bir taneyi dahi bilir. Yaş ve kuru ne varsa hepsi apaçık bir kitaptadır."

{En'am, 59}

"[19]Allah'ın, yaratmayı nasıl başlattığını, sonra bunu nasıl tekrarladığını görmediler mi? Şüphesiz bu, Allah'a göre kolaydır. [20]De ki: Yeryüzünde gezip dolaşın da, Allah ilk baştan nasıl yaratmış bir bakın. İşte Allah bundan sonra, aynı şekilde âhiret hayatını da yaratacaktır. Gerçekten Allah her şeye kâdirdir."

{Ankebut, 19-20}

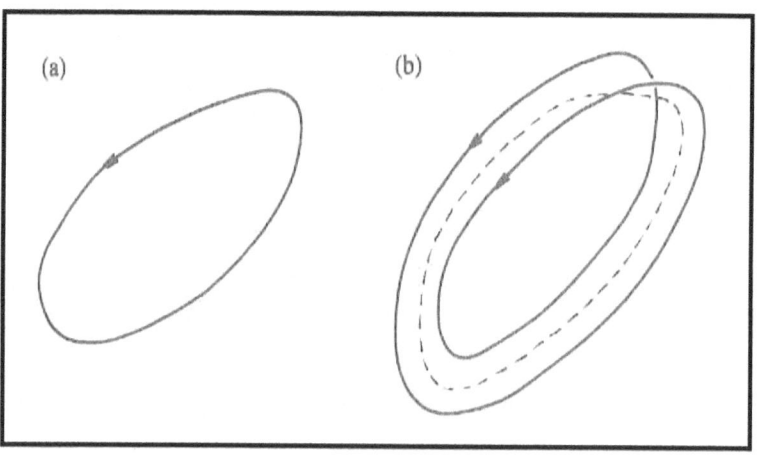

Şekil: Periyod katlama olayının temsilî bir resmi. (a) Periyodik bir yörüngeyi ve (b) Bu yörüngenin yerini alan ve yaklaşık olarak iki kat uzun bir sürede tanımlanan yeni bir yörüngeyi tanımlar. Periyod katlamalı bir sistemin temsilî resmi. Sistemi etkileyen kuvvetler değiştiği zaman, A_1, A_2, A_3 ...A_∞ olarak gösterilen değerlerde periyod katlamaları oluşur. Bu süreç devam ettirilirse sistem yaklaşık olarak 4,66... sayısına yakınsar.

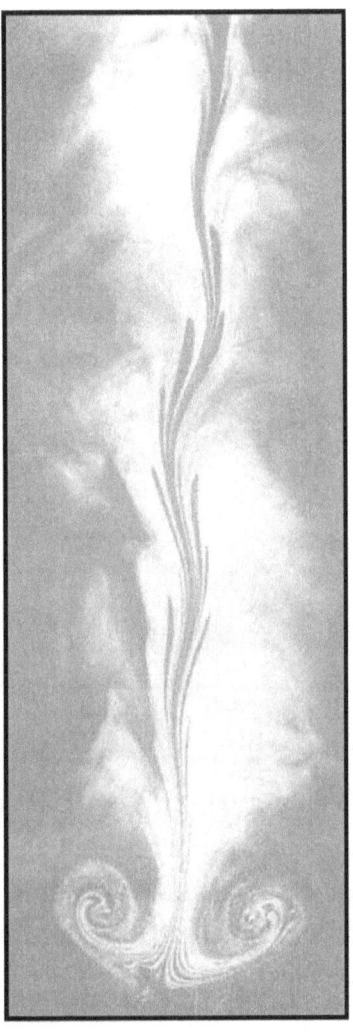

Şekil: Bir akışkanın içinde meydana gelen Kaotik Akışları gösteren temsilî bir resim. Ağdalı bir akışkan içerisine daldırılan bir çubuk dalgalı ve kaotik şekillerin oluşmasına neden olur. Çubuk birkaç kere daldırıldığında ise, daha komplike şekiller görülür.

16. BÖLÜM (Chapter 16)

YE'CÜC VE ME'CÜC'ÜN ORTAYA ÇIKIŞI (İ.S. 2052)

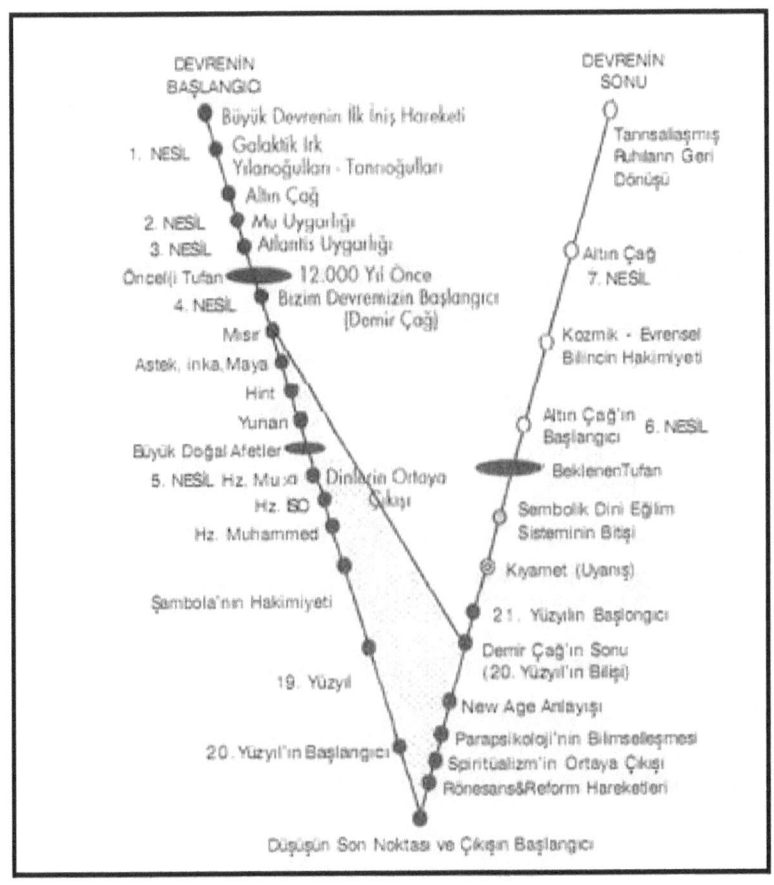

Tarihin çok eski dönemlerinden uzak geleceğe doğru uzanan zaman döngüsünü betimleyen bir çizim. Bu çizimde görüldüğü gibi, zamanın bir bölümünde Ye'cüc ve Me'cüc kavimleri ve onların etkisi altında olan insanlık, Antik Mısır döneminden başlayıp I. ve II. Dünya savaşları ile devam eden ve 20. yüzyılın sonunda sona eren uzun bir hakimiyet dönemi sürmektedir. Şekildeki taralı alan bu dönemi ve büyük siyah halkalar Başlangıç-Bitişini göstermektedir.

YE'CÜC VE ME'CÜC'ÜN ORTAYA ÇIKIŞI (İ.S. 2052)

Tarih: 2050'li yıllar. Yer: Himalaya Dağlarının eteklerinde şimdiye kadar insanlık tarafından hiç bilinmeyen ıssız bir bölgedeki bir yeraltı mağarasının girişi.

Büyük bir darbe yeraltından, sanki binlerce yıl öncesinden geliyormuş gibi mağaranın girişini kapatan ve hangi tür alaşım ya da malzemeden yapıldığı bilinmeyen gizemli bir setin üst kısmına doğru indirilerek büyükçe bir gedikten gün ışığı yavaşça süzülmeye başladı. Daha önce binlerce yıldır varlığından insanlığın haberinin olmadığı büyük bir yeraltı uygarlığı az önceki duvara inen son darbeyle gün ışığına, tarih sahnesine yeniden çıkacaktı. Öyle ki, saldırmadık, yıkıp dökmedik yeryüzünde bir karış yer bile bırakmayacakları, sayıları milyarları aşan bu kavmin ağzından çıkan şu yekpare sesle yankılanmaktaydı:

"İNSANLIĞA ÖLÜM.."

"YAŞASIN AGARTHA MEDENİYETİ!!"

Bu kavimler kimlerdi? Neden binlerce yıl yeraltında kapalı kalmışlardı? Ve çok daha önemlisi neden şimdi insanlığın başına bela olmak için tekrar yeryüzüne çıkmışlardı? Gelin şimdi hep beraber bu meseleyi inceleyelim:

Önceki bölümlerde incelediğimiz olaylar tamamlandıktan ve Hz. İsa Deccal'ı ve onun inkârcı fikir sistemini yok ettikten sonra dünya, uzunca bir süre refah ve huzur ortamına kavuşarak İslâmiyeti yaşayacağını bazı sahih hadislerin te'villi yorumlarından anlıyoruz. Fakat kıyametin büyük işaretleri yaklaştıkça dünya, yeniden bir bozulmaya ve karmaşaya doğru sürüklenecektir. İşte bu bölümde detaylı bir şekilde inceleyeceğimiz, **Ye'cüc** ve **Me'cüc** denilen ve insan ırkından türemiş olan bir kısım yaratığın ortaya çıkması ve insanlara saldırmasıyla dünya tekrar bir karmaşaya ve dindışı bir anlayışa doğru sürüklenecektir. Fakat ilerleyen bölümlerde de göreceğimiz gibi, aynen Deccal gibi bu şer güçlerin de, Hz. İsa tarafından öldürüleceğini ve fikren yok edileceğini, bu konuya yönelik hadislerden anlıyoruz. Dolayısıyla Hz. İsa'nın ikinci gelişinde yerine getirecek olduğu önemli faaliyetlerinden birisi de, insanlığı tehdit edecek olan bu ye'cüc ve me'cüc'ün yok edilmesi meselesi olacaktır. Tabi gelecekte gelişecek bu önemli olayların detaylarını tam bilemesek de, bu bölümde bu konuya işaret eden önemli olayları, hadislerin ve Kutsal Kitap ve Kur'ân kaynaklı âyetlerin yardımıyla incelemeye çalışacağız.

YE'CÜC VE ME'CÜC'ÜN TANIMI

Bu kelimeler Arapçadaki **"Ecce"** fiilinin kökünden türetilmiş olup, **"Tutuşarak yanmak"** veya **"Tuzlu olmak"** anlamına gelir. Ye'cüc ve Me'cüc hakkında Kur'ân'da verilen bilgi oldukça azdır ve sadece bir/iki âyette bu konuya değinilir. İslâm âlimleri arasında da bu konuda farklı yorumlar vardır. Bu âlimlerin bir kısmı, Ye'cüc ve Me'cüc olayının gerçekleştiğini, bunların İslâm ülkelerini işgal eden Moğollar olduğunu; bir kısmı, bunların I. ve II. Dünya savaşlarının bir işareti olarak yorumlanması gerektiğini savunurken; bir kısmı da, bu olayın henüz gerçekleşmediğini ve Hz. İsa'nın yeryüzüne ikinci gelişinden sonra meydana geleceğini savunmuşlardır. Bu görüşü savunanların içerisinde, son asrın büyük âlimi olan Bediüzzaman Said Nursî de vardır.

Ye'cüc ve Me'cüc'ün ortaya çıkışı, kıyametin büyük alâmetleri, yani işaretlerinden birisidir. Kur'ân'da bahsi geçen **Zülkarneyn A.S.**'ın seddiyle yakın bir ilişkisinin bulunmasından dolayı, bu konu daha çok onunla birlikte zikredilen ve âhir zamanda Doğu tarafındaki dağlık bir bölgeden çıkacağı bildirilen vahşi bir kavim olarak zikredilir.

Ye'cüc ve M'ecüc kelimeleri ve bunların anlamları hakkında genel bilgi özet olarak bu şekilde olmakla birlikte, bu kelimeleri Arapçaya başka dillerden geçtiği de düşünülmektedir. Nitekim, dünyanın çeşitli yerlerindeki eski kültürlerde de bu kelimelerin benzerlerine rastlanılması, konunun evrensel, yani insanlık tarihinin ortak meselelerinden birisi olduğu şeklindeki iddiaları güçlendirmektedir. Örneğin Avrupa dillerinde bu kavimler **Yagug** ve **Magug** olarak isimlendirilmişler ve şeytanın soyundan geldikleri iddia edilmiştir. Yine aynı şekilde orta çağlarda ortaya çıkan kavimler göçünde **Batı Roma İmparatorluğu**'nu istilâ eden Hun'lara da Ye'cüc ve Me'cüc anlamında "**Barbar**" deyimi kullanılmıştır. Benzer şekilde, Kutsal Kitap'ta bu kavimlere **Gog** ve **Magog** isimleriyle tanımlanan barbar ve vahşi bir kavim olarak rastlarız.

TARİHTE YE'CÜC VE ME'CÜC

Ye'cüc ve Me'cüc meselesi, kıyamet alâmetleri konusu içerisinde olduğu için, dünyanın sonu demek olan kıyametten veya kıyamet alâmetlerinden bahseden hemen hemen her bilgi kaynağında, bu konulara değinen her toplumda ve bu konulara yer veren her kültürde Ye'cüc ve Me'cüc'den, farklı isimler altında da olsa bahsedilmiştir. Önceki bölümlerde, Hz. Mehdi, Hz. İsa ve Deccal gibi diğer büyük kıyamet alâmetlerini işlerken gördüğümüz gibi, ismi, şekli ve işlevi gibi hususlarda farklılıklar olsa da, bu konular 7000 yılı aşan bütün insanlık tarihinin ortak konularıdır. Ye'cüc ve Me'cüc konusu da böyledir. Nitekim, yukarıda da belirttiğimiz gibi, bu kelimelerin aslı Arapça olmayıp, diğer dillerden Arapçaya geçmiştir.

KUR'ÂN'DA YE'CÜC VE ME'CÜC

Kur'ân'da iki yerde Ye'cüc ve Me'cüc'den bahsedilir. Bunlardan birisi; Kehf sûresinin 93-99. âyetleridir. Bu âyetlerde, bir toplumun ye'cüc ve me'cüc'ün şerrinden kendilerini kurtarması için Hz. Zülkarneyn'den yardım istemelerinden ve Zülkarneyn A.S.'ın da onlara yardım etmek için yaptığı bir sedden bahsedilir. Diğer bir âyet ise; Enbiyâ sûresinin 96. âyetidir ki bu âyet konumuzla doğrudan ilgilidir. Bu âyette, artık kıyametin iyice yaklaştığı bir zamanda, bir hikmete binaen Allah'ın izin vermesiyle, kendilerini engelleyen bir seddin yıkılıp Ye'cüc ve Me'cüc'ün serbest kalarak dünyaya yayılmasını ve her şeyi altüst etmesini anlatır.

İNCİL'DE YE'CÜC VE ME'CÜC

İncil'in son kısmını oluşturan Vahiy Kitabı'ndaki bir pasajda da, Ye'cüc ve Me'cüc'den ve Deccal'ın kışkırtmasıyla dünyayı karıştırmalarından, detaylı bir şekilde bahsedilmektedir. Bu pasajda, Hz. İsa'nın ikinci gelişinden sonra gelişecek önemli olaylar simgesel bir dille anlatılır. Konulara sembolik olarak işaret edilir ve açık tarihler verilmez. Örneğin, Hz. İsa'nın gelişinden sonraki oluşacak olan barış ve huzur dolu yıllara işaret edilirken **"Bin yıl"** ifadesi kullanılır; Hz. İsa'ya tabi Cemaat-i Nurâniyeyi oluşturan Ashabından bahsedilirken de **"Tahtın üzerinde oturan Mesih'in Kâhinleri"** olarak tasvir edilir; yine Şeytan'dan bahsedilirken **"Ejder veya Eski Yılan"** olarak sembolize edilir; Deccal ise, **"Canavar"** olarak isimlendirilir. Fakat burada bahsedilen bin yıllık süre gerçekten bin yıl olduğu anlamına gelmez, yani bu süre Hz. İsa'nın ölününe kadar olan bir süreyi kapsadığına işaret edilir ki, bu süre yaklaşık elli yıllık bir süreyi kapsar. Bu sürenin sonunda ise, Deccal ve ona tabi olanlar ile Ye'cüc ve Me'cüc taifesi **"Ateş ve kükürt gölü"** olarak tasvir edilen Cehennem'e atılır. İşte bu pasajda ismi **"Gog ve Magog"** olarak geçen kavimler aslında Ye'cüc ve Me'cüc'den başkası değildir. Burada sadece farklı bir isim kullanılmıştır. Aşağıdaki pasajı, bütün bu sembolik anlatımları göz önüne alarak dikkatli bir şekilde yorumlarsak, bu durumu daha iyi görebiliriz:

Bin Yıl

"[1]Sonra bir meleğin gökten indiğini gördüm. Elinde dipsiz derinliklerin anahtarı ve büyük bir zincir vardı. [2]Melek ejderhayı -İblis ya da Şeytan denen o eski yılanı- yakalayıp bin yıl için bağladı. [3]Bin yıl tamamlanıncaya dek ulusları bir daha saptırmasın diye onu dipsiz derinliklere attı, oraya kapayıp girişi mühürledi. Bin yıl geçtikten sonra kısa bir süre için serbest bırakılması gerekiyor.

⁴Bazı tahtlar ve bunlara oturanları gördüm. Onlara yargılama yetkisi verilmişti. İsa'ya tanıklık ve Allah'ın sözü uğruna başı kesilenlerin canlarını da gördüm. Bunlar, canavara ve heykeline tapmamış, alınlarına ve ellerine onun işaretini almamış olanlardı. Hepsi dirilip Mesih'le birlikte bin yıl egemenlik sürdüler. ⁵İlk diriliş budur. Ölülerin geri kalanı bin yıl tamamlanmadan dirilmedi. ⁶İlk dirilişe dahil olanlar mutlu ve kutsaldır. İkinci ölümün bunların üzerinde yetkisi yoktur. Onlar Allah'ın ve Mesih'in kâhinleri* (Hz. İsa'nın Ashabı) olacak, O'nunla birlikte bin yıl (yaklaşık elli yıl) egemenlik sürecekler."

Şeytan'ın Cezalandırılması

"⁷Bin yıl tamamlanınca Şeytan atıldığı zindandan serbest bırakılacak. ⁸Yeryüzünün dört bucağındaki ulusları -Gog'la Magog'u- (Ye'cüc ve Me'cüc) saptırmak, savaş için bir araya toplamak üzere zindandan çıkacak. Toplananların sayısı deniz kumu kadar çoktur. ⁹Yeryüzünün dört bir yanından gelerek kutsalların ordugahını ve sevilen kenti kuşattılar. Ama gökten ateş yağdı, onları yakıp yok etti. ¹⁰Onları saptıran İblis ise canavarla (Deccal) sahte peygamberin de içinde bulunduğu ateş ve kükürt gölüne (Cehennem) atıldı. Gece gündüz, sonsuzlara dek işkence çekeceklerdir."

Ölülerin Yargılanması

"¹¹Sonra büyük, beyaz bir taht ve tahtta oturanı gördüm. Yerle gök önünden kaçtılar, yok olup gittiler. ¹²Tahtın önünde duran küçük büyük, ölüleri gördüm. Sonra kitaplar açıldı. Yaşam kitabı denen başka bir kitap daha açıldı. Ölüler kitaplarda yazılanlara bakılarak yaptıklarına göre yargılandı. ¹³Deniz kendisinde olan ölüleri, ölüm ve ölüler diyarı da kendilerinde olan ölüleri teslim ettiler. Her biri yaptıklarına göre yargılandı. ¹⁴Ölüm ve ölüler diyarı ateş gölüne atıldı. İşte bu ateş gölü ikinci ölümdür. ¹⁵Adı yaşam kitabına yazılmamış olanlar ateş gölüne atıldı."

{Vahiy, 20:1-15}

HADİSLERDE YE'CÜC VE ME'CÜC

Ye'cüc ve Me'cüc hakkında çok sayıda hadis vardır. Bu hadisler, en meşhur altı hadis kitabının beşinde (Ebû Davud hariç) ve diğer pek çok hadis kitaplarında bulunur. Şimdi bu hadislerden en meşhur ve en sağlam olanlarını, aşağıdaki kısımda ÜÇ İŞARET altında inceleyelim:

BİRİNCİ İŞARET

"Ye'cüc ve Me'cüc onu (Seddi) her gün oyuyorlar. Tam delecekleri bir sırada başlarında bulunan bir reis: "Bırakın artık, delme işine yarın devam edersiniz" der. Onlar bırakıp gidince Allah, Seddi daha sağlam olacak şekilde eski haline iade eder. Böylece günler geçer, kendilerine takdir edilen müddet dolar ve onların insanlara musallat olmalarını Allah'ın arzu ettiği vakit gelir. O zaman başlarındaki reis: "Haydi dönün, yarın İnşâallah bunu deleceksiniz" der ve ilk defa 'inşâallah' tabirini kullanır. Bunun üzerine dönüp giderler. Ertesi gün geldikleri vakit, Seddi ne halde bırakmışlarsa öyle bulurlar ve o günkü çalışma sonunda Seddi delerler. Açılan delikten (kapıdan) insanların üzerine boşanırlar. Önlerine çıkan suları içip kuruturlar. İnsanlar onlardan korkup kaçar. Ye'cüc ve Me'cüc, göğe bir ok atar. Bu ok kana bulanmış olarak kendilerine geri döner. Şöyle derler: "Arzda olanları ezim ezim ezdik, semâda olanları da alçaltıp alt ettik." Daha sonra Allah onları enselerinden yakalayan bir kurt gönderir. Bu kurt onları toptan helâk edip, her birini parçalanmış bir halde yere serer. Muhammed (SAV)'in nefsini elinde tutan Allah'a kasem olsun ki, yeryüzündeki bütün hayvanlar onların etinden yiyerek canlanır, sütlenir ve semirir."

İKİNCİ İŞARET

"Meryem oğlu İsa (AS), Allah'ın Deccal'den koruduğu bir kavme gelir, onların yüzlerini mesheder ve onlara cennetteki derecelerini söyler. Onlar bu hal üzere bulundukları sırada Allah, İsa (AS)'a vahyeder:

"Şüphesiz Ben şimdi birtakım kullarımı (Ye'cüc ve Me'cüc) çıkardım ki, hiç kimsenin onlarla harb etmeye takati yetmez. Yanında bulunan kullarımı Tur Dağı'nda muhafaza et." Sonra Allah Ye'cüc ve Me'cüc'ü gönderir, onlar da her bir tepeden hızla yürür, geçerler. Ordularının ilk grupları Taberiye Gölü'ne uğrayarak, gölün bütün suyunu içerler.

Onların son grubu oraya uğradığında derler ki: "Eskiden burada su varmış." Allah'ın peygamberi olan İsa'yı ve ashâbını kuşatma altına alırlar. Öyle olur ki, onlardan birine bir öküz başı, birinizin bu günkü yüz dinarından daha değerli olur."

ÜÇÜNCÜ İŞARET

Zeyneb Binti Cahş'tan (RA) rivâyet ediliyor ki: "Rasûlallah (SAV), yüzü kızarmış bir şekilde çıktı geldi. Buyurdu ki: "Lâ ilâhe illâllah! Yaklaşan şerden dolayı Arab'a yazık! Bugün Ye'cüc ve Me'cüc duvardan şu kadar (parmağını halka yaparak) delik açtı." Dedim ki: "Yâ Rasûlallah! İçimizde Salih olanlar olduğu halde helâk olur muyuz?" Buyurdu ki: "Evet, kötülük çoğaldığında" dedi."

YE'CÜC VE ME'CÜC'ÜN ÖZELLİKLERİ

Bu kısımda ye'cüc ve me'cüc'ün kim olduklarını ve özelliklerinden en önemlilerini BEŞ İŞARET altında inceleyeceğiz:

BİRİNCİ İŞARET

Ye'cüc ve Me'cüc İnsan Cinsinden midir?

Ye'cüc ve Me'cüc'ün kim oldukları hakkında çeşitli görüşler ileri sürülmüştür. Hatta onların da insan cinsinden (Âdemoğlu) olup olmadığı bile tartışılmıştır. Fakat, büyük İslâm âlimlerinin çoğu, hadislere dayanarak onların da Hz. Âdem'in soyundan geldiklerini görüş birliğiyle karar vermişlerdir. Nitekim, Buharî ve Müslîm'de yer alan ve Ebû Said El-Hudrî (RA)'den gelen bir rivâyette Rasûlallah şöyle buyurmaktadır:

"Allah kıyamet günü şöye buyurur: "Ey Âdem kalk ve zürriyetinden Cehennem'e gidecek olanları gönder." Âdem der ki: "Yâ Rab! Cehennem'e gidecek olanlar ne kadardır?" Allah buyurur ki: "Her bin kişiden dokuz yüz doksan dokuzudur. Binde biri Cennet'liktir." Rasûlallah buyurdu ki: "İşte o gün, genç ihtiyarlaşır, her hamile kadın çocuğunu düşürür, insanları sarhoş olmadıkları halde sarhoş görürsün. Fakat bu sadece Allah'ın azabının şiddetli oluşundandır." Dediler ki: "Yâ Rasûlallah! Her bin kişiden dokuz yüz doksan dokuzu ateşe mi girecek? O kalan bir kişi kimdir?" Buyurdu ki: "Müjde Size! Bin kişiden biri sizden, diğerleri Ye'cüc ve Me'cüc'den olacaktır. Nefsim elinde olan Allah'a yemin olsun ki; şüphesiz ben sizlerin Cennet ehlinin dörtte birini teşkil edeceğinizi umuyorum." Bunun üzerine biz tekbir getirdik. Buyurdu ki: "Ümid ederim ki, sizler Cennet ehlinin yarısını teşkil edersiniz". Biz yine tekbir getirdik. Bunun üzerine buyurdu ki: "İnsanlar içinde sizler, beyaz öküzün üzerindeki siyah kıl veya siyah öküzün üzerindeki beyaz kıl gibisiniz."

İbn-i Hâcer'e göre bu hadis onların Âdem AS.'ın zürriyetinden olduklarına işaret eder ve aksini iddia edenlerin sözlerini iskat eder. Yine bu hadis işaret ediyor ki, bu ümmet onların sayısına oranla çok az, binde bir oranındadır.

İKİNCİ İŞARET

Ye'cüc ve Me'cüc Türkler midir?

Ye'cüc ve Me'cüc'ün insan neslinden, yani âdemoğlu olduğunu isbat ettikten sonraki en önemli mesele onların kimin soyundan geldikleridir. Hz. Nuh'un soyundan geldikleri konusunda birçok âlim fikir birliği içerisindedir. Fakat bunların hangi milletten olduğu hakkında çeşitli rivâyetler ve yorumlar vardır. Hz. Nuh'un üç oğlundan birisi olan Yafes'in Türklerin atası olduğu bildirilmiştir. Ye'cüc ve Me'cüc'ün de Yafes'in soyundan olduğu, dolayısıyla Türklerin de Ye'cüc ve Me'cüc neslinden geldiği şeklinde görüşler vardır. Bu konuda İbn-i kesir şöyle demektedir: "Bazı âlimler dediler ki; onlar, Türkler'in atası olan Yafes'in neslindendir. Türklere bu ismin verilmesinin sebebi ise, şudur: Zülkarneyn, meşhur Seddi (Bazı rivâyetlere göre, bu sed, Moğol akınlarını durdurmak için inşâ edilen Çin Seddi'dir) inşâ ettiği zaman Ye'cüc ve Me'cüc seddin arkasına sığındılar. Ancak bir kısmı seddin beri tarafında kaldı. Fakat bunlar, öbür tarafta kalanlar gibi bozguncu değildi. Bu yüzden onlar, seddin bu tarafında bırakıldılar. Kendilerine ilişilmedi ve "**Terkedilmiş**" anlamına gelen "**Türk**" adı verildi."

Geçtiğimiz asrın büyük İslâm âlimlerinden birisi olan Elmalılı Hamdi Yazır ise, Ye'cüc ve Me'cüc'ün değil tam tersine; Ye'cüc ve Me'cüc'den şikayetçi olan ve Zülkarneyn AS.'dan onlara karşı yardım isteyen ve onların şerrinden kendilerini kurtarmak isteyen kavmin Türkler olabileceğini, Tefsirlerde de bu yönde yorumların bulunduğunu söylüyor ve şöyle diyor:

"Bahsi geçen kavim, Tefsir Bilginlerinin naklettiği üzere Türkler idiyse, Zülkarneyn AS.'a yardım eden Türklerin, geçmişte yeryüzünü bozgunculuktan kurtarmak için yaptıkları hizmetin önemi daha da artmış olmaktadır. Böylece yüce Peygamberimizin (SAV), Peygamber olarak gönderilmesinden sonra da İslâm'a yapacakları büyük hizmetlere işaret edilmiş olunmaktadır. Ve şu halde Türklerin yok olması; Ye'cüc ve Me'cüc seddinin yıkılıp, yeryüzü düzeninin bozulması demek olacak ki, bu da Kıyâmetin büyük alâmetlerinden birisidir."

ÜÇÜNCÜ İŞARET

Ye'cüc ve Me'cüc Moğol, Tatar ve Mançur Kavimleri mi?

Bediüzzaman ise, bu konuya farklı bir bakış açısıyla yaklaşarak şöyle bir yorum getirmektedir:

"Ye'cûc ve Me'cûc hadîsatının icmali Kur'an'da olduğu gibi, rivayette bir kısım tafsilat var. Ve o tafsilat ise Kur'an'ın muhkematından olan icmali gibi muhkem değil, belki bir derece müteşabih sayılır. Onlar te'vil isterler. Belki ravilerin ictihadları karışmasıyla tabir isterler. Evet bunun bir te'vili şudur ki:

لا يعلم الغيب الا الله

Kur'an'ın lisan-ı semavisinde Ye'cûc ve Me'cûc namı verilen Mançur ve Moğol kabileleri eski zamanda Çin-i Maçin'den bir kısım başka kabileleri beraber alarak kaç defa Asya ve Avrupa'yı herc ü merc ettikleri gibi gelecek zamanlarda dahi dünyayı zir-ü zeber edeceklerine (karıştıracaklarına) işaret ve kinayedir. Hatta şimdi de koministlik içindeki anarşistliğin ehemmiyetli efradı (fertleri) onlardandır. Evet ihtilal-i Fransavî'de (Fransız İhtilâli) hürriyet-perverlik (Özgürlük ve insan hakları) tohumuyla ve aşılamasıyla sosyalistlik türedi, tevellüd etti ve sosyalistlik ise bir kısım mukaddesatı tahrib ettiğinden aşıladığı fikir bilahare bolşevikliğe inkılab (dönüştü) etti. Ve bolşeviklik dahi çok mukaddesat-ı ahlâkıye ve kalbiye ve insaniyeyi bozduğundan elbette ektikleri tohumlar hiçbir kayıt ve hürmet tanımayan anarşistlik mahsülünü verecek. Çünkü kalb-i insaniden hürmet ve merhamet çıksa, akıl ve zekavet, o insanları gayet dehşetli ve gaddar canavarlar hükmüne geçirir. Daha siyasetle idare edilmez. Ve anarşistlik fikrinin tam yeri ise; hem mazlum kalabalıklı hem medeniyette ve hakimiyette geri kalan çapulcu kabileler olacak (Kalabalık ve medeniyette geri kalmış toplumlar) ve o şerâite muvafık insanlar ise; Çin-i Maçin'de kırk günlük mesafede yapılan ve acaib-i seb'a-i alemden birisi (Dünyanın yedi harikasından biri) bulunan Sedd-i Çin'in (Çin Seddi) binasına sebebiyet veren Mançur ve Moğol ve bir kısım Kırgız kabileleridir ki; Kur'an'ın mücmel haberlerini tefsir eden Zat-ı Ahmediye (A.S.M.) mu'cizane ve muhakkikâne haber vermiş."

{Beşinci şuâ, Onbeşinci Mes'ele}

Yine Üstad Bediüzzaman (R.A.) meşrutiyet döneminde İttihat ve Terakki Cemiyeti'nin şeriatta verdiği tavizler dolayısıyla Sultan Reşad'a yapmış olduğu bir ikazda bir hiss-i kabl-el vuku ile şu gelecek hakikati ihbar etmiştir. Daha sonra aynı ihtarı Adnan Menderes'e de yapmıştır:

"Eğer beşer çabuk aklını başına alıp adalet-i ilahiye namına ve hakaik-i İslamiye dairesinde mahkemeler açmazsa, maddi ve manevi kıyametler başlarına kopacak, anarşistlere, Ye'cüc ve

Me'cüc'lere teslim-i silah edecekler diye kalbe ihtar edildi."

{Hutbe-i Şâmiye zeyli}

Kur'an'ın ve hadîslerin bu husustaki haberlerinin te'vil ve tefsirlerini gösteren Üstad Bediüzzaman'ın (R.A.), bu söyledikleri aynen tahakkuk etmiştir ki, şu anda Türk âleminde devletler ve hükûmetler cihetinde idareyi elinde tutan insanlar hakiki Türkler olmayıp, Türk namı altında bir kısım Mançur, Moğol, Kırgız, Tatar gibi Ye'cûc ve Me'cûc taifesine ait kişilerdir. Ve Şeriatın aleyhinde çalışan bu insanlar, Şeriat'ı isteyen ve onun için çalışan hakikî ve halis Türkleri ezmektedirler. Bu sebeble Âlem-i İslâm'da Şeriat taraftarı olan samimi Türkler ve Çin'in zulüm ve istibdadı altındaki Türkistanlı Türk'ler, başlarındaki idarecilerle karıştırılmamalıdır. Şu anda hakim olan ve Şeriat'ı tahrib için çalışanlar tamamen bu Ye'cûc ve Me'cûc taifesine ait insanlardır ve planlı bir şekilde hep bunlar idareye getirilmektedir.

Eğer gerek Türklerin yaşadığı bölgelerde, gerekse diğer Türkî Cumhuriyetlerdeki idareciler ve hakim olan insanlar araştırılsa, ekseriya bu saydığımız milletlerden olduğu görülür. Mesela Avrupa'nın Doğu kısmındaki yaşayan bazı insanlar, aslında Moğol asıllıdır. Diğer bir kısmı ise, başka bölgelerden gelmiş Mançur, Tatar ve Kırgız gibi başka milletlerdendir. Hatta Doğu Türkistan'da bulunan Uygur Türkleri –ki Osmanlı hanedanı da bu soydandır- gayet dindardırlar ve çok mühim âlimler yetiştirmektedirler. Maateessüf Çin'in zulmü altında oldukları halde hiçbir Türk devletinden yardım görmedikleri gibi bilakis bu devletler bu zulmünde Çin'e destek vermektedirler. Dolayısıyla bir kısım hadîslerde ve rivâyetlerde bahsedilen

Türklerden murad, hakiki Türkler değil, belki hakiki Türkleri ve Âlem-i İslâm'ı istila eden bir kısım Mançur, Moğol, Kırgız ve Tatarlardır. Hem rivayetlerde gelen ve İslamlar içinde çıkacağı ve Yahudilere hizmet edeceği bildirilen ve Süfyan namı verilen şahıs ve onun teşkil ettiği komitesi dahi bu Ye'cûc ve Me'cûc taifesinden oldukları gibi bu Ye'cûc ve Me'cûc'ün Âlem-i İslâm'a tasallutlarına da sebep olmuşlardır.

Dolayısıyla Süfyan ve Ye'cuc, Me'cuc aynı taife olmakla beraber sureten Türk gibi gözüktükleri için rivayetlerde "Türk" olarak tesmiye edilmiştir. Yani onlar Türk unsuru içinde zuhur edecek demektir. Nitekim 13. yüzyılda çok büyük bir imparatorluk kuran Moğollar, dünya tarihinin en vahşi ve barbar ordularından birisi olarak bilinmekteydi. Moğol ve Tatarlardan oluşan bu yağmacı ordunun başında bulunan Cengiz Han ve sonra da onun yerine başa geçen Hülâgû çok büyük katliamlar gerçekleştirmiştir. Tarihî kaynaklarda bildirildiğine göre, önlerine çıkan herşeyi, kadın, çocuk ve yaşlı demeden katletmişlerdir. Anadolu topraklarına ayak bastıklarında Sivas, Kayseri ve Tokat Bölgelerinde binlerce insanı katlettikleri tarihî kayıtlarda vardır. İstilâ ettikleri bölgelerdeki tüm camileri, kütüphaneleri ve medreseleri yakıp yıkmışlardır. Ayrıca Buhara, Semerkand ve Herat Bölgelerindeki tüm sanat eserlerini yağmalayıp, ortadan kaldırdılar. Tarihî kaynaklara göre bazı şehirlerde milyonlarca insanı, hatta kedi ve köpeklere varıncaya kadar bütün canlıları katlettiler. Hatta dünyanın en ünlü yapay duvarı olan Çin Seddinin bu istilâcı kavimleri durdurmak için yapıldığına dair kuvvetli işaretler vardır. Dolayısıyla Bediüzzaman'ın yukarıdaki ifadelerinden, Ye'cüc ve Me'cüc'le ilgili olarak, aşağıdaki sonuçlar çıkarılabilir:

- Ye'cüc ve Me'cüc Moğol ve Mançur ırkından gelmektedir,

- Daha önce Avrupa ve Asya'yı ele geçirip, doğudan batıya kadar her yeri harap ettikleri gibi âhir zamanda da dünyayı alt üst edecek ırk onların bulunduğu bölgeden çıkacak olup, onlarla aynı ırktandır,

- Yecüc ve Mecüc, Himalaya Dağlarının arkasında kalan ve şu anda yerin altında doğal koşullar sonucu olarak toprağın altında kalmış olan ve Zülkarneyn AS. tarafından inşa edilen yapay bir seddin arkasında bulunmakta olup, Kıyamet iyice yaklaştığında bu devasa yeraltı mağarasının ucundan açacakları bir kapıdan yeryüzüne akın edeceklerdir. Ye'cüc ve Me'cüc'ün yaşadığı bu yer altı uygarlığına literatürde "Agartha" veya "Şambhala" isimleri de verilmektedir,

- Ye'cüc ve Me'cüc önüne çıkan her şeyi yok edip talan eden yağmacı bir topluluktur,

- Ye'cüc ve Me'cüc yeryüzüne çıkamamaktadır ve onları engelleyen yegâne engel, Zülkarneyn AS. Tarafından, mazlum halkları korumak için iki dağ arasında oluşturulmuş yapay ve çok sağlam bir seddir. Fakat zamanı geldiğinde, Allah'ın izin vermesiyle, Ye'cüc ve Me'cüc bu set üzerinde dışarıya çıkabilecekleri bir delik açacaklardır.

DÖRDÜNCÜ İŞARET

Ye'cüc ve Me'cüc'ün Sayısı Ne Kadardır?

Ye'cüc ve Me'cüc'ün sayısı hakkında fikir veren birkaç rivâyet şöyledir:

"Ye'cüc bir ümmet, Me'cüc bir ümmettir. Her ümmet dört yüzbin kişidir ve bunlardan herhangi biri, kendi evladından bin silahlı adam görmedikçe ölmez."

"Cinler ve insanlar on kısımdır. Dokuz kısmını Ye'cüc ve Me'cüc; kalan kısmını ise, insanlar teşkil eder."

"Ye'cüc ve Me'cüc'den her biri, bin evladını bırakmadıkça ölmez."

"Dediler ki; "Yâ Rasûlallah! Her bin kişiden dokuz yüz doksan dokuzu ateşe mi girecek? O geriye kalan bir kişi kimdir?" Buyurdu ki; "Müjde size! Bin kişiden biri sizden, diğerleri Ye'cüc ve Me'cüc'den olacaktır."

"Müslümanlar, Ye'cüc ve Me'cüc'ün oklarını, harp aletlerini yedi sene yakacak olarak kullanacaklardır."

BEŞİNCİ İŞARET

Ye'cüc ve Me'cüc'ün Şekli Nasıldır?

Ye'cüc ve Me'cüc'ün şekli ve yaşama tarzlarıyla ilgili çeşitli rivâyetler bulunmaktadır. Bu hadislerdeki rivâyetler, onlar hakkında farklı bilgiler olmakla beraber hepsinde bazı ortak noktaların bulunduğunu haber verir. Şimdi bu hadislere göre, bu ortak noktaları açıklayalım:

- Ye'cüc ve Me'cüc üç sınıftır. Büyüklükleri farklıdır. Bir karıştan, büyük bir hurma ağacına kadar farklı büyüklükleri vardır. Çok obur ve pis boğazlıdırlar. Yani buldukları her şeyi yerler. Hatta kendilerinin ölen cesetlerini bile yerler,

- Ye'cüc ve Me'cüc'ün bir sınıfı yaklaşık bir karış boyundadır. Pençeleri bulunur ve aslan gibi dişleri vardır. Güvercin sürüsü gibi toplanırlar, hayvanlar gibi çiftleşirler ve kurt gibi ulurlar. Kalın tüyleri, onları soğuktan ve sıcaktan korur. Kulaklarından biri büyük olup, onun içinde kışı geçirirler. Diğer kulakları ise, sırf deri olup, onun içinde de yazı geçirirler,

- Ye'cüc ve Me'cüc'ün diğer bir sınıfının boyu, orta boylu bir insanın yarısı kadardır. Bizim elimizdeki tırnaklar yerine onlarda pençe bulunur. Azı dişleri aslanın azı dişlerine benzer. Deve çenesi gibi çeneleri vardır ve kuvvetlidir. Onların yemek yeme esnasındaki hareketlerini, geviş getiren bir deve veya kuvvetli bir atın, her şeyi kıtır kıtır yemesi gibi işitirsiniz. Vücutları çok tüylü olup, önü arkası bilinmez. Sıcaktan ve soğuktan onunla korunurlar. Her birinin iki büyük kulağı vardır ki, birinin içi ve dışı tüysüz; diğerinin ise, içi ve dışı tüylüdür. Birisiyle yazı, diğeriyle kışı geçirirler,

- Ye'cüc ve Me'cüc özellikleri hakkındaki sonuç olarak şunu söyleyebiliriz ki, bu rivâyetler bahsedilen vasıflar her ne kadar garip ve insana ait olmayan özellikler gibi göründe de, onların uzun bir süredir ayrı bir uygarlıkta yaşamaları ve oranın doğal koşullarına adapte olacak şekilde yaratılmaları, hadislerde bildirilen insan soyundan geldiklerine dair rivâyetlere bir zarar vermez. Nitekim sıradan bir insan bile, uzun bir süre mağaralarda ve medeniyetten uzak bir şekilde yaşasa, bize göre garip olan, fakat halbuki o şartlara uygun olarak Allah tarafından değiştirilen birtakım vücut özelliklerine sahip olur ki, bu durum o kişinin insan olma özelliğine bir zarar vermez. Dolayısıyla bu konuda rivâyet edilen hadisleri inkâr etmemek ve te'villi yorumlarının bu duruma uygun düşeceğini göz önünde bulundurmak gerekir..

17. BÖLÜM (Chapter 17)

HZ. İSA'NIN YE'CÜC VE ME'CÜC'LE SAVAŞI VE YE'CÜC VE ME'CÜC'ÜN SONU(İ.S. 2052-2056)

Tarihte en çok savaş yapılan yer Filistin yakınlarındaki Megiddo ovasıdır. Son Kıyamet savaşının da burada Hz. İsa tarafından yapılacağı bildirilir.

Tarih: 2056'lı yıllar. **Yer:** Ortadoğu Filistin civarındaki Taberiye Gölü yakınları.

Uzun ve çetin geçen bir savaştan sonra Hz. İsa ve ordusu yorgun ve bitkin düşmüştü. Uzun bir mücadele vererek savaştığı Ye'cüc ve Me'cüc ordularını mağlub edememiş ve bu konuda Allah'tan yardım istemek üzere Zeytin Dağı'na doğru ordusuyla birlikte harekete geçmişti. Taberiye Gölü yakınlarında kendisine tabi olan bir grup mü'min cemaatle birlikte Akşam namazını eda ettikten sonra Mesih Aleyhisselam, yaklaşık **2000** yıl önce peygamberlik görevine ilk kez başladığı Zeytin Dağı'na çıkmak üzere son hazırlığını tamamladı ve cemaatiyle kısa bir konuşma yaparak, yeryüzüne bela olan bu dehşetli fitne karşısında uyarılarda bulundu. Tedbir alınması ve insanlığın büyük bir kısmını kısa bir süre içerisinde kaybetmemek amacıyla onların Allah tarafından ilahi bir müdahale ile yok edilmesi konusunda dua edecek ve yeryüzünden kaldırılmalarını isteyecekti. Gelin, şimdi hep beraber sahih Hadislerin ışığında bu meselenin detaylarını daha yakından inceleyelim:

Ye'cüc ve Me'cüc'ün ortaya çıkışı ve Hz. İsa'nın onları nasıl yok edeceği ve şerlerinden insanlığı ne şekilde kurtaracağı hadislerde detaylı bir şekilde bildirilmiştir. Şimdi sırasıyla bu hadisleri ve işaret ettikleri olayları inceleyelim:

"Ye'cüc ve Me'cüc her gün Seddi kazarlar. Gedikten güneş ışığını gördüklerinde amirleri: "Haydi artık dönün, yarın kazarsınız" der. Ertesi gün oraya geldiklerinde seddin eskisinden daha sağlam olduğunu görürler. Nihayet vadeleri dolup da, Allah onları insanların üzerine göndermek istediğinde yine kazarlar. Gedikten güneş ışığını gördüklerinde amirleri der ki: "Haydi artık dönün, inşâallah yarın kazarsınız." Bu defa İnşâallah kelimesini kullanır. Ertesi gün oraya geldiklerinde kazdıkları yeri, bıraktıkları gibi bulurlar, kazmaya başlarlar ve insanların üzerine

saldırırlar."

Bu hadiste ÜÇ İŞARET vardır:

1. Allah, onları seddin dibini gece gündüz devamlı kazmaktan men etmiştir,

2. Bir merdiven ile veya bir başka aletle Seddi tırmanmaları için Allah onlara herhangi bir ilham vermemiştir,

3. Tayin edilmiş vakit gelinceye kadar onlara "İnşâallah" dedirtmeyecektir.

İbn-i Hacer ise, bu hadisi şöyle yorumlamaktadır: "Şüphesiz onlar arasında sanatkârlar, Allah'ın varlığına inanan ve "İnşâallah" deyip işi Allah'ın dilemesine havale etmesini bilenler, yöneticiler ve üstlerine itaat edenler vardır. Muhtemelen; İnşâallah kelimesini, manasını bilmeden amirleri telaffuz etmiş olabilir ve bu kelimenin bereketiyle hedeflerine ulaşırlar ve gedikte bir kapı açarlar."

İşte tüm bu olaylar olmadan önce, yani Hz. İsa ve ordusunun Deccal'ı ve onun büyük fitnesini yok etmesinden sonra; Allah, İsa AS.'a Ye'cüc ve Me'cüc'ün hapsedildikleri yerden insanların üzerine salıverileceğini vahyedecek ve O'na onların şerrinden korunmasını emredecektir. Bu konudaki bir rivâyet şöyledir:

"Kalelerde korunmayan veya Medine'ye sığınmayan kimse kalmaz. Ye'cüc ve Me'cüc'ün sözcüleri der ki: "Yeryüzü ehlinin işini bitirdik. Sıra sema ehline geldi!"

Sonra onlardan biri mızrağını sallayıp göğe fırlatır. İmtihan için mızrak, kana bulanmış olarak geri döner."

Bunun üzerine Ye'cüc ve Me'cüc'ün yeryüzündeki fesadını sona erdirmek için Hz. İsa AS. Allah'a dua eder. Bundan sonra gelişecek olaylar ise, hadiste şu şekilde bildirilir:

"Bunun üzerine Allah'ın Peygamberi İsa AS. Ve ashabı Allah'a dua ederler de, Allah Ye'cüc ve Me'cüc üzerine "Negaf" denilen kurtçukları boyunlarına musallat eder. Hepsi tek bir kişi ölmüş gibi ölürler (buradan şunu anlıyoruz ki; ALLAH (C.C.) İLAHÎ HİKMETİ GEREĞİ BAZEN BİR NEVÎ, YANİ O TÜRE AİT CANLILARI TEK BİR KİŞİ GİBİ KOLAYCA YARATABİLİR VEYA BENZER ŞEKİLDE TEK BİR KİŞİ GİBİ ÖLDÜREBİLMEKTEDİR. İŞTE, kÂİNATIN BİRÇOK YERİNDE GÖRÜLEBİLEN BU NEVÎ OLAYLARIN BİR BENZERİ VE EN İBRETLİLERİNDEN BİRİSİ DE, ÂHİR ZAMAN İÇİN TAKDİR EDİLMİŞ OLAN BU YE'CÜC VE ME'CÜC TAİFESİNİN TÜREMESİ VE TEK BİR KİŞİ GİBİ ÖLÜMÜ DE, BU DURUMA İYİ BİR ÖRNEK TEŞKİL EDER VE ALLAH'IN ÇOK BİR ŞEYİ BİR TEK ŞEY GİBİ YARATABİLDİĞİNE VEYA BİR TEK ŞEYİ BİR ÇOK ŞEY GİBİ YARATABİLDİĞİNE VE ÖLDÜREBİLDİĞİNE MİSAL VERİR).

Müslümanlar; "Şu düşmanın ne yaptığına gidip bakmak için kendini bizim için feda edecek yok mu?" derler. Adamın biri sevabını Allah'tan bekleyerek, ölümü göze alıp ortaya çıkar, Ye'cüc ve Me'cüc'ün bulunduğu yere iner ve hepsinin birbiri üzerine yığılmış bir vaziyette öldüklerini görür ve der ki; "Ey Müslümanlar! Size Müjdeler olsun! Allah düşmanların hakkından geldi. Sonra İsa AS. ve ashabı onların bulunduğu yere inerler ve yeryüzünde onların cesetlerinin kokusunun ulaşmadığı bir karışlık bir yer bile bulamazlar. Şehirlerden ve kalelerinden dışarı çıkarlar. Koyunlarını meraya salarlar. Koyunlarının yedikleri şey, sadece Ye'cüc ve Me'cüc'ün etleri olacaktır. Böylece davarları merada yedikleri ottan daha fazla semizleyecektir. İsa as. ve Ashabı tekrar Allah'a dua ederler. Bunun üzerine Allah, Ye'cüc ve Me'cüc'ün ölüleri üzerine develerin boyunları kadar olan kuşları salar. Bu kuşlar onları alıp Allah'ın dilediği yere atarlar. Allah yağmur indirir ve onların cesetlerini bu yağmur ile sürükleyip denize atar. İşte bu zaman olunca, Kıyametin kopması, insanların hamile kadının doğum sancısının ne zaman tutacağının bilinmediği gibi, gece mi, gündüz mü olacağının bilinmeyeceği gibi yakın olduğunu Rabbim bana bildirdi.."

Tevrat'ta Ye'cüc ve Me'cüc

"[1]RAB bana şöyle seslendi: [2]"İnsanoğlu, yüzünü Magog (Me'cüc) ülkesinden Roş'un, Meşek'in, Tuval'ın önderi (Ye'cüc ve Me'cüc halklarının yaşadığı ülkeye işaret ediliyor) Gog'a (Ye'cüc) çevir, ona karşı peygamberlik et. [3]De ki, 'Egemen RAB şöyle diyor: Ey Roş'un, Meşek'in, Tuval'ın önderi Gog, sana karşıyım. [4]Seni geldiğin yoldan geri çevirecek, çenelerine çengel takacağım. Seni ve bütün ordunu, atları, tam donanmış atlıları, küçük büyük kalkanlı, hepsi kılıç kullanan büyük kalabalığı dışarıya sürükleyeceğim. [5]Onlarla birlikte hepsi kalkanlı, miğferli Persliler'i, Kûşlular'ı* (Orta mezopotamya'da bir ülke), Pûtlular'ı, [6]Gomer'in bütün ordusunu, uzak kuzeydeki Beyttogarma'nın bütün ordusunu ve yanındaki birçok ulusu da sürükleyeceğim. [7]"Hazır ol! Çevrende toplanmış büyük kalabalıkla birlikte hazırlan. Onları sen gözeteceksin. ⁸Uzun zaman sonra savaşa çağrılacaksın. Gelecek yıllarda, halkı birçok ulustan uzun zamandır ıssız kalmış İsrail dağlarında toplanmış, savaştan rahata kavuşmuş bir ülkeye saldıracaksın. Uluslar arasından çıkarılmış olan bu halk, şimdi güvenlik içinde yaşıyor.

⁹Sen, bütün askerlerin ve seninle olan birçok ulus çıkıp kasırga gibi geleceksiniz; ülkeyi kaplayan bulut gibi olacaksınız. ¹⁰'"Egemen RAB şöyle diyor: O gün aklına bazı düşünceler gelecek, kötü düzenler tasarlayacaksın. ¹¹Diyeceksin ki: Sursuz köyleri olan bir ülkeye saldıracak, esenlik ve güvenlik içinde yaşayan insanların üzerine yürüyeceğim. Bu köylerin tümü sursuz; kapıları da kapı sürgüleri de yok. ¹²Viran olmuş kentlerde yaşayan halkı soyup malını yağma edeceğim. Sürüsü, malı olan, dünyanın ortasında yaşayan bu ulusların arasından toplanmış halka karşı elimi uzatacağım. ¹³Saba, Dedan, Tarşiş tüccarları ve köyleri sana, Yağmalamak için mi geldin? Çapul malı toplamak, altın, gümüş taşımak, hayvan, mal götürmek, bol ganimet elde etmek için mi bu kalabalığı topladın? diyecek. ¹⁴"Bu yüzden, ey insanoğlu, peygamberlik et ve Gog'a de ki, 'Egemen RAB şöyle diyor: O gün halkım İsrail güvenlik içinde yaşarken bunu farketmeyecek misin? ¹⁵Sen ve seninle birlikte birçok ulustan oluşan tümü ata binmiş büyük bir kalabalık, güçlü bir ordu uzak kuzeyden geleceksiniz. ¹⁶Ülkeyi kaplayan bir bulut gibi halkım İsrail'in üzerine yürüyeceksiniz. Son günlerde, ey Gog, seni ülkeme saldırtacağım. Öyle ki, ulusların gözü önünde kutsallığımı senin aracılığınla gösterdiğim zaman beni tanıyabilsinler.

¹⁷'"Egemen RAB şöyle diyor: Eski günlerde kullarım İsrail peygamberleri aracılığıyla hakkında konuştuğum kişi değil misin sen? O dönemde seni onlara saldırtacağıma ilişkin yıllarca

peygamberlik ettiler. ¹⁸"'Gog İsrail ülkesine saldırdığı gün öfkem alevlenecek. Egemen RAB böyle diyor. ¹⁹ O gün İsrail ülkesinde büyük bir yer sarsıntısı olacak. ²⁰Denizdeki balıklar, gökteki kuşlar, kırdaki hayvanlar, yerde sürünen bütün yaratıklar ve dünyadaki bütün insanlar önümde titreyecekler. Dağlar yerle bir edilecek, kayalıklar ufalanacak, her duvar çökecek. ²¹Bütün dağlarımda Gog'a karşı kılıcı çağıracağım. Egemen RAB böyle diyor. Herkes birbirine kılıç çekecek. ²²Onu salgın hastalıkla, kanla cezalandıracağım; onun, ordusunun, ondan yana olan birçok ulusun üzerine sağanak yağmur, dolu, ateşli kükürt yağdıracağım. ²³Böylece büyüklüğümü, kutsallığımı gösterecek, birçok ulusun gözünde kendimi tanıtacağım. O zaman benim RAB olduğumu anlayacaklar." "

{Hezekiel, 38:1-23}

"¹"İnsanoğlu, Gog'a karşı peygamberlik et ve ona de ki, 'Egemen RAB şöyle diyor: Ey Roş'un, Meşek'in, Tuval'ın önderi Gog, sana karşıyım. ²Seni geri çevirip sürükleyeceğim. Seni uzak kuzeyden çıkarıp İsrail'in dağlarına getireceğim. ³Sol elindeki yayını vuracak, sağ elindeki oklarını düşüreceğim. ⁴Sen de askerlerinle senden yana olan uluslar da İsrail dağlarına serileceksiniz. Sizi yem olarak her çeşit yırtıcı kuşa, yabanıl hayvana vereceğim. ⁵Açık kırlarda düşüp öleceksiniz. Çünkü bunu ben söyledim. Egemen RAB böyle diyor.

⁶Magog'un ve kıyıda güvenlik içinde yaşayanların üzerine ateş yağdıracağım. O zaman benim RAB olduğumu anlayacaklar. ⁷"Halkım İsrail arasında kutsal adımı tanıtacağım. Bundan böyle kutsal adımın aşağılanmasına izin vermeyeceğim. Uluslar benim İsrail'de kutsal olan RAB olduğumu anlayacaklar. ⁸O gün

yaklaştı! Söylediklerim olacak. Egemen RAB böyle diyor. Budur sözünü ettiğim gün! [9]"'O zaman İsrail kentlerinde yaşayanlar dışarı çıkıp topladıkları silahları yakacaklar. Küçük büyük kalkanları, yayları, okları, sopaları, mızrakları ateşe atacaklar. Bunlarla yedi yıl ateş yakacaklar. [10]Kırdan odun toplamayacak, ormandan odun kesmeyecekler. Yakmak için silahları kullanacaklar. Mallarını yağmalayanları yağmalayacak, kendilerini soyanları soyacaklar.

Egemen RAB böyle diyor. [11]"'O gün Lut Gölü'nün doğusunda, Gezginler Deresi'nde Gog'a İsrail'de bilinen bir mezar yeri vereceğim. Gog'la bütün ordusu orada gömülecek. Oraya Hamon-Gog (Gog'un kalabalığı anlamına gelir) Vadisi adı verilecek. Oradan geçecek gezginlerin önü kesilecek. [12]İsrail halkı ülkeyi arındırmak için onları gömecek. Bu yedi ay sürecek. [13]Onları bütün ülke halkı gömecek. Görkemimi açıkladığım gün onlar için onur olacak. Egemen RAB böyle diyor. [14]"'Ülkeyi arındırmak için adamlar görevlendirilecek. Bazıları ülkeyi sürekli dolaşacak, öbürleriyse yerde kalan cesetleri gömecekler. Yedi aylık süre bitince, araştırma işine başlayacaklar. [15]Bu adamlar ülkenin her yanını dolaşacak. Bir insan kemiği görünce, mezarcılar onu Hamon-Gog Vadisi'ne gömünceye dek, yanına bir işaret koyacak. [16]Orada Hamona (kalabalık anlamına gelir) adında bir kent olacak. Böylelikle ülke arındırılacak. "

{Hezekiel, 39:1-16}

Kur'ân'da Ye'cüc ve Me'cüc

"[83]Rasûlüm! Sana Zülkarneyn hakkında soru sorarlar. De ki: Size ondan bir hatıra okuyacağım. [84]Gerçekten biz onu yeryüzünde iktidar ve kudret sahibi kıldık, ona (muhtaç olduğu) herşey için bir sebep (bir vasıta ve yol) verdik. ⁸⁵O da bir yol tutup gitti. ⁸⁶Nihayet güneşin battığı yere varınca, onu kara bir balçıkta batar buldu. Onun yanında (orada) bir kavme rastladı. Bunun üzerine biz: Ey Zülkarneyn! Onlara ya azap edecek veya haklarında iyilik etme yolunu seçeceksin, dedik. ⁸⁷O, söyle dedi: "Haksızlık edeni cezalandıracağız; sonra o, Rabbine gönderilecek; sonra Allah da ona korkunç bir azap uygulayacak." ⁸⁸"İman edip de iyi davranan kimseye gelince, onun için de en güzel bir karşılık vardır. Ve buyruğumuzdan, ona kolay olanını söyleyeceğiz." ⁸⁹Sonra yine bir yol tuttu. ⁹⁰Nihayet güneşin doğduğu yere ulaşınca, onu öyle bir kavim üzerine doğar buldu ki, onlar için güneşe karşı bir örtü yapmamıştık. ⁹¹İşte böylece onunla ilgili her şeyden haberdardık.

⁹²Sonra yine bir yol tuttu. ⁹³Nihayet iki dağ arasına ulaştığında onların önünde, hemen hiçbir sözü anlamayan bir kavim buldu. ⁹⁴Dediler ki: Ey Zülkarneyn! Bu memlekette Ye'cûc ve Me'cûc bozgunculuk yapmaktadırlar. Bizimle onlar arasında bir sed yapman için sana bir vergi verelim mi? ⁹⁵Dedi ki: "Rabbimin beni içinde bulundurduğu nimet ve kudret daha hayırlıdır. Siz bana kuvvetinizle destek olun da, sizinle onlar arasına aşılmaz bir engel yapayım."

⁹⁶"Bana, demir kütleleri getirin." Nihayet dağın iki yanı arasını aynı seviyeye getirince (vadiyi doldurunca): "Üfleyin (körükleyin)!" dedi. Artık onu kor haline sokunca: "Getirin bana, üzerine bir miktar erimiş bakır dökeyim" dedi. ⁹⁷Bu sebeple onu ne aşmaya muktedir oldular ne de onu (Seddi) delebildiler. ⁹⁸Zülkarneyn: Bu, Rabbimden bir rahmettir. Fakat Rabbimin vâdi gelince (kıyamet yaklaştığında) O, bunu yerle bir eder. Rabbimin vâdi haktır, dedi. ⁹⁹O gün (kıyamet gününde) bakarsın ki biz

onları, birbirine çarparak çalkalanır bir halde bırakmışızdır (Ye'cüc ve Me'cüc'ün salıverilmesi); Sûr'a da üfürülmüş, böylece onları bütünüyle bir araya getirmişizdir."

{Kehf, 83-99}

"⁹⁶Nihayet Ye'cüc ve Me'cüc'ün Seddi yıkıldığı zaman, her dere ve tepeden akın edip çıkarlar."

{Enbiyâ, 96}

Sahih hadislere göre, Hz. Âdem'in soyundan gelen Ye'cüc ve Me'cüc kavimleri, yeraltında bulunan ve bilinmesi bizce meçhul olan bir uygarlıkta yaşamaktadır.

Hadislere göre, onların da yer altı şehirleri vardır. Ayrıca içlerinde sanatkâr olanları ve hatta Müslüman olanları bile vardır. Bu resimde, bu uygarlıkta inşa edilmiş olan bir kulenin (Şambhala Kulesi) temsilî bir çizimi verilmektedir.

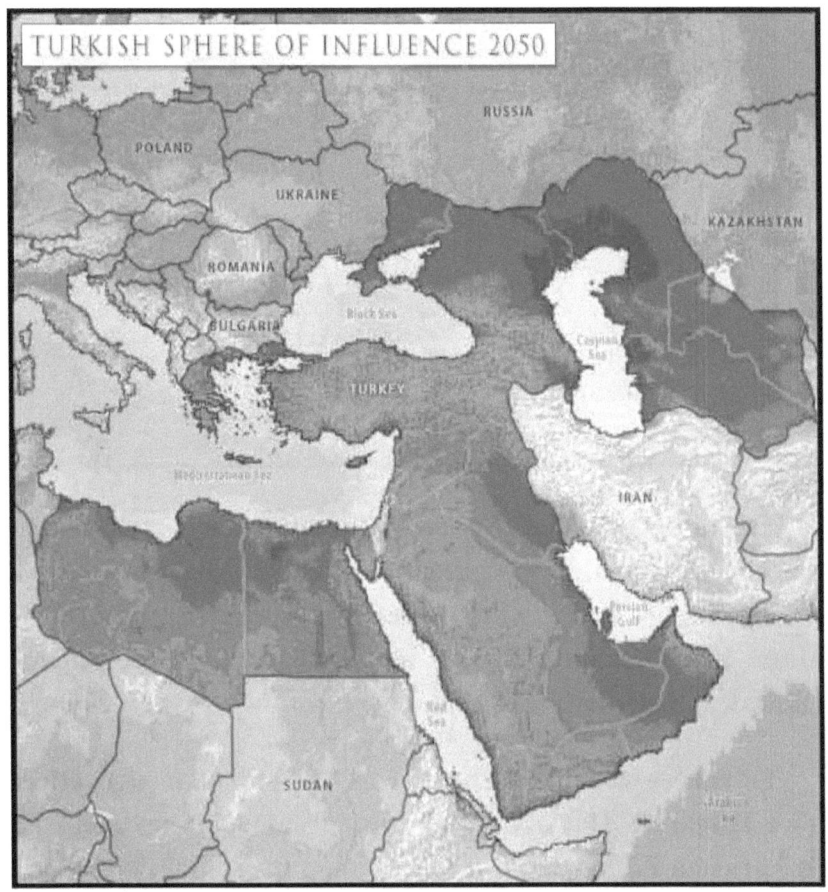

Harita: Ahirzamanda, Ye'cüc ve Me'cüc'ün çıkışından önce, 2050 yılına kadar olan dönemde, Hz. Mehdi'nin yönetiminde kurulacak olan ve Ortadoğu'yu da içine alacak olan Türk-İslâm Dünyası Birliği, Hz. İsa'nın İkinci Gelişi'nin en önemli işaretlerinden birisini oluşturacaktır. Kaynak: Prof. James STRATFOR, www.stratfor.com (personal web site), 2050 yılında Küresel Türkiye Devleti Haritası (İllüstrasyon).

Ye'cüc ve Me'cüc'e kendilerini hapseden engeli aşmak için teknolojik aletler kullanma yeteneği Allah tarafından verilmemiştir. Fakat zamanı geldiğinde, Ye'cüc ve Me'cüc altını kazdıkları bu sedde bir gedik açarak yeryüzüne çıkacak ve insanlara musallat olacaktır.

Ye'cüc ve Me'cüc'ü engelleyen bu set, sahih rivâyetlere göre Himalaya Dağlarının arkasında kalan bir vadideki iki dağ arasına Zülkarneyn AS. tarafından inşa edilmiştir. Fakat bu et, zamanla doğal koşulların şekillendirmesi sonucunda yer altında kalarak, dış dünya tarafından görünmez hale gelmiştir.

Ye'cüc ve Me'cüc'ün salıverilmesiyle, insanlık daha önce benzeriyle karşılaşmadığı büyük bir musibetle karşı karşıya kalacaktır. İşte bu önemli olay da, akıl sahibi mü'minler için, kıyametin iyice yaklaştığını gösteren kuvvetli bir işaret olacaktır.

Ayrıca, Hz. İsa'nın Âhir zamandaki ikinci gelişinde, kendisine tabi olan Ashabını oluşturan bir Cemaat-i Nurâniyesi olacaktır.

Hadislere göre, kalelerde korunan Hz. İsa ve Ashabı bu fitneden kurtulmak için, Allah'a dua edecek ve Hz. İsa'nın duasının kabul edilmesi sebebiyle Allah, insanları Ye'cüc ve Me'cüc'ün şerrinden kurtararak hepsini bir gecede yok edecektir.

    İnsanlar Yü'cüc ve Me'cüc'ün şerrinden korunmak için yüksek kalelere sahip kentlere sığınacaklardır. Ye'cüc ve Me'cüc'ün Allah tarafından helâk edilmesinden sonra ise, Hz. İsa'nın ashabından gönüllü bir mümin, onların bulunduğu yere iner ve sevinerek hepsinin öldüğünü haber verir..

Vesselam..

Allah'u A'lem

Hakikati ve En Doğrusunu Allah Bilir..

18. BÖLÜM (Chapter 18)

GÜNEŞİN BATIDAN DOĞMASI VE DABBET'ÜL ARZ'IN ORTAYA ÇIKIŞI

Mayalara ait bir tapınak, Palenque-New Mexico yakınları. Mayalılar yaptıkları tapınaklarda binlerce yıl öncesinden güneşin hareketlerini incelemişler ve mükemmel bir güneş takvimi hazırlamışlardı. Bu takvime göre ise, zaman 21 Aralık 2012 tarihinde, güneşten gelen büyük bir felaketle sona ermekteydi.

Tarih: 2060'lı yıllar. **Yer:** Palenque-New Mexico yakınlarındaki bir Maya Tapınağı.

Bir grup İsevi keşiş, Hz. İsa'nın Ye'cüc ve Me'cüc kavimlerini yok etmesi sırasında Mesih tarafından görevlendirilmiş ve kendilerine haber verilen tarihlerdeki gerçekleşecek olan bir diğer kıyamet alameti olan Güneşin batıdan doğması meselesini araştırmak ve gökyüzünde atmosferin dünyanın diğer bölglerine oranla biraz daha açık olduğu bu bölgesine gözlem yapmak üzere yerleşmiş ve konum olarak da New Mexico yakınlarındaki bu antik Maya tapınağının zirvesini seçmişti. İnsanlık, uzun yıllardır yaşanan açlık, savaşlar ve kıtlıktan bitkin düşmüş, atmosferin büyük bir kısmı güneş ışınlarını çok az geçirecek bir şekilde kararmış ve ümitler tükenmek üzereydi. Öyle ki, dünya artık geri döndürülemez ve onarılamaz felaketler neticesinde pek çok yaralar almış ve kıyametin iyice yaklaştığı hissedilir olmuştu.

İşte bu yüzden, bu ufak keşiş grubu dünyanın daha önceleri milyarlarca insanının yaşadığı fakat şimdi sayıları birkaç milyonu bulan az bir grup insanın yaşadığı topraklara yeniden gelmiş, fakat bu kez Amerika'yı yeniden keşfetmek için değil; semadaki yeni ve yaklaşan en son, yani en büyük kıyamet alametinin işaretlerini incelemek ve bu meseleyi keşfederek insanlığı son kez uyarmak için gelmişti. Öyle ki, bu topraklarda binlerce yıl önce yaşayan mayaların dahi, takvimlerinde işaret diliyle dünyanın sonundan ve güneşle olan bağlantısından sık sık tarih kaynaklarında söz edilirdi. İşte, bu yüzden keşif grubunun bu bölgeyi seçmesi tesadüf değildi. Öyle ki, bu son kıyamet alametiyle birlikte tevbe ve iman kapısı da kapanacağı ve daha yeni iman etmek kabul edilmeyeceği için yapılacak olan güneş hareketi gözlemleri çok önemliydi. Gözlemlerin üzerinden birkaç yıl geçmişti ki, 2065 yılının 21 Aralık sabahında gün doğumunda güneşte bir farklılık olduğu grubun gözlemcilerinden birisinin gözüne çarptı:

"BATIYA, BATIYA BAKIN.."

"GÜNEŞ, GÜNEŞ ÇOK BÜYÜK!!"

diye heyecanla seslendi boğuk bir sesle. Çünkü Güneş normalde Doğu yönünden doğması gerekirken, ilginç bir şekilde tam zıttı olan Batı yönünde sabit ve hareket etmeyen devasa bir ikinci güneş görüntüsü meydan gelmişti. Herkes korku içerisinde olayın dehşetiyle yere kapandı ve tevbe etmeye başladılar. Dua ve zikirler okundu ve İsevi cemaat, dünyanın en batısında olduğu için ve olayı dünyada ilk kez gören insanlar olduğu için, hemen Mesih'e haber ulaştırmak için yola koyuldular. Tabi ayrıca tüm dünyayı da son kez uyarmak için:

Bu önemli kısımda, ortaya çıkacak son iki büyük kıyamet alametini farklı bir bakış açısıyla açıklamaya çalışan kısa fakat kıyamet açısından çok önemli bir incelemeyi ele alacağız..

Bu iki mesele oldukça geniştir. Fakat bu küçük makale burada konunun, açık isbatları verildiği için, Kur'an'daki açık ve kesin kanıtlarına dayanarak, kısa olmasına rağmen kıyamet açısından, büyük bir mesele olan **Güneşin batıdan doğması** ve **Dabbet-ül arzın yerden çıkışı** hadiselerinin ikişer adet önemli hakikatini bildirir. Bu iki büyük kıyamet alametinin ortaya çıkması, arka arkaya ve birbirine yakın zaman aralıklarıyla (Hz. İsa'nın nuzulü ve hemen ardından Deccal'in ortaya çıkışı gibi) olacağından ikisini birlikte ele alacağız.

Kur'an'da Dabbet-ül Arz ile ilgili açıklamanın yer aldığı Neml Sûresinin 82. âyetinde:

بِسْمِ اللَّهِ الرَّحْمَنِ الرَّحِيمِ

وَإِذَا وَقَعَ الْقَوْلُ عَلَيْهِمْ أَخْرَجْنَا لَهُمْ دَابَّةً مِنَ الْأَرْضِ تُكَلِّمُهُمْ أَنَّ النَّاسَ كَانُوا بِآيَاتِنَا لَا يُوقِنُونَ

"Ve söz; üzerlerine çökeceğinde, onlar için, yerden bir yaratık çıkarırız ki bu; insanların göstergelerimize kesin olarak iman etmediklerini söyleyecektir. "

{Neml, 82}

âyetinin makam-ı cifrisi **miladî 2064** tarihini veriyor ki bu tarih de **Dabbet-ül Arz**'ın çıkış tarihine işaret ediyor ve başka bir te'vile ihtiyaç bırakmıyor. Bu tarih, diğer rivayetlerle de tam örtüştüğü için âyetteki *"Onlara yerden bir Dabbe çıkarırız"* ifadesi yerden çıkacak çok dehşetli bir hayvan türü veya virüse işaret etmektedir. Nitekim son zamanlarda yaşanan **Kuş Gribi Virüsü**'nün yayılması ve yerden çıkıp insanlara bulaşarak ölüme sebep olan **Kene**'ler Dabbet-ül Arz'ın çıkışını ispatlamaktadır. Bediüzzaman Hz.'leri de bu konuda benzer ifadeler kullanmıştır:

"Amma "Dabbet-ül Arz":

Kur'anda gayet mücmel bir işaret ve lisan-ı hâlinden kısacık bir ifade, bir tekellüm var. Tafsili ise; ben şimdilik, başka mes'eleler gibi kat'î bir kanaatla bilemiyorum. Yalnız bu kadar diyebilirim:

لاَ يَعْلَمُ الْغَيْبَ إِلَّا اللّٰهُ

*Nasılki kavm-i Firavun'a "**çekirge âfâtı ve bit belası**" ve Kâ'be tahribine çalışan Kavm-i Ebrehe'ye "Ebabil Kuşları" musallat olmuşlar. Öyle de: Süfyan'ın ve Deccalların fitneleriyle bilerek, severek isyan ve tuğyana ve Ye'cüc ve Me'cüc'ün anarşistliği ile fesada ve canavarlığa giden ve dinsizliğe, küfr ve küfrana düşen insanların akıllarını başlarına getirmek hikmetiyle, arzdan bir hayvan çıkıp musallat olacak, zîr ü zeber edecek. Allahu a'lem, o dabbe bir nev'dir. Çünki gayet büyük birtek şahıs olsa, her yerde herkese yetişmez. Demek dehşetli bir taife-i hayvaniye olacak. Belki,*

إِلَّا دَابَّةُ الْأَرْضِ تَأْكُلُ مِنْسَأَتَهُ

âyetinin işaretiyle, o hayvan dabbet-ül arz denilen ağaç kurtlarıdır ki; insanların kemiklerini ağaç gibi kemirecek, insanın cisminde dişinden tırnağına kadar yerleşecek. Mü'minler îman bereketiyle ve sefahet ve su-i istimalâttan tecennübleriyle kurtulmasına işareten, âyet îman hususunda o hayvanı konuşturmuş. "

{Şuâlar, 5.şuâ}

Güneşin batıdan doğması ise, kıyametin büyük alametlerinin sonuncusu olduğu için ve bu olayın gerçekleşmesi ile birlikte tevbe kapısı kapandığından dolayı önemli bir astronomik hadisedir. Kur'an' da Tekvir sûresinin 1. âyeti üstü kapalı olarak bu olaya işaret etmekte ve güneşin yörüngesinden ayrılmasından bahsetmektedir:

بِسْمِ اللَّهِ الرَّحْمَنِ الرَّحِيمِ
إِذَا الشَّمْسُ كُوِّرَتْ

"Güneş, yörüngesinden ayrıldığında."

{Tekvir, 1}

âyetinin makâm-ı cifrîsi **miladî 2065** olup, bu tarihte güneşin batıdan doğacağını haber veriyor. Tevbe ve iman kapısının kapanmasına sebep olan bu hadisenin gerçekleşeceğini 11 senede bir meydana gelen güneşteki patlamalar ve Astroid'lerin (Göktaşı) gezegenlere çarparak büyük tehlikelere sebep olması gibi göksel olaylar göstermektedir. Fakat böyle büyük çaplı bir olayın gerçekleşebileceğini ve mümkün olduğunu ispat eden iki teori vardır:

BİRİNCİSİ

Dünya dışında başka bir gezegenin veya bir kuyruklu yıldızın dünyaya çarparak yörüngenin dönme yönünün değişmesi ve batıdan doğuya doğru olan dönme yönünün doğudan batıya doğru yön değiştirmesi.

Böyle büyük bir felaket, dünyada büyük yıkıma ve canlı ölümlerine sebep olacağı gibi böyle büyük bir sonucu da getirebilir. Nitekim geçtiğimiz yıllarda Jüpiter gezegenine böyle bir kuyruklu yıldızın çarpmasıyla gezegenin dönme hızında

<u>azalma meydana geldiği</u> tespit edildi. Ayrıca Bediüzzaman Said Nursî Hz.' leri de Risale-i Nur'da bu konuya değinerek şöyle açıklama getirmektedir:

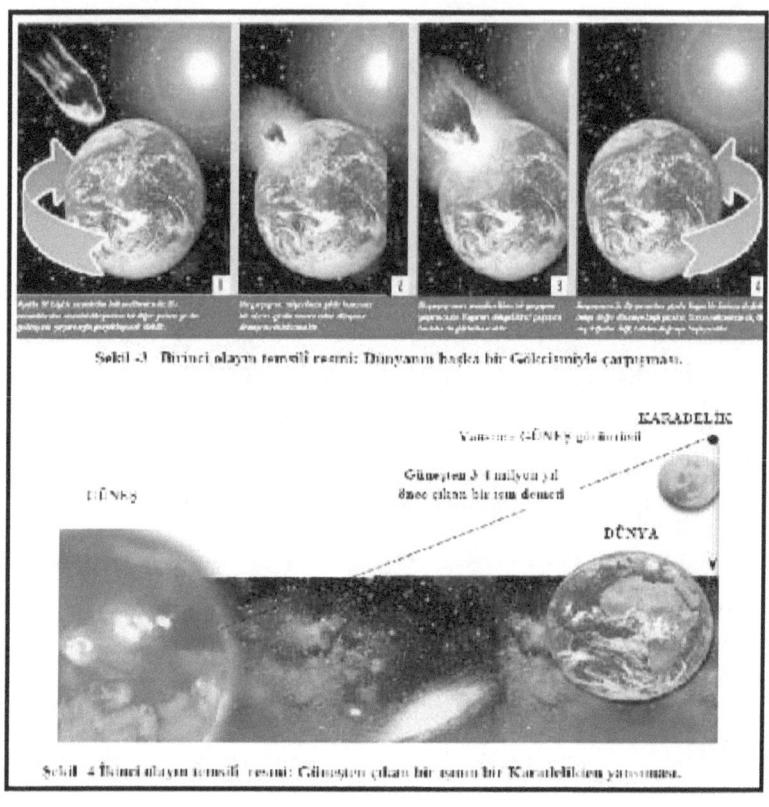

*"Amma **Güneş'in mağribden tulûu** ise, bedahet derecesinde bir alâmet-i kıyamettir. Ve bedaheti için, aklın ihtiyarı ile bağlı olan tevbe kapısını kapayan bir hâdise-i semaviye olduğundan tefsiri ve manası zâhirdir, tevile ihtiyacı yoktur.*

Yalnız bu kadar var ki:

Allahu a'lem, o tulûun sebeb-i zâhirîsi: <u>Küre-i Arz</u> kafasının *aklı hükmünde olan Kur'ân onun başından çıkmasıyla zemin divane olup, izn-i İlahî ile başını başka seyyareye çarpmasıyla hareketinden geri dönüp, garbdan şarka olan seyahatını, irade-i Rabbanî ile şarktan garba tebdil etmekle Güneş garbdan tulûa başlar. Evet arzı şems ile, ferşi arş ile kuvvetli bağlayan hablullah-il metin olan Kur'anın kuvve-i cazibesi kopsa; küre-i arzın ipi çözülür, başıboş serseri olup aksiyle ve intizamsız hareketinden Güneş garbdan çıkar. Hem müsademe neticesinde emr-i İlahî ile kıyamet kopar diye bir te'vili vardır. "*

{Şuâlar, 5.şuâ}

İKİNCİSİ

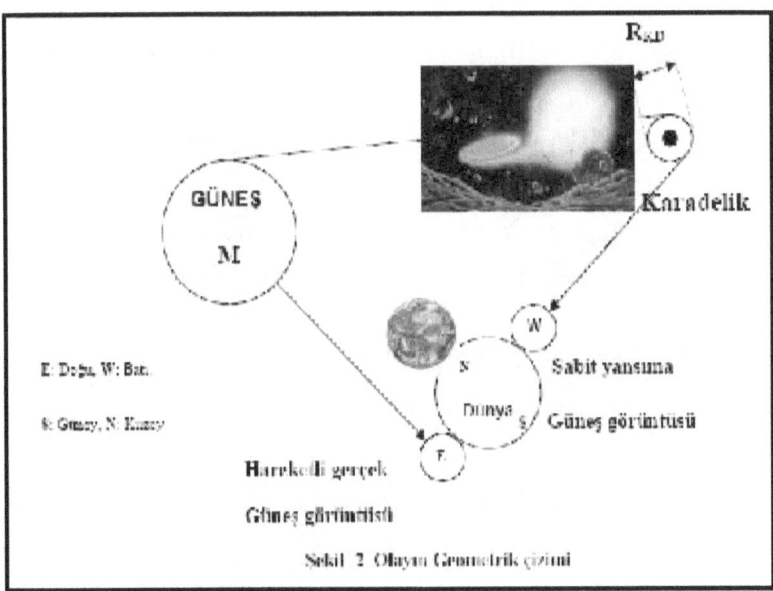

Güneşten çıkan bir ışın demetinin, bir **Karadelik (Corn Hole)** yakınından geçerken geliş doğrultusunda yansıyarak tekrar güneş sistemine dönmesi ve dünyanın batı ufkunda belirerek sabit olarak kalması.

Böyle bir durumda gökyüzünde ikinci bir güneş görüntüsü oluşur ve sanki batı yönünde sabit ve hareket etmeyen ikinci bir güneş daha belirdiği gözlenir. Bu olay, astronomi ve ışığın optik kırılması kuralları çerçevesinde gerçekleşmesi mümkün bir fizik hadisesidir ki açıklamak için karadeliklerin yapısını incelersek ve olayın gerçekleşmesini geometrik çizimlerle tasvir edersek bunu görebiliriz.

Bilindiği gibi karadelikler çok büyük kütleli, çok küçük hacimli, yakınından geçen ışığı dahi yutabilen ve ışık yaymadıkları için gözlemlenemeyen ancak matematiksel olarak varlıkları ispatlanabilen noktalardır. Bir nevî Bekâ Âlemine ve Âhiret menzillerine açılan Gök Kapıları (*Bâbüssemâ*) oldukları Modern Fizik İlmince ispatlanmış *B*'nin noktalarıdır. Kainatın birçok yerinde, özellikle galaksilerin ve Dünya'nın merkezinde de yer alan bu noktalar dev yıldızları ve galaksileri dahi yutabilmektedirler. Fakat Karadeliğin merkezine belli bir mesafe uzaklıktan gelen ışın demetleri yutulmamakta ve yansıyabilmektedir. Yani güneşten 3-4 milyon yıl önce çıkan bir ışın demeti bir karadelikten yansıyarak dünyaya ulaşabilir.

Bunun matematiksel ispatını şöyle yapabiliriz:

"GÜNEŞİN BATIDAN DOĞMASI'NIN"

"MATEMATİKSEL İSBATI"

Bir uçurumdan aşağıya fırlatılan bir taş örneğinde olduğu gibi kütle çekim alanı içinde düşen bir ışın demeti de enerji kazanır ve gittikçe hızlanır. Kütle çekim alanından kurtulabilmek için ışın demetinin *"Kinetik Enerjisi"* adı verilen ilk güneşten çıkma enerjisinin; *"Kütle Çekim Potansiyel Enerjisi"* adı verilen, ışın demetinin kütle çekim alanı içinde düşerken kazanacağı enerjiden; büyük olması gerekir. Kütlesi **M** ve Yarıçapı **R** olan bir karadelikten kurtulma yarıçapını hesaplarsak:

Birim kütleye sahip olan ışın demetinin **GM/R** olarak ifade edilen kütle çekim potansiyel enerjisini $v^2/2$ [**v=c (ışık hızı)**] olarak yazılabilen kinetik enerjisine eşitlersek:

GM/R=c^2/2

R_{KD}=2GM/c^2

Elde edilerek kurtulma yarıçapı bulunmuş olur.

Yani içinden hiçbir şeyin kaçamayacağı Karadelik Yarıçapı budur. Buna *"Schwarzschild"* yarıçapı da denmektedir ve bu yarıçap güneş kütlesine sahip bir cisim için yaklaşık bir buçuk kilometre civarındadır. Yani sonuç olarak şunu diyebiliriz: Güneşten çok uzaktaki bir karadeliğin bir buçuk kilometre yakınından geçen bir güneş ışığı, yansıyarak tekrar dünyaya dönebilir ve bu görüntü sabit olarak orada öylece bekler ve bu da batıdan doğmuş ikinci bir güneş izlenimi verir...

Vesselam..

Allahu a'lem.

En doğrusunu Allah bilir...

19. BÖLÜM (Chapter 19)

DÜNYANIN SON DÖNEMLERİ VE KIYAMETİN KOPMAYA BAŞLAMASI

İNCİL'DEKİ KIYAMET ALÂMETLERİ VE DÜNYANIN SONUNA İLİŞKİN İŞARETLER (VAHİY KİTABINDAKİ KIYAMET İŞARETLERİ) (İ.S. 2000-2160)

Bu ALTINCI ve SON BÜYÜK KIYAMET alametleri zinciri, Kıyamet gerçekliği isimli bu eserimiz boyunca ele aldığımız konular içerisindeki en önemli parçalardan birisi olup, her biri ALTIŞAR İŞARET olan ALTI MESELE ile KIYAMET'in geleceğini, KUR'AN ve İNCİL'deki kıyamete işaret eden en önemli kısımları izah eden ALTI CEVAP ile ilan ve isbat ederek en sonda KIRK MESELE ile verilen cifirsel hesaplamalarla konuya tam bir açıklık getirmeye çalışır.

The Last Judgement (Son Yargı) Triptiği, Cehennem'den detay. (Hieroniymus Bosch, Prado müzesi, Madrid)

İncil'in Vahiy Kitabı bölümünde simgesel bir dille anlatılan, dünyanın sonuna doğru, yani kıyamet yaklaştığında gelişecek önemli olaylara ilişkin yorumları bu bölümde detaylı bir şekilde inceleyeceğiz ve bu incelemenin sonucunda, bu sembolik anlatımlara sahip ifadelerin günümüzde yaşanan bazı önemli olayların gerçekliğine ışık tuttuğunu göreceğiz. Elçi Yuhanna'nın, Vahiy Kitabı'nın girişinde de belirttiğine göre; bu işaretler ve simgesel anlatım İsa Mesih'in bir vahyidir ve son zamanlara doğru, yani Hz. İsa'nın ikinci gelişinden önce ilk kiliselere yapmış olduğu bir uyarı ve ikaz niteliğindedir. Bu yüzden konunun bütünlüğünü görmeye çalışmalı ve çok fazla detaylara girmeden bu sembolik anlatımları bu bağlamda yorumlamalıyız.

Elbette her Peygamber gibi, Hz. İsa da gökyüzüne yükseldikten ve bu dünyadan çekildikten sonra, kendi takipçilerine keşif ve ilham yoluyla bazı önemli işaretler vermiş olduğu düşünülmeli ve bu işaretlerin doğru bir şekilde yorumlanması gerektiğini düşünmeliyiz. İşte bu bölümde detaylı bir şekilde inceleyeceğimiz gibi, Vahiy Kitabı da genel olarak bunu anlatmaya çalışmaktadır. Bütün bu simgesel anlatımları yorumlarken, birer kıyamet işareti olarak algılamalı ve ona göre yorumlamalıyız. Kitabımızın bu bölümünde bu konuya değinecek ve İncilin Vahiy Kitabı bölümündeki bu konu ile ilgili yorumları her biri altışar parça olan ALTI İŞARET altında inceleyeceğiz:

BİRİNCİ İŞARET

İncil'deki Yedi Mühür: Yedi Büyük Savaş Yılı (2000-2010)

Vahiy Kitabı'nda birtakım sembolik anlatımlarla ifade edilen bu yedi mührün mahiyeti ve ne olduğu hakkında açık bir anlatıma rastlanmaz. Fakat bu yedi mühürün Hz. İsa'nın ikinci gelişinden hemen önceki zaman diliminde yaşanacak olan ve insanlığın maruz kalacağı yedi büyük felakete veya kıyametin iyice yaklaştığını gösteren yedi büyük olaya ilişkin birer şifre olduğunu anlıyoruz. Bu mühürlerin açık olarak neyi ifade ettiği son derece kapalı olmakla birlikte, Eski Antlaşma'da günlerin sonuyla ilgili anlatımlar içeren Daniel Kitabı'yla benzeşen ifadeler içermektedir. Daniel AS. Günlerin sonu, yani kıyametin yaklaşmasıyla birlikte ortaya çıkacak olayları simgesel bir dille anlatır ve ayrıca bir kitaptan ve onun mühürlenmesiyle (tamamlanmasıyla) meydana gelecek olan büyük değişimden söz eder. İ.Ö. yaklaşık 600-650 yılları arasında Babil sürgünü sırasında yaşayan Yahudi Peygamberlerinden birisi olan ve Yusuf AS. gibi düş yorumculuğuyla ünlü olan Daniel AS., Allah'ın meleği aracılığıyla kendisine bildirilen bir görümünde, günlerin sonunun yakın olduğunu, bu dönemde çok büyük sıkıntı ve afetlerin yaşanacağını, fakat mühürlenmiş bir kitapta adı yazılı olanların kurtulacağını öngörür:

Zamanın Sonu

"[1]"O zaman senin halkını koruyan büyük önder Mikail görünecek. Ulusun oluşumundan beri hiç görülmemiş bir sıkıntı dönemi olacak. Bu dönemde halkın -adı kitapta yazılı olanlar- kurtulacak. [2]Yeryüzü toprağında uyuyanların birçoğu uyanacak: Kimisi sonsuz yaşama, kimisi utanca ve sonsuz iğrençliğe gönderilecek. [3]Bilgeler gökkubbe gibi, birçoklarını doğruluğa döndürenler yıldızlar gibi sonsuza dek parlayacaklar. [4]Ama sen, ey Daniel, son gelinceye dek bu sözleri sakla, kitabı mühürle. Bilgileri artsın diye birçokları oraya buraya gidecek."

⁵Ben Daniel baktım, biri ırmağın bu kıyısında, öbürü öbür kıyısında duran başka iki varlık gördüm. ⁶İçlerinden biri, ırmağın suları üzerinde duran keten giysili adama, "Bu şaşırtıcı olayların son bulması ne kadar zaman alacak?" diye sordu. ⁷Irmağın suları üzerinde duran keten giysili adamın sağ ve sol elini göğe kaldırarak sonsuza dek Diri Olan'ın adıyla ant içip, "Üç buçuk yıl alacak" dediğini duydum, "Kutsal halkın gücü tümüyle kırılınca, bütün bu olaylar son bulacak."

⁸Adamın söylediklerini duydumsa da anlamadım. Bunun için, "Ey efendim, bunların sonu ne olacak?" diye sordum. ⁹Şöyle yanıtladı: "Sen git, Daniel. Bu sözler son gelinceye dek saklanıp mühürlenecek. ¹⁰Birçokları kendilerini arıtıp temizlenecek, lekesiz duruma gelecek, ama kötüler kötülük etmeyi sürdürecek. Kötülerin hiçbiri anlamayacak, bilgeler anlayacak. ¹¹"Günlük sununun kaldırılıp yıkıcı iğrenç şeyin* (Aynı ifade İncil'de, bu kez Hz. İsa'nın ağzından telaffuz edilir.) konduğu zamandan başlayarak 1290 gün (yaklaşık 3.5 yıl) geçecek. ¹²Bekleyip 1335 güne ulaşana ne mutlu! ¹³"Sana gelince, ey Daniel, son gelinceye dek yoluna devam et. Rahatına kavuşacak ve günlerin sonunda ödülünü almak için uyanacaksın." "

{Daniel, 12:1-13}

İşte, Daniel AS.'ın Eski Ahit'e de giren bu vizyonundan yaklaşık 600 yıl sonra, bu kez Yeni Ahit'in yazarlarından Yuhanna, kitabın en sonuna benzer ifadeleri içeren "mühürlü tomar"ı anlatan kendi vahyini eklemiştir. Bu ifadelerde geçen ve "gökteki tahtın üzerinde oturan boğazlanmış kuzu", ilâhî otorite tarafından göğe alınan Hz. İsa'nın ta kendisidir aslında ve "günlerin sonu"nun yaklaşmasıyla birlikte elinde tuttuğu ve

Allah'ın kendisine verdiği fakat belirli bir tarihe kadar açılmasını yasakladığı "Mühürlü Tomar" ise, bir kıyamet bilgisi veya Hz. İsa'nın ikinci gelişine işaret eden bir diğer önemli olaylar zinciri olması olasılığı oldukça yüksektir.

Yuhanna mektubun devamında, bundan sonra gelişecek olaylar için, "art arda açılacak olan mühürler" tabirini kullanarak; birbiri ardına gerçekleşecek olan ve Daniel AS.'ın da desteklediği diğer bazı işaretlere (3,5 yıl vb. gibi) göre birbirini takip eden yedi yıl içerisinde gelişecek olan önemli olaylara sembolik bir anlatımla işaret eder. Dolayısıyla Yuhanna'ya göre, her mühür açıldıkça bir sonrakini tetikleyecek olan bu süreç, yedinci mühürün açılmasıyla veya aşikâr hale gelmesiyle tamamlanacaktır. Her mührün açılışından sonra, yeryüzü ve gökler, önemli iklimsel şartlara ve astronomik olaylara ve değişimlere tanık olacaktır. Ayrıca tüm bu olayların gerçekleşmesi sırasında büyük bir savaş (Üçüncü dünya savaşının başlangıcı) başlamaktadır. Savaşı başlatan ana etken ise, birinci mührün açılmasıyla birlikte ortaya çıkacak olan ve beyaz ata binmiş olarak zafer kazanmaya giden birisi olarak tasvir edilen Hz. Mehdi ve ona karşı cephe almak üzere ikinci mührün açılmasıyla birlikte ortaya çıkacak olan ve şeytanî güçlere sahip bir insan olarak tasvir edilen Deccal'a barışı kaldırma yetkisinin verilmesi olarak görülmekte ve bunun hemen akabinde ise, dünyada büyük bir ekonomik bir krizin başlamasına işaret eden üçüncü mührün açılmasıyla birlikte dünya, yeni bir karmaşa ve kaos ortamına doğru sürüklenmektedir.

Hemen ardından ise, dördüncü mührün açılmasıyla birlikte, binicisinin ismi ölüm olan soluk renkli bir at olarak simgelenen büyük bir afet dünyada pek çok ölümlere, salgın hastalıklara ve kıtlıklara neden olur. Bu olaylardan sonra ise, beşinci mühür açılır ve insanlar artık feryat etmeye başlayarak kendilerini kurtaracak birisinin, yani Hz. İsa'nın gelmesini temenni etmekten başka çare olmadığını anlarlar. Altıncı mührün açılmasıyla birlikte ise, çok daha büyük felaketler, örneğin büyük depremler, toprak ve kıta kaymaları, büyük ve yıkıcı seller ve tsunamiler dünyayı alt üst eder. Ayrıca gökcisimlerinde de büyük değişimler ve hassas dengelerin bozulmaya başladığını gören insanlık, tamamen karanlıkta kalır. İnsanların büyük bir çoğunluğu dağlara ve mağaralara sığınırlar. Yedinci mühür açıldığında ise, gökyüzünde yarım saat (burada yarım saatten kasıt belki yarım yıl olabilir) sessizlik olur ve yedi melek, hemen akabinde devam edecek olan daha büyük felaketler zincirini ilan etmek için yedi borazanı çalmaya hazırlanır.

İlerde göreceğimiz gibi, bu yedi borazanın çalınmasının hemen akabinde ise, Hz. İsa gökler âleminden, yani rahmet-i ilâhîyenin semasından yeryüzüne indirilir ve böylece insanlık maruz kaldığı felaketlerden bir sürekliğine de olsa kurtulur. İşte Kıyamet süreciyle yakından ilişkisi olan bu yedi yıllık dönemin sonunda ise, tüm bu yaşanan olaylar zincirinin içerisinde, çok daha büyük bir gelişme olacak olan Hz. İsa'nın gökler âleminden yeryüzüne inmesiyle, o güne kadar hiç değişmeyeceği ve sabit olduğu zannedilen göksel güçler sarsılmaya başlayacaktır ve tüm insanlık artık dünya hayatının sona ermek üzere olduğunu ve yeniden dirilişin mümkün olduğunu yakînen anlayacaktır. Vahiy Kitabı'ndaki bu tarihsel sıralama ve dünyadaki yakın zamandaki gelişmeler göz önüne alındığında, açılacak olan bu yedi mührün, (**2000-2010**) yılları arasındaki yedi yıllık bir süreyi kapsadığını söyleyebiliriz. Bu konu, detaylı bir şekilde Vahiy Kitabı'nda şöyle anlatılır:

Mühürlü Tomar (Kitap) ve Kuzu (Hz. İsa)

"¹Tahtta oturanın sağ elinde iki yanı da yazılı, yedi mühürle mühürlenmiş bir tomar gördüm. ²Yüksek sesle, "Tomarı açmaya, mühürlerini çözmeye kim layıktır?" diye seslenen güçlü bir melek de gördüm. ³Ama ne gökte, ne yeryüzünde, ne de yeraltında tomarı açıp içine bakabilecek kimse yoktu. ⁴Acı acı ağlamaya başladım. Çünkü tomarı açıp içine bakmaya layık kimse bulunamadı. ⁵Bunun üzerine ihtiyarlardan biri bana, "Ağlama!" dedi. "İşte, Yahuda oymağından gelen Aslan (Burada, 'Aslan'dan kasıt Hz. İsa'dır. Dolayısıyla bu âyet, Hz. İsa'nın Aslan Burcu'nda doğduğuna bir işaret olabilir.), Davut'un Kökü galip geldi. Tomarı ve yedi mührünü O açacak." ⁶Tahtın, dört yaratığın ve ihtiyarların ortasında, boğazlanmış gibi duran bir Kuzu gördüm. Yedi boynuzu, yedi gözü vardı. Bunlar Tanrı'nın bütün dünyaya gönderilmiş yedi ruhudur.

⁷Kuzu gelip tahtta oturanın sağ elinden tomarı aldı. ⁸Tomarı alınca, dört yaratıkla yirmi dört ihtiyar O'nun önünde yere kapandılar. Her birinin elinde birer lir ve kutsalların duaları olan buhur dolu altın taslar vardı. ⁹Yeni bir ezgi söylüyorlardı: "Tomarı almaya, Mühürlerini açmaya layıksın! Çünkü boğazlandın Ve kanınla her oymaktan, her dilden, Her halktan, her ulustan İnsanları Allah'a satın aldın (iman ettirdin). ¹⁰Onları Allah'ın hizmetinde Bir krallık haline getirdin, Kâhinler* (Din âlimleri) yaptın. Dünya üzerinde egemenlik sürecekler." ¹¹Sonra tahtın, yaratıkların ve ihtiyarların çevresinde çok sayıda melek gördüm, seslerini işittim. Sayıları binlerce binler, onbinlerce onbinlerdi. ¹²Yüksek sesle şöyle diyorlardı: "Boğazlanmış Kuzu Gücü, zenginliği, bilgeliği, kudreti, Saygıyı, yüceliği, övgüyü Almaya layıktır." ¹³Ardından gökte, yeryüzünde, yeraltında ve denizlerdeki bütün yaratıkların, bunlardaki bütün varlıkların

şöyle dediğini işittim: "Övgü, saygı, yücelik ve güç sonsuzlara dek Tahtta oturanın ve Kuzu'nun olsun!" [14]Dört yaratık, "Amin" dediler. İhtiyarlar da yere kapanıp tapındılar."

{Vahiy, 5:1-14}

Yedi Mühür

"[1]Sonra Kuzu'nun yedi mühürden birini açtığını gördüm. O anda dört yaratıktan birinin, gök gürültüsüne benzer bir sesle, "Gel!" dediğini işittim. [2]Bakınca beyaz bir at gördüm. Binicisinin yayı vardı. Kendisine bir taç verildi ve galip gelen biri olarak zafer kazanmaya çıktı.

[3]Kuzu ikinci mührü açınca, ikinci yaratığın "Gel!" dediğini işittim. [4]O zaman kızıl renkte başka bir at çıktı ortaya. Binicisine dünyadan barışı kaldırma yetkisi verildi. Bunun sonucu olarak insanlar birbirlerini boğazlayacaklar. Atlıya ayrıca büyük bir kılıç verildi.

[5]Kuzu üçüncü mührü açınca, üçüncü yaratığın "Gel!" dediğini işittim. Bakınca siyah bir at gördüm. Binicisinin elinde bir terazi vardı. [6]Dört yaratığın ortasında sanki bir sesin şöyle dediğini işittim: "Bir ölçek buğday bir dinara, üç ölçek arpa bir dinara. Ama zeytinyağına, şaraba zarar verme!"

[7]Kuzu dördüncü mührü açınca, "Gel!" diyen dördüncü yaratığın sesini işittim. [8]Bakınca soluk renkli bir at gördüm. Binicisinin adı Ölüm'dü. Ölüler diyarı onun ardınca geliyordu. Bunlara kılıçla, kıtlıkla, salgın hastalıkla, yeryüzünün yabanıl hayvanlarıyla ölüm saçmak için yeryüzünün dörtte biri üzerinde yetki verildi. [9]Kuzu beşinci mührü açınca, sunağın altında,

Allah'ın sözü ve sürdürdükleri tanıklık nedeniyle öldürülenlerin canlarını gördüm. [10]Yüksek sesle feryat ederek şöyle diyorlardı: "Kutsal ve gerçek olan Efendimiz! Yeryüzünde yaşayanları yargılayıp onlardan kanımızın öcünü almak için daha ne kadar bekleyeceksin?" [11]Onların her birine beyaz birer kaftan verildi. Kendileri gibi öldürülecek olan öbür kulların ve kardeşlerinin sayısı tamamlanıncaya dek kısa bir süre daha beklemeleri istendi.

[12]Kuzu altıncı mührü açınca, büyük bir deprem olduğunu gördüm. Güneş keçi kılından yapılmış siyah bir çul gibi karardı. Ay baştan aşağı kan rengine döndü. [13]İncir ağacı, güçlü bir rüzgarla sarsıldığında nasıl ham incirlerini dökerse, gökteki yıldızlar da öylece yeryüzüne düştü. [14]Gökyüzü dürülen bir tomar gibi ortadan kalktı. Her dağ, her ada yerinden sökülüp alındı. [15]Dünya kralları, büyükleri, komutanları, zenginleri, güçlüleri, özgürü kölesi herkes mağaralara, dağlardaki kayaların arasına gizlendiler. [16]Dağlara, kayalara, "Üzerimize düşün!" dediler, "Tahtta oturanın yüzünden ve Kuzu'nun gazabından saklayın bizi! [17]Çünkü onların gazabının büyük günü geldi. Buna kim dayanabilir?" "

{Vahiy, 6:1-17}

Yedinci Mühür ve Altın Buhurdan

"[1]Kuzu yedinci mührü açınca, gökte yarım saat kadar sessizlik oldu. [2]Allah'ın önünde duran yedi meleği gördüm. Onlara yedi borazan verildi. [3]Altın bir buhurdan taşıyan başka bir melek gelip sunağın önünde durdu. Tahtın önündeki altın sunakta bütün kutsalların dualarıyla birlikte sunmak üzere kendisine çok miktarda buhur verildi. [4]Kutsalların dualarıyla buhurun dumanı,

Allah'ın önünde meleğin elinden yükseldi. ⁵Melek buhurdanı aldı, sunağın ateşiyle doldurup yeryüzüne attı. Gök gürlemeleri, uğultular işitildi, şimşekler çaktı, yer sarsıldı."

{Vahiy, 8:1-5}

İKİNCİ İŞARET

İncil'deki Yedi Borazan: Yedi Büyük Afet veya Kıtlık Yılı (2010-2020)

Vahiy Kitabı'nda bahsi geçen ve sembolik olarak birbiri ardına çalınacak olan yedi borazan, simgesel olarak art arda gelen yıllarda, yedi mührün açılmasından sonra gerçekleşecek olan YEDİ BÜYÜK FELAKETİ veya dünyanın başına gelecek olan KITLIĞI simgesel ve sembolik bir anlatımla tasvir eder. Şimdi bu bu sembolik işaretlerin, ne anlama geldiklerini çözmeye çalışacağız. Öncelikle bu yedi borazan, önceki dönemlere göre kıyaslandığında, çok daha büyük afetlere neden olur. Bu dönemde, gökyüzünden gelen afetlerle ve bu afetlerin tetiklediği depremlerin etkisiyle yeryüzünde meydana gelen yıkımlar ve sel taşkınlarıyla birlikte tüm dünya, kıtalar, denizler ve özellikle kıyı şeridindeki kentler yeniden şekillenir. Tüm insanlık yedi yıllık büyük bir sıkıntı ve afet dönemine girer.

Yedi mührün tamamlandığı tarih, yani 2010'dan hemen sonra, yani 2011-2012 yıllarına doğru başlayacak olan bu felaketler zinciri, her yıl ardı ardına meydana gelen salgın hastalıklar, açlık, toplu ölümler, yerden çıkıp insana musallat olacak olan ve tedavisi imkansız olan bir nevî hayvan türünün neden olduğu hastalıklar ve doğal afetler gibi olaylarla ve büyük sorunlarla kendini hissettirecek ve kıyametin daha da çok yaklaştığının bir işareti olacaktır.

İşte bu dönemin içerisinde, Hz. Mehdi ve Deccal arasındaki devam eden üçüncü dünya savaşının hazırlık aşaması tamamlanacaktır. Dolayısıyla savaş hemen başlamayacak, doğal afetler ve ekonomik buhranların sebep olduğu kıtlıklar sebebiyle, savaş bir süre ertelenecek ve 2020 yılından sonraki bir dönemde başlayacaktır. Şimdilik bu kadar ilerki döneme ait bir gelecek tablosu kestirilemeyeceği için, bu savaşın detaylarına girmeyeceğiz. Yalnız şu kadarını söyleyebiliriz ki, Hz. İsa, bu savaşı Hz. Mehdi'nin kazanmak üzere olduğu bir sırada yeryüzüne inecektir. Bazı sahih hadislerde bu yönde işaretler bulunmaktadır. Şimdi Vahiy Kitabı'nda çalınacak olan bu yedi borazanla simgelenen ve cifrî işaretlere göre (**2010-2020**) yılları arasındaki yedi yıllık bir süreç içerisinde gerçekleşecek olan bu yedi büyük felaketi inceleyelim:

Yedi Borazan

"[6]Yedi melek ellerindeki yedi borazanı çalmaya hazırlandı.

[7]Birinci melek borazanını çaldı. Kanla karışık dolu ve ateş oluştu, yeryüzüne yağdı. Yerin üçte biri, ağaçların üçte biri ve bütün yeşil otlar yandı.

[8]İkinci melek borazanını çaldı. Alev alev yanan, dağ gibi büyük bir kütle (Bir meteora veya büyük bir gökcismine işaret ediyor olabilir) denize atıldı. Denizin üçte biri kana dönüştü. [9]Denizdeki yaratıkların üçte biri öldü, gemilerin üçte biri yok oldu.

¹⁰Üçüncü melek borazanını çaldı. Gökten meşale gibi yanan büyük bir yıldız (Bir kuyrukluyıldıza işaret ediyor olabilir) ırmakların üçte biri üzerine ve su pınarlarının üzerine düştü. ¹¹Bu yıldızın adı Pelin'dir. Suların üçte biri pelin gibi acılaştı. Acılaşan sulardan içen birçok insan öldü.

¹²Dördüncü melek borazanını çaldı. Güneşin üçte biri, ayın üçte biri, yıldızların üçte biri vuruldu (Atmosferin kararmasıyla birlikte, dünyaya gelen ışığın azalmasına işaret ediyor olabilir). Sonuç olarak ışıklarının üçte biri söndü, gündüzün ve gecenin üçte biri ışıksız kaldı. ¹³Sonra göğün ortasında uçan bir kartal gördüm. Yüksek sesle şöyle bağırdığını işittim: "Borazanlarını çalacak olan öbür üç meleğin borazan seslerinden yeryüzünde yaşayanların vay, vay, vay haline!" "

{Vahiy, 8:6-13}

"¹Beşinci melek borazanını çaldı. Gökten yere düşmüş bir yıldız (Deccal'ın ortaya çıkacağına işaret eden kuyrukluyıldız olabilir, çünkü böyle üçlü bir kuyrukluyıldızın bir benzeri 2006 yılında tespit edilmiştir) gördüm. Dipsiz derinliklere açılan kuyunun (Şeytanın tahtının, çünkü bir rivayete göre şeytanın tahtı denizin dipsiz derinliklerindedir ve ayrıca Deccal'ın denizin ortasında bulunan bir adada doğacağı da rivayet edilmiştir) anahtarı (yetkisi) ona verildi. ²Dipsiz derinliklerin kuyusunu açınca, kuyudan büyük bir ocağın dumanı gibi bir duman çıktı. Kuyunun dumanından güneş ve hava karardı (Burada kuyu, nükleer veya kimyasal bir silaha da işaret ediyor olabilir; ayrıca burada geçen duman, bu silahın güneş ışığını ve havayı etkilediği şeklinde de yorumlanabilir). ³Dumanın içinden yeryüzüne çekirgeler yağdı.

Bunlara yeryüzündeki akreplerin gücüne benzer bir güç verilmişti. ⁴Çekirgelere yeryüzündeki otlara, herhangi bir bitki ya da ağaca değil de, yalnız alınlarında Allah'ın mührü bulunmayan insanlara zarar vermeleri söylendi. ⁵Bu insanları öldürmelerine değil, beş ay süreyle işkence etmelerine izin verildi. Yaptıkları işkence akrebin insanı soktuğu zaman verdiği acıya benziyordu.

⁶O günlerde insanlar ölümü arayacak, ama bulamayacaklar. Ölümü özleyecekler, ama ölüm onlardan kaçacak. ⁷Çekirgelerin görünümü, savaşa hazırlanmış atlara benziyordu (Buradaki çekirge ifadesi, bir tank veya başka bir zırhlı araca işaret ediyor olabilir). Başlarında altın taçlara benzer başlıklar vardı. Yüzleri insan yüzleri gibiydi. ⁸Saçları kadın saçına, dişleri aslan dişine benziyordu. ⁹Demir zırhlara benzer göğüs zırhları vardı. Kanatlarının sesi savaşa koşan çok sayıda atlı arabanın sesine benziyordu. ¹⁰Akrebinkine benzer kuyrukları ve iğneleri vardı. Kuyruklarında, insanlara beş ay zarar verecek güce sahiptiler. ¹¹Başlarında kral olarak dipsiz derinliklerin meleği (yani şeytana işaret ediyor) vardı. Bu meleğin İbranice* adı Avaddon*, Grekçe* adıysa Apolyon*'dur (Her iki kelimenin de anlamı, 'mahvedici' olup, şeytanın antik dönemdeki isimlerinden birisine tekabül eder). ¹²Birinci "vay" geçti, işte bundan sonra iki "vay" daha geliyor.

¹³Altıncı melek borazanını çaldı. Allah'ın huzurundaki altın sunağın dört boynuzundan gelen bir ses işittim. ¹⁴Ses, elinde borazan olan altıncı meleğe, "Büyük Fırat Irmağı'nın yanında bağlı duran dört meleği çöz" dedi. ¹⁵Tam o saat, o gün, o ay, o yıl için hazır tutulan dört melek, insanların üçte birini öldürmek üzere çözüldü (Burada dört büyük meleğin çözülmesiyle birlikte, üçüncü dünya savaşı'nın başlamasına işaret ediyor olabilir). ¹⁶Atlı ordularının sayısı iki yüz milyondu, sayılarını duydum.

¹⁷Görümümde atları ve binicilerini gördüm. Ateş, gökyakut ve kükürt renginde göğüs zırhları kuşanmışlardı. Atların başları aslan başına benziyordu. Ağızlarından ateş, duman, kükürt fışkırıyordu (Nükleer füzelere veya silahlara işaret ediyor olabilir). ¹⁸İnsanların üçte biri bunların ağzından fışkıran ateş, duman ve kükürtten, bu üç beladan öldü. ¹⁹Atların gücü ağızlarında ve kuyruklarındadır. Yılanı andıran kuyruklarının başıyla zarar verirler (Nükleer başlıklara işaret ediyor olabilir). ²⁰Geriye kalan insanlar, yani bu belalardan ölmemiş olanlar, kendi elleriyle yaptıkları putlardan dönüp tövbe etmediler. Cinlere ve göremeyen, işitemeyen, yürüyemeyen altın, gümüş, tunç, taş, tahta putlara tapmaktan vazgeçmediler. ²¹Adam öldürmekten, büyü, fuhuş, hırsızlık yapmaktan da tövbe etmediler."

{Vahiy, 9:1-21}

Yedinci Borazan

"¹⁵Yedinci melek borazanını çaldı. Gökte yüksek sesler duyuldu: "Dünyanın egemenliği Rabbimiz'in ve Mesihi'nin oldu. O sonsuzlara dek egemenlik sürecek." ¹⁶⁻¹⁷Allah'ın önündeki tahtlarında oturan yirmi dört ihtiyar yüzüstü yere kapandı. Allah'a taparak şöyle dediler: "Her Şeye Gücü Yeten, Var olan, var olmuş olan Rab! Sana şükrediyoruz. Çünkü büyük gücünü kuşanıp Egemenlik sürmeye başladın. ¹⁸Uluslar gazaba gelmişlerdi. Şimdiyse senin gazabın üzerlerine geldi. Ölüleri yargılamak, Kulların olan peygamberleri, kutsalları, Küçük olsun büyük olsun, Senin adından korkanları ödüllendirmek Ve yeryüzünü mahvedenleri mahvetmek zamanı da geldi." ¹⁹Ardından Allah'ın gökteki tapınağı açıldı, tapınakta O'nun

Antlaşma Sandığı* (Hz. Musa'ya verilen Ahit Sandığı) göründü. O anda şimşekler çaktı, uğultular, gök gürlemeleri işitildi. Yer sarsıldı, şiddetli bir dolu fırtınası koptu.."

{Vahiy, 11:15-19}

ÜÇÜNCÜ İŞARET

İncil'deki Yedi Bela ve Yedi Tas: Yedi Büyük Ceza veya Fitne Yılı(2020-2030)

Vahiy Kitabı'nda bahsi geçen bu yedi bela ve yedi tas, sembolik olarak her biri aynen yedi mührün açılması ve yedi borazanın çalınması gibi, 2020 yılından 2036 yılına, yani Hz. İsa'nın ikinci kez geleceği döneme kadar olan süreç içerisindeki 14 yıllık bir süre içerisindeki 7'şer yıllık iki fitne ve karmaşa dönemine işaret etmektedir. Bu fitne ve bela dönemindeki olaylar başlıklar halinde verilip ayrıntısına girilmezken, genel olarak dünya çapında gerçekleşecek olan bu büyük olaylar yedi başlık altında aşağıdaki gibi özetlenebilir:

1- Deccal'a ve Ye'cüc ve Me'cüc'e tabi olanların ölümü,

2- Denizdeki canlıların ölümü,

3- Irmak ve Nehirlerdeki canlıların ölümü,

4- Güneş ışığının azalması ve kararması,

5- Kudüs'ün üçe bölünmesi,

6- Gökyüzünden iri dolu tanelerinin yağması,

7- Bütün adaların ve kıyı kesimleri ile alçak kara parçalarının suyla kaplanması ve bunun sonucunda dünyanın yavaş yavaş suyla kaplanarak canlı hayatının ve buna bağlı olarak insanlığın sonunun gelmeye başlaması.

Tüm bu olaylar gerçekleştikten sonra ve Ye'cüc ve Me'cüc ile İblis'i öldürdükten sonra yaklaşık 2060 yılı dolaylarında Hz. İsa da vefat edecektir. Dünyanın tekrar bir bozulmaya doğru gideceği ve fitnelerin yeniden başlayacağı bu dönem içerisinde ise, dünya hayatında ve yaşamakta hayır kalmayacak ve son iki büyük kıyamet alameti olan Dabbet-ül Arz'ın çıkışı ve hemen ardından Güneşin Batıdan Doğması hadiseleri vuku bulacak fakat kıyamet hemen kopmayacaktır. İşte bu olaylardan sonra ise, ortaya çıkacak olan daha büyük fitne ve felaketlerle dünyanın ve insanlığın sonu hızla yaklaşacaktır.

Hz. İsa'nın ölümünden sonra, başka bir müceddid gelmeyeceği için ve insanlık bir mürşid-i kamil vasıtasıyla Allah'ı tanıdığı için, bu kuralın bozulmasıyla birlikte Kur'ân'ın hablullah-il metin olan nuranî ipleri çözülerek Kitap ve Hikmet yeryüzünden silinecek ve bunun sonucunda da tüm insanlık küfrü mutlaka düşerek (Aşırı materyalizasyon ve makineleşmenin de aşırı derecede ilerlemesi sonucu) daha Allah'ı ve Kitab'ı tanımayacak bir hale gelerek kendi sonunu, yani kıyameti hızlandıracaktır. Yani Hz. İsa'nın vefatından sonra insanlık, yaklaşık bir 100 sene daha devam edecek ve bu sürenin sonunda Nuh Tufanına benzer bir büyük afetle tüm insanlık Allah tarafından yok edilecektir. İşte bu olay da tüm insanlığın kıyameti olacaktır. Bu olaydan yaklaşık bir 60 sene sonra da dünya ve kainatın büyük ölçekli kıyameti kopacak ve böylece dünya hayatı sona ermiş olacaktır.

Dolayısıyla böylece "Kıyamet kafirlerin üzerine kopar" hadis-i şerifi gerçekleşmiş olur. Tabi bu durum, Âhirzaman Peygamberi olan Muhammed AS.'ın, bu konuda bildirdiği yüzlerce harika ihbâr-ı gaybî nevinden haberleri doğrulamış olur ve herkese de "Sadakte yâ Rasûlallah", yani "Sen doğruyu söylemişsin ey Allah'ın Elçi'si..!" dedirtecektir.

Bu elde ettiğimiz cifirsel tarihlere göre, insanlığın Hz. Âdem'in yaratılışından kıyamete kadar, yani İ.Ö. 5500 yılından İ.S. 2100 yılına kadarki **7600** yıllık bir ömrü olduğunu ve Hz. Âdem'den Hz. İsa'nın ikinci gelişine kadar ortalama ömrü 66 yıl olan 112 kuşak geçtiğini göz önüne alırsak ve Hz. İsa'nın ölümünden, yani İ.S. 2060 yılından insanlığın sonu olan 2160 yılına kadar da ortalama 50 yıllık bir ömüre sahip olan 2 kuşak geçtiğini varsayarsak (yani Hz. Âdem'in yaratılışından Kıyamet'e kadar **114** kuşak geçtiğini düşünürsek); insanlığın toplam ömrü ve geçmiş kuşak sayısını ele alarak tüm insanlığın ortalama ömrünü hesaplayalım:

Bulduğumuz sonuç, Allah'ın ebced hesabındaki değerini ve küsuratı Kur'ân'ın âyet sayısını veren ilginç bir sayı çıkacaktır:

7600/114=66.6666

olarak bulunur.

Dolayısıyla, buradan Kur'ân'ın bir başka cifrî ve matematiksel mu'cizesini daha çıkartmış oluruz. Yani tüm insanlık tarihi boyunca, bir insanın ortalama yaşama ömrü bu elde ettiğimiz mükemmel sayı tarafından belirlenir.

Bu da insanların, Kaos ve Evrim Teorilerinin desteklediği gibi maymundan türeyerek geldiği ve evrimleşerek geliştiği gibi tüm ateist felsefeleri, matematik lisanıyla geçersiz kılmakta ve insanı Allah'ın yarattığını matematik lisanıyla ilan ve isbat etmektedir. Elbette ki bunun tesadüf olması düşünülemez; bilakis tüm insanları ve kainatı, Allah'ın yarattığını ve O'nun insanlık tarihine vurduğu Damgayı, İmzayı ve Sikke-i Tasdik-i Gaybî'yi bilmüşahede gösterir..

İşte yukarıda başlıklar halinde verdiğimiz bu gelişmeleri Vahiy Kitabı yine sembolik bir dille şu şekilde anlatmaktadır:

Yedi Melek ve Yedi Bela

"[1]Gökte büyük ve şaşılası başka bir belirti gördüm: Son yedi belayı taşıyan yedi melekti. Çünkü Allah'ın öfkesi bu belalarla son buluyordu. [2]Ateşle karışık camdan deniz gibi bir şey (Bir LCD ekran benzeri şeffaf bir cisme, İNTERNET'e işaret ediyor olabilir) gördüm. Canavara, heykeline ve adını simgeleyen sayıya karşı zafer kazananlar, ellerinde Allah'ın verdiği lirlerle cam denizin üzerinde durmuşlardı. [3-4]Allah'ın kulu Musa'nın ve Kuzu'nun (Hz. İsa) ezgisini söylüyorlardı: "Her Şeye Gücü Yeten Rab, Senin işlerin büyük ve şaşılası işlerdir. Ey ulusların kralı, Senin yolların doğru ve adildir. Ya Rab, senden kim korkmaz, Adını kim yüceltmez? Çünkü kutsal olan yalnız sensin. Bütün uluslar gelip sana tapınacaklar. Çünkü adil işlerin açıkça görüldü."

[5]Bundan sonra gökteki tapınağın, yani Tanıklık Çadırı'nın açıldığını gördüm. [6]Yedi belayı taşıyan yedi melek temiz, parlak keten giysiler giymiş, göğüslerine altın kuşaklar sarınmış olarak tapınaktan çıktı. [7]Dört yaratıktan biri yedi meleğe, sonsuzluklar boyunca yaşayan Allah'ın öfkesiyle dolu yedi altın tas verdi.

⁸Tapınak Allah'ın yüceliğinden ve gücünden ötürü dumanla doldu. Yedi meleğin yedi belası sona erinceye dek kimse tapınağa giremedi."

{Vahiy, 15:1-8}

Allah'ın Öfkesi ve Yedi Tas

"¹Sonra tapınaktan yükselen gür bir sesin yedi meleğe, "Gidin, Allah'ın öfkesiyle dolu yedi tası yeryüzüne boşaltın!" dediğini işittim.

²Birinci melek gidip tasını yeryüzüne boşalttı. Canavarın işaretini taşıyıp heykeline tapanların üzerinde acı veren iğrenç yaralar oluştu.

³İkinci melek tasını denize boşalttı. Deniz ölü kanına benzer kana dönüştü, içindeki bütün canlılar öldü.

⁴Üçüncü melek tasını ırmaklara, su pınarlarına boşalttı; bunlar da kana dönüştü. ⁵Sulardan sorumlu meleğin şöyle dediğini işittim: "Var olan, var olmuş olan kutsal Allah! Bu yargılarında adilsin. ⁶Kutsalların ve peygamberlerin kanını döktükleri için, İçecek olarak sen de onlara kan verdin. Bunu hak ettiler." ⁷Sunaktan gelen bir sesin, "Evet, Her Şeye Gücü Yeten Rab, Yargıların doğru ve adildir" dediğini işittim.

⁸Dördüncü melek tasını güneşe boşalttı. Bununla güneşe insanları yakma gücü verildi. ⁹İnsanlar korkunç bir ısıyla kavruldular. Tövbe edip bu belalara egemen olan Allah'ı yücelteceklerine, O'na hakaret ettiler.

¹⁰Beşinci melek tasını canavarın tahtına boşalttı. Canavarın egemenliği karanlığa gömüldü. İnsanlar ıstıraptan dillerini ısırdılar. ¹¹Istırap ve yaralarından ötürü Allah'a hakaret ettiler. Yaptıklarından tövbe etmediler.

¹²Altıncı melek tasını büyük Fırat Irmağı'na boşalttı. Gündoğusundan gelen kralların yolu açılsın diye ırmağın suları kurudu. ¹³Bundan sonra ejderhanın ağzından, canavarın ağzından ve sahte peygamberin ağzından kurbağaya benzer üç kötü ruhun (Üç büyük fitneye işaret ediyor) çıktığını gördüm. ¹⁴Bunlar doğaüstü belirtiler gerçekleştiren cinlerin ruhlarıdır. Her Şeye Gücü Yeten Allah'ın büyük gününde olacak savaş için bütün dünyanın krallarını toplamaya gidiyorlar. ¹⁵"İşte hırsız gibi geliyorum! Çıplak dolaşmamak ve utanç içinde kalmamak için uyanık durup giysilerini üstünde bulundurana ne mutlu!" ¹⁶Üç kötü ruh, kralları İbranice* Armagedon (Hadislere göre, son büyük dünya savaşı olan Üçüncü Dünya Savaşının yapılacağı yer) denilen yere topladılar.

¹⁷Yedinci melek tasını havaya boşalttı. Tapınaktaki tahttan yükselen gür bir ses, "Tamam!" dedi. ¹⁸O anda şimşekler çaktı, uğultular, gök gürlemeleri işitildi. Öyle büyük bir deprem oldu ki, yeryüzünde insan oldu olalı bu kadar büyük bir deprem olmamıştı. ¹⁹Büyük kent (Kudüs) üçe bölündü. Ulusların kentleri yerle bir oldu. Allah büyük Babil'i anımsadı, ona ateşli gazabının şarabını içeren kâseyi verdi. ²⁰Bütün adalar ortadan kalktı, dağlar yok oldu. ²¹İnsanların üzerine gökten tanesi yaklaşık kırk kilo ağırlığında iri dolu yağdı. Dolu belası öyle korkunçtu ki, insanlar bu yüzden Allah'a hakaret ettiler.."

{Vahiy, 16:1-21}

DÖRDÜNCÜ İŞARET

İncil'deki Yedi Başlı Ejderha: İblis veya Şeytan'ın Sonu (2030-2040)

Vahiy Kitabı'nda bahsi geçen bu yedi başlı ejderha, sembolik bir yaratık olup, şeytanı tasvir etmek için kullanılmıştır. Bilindiği gibi, Hz. İsa'nın ilk gelişinden önce Şeytan'a yedi kat göğün tüm katmanları serbestti. Oraya serbestçe girip çıkabiliyor ve ayrıca bazı gayb haberlerini de alıyordu. Fakat Hz. İsa'nın doğumuyla birlikte, bu yedi katmandan üçü yasaklanarak 4. kat göğe hapsedildi. Daha sonra ise, Hz. Muhammed'in gelişiyle birlikte diğer üç kat gök de yasaklandı ve İblis sadece 1. kat göğe çıkma yetkisine sahip olarak oraya hapsedildi. Bazı sahih rivayetlere göre ise, Hz. İsa'nın ikinci gelişinden hemen önce, İblis'e bu birinci kat gök de yasaklanacak ve dünyanın derinliklerindeki bulunan dipsiz bir kuyuya atılarak hapsedilecektir.

Dolayısıyla Hz. İsa'nın ilk gelişi ve ikinci gelişi arasındaki iki bin yıllık süreç içerisinde İblis, çıkma yetkisi bulunan yedinci kat gökten dünyanın derinliklerine hapsedilme noktasına gelerek adeta sükût etmiş olmaktadır. Fakat İblis bu sükût döneminde sahip olduğu kötülük yapma ve yayma yetkisini, insan suretine girmiş kendi taifesinden birisine, yani Deccal'a devreder. Adeta İblis'in oğlu olan bu kişi, bu kez onun yerine geçip, Salih insanlara zarar verir ve tüm insanlığı bir savaş ve kaos ortamına sürükler. İşte Yuhanna, Vahiy Kitabı'nın bu kısmında bu konuya değinerek, Ejderha adını verdiği İblis'in dünya semasından denizin dipsiz derinliklerine atılarak hapsedilmesini simgesel bir dille anlatmaktadır.

Dolayısıyla Şeytan'ın bu tutsaklığı, Hz. Mehdi'nin gelişiyle başlar ve onun yönetimindeki yaklaşık elli yıllık bir altınçağ dönemi boyunca devam ederek, Hz. İsa'nın ikinci gelişiyle birlikte devam eder. Bu sürenin sonunda, yani Ye'cüc ve Me'cüc'ün ortaya çıkışına denk gelen bir döneme doğru, İblis tutsak olduğu yerden yeniden salıverilir fakat bu kez ömrü çok azalmıştır ve Hz. İsa'nın eliyle öldürülerek ateş ve kükürt gölünden oluşan Cehennem'e atılanların ilki olur.. Bu konu, Vahiy Kitabı'nda şöyle anlatılır:

Kadın ve Ejderha

"[1]Gökte olağanüstü bir belirti, güneşe sarınmış bir kadın göründü. Ay ayaklarının altındaydı, başında oniki yıldızdan oluşan bir taç vardı. [2]Kadın gebeydi. Doğum sancıları içinde kıvranıyor, feryat ediyordu. [3]Ardından gökte başka bir belirti göründü: Yedi başlı, on boynuzlu, kızıl renkli büyük bir ejderhaydı bu. Yedi başında yedi taç vardı. [4]Kuyruğuyla gökteki yıldızların üçte birini sürükleyip yeryüzüne attı. Sonra doğum yapmak üzere olan kadının önünde durdu; kadın doğurur doğurmaz Ejderha çocuğu yutacaktı. [5]Kadın bir oğul, bütün ulusları demir çomakla güdecek bir erkek çocuk doğurdu. Çocuk hemen alınıp Allah'a, Allah'ın tahtına götürüldü. [6]Kadınsa çöle kaçtı. Orada bin iki yüz altmış gün (yaklaşık 3,5 yıl) beslenmesi için Allah tarafından hazırlanmış bir yeri vardı.

[7-8]Gökte savaş oldu. Mikail'le melekleri ejderhayla savaştılar. Ejderha kendi melekleriyle birlikte karşı koydu, ama gücü yetmedi. Bu yüzden gökteki yerlerini yitirdiler. [9]Büyük ejderha - İblis ya da Şeytan denen, bütün dünyayı saptıran o eski yılan- melekleriyle birlikte yeryüzüne atıldı. [10]Bundan sonra gökte yüksek bir sesin şöyle dediğini duydum: "Rab'bimizin kurtarışı, gücü, egemenliği Ve Mesihi'nin yetkisi şimdi gerçekleşti. Çünkü

kardeşlerimizin suçlayıcısı, Onları Rab'bin önünde gece gündüz suçlayan Aşağı atıldı. ¹¹Kardeşlerimiz Kuzu'nun kanıyla Ve ettikleri tanıklık bildirisiyle Onu yendiler. Ölümü göze alacak kadar Vaz geçmişlerdi can sevgisinden. ¹²Bunun için, ey gökler ve orada yaşayanlar, Sevinin! Vay halinize, yer ve deniz! Çünkü İblis zamanının az olduğunu bilerek Büyük bir öfkeyle üzerinize indi."

¹³Ejderha yeryüzüne atıldığını görünce, erkek çocuğu doğuran kadını kovalamaya başladı. ¹⁴Yılanın önünden çöle, üç buçuk yıl besleneceği yere uçup kaçabilmesi için kadına büyük kartal kanatları verildi. ¹⁵Yılan ağzından, kadını selle süpürüp götürmek için onun ardından ırmak gibi su akıttı. ¹⁶Ama yeryüzü, ağzını açıp ejderhanın ağzından akıttığı ırmağı yutarak kadına yardım etti. ¹⁷Bunun üzerine ejderha kadına öfkelendi. Kadının soyundan geriye kalanlarla, Allah'ın buyruklarını yerine getirip İsa'ya tanıklıklarını sürdürenlerle savaşmaya gitti. ¹⁸Denizin kıyısında dikilip durdu."

{Vahiy, 12:1-18}

Bin Yıl (Elli Yıl)

"¹Sonra bir meleğin gökten indiğini gördüm. Elinde dipsiz derinliklerin anahtarı ve büyük bir zincir vardı. ²Melek ejderhayı -İblis ya da Şeytan denen o eski yılanı- yakalayıp bin (elli) yıl için bağladı. ³Bin yıl tamamlanıncaya dek ulusları bir daha saptırmasın diye onu dipsiz derinliklere attı, oraya kapayıp girişi mühürledi. Bin yıl (elli yıl) geçtikten sonra kısa bir süre için serbest bırakılması gerekiyor.

⁴Bazı tahtlar ve bunlara oturanları gördüm. Onlara yargılama yetkisi verilmişti. İsa'ya tanıklık ve Allah'ın sözü uğruna başı kesilenlerin canlarını da gördüm. Bunlar, canavara (Deccal'a işaret ediyor) ve heykeline (Deccal'ın resmine veya işaretine ve bu işaretin bulunduğu nesnelere işaret ediyor) tapmamış, alınlarına ve ellerine onun işaretini almamış olanlardı. Hepsi dirilip Mesih'le birlikte bin yıl (yaklaşık elli yıl) egemenlik sürdüler. ⁵İlk diriliş budur. Ölülerin geri kalanı bin yıl tamamlanmadan dirilmedi. ⁶İlk dirilişe dahil olanlar mutlu ve kutsaldır. İkinci ölümün bunların üzerinde yetkisi yoktur. Onlar Allah'ın ve Mesih'in kâhinleri* (Hz. İsa'ya tabi olan Din âlimleri) olacak, O'nunla birlikte bin yıl (elli yıl) egemenlik sürecekler."

Şeytan'ın Cezalandırılması

"⁷Bin yıl (elli yıl) tamamlanınca Şeytan atıldığı zindandan serbest bırakılacak. ⁸Yeryüzünün dört bucağındaki ulusları - Gog'la Magog'u- (Ye'cüc ve Me'cüc) saptırmak, savaş için bir araya toplamak üzere zindandan çıkacak. Toplananların sayısı deniz kumu kadar çoktur. ⁹Yeryüzünün dört bir yanından gelerek kutsalların ordugahını ve sevilen kenti (Kudüs veya başka bir kent) kuşattılar. Ama gökten ateş yağdı, onları yakıp yok etti. ¹⁰Onları saptıran İblis ise canavarla sahte peygamberin de içinde bulunduğu ateş ve kükürt gölüne atıldı. Gece gündüz, sonsuzlara dek işkence çekeceklerdir."

{Vahiy, 20:1-10}

BEŞİNCİ İŞARET

İncil'deki Yedi Başlı Canavar: Antiisa veya Deccal'ın Sonu(2040-2050)

Vahiy Kitabı'nda bahsi geçen bu yedi başlı canavar da, aynen yedi başlı ejderha gibi sembolik bir yaratık olup, Deccal'ı tasvir etmek için kullanılmıştır. Bilindiği gibi, daha önce ayrı bir bölüm olarak incelediğimiz Deccal, hadislerde de bildirildiği gibi, Hz. İsa'nın ikinci gelişine yakın ortaya çıkacak olan, kötülüğü ve şer güçleri temsil edecek olan yalancı Mesih, yani Antiisa veya Deccal olarak bilinen kişidir. Bu kişi Yahudilerin arasından çıkacak olup, ilk zamanlarda sözde bir barış elçisi gibi hareket edip, gerçek yüzünü daha sonraları gösterecek olan ve ilk çıktığında Hz. İsa'nın söylemleri ve propagandasını yapmasıyla tanınabilecek olan aldatıcı bir şer güçtür. İşte Vahiy Kitabı da bizi bu konuda, yani Deccal'ı tanımak konusunda, çok detaylı olarak değerlendirilebilecek bazı ipuçları vermektedir. Konuyu zihnimizde dağıtmadan şimdi bu ipuçlarını inceleyelim:

Denizden Çıkan Canavar (Büyük Deccal, Antiisa)

"[1]Sonra on boynuzlu, yedi başlı bir canavarın denizden çıktığını gördüm. Boynuzlarının üzerinde on taç (Kendisine destek veren On tane devlet veya On adet yardımcıya işaret ediyor olabilir) vardı, başlarının üzerinde küfür niteliğinde adlar yazılıydı. [2]Gördüğüm canavar parsa benziyordu. Ayakları ayı ayağı, ağzı aslan ağzı gibiydi. Ejderha canavara kendi gücü ve tahtıyla birlikte büyük yetki verdi. [3]Canavarın başlarından biri ölümcül bir yara almışa benziyordu (Deccal'ın gözlerinden birisinin kör olmasını işaret ediyor olabilir). Ne var ki, bu ölümcül yara iyileşmişti. Bütün dünya şaşkınlık içinde canavarın ardından gitti. ⁴İnsanlar canavara yetki veren ejderhaya taptılar. "Canavar gibisi var mı? Onunla kim savaşabilir?" diyerek canavara da taptılar. ⁵Canavara, kurumlu sözler söyleyen, küfürler savuran bir ağız ve kırk iki ay (3,5 yıl) süreyle kullanabileceği bir yetki verildi. ⁶Allah'a küfretmek, O'nun adına ve konutuna, yani gökte yaşayanlara küfretmek için ağzını açtı. ⁷Kutsallarla savaşıp onları yenmesine izin verildi. Canavar her oymak, her halk, her dil, her ulus üzerinde yetkili kılındı. ⁸Yeryüzünde yaşayan ve dünya kurulalı beri boğazlanmış Kuzu'nun yaşam kitabına adı yazılmamış olan herkes ona tapacak. ⁹Kulağı olan işitsin!

¹⁰Tutsak düşecek olan Tutsak düşecek. Kılıçla öldürülecek olan Kılıçla öldürülecek. Bu, kutsalların sabrını ve imanını gerektirir."

Yerden Çıkan Canavar (Küçük Deccal, Süfyan)

"¹¹Bundan sonra başka bir canavar gördüm. Yerden çıkan bu canavarın kuzu gibi iki boynuzu vardı, ama ejderha gibi ses çıkarıyordu (Yani Büyük Deccal'a benziyordu veya ona yardım edip zemin hazırlıyordu). ¹²İlk canavarın bütün yetkisini onun adına kullanıyor, yeryüzünü ve orada yaşayanları ölümcül yarası iyileşen ilk canavara tapmaya zorluyordu.

¹³İnsanların gözü önünde, gökten yere ateş yağdıracak (Bir havai fişek gösterisinde olduğu gibi!) kadar büyük belirtiler (olağanüstü işler, icraatlar) gerçekleştiriyordu. ¹⁴İlk canavarın adına gerçekleştirmesine izin verilen belirtiler sayesinde (Büyük Deccal'ın yardımı ve yetki vermesiyle), yeryüzünde yaşayanları

saptırdı. Onlara kılıçla yaralanan, ama sağ kalan canavarın onuruna bir heykel (veya büyük bir put) yapmalarını buyurdu. [15]Canavarın heykeline yaşam soluğu vermesi için kendisine güç verildi. Öyle ki, heykel konuşabilsin ve kendisine tapmayan herkesi öldürebilsin (Konuşabilen bir heykel ifadesiyle, burada cansız bir organizmanın biyogenetik ile yeniden canlandırılmasına veya konuşan ve çok güçlü silahlara sahip olan bir sibernetik organizmaya, yani yarı insan yarı makine olan bir robota işaret ediliyor olabilir)..

[16]Küçük büyük, zengin yoksul, özgür köle, herkesin sağ eline ya da alnına bir işaret vurduruyordu (Üzerinde bulunmadığı takdirde ticaret yapılamayan ve bir kod numarası içeren bir çeşit ürün etiketi veya insanların derisinin altına monte edilebilen bir mikroçipe işaret ediyor olabilir). [17]Öyle ki, bu işareti, yani canavarın adını ya da adını simgeleyen sayıyı taşımayan ne bir şey satın alabilsin, ne de satabilsin. [18]Bu konu bilgelik gerektirir. Anlayabilen, canavara ait sayıyı hesaplasın. Çünkü bu sayı insanı simgeler. Sayısı (Yani **Deccal**'ı temsil eden sayı) **666**'dır."

{Vahiy, 13:1-18}

ALTINCI İŞARET

İncil'deki Yedi Tepeli Kent: İstanbul veya Konstantinapolis'in Yıkılması (2050-2060)

Vahiy Kitabı'nda bahsi geçen ve yedi tepeli bir kent olarak tanımlanan bir yer vardır. İşte bu kısımda bu yedi tepeli kentin hangisi olabileceği konusunu açıklamaya çalışacağız. Bu yedi tepeli kent, birçok işaret göz önüne alındığında kapalı bir manada

İSTANBUL'a işaret etmektedir. Aşağıda, bahsi geçen bu kentin ve üzerine kurulduğu yedi tepenin hangisi olduğunu detaylı bir şekilde inceleyeceğiz. Bu konuya ve bu kente işaret eden bir kısım, Vahiy Kitabı'nın 17:9 âyetinde, yedi tepenin üzerine oturan bir kadın olarak tasvir edilmiştir. Ayrıca bu kentin âhir zamanda, eski zamandaki Kudüs'ün yerine inşa edilen "Yeni Yeruselâm (Kudüs)" olarak tasvir edildiğini de görmekteyiz:

"⁹"Bunu anlamak için bilgelik gerek. Yedİ baş, kadının üzerinde oturduğu yedi tepe'dir; aynı zamanda yedİ kral'dır. ¹⁸Gördüğün kadın Dünya kralları üzerinde egemenlik süren büyük kent'tir." "

{Vahiy, 17:9,18}

İSTANBUL'UN TARİHİNE KISA BİR BAKIŞ İLE COĞRAFİ KONUMU VE KIYAMET AÇISINDAN ÖNEMİ

İstanbul, özel bir coğrafyanın ve tarihin var ettiği dünyadaki nadir kentlerden birisidir. Bu kentte, camiler, kiliseler ve sinagoglar yüzyıllardır yan yana bulunmuşlardır. İstanbul, Dünyadaki çeşitli dinler ve kültürler arasındaki diyaloğun ortak bir temele oturtulmaya çalışıldığı her tarihî dönemde, medeniyetlerin beşiği olmuştur. Bu kısımda İstanbul'un bu tarihî ve kültürel dokusuna farklı bir açıdan yaklaşarak, antik dönem öncesine kadar uzanan geniş bir perspektif içerisinde İstanbul'un gerçek tarihini aydınlatmaya çalışacağız. İsevîliğin tarih içerisindeki gelişimini incelediğimiz konumuz içerisinde İstanbul'un ayrı bir yeri olacaktır, çünkü bazı tarihî bulgulara göre Hz. İsa'nın ilk cemaatine ait ilk kilise (iman topluluğu) oluşumlarından bazıları, özellikle Ayasofya ve benzerî büyük yapılanmalar ilk kez İstanbul'da oluşmuştur.

Ayrıca Hakikî İsevîliğin dejenerasyona başlaması noktasında da, İstanbul bir o kadar önemlidir, çünkü bu akımın felsefî öncüsü olan Platon (veya Eflatun olarak da bilinir) bu yöndeki ilk derslerini İstanbul'da, Yarımburgaz Mağaraları'ndaki kurmuş olduğu Atina Okulu'na bağlı olan bir inisiye okulunda, içerisinde Aristoteles'in (veya Aristo olarak da bilinir) de bulunduğu bir grup öğrencisine ders vererek başlatmıştır. Bu okulda tabiat bilimlerinin yanı sıra, Kadim Hikmet ve Logos (Canlılara ulûhiyyet atfeden felsefe öğretisi) öğretisi de ders veriliyordu.

Eski Yunan kültüründe derin bir iz bırakan bu öğretiler, daha sonraki dönemlerde Pavlos'un da etkisiyle İsevîlik içerisine ulûhiyyet unsurunun girmesine ve gerçeklikten uzaklaşmasına neden olacaktı. Yani bu konuya, Eski Yunan ve Roma'dan Bizans'a ve nihayet Osmanlı'dan Yeni Roma'nın merkezi olma konumuna gelinceye kadarki izlediği tarihî gelişim sürecini ele alacağız. Uygarlıkların beşiği olan İstanbul, bir kent olarak tarih sahnesine çıkmadan önce, Akdeniz coğrafyası pek çok uygarlığa ev sahipliği yapmıştır. İstanbul'daki ilk kültür kalıntıları, Prehistorik (yazılı tarih öncesi) döneme, yani günümüzden (**6000-3000**) yıl öncesine kadar tarihlendirilir.

İstanbul'da ve yakın çevresinde, ilk dönemlerden başlayarak Paleolitik, Epipaleolitik, Neolitik, Kalkeolitik ve Tunç Çağlarına tarihlenen buluntular saptanmıştır. Bu buluntular, tarihsel gelişime uygun olarak, göçebe, yarı göçebe ve yerleşik kültürlere aittir. Bu yerleşimlerin sürekliliklerinde kesintilere rastlanır. Bunun en önemli nedeni, İstanbul Kenti'nin coğrafî oluşumu ve konumudur. Günümüzden 20.000 yıl kadar önce Marmara'da deniz seviyesinin 100 metre alçalması sonucu, Marmara Denizi ve Karadeniz, tatlı su gölü haline geldi. 12.000 yıl boyunca Karadeniz ve Marmara Denizi birer tatlı su yatağı olarak kaldı. Günümüz İstanbul coğrafyasının ana hatlarının oluşumu, İ.Ö. 7000-8000 yıllarına dayanır. Son jeolojik dönemde buzulların erimesi, deniz seviyesinin yükselmesine yol açmış, Çanakkale boğazı açılmış ve deniz, Marmara çukurunu doldurmuştur. Bu büyük değişime bağlı olarak, Karadeniz ve Marmara boğazlar aracılığıyla Ege ve Akdeniz'e bağlanmış, Karadeniz tuzlu su ile dolmuştur. Bu oluşuma paralel olarak bu coğrafyadaki yerleşimlerin tarihsel süreklilikteki yoğunluğu değişiklik göstermiştir.

İnsanlığın geçirdiği üç kültürel evreden en eskisi olan Paleolitik döneme ait buluntulara, Avrupa yakasında, Yarımburgaz, Davutpaşa Deresi, Kilyos yakınlarında Ağaçlı ve Gümüşdere; Anadolu yakasında, İçerenköy, Pendik, Dudullu ve Çınarcık'ta rastlanır. Orta Paleolitik dönemde Marmara'nın kuzey ve güneyinde yoğun yerleşmelere rastlanır. Epipaleolitik dönemde denizden besin sağlayan kültürlere Terkos Gölü civarı, Sakarya Nehri ağzı ve Büyükçekmece'nin doğusunda rastlanır. İ.Ö. 4000'li yıllara dayanan bu dönemde, Marmara ve Karadeniz kıyı şeridinde yoğun yerleşmelerin olması, Karadeniz'in elverişli bir tatlı su havzası olması ile açıklanabilir. Paleolitik dönemden itibaren var olan Yarımburgaz Mağarası'ndaki arkeolojik buluntular, barınma kültürünün alt Paleolitik devirde, yalnızca açıkhava yerleşimlerinde değil, mağaralarda da geliştiğini göstermektedir.

Yarımburgaz Paleolitik Platosu, Sazlıdere Havzası ve Küçükçekmece Gölü ile Marmara Denizi'ne ulaşır. Bu vadi, Marmara'da bir koy iken, yukarıda belirtildiği gibi, denizlerin yükselmesiyle, eski vadi ağızlarının dolarak, zamanla kıyı kordonu ile kaplanıp Lagün haline gelen Küçükçekmece Gölü'nün devamında yer alır. Yarımburgaz Mağarası su ile iç içedir ve mağaradaki arkeolojik kalıntılar bu alanda pek çok kültür katmanının mevcut olduğunu göstermektedir. Yarımburgaz Mağarası'nda Kalkeolitik döneme tarihlenen çanak çömleklerin, Orta Anadolu çanak çömlekleriyle benzerliğinden yola çıkarak, bu alandaki yerleşik kültürlerin Orta Anadolu ile bağlantılı olduğunu varsayabiliriz.

Yarımburgaz Mağarası'nın konumu, burayı iskan edenlerin deniz yoluyla geldiğini düşündürür. Bu veriler ışığında buraya yerleşenlerin, deniz yoluyla Anadolu'dan veya Ege'de kıyısı bulunan Makedonya Kentleri'nden geldiklerini düşündürür. Yarımburgaz Mağaraları, duvarlarında bulunan gemi resimlerinden, Paleolitik Çağ'dan itibaren burada yaşayan topluluğun denizcilikle uğraştığını gösterir. Dolayısıyla eski adı Rhagion olan Küçükçekmece bölgesi, Sazlıdere Havzası ve Yarımburgaz Paleolitik platolarının Marmara Denizi'ne ulaştığı nokta, İstanbul'un ilk deniz kapısıdır.

İstanbul'da Anadolu yakasında, Pendik ve Fikirtepe'de bulunan Paleolitik ve sonraki dönemlere ait arkeolojik buluntular, burada daha önce yerleşimler olduğunu göstermektedir. Ancak Fikirtepe kültürünün oluşması ve yerleşik düzene geçiş, Neolitik dönemde gerçekleşir. Neolitik dönem, sulu tarıma bağlı artan üretim sonucu yerleşik düzene geçildiği, bitki ve hayvanların evcilleştirildiği bir dönem olup; yazı, takvim, matematik, yapı sanatı ve kent kurma bilincinin geliştiği bir çağdır. I. Truva Kenti, o çağın en uygar kenti ve en uygar yerleşim merkezlerinden biridir. Anadolu ve Makedonya arasındaki ticari ve ekonomik ilişkilerin gelişmesine bağlı olarak,

Avrupa kıtası tarımsal üretim bilgisini Anadolu'dan alır. Bunun yanı sıra bölgede yapılan kazılar, Truva kenti ve Orta Anadolu'da yer alan Eskişehir ile sanat, kültür ve ticaret bakımından yakınlıklar olduğunu göstermektedir.

Truva kent kültürü, ticaret yoluyla buraya ulaşmıştır ve özellikle Fikirtepe bu etkileşim alanı içerisinde yer alır. Truva kültürünün bu bölge üzerindeki izleri, arkeolojik buluntularda – örneğin, çift kulplu kaplarda– gözlemlenmektedir. Fikirtpe, Kurbağalı Dere ve Kalamış Koyu ile Marmara'ya bağlanır. İstanbul kentinin jeolojik oluşumu sırasında, bu koy konumunu korumuştur. Bu bölge, bugünkü Moda Burnu ve Yoğurtçu arasında kalan yerdir ve aynı zamanda bir erken dönem limanı olup, İ.Ö. VII. yüzyılda Khaldeon (günümüzdeki Kadıköy) olarak adlandırılır. Bu erken dönem limanının, daha sonraları Finikeliler (Antik dönem öncesinde günümüzdeki Filistin topraklarında yerleşen bir halk) tarafından kullanıldığı bilinmektedir.

Neolitik dönemden sonraki dönem olan Kalkeolitik dönemde, deniz seviyesinin yükselmesi ve kıyılarda yaşayanların göç etmesi sonucu yerleşimler azalır. Bu çağa ait kültürlere Kınalıköprü Höyüğü, Sülüklü, Selimpaşa Höyüğü ve Büyükçekmece Gladina mevkii yerleşimlerinde rastlanır. İ.Ö. yaklaşık 3000-4000 tarihleri arasına rastlayan bu döneme ait buluntular, Sarayburnu'nda şimdiki Sultanahmet Meydanı'nın altında yapılan kazılar sonucunda çıkartılmıştır ve Truva kentindeki buluntularla benzerlik göstermektedir. İ.Ö. 3000'lerden sonra ise, Marmara kıyıları göçlere açılır. İ.Ö. 3000'in sonu ve İ.Ö. 2000'in başlarında Karadeniz'in kuzeyinden ve Makedonya'dan Trakya'ya göçler olur. Bu göçler, İstanbul Boğazı üzerinden gerçekleşmiştir.

Bu bölgeye ismini veren Traklara ait arkeolojik buluntular, Trakya bölgesinde önemli bir nüfus oluşturan bu kavimlerin önemli bir ticari sistem kurduğunu göstermektedir. Bu, yalnızca Balkan Yarımadası'nı değil, tüm Ege bölgesini de içine alan bir ticari ilişkiler ağıdır. Daha sonraları, İstanbul bu ticaret ağının merkezi durumuna gelmiştir. Bunun doğal sonucu olarak limanlar ve İstanbul Boğazı, yerleşimlerin gelişiminde önemli bir rol oynamıştır.

En eski limanlar, Küçükçekmece ve Khaldeon, yani Kadıköy'dür. İstanbul'un ilk çağda bilinen ilk kuruluş yerinin aslında Haliç'in bitiminde olduğu doğrultusunda da çeşitli görüşler mevcuttur. Haliç, doğal liman olarak önemini ilk çağlardan beri korumuştur. Her ne kadar yoğun bir iskan nedeniyle, geçmişe ait izler büyük ölçüde silinmiş olsa da, Haliç'in başlangıç noktasında Alibeyköy ile Kağıthane Derelerinin birleştiği üçgenin yakın çevresinin, küçük teknelerin kıyıya çekildiği ilk limanlardan biri olduğu bilinmektedir.

İstanbul'un yer aldığı coğrafya, Prehistorik dönemden itibaren Anadolu kültürünün denizle buluştuğu en önemli iki noktadan birisidir. Bu noktalardan diğeri ise, Ege kıyıları, özellikle Truva ve Efes antik kentlerinin bulunduğu doğal limanlardır. Göç nedeniyle veya ticari, askeri amaçlı geçişler yerleşik kültürleri etkilemiştir. Bu karşılıklı etkileşim, bugün dahi izlenebilen kültürler arası güçlü bağların oluşmasına neden olarak gösterilebilir. Bu bağ, iki kıtayı Boğaz üzerinden birleştiren ilk köprü ile sembolize edilir. Literatürde bu köprü, "Darius'un Köprüsü" olarak bilinir. Anlatıldığına göre, Pers Kralı Darius, İ.Ö. 513 yılında İstanbul Boğazı'na gelir. Ancak 800.000 kişilik orduyu Anadolu yakasından karşı kıyıya geçirmek zorunda kalır. Bunun üzerine, Mimar Mandroses'in yönetiminde, 325 adet büyük sandalı birbirine bağlatır ve sandalların içine kalınca ağaçlar dizdirip üzerine toprak attırır ve bu sayede askerlerin denize düşmemesi ve atların ürkmemesi için kenarlarına yüksekçe parmaklıklar yaptırır. Böylece tarihte ilk kez, İstanbul Boğazı bir yapay köprü ile geçilmiş olur.

Akdeniz'de kurulan ticaret ağı, İ.S. III. yüzyılda bir Akdeniz kavimler topluluğu olan Roma İmparatorluğu'nun siyasal ve ekonomik birliğinin güvencesi olur. Fakat yaşlanan imparatorluk, gücünü yitirip kuzeyden gelen baskılara dayanamayarak Akdeniz kıyılarına çekildikçe Akdeniz'in önemi daha da artar. Fakat deniz ticaretinde oynadığı rol nedeniyle İstanbul'un önemi, imparatorluğun yıkıldığı tarih olan İ.S. 476'ya kadar önemini yitirmemiştir.

Bu coğrafyada bulunan tüccarlar varlıklarını korumuşlardır. İ.S. IV. yüzyılın başından itibaren ise, Doğu Akdeniz'de bulunanlar dışında gerçek anlamda büyük kentler yer almamaktadır. Ticaretin akışı Suriye, Mısır ve Asya İli'nden Batı Akdeniz'e doğrudur. İ.S. V. yüzyılın başında, Germenler Akdeniz kıyılarına doğru hareket ederler ve Batı Roma eyaletleri Germen krallıklarına dönüşür. Akdeniz ticareti de bu dönüşümde önemli bir rol oynar. Bu süreçte Akdeniz kıyılarına yakın olduğu oranda gelişmiş ticaret merkezleri, Akdeniz devletleri olarak varlıklarını sürdürmüşlerdir.

Karadaki eski başkent Roma terk edildiğinde, onun yerini alan kent, yani "Yeni Roma", deniz ticaretinin merkezindeki liman kenti haline gelmiştir. Tarih boyunca, hiçbir uygarlıkta kent yaşamı ticaret ve sanayiden bağımsız olarak gelişmemiştir. Ne antik çağda ve ne de modern zamanlarda, bu kuralın dışında kalan bir durum söz konusu olmamıştır. Büyük Kentler, ticaretin yayıldığı tüm doğal yollar boyunca kurulmuştur. Önceleri yalnızca deniz kıyılarında ve ırmak boylarında ortaya çıkmışlardır. Daha sonraları ise, ticaret yayıldıkça, bu merkezleri birbirine bağlayan başka ara kentler kurulmuştur.

Akdeniz'in doğusundaki Roma, Batı Roma'nın yıkılmasından sonra, bin yıl kadar daha tarih sahnesinde kalmıştır. Bunun en önemli nedeni ise, Yeni Roma'nın siyasal bir başkent olmasının yanı sıra, büyük bir liman ve birinci sınıf bir imalat merkezi olmasıdır. İstanbul, XI. yüzyılda Akdeniz havzasının en büyük kentiydi. Batı'nın yaşamını sürdüremeyip Doğu'nun ayakta kalması, deniz ticaretine dayanan büyük bir ekonomik potansiyele sahip olması ile açıklanabilir. Batı Roma bir kara kenti iken, Yeni Roma denizlerin buluştuğu bir kentti. Akdeniz'in doğusundaki ticaret merkezleri Suriye ve Mısır, VII. yüzyılda Akdeniz'in batısından din ve hukuk açısından kopmuştur. Bizans ismini alan Doğu Roma'nın başkentinin etrafını çevreleyen surların geçit vermemesi, kenti uzun bir dönem işgallerden korumuştur. Venedikliler ile Cenovalılar'ın bölgedeki aktif varlığı ve ticaret hayatını ellerinde tutmaları nedeniyle, Bizans Katolik Batı ile ilişkisini devam ettirecek ve varlığını XV. yüzyıla kadar sürdürecekti.

Bununla birlikte, Venedik ve Cenovalılar arasındaki ticari rekabet, Bizans'ın sonunu hazırlayacaktı. Uzun sürede gelişen bu uygarlık, Rönesans'ın doğuşunda da etkili olacaktı. Şöyle ki, 1453'te İstanbul'un fethinden sonra birkaç soylu aile Venedik'e ve diğer bazı Batı Avrupa kentlerine göç etmişlerdi. Dolayısıyla; sanatlarını, kültürlerini, gelenek ve göreneklerini gittikleri yerlere taşıdılar. Şu noktayı unutmamalıyız ki, kent 1024'deki Latin İstilası'na kadar Avrupa uygarlığının tartışmasız başkenti konumundaydı. İstanbul konum olarak, tarih boyunca Akdeniz'in doğusunda yer alan ve "Küçük denizler"in doğal olarak oluşturduğu bir coğrafya olagelmiştir. Kentin gelişimi bu coğrafi konuma paralel olarak devam etmiştir.

İstanbul, Osmanlı İmparatorluğu'nun başkenti olarak XVI. Yüzyılda, Adriyatik ve Ege Denizi'nin Osmanlı Gölü olması ve Karadeniz ticaretinin anahtarını elinde tutması sonucu, Doğu'nun en büyük ticaret merkezidir. Osmanlı İmparatorluğu'nda bu büyük ticaret ağı, başkent olan İstanbul'dan yönetilmiştir. Dolayısıyla, özel bir coğrafyanın, tarihin ve kültür dünyasının var ettiği nadir kentlerden birisidir. Kentin bu dokusunu tam olarak anlamak için, tarihsel katmanlarının derinliklerine inmek gerekir. İmparator Konstantin, Akdeniz'in doğusunda doğal limanı ve gelişmeye açık bir Pazar yeri olan Byzantion'u yönetim merkezi olarak seçer. İmparator, İ.S. 324 tarihinde, "Yeni Roma", yani "Nova Roma Constantinopolitana" olarak ismini değiştirdiği bu kentin, Roma İmparatorluğu'nun yeni merkezi ve başkenti olduğunu ilan eder.

Konstantin, yeniden inşa edilen bu kentin merkezini ise, Çemberlitaş-Konstantin Sütununun bulunduğu yer olarak işaretler ve buranın altına inşa ettirdiği kare şeklindeki iki katlı bir mahzenden oluşan yeraltı odasına Kudüs'ten getirttiği ve Hz. İsa'ya ait olduğu söylenen kutsal emanetleri yerleştirir ve bu yapının üzerine dev bir sütun inşa ettirerek sütunun üzerine kendi heykelini yerleştirir. Böylece "Yeni Roma"nın ilk temelleri atılmış olur ve izleyen yıllarda, Roma bu plana göre yeniden inşa edilir. Romalı plancılar, bir heykeltıraş gibi sabit imgelerle kenti yeniden inşa ederler. Bu sabit imgelerden en güçlü olanı, bu sütun olarak kabul edilerek bir düşey eksenle temsil edilir. Kentin geometrik düzeni, bu düşey eksene göre oluşturulur ve ayrıca bu eksen dünyanın yeni merkezi olarak kabul edilir. Bu nedenle sonraki yıllarda devam eden mimari yapılanma, kent planı ve forumları bu geometrik düzene göre şekillendirilir. Aristo kozmolojisinde evren modeli, yedi sayısının kutsallığına dayanır. Ayrıca yedi sayısı, evreni oluşturduğu düşünülen yedi gezegeni temsil etmektedir; güneş, ay ve beş gezegen.

İşte Konstantin, bu şekillendirmede yedi sayısını kutsal bir sayı olarak kabul eder ve o zamanın bilim dünyasının kabulüne göre Güneşi ve etrafında dönen Beş Gezegen ile Ay'ın hareketini, yeni oluşturduğu bu kent kurgusuna uyarlar. Kentin kara surlarında "yedi kapı" açılmasını ve ayrıca önemli mimari yapıların, kentin belirlenmiş olan en yüksek "yedi tepe"sine inşa edilmesini buyruk verir ve böylece kent, aynı zamanda evrenin de küçük bir modelini oluşturur. Ayrıca yeni roma'da yedi adet forum inşa ettirir. Bunlar: Augusteion, Konstantin, Teodesius, Filadelfion, Amasterianon, Bovis ve Arkadius forumlarıdır.

Böylece "Yeni Roma", "Yedi Tepe" üzerine kurulmuş olur. Kente atfedilen bu yedi tepenin altısı, Sarayburnu'ndan itibaren Haliç'e paralel uzanan bu sırt üzerinde yükselir. Bu sırta, Unkapanı'nın arkasında bir vadi sokulur. İşte kente su getirmek için inşa edilen Valens Kemeri, daha sonra bu vadiye inşa edilir. Dolayısıyla, İstanbul'un yedi tepeli tanımı coğrafyadan çok, kentin kuruluşuna esas olan bu mimari kurgudan ileri gelir. Kent bu kurguya göre tasarlandığı için, coğrafyası da bu tanıma göre yorumlanmıştır..

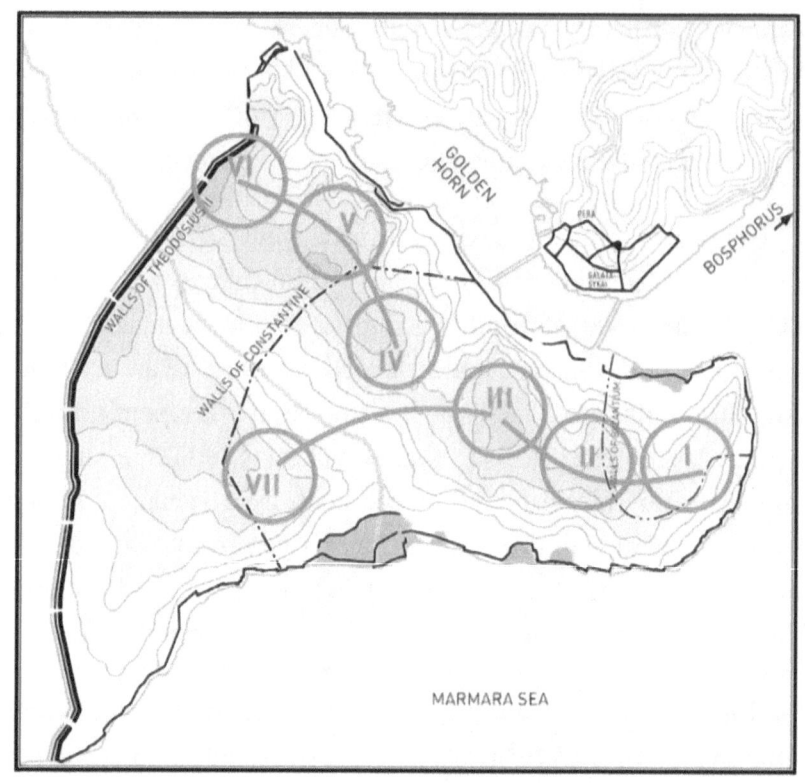

Yedi tepe üzerine kurulan antik dönemdeki İstanbul'un kent kurgusu.

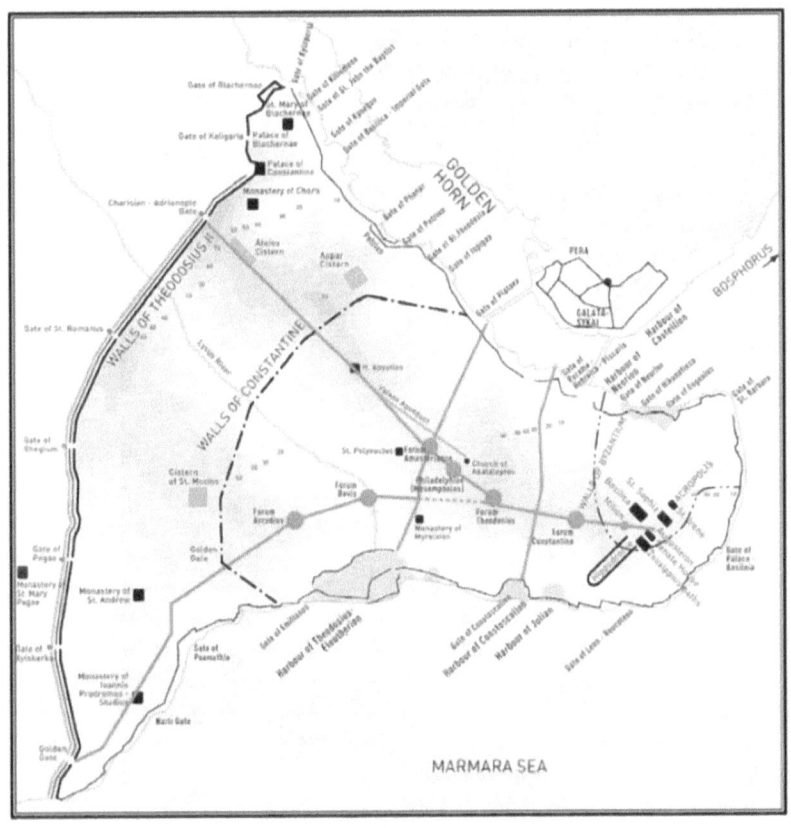

Yeni Roma –Konstantinapolis– kent kurgusu, Millingen – Janin – Dethier Şeması (1899).

Roma İmparatorluğu'nun simgesi olarak kabul edilen çift başlı kartal heykeli,

–Balıklı Rum Manastırı–

20. BÖLÜM (Chapter 20)

VAHİY KİTABINDAKİ DÜNYANIN SONUNA İLİŞKİN DİĞER İŞARETLER

Kutsal Kitap metinleri ve özellikle bu kısımda ele aldığımız Vahiy Kitabı verileri, farklı kültürler ve coğrafyalar arasında yaptığımız ve günümüze kadar uzanan yaklaşık 5000 yıllık zaman yolculuğu; Hz. İbrahim'in, yaklaşık 5000 yıl önce putperest Mezopotamya kültürüyle yaptığı mücadele ile başlar; Hz. Yusuf'un, yaklaşık 4000 yıl önce Mısır'da yaşadığı yedi bolluk ve yedi kıtlık yıllarına ilişkin yedi başak ve yedi inekle ilgili rüya yorumlarını içeren kıssası ile devam eder ve aslında Mısır'da 4000 yıl önce ortaya çıkmaya başlayan ve Hz. Musa döneminde zirvesine ulaşan bu felaketler döneminin, günümüzde yaşanmaya başlayan bazı olaylara ışık tuttuğunu ve Vahiy Kitabı'nın sembolik anlatımını açıklayarak elde ettiğimiz sonuçlarla hemen hemen benzeşen afetlerle yakın bir gelecekte karşılaşabileceğimizi görmüş oluruz. Nitekim, elde ettiğimiz tüm bu sonuçlar da, tarihin bir tekerrürden ibaret ettiğini savunan görüşü bir kez daha haklı çıkarmış oldu.

Martin Luther King, tarih içerisinde İncil'i yorumlayan en önemli Hristiyan din adamlarından birisidir. O'na göre, İncil'in Vahiy Kitabı bölümü gelecekte meydana gelecek olan pek çok olaydan şifreli bir şekilde bahsetmektedir.

İnsanlığın bu tarihî yolculuğu, İsrailoğullarının Hz. Musa'nın önderliğinde Mısır'dan çıkışıyla devam eder ve Yaratılış Kitabı'ndan sonra yer alan Mısır'dan Çıkış Kitabı'nda yer alan birtakım mu'cizelere ve Mısır'ın başına gelen felaketlere değinir ve aslında bu felaket sürecinin günümüzle ve özellikle Kıyamet süreciyle yakın bir bağlantısı olduğunu göz önüne serer. Bu zaman yolculuğu, en son olarak İsrailoğullarına gönderilen son peygamber olan Hz. İsa'nın ilk gelişi ve pek çok mu'cize gerçekleştirdiği imparatorluklar dönemiyle devam ederek, Hz. İsa'nın ikinci gelişiyle birlikte girilen kıyamet ve âhirzaman dönemiyle yolculuk ve Kutsal Kitaba ilişkin yorumlar sona ermiş olur. Böylece, olayların tarihî akış sırasına paralel olarak Kutsal Kitabın da sonuna gelinmiş olur. Tabi burada, olayların ve tekrar eden zaman döngülerinin tam olarak anlaşılabilmesi için, aradaki zaman döngüsü düşünülürken ve sistematik bir kronoloji oluşturulurken, dünyanın son 2000 veya 3000 yıllık tarihi değil de, son 7500 yıllık tarihini, yani tüm insanlık tarihinin bir bütün olarak ele alınması gerektiğini ve tüm insanlık tarihinin temel olarak üç zaman parçasından oluştuğunu söyleyebiliriz:

Birincisi: İlk 2500 yıllık dönemdir ki, bu dönem "Yaratılış Dönemi" ve Hz. Âdem'le başlayan ilk insan neslinin, dünyadaki çoğalmasıyla ilgiliydi. Bu dönemde, ilk medeniyetlerin temeli atılmış ve yerleşik köy hayatına geçilmiş, ayrıca insanoğlu gönderilen peygamberlerin önderliğinde el aletleri kullanmayı ve tarım/hayvancılık prensiplerini öğrenmişti. Bu dönemin en önemli şahsiyeti olan ve İsrailoğullarının atası olan Hz. İbrahim, bu dönemin sonunda gelmişti.

İkincisi:

İkinci 2500 yıllık dönemdir ki, bu dönemde insanlığın refah düzeyinin görece arttığı, yerleşik kent devletleri ve yönetimleri sistemine geçildiği "Krallık Dönemi" başlamıştı. Bu dönemde, özellikle İsrailoğullarına gönderilen ul-ül azm peygamberler vasıtasıyla medeniyet ve kültür alanında insanlık büyük bir ivme kazanmış ve pek çok harika eser ortaya çıkartmıştı. Fakat bununla birlikte, bu dönem pek çok karışıklıklara ve savaşlara da tanıklık etmişti. İsrailoğullarının son peygamberi olan Hz. İsa, bu dönemin sonunda gelmişti.

Üçüncüsü: Son 2500 yıllık dönemdir ki, bu dönem "Kıyamet Dönemi" ve âhirzaman olarak da tanımlanan kıyametten hemen önceki yaşanacak olan son çağ ve zaman dilimiydi. Bu dönem, pek çok kıyamet alameti ve işaretinin bireceği, hiç yıkılmayacağı zannedilen (Roma gibi) büyük imparatorlukların yıkılacağı ve bu sürecin en sonunda tek bir devlet ve ulus kalıncaya kadar devam edeceği, dünyanın başına daha önce hiç gelmemiş felaketlerin gelmeye başlayacağı bir dönemdi. Ayrıca kısa süreli ve eşine tarihte rastlanmayan büyük bir barış ve saadet döneminin de yaşanacak olduğu "Altınçağ Dönemi" bu dönemin içerisinde (sonlarına doğru) yer alacaktı. Bu dönemin son 500 yılı özellikle önemli olup, bu dönemde ortaya çıkacak olan büyük kıyamet alametleri, bu dönemin en önemli sonuçları olup, bundan çok daha önemli olan ve 7600 yıllık insanlık tarihinin son 200 yılına ışık tutacak olan çok önemli işaretleri içermektedir. Çünkü bu işaretlerin belirmesinden sonra, dünya o denli belirleyici bir biçimde değişir ki, sonrasında artık hiçbir şey eskisi gibi yürümez. İnsanlık tarihinin bu son acılı ve sıkıntılı dönemi, İncil'in değişik bölümlerinde özet olarak şu şekilde anlatılır:

"O günlerin sıkıntısından hemen ardından,

'Güneş kararacak,

Ay ışık vermez olacak,

Yıldızlar gökten düşecek,

Göksel güçler sarsılacak.' "

"O zaman İnsanoğlu'nun belirtisi gökte görünecek. Yeryüzündeki bütün halklar ağlayıp dövünecek, İnsanoğlu'nun gökteki bulutlar üzerinde büyük güç ve görkemle geldiğini görecekler."

{Matta, 24:29,30}

Bu pasaja dikkat edersek, son cümlesinde çok önemli bir olayın yaşanacağına işarete edildiğini görürüz. Şöyle ki, Dünyanın geçirdiği büyük bir değişimden sonra, Vahiy Kitabı'nda bildirilen ve her biri yedişer işaretten oluşan bir dizi olay gerçekleştikten sonra, "İnsanoğlu'nun belirtisi gökte görünecek" ifadesiyle gökyüzünden gelecek olan ve Dünya'yı önemli bir şekilde etkileyecek olan bir belirtiden, yani bir gökcisminden bahsedilir. Burada açıkça belirtilmeyen, fakat işaret edilen bu gökcismi dünyaya çarpacak olan bir meteor veya yakınından geçecek olan bir kuyrukluyıldız olabilir. Dolayısıyla mana, tam bir ifade içermez. Fakat bu olayın gerçekleşmesiyle birlikte, dünyadaki iklim dengesinin büyük oranda bir değişim geçireceğini, bir sonraki âyetlerin akışından anlıyoruz. Burada ifade edilen, "Göklerin güçlerinin sarsılması" ifadesi ise, bu olayın akabinde atmosferde yaşanacak olan büyük bir değişime işaret ediyor olabilir. Bu olayları akabinde yaşanacakları İncil şöyle aktarır:

"Savaş gürültüleri, savaş haberleri duyacaksınız. Sakın

korkmayın!

Bunların olması gerek, ama bu daha son demek değildir.

Ulus ulusa, devlet devlete savaş açacak;

Yer yer kıtlıklar, depremler olacak.

Bütün bunlar, doğum sancılarının başlangıcıdır."

{Matta, 24:29,30}

Matta Kitabı, Hz. İsa'nın ağzından sunduğu bu "**İkinci Geliş**"e ilişkin ipuçlarının kilit noktasına, "**Büyük sıkıntı**" veya "**Doğum Sancısı**" olarak adlandırdığı bu kaos dönemini yerleştirir. Kargaşanın oldukça net olarak belirlenmiş olan fiziksel belirtileri bu şekilde, yani depremler, kıtlıklar ve iklim değişiklikleri şeklinde tanımlanır. Bu belirtilerin günlük yaşam üzerinde etkileri ise, insanlık tarihi boyunca insanların alışageldiği yaşam kurallarının bozulması; sosyal, siyasal ve psikolojik yansımalara bağlı ayaklanmaların, şiddetin, zulmün ve ahlak bozukluğunun boy göstermesi şeklinde tezahür eder. İşte İncil'e göre Hz. İsa, bu büyük sıkıntı döneminin sonunda, yani burada ele aldığımız bu son 2500 yıllık dönemin sonunda, yeryüzüne iner ve yönünü şaşırmış ve rotasını kaybetmiş insanlığa doğru yolu gösterir ve liderlik yapar. Yine İncil'de bu kaos ortamı anlatılırken, bu durumun aniden nasıl ortaya çıkacağına ve insanların alışık olduğu düzenin nasıl değişeceğine şöyle işaret edilir:

"O günü ve saati, ne gökteki melekler, ne de O bilir; Allah'dan başka kimse bilmez.

Nuh'un günlerinde nasıl olduysa, İnsanoğlu'nun gelişinde de öyle olacak.

Nuh'un gemiye bindiği güne dek, tufandan önceki günlerde insanlar yiyip içiyor, evlenip evlendiriliyorlardı.

Tufan gelinceye, hepsini süpürüp götürünceye dek başlarına geleceklerden habersizdiler. İnsanoğlu'nun gelişi de öyle olacak.

O gün tarlada bulunan iki kişiden biri alınacak, biri bırakılacak.

Değirmende buğday öğüten iki kadından biri alınacak, biri bırakılacak."

{Matta, 24:36-39}

Yine Matta İncili'nin aynı bâbında bu konuya şöyle değinilir:

"Peygamber Daniel'in sözünü ettiği yıkıcı iğrenç şeyin kutsal yerde dikildiğini gördüğünüz zaman Yahudiye'de bulunanlar dağlara kaçsın.

Damda olan, evindeki eşyalarını almak için aşağı inmesin.

Tarlada olan, abasını almak için geri dönmesin.

O günlerde gebe olan, çocuk emziren kadınların vay haline!

Dua edin ki, kaçışınız kışa ya da Şabat Günü'ne rastlamasın.

Çünkü o günlerde öyle korkunç bir sıkıntı olacak ki, dünyanın başlangıcından bu yana böylesi olmamış, bundan sonra da olmayacaktır.

O günler kısaltılmamış olsaydı, hiç kimse kurtulamazdı. Ama seçilmiş olanlar uğruna o günler kısaltılacak."

{Matta, 24:15-22}

Yukarıdaki ifadeleri biraz dikkatlice incelersek, yine benzer şekilde gökten gelen yıkıcı ve iğrenç bir şeyin kutsal bir yere, yani dünya semâsına gireceğine ilişkin kapalı ifadeler içerdiğini anlayabiliriz. Bir önceki âyetlerden anlıyoruz ki, bu olayın sonucunda, insanlar büyük bir sıkıntıya maruz kalıyorlar ve kaçarak dağlara veya mağaralara sığınmalarından söz ediliyor. Yine çok ilginçtir ki bu kaçış dönemi, "Kış Dönemi"ne ve aynı zamanda "Şabat Günü"ne denk gelmektedir. Şimdi sıkı durun ve aşağıda hesaplayacağımız tarihin, hangi döneme ve güne geldiğine dikkat edin:

Birçok kişinin de bildiği ve Maya takvimlerinde de kesin bir şekilde işaretlenmiş olan ve gökyüzünden gelerek dünyaya çarpacağı veya çok yakınından geçeceği söylenen bir "**Onuncu Gezegen**" vardır. Mayalar bu gezegene, Babilli **Nabukakdessar**'ın kötü ahlaklı ve yıkıcı bir kişiliğe sahip olan oğlu "**Evil Merodak**"ın ismine izafeten "**Marduk**" adını vermişler ve aynı Deccal gibi onu da "**666**" uğursuz sayısı ile simgelemişlerdir ve bu gökcisminin bir sonraki geçişini **21 Aralık 2012** tarihine işaretleyerek bu tarihi "**Zamanın Sonu**" olarak takvimlerine işaretlemişlerdir.

Şimdi bu tarihin hangi döneme ve hangi güne denk geldiğini hesaplayalım:

Aralık: Kış ayı'na denk gelir,

21 Aralık 2012 tarihi ise: CUMA GÜNÜ'ne denk gelir.

Eğer bu felaket Cuma günü gerçekleşirse, insanların kaçışı hemen ertesi güne denk gelecektir. Şimdi ertesi günü hesapladığımızda:

Cuma Günü'nün ertesi günü ise: CUMARTESİ, yani ŞABAT GÜNÜ'ne denk geldiğini buluruz.

Yani elde ettiğimiz sonuç, **KIŞ**'a ve aynı zamanda **ŞABAT GÜNÜ**'ne denk geldiğini görürüz. Bu ise, **21 ARALIK 2012 TARİHİNİN, MESİHSEL DEVRİN VEYA HZ. İSA'NIN İKİNCİ GELİŞ SÜRECİNİN BAŞLANGICINA SEMAVÎ BİR İŞARET** olduğu anlamına gelir. Evet, çok ilginç değil mi? Yani elde ettiğimiz bu sonuç, tam da **Matta 24:20** âyetinde geçen "**Dua edin ki, kaçışınız kış'a ya da Şabat Günü'ne rastlamasın!**" ifadesiyle aynen örtüşmektedir. İsteyen, bilgisayardaki bir takvim vasıtasıyla, 21 Aralık 2012 tarihinin hangi güne denk geldiğini kolaylıkla bulabilir.

İncil'in Vahiy Kitabı Bölümü'nün devam eden kısmında ise, yedi tane kral olarak temsil edilen yedi yönetici ortaya çıkar ve bu kadın olarak temsil edilen kentin yok etmek için "**Etini yiyip kendisini ateşe atmak**" şeklinde sembolik bir anlatımla ifade edilerek yorumlanır. Bu arada Canavar olarak temsil edilen Deccal ve On Boynuz olarak simgelenen on adet yardımcısı, bu kadından nefret ederler ve ona karşı cephe almak için birbirleriyle sözbirliği, yani bir anlaşma yaparlar. Hemen akabinde ise, Allah kendi programını ve ilâhî amacını gerçekleştirmek ve kötülüğe son vermek için, bu duruma müdahele eder ve akabinde Büyük Babil olarak tasvir edilen ve Ortadoğu Bölgesi'ne işaret ettiği anlaşılan büyük kent, şiddetli bir savaşla yıkıma uğrar. Tüm bu olaylar gerçekleştikten sonra ise, gökte kısa süreli bir sevinç meydana gelir ve burada sembolik bir zaman dilimi olarak tasvir edilen bin yıllık bir süre için Mesih'in hakimiyetindeki yeni bir medeniyet yeniden inşa edilir. Ortadoğu'da inşa edilecek bu yeni medeniyet için, Vahiy Kitabı "Yeni Yeruselâm" tabirini kullanır. Bu yeni kentin inşa edilmesinden sonra ise, ilâhî süreç tamamlanır ve Hz. İsa ikinci kez yeryüzüne gelerek dünyanın hakimiyetini canavarın, ejderhanın ve sahte peygamberin elinden alarak onların hakimiyetine son verir ve bu hakimiyetle birlikte herkes, her halk ve ulus adaletli bir şekilde yargılanır ve böylece, bu son olayla birlikte, Kutsal Kitap da sona ererek tamamlanır:

Canavarın Sırtındaki Kadın

"[1]Yedi tası alan yedi melekten biri gelip benimle konuştu: "Gel!" dedi. "Sana engin suların kenarında oturan büyük fahişenin çarptırılacağı cezayı göstereyim. [2]Dünya kralları onunla fuhuş yaptılar. Yeryüzünde yaşayanlar onun fuhşunun şarabıyla sarhoş oldular." ³Bundan sonra melek beni Ruh'un yönetiminde çöle götürdü. Orada yedi başlı, on boynuzlu, üzeri küfür niteliğinde adlarla kaplı kırmızı bir canavarın üstüne oturmuş bir kadın gördüm. ⁴Kadın, mor ve kırmızı giysilere bürünmüş, altınlar, değerli taşlar, incilerle süslenmişti. Elinde iğrenç şeylerle, fuhşunun çirkeflikleriyle dolu altın bir kâse vardı. ⁵Alnına şu gizemli ad yazılmıştı:

"BÜYÜK BABİL, DÜNYA FAHİŞELERİNİN VE İĞRENÇLİKLERİNİN ANASI"

⁶Kadının, kutsalların ve İsa'ya tanıklık etmiş olanların kanıyla sarhoş olduğunu gördüm. Onu görünce büyük bir şaşkınlığa düştüm. ⁷Melek bana, "Neden şaştın?" diye sordu. "Kadının ve onu taşıyan yedi başlı, on boynuzlu canavarın sırrını ben sana açıklayayım. ⁸Gördüğün canavar bir zamanlar vardı, ama şimdi yok. Biraz sonra dipsiz derinliklerden çıkacak ve yıkıma gidecek. Yeryüzünde yaşayan ve dünya kurulalı beri adları yaşam kitabına yazılmamış olanlar canavarı görünce şaşacaklar. Çünkü o bir zamanlar vardı, şimdi yok, ama yine gelecek. ⁹"Bunu anlamak için bilgelik gerek. Yedi baş, kadının üzerinde oturduğu yedi tepedir; aynı zamanda yedi kraldır. ¹⁰Bunların beşi düştü, biri duruyor, ötekiyse henüz gelmedi. Gelince kısa süre kalması gerek. ¹¹Yaşamış, ama şimdi yok olan canavarın kendisi sekizinci kraldır. O da yedilerden biridir ve yıkıma gitmektedir.

¹²Gördüğün on boynuz henüz egemenlik sürmemiş on kraldır; canavarla birlikte bir saat egemenlik sürmek üzere yetki

alacaklar. ¹³Düşünce birliği içinde olan bu krallar güçlerini ve yetkilerini canavara verecekler. ¹⁴Kuzu'ya karşı savaşacaklar, ama Kuzu onları yenecek. Çünkü Kuzu, rablerin Rabbi, kralların Kralı'dır. O'nunla birlikte olanlar, çağrılmış, seçilmiş ve O'na sadık kalmış olanlardır." ¹⁵Bundan sonra melek bana, "Şu gördüğün sular –fahişenin kenarında oturduğu sular- halklar, toplumlar, uluslar ve dillerdir" dedi. ¹⁶"Gördüğün canavarla on boynuz fahişeden nefret edecek, onu perişan edip çıplak bırakacaklar.

Etini yiyip kendisini ateşte yakacaklar. ¹⁷Çünkü Allah, amacını gerçekleştirme isteğini onların yüreğine koymuştur. Öyle ki, Allah'ın sözleri yerine gelinceye dek krallıklarını canavara devretmekte sözbirliği edecekler. ¹⁸Gördüğün kadın dünya kralları üzerinde egemenlik süren büyük kenttir."

{Vahiy, 17:1-18}

Babil'in (Ortadoğu) Yıkılışı

"¹Bundan sonra büyük yetkiye sahip başka bir meleğin gökten indiğini gördüm. Yeryüzü onun görkemiyle aydınlandı. ²Melek gür bir sesle bağırdı: "Yıkıldı! Büyük Babil yıkıldı! Cinlerin barınağı, Her kötü ruhun uğrağı, Her murdar* (kötü) ve iğrenç kuşun sığınağı oldu. ³Çünkü bütün uluslar Azgın fuhşunun şarabından içtiler. Dünya kralları da Onunla fuhuş yaptılar. Dünya tüccarları Onun aşırı sefahatiyle zenginleştiler." ⁴Gökten başka bir ses işittim: "Ey halkım!" diyordu. "Onun günahlarına ortak olmamak, Uğradığı belalara uğramamak için çık oradan! ⁵Çünkü üst üste yığılan günahları göğe erişti, Ve Allah onun suçlarını anımsadı. ⁶Babil nasıl davrandıysa, karşılığını ona aynen verin, Yaptıklarının iki katını ödeyin. Hazırladığı kâsedeki içkinin İki katını hazırlayıp ona içirin. ⁷Kendini yücelttiği, sefahate verdiği oranda Istırap ve keder verin ona. Çünkü içinden diyor ki, 'Tahtında oturan bir kraliçeyim, dul değilim. Asla yas tutmayacağım!' ⁸Bu nedenle başına gelecek belalar Ölüm, yas ve kıtlık- Bir gün içinde gelecek. Ateş onu yiyip bitirecek. Çünkü onu yargılayan Rab güçlüdür.

⁹"Kendisiyle fuhuş yapan ve sefahatte yaşayan dünya kralları onu yakan ateşin dumanını görünce onun için ağlayıp dövünecekler. ¹⁰Çektiği ıstıraptan dehşete düşecek, uzakta durup, 'Vay başına koca kent, Vay başına güçlü kent Babil! Bir saat içinde cezanı buldun' diyecekler. ¹¹"Dünya tüccarları onun için ağlayıp yas tutuyor. Çünkü mallarını satın alacak kimse yok artık. ¹²⁻¹³Altını, gümüşü, değerli taşları, incileri, ince keteni, ipeği, mor ve kırmızı kumaşları, her çeşit kokulu ağacı, fildişinden yapılmış her çeşit eşyayı, en pahalı ağaçlardan, tunç, demir ve mermerden yapılmış her çeşit malı, tarçın ve kakule, buhur, güzel kokulu yağ, günnük, şarap, zeytinyağı, ince un ve buğdayı, sığırları, koyunları, atları, arabaları ve köleleri, insanların canını satın alacak kimse yok artık. ¹⁴"Diyecekler ki, 'Canının çektiği meyveler elinden gitti, Bütün değerli ve göz alıcı malların yok oldu. İnsanlar bunları bir daha göremeyecek.' ¹⁵Babil'de bu malları satarak zenginleşen tüccarlar, kentin çektiği ıstıraptan dehşete düşecekler. Uzakta durup ağlayacak, yas tutacaklar. ¹⁶"'Vay başına, vay!' diyecekler. 'İnce keten, mor ve kırmızı kumaş kuşanmış, Altın, değerli taş ve incilerle süslenmiş Koca kent!

¹⁷⁻¹⁸Onca büyük zenginlik Bir saat içinde yok oldu.' "Gemi kaptanları, yolcular, tayfalar, denizde çalışanların hepsi, onu yakan ateşin dumanını görünce uzakta durup, 'Koca kent gibisi

var mı?' diye feryat ettiler. [19]Başlarına toprak döktüler, yas tutup ağlayarak feryat ettiler: 'Vay başına koca kent, vay! Denizde gemileri olanların hepsi Onun sayesinde, onun değerli mallarıyla Zengin olmuşlardı. Kent bir saat içinde viraneye döndü.' [20]Ey gök, kutsallar, elçiler, peygamberler! Onun başına gelenlere sevinin! Çünkü Allah onu yargılayıp hakkınızı aldı." [21]Sonra güçlü bir melek değirmen taşına benzer büyük bir taşı kaldırıp denize atarak şöyle dedi: "Koca kent Babil de İşte böyle şiddetle atılacak Ve bir daha görülmeyecek. [22]Artık sende lir çalanların, ezgi okuyanların, Kaval ve borazan çalanların sesi Hiç işitilmeyecek. Artık sende hiçbir el sanatının ustası bulunmayacak. Sende artık değirmen sesi duyulmayacak. [23]Artık sende hiç kandil ışığı parlamayacak. Sende artık gelin güvey sesi duyulmayacak. Senin tüccarların dünyanın büyükleriydi. Bütün uluslar senin büyücülüğünle yoldan sapmıştı. [24]Peygamberlerin, kutsalların Ve yeryüzünde boğazlanan herkesin kanı Sende bulundu." "

{Vahiy, 18:1-24}

Gökteki Sevinç

"[1]Bundan sonra gökte büyük bir kalabalığın sesini andıran yüksek bir ses işittim. "Haleluya!" ('Yaşasın' anlamına gelir) diyorlardı. "Kurtarış, yücelik ve güç Allah'a özgüdür. [2]Çünkü O'nun yargıları doğru ve adildir. Yeryüzünü fuhşuyla yozlaştıran Büyük fahişeyi yargılayıp Kendi kullarının kanının öcünü aldı." [3]İkinci kez, "Haleluya! Onun dumanı sonsuzlara dek tütecek" dediler. [4]Yirmi dört ihtiyarla dört yaratık yere kapanıp, "Amin! Haleluya!" diyerek tahtta oturan Allah'a tapındılar. [5]Sonra tahttan bir ses yükseldi: "Ey Allah'ın bütün kulları! Küçük büyük, O'ndan korkan hepiniz, O'nu övün!" [6]Ardından büyük bir kalabalığın, gürül gürül akan suların, güçlü gök gürlemelerinin sesine benzer sesler işittim. "Haleluya!" diyorlardı. "Çünkü Her Şeye Gücü Yeten Rab Allah Egemenlik sürüyor. [7]Sevinelim, coşalım! O'nu yüceltelim! Çünkü Kuzu'nun düğünü başlıyor, Gelini hazırlandı. [8]Giymesi için ona temiz ve parlak ince keten giysiler verildi." İnce keten kutsalların adil işlerini simgeler. [9]Sonra melek bana, "Yaz!" dedi. "Ne mutlu Kuzu'nun düğün şölenine çağrılmış olanlara!" Ardından ekledi: "Bunlar gerçek sözlerdir, Allah'ın sözleridir." [10]Ona tapınmak üzere ayaklarına kapandım. Ama o, "Sakın yapma!" dedi. "Ben de senin ve İsa'ya tanıklığını sürdüren kardeşlerin gibi bir Allah kuluyum. Allah'a tap! Çünkü İsa'ya tanıklık, peygamberlik ruhunun özüdür.." "

{Vahiy, 19:1-10}

21. BÖLÜM (Chapter 21)

KUR'AN'DAKİ KIYAMET ALÂMETLERİ VE DÜNYANIN SONUNA İLİŞKİN DİĞER İŞARETLER (40 madde halinde)

KUR'AN'DAKİ KIYAMETE İLİŞKİN DİĞER CİFİRSEL İŞARETLER (İ.S. 2012-2222)

İncil pasajlarındaki kıyamete ilişkin bölümleri yorumladıktan sonra şimdi BÜYÜK KIYAMET süreci ile ilgili en önemli ve tarihi açıdan kırılma noktası sayılabilecek olayları cifirsel olarak inceleyelim:

DÜNYANIN SON DÖNEMLERİ VE KIYAMETİN KOPMAYA BAŞLAMASI (2010-2140)

Bu bölümün sonunda, güneşin batıdan doğması ve kıyametin diğer büyük alametleri tamamlandıktan sonra kıyamet sürecinde yaşanacak önemli olayları, kronolojik tarih sıralamasına göre inceleyeceğiz. Dünya ve Kainatın ölümü demek olan Büyük Kıyamet ve surun birinci kez üfürülmesinden önce yaşanacak bu bir dizi olaydan en önemli **40 MESELESİ**'ni sırasıyla inceleyelim:

[] **BİRİNCİ MESELE**: Kıyametin büyük alametlerinin ne kadar süre etkisini devam ettireceğini ve bu büyük işaretlerin ne zaman son bularak kıyamet sürecinin ne zaman başlayacağını gösterir ki;

"O duman insanları kaplar, işte bu elîm bir azaptır."

{Duhân, 11}

ayetinde bahsi geçen, **"Göğün getireceği dumanlı ve zehirli bir gaz"**dan açıkça bahseden;

يَغْشَى النَّاسَ

yani "**İnsanlığı kaplar**" cümlesinin makam-ı cifrisi şeddeli nun iki nun (100) sayılmak şartıyla **hicri 1512** veya **miladi 2091** yaparak bu tarihte gökyüzünden gelecek olan bu elim azabın;

هَذَا عَذَابٌ أَلِيمٌ

yani "**Bu insanlık için elim ve şiddetli bir azaptır.**" cümlesinin makam-ı cifrisi, tenvinler sayılmamak şartıyla **hicri 1560** veya **miladi 2136** yaparak bu azabın ne kadar devam edeceğini ve bu dönem içerisinde mü'minlerin bu duman azabıyla vefat ettirilerek, kafirlerin üzerine kopacak olan büyük kıyametin iyice yaklaştığını gösterir. Eğer sayılmayan sondaki bir tenvin bir nun (50) olarak ilave edilirse, **hicri 1610** veya **miladi 2184** yaparak gökyüzünden gelen büyük bir meteorun neden olduğu şiddetli bir çarpmanın etkisiyle gerçekleşecek olan ikinci büyük bir duman azabıyla birlikte, yeryüzündeki tüm canlı hayatıyla birlikte kafirlerin üzerine kıyametin kopması tarihini verir.

Ayrıca,

" هَذَا آخِرُ الزَّمَانِ "

yani "**Bu ahir zamandır, yani zamanın sonu, kıyamettir.**" İfadesinin makam-ı cifrisi de, şeddeli ze (1) sayılmak şartıyla **hicri 1630** veya **miladi 2204** yaparak; 2004 yılında başlayan bu tuğyandan sonra dünya hayatının ancak 200 yıl kadar devam edeceğini bildirerek, halen aklı başında olan insanlığı gayb-aşina gözüyle 1600 sene öncesinden görerek uyarır ve istikamete davet eder.

[] **İKİNCİ MESELE**: Tevbe suresinin 129. ayetinde yer alan;

فَاِنْ تَوَلَّوْا فَقُلْ حَسْبِىَ اللّٰهُ لَا اِلٰهَ اِلَّا هُوَ عَلَيْهِ تَوَكَّلْتُ

"**Eğer, İnkarcılar yüz çevirirlerse de ki: Allah bana yeter. O'ndan başka ilâh yoktur. Ben sadece O'na güvenip dayanırım.**"

{Tevbe,129}

Ayetinin makam-ı cifrisi şeddeli lamlar ve kef birer sayılsa, **miladi 2011** tarihini vererek bu asırda gelecek olan müceddidin besmele-i hayatına, Kur'an ilimleri tahsiline başlama ve rahmet-i ilâhiyeye tevekkül etme tarihini verir. Eğer, فَقُلْ "**de ki**" kelimesi hariç olsa ve şeddeli lamlardan birisi iki lam (60) diğer şeddeli lam ve kef birer sayılsa, **miladi 1911** tarihini vererek bir önceki asrın müceddidi olan Said-i Nursî'nin göreve başlama ve inayet-i ilahiyeye istinâd ve istimdât etme tarihini verir. Eğer, "**de ki**" kelimesi hariç olmak üzere, şeddeli lamlar birer lam (30) ve kef iki kef (40) sayılsa, **miladi 1811** tarihini vererek bu kez de hicrî 12. asrın müceddidi olan Hâlid-i Bağdadî'nin müceddidlik görevine ve manevi mücahedesine başlama tarihine harika bir şekilde, zamanın **100**'er sene arayla açılan üç adet çekmecesinden üçer bölme halinde harika bir tarzda haber verir.

[] **ÜÇÜNCÜ MESELE**: Yine benzer şekilde En'am suresinin 161. ayetinde geçen;

قُلْ اِنَّنى هَدٰينى رَبّى اِلٰى صِرَاطٍ مُسْتَقيمٍ

"**De ki: Şüphesiz rabbim beni dosdoğru bir yola iletti.**"

{En'am, 161}

cümlesinin makam-ı cifrisi, şeddeli nun bir nun (50), şeddeli be iki be (4) ve sondaki tenvinler vakıf durumunda olduğu ve mensup olmadığı için (0) sayılmak şartıyla **1476 değerini** vererek, 14. asrın sonundaki nazar-ı dikkati sırat-ı müstakime ve hidayete çevirecek olan bir eserin ve müellifinin makam-ı cifrisine aynen işaret ederek, 14. asrın başındaki hadim-i kur'anı 14 asır öncesinden manevi teleskop-misal dürbünleriyle göstererek, remzen ve dalaleten işaret eder.

[] **DÖRDÜNCÜ MESELE**: Tevbe suresinin 32. ayetidir ki;

يُرِيدُونَ اَنْ يُطْفِؤُا نُورَ اللّٰهِ بِاَفْوَاهِهِمْ وَيَاْبَى اللّٰهُ اِلَّا اَنْ يُتِمَّ نُورَهُ وَلَوْ كَرِهَ الْكَافِرُونَ

"**Muhakkak ki, Allah'ın nurunu ağızlarıyla söndürmek istiyorlar. Halbuki, kafirler hoşlanmasalar da Allah nurunu tamamlamaktan asla vazgeçmez.**"

{Tevbe, 32}

bu ayette geçen;

اِنْ نُورَ اللّٰهِ بِاَفْوَاهِهِمْ وَيَأْبَى اللّٰهُ اِلَّا اَنْ يُتِمَّ نُورَهُ

"Muhakkak ki Allah, ağızlarıyla söndürmek istedikleri nurunu tamamlayacaktır."

cümlesinin makam-ı cifrisi, şeddeli lam ve mimler ikişer sayılsa, **hicri 1476** veya **miladi 2056** yaparak 14. asrın sonlarında nurunu, kur'an-ı hakimden gelen bir nur ile tamamlayacağına ve bu nurun kaynağı ve ilham-ı ilahînin bu asırdaki bir mazharı olan bir esere ve onun müellifine cifir değeri tam tevafuk edecek şekilde remzen ve dalaleten kuvvetli bir tarzda işaret eder. Yine aynı ayette geçen;

نُورَ اللّٰهِ بِاَفْوَاهِهِمْ وَيَأْبَى اللّٰهُ اِلَّا اَنْ يُتِمَّ نُورَهُ وَلَوْ كَرِهَ الْكَافِرُونَ

"Ağızlarıyla söndürmek istedikleri Allah'ın nurunu, Allah kafirler hoşlanmasalar da tamamlamaktan asla vazgeçmez.

cümlesinin makam-ı cifrisi ise, şeddeli lam ve mimler birer sayılsa **miladi 2006** tarihini vererek, bu nurun tamamlanmasının ve inkarcı zihniyetin neden olduğu zulümatın dağıtılmasının Hz. Mehdi tarafından gerçekleştirileceğini ve bu tarihte gerçekleşen besmele-i hayatı ile manevi mücahedesine başlamasına ve inkarcı fikir sisteminin neden olduğu zulümât bulutlarını kur'an-ı hakimden çıkan tahkikî bir nurla bu tarihten yaklaşık bir **30-40 yıl** sonra meydana getireceği eserleriyle dağıtmaya başlayacağını **1400** sene öncesinden mu'cizevî bir tarzda bildirir. Eğer, şeddeli lam ve mimler ikişer sayılsa bu kez de, **miladi 2076** tarihini vererek bu nurun tamamlanma tarihine ve Kur'an-ı hakimin pozitif bilimler yoluyla tam isbatına remzen ve işareten kuvvetli bir şekilde dalalet ederek; daha önceki iki asra ve o asırlardaki islâmiyetin nurunu tamamlama tarihlerine (**miladi 1956 ve 1866** tarihlerine) baktığı gibi, 14. asrın sonundaki islamiyetin umumî ve tüm dünyaya şâmil olarak nurunu tamamlamasını ve zaferini gösterir. Üstelik, aynı ayetin cifir değerini hesaplayan bir önceki asrın müceddidi olan üstad said nursî de, benzer şekilde aynı tarihi vererek, risale-i nûr'da bu ayetin tefsirini yaptığı açıklanmasına şu notu düşmüştür:

"Şeddeli "lâmlar" birer "lâm" ve şeddeli "mim" asıl kelimeden olduğundan iki "mim" sayılmak cihetiyle <u>bin üçyüz yirmidört (1324 veya miladi 1906) ederek, Avrupa zalimleri devlet-i İslâmiyenin nurunu söndürmek niyetiyle müdhiş bir sû'-i kasd plânı yaptıkları</u> ve ona karşı Türkiye hamiyetperverleri, hürriyeti yirmidörtte ilânıyla o plânı akîm bırakmağa çalıştıkları halde, maatteessüf altı-yedi sene sonra, harb-i umumî neticesinde yine o sû'-i kasd niyetiyle Sevr Muahedesinde Kur'anın zararına gayet ağır şeraitle kâfirane fikirlerini yine icra etmek olan plânlarını akîm bırakmak için Türk milliyetperverleri cumhuriyeti ilânla mukabeleye çalıştıkları tarihi olan bin üçyüz yirmidörde, tâ otuz dörde, tâ ellidörde tam tamına tevafukla, o herc ü merc içinde Kur'anın nurunu muhafazaya çalışanlar içinde Resail-in Nur müellifi yirmidörtte (1324) ve Resail-in Nur'un mukaddematı otuzdörtte (1334) ve Resail-in Nur'un nuranî cüzleri ve fedakâr şakirdleri ellidörtte (1354) mukabeleye çalışmaları göze çarpıyor. Hattâ hakikat-ı hali bilmeyen bir kısım ehl-i siyaseti telaşa sevkettiler ve bu itfa sû'-i kasdına karşı tenvir vazifesini tam îfa ettiklerinden bu âyetin mana-yı işarîsi cihetinde bir medar-ı nazarı olduklarına kuvvetli bir emaredir.

Şimdi İslâmlar içinde Nur-u Kur'ana muhalif haletlerin ekserisi, o sû'-i kasdların ve Sevr Muahedesi gibi gaddarane muahedelerin vahîm neticeleridir. Eğer şeddeli "mim" dahi şeddeli "lâmlar" gibi bir sayılsa; o vakit bin ikiyüz seksendört (1284) eder. O tarihte Avrupa kâfirleri devlet-i İslâmiyenin nurunu söndürmeğe niyet ederek on sene sonra Rusları tahrik edip Rus'un doksanüç (1293) muharebe-i meş'umesiyle âlem-i İslâmın parlak nuruna muvakkat bir bulut perde ettiler. Fakat bunda Resail-in Nur şakirdleri yerinde Mevlâna Hâlid'in (K.S.) şakirdleri o bulut zulümatını dağıttıklarından bu âyet bu cihette onların başlarına remzen parmak basıyor. Şimdi hatıra geldi ki; eğer şeddeli "lâmlar" ve "mim" ikişer sayılsa, bundan bir asır sonra zulümatı dağıtacak zâtlar ise, Hazret-i Mehdi'nin şakirdleri olabilir.."

[] **BEŞİNCİ MESELE**: Yine Kâf suresinin 20. ayetinde geçen;

$$\text{وَنُفِخَ فِى الصُّورِ ذَٰلِكَ يَوْمُ الْوَعِيدِ}$$

"Ve Sur'a üfürüldüğünde (Kıyamet Saati geldiğinde), işte bu o uyarının gerçek olacağı tehdit günüdür."

cümlesi, Sur'un üfürülmesiyle birlikte Büyük Kıyamet'in gelmesinden bahsettiği gibi; şeddeli sad iki sad (180) sayılmak şartıyla makam-ı cifrisi, **hicri 1596** veya **miladi 2170** tarihini vererek, insanlık tarihinin sonuna ve bu tarihte insanlığın sonunun ve kıyametinin gelmesine remzen ve dalaleten açık bir şekilde miladi tarih vererek işaret eder.

Demek ki, Kıyametin açık uyarıcısı olan 14. asırdaki müellifinin veladet (doğum) tarihinden (**1426**) hicri olarak tam iki asır, yani **170** yıl sonra insanlığın büyük kıyameti kopar ki; yukarıdaki kâf suresinin 20. ayeti de açıkça bu tarihlere işaret ediyor ve gerçeğin getirmiş olduğu tehdit gününü, kıyamet gününün gelmeyeceğini iddia eden tüm muannit inkarcılara ilm-i cifir lisanıyla beyan ve idbat ediyor. Eğer şeddeli sad bir sad (90) sayılsa bu kez de **hicri 1503** veya **miladi 2080** tarihini vererek yine bir başka taife-i insaniye olan Ye'cüc ve Me'cüc kavimlerinin son dönemlerini ve kıyametini sûr-misâl gaybî tehditlerle ilan ederek remzen işaret eder.

[] **ALTINCI MESELE**: Yine benzer şekilde, Kaf suresinin 41. ayetinin;

وَاسْتَمِعْ يَوْمَ يُنَادِ الْمُنَادِ مِنْ مَكَانٍ قَرِيبٍ

"**Bir çağırıcının yakın bir yerde çağıracağı güne kulak ver.**"

{Kaf, 41}

makam-ı cifrisi sondaki tenvinler birer nun (50) sayılmak şartıyla, **Hicri 1437** veya **Miladi 2017** tarihini verdiği gibi, yine bir sonraki ayette geçen;

يَوْمَ يَسْمَعُونَ الصَّيْحَةَ بِالْحَقِّ ذَلِكَ الْخُرُوجُ

"**O gün (bütün halk) o hak sayhayı işiteceklerdir. İşte bu (Kabirlerden) çıkış gününün (veya Kıyametin ilan edilmesi)'dir.**"

{Kaf, 42}

cümlesinin makam-ı cifrisi dahi, şeddeki sad ve kaf birer sayılmak şartıyla, yine yukarıdaki elde ettiğimiz tarihe yakın bir tarih olan, **Hicri 1440** ve **Miladi 2020** tarihini vererek Hz. Mehdi'nin Kıyameti ilan etme tarihine ve o kuvvetli sayhanın ve ilanâtın ayn-ı tarihine remzen işaret ettiği gibi; ayette geçen

الصَّيْحَةَ بِالْحَقِّ "Gerçeğin seslenişi, çağrısı" anlamında bir kelimeyle yine bu ilanâta işaret ederek, "**Bir çağırıcının yakın bir yerden çağıracağı güne**" veya "**Kıyamet gününün ilan edilmesi**"ne dalalet ederek Kıyametin ilan ve isbat edilmesine hizmet eden hak bir hakikat ve sesleniş olan Kıyamet gerçekliği'nin neşr ve ilan edilmesi dönemine remzen işaret eder. Eğer, şeddeli sad ve kaf ikişer sayılsa, bu kez de **Hicri 1630** veya **Miladi 2204** tarihini vererek kabirlerdeki ölülerin diriltilmesinin İsrâfil AS. tarafından ilân edilmesi tarihine remzen ve dalaleten işaret ederek, Haşri ve Yeniden diriliş hakikatini kuvvetli bir Sayha ile Sur-misal gaybî tehditlerle, işaretlerle ve beyanâtlarla açıkça ilân eder.

[] **YEDİNCİ MESELE**: Yine Kamer suresinin 1. ayetinin;

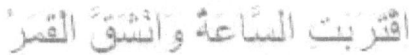

"**Kıyamet yaklaştı ve ay yarıldı.**"

{Kamer, 1}

makam-ı cifrisi şeddeli kaf ve sin birer sayılmak şartıyla, **Miladi 2098** tarihini vererek bu tarihte büyük kıyametin bir işareti olarak ayda oluşacak derin bir yarığa işaret ettiği gibi; 4. ve 5. ayetlerinde geçen;

وَلَقَدْ جَاءَهُمْ مِنَ الْأَنْبَاءِ مَا فِيهِ مُزْدَجَرٌ حِكْمَةٌ بَالِغَةٌ

"And olsun ki, onları (Kıyametin geleceğini inkar eden inkarcıları) vazgeçirecek öyle Haberler gelmiştir ki, bu Haberler zirveye ulaşmış (Kuvvetli bir belâgat ve ilmî isbat içeren) birer Hikmettir."

{Kamer, 4-5}

cümlesinin makam-ı cifrisi; ayette bahsedilen "**Kıyamet Haberleri**" ve işaretleriyle, büyük bir hikmet içeren ve birer "**Hikmet-ullahi-l Baliğa**" olan çoğu geleceğe yönelik gaybi haberler şeklindeki parçalarına, sondaki tenvinler birer nun (50) sayılmak şartıyla **Miladi 2017** tarihini vererek; burada geçen

الْأَنْبَاءِ "**Haberler**" anlamında işaret ederek, bu haberleri ilan ve isbat eden ve 14. asırda Kur'an-ı Hakim'den çıkmış parlak bir nur olan Hz. Mehdi ve cemaatine remzen ve dalaleten sarâhat derecesinde işaret eder.

Ayrıca burada geçen "**Hikmetun Bâliğatun**" "**Eksiksiz bir Bilgelik, Hikmet**" ifadesi, bahsedilen bu haberlerin sadece tarihlerden ibaret olmayıp; bununla birlikte, tüm hikmet içeren fen bilimlerini daha önceki manevi Kur'ân tefsirlerinde görülmemiş bir tarzda içerisinde barındıran geniş bir Hikmet eserleri serisi olduğuna işaret eder ki, ayet, bu "Hikmetullahil Baliğa"nın anlamını ve içeriğini devamında gelen ifadelerde fazla açmayıp, mücmel bırakmış. Ayrıca bir sonraki ayette, bu uyarıların inkarcılara bir fayda vermediğini ve inkarcıların adetlerine ve inançlarına devam ettiğini tarih-i kadimden günümüze kadar uzanan ibretli bir tablo şeklinde, tarihin her 100 senede yenilenen her bir sayfasına, kendi manasına ve çağına uygun bir biçimde denk gelecek şekilde ibretli bir sayha ile not düşmüş..

[] SEKİZİNCİ MESELE: Yine Kıyamet sürecinden ve Haşirden detaylı bir şekilde bahseden Nebe suresinin ilk iki ayetinde geçen;

عَمَّ يَتَسَاءَلُونَ عَنِ النَّبَإِ الْعَظِيمِ

"**Neyi soruşturuyorlar? O müthiş Yeniden dirilme (Kıyamet) Haberini mi?**"

{Nebe, 1-2}

ayetlerinin makam-ı cifrisi **Miladi 2013** tarihini vererek, ayette "**Büyük Haber**" olarak geçen ifadeyle işaret edilen "**Kıyamet Haberleri**"nin neşr ve ilan edilmesiyle bu büyük kıyamet haberinin habercisi olan bir eserin ilk önemli parçalarının ortaya çıkışına ve 14. asrın başındaki müellifinin çocukluk dönemine işaret ettiği gibi, zuhurunun ve Arapça ilmi tahsilinin asıl başlangıç zamanı olan **Miladi 2012-2013** tarihlerini göstererek, Kıyametin gelmeyeceğine ve Haşre inanmayanları kuvvetli bir tarzda ihtar ederek ve harika bir tarzda işaret ederek Kıyamet ve Haşirden remzen haber verir ve surenin sonundaki şiddetli tehditlerle, inkarcıların o günle karşılaşmaktansa toprak olmayı tercih edeceklerinden bahseder:

اِنَّا اَنْذَرْنَاكُمْ عَذَابًا قَرِيبًا يَوْمَ يَنْظُرُ الْمَرْءُ مَا قَدَّمَتْ يَدَاهُ وَيَقُولُ الْكَافِرُ يَا لَيْتَنِي كُنْتُ تُرَابًا

"Biz, yakın bir azap ile sizi uyardık. O gün kişi önceden yaptıklarına bakacak ve inkârcı kişi: «Keşke toprak olsaydım!» diyecektir."

{Nebe, 40}

Hem yine ayrıca;

"Deki: "En 'Üstün ve Apaçık' Delil (Hüccet) Allah'ındır. Eğer o dileseydi, elbette tümünüzü hidayete yöneltip iletirdi.." "

{En'am, 149}

Ayetinde yer alan:

"Lillâh-il Huccet-ul Bâligah (Bâligatun).."

"En 'Üstün ve Apaçık' Delil (Hüccet) Allah'ındır.."

ifadesinin makam-ı cifrisi; şeddeli lam ve cim ikişer sayılsa; **Miladi 2006** yılına işaret eder veya "**Bâligah (Bâligatun)**" "**En üstün, en kuvvetli, En kesin olan**" ifadesi ise, tenvin sayılmamak şartıyla **Hicri 1433** veya **Miladi 2012** tarihini vererek Hz. Mehdi'nin bu tarihlerde ortaya çıkacağına kuvvetli bir şekilde yine işaret eder. Çünkü, hadislerde bildirilmiştir ki, **Hz. Mehdi (a.s.)'ın adlarından birisi de HÜCCET'tir.**

[] **DOKUZUNCU MESELE**: Yine Kehf suresinin 2. ayetininde geçen;

قَيِّمًا لِيُنْذِرَ بَأْسًا شَدِيدًا مِنْ لَدُنْهُ

"**Allah katında belirlenmiş olan sağlamlaştırılmış kesin ve şiddetli bir günün (Kıyametin) cezası konusunda uyarmak için..**"

{Kehf, 2}

cümlesinin makam-ı cifrisi, şeddeli ya iki ya (20) ve sondaki tenvinler te'kidli ifade içerdiği için ikişer nun (100) ve ceza kelimesindeki vakıf durumundaki düşen hemze (1) olarak sayılmamak şartıyla, cifir değeri **Miladi 2012** tarihini vererek bu tarihte gelecek olan kesin ve şiddetli bir ceza konusunda uyarır ve aynı zamanda bir önceki ayete de bakarak burada işaret edilen ve "**Kitabe**" olarak geçen yazılı bir eserin, -ki eski dilde yazılı belge niteliğindeki eserlere "**KİTABE**" (**Aynen Maya yazıtları gibi Yazılı bir eser**) ismi verilir- ki, ahir zamanda ortaya çıkacak olan bu çok eski belgelerle birlikte, Hz. Mehdi'ye 21 Aralık 2012 tarihinin gecesinde -ki, bu tarih yaklaşık 3600 yılda bir gerçekleşen **En uzun** gecedir- verilecek olan "**KUTUP**", yani "**GAVS**" makamıyla birlikte 700 adet ilme ve bu ilimlerle birlikte tüm insanlığın spirütüel ve zihinsel yükselişinin başlangıcına ve bu şiddetli ceza konusunda yaptığı uyarılara da manen kuvvetli bir şekilde "**BALİGATUN**", yani "**ÇOK BÜYÜK HİKMET, HÜCCET**" kelimesiyle harika bir tarzda remzen işaret eder.

[] **ONUNCU MESELE**: Yine Kehf suresinin 3. ayetininde geçen;

مَاكِثِينَ فِيهِ أَبَدًا

"Orada (Cehennemde) Ebediyyen (temelli olarak) kalacaklardır."

{Kehf, 3}

ifadesiyle Deccal'a ve Nefsi'ne tabi olanların Cehennem'e atılacağına işaret ederek; makam-ı cifrisi tüm harfler ikişer sayılmak şartıyla, **Hicri 1448** veya **Miladi 2028** yaparak Cehennem ehline ve önemli bir taifesine hâfien, gizli olarak işaret eder. Aynı zamanda Cennet ehlinin önemli bir taifesine de işaret ederek, ahir zamanda sırat-ı müstakimde giden nurani bir cemaate de hâfien, gizli olarak işaret eder. Eğer, sondaki tenvin bir nun (50) sayılsa, bu kez makam-ı cifrisi **Hicri 1548** veya **Miladi 2126** yaparak yine Cehennem ehlinin önemli bir taifesi ile istikamet doğrultusunda giden son bir Cemaat-i İslamiyenin son dönemlerine harika bir tarzda hâfien işaret eder.

Eğer, tenvin iki nun (100) sayılsa, bu kez de makam-ı cifrisi **Hicri 1648** veya **Miladi 2222** tarihini vererek ebedi olan Ahiret hayatının başlangıcı ile Cennet ve Cehennem ehlinin Son Akibetine gaybi bir surette zamanın Üç Tabakasına ve Üçer Cemaatine Üç Basamak halinde baktığı gibi; aynı zamanda Büyük Kıyamet'in gizli tarihinden de Üç Aşama halinde hâfi bir şekilde haber vererek; Cehennem ehlini uyarıp ikaz ettiği gibi, Cennet ehlini de saadet-i Ebediye ile müjdeler..

[] **ONBİRİNCİ MESELE**: Yine Kehf suresinin 4. ayetininde geçen;

وَيُنْذِرَ الَّذِينَ قَالُوا اتَّخَذَ اللَّهُ وَلَدًا

"Ve, Allah bir çocuk edindi diyenleri uyarmak için.."

{Kehf, 4}

cümlesinin makam-ı cifrisi, şeddeli lam iki lam (60), Allah lafz-ı celili (66) ve sondaki dal-ı atıf (4) sayılmak şartıyla; **Miladi 2036** tarihini vererek, hem Hz. İsa'nın ikinci gelişiyle Ehl-i kitabı Teslis inancı ve Allah'ın çocuk edinmesi konusunda hak dine ve hakiki İsevi dinine davet etmesi ve Hristiyanlığın Hz. İsa'nın gelişiyle özüne dönmeye başlamasına ve İslamiyetle birleşmesine ve hem de 1. ayette bahsedilen eserlerin, Fütuhâtına başlamasına kuvvetli bir tarzda işaret eder. Ayrıca bu ayette, İslamiyetin İsevi dininin özüyle birleşmeye ve Hak dinin güç kazanmaya başladığı dönemlerin başlangıcına da işaret eder. Dolayısıyla, Kehf suresinin ilk dört ayeti, Hz. Mehdi'nin gelişi ve Müceddidlik görevine başlaması döneminden başlayarak; Hz. İsa'nın İkinci Gelişi dönemine kadar olan önemli bir kısım olayları, zamanın dar bir çekmecesinden dört ana zaman dilimine ayırarak harika bir tarzda aktardığı gibi; ta Ahirzamanın sonuna, yani Kıyamete kadar olan bir kısım önemli olayları da, zamanın geniş penceresinden üç kanada açarak, ayetlerdeki ifadeler çok kısa olmasına rağmen tafsilatlı bir şekilde bildirir ve mu'cizevi bir tarzda beyan eder..

[] **ONİKİNCİ MESELE:** Zuhruf suresinin 61. ayetidir ki;

وَإِنَّهُ لَعِلْمٌ لِلسَّاعَةِ فَلَا تَمْتَرُنَّ بِهَا وَاتَّبِعُونِ هَذَا صِرَاطٌ مُسْتَقِيمٌ

"Şüphesiz ki O (Hz. İsa), saat (Kıyamet) için (onun yaklaştığını gösteren) bir bilgidir. Sakın O'nda şüpheye düşmeyin."

{Zuhruf, 61}

Bu ayet, Hz. İsa'nın İkinci Gelişini;

وَاِنَّهُ لَعِلْمٌ لِلسَّاعَةِ فَلَا تَمْتَرُنَّ بِهَا

cümlesiyle açıkça bildirir ki, bu ifadenin makam-ı cifrisi; şeddeli nunlar ve sin birer, saat kelimesinin sonundaki yuvarlak te (ة) ta (ت) olarak (400) ve sondaki düşen vav-ı atıf (6) sayılmak şartıyla, **Miladi 2038** tarihini vererek Hz. İsa'nın gelişini müjdeleyerek Kehf suresinin 4. ayetine baktığı gibi, yine ona yakın bir tarihi vererek ikinci gelişinin hemen akabinde ehl-i kitabı imana davet etmesinin ayn-ı tarihine harika bir tarzda işaret eder. Ayrıca, ayetin devamında, **"Hz. İsa'nın ikinci gelişi konusunda şüpheye düşmeyin"** diye manen uyararak onun öncüsü olan bu eserlerdeki haberleri kuvvetlendirir.

Yine ilginçtir ki, hemen arkasından gelen 63. ayette geçen;

جَاءَ عِيسَى بِالْبَيِّنَاتِ قَالَ قَدْ جِئْتُكُمْ بِالْحِكْمَةِ

"Ve İsa, açık göstergeler getirdiğinde, demişti ki: "Size bilgelikle geldim!" "

{Zuhruf, 63}

cümlesinin makam-ı cifrisi, şeddeli ya bir ya (10) sayılmak şartıyla **Hicri 1456** veya **Miladi 2036** tarihini vererek, Hz.

İsa'nın Allah katından almış olduğu açıklayıcı ve isbat edici belgelerle (Beyyinât) ve ilahi bir hikmet, yani kuvvetli bir anlayış, ilim ve kavrayış gücüyle gökler aleminden 33 yaşında olarak ikinci kez gelişini ilan ve isbat ettiği gibi; bu ayetten sonra gelen ifadelerde bu konuda şüpheye düşülmemesinden yeniden bahsederek, Hz. İsa'nın ikinci gelişinden sonraki dönemi kapsayan icraatlarından ve aynen yaklaşık 2000 yıl önceki konuşmasından bahsettiği gibi 2000 yıl sonraki ikinci gelişinde de ehl-i kitapla konuşmasına da manen işaret ederek, Allah katında 2 günlük bir süre alan 2000 yıllık bir tekellümü aynı ifade içerisinde zamanın süzgecinden geçirerek harika bir tarzda icmalen işaret ve beyan eder.

Yine Hz. İsa'nın ikinci gelişini bildiren bir başka ayet de, Nisa suresinin 159. ayetidir ki, bu ayette geçen;

وَإِنْ مِنْ أَهْلِ الْكِتَابِ إِلَّا لَيُؤْمِنَنَّ بِهِ قَبْلَ مَوْتِهِ وَيَوْمَ الْقِيَامَةِ يَكُونُ عَلَيْهِمْ شَهِيدًا

"**Ehl-i Kitaptan her biri, ölümünden önce O'na (Hz. İsa) muhakkak iman edecektir. Kıyamet gününde de O onlara şahit olacaktır!**"

{Nisa, 159}

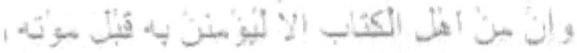

"**Ehl-i kitaptan her biri, ölümünden önce O'na muhakkak iman edecektir..**"

cümlesinin makam-ı cifrisi, şeddeli nun iki nun (100) sayılmak şartıyla; **Hicri 1458** veya **Miladi 2038** tarihini verir ki, bu tarih de daha önceki elde edilen Hz. İsa'nın ehl-i kitabı imana davet etmesi tarihini bildiren Zuhruf suresi 61. ayetinin cifirsel değerine tam tevafuk ederek manayı iki kat kuvvetlendirip te'kid ederek; tüm ehl-i kitabın Hz. İsa'nın açık olarak gelişiyle ve anlaşılmasıyla birlikte, Hz. İsa'nın din-i hakikisi olan İseviliğe tabi olmasını ve İslamiyetin kuvvet bulmasını mu'cizevi bir tarzda remzen ve dalaleten açık bir şekilde bildirir..

[] **ONÜÇÜNCÜ MESELE**: Büyük Kıyamet alametlerinin gerçekleşmesi, **30-33**'er senelik zaman dilimleriyle olur. Bu 33 senelik zaman dilimleri, özel olarak ayarlanmış olup ilahi bir hikmete binaen kıyamet alametlerinin ardı ardına gerçekleşmesi için ilahi bir programa göre düzenlenmiştir. Örneğin, Hz. Mehdi'nin gelişi ile Zuhuru arasında 33 sene; Hz. Mehdi'nin Zuhuru ile Hz. İsa'nın İkinci Gelişi arasında 33 sene; Hz. İsa'nın İkinci Gelişi ile Güneşin Batıdan Doğması arasında 33 sene; Güneşin Batıdan Doğması ile Gökyüzünden Gelen Işığın (Atmosferin) Kararması arasında 33 sene; Atmosferin Kararması ile Yıldızların Işığının Azalması arasında 33 sene; Yıldızların Kararmasıyla İnsanlığın Sonu arasında 33 sene; İnsanlığın Sonuyla Denizlerin Yükselmesi ve tüm dünyanın sular altında kalması arasında 33 sene; Dünyanın Suyla Kaplanması ile Denizlerin tamamen kuruması ve Atmosferin ortadan kalkması arasında 33 sene ve yine Atmosferin ortadan kalkmasıyla Büyük Kıyamet demek olan Sur'a Birinci kez Üfürülmesi arasında da 33 senelik bir zaman dilimi vardır. Bu arada, aklımıza bu kadar kısa zaman aralıklarında bunca olay nasıl gerçekleşir diye bir soru gelebilir. Fakat bunun mantıklı bir açıklaması vardır, şöyle ki: Zaman ilerledikçe hadislerde bildirildiği gibi zaman kısalacak, yani göreceli olarak zamanın akış hızında ve halihazırda bir sureti hissedilen olayların ardı ardına gerçekleşme hızında büyük bir ivme ve artış olacağı için, bu durum muhal veya akla uzak bir mesele değildir..

[] **ONDÖRDÜNCÜ MESELE**: Büyük kıyamet sürecinde gerçekleşecek olan bir kısım hadisâtı bildirir ki, Furkan-ı Hakim bu hadisâtın bir kısmına detaylı olarak işaret ettiği gibi, bir kısmını da aşağıda verilen bir kısım ayetler gibi, mücmel olarak bırakmış. Şimdi, bu ayetlerden ahir zamandaki önemli hadisâta bakan bir kısmını ÜÇER İŞARET altındaki ÜÇ NOKTA halinde inceleyeceğiz.

BİRİNCİ İŞARET

Zelzele (Zil-Zal) suresinde yer alan bu işaretlerden;

BİRİNCİ NOKTA: Zelzele suresinin ilk iki ayetidir ki;

اذا زُلْزِلَتِ الْأَرْضُ زِلْزَالَهَا
وَأَخْرَجَتِ الْأَرْضُ أَثْقَالَهَا

"**Yer, o (son) müthiş sarsıntı ile sarsıldığında ve üzerindeki yükleri çıkarıp dışarı attığında.**"

{Zil-Zal, 1-2}

birinci ayette geçen;

اذا زُلْزِلَتِ الْأَرْضُ

"**Yer, son kez sarsıldığı zaman.**"

cümlesinin makam-ı cifrisi **Miladi 2208** yaparak; yerin sarsıntıya başlamasıyla beraber bir sonraki ayette bahsedilen "**Üzerindeki yüklerin çıkartılması**", yani Kabirlerdeki ölülerin diriltilmesine hazırlık yapmak için aynen bir canlı mahluk gibi Cenab-ı haktan kendisine gelen vahyi alarak emr-i rabbani ile titremeye başlamasına ve Haşir meydanı için hazırlanmaya başlamasına işaret eder. Aynı zamanda, bu surenin sıra numarası "**99**" olarak makam-ı cifrisi Kıyamet sürecinin başlangıcı ve yerin vahiy almaya ve büyük bir depremle birlikte kabir-misal cesetlerin yerin altındaki enkazlardan çıkartılmaya başladığı dönem olan 1999 yılından haber verdiği gibi; ta Ahir zamanın sonundaki Büyük Kıyametten ve ölmüş ruhanilerin yeniden diriltilmesinden de harika ve mu'cizevi bir tarzda haber verir.

[] **ONBEŞİNCİ MESELE**: Yine Zil-Zal suresinin ikinci ayetinde geçen;

وَاَخْرَجَتِ الْأَرْضُ اَثْقَالَهَا

"**Yer, üzerindeki yükleri (Kabirlerdeki ölüleri) çıkarıp dışarı çıkartıp attığında.**"

{Zil-Zal, 2}

İKİNCİ NOKTA:

وَاَخْرَجَتِ الْأَرْضُ اَثْقَالَهَا

"**Yer, üzerindeki yükleri (Kabirlerdeki ölüleri) çıkarıp dışarı çıkartıp attığında.**"

{Zil-Zal, 2}

"Yer (Yüklerini, Kabirlerdeki ölüleri) dışarı çıkartmaya başladığında."

cümlesinin makam-ı cifrisi, Lam harf-i tarifi geneli ifade ettiği için sayılmasa ve iki ayeti bağlayan vav-ı illet sayılmasa **Miladi 2206** yaparak; yerin sarsıntıya başlamasıyla beraber bir önceki ayette bahsedilen hadisatın başlangıç tarihine bakarak; **"Üzerindeki yüklerin çıkartılmaya başlanması"**, yani Kabirlerdeki ölülerin diriltilmesi sürecinin emr-i ilahi ile başlatılmasına işaret eder. Eğer baştaki vav-ı illet de dahil edilse, bu kez **Miladi 2212** yaparak, kabirlerdeki ölülerin diriltilme sürecinin sonuna işaret ederek, aynen ahiret alemlerine ve menzillerine giden bir vagon gibi yerin yüklerini boşaltma devresinin sonuna işaret ettiği gibi; Eğer, bir sonraki ayetin vav-ı illeti de dahil edilse, **Miladi 2218** yaparak **2206** ila **2212** tarihleri arasındaki yolcularını bu duraklardan alıp **2212** ila **2218** tarihleri arasındaki Haşir meydanına boşaltmasına harika ve mu'cizevi bir tarzda işaret eder.

[] **ONALTINCI MESELE:** Yine Zil-Zal suresinin altıncı ayetinde geçen;

يَوْمَئِذٍ يَصْدُرُ النَّاسُ أَشْتَاتًا لِيُرَوْا أَعْمَالَهُمْ

"O gün insanlar, amellerinin kendilerine gösterilmesi için bölük bölük kabirlerinden çıkartılacaklardır."

{Zil-Zal, 6}

ÜÇÜNCÜ NOKTA:

يَوْمَئِذٍ يَصْدُرُ النَّاسُ لِيُرَوْا أَعْمَالَهُمْ

"O gün insanlar, amellerinin kendilerine gösterilmesi için kabirlerinden çıkartılırlar."

cümlesinin makam-ı cifrisi, şeddeli nun bir nun (50) sayılmak şartıyla, **Hicri 1637** veya **Miladi 2212**[hasiye5] yaparak ve bir önceki noktada ele aldığımız 2. ayette verilen tarihi aynen te'yid ederek kabirlerinden çıkan insanların, Allah'ın huzurunda sorguya çekilmesi ve Son Yargı için tabur-misal bölükler halinde ayrı ayrı sevkedilmelerine işaret eder.

Haşiye5Burada önemli bir noktayı belirtmek gerekir ki, yaptığımız cifirsel hesaplamalardaki verilen tarihler, dünya hayatının sonuna işaret eden 2222 tarihine kadardır. Dolayısıyla, Kur'an'da 2222 tarihinden sonra ahiret hayatını ilgilendiren bazı cifirsel sonuçlar da bulunur fakat henüz ahiret hayatı başlamadığı ve dünya hayatı sona ermediği için bu tarihten sonraki tarihlendirmelerde süre verilmez. Çünkü, ahiret hayatı başladığında dünyevi bir zaman söz konusu değildir, yani her şey gibi orada zaman da sonsuz olduğundan herhangi bir tarih belirtmenin bir anlamı olmayacaktır.

Fakat bu gibi ileri tarihleri veren ayetler, konunun bir başka noktasına dikkati çekerek, mutlak son demek olan Kıyametten sonra da bir başka ikinci hayatın devam edeceğini, hayatiyetin tamamıyla sona ermeyeceğini belirtmek ve Haşir ve daha sonrasında sorguya çekilmenin mutlaka gerçekleşeceğini belirtmek için cifirsel olarak bu tarihleri vermektedir ki, dikkat edilirse çıkan bu kronolojik tarihler birbiri ardına sıralanan belirli bir sistematik zaman dilimleri içerisinde gerçekleşir. Bununla birlikte, örneğin cifri olarak 2250 şeklinde ortaya çıkan bir tarihin anlattığı olay, mutlaka ahiret hayatında gerçekleşen bir zaman dilimini kapsayacağı için bu çıkan çok ileri tarihler daha önce 2222 tarihine kadar gerçekleşecek olan olayların hepsinin tamamlanma tarihlerinden sonra geldikleri için gayel makul ve mantıklıdır ve Ku'ran-ın bir başka cifirsel mu'cizesini gösterirler. Çünkü, böyle bir durumda Dünya hayatı bitmeden ve Kıyamet gelmeden önceki bir tarihi vermiş olsaydı, örneğin, kabirlerdeki ölülerin diriltilmesiyle bu cifirsel tarihler sona erseydi, ahiret hayatının gelmesine ilişkin zihinlerde bir soru işareti kalırdı ki, Kur'an'ın metodu bu değildir. O, dünya hayatındaki her olaydan haber verdiği gibi; elbette ondan çok daha önemli olan ahiretten daha çok haber verir fakat burada konu gaybi olduğu için **"gerçekleşeceğine inanın!"** der, kesin tarih vermez, sadece işaret eder.

[] **ONYEDİNCİ MESELE**: Adiyât ve Vâkı'a surelerindeki üç gaybî işarettir ki;

İKİNCİ İŞARET

Adiyât suresinde yer alan bu işaretlerden;

BİRİNCİ NOKTA: Adiyât suresinin 9. ayetidir ki;

اَفَلَا يَعْلَمُ اِذَا بُعْثِرَ مَا فِى الْقُبُورِ

"Öyleyse, bilmiyor musun? Kabirlerdekilerin alt üst edileceğini.."

{Adiyât, 9}

ayetinin makam-ı cifrisi, **Miladi 2206** tarihini verir ki, bu tarih yerin sarsıntıya başlaması tarihi olan **2208** tarihinden önce ona vahyedilerek kabirler ölülerin diriltileceğinin ve dışarı çıkartılacağının bildirilmesine kuvvetli bir işarettir ki, bulduğumuz bu tarihin cifirsel değerinin daha önceki bir tarihi vermesi ve tam bir kronoloji ortaya koyması elbette ki, Kur'an bahrinin sinesinden çıkarttığı mu'cizevi definelerden, inci ve mercanlardan birisidir.

[] **ONSEKİZİNCİ MESELE**: Vâkı'a suresinin 4. ayetindeki bir gaybî işaretti ki;

İKİNCİ NOKTA: Vâkı'a suresinin 4. ayetinde;

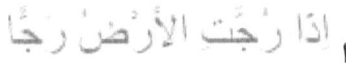

"Yer dehşetli bir sarsılışla sarsıldığı zaman.."

{Vâkı'a, 4}

"Yer sarsıldıkça sarsılacak" ifadesinin makam-ı cifrisi, şeddeli cim iki cim (6) sayılmak şartıyla, **Hicri 1638** veya **Miladi 2212** tarihini vererek yerin sarsıntısının daha da şiddetlenmesine işaret eder. Eğer şeddeli cim bir cim (3) sayılsa bu kez de **Hicri 1635** veya **Miladi 2209** yaparak aynen Zil-Zal suresinin birinci ayetindeki yerin sarsıntıya başlaması tarihi olan 2208 tarihine remzen işaret ederek bir farkla tevafuk eder ki, bu bulduğumuz tarihlerde yerin sarsıntısının giderek artacağına harika ve mu'cizevi bir tarzda kuvvetli bir işarettir.

[] **ONDOKUZUNCU MESELE**: Vâkı'a suresinin 5-6. ayetlerindeki bir gaybî işaretti ki;

ÜÇÜNCÜ NOKTA: Vâkı'a suresinin 5 ve 6. ayetlerinde;

"Dağlar ufalandıkça ufalanacağı ve toz dumana dönüşeceği zaman.."

{Vâkı'a, 5-6}

كَانَتْ هَبَاءً مُنْبَثًّا "**Dağlar toza dumana dönüşeceği zaman**" ifadesinin makam-ı cifrisi, şeddeli se iki se (1000) ve ayetin sonundaki tenvin bir nun (50) sayılmak şartıyla **Hicri 1623** veya **Miladi 2197** yaparak dağların sarsıntılarla beraber unufak edileceğine ve toza dumana dönüşerek tüm yeryüzünün hadislerde bildirilen tam bir küre haline gelinceye kadar parçalanıp etrafa dağıtılacağına harika bir ihbar-ı gaybi ve kuvvetli bir işarettir.

[] **YİRMİNCİ MESELE**: Kâria ve Asr surelerindeki üç gaybî işaretti ki;

ÜÇÜNCÜ İŞARET

Kâria suresinin ilk 5 ayetinde yer alan bu işaretlerden;

BİRİNCİ NOKTA: Kâria suresinin 1-3. ayetleridir ki;

الْقَارِعَةُ مَا الْقَارِعَةُ وَمَا أَدْرَاكَ مَا الْقَارِعَةُ

"**Vuruş! Nedir vuruş! Ve kim söyleyecek sana, vuruşun ne olduğunu?**"

{Kâria, 1-3}

ayetlerinin makam-ı cifrisi, **Hicri 1585** veya **Miladi 2160** tarihini verir ki, bu tarihte gökyüzünden gelecek olan ve insanlığı yok edecek olan büyük bir göktaşına ve insanlığın son yeryüzündeki son dönemlerine harika ve mu'cizevi bir tarzda remzen ve dalaleten işaret ederek zaman takılmış boncuk taneleri gibi aktar-ı semavattaki dünyanın yörüngesine takılmış büyük bir gökcismini gayb lisanıyla kör olanlara dahi gösterir ve manen iyice yoldan çıkmış ve sapıtmış insanlığa ders vererek der ki: *"Madem gücünüz yetiyorsa ve iktidarınız varsa, haydi benim gönderdiğim şu gökcismini ve gelecek felaketi durdurun veya iptal edin!"* diyerek, inkarcıların ve onların Kıyametin ve Dünyanın sonunun gelmeyeceğini iddia ettikleri Materyalist felsefelerine bu ayetlerle şiddetli birer tokat vurur.

[] **YİRMİBİRİNCİ MESELE**: Kâria suresinin 4 ve 5. ayetleridir ki;

İKİNCİ NOKTA: Kâria suresinin 4-5. ayetlerinde;

يَوْمَ يَكُونُ النَّاسُ كَالْفَرَاشِ الْمَبْثُوثِ

وَتَكُونُ الْجِبَالُ كَالْعِهْنِ الْمَنْفُوشِ

"O gün insanlar saçılmış kelebekler gibi olacaklardır ve dağlar da taranmış yün gibi.."

{Kâria, 4-5}

ayetlerinin makam-ı cifrisi, yine aynı şekilde **Hicri 1585** veya **Miladi 2160** tarihini verir ki, tekrar elde ettiğimiz bu tarih iki kere tekrarlandığı için kuvvetli te'kidi ifade eder ve insanlık tarihinin son dönemini, yani İnsanlığın Büyük Kıyametini bildirir. Ayette geçen, **"dağların taranmış yün gibi olması"** ve **"insanların kelebekler gibi saçılması"** gayet ma'kul bir şekilde şöyle açıklanabilir ki:

"Gökyüzünden gelen büyük bir Göktaşının Dünyaya şiddetli bir şekilde çarpması sonrasında, dünyanın bilinen yörüngesindeki dengesi bozulur, iklimler değişir veya kısa sürecek bir buzul çağı başlar ki, bunun sonucunda atmosferin güneş ışığını geçirme oranı çok azalır ve dünyadaki yaşam ışık olmadığı zaman kısa sürede sona erer ve atmosferin koşullarının bozulmasıyla asit yağmurları başlar ki, havayı zehirleyerek tüm canlıların ölümüne neden olduğu gibi, dağlarda da yağmur

şeklinde yağarak taranmış yün gibi yol ve izler bırakır" diye hatıra geldi.

Dolayısıyla, buradan açıkça anlıyoruz ki, ümmet-i muhammediyenin ve imanı olanların bu tarihleri görmeleri mümkün olmadığına göre, gökyüzünden gelen bu göktaşının neden olduğu bu son felaketle (aynen yaklaşık 12.000 yıl önce cinlerin de benzer biçimde sapıtması ve tamamıyla küfr-ü mutlaka düşmeleri sebebiyle gökyüzünden gelen dev bir göktaşıyla yok edilmeleri gibidir ki, tarih-i kadim bahr-i atlas-ı kamusta -Atlas okyanusu- bu neviden devasa bir göktaşının açmış olduğu 100 km çapındaki dev bir krateri keşfetmiştir. İşte Platon'un da Timeas ve Critias dörtlüklerinde bahsettiği gizemli Atlantis ve İnka medeniyetlerini yok eden gökyüzünden gelen o felaketler cinlerin, o büyük felaket öncesinde bir araya toplandığı yerler olan Meksika ve Orta Afrika körfezleri açıklarındaki iki devasa denizaltı çukuruna işaret eder..) insanlığın kıyameti, yani kafir olanların ölümü de böylece gerçekleşmiş olur. Dolayısıyla, buradan anlaşılıyor ki;

*"imanı olan ve İslamiyet için mücahede eden bir grup mü'min cemaat bu tarihlerden yaklaşık yarım asır, yani **50** yıl kadar önce **Hicri 1550** civarında kıyametin dehşetini görmemek için gökyüzünden gelecek olan bir dumandan bahseden Duhan-11 ayetinin makam-ı cifrisi olan 2091 tarihinden itibaren bu zehirli dumanla birlikte 20-30 yıl içerisinde vefat ettirilirler ve inançlı mü'minlerin bu büyük felaketi yaşamaları biiznillah önlenmiş olur"*

diye hatıra geldi. Dolayısıyla, elde ettiğimiz tüm bu tevafuklarla ayetlerin uyumlu olması ve olayların tarih içerisindeki akış sırasına göre kronolojik bir sıra izlemeleri elbette ki, Kur'an-ı Hakim'in ahir zamana bakan bir diğer mu'cizesini gösterir.

[] **YİRMİİKİNCİ MESELE:** Asr (zaman) suresinin 1-3. ayetleridir ki;

ÜÇÜNCÜ NOKTA: Asr suresi, zamanın hakikatini bildirdiği ve zamanın çok tabakalarına baktığı gibi, büyük kıyametten de bahseder ve haber verir;

والعصر ان الانسان لفي خسر
الا الذين امنوا وعملوا الصالحات وتواصوا بالحق وتواصوا بالصبر

"And olsun zamana! Evet, insan kesin bir kayıp içerisindedir. Yalnız, iman edip birbirlerine hakkı ve sabrı tavsiye edenler müstesna.."

{Asr, 1-3}

والعصر ان الانسان لفي خسر "And olsun zamana! Evet, insan kesin bir kayıp içerisindedir!" ifadesinin makam-ı cifrisi, şeddeli nun bir nun (50) sayılmak şartıyla **Hicri 1621** veya **Miladi 2195** tarihini verir ki, büyük kıyamete duçar olup kayıp içerisinde olan ve Cehenneme giden büyük bir taife-i insaniyenin akibetlerine işaret ettiği gibi, hemen arkasından gelen ayette;

وتواصوا بالحق وتواصوا بالصبر "Birbirlerine hakkı ve sabrı tavsiye edenler!" ifadesinin makam-ı cifrisi, şeddeli kaf ve sad ikişer sayılmak şartıyla **1676** yaparak bu büyük felaketten hariç tutulan ve ahirete sevkedilen o kabir ehli içerisinde tesmiye edilen azınlıkta olan Cennet ehline, o sıkıntılı son dönem içerisinde iman edip Salih amellerde bulunmalarının mükafatı olarak hayırlı akibetlerine harika ve mu'cizevi bir tarzda remzen işaret eder. Eğer şeddeli kaf bir kaf (100) sayılsa, makam-ı cifrisi **1576** yaparak yine ahir zamanın sonundaki azınlıkta olan bir grup mü'min Cemaate ve Cennet ehline işaret eder. Eğer, şeddeli kaf ve sad birer, vav-ı atıflar ikişer kez tekrar ettiği için ikişer sayılsa; bu kez de makam-ı cifrisi **1476** yaparak Kıyametten önceki diğer bir Cennet ehli olan Cemaat-i nuraniyeye işaret ederek; ahir zamanın üç tabakasındaki Cemaat-i İslamiyenin üç nurlu tabakasını gayb lisanıyla harika bir tarzda remzen gösterir..

[] YİRMİÜÇÜNCÜ MESELE:

Hz. ALİ'nin Hz. MEHDİ ile İlgili Bildirdiği İki İŞARET'tir

Hz. Ali'nin bildirmiş olduğu bir kısım tevafukâttır ki, bunların bir kısmı da yine içinde bulunduğumuz 14. asra, yani ahir zamana bakarlar. Şimdi Hz. Ali'ye ait olan Müştakzade şerhinde yer alan divanından seçilen ve şu zamana bakan bazı gaybi işaretleri inceleyelim:

BİRİNCİ İŞARET:

بُنَىّ اذا ما جاشَتِ التُّركُ فانتظر

"**Âyâ oğlum! Türkler cûş ettiklerinde (kaynadığında, ve karıştığında, yani savaştığında) Mehdî-i Âdil'e muntazır ol.**"

beyitindeki, بُنَىّ اذا ما جاشَتِ التُّركُ "**Âyâ oğlum! Türkler cûş ettiklerinde (kaynadığında, ve karıştığında, yani savaştığında..)**" cümlesinin makam-ı cifrisi **Miladi 1960** tarihini vererek Türk devletinde Mehdi'nin gelmesinden hemen önce karışıklıklar olacağını bildirir ki, aynen böyle vuku bulmuştur. Türkiye Cumhuriyet tarihinin çok az bir kısmı hariç **1960-1980** arası hep karışıklıklarla geçmiştir. Ayrıca bu ifade, Hz. Mehdi'nin Türklerle bir ilgisi olduğunu ve onların içerisinden çıkacağını harika bir tarzda bildirir.

Bu ifade, Hz. Peygamberin bir hadisiyle de uyuşur ki, bu hadiste bildirildiğine göre Mehdi'nin mücadelesinin sonuna kadar Türklerden ayrılmayacağını, yani onlarla birlikte bulunacağına harika bir tazda **1400** sene öncesinden müjdeleyerek bildirir. Gerçekten de **1980-2010** tarihleri arasındaki Türkiye gündeminde değişen olayları analiz ettiğimizde, bu **30** senelik dönemde Türkiyenin önemli değişimler geçirmiş olduğunu ve Hz. Mehdi'nin Türklerle birlikte olduğunu isbat ederek ahir zamana ait mühim bir hakikati isbat etmiş. Ayrıca, yine başka bir hadiste bildirilen mühim bir hakikat daha yakın bir zaman önce gerçekleşmiştir ki, bu hadiste Mehdi'nin bayrağını üç tarafı denizle çevrili bir kentte bayrağını denizin kenarına dikeceği bildirilir ki, bu hadisin bildirdiği hakikat yakın bir zamanda İstanbul'un her tarafında ve özellikle kıyı semtlerinde dikilen büyük Türk bayraklarıyla kendisini göstermiş ve Hz. Mehdi'ye ait **1400** sene öncesinden bildirilen bir hakikati isbat etmiş. Her neyse.. Bu neviden çok işaret ve ehâdis olmakla birlikte şimdilik bu iki hadise burada yer vererek kısa geçtik.

[] YİRMİDÖRDÜNCÜ MESELE:

İKİNCİ İŞARET:

* سُمِّيَ نَبِيَّ اللّٰهِ نَفْسِي فِدَاؤُهُ *

* فَلَا تَخْذُلُوهُ يَا بَنِيَّ وَعَجِّلُوا *

"O'nun ismi, Allah'ın nebisinin (Muhammed AS) ismi gibidir (O'nun ismine benzer). Onu hakir zannetmeyin çabuk ittiba' edin."

Beyitindeki;

* سُمِّيَ نَبِيَّ اللّٰهِ لَا تَخْذُلُوهُ *

"O'nun ismi, Allah'ın nebisinin (Muhammed AS) ismi gibidir (O'nun ismine benzer). O'nu hakir zannetmeyin."

cümlesinin makam-ı cifrisi, şeddeli lam ikişer ve ya birer sayılsa **Miladi 2005** yaparak veladet tarihine **bir farkla** tevafuk ederek remzen işaret eder. Hem, daha önceki beyitlerde elde edilen tarihleri bir kez daha işaret eder ve manayı daha da kuvvetlendirir.

[] YİRMİBEŞİNCİ MESELE:

AHİRZAMANDAN HABER VEREN mÜHİM BİR HADİSTİR

Ahirzamanda geleceği ve İslamiyeti yenilemek için

mücahede edeceği bildirilen üç Mehdi'nin ilkine ve cemaatine ilişkin bir hakikat tafsilatıyla Risale-i Nur'da bildirilmiş olup bu meseleyi ona havale ederek; Kıyamet ve Ahirzamanı daha çok ilgilendiren Son ikisi'ne ait olan mühim bir hakikat şu hadiste göründü. Şöyle ki:

لَا تَزَالُ طَائِفَةٌ مِنْ أُمَّتِي ظَاهِرِينَ عَلَى الْحَقِّ حَتَّى يَأْتِيَ اللَّهُ بِأَمْرِهِ

"Ahirzamanda, Kıyamet kopmadan kısa bir süre öncesine kadar ümmetimden hak üzerinde zahiri, açık olarak küfre karşı mücahede eden bir taife bulunacaktır."

hadisi ahirzamanda iman eden ümmet-i muhammediyenin ne zamana kadar devam edeceğini bildirir. Hadisteki;

لَا تَزَالُ أُمَّتِي ظَاهِرِينَ حَتَّى يَأْتِيَ اللَّهُ بِأَمْرِهِ

"Ümmetim açıktan açığa devam edecektir.." ve "Allah'ın emri (Kıyamet gelmeden önce, bir rahmet-i ilahiye neticesinde kıyametin dehşetini görmemek için, Allah tarafından vefat ettirilme zamanları) gelinceye kadar.." cümlelerinin makam-ı cifrisi, şeddeli mim ve te ikişer sayılmak şartıyla, sırasıyla **Miladi 2126** ve **Miladi 2130** tarihlerini vererek açıktan **"Açığa devam edecek olan taife-i islamiyenin ne kadar zamana kadar devam edeceğini"** ve **"Ümmet-i muhammediyenin Allah'tan gelen ilahi bir emir ve Kıyamet öncesi son bir müdahale ile vefat ettirilmeleri"** tarihini vererek, İslamiyetin son zamanlarını harika bir tarzda remzen ve dalaleten işaret ederek **15 asır** öncesinden gösterir.

Eğer birinci cümledeki, şeddeli mim bir mim (40) olarak sayıldığında makam-ı cifrisi **Miladi 2086** yaparak açıktan açığa devam edecek olan bu son ümmet-i muhammediyenin zamanının başlangıç tarihine işaret eder. İşte bu taife, bu tarihlerde ortaya çıkacak olan üçüncü ve son Mehdi'nin cemaatidir ki; bu mehdi'nin ismini vermek şimdi uygun olmamakla beraber, doğum tarihi **Hicri 1500** veya **Miladi 2076** olarak hatıra geldi ki; demek ki **50** yaşına kadar mücahede edecek daha sonra ise, Allah tarafından diğer mü'minlerle beraber vefat ettirilecek..

[] YİRMİALTINCI MESELE:

Yine aynı hadiste yer alan;

ظَاهِرِينَ عَلَى الْحَقِّ

"Hak (Gerçek) üzerinde açıkça mücahede edeceklerdir.."

cümlesinin makam-ı cifrisi, şeddeli kaf bir kaf (100) ve ya-i atıf iki ya (20) sayılmak şartıyla, الْحَقِّ **"Gerçek"** kelimesiyle bu son taifeden önce ortaya çıkacak ve uzunca bir süre (yaklaşık **100** yıl) devam edecek bir İslamiyet taifesinin hak üzerinde galip olarak **Hicri 1426** veya **Miladi 2006** yıllarında mücahede-i maneviyesine başlayacaklarına ve bu taifenin Hz. Mehdi'nin, yani ikinci ve gerçek Mehdi'nin şakirdleri tarafından teşkil edileceğine harika bir tarzda işarettir. Eğer şeddeli kaf iki kaf (**200**) sayılsa, makam-ı cifrisi **Hicri 1526** veya **Miladi 2104** yaparak bu taife-i mücahediyyenin ne kadar zamana kadar devam edeceğine remzen bir işarettir.

Aynı zamanda bu taifenin zahiri mücahedesine, yani iman-ı tahkikinin pozitif bilimler yoluyla isbatı demek olan zahiri kutbuna da işaret ederek; bu ahir zamanın en büyük hak galibiyetinin sona ermesiyle gökyüzünden o tarihlerde gelecek olan zahiri bir duman azabı sonrasındaki tabloyu ve semavât-ı ilahiyenin bu hak galibiyetin sona erdirilmesiyle meydana gelen hışmını, açık bir şekilde dile getirmesiyle meydana gelen yaklaşık bir asır sonraki azab-ı ilahiyi beyan eder ve açıkça bildirir.

[] YİRMİYEDİNCİ MESELE:

Yine aynı hadisteki;

ظاهرين على الحقّ يأتى الله بأمره

"Allah'ın Hak (Gerçek) emri (Kıyamet) açıkça geldiğinde.."

cümlesinin makam-ı cifrisi, şeddeli kaf iki kaf (200) sayılmak şartıyla, **Miladi 2222** yaparak açıktan açığa Kıyametin kopma tarihini vererek, ihbar-ı gaybiye-i nebeviyeyi zahiri bir surette tasdik eder ve manen, **"sadakte"**, **"doğru söyledin ya rasulallah!"** der..

[] YİRMİSEKİZİNCİ MESELE:

FATİHA SURESİNİN AHİRZAMANA BAKAN GAYBİ –BİR SIRRINI BİLDİREN MÜHİM BİR İŞARETTİR –

Fatiha'nın sonunda yer alan;

صراط الذين انعمت عليهم غير المغضوب عليهم ولا الضالين

"Bizi doğru yola, kendilerine nimet verdiklerinin yoluna ilet; gazaba uğrayanlarınkine ve sapıklarınkine değil."

ayetindeki  "Doğru yola, nimet verdiklerinin yoluna" cümlesinin makam-ı cifrisi şeddeli lam bir lam (30) sayılmak şartıyla **Hicri 1507** veya **Miladi 2084** yaparak, sırat-ı müstakimde giden ümmet-i muhammediyenin son dönemlerinin başlangıcına; Eğer şeddeli lam iki lam (60) sayılırsa da, makam-ı cifrisi **Hicri 1537** veya **Miladi 2114** yaparak yine önceki hakikatlerdeki hadiste belirtilen cifri tarihlere yakın olarak, sırat-ı müstakimde giden bir taife-i mücahediyenin son dönemlerine işaret eder. Dolayısıyla, fatiha suresinin en önemli sırlarından birisi olan ve yedinci ayette yer alan bu gaybi işaret, ümmet-i muhammediyenin ve Kur'an-ı Hakim'in galibane ne kadar zamana kadar gideceğini 1500 sene öncesinden haber vermektedir. Elbette ki, tüm bu işaretlerin birbiriyle uyuşması ve mutabık çıkması Kur'an-ı Hakim'in bize bildirmiş olduğu ve içerisinde saklı bulunan yüzbinlerce mu'cizesinden sadece birkaçıdır. Fatiha'da daha pek çok gaybi işaret olmakla birlikte, konuyu dağıtmamak için şimdilik kısa kestik..

[] YİRMİDOKUZUNCU MESELE:

KIYAMETİN BÜYÜK ALAMETLERİNDEN BİRİSİ OLAN YE'CÜC VE ME'CÜC MESELESİNİN HAKİKATİNİ BİLDİREN ALTI İŞARETTİR

BİRİNCİ İŞARET:

Enbiya suresinin 96. ayetinde yer alan;

اِذَا فُتِحَتْ يَأْجُوجُ وَمَأْجُوجُ مِنْ كُلِّ حَدَبٍ يَنْسِلُونَ

"Ye'cüc ve Me'cüc serbest bırakıldıklarında (kendilerini engelleyen sedde bir kapı açtıklarında), her tepeden akın ederek çıkarlar.."

{Enbiya, 96}

cümlesinin makam-ı cifrisi, şeddeli lam iki lam (60) sayılmak şartıyla **Miladi 2052** tarihini vererek bu tarihte ye'cüc ve me'cücün çıkarak ahirzamanda insanlığı istila etmesine kuvvetli bir işarettir.

İKİNCİ İŞARET:

Ye'cüc ve Me'cüc'ün ortaya çıkışı yukarıda verdiğimiz ayetle sabit olduğu gibi, şimdi konuyu tarih-i kadim içerisinde anlatarak bu konuya daha detaylı değinen, Kur'an-ı Hakim'de yer alan bir kısım ayetlerden yararlanarak Ye'cüc ve Me'cüc meselesi ile kendilerini engelleyen bu seddin inşa edilmesine değinelim:

Kur'an-ı Hakim'de tarihin eski dönemlerine ait pek çok bilgi bulunmakla birlikte; isimleri bildirilen bazı peygamberlerin hayatlarına ve başlarından geçen olaylara ilişkin çok az bilgi vardır. İşte bunlardan birisi de, Ye'cüc ve Me'cüc kavimlerinin engellenmesi için sağlam bir sed inşa eden ve yaptığı bu çalışmayla belki de modern inşaat mühendisliğinin temelini atan *Zülkarneyn Aleyhisselam*'dır. **Kehf** suresinin **83-99.** ayetleri bu hadiseden ve ye'cüc ve me'cüc'ün ahirzamandaki tekrar ortaya çıkışından detaylı olarak bahseder. Şimdi bu ayetlerdeki konumuzla ilgili olan kısımların cifirsel tarihlerini, bu olayın gerçekleşme zamanını ve bu setin inşa edilme zamanını hesaplayalım.

Not: Bu hesaplamalarda dikkat edilmesi gereken bir nokta da, Kur'an'ı Hakim'de geçen bazı eski peygamberlik bilgilerine ait olayların tarihleri Hz. İsa'nın doğumundan, yani milattan önce gerçekleştiği için, hesaplamayı yaparken bunu göze almalı ve elde edilen bu sonuçların **İ.Ö.** şeklinde verildiğini belirtmeliyiz. Dolayısıyla, Zülkarneyn AS. için de, elde edeceğimiz tarihler de milattan önceki tarihler olarak verilecektir. Aşağıdaki ayette yer alan;

حَتَّى إِذَا بَلَغَ مَغْرِبَ الشَّمْسِ وَجَدَهَا تَغْرُبُ فِي عَيْنٍ حَمِئَةٍ وَوَجَدَ عِنْدَهَا قَوْمًا قُلْنَا يَا ذَا الْقَرْنَيْنِ إِمَّا أَنْ تُعَذِّبَ وَإِمَّا أَنْ تَتَّخِذَ فِيهِمْ حُسْنًا

"Güneşin battığı yere varınca, onu siyah balçıklı bir su gözesinde batar (gibi) buldu. Orada (kâfir) bir kavim gördü. "Ey Zülkarneyn! Ya (onları) cezalandırırsın ya da haklarında iyilik yolunu tutarsın" dedik."

{Kehf, 86}

وَجَدَهَا تَغْرُبُ فِى عَيْنٍ حَمِئَةٍ وَوَجَدَ عِنْدَهَا قَوْمًا

"Güneşin battığı yere varınca, onu siyah balçıklı bir su gözesinde batar (gibi) buldu. Orada (kâfir) bir kavme rastladı."

cümlesinin makam-ı cifrisi, sondaki tenvin bir nun (50) sayılmak şartıyla **M.Ö. 2241** tarihini vererek, Zülkarneyn Aleyhisselam'ın Doğuya yaptığı bir yolculuk sırasında ilkel ve kafir bir kavme rastlaması üzerine ve bu kavmin kendilerini tehdit eden yine bir kafir kavim olan ye'cüc ve me'cüc'e karşı yardım istemeleri tarihini verir. Bu tarihten anlaşılıyor ki, bu olay Hz. İbrahim dönemine yakın bir tarihte gerçekleşmiştir.

ÜÇÜNCÜ İŞARET:

Yine bu konuyla ilgili bir sonraki ayetlerde geçen;

ثُمَّ أَتْبَعَ سَبَبًا

"Sonra, yine bir yol tuttu.."

{Kehf, 86}

cümlesinin makam-ı cifrisi, tüm harfler ikişer ve şeddeli mim iki mim (80) sayılmak şartıyla **M.Ö. 2236** tarihini vererek, Zülkarneyn Alehhisselamın ikinci bir yolculuğa çıkması ve yine ye'cüc ve me'cüc'den yakınan başka bir ilkel halkla karşılaşması tarihini verir. Yine, sonraki ayetlerde geçen;

الشَّمْسَ وَجَدَهَا تَطْلُعُ عَلَى قَوْمٍ لَمْ نَجْعَلْ مِنْ دُونِهَا سِتْرًا

"Güneşin doğduğu yere ulaşınca, onu kendileriyle güneş arasına örtü koymadığımız bir başka halk üzerine doğar buldu."

{Kehf, 90}

cümlesinin makam-ı cifrisi, şeddeli şın bir şın (300) sayılmak şartıyla **M.Ö. 2226** tarihini vererek Zülkarneyn AS.'ın bu ilkel kavme rastlaması tarihine denk gelir.

DÖRDÜNCÜ İŞARET:

Yine bu konuyla ilgili bir sonraki ayetlerde geçen;

إِذَا بَلَغَ بَيْنَ السَّدَّيْنِ وَجَدَ مِنْ قَوْمًا

"İki seddin arasına ulaştığında, (hemen hemen hiç söz anlamayan) ilkel bir halka rastladı.."

{Kehf, 93}

cümlesinin makam-ı cifrisi, şeddeli sin ve dal birer sayılmak şartıyla **M.Ö. 2201** yaparak; buradaki السَّدَّيْنِ "İki sed" kelimesiyle ifade edilen ve iki dağ arasına o ilkel kavim tarafından yapılmaya başlanan ve temeli atılan yapay bir seddin, Zülkarneyn AS. tarafından demir kütlesi ile akkor haline gelmiş bir erimiş bakır alaşımının birleştirilerek ir metal malzemeyle doldurulmasıyla bir daha geçit vermemek üzere bu seddin **inşa** edilme tarihinin başlangıcına işaret eder. Hem yine, devamındaki ayetlerden birisi olan, 96. ayette yer alan;

آتوني زبر الحديد حتّى إذا ساوى بين الصدفين قال انفخوا حتّى إذا جعله نارا قال آتوني أفرغ عليه قطرا

"«Bana, demir kütleleri getirin.» Nihayet dağın iki yanı arasını aynı seviyeye getirince (sed vadiyi doldurunca): «Üfleyin (körükleyin)!» dedi. Artık onu kor haline sokunca: «Getirin bana, üzerine bir miktar erimiş bakır dökeyim» dedi."

{Kehf, 96}

اذا جعله نارا قال آتوني عليه قطرا

"Demir kütlesi akkor haline gelince, «Bana erimiş bakırı getirin de, (inşa edilen seddin) üzerine dökeyim» dedi.."

cümlesinin makam-ı cifrisi, tenvinler birer nun (50) sayılmak şartıyla **M.Ö. 2185** tarihini vererek, **seddin inşa edilerek tamamlanma** tarihine işaret eder.

BEŞİNCİ İŞARET:

ما اسطاعوا ان يظهروه وما استطاعوا له نقبا

"Öyle ki, Ye'cüc ve Me'cüc O'nu (Seddi) ne aşabildiler ve ne de delip geçebildiler."

{Kehf, 97}

ayetinin makam-ı cifrisi, sondaki tenvin iki nun (100) sayılmak şartıyla, **M.Ö. 2249** yaparak Zülkarneyn AS.'ın bu Seddi inşa etmek için Doğu'ya yaptığı yolculuğun başlangıcına; bir nun (50) sayılmak şartıyla, **M.Ö. 2199** yaparak bu seddin inşa edilmeye başlanma tarihine ve sayılmamak şartıyla **M.Ö. 2149** yaparak da; seddin tamamlanması ile birlikte ye'cüc ve me'cüc kavimlerinin seddin arkasına hapsedilme tarihine harika bir tarzda, kendi zamanından bizim zamanımıza olan mesafenin (**1400 yıl**); yaklaşık iki katı bir mesafede bulunan (**2800 yıl**) öncesindeki bir tarihten ve bu zamanda gerçekleşen mühim bir olaydan haber vererek remzen işaret eder.

Demek buradan anlaşılıyor ki, istilacı ye'cüc ve me'cüc kavimleri yaklaşık (**4200 yıldır**), şimdi tamamıyla yerin altında kalmış olan bu seddin arkasındadır ve zamanı gelince salıverileceklerdir..

ALTINCI İŞARET:

فَإِذَا جَاءَ وَعْدُ رَبِّي جَعَلَهُ دَكَّاءَ وَكَانَ حَقًّا

"**Rabbimin söz verdiği vakit gelince (Kıyamet yaklaştığında), O'nu (Seddi) yerle bir etmesi gerçekleşir..**"

{Kehf, 98}

ayetinin makam-ı cifrisi, ye'cüc ve me'cücü engelleyen seddin yıkılışına baktığı gibi; **50**'şer yıl arayla gerçekleşen ahirzamandaki **ALTI SEDDİN** yıkılmasına da bakar;

Birincisi: ARABİSTAN'da Mekke'de hacıların kabeyi tavafı sırasındaki iki tarafı beton bloklarla inşa edilmiş olan uzunca bir tünel olan Arafat yolundaki tünelin çöküşüdür ki; Kehf suresinini 98. ayetinin yukarıdaki cümlesinin makam-ı cifrisi; şeddeli be, kaf ve kef birer sayılmak şartıyla **Hicri 1399** veya **Miladi 1979** yaparak bu olaya bakar ve remzen işaret ederek haber verir.

İkincisi: TÜRKİYE'de Marmara bölgesinde 17 Ağustos 1999 tarihinde gerçekleşen şiddetli depremin etkisiyle yıkılan yollara, otoban köprülerine ve bunun gibi o tarihte gerçekleşen daha birçok yapay seddin çöküşü ve yıkılışıdır ki; şeddeki kef iki kef (40), be ve kaf birer sayılmak şartıyla **Hicri 1419** veya **Miladi 1999** yaparak bu olaya bakar ve remzen işaret ederek yeraltındaki bir seddin yıkılışını remzen haber verir.

Üçüncüsü: AMERİKA'da 11 Eylül 2001 tarihindeki saldırılarla yıkılan ikiz kulelerden oluşmuş iki seddin yıkılışıdır ki; şeddeli be ve kef ikişer, kaf bir sayılmak şartıyla **Hicri 1421** veya **Miladi 2001** yaparak bu tarihte gerçekleşen olaya ve Amerika'da dünyanın dengesini elinde tutan önemli bir ekonomik seddin yıkılışına bakarak remzen işaret ederek haber verir.

Dördüncüsü: AFGANİSTAN'daki Himalayaların arkasında bulunan yeraltındaki **YE'CÜC** ve **ME'CÜC**'e ait seddin yıkılışıdır ki; şeddeli be ve kef ikişer, kaf bir ve tenvin bir nun (50) sayılmak şartıyla **Hicri 1471** veya **Miladi 2051** yaparak bu tarihte Zülkarneyn AS. tarafından inşa edilen seddin yıkılarak; ye'cüc ve me'cücün ortaya çıkış tarihi olan **2052** tarihinden önce sedde açılacak olan büyük bir gediğe, tarih-i kadim kitabından geleceğe uzanan uzun bir sed halinde sıralanmış olan sayfalardan bir sayfayı yırtarak, **4200** sene öncesine kadar uzanan mühim bir ihbar-ı gaybiyeyi harika bir kronolojik tarih kitabı şeklinde, tarihin karanlıkta kalmış sayfalarını kısa bir cümle içerisinde harika bir tarzda çevirerek mu'cizevi bir tarzda haber verir.

Beşincisi: **AHİRZAMAN**'da Atmosferde yer alan gökyüzündeki bir seddin yıkılışıdır ki; şeddeli be, kaf ve kef ikişer sayılmak şartıyla **Hicri 1521** veya **Miladi 2098** yaparak bu tarihte Atmosferde açılacak olan önemli bir semâvî gedikle hayat-ı dünyeviyenin zorlaşacağını ve insanların bu beladan kurtulmak için *ye'cüc-me'cüc-misal* mağaralara ve yeraltındaki sedlerin arkasına sığınacaklarına harika bir tarzda işarettir. Demek ki, **Duhan-11**'de bildirilen duman hadisesi bu olayın bir sonucudur ki, bu olayın hakikati *"Atmosferin yırtılmasıyla dünyayı koruyan semavi dumanların veya ışınların yeryüzüne isabet etmesi ve akabinde hayat-ı dünyeviyenin zorlaşması olarak anlaşıldı"* şeklinde hatıra geldi.

Altıncısı: Yine **AHİRZAMAN**'da Kainatın büyük ölçekli semâsında bulunan mühim bir seddin yıkılışıdır ki; şeddeli be, kaf ve kef ikişer, tenvin bir nun (50) sayılmak şartıyla **Hicri 1571** veya **Miladi 2148** yaparak bu tarihte Yıldızları, Galaksilerin ve diğer büyük gökcisimlerinin ayakta tutulduğu semâvî kütleçekim kanunlarına ait önemli bir seddin yıkılışıyla **Tekvir** suresinin 2. ayetinde bildirilen yıldızların ışığının sönmeye başlamasına ve bu ışığı ayakta tutan semavi sedler hükmündeki lambaların sönmeye başlamasına harika ve mu'cizevi bir tarzda işarettir.

Hem bu mühim olayın gerçekleşmesiyle ve semavi lambaların sönmesiyle dahi, iyice karanlıkta kalan ve Kur'an-ı Hakim'in parlak nurundan iyice uzaklaşan insanlığın arkasına sığınıp hayata tutunmaya çalıştığı azim bir seddin dahi, tamamıyla küfre ve inkara meyletmeleri sebebiyle yıkılarak kendilerine musallat olan *dabbet-ül arz-misal* makine, robot veya kanun tanımayan dehşetli virüs veya hastalıklara teslim-i silah etmelerine işaret ederek remzen ve dalaleten haber verir..

[] OTUZUNCU MESELE:

KIYAMETİN BÜYÜK ALAMETLERİNDEN BİRİSİ OLAN --DABBET-ÜL ARZ'IN ORTAYA ÇIKIŞINI VE HAKİKATİNİ BİLDİREN ÜÇ İŞARETTİR--

BİRİNCİ İŞARET:

Neml suresinin 82. ayetinde yer alan;

وَإِذَا وَقَعَ الْقَوْلُ عَلَيْهِمْ اَخْرَجْنَا لَهُمْ دَابَّةً مِنَ الْاَرْضِ تُكَلِّمُهُمْ اَنَّ النَّاسَ كَانُوا بِاٰيَاتِنَا لَا يُوقِنُونَ

"Ve söz (kesinleşmiş ceza), üzerlerine çökeceğinde onlar (inkarcılar) için yerden bir yaratık çıkarırız ki bu (yaratık), (kendi lisan-ı haliyle) insanların göstergelerimize kesin olarak inanmadıklarını söyleyecektir."

{Neml, 82}

اَخْرَجْنَا لَهُمْ دَابَّةً مِنَ الْاَرْضِ

"Yerden bir yaratık çıkarırız.."

cümlesinin makam-ı cifrisi, şeddeli be bir be (2) sayılmak şartıyla **Miladi 2064** yaparak, yerden çıkarak insanlara musallat olacak olan dehşetli bir taife-i hayvaniye veya yapay bir vürüse işaret ederek, Dabbet-ül arz denen yaratığın ortaya çıkış tarihini açıkça bildirerek remzen ve dalaleten işaret edip haber verir.

İKİNCİ İŞARET:

Yine aynı ayette yer alan;

"Ve haklarındaki ceza sözü aleyhlerinde gerçekleştiğinde (Dabbet-ül arz'ı) çıkarırız.."

cümlesinin makam-ı cifrisi de benzer şekilde yukarıdaki tarihe yakın bir tarih olan **Miladi 2061** tarihini vererek, inkarcıların aleyhlerinde gerçekleşen bir söz olarak o tarihlerde yükselişe geçecek olan inkarcı bir fikir sisteminin, yaklaşık bu tarihlerde iyice kuvvet bulmasıyla ve bunun Allah tarafından cezalandırılmasına binaen dabbet-ül arz denilen bir tür hayvanın veya insan vücuduna yerleşerek kemik hücrelerini parçalayan DNA'sı değiştirilmiş yapay bir virüs hücresinin hızla çoğalarak insanlara musallat olması ve dişlerinden kemiklerine kadar kemirerek parçalamasına işaret ederek o dehşetli hayvanı, inkar etmenin hakiki bir bedeli olarak lisan-ı haliyle konuşturur ve çaresi bulunamayan o hastalık ve şiddetli taun sonucunda hastalıktan kırılan ve tüm vücudu bu hayvan tarafından kemirilen insanların ki, son zamanlarda amerikalı bir grup bilim adamının 10 senelik bir çalışma sonucunda herhangi bir canlının dokusuna yerleşerek o canlının DNA'sını değiştiren ve yok eden yapay bir virüs hücresi üretmeleri gibi, bu neviden olacak olan dabbet-ül arzın ortaya çıkışını gösterir ve ona bir numunedir ki, o zamandaki bu inkarcı sistemin kurbanı olan insanların tam olarak iman etmediklerini ilan ve isbat eder.

Ayrıca, her ne kadar ayette geçen bu ifade kapalı olarak yer alıp, bir hayvan türü olarak anlaşılsa da, zamanın geçmesiyle daha ileri bir tarihte ayetin ifade ettiği mana yoruma muhtaç hale geldiği için; bazı modern görüşlere göre bu dabbet-ül arz denen yaratıkların yerden çıkarılan ve bilgisayar teknolojisinin temelini teşkil eden yarıiletken silisyum maddesiyle üretilen mikroçip tabanlı veya çok gelişmiş bir bilgisayar sistemli olan ve yapay sinir ağlarıyla gelişmiş bir akıllı ve düşünebilen robot türü olarak düşünüleceği gibi; kontrolden çıkabilecek olan çok gelişmiş makine sistemleri içeren saldırı silahlarının insanlığa karşı topyekun bir saldırı başlatması olarak da düşünülebilir. Ayrıca ayetin sonunda yer alan تكلّمهم yani **"Onlarla konuşacaktır!"** ifadesi, bu ihtimali daha da kuvvetlendirmektedir ve bu yaratıkların insan gibi bir konuşma yeteneğine sahip olduğunu kapalı olarak ifade etmektedir. Fakat bununla birlikte, hakikati ve en doğrusunu Allah bilir..

ÜÇÜNCÜ İŞARET:

Sebe suresinin 14. ayetinde geçen;

فلما قضينا عليه الموت ما دلّهم على موته الا دابة الارض تأكل منسأته فلما خرّ تبيّنت الجنّ ان لو كانوا يعلمون الغيب ما لبثوا في العذاب المهين

"Süleyman'ın ölümüne hükmettiğimiz zaman, onun ölümünü onlara ancak değneğini kemirmekte olan bir kurt gösterdi. Süleyman'ın cesedi yıkılınca cinler anladılar ki, eğer gaybı bilmiş olsalardı aşağılayıcı bir azap içinde kalmamış olacaklardı."

{Sebe, 14}

Ayetinde geçen ve Hz. Süleyman'ın ölümünü haber veren ve "دَابَّةُ الْأَرْضِ" şeklinde **"Yer yaratığı"** olarak geçen, bir nevi ağaç kurdu yine ahirzamanda ortaya çıkacak olan Dabbet-ül Arz'a bir işarettir. Bu ayette geçen;

دَابَّةُ الْأَرْضِ تَأْكُلُ مِنْسَأَتَهُ

"Dabbet-ül Arz, Süleyman'ın ölümünü onlara haber vererek konuştu."

cümlesinin makam-ı cifrisi şeddeli be iki be (4) sayılmak şartıyla **Miladi 2053** tarihini vererek, dabbet-ül arzın ortaya çıkışını haber veren bir önceki kıyametin büyük alameti olan ye'cüc ve me'cücün ortaya çıkış tarihine işaret ederek o tarihlerde dabbet-ül arzın çıkışının yaklaştığını gayb-aşina gözüyle **1450** sene öncesinden harika bir tarzda görerek haber verir. Hem nasıl ki, Hz. Süleyman'ın asasını kemiren bu ağaç kurtları, onun ölümü ve vefatından haber veriyorsa; şu ayet-i celilede işaret edilen ye'cüc ve me'cüc kavimleri dahi, dabbet-ül arzın çıkışından ve akabinde kainatın ve nev'i insanın ölümü demek olan kıyametin yaklaşmasından harika bir tarzda haber vermesi gayet makuldür..

[] **OTUZBİRİNCİ MESELE:**

KIYAMETİN BÜYÜK ALAMETLERİNDEN SONUNCUSU OLAN GÜNEŞİN BATIDAN DOĞMASINI VE HAKİKATİNİ BİLDİREN İKİ İŞARETTİR

Güneşin batıdan doğmasını bildiren;

اِذَا الشَّمْسُ كُوِّرَتْ

"**Güneş, yörüngesinden ayrıldığı zaman..**"

{Tekvir, 1}

cümlesinin makam-ı cifrisi, şeddeli şın ve vav ikişer sayılmak şartıyla **Miladi 2065** tarihini vererek, başka hiçbir delile ihtiyaç bırakmadan bu tarihte güneşin batıdan doğacağını açıkça ilan etmektedir. Fakat, ayet kapalı manada (müteşabih) olup, bunun nasıl gerçekleşeceğine ilişkin bir açıklama yapmayarak meselenin detayına girmemektedir. Bununla birlikte, bu önemli astronomik olayın gerçekleşmesi iki şekilde mümkün olabilir:

BİRİNCİ İŞARET:

Büyük bir gökcisminin, güneş sisteminin uzak bir köşesinde dolaşan bilinmeyen bir gezegenin veya o tarihlerde dünyanın yörüngesine girecek olan bir **Kuyrukluyıldızın** dünyaya çarparak yörüngesinin dönme yönünü değiştirmesi ve "**Doğudan Batı**"ya doğru olan dönme yönünün; bu şiddetli çarpmanın etkisiyle "**Batıdan Doğu**"ya doğru yön değiştirmesidir.

İKİNCİ İŞARET:

Güneşten uzun zaman önce çıkan bir ışın demetinin uzak bir gökada yakınındaki bir **Karadelik** tarafından yansıtılarak tekrar güneş sistemine yukarıdaki bulduğumuz tarihte geri dönmesi ve böylece Batıda sabit olarak bekleyen "**İkinci bir Güneş**

Görüntüsü"nün oluşmasıdır. Bazı modern Kozmolojik ve Astrofiziksel sonuçlara ve İslâm âlimlerinin bildirdiği ortak görüşlere göre, bu ihtimallerden ikincisinin gerçekleşmesi daha yüksek bir olasılık olmakla birlikte; yine de Kıyametin en büyük ve son alameti sayılan bu işaretin nasıl gerçekleşeceğini en iyi Allah bilir. Dolayısıyla, bu son büyük kıyamet alametinden sonra, tevbe ve iman kapısı kapalı hale geldiğinden ve dünyanın sonunun gelmesi herkes tarafından anlaşılacağı için Kıyametin gelmesi kesinleşmiş ve tam olarak isbatlanmış olur. Bu arada akla şöyle bir soru gelebilir:

Madem, güneşin batıdan doğmasıyla yeni iman etmek kabul edilmiyor, o halde İslamiyet nasıl bu tarihten yaklaşık 70-80 yıl sonrasına kadar devam edebilir?

Bunun cevabını şöyle verebiliriz ki: O tarihlerde iman eden mü'min cemaat azınlıkta ve inkarcı güruh onlara oranla oldukça fazla bir yekun teşkil ettiğinden dolayı, o küçük cemaatin devam eden nesilleri sayıca az olmakla ve geçen yıllara oranla sayıları gittikçe azalmakla birlikte; hızla artan inkarcı grup içerisindeki büyük kesimin iman etmiş olmayacağını ve hatta bu büyük olayın gerçekleştiğini görseler de, sapkınlığa ve inkarda aşırı gitmeye devam edeceklerini ve bunun neticesinde Büyük Kıyametin hızla çoğalan bu güruhun üzerine kopacağını bildirmektedir. Ayrıca tevbe ve imanın kabul edilmemesi bu büyük semâvî olayı görüp de, inanmayan o büyük inkarcı kesim için geçerlidir, yoksa o tarihlerde de ve ondan sonraki kısa bir dönemde de iman edip salih amel işleyen ve azınlıkta olan bir grup mü'min cemaat bulunacaktır.

Şimdi **BÜYÜK KIYAMET** sürecinde gerçekleşecek olan olayları **ON İŞARET** altında inceleyerek konumuzu sonlandıralım:

[] OTUZİKİNCİ MESELE:

KIYAMET SÜRECİNDE YAŞANACAK OLAN BÜYÜK OLAYLAR BİRİSİ OLAN YILDIZLARIN IŞIĞININ AZALMAYA BAŞLAMASI VE KAİNATIN ÖLÜMÜNÜN YAKLAŞMASINI BİLDİREN BİR İŞARETTİR

BİRİNCİSİ:

Yıldızların ışığının azalmaya başlamasını bildiren;

وَاِذَا النُّجُومُ انْكَدَرَتْ

"Ve Yıldızların ışığı azalmaya başladığı zaman.."

{Tekvir, 2}

ayetinin makam-ı cifrisi, şeddeli nun iki nun (100) olarak sayıldığında **Hicri 1563** veya **Miladi 2140** yaparak, bu tarihlerde yıldızların ışığının azaltılmaya ve sönmeye başlayacaklarına ve neticesinde büyük kıyametin iyice yaklaşmakta olduğuna kuvvetli bir işarettir. Yıldızların ışığının azalmasıyla evrenin ölümünün gerçekleşmesi gayet mümkündür ki, **Termodinamik** kanunlarına göre evrenin şu anki sıcaklığı -270,76 ^0C'dir. Eğer bu değer, mutlak sıfır Kelvin derecesi olan -273 ^0C'ye düşmesi durumunda, yani evrenin sadece **2, 24 ^0C** daha soğuması gerçekleşirse ki, ayet bu tarihlerde gerçekleşeceğini ilan ediyor, Kainatın materyalist felsefi görüşlerin iddia ettiği gibi 4-5 milyar yıl veya daha fazla bir süre daha devam etmesi gerektiği görüşü iflas edecek ve evrenin bu olay sonucundaki toplu sıcaklık düşüşüyle birlikte, termodinamik soğumaya ve çöküşe doğru sürüklenmesi, yani Kıyametin kopması kaçınılmaz olacaktır. Fakat modern bilim, bunun aksini iddia eden bulgular etse bile ki, henüz böyle bir bulgu tüm araştırmalara rağmen elde edilememiştir, yine Kıyametin ve Haşrin geleceğine inanmalıyız ve iman etmeliyiz ki, görmeden yani tahkiki olan gaybi iman bunu gerektirir. Yoksa, *"Bilim bu verilere ulaşmamıştır, öyleyse buna inanmam!"* dememeliyiz çünkü bunu bildiren Kainatın yaratıcısı ve o kevni kanunların koyucusu olduğundan, elbette belli bir adete ve sünnetullaha göre süregiden o kanunlarından bir kısmını Haşri ve Ahireti getirmek için ileride iptal edebilir..

[] OTUZÜÇÜNCÜ MESELE:

KIYAMET SÜRECİNDE YAŞANACAK OLAN BÜYÜK OLAYLAR BİRİSİ OLAN TÜM KARALARIN DENİZLERLE KAPLANMASI VE DÜNYANIN KIYAMETTEN ÖNCE KUSURSUZ BİR SU KÜRESİNE (HYDRO-SPHERE) DÖNÜŞMESİNİ BİLDİREN İKİ İŞARETTİR

İKİNCİSİ:

Dünya'nın yavaş yavaş suyla kaplanmasını bildiren;

BİRİNCİ İŞARET:

افلا يرون انا ناتى الارض ننقصها من اطرافها افهم الغالبون

"**Onlar görmüyorlarmı ki, gerçekten biz arza geliyor ve onu çevresinden eksiltiyoruz. Oysa, üstün gelen onlar mı biz miyiz?**"

{Enbiya, 44}

Ayeti, bir başka manada "**Arza geliyor ve onu çevresinden eksiltiyoruz**", şeklinde yani "**Karaları suyla kaplıyoruz**" ifadesiyle karaların zamanla eksildiğini ve denizlerdeki sularla kaplandığını ifade etmektedir. Bu süreç, tarih içerisinde çok yavaş işlerken; günümüzde hızlanmıştır ve her yıl kıyı kesimleri 5-6 cm. suyla kaplanarak içeriye çekilmektedir. Elbette ki, gelecekte daha çok hızlanacak ve bir gün tüm karalar sularla kaplanıncaya kadar bu süreç devam edecektir. İşte bu ayette bu olayın kesin olarak gerçekleşeceğini bildiren;

نَأْتِى الْأَرْضَ نَنْقُصُهَا مِنْ اَطْرَافِهَا

"Yere gelip, onun etrafından eksiltmekteyiz (Küre haline getirip, düzleştirmekteyiz)..''

cümlesinin makam-ı cifrisi, **Miladi 2176** tarihini vererek dünyanın almaya başladığı bu su küresi (*Hidrosferik-Küp*) şekline ve yeryüzünde canlılığın sona erdiği son dönemlerine işaret eder. Ayette geçen نَنْقُصُهَا şeklindeki **"Eksiltiyoruz"** geniş zaman fiili, bu düzleştirme ve karaları eksiltme eyleminin halen devam etmekte olduğu bu tarihten başlayarak, bu durumun nihai olarak Kıyametten hemen önce, yeryüzündeki tüm yüksekliklerin ve tüm çukurlukların tamamen suyla kaplanarak;

İKİNCİ İŞARET:

İnşikak suresi 3. ayette işaret edilen tarihe ve tam bir su küresi durumuna gelmesine kadar devam edeceğini;

وَإِذَا الْأَرْضُ مُدَّتْ

"Ve Yer, dümdüz (tam bir su küresi) olduğu zaman.."

{İnşikak, 3}

ayetiyle, makam-ı cifrisi şeddeli dal iki dal (8) sayılmak şartıyla **Miladi 2188** tarihini vererek, açık olarak bildirir ve remzen işaret ederek haber verir..

NEWTON'UN LİMİT DURUMDA MÜKEMMEL DAİREYE YAKLAŞAN ÇOKGEN TEORİSİ KUR'AN'DA BİLDİRİLEN MÜKEMMEL KÜRE TEORİSİNE TAM OLARAK İŞARET EDER:

DÜNYA'nın alacağı bu şekil ile ilgili bu model, ilk olarak 1688'de **Isaac Newton** tarafından öne sürülmüştür. Ayetlerde ise, yaklaşık 1400 sene önce işaret edilen bu durum, elbette Kur'an'ın bir başka mucizesidir. Olayın matematiksel ispatına girmeden önce, Newton tarafından ortaya atılan ve geçerliliği yakın bir zamanda ispatlanan bu teoriyi anlamak için aşağıdaki iki şekli incelersek;

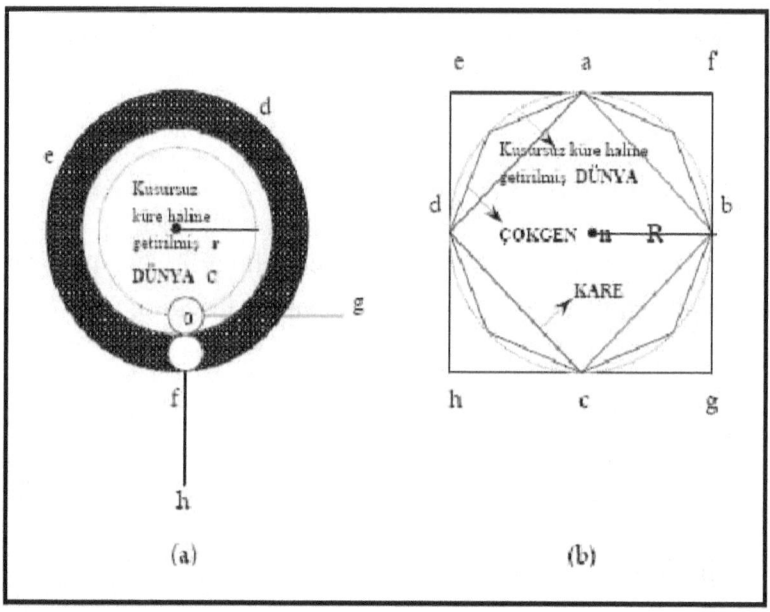

Şekil -5 (a) *Silindir biçimli "def" cismi "o" cismini, dairesel bir yörüngede hareket etmeye zorlar. "o" cismi c'deyken, cg çizgisi boyunca hareket etmeye eğilimlidir ve silindire karşı baskı yapar. "def"'in f'deki gibi birtakım ayrı cisimlerden oluştuğunu düşünürsek, "o" cismi daire üzerinde hareket*

ederken bu cisimlerin her birine baskı yaparak, onlara hareket aktarır. Newton bütün bu hareketlerin f'ye aktarıldığını hayal etti ve f'nin "fh" boyunca hareketi, "o" cisminin bir tam dönme boyunca kusursuz küre haline getirilmiş DÜNYA'ya uyguladığı toplam kuvvetin bir ölçüsü olduğunu farzetti.

(b) *Newton'un nicel dairesel hareket incelemesi. Bu şekilde, cisim (b'deki) silindirsel cisim içinde karesel bir "abcd" yolu izler.Newton dört yansımadaki kuvvetlerin, cismin hareketinin kuvvetine oranının; cismin (ab+bc+cd+da) yolunun, çap "db" (2R)'ye oranına eşit olduğunu gösterdi. Daha da ileri giderek, KARE yerine bir ÇOKGEN konulduğunda da bu oranın aynı kaldığını ve çokgenin limit halde daireye yaklaştığında da oranın daire çevresinin çapa oranı olarak Pi (=3,14...) sayısını verdiğini gösterdi.*

Yukarıdaki şekil b'deki Çokgeni "**n**" sayıda birçok girinti ve çıkıntıya sahip olan **DÜNYA** olarak düşünürsek ve limit durumda "n" sonsuza giderkenki oranı hesaplarsak: 3.14, yani pi sayısı çıkar ki, bu da mükemmel bir **DAİRE**'yi (**KÜRE**'yi) vermektedir.

Buradan çıkaracağımız bir sonuç da, aslında yaratılan her varlıkta belirli bir sınırlılık ve geometrik bir limit durum olduğudur. Bu nasıl Dünya için geçerli ise; Kainat için de geçerlidir. Yaratıcının Kainata koyduğu bir sınır ve sonlu bir maddi varlığın göstergesi ve imzasıdır.

[] OTUZDÖRDÜNCÜ MESELE:

KIYAMET SÜRECİNDE YAŞANACAK OLAN BÜYÜK OLAYLAR BİRİSİ OLAN TÜM DENİZLERİN KAYNAMASINI BİLDİREN BİR İŞARETTİR

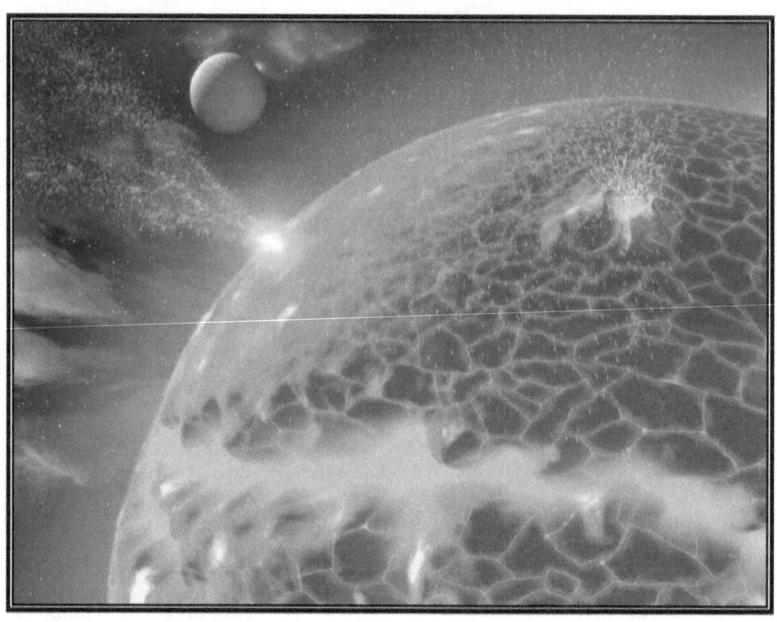

ÜÇÜNCÜSÜ:

Bir önceki işaret edilen hakikatte anlatıldığı gibi, tüm karalar denizlerle kaplandıktan sonra Dünya üst üste gelen birtakım göksel felaketlere (Meteor ve Göktaşı yağmuru gibi) ve yeraltı patlamalarına (Magma püskürmeleri ve Volkan patlamaları gibi) maruz kalacaktır ve bu şekilde, denizler ısınarak gökyüzünden gelen göktaşları ve yeraltından fışkıran kızgın lav parçalarıyla ısınmaya ve buharlaşmaya başlayacaktır. İşte bu hakikati ve Dünya'nın tamamen suyla kaplanmasından sonra, bu felaketler neticesinde Denizlerin kaynamaya başlamasını bildiren;

"**Ve Denizler, kaynatıldığı zaman..**"

{Tekvir, 6}

ayetinin makam-ı cifrisi, şeddeli cim iki cim (6) olarak sayıldığında **Hicri 1616** veya **Miladi 2190** tarihini vererek, bu tarihte denizlerin kaynatılmaya ve buharlaşmaya başlayacağına işaret ediyor..

[] OTUZUNBEŞİNCİ MESELE:

KIYAMET SÜRECİNDE YAŞANACAK OLAN BÜYÜK OLAYLAR BİRİSİ OLAN ATMOSFERİN TAMAMEN ORTADAN KALKMASINI BİLDİREN BİR İŞARETTİR

DÖRDÜNCÜSÜ:

Denizlerin buharlaşmaya başlamasından sonra, ard arda gerçekleşen iki büyük felaket Dünyanın, bir zamanlar hayat bulunan fakat şu anda hayat bulunmayan **Venüs** ya da **Mars** gibi bir gezegene dönüşmesine neden olacaktır. İşte, bu felaketler: **Atmosferin ortadan kalkması** ve akabinde **Denizlerin tamamen kuruması** hadiseleridir. Atmosferin ortadan kalkmasıyla ilgili;

اذا السَّمَاءُ انْفَطَرتْ

"**Gök (Atmosfer), yarıldığı zaman..**"

{İnfitar, 1}

Ayetinin makam-ı cifrisi, şeddeli sin iki sin (120) olarak sayıldığında **Hicri 1635** veya **Miladi 2209** yaparak bu tarihte **"Gök yarılması"** ifadesiyle Atmosferin tamamen ortadan kalkmasına işaret etmektedir..

[] **OTUZALTINCI MESELE:**

KIYAMET SÜRECİNDE YAŞANACAK OLAN BÜYÜK OLAYLAR BİRİSİ OLAN DENİZLERİN TAMAMEN KURUMASINI BİLDİREN BİR İŞARETTİR

BEŞİNCİSİ:

Tüm Denizlerin buharlaşarak tamamen kurumasıyla ilgili;

وَإِذَا الْبِحَارُ فُجِّرَتْ

"Ve Denizler, boşaltıldığı zaman.."

{İnfitar, 3}

ayetinin makam-ı cifrisi, şeddeli cim iki cim (6) olarak sayıldığında **Hicri 1636** veya **Miladi 2210** yaparak bu tarihte tüm denizlerin kurumasına işaret eder. Bu ayetten anlıyoruz ki, bir önceki hakikatten elde edilen cifri sonuca göre, Atmosferin ortadan kalkmasıyla birlikte buharlaşmaya başlayan denizler yaklaşık 1 yıl içinde tamamen kurumaktadır. Dolayısıyla buradan anlıyoruz ki, denizlerin ve dünyada var olan suyun varlığını devam ettirebilmesi için atmosfere gereksinim duyulmaktadır.

Atmosferin bir kalkan görevi yapan suyu tekrar yoğunlaştırması ve yağmurla geri çevirmesi ile göktaşlarına yeryüzünü kalkan yapması gibi önemli vazifelerin iptaliyle yeryüzü daha artık suyu yüzeyinde tutamaz hale gelir ve neticesinde tabiatın ve canlılığın temelini oluşturan su da Kıyamet kopmadan önce yeryüzünden tamamıyla kaldırılır.

[] OTUZYEDİNCİ MESELE:

SURUN BİRİNCİ KEZ ÜFÜRÜLMESİYLE BİRLİKTE KABİRLERDEKİ TÜM ÖLÜLERİN YENİDEN DİRİLTİLMESİNİ BİLDİREN BİR İŞARETTİR

ALTINCISI:

Maddeci ve Materyalist düşünce sisteminin şiddetle reddettiği ve birçok kimsenin inkara sapmasına neden olan, bu mu'cizevi olayın kesin olarak gerçekleşeceğini Allah (C.C.) va'detmiştir ve elbette yapacak ve Haşri gerçekleştirecektir. Bu mesele, Kur'an-ı Hakim'in yaklaşık üçte birinde detaylı olarak bahsedilen en önemli dini meslelelerden birisidir. Tüm insanları, Hz. Adem'in soyundan ve O'nu da basit bir çamur karışımı olan topraktan yarattığı gibi; ikinci kez de tüm insanları yeniden ve aynen farklı bir tarzda kurutulmuş ve düzeltilerek tam bir küre haline getirilmiş yeryüzü toprağına gökten nutfe-misal bir yağmur yağdırarak, toprağın bağrında bir çiçek veya bir tomurcuk veya ekilen bir yumurta hücresi gibi onun içerisinden yeniden halkedebilir ve edecektir de.

Sonra, o kabuğunu kıran insanoğlu bambaşka bir şekilde ve vücutta, bambaşka bir alemde gözünü açacaktır. Bu hakikat çok uzundur. Her neyse.. İlk kez yaratanın, İkincisini de yapmaya muktedir olduğunu ve buna gücü yeteceğini ilan ve isbat eden Kainatta yeteri kadar delil mevcuttur. Bu isbatları, o sayısız delillere havale edebiliriz. İşte, bu azim olayın gerçekleşme tarihine ilişkin bir işaret İnfitar suresinin 4. ayetinde şöyle geçmektedir:

وَإِذَا الْقُبُورُ بُعْثِرَتْ

"Ve Kabirler, altüst edildiği zaman.."

{İnfitar, 4}

ayetinin makam-ı cifrisi, **Miladi 2219** tarihini vererek, "Kabirlerin altüst edilmesi" ifadesiyle kabirlerdeki ölülerin yeniden diriltilerek, tüm ölmüş ruhların cesedlerine iade edilmesine ve neticesinde Ahiret hayatının başlangıcına kuvvetli bir tarzda işaret etmektedir..

[] OTUZSEKİZİNCİ MESELE:

SURUN BİRİNCİ KEZ ÜFÜRÜLMESİYLE BİRLİKTE GÖKYÜZÜNDEKİ TÜM GÖKCİSİMLERİYLE BERABER KAİNATIN BÜYÜK ÖLÇEKLİ KIYAMETİNİN KOPMASINI BİLDİREN BİR İŞARETTİR

YEDİNCİSİ:

Bilindiği gibi, **İsrafil AS.**'ın **Sur**'u **üç** kez üfürülecektir.

Birinci ve ilk üfürülüşte, kabirlerdeki tüm ölmüş ruhların yeniden diriltilmesiyle Ahiret ve Mahşer alemi başlamış olacaktır.

[] OTUZDOKUZUNCU MESELE:

SURUN İKİNCİ KEZ ÜFÜRÜLMESİYLE BİRLİKTE GÖKYÜZÜNDEKİ TÜM GÖKCİSİMLERİYLE BERABER KAİNATIN BÜYÜK ÖLÇEKLİ KIYAMETİNİN KOPMASINI BİLDİREN BİR İŞARETTİR

SEKİZİNCİSİ:

İkinci üfürülüşte, tüm kainat içerisindekilerle beraber yok edilecek ve yeniden farklı bir tarzda sonsuz olarak var edilecektir. İşte bu yeniden diriltilme ve inşayla beraber, Haşir yeri ve Mahşer maydanı da tüm canlı ruhların sorguya çekilmesi için yeniden farklı bir tarzda düzenlenecektir.

[] KIRKINCI MESELE:

SURUN ÜÇÜNCÜ KEZ ÜFÜRÜLMESİYLE BİRLİKTE GÖKYÜZÜNDEKİ TÜM GÖKCİSİMLERİYLE BERABER KAİNATIN BÜYÜK ÖLÇEKLİ KIYAMETİNİN KOPMASINI BİLDİREN BİR İŞARETTİR

DOKUZUNCUSU:

Üçüncü ve son üfürülüşte ise, tüm ruh sahibi canlı varlıkların mahkemesi, Şeytan'ın mahkemeye çağırılmasıyla başlatılmış olacaktır.

ONUNCUSU VE SONUNCUSU:

İşte, ey arakadaş! Sur'un ikinci üfürülüşüyle birlikte, tüm kainat içerisindeki Gezegenler, Yıldızlar ve Galaksiler gibi v.b. tüm gökcisimleri çarpıştırılarak ve yörüngelerinden fırlayarak çok gürültülü ve eşi görülmemiş bir kıyameti koparacaktır ki, Vahiy kaynaklarında bildirilen esas **Büyük Kıyamet** hadisesi bu olaydır. Dolayısıyla, bu azim olayla birlikte, büyük ölçekte Kainatın Kıyameti de kopmuş olacağı için, bu tarihten sonra zaman da sona ermekte ve sonsuz bir zaman ve mekana sahip olan Ahiret hayatı başlatılmış olmaktadır. Bu azim olayın gerçekleşme tarihi ise, tarihin ve dolayısıyla da **Zamanın Sonu** anlamına gelmektedir.

Bu olayın gerçekleşme zamanı, Tekvir suresinin 11. ayetinde şöyle geçmektedir:

وَإِذَا السَّمَاءُ كُشِطَتْ

"Ve Gök (Kainat), sıyrılıp alındığı zaman.."

{Tekvir, 11}

Ayetinin makam-ı cifrisi şeddeli sin iki sin (120) sayılmak şartıyla, nasıl ki canlı bir ruh öldüğü sırada bedeninden sıyrılıp alınıyorsa **Hicri 1648** veya **Miladi 2222** tarihini vererek bu tarihte Kainatın mevcudâtından sıyrılıp alınarak vefat ettirilmesine ve Büyük Kıyametin kopma tarihine açık olarak işaret eder.

İşte arkadaş, eğer şu Büyük kıyametten haber veren 40 adet meseleleri iyi anladıysan, elbette ahiretin geleceğinden, dar-ı imtihanın açılacağından ve Kıyametin geleceğinden elbette şüphen kalmaz..

Evet, bu uzunca hikayeyi dikkatle okuyan arkadaş; hikayenin sonunu ben de tam olarak bilemiyorum ama bu veriler ve ilk insan Hz. Adem'in yaratılışından bugüne kadar geçen süre göz önüne alındığı takdirde; Kıyametin iyice yaklaştığının bir kez daha farkına varılır. Ve Miladî 2010'lu (veya Hicrî 1430'lu) yıllarda yaşayan onun torunları olan bizler, bunu göremesek de, bundan birkaç nesil sonraki kuşaklar bu sürece daha yakından tanık olacaklardır ve bu işaretleri daha net bir şekilde yorumlayabileceklerdir. Bize düşen vazife ise, onları bu konuda uyarmak ve sahip olduğumuz bilgi birikimini aktarabilmektir..

Şekil: Büyük Kıyamet'in temsili resmi (Dünya'nın Kıyameti).

Şekil: Güneş Sistemi

Şekil: Büyük Kıyamet'in temsili resmi (Kainat'ın Kıyameti).

KUR'AN'DAKİ KIYAMET'LE İLGİLİ AYETLER

"[1]Kıyamet yaklaştı ve Ay yarıldı. [2]Onlar bir mu'cize görürlerse hemen yüz çevirirler ve: Eskiden beri devam edegelen bir büyüdür, derler. [3]Yalanladılar ve kendi heveslerine uydular. Halbuki her işin ulaşacağı yeri vardır. [4]Andolsun onlara, kötülükten önleyecek nice önemli haberler gelmiştir. [5]Bu büyük bir hikmettir. Fakat (yüz çevirene) uyarılar ne fayda verir! [6]Çağıranın görülmemiş bir şeye çağırdığı gün, sen de onlardan yüz çevir. [7]Sanki etrafa yayılmış çekirge sürüsü gibi bakışları perişan (utançtan yere bakar) bir halde kabirlerden çıkarlar. [8]Dâvetçiye koşarlarken o esnada kâfirler: Bu, çok çetin bir gündür! derler."

{Kamer, 1-8}

"[1]Kıyamet koptuğu zaman, [2]Ki onun oluşunu yalanlayacak hiçbir kimse yoktur; [3]O, alçaltıcı, yükselticidir. [4]Yer şiddetle sarsıldığı, [5]Dağlar parçalandığı, [6]Dağılıp toz duman haline geldiği, [7]Ve sizler de üç sınıf olduğunuz zaman, [8]Sağdakiler, ne mutlu o sağdakilere! [9]Soldakiler, ne bahtsızdırlar onlar! [10](Hayırda) önde olanlar, (ecirde de) öndedirler. [11]İşte bunlar, (Allah'a) en yakın olanlardır, [12]Naîm cennetlerinde. [13](Onların) çoğu önceki ümmetlerden, [14]Birazı da sonrakilerdendir. [15]Cevherlerle işlenmiş tahtlar üzerindedirler, [16]Onların üzerinde karşılıklı olarak oturup yaslanırlar. [17]Çevrelerinde, (hizmet için) ölümsüz gençler dolaşır; [18]Maîn çeşmesinden doldurulmuş testiler, ibrikler ve kadehlerle. [19]Bu şaraptan ne başları ağrıtılır, ne de akılları giderilir.

[20](Onlara) beğendikleri meyveler, [21]Canlarının çektiği kuş

etleri, ²²İri gözlü hûriler, ²³Saklı inciler gibi. ²⁴Yaptıklarına karşılık olarak (verilir). ²⁵Orada boş bir söz ve günaha sokan bir laf işitmezler. ²⁶Söylenen, yalnızca "selâm, selâm" dır. ²⁷Sağdakiler, ne mutlu o sağdakilere! ²⁸Düzgün kiraz ağacı, ²⁹Meyveleri salkım salkım dizili muz ağaçları, ³⁰Uzamış gölgeler, ³¹Çağlayarak akan sular, ³²Sayısız meyveler içindedirler; ³³Tükenmeyen ve yasaklanmayan. ³⁴Ve kabartılmış döşekler üstündedirler. ³⁵Gerçekten biz hûrileri apayrı biçimde yeni yarattık. ³⁶Onları, bâkireler kıldık. ³⁷Eşlerine düşkün ve yaşıt. ³⁸Bütün bunlar sağdakiler içindir.. ³⁹Bunların birçoğu önceki ümmetlerdendir. ⁴⁰Birçoğu da sonrakilerdendir. ⁴¹Soldakiler; ne yazık o soldakilere! ⁴²İçlerine işleyen bir ateş ve kaynar su içinde, ⁴³Kapkara dumandan bir gölge altındadırlar; ⁴⁴Serin ve hoş olmayan. ⁴⁵Çünkü onlar bundan önce varlık içinde sefahete dalmışlardı. ⁴⁶Büyük günahı işlemekte direnir dururlardı. ⁴⁷Ve diyorlardı ki: Biz öldükten, toprak ve kemik yığını haline geldikten sonra, biz mi bir daha diriltileceğiz? ⁴⁸Önceki atalarımız da mı? ⁴⁹De ki: Hem öncekiler hem de sonrakiler, ⁵⁰Belli bir günün belli vaktinde mutlaka toplanacaklardır! ⁵¹Sonra siz ey sapıklar, yalancılar! ⁵²Elbette bir ağaçtan, zakkum ağacından yiyeceksiniz. ⁵³Karınlarınızı ondan dolduracaksınız. ⁵⁴Üstüne de kaynar sudan içeceksiniz. ⁵⁵Susamış develerin suya saldırışı gibi içeceksiniz. ⁵⁶İşte ceza gününde onlara sunulacak ziyafet budur!"

{Vâkıa, 1-56}

"¹Gerçekleşecek olan; ²(Evet) nedir o gerçekleşecek olan? ³Gerçekleşecek olanın (Kıyametin) ne olduğunu sen nereden bileceksin? ⁴Semûd ve Ad kavimleri, kapılarını çalacak felâketi (Kıyameti) yalan saymışlardı. ⁵Semûd'a gelince: Onlar pek zorlu (bir sarsıntı) ile helâk edildiler. ⁶Ad kavmi ise, uğultulu, kasıp kavuran bir fırtına ile mahvedildiler. ⁷Allah onu, ardarda yedi gece, sekiz gün onların üzerine musallat etti. Öyle ki (eğer orada olsaydın), o kavmi, içi boş hurma kütükleri gibi oracıkta yere serilmiş halde görürdün. ⁸Şimdi onlardan arda kalan bir şey görüyor musun? ⁹Firavun, ondan öncekiler ve altı üstüne getirilen beldeler halkı (Lût kavmi) hep o günahı (Şirki) işlediler. ¹⁰Böylece Rablerinin peygamberlerine karşı geldiler, O da onları pek şiddetli bir şekilde yakalayıverdi.

¹¹Şüphesiz, su bastığı vakit sizi gemide biz taşıdık; ¹²Onu sizin için bir ibret ve öğüt yapalım ve belleyici kulaklar onu bellesin diye. ¹³Artık Sûr'a bir tek defa üflendiği, ¹⁴Yeryüzü ve dağlar kaldırılıp birbirine tek çarpışla çarpılıp darmadağın edildiği zaman, ¹⁵işte o gün olacak olur (kıyamet kopar). ¹⁶Gök de yarılır ve artık o gün o, çökmeye yüz tutar. ¹⁷Melekler onun (göğün) etrafındadır. O gün Rabbinin arşını, bunların da üstünde sekiz (melek) yüklenir. ¹⁸(Ey insanlar!) O gün (hesap için) huzura alınırsınız; size ait hiçbir sır gizli kalmaz. ¹⁹Kitabı sağ tarafından verilen:" Alın, kitabımı okuyun" der. ²⁰"Doğrusu ben, hesabımla karşılaşacağımı zaten biliyordum." ²¹Artık o, hoşnut kalacağı bir hayat içindedir, ²²Yüce bir cennette, ²³Meyveleri sarkmış halde. ²⁴(Onlara denir ki:) Geçmiş günlerde işlediklerinize (iyi amellerinize) karşılık, âfiyetle yiyin, için.

²⁵Kitabı sol tarafından verilene gelince, der ki:" Keşke, bana kitabım verilmeseydi!" ²⁶"Şu hesabımın ne olduğunu bilmeseydim!" ²⁷Keşke onunla (ölümümle) her iş olup bitseydi! ²⁸Malım bana hiç fayda sağlamadı; ²⁹Saltanatım da benden (koptu), yok olup gitti. ³⁰Onu yakalayın da, (ellerini boynuna) bağlayın; ³¹Sonra alevli ateşe atın onu! ³²Sonra da onu yetmiş arşın uzunluğunda bir zincir içinde oraya sokun! ³³Çünkü o,

Allah'a iman etmezdi, ³⁴Yoksulu doyurmaya teşvik etmezdi. ³⁵Bu sebeple, bugün burada onun candan bir dostu yoktur. ³⁶İrinden başka yiyecek de yoktur. ³⁷Onu (bile bile) hata işleyenlerden başkası yemez."

{Hakka, 1-37}

"⁸O gün gökyüzü, erimiş maden gibi olur. ⁹Dağlar da atılmış yüne döner. ¹⁰Dost, dostu sormaz. ¹¹Birbirlerine gösterilirler (fakat herkes kendi derdindedir). Günahkâr kimse ister ki, o günün azabından (kurtuluş için), oğullarını, ¹²Karısını ve kardeşini, ¹³Kendisini koruyup barındıran tüm ailesini ¹⁴Ve yeryüzünde kim varsa hepsini fidye olarak versin de, tek kendini kurtarsın. ¹⁵Fakat ne mümkün! Bilinmeli ki, o (cehennem) alevlenen bir ateştir. ¹⁶Derileri kavurup soyar. ¹⁷Yüz çevirip geri döneni, (kendine) çağırır! ¹⁸(Servet) toplayıp yığan kimseyi!.."

{Meâric, 1-18}

"¹Ey örtüye bürünüp sarınan (Rasûlüm)! ²Kalk, ve (insanları) uyar. ³Sadece Rabbini büyük tanı. ⁴Elbiseni tertemiz tut. ⁵Kötü şeyleri terket. ⁶Yaptığın iyiliği çok görerek başa kakma. ⁷Rabbinin rızasına ermek için sabret. ⁸O Sûr'a üflendiği zaman, ⁹İşte o gün zorlu bir gündür. ¹⁰Kâfirler için (hiç de) kolay değildir. ¹¹Tek olarak yarattığım, kimseyi bana bırak, ¹²Kendisine geniş servet verdim, ¹³Göz önünde duran oğullar (verdim), ¹⁴Önüne nimetler serdim. ¹⁵Üstelik o (nimetlerimi) daha da arttırmamı umuyor. ¹⁶Asla (ummasın)! Çünkü o, bizim âyetlerimize karşı alabildiğine inatçıdır. ¹⁷Ben onu sarp bir yokuşa sardıracağım! ¹⁸Zira o, düşündü taşındı, ölçtü biçti. ¹⁹Canı çıkasıca, ne biçim ölçtü biçti! ²⁰Sonra, canı çıkasıca tekrar (ölçtü biçti); nasıl ölçtü biçtiyse! ²¹Sonra baktı. ²²Sonra kaşlarını çattı, suratını astı. ²³En sonunda, kibirini yenemeyip sırt çevirdi. ²⁴"Bu (Kur'an) dedi, olsa olsa (sihirbazlardan öğrenilip) nakledilen bir sihirdir." ²⁵Bu, insan sözünden başka bir şey değil." ²⁶Ben onu sekara (cehenneme) sokacağım. ²⁷Sen biliyor musun sekar nedir? ²⁸Hem (bütün bedeni helâk eder, hiçbir şey) bırakmaz, hem (eski haline getirip tekrar azap etmekten) vazgeçmez o. ²⁹İnsanın derisini kavurur. ³⁰Üzerinde ondokuz (muhafız melek) vardır. ³¹Biz cehennemin işlerine bakmakla ancak melekleri görevlendirmişizdir. Onların sayısını da inkârcılar için sadece bir imtihan (vesilesi) yaptık ki, böylelikle, kendilerine kitap verilenler iyiden iyiye öğrensin, iman edenlerin imanını arttırsın; hem kendilerine kitap verilenler hem müminler şüpheye düşmesinler, kalplerinde hastalık bulunanlar ve kâfirler de: "Allah bu misalle ne demek istemiştir ki?" desinler. İşte Allah böylece, dilediğini sapıklıkta bırakır, dilediğini doğru yola eriştirir. Rabbinin ordularını, kendisinden başkası bilmez. Bu ise, insanlık için ancak bir öğüttür. ³²Hayır hayır (öğüt almazlar). Aya andolsun ki, ³³Dönüp gitmekte olan geceye, ³⁴Ağarmakta olan sabaha andolsun ki, 35O (cehennem), büyük musibetlerden biridir. ³⁶İnsanlık için, uyarıcıdır."

{Müddesir, 1-36}

"¹Kıyamet gününe yemin ederim. ²Kendini kınayan (pişmanlık duyan) nefse yemin ederim ki (diriltilip hesaba çekileceksiniz). ³İnsan, kendisinin kemiklerini biraraya toplayamayacağımızı mı sanır? ⁴Evet, bizim, onun parmak uçlarını bile aynen eski haline getirmeye gücümüz yeter. ⁵Fakat insan önündekini (kıyameti) yalanlamak ister. ⁶"Kıyamet günü ne zamanmış?" diye sorar. ⁷İşte, göz kamaştığı, ⁸Ay tutulduğu, ⁹Güneşle Ay biraraya getirildiği zaman! ¹⁰O gün insan, "Kaçacak yer neresi!" diyecektir. ¹¹Hayır, hayır! (Kaçıp) sığınacak yer yoktur! ¹²O gün varıp durulacak yer, sadece Rabbinin huzurudur. ¹³O gün insana, ileri götürdüğü ve geri bıraktığı ne varsa bildirilir. ¹⁴Artık insan, kendi kendinin şahididir. ¹⁵İsterse özürlerini sayıp döksün. ¹⁶(Rasûlüm!) onu (vahyi) çarçabuk almak için dilini kımıldatma. ¹⁷Şüphesiz onu, toplamak (senin kalbine yerleştirmek) ve onu okutmak bize aittir. ¹⁸O halde, biz onu okuduğumuz zaman, sen onun okunuşunu takip et. ¹⁹Sonra şüphen olmasın ki, onu açıklamak da bize aittir. ²⁰Hayır! Doğrusu siz, çarçabuk geçeni (dünya hayatını ve nimetlerini) seviyorsunuz da, ²¹Ahireti bırakıyorsunuz. ²²Yüzler vardır ki, o gün ışıl ışıl parıldayacaktır. ²³Rablerine bakacaklardır (O'nu göreceklerdir). ²⁴Yüzler de vardır ki, o gün buruşacaktır; ²⁵Kendilerinin, bel kemiklerini kıran bir felâkete uğratılacağını sezeceklerdir. ²⁶Artık gözünüzü açın! Ne zaman ki can köprücük kemiğine dayanır, ²⁷"Tedavi edebilecek kimdir?" denir. ²⁸(Can çekişen) bunun gerçek bir ayrılış olduğunu anlar. ²⁹Ve bacak bacağa dolaşır. ³⁰İşte o gün sevkedilecek yer, sadece Rabbinin huzurudur. ³¹İşte o, (Peygamber'in getirdiğini) doğru kabul etmemiş, namaz da kılmamıştı. ³²Aksine yalan saymış ve yüz çevirmişti. ³³Sonra da çalım sata sata yürüyerek kendi ehline (taraftarlarına) gitmişti. ³⁴Lâyıktır (o azap) sana, lâyık! ³⁵Evet, lâyıktır sana (o azap) lâyık! ³⁶İnsan, kendisinin başıboş bırakılacağını mı sanır! ³⁷O, (döl yatağına) akıtılan meninin içinden bir nutfe (sperm) değil miydi? ³⁸Sonra bu, alaka (aşılanmış yumurta) olmuş, derken Allah onu (insan biçiminde) yaratıp şekillendirmişti. ³⁹Ondan da iki eşi, yani erkek ve dişiyi var etmişti. ⁴⁰Peki (bunları yapan) Allah'ın, ölüleri tekrar diriltmeye gücü yetmez mi?"

{Kıyamet, 1-40}

"¹Yemin olsun, (iyiliklerle) birbiri peşinden gönderilenlere; ²Şiddetle eserek (zararlıları) savurup atanlara; ³(Hakikat ve hayırları) yaydıkça yayanlara; ⁴(Hak ile batılı) birbirinden iyice ayıranlara; ⁵Öğüt telkin edenlere; ⁶(Allah'a yönelenleri) arıtmak, (kötüleri) sakındırmak için. ⁷Bilin ki size va'dolunan şey gerçekleşecek! ⁸Yıldızların ışığı söndürüldüğü zaman, ⁹Gökkubbe yarıldığı zaman, ¹⁰Dağlar ufalanıp savrulduğu zaman, ¹¹Peygamberlerin (ümmetleri hakkında şahitlik) vakti tayin edildiği zaman (artık kıyamet kopmuştur). ¹²(Bu alâmetler) hangi vakte ertelenmiştir? ¹³Ayırım gününe. ¹⁴(Rasûlüm!) Ayırım gününün ne olduğunu sen nereden bileceksin! ¹⁵O gün (Peygamber'i ve ahireti) yalan sayanların vay haline! ¹⁶Biz, (bunlar gibi inkârcı olan) öncekileri helâk etmedik mi? ¹⁷Sonra arkadakileri de onların ardına takacağız. ¹⁸İşte biz suçlulara böyle yaparız! ¹⁹O gün, (hakikatleri) yalan sayanların vay haline!

²⁰(Ey insanlar!) Biz sizi dayanıksız bir sudan yaratmadık mı? ²¹İşte o suyu, sağlam bir yere yerleştirdik. ²²Belli bir süreye kadar. ²³Biz buna güç yetirmişizdir. Ve bizim gücümüz ne büyüktür! ²⁴O gün (hakikatleri) yalan sayanların vay haline! ²⁵Biz, yeryüzünü toplanma yeri yapmadık mı? ²⁶Dirilere ve ölülere. ²⁷Yeryüzünde haşmetli dağlar yarattık, sizlere tatlı sular içirdik.. ²⁸O gün, (hakikatleri) yalan sayanların vay haline! ²⁹(İnkârcılara o gün şöyle denilir:) yalan sayageldiğiniz azaba doğru gidin! ³⁰Üç kola ayrılmış, bir gölgeye gidin ³¹Ki, O ne gölgelendiren ne de alevden koruyandır. ³²O, saray gibi kocaman kıvılcımlar saçar. ³³Her bir kıvılcım, sanki birer sarı deve gibidir. ³⁴O gün, (hakikatleri) yalan sayanların vay haline! ³⁵Bu, (kâfirlerin) konuşamayacağı bir gündür. ³⁶Onlara izin de

verilmez ki, (sözde) mazeretlerini beyan etsinler. ³⁷O gün, (hakikatleri) yalan sayanların vay haline! ³⁸(O zaman şöyle denir:) Bu, ayırım günüdür. Sizi ve sizden öncekileri bir araya getirdik. ³⁹(Azaptan kurtulmanız için) bir hileniz varsa, gösterin bana hilenizi! ⁴⁰O gün, (hakikatleri) yalan sayanların vay haline!

⁴¹Şüphesiz (o gün) takvâ sahipleri, gölgeliklerde ve pınar başlarında, ⁴²Canlarının çektiği çeşit çeşit meyveler arasındadırlar. ⁴³(Kendilerine:) "İşlediklerinizin karşılığı olarak şimdi âfiyetle yiyin için" (denir). ⁴⁴İşte, biz iyilik yapanları böyle mükâfatlandırırız. ⁴⁵O gün, (hakikatleri) yalan sayanların vay haline! ⁴⁶(Ey inkârcılar!) Yiyiniz, (dünyadan) faydalanınız biraz! Gerçek şu ki, sizler suçlusunuz! ⁴⁷O gün, (hakikatleri) yalan sayanların vay haline! ⁴⁸Onlar, kendilerine: "Allah'ın huzurunda eğilin!" denildiği vakit eğilmezler: ⁴⁹O gün, (hakikatleri) yalan sayanların vay haline! ⁵⁰Onlar artık bundan (Kur'an'dan) sonra hangi söze inanacaklar."

{Mürselât, 1-50}

"¹Birbirlerine neyi soruyorlar? ²O büyük haberden mi? ³(İnanıp inanmamakta) ayrılığa düşmektedirler. ⁴Hayır! Anlayacaklar! ⁵Yine hayır! Onlar anlayacaklar! ⁶Biz yeryüzünü bir döşek, yapmadık mı? ⁷Dağları da birer kazık. ⁸Sizi çifter çifter yarattık. ⁹Uykunuzu bir dinlenme kıldık. ¹⁰Geceyi bir örtü yaptık. ¹¹Gündüzü de çalışıp kazanma zamanı kıldık. ¹²Üstünüzde yedi kat sağlam göğü bina ettik. ¹³(Orada) alev alev yanan bir kandil yarattık. ¹⁴Sıkışan bulutlardan şarıl şarıl akan sular indirdik. ¹⁵Size tohumlar, bitkiler yetiştirmek için ¹⁶Ve ağaçları (birbirine) sarmaş dolaş olan bahçeler.

¹⁷Şüphesiz hüküm günü vakit olarak belirlenmiştir. ¹⁸Sûr'a üflendiği gün, bölük bölük Allah'a gelirsiniz. ¹⁹Gökyüzü açılır ve orada pek çok kapılar oluşur; ²⁰Dağlar yürütülür, serap haline gelir. ²¹Şüphesiz, cehennem pusuda beklemektedir. ²²Azgınların barınacağı yerdir (cehennem). ²³(Azgınlar) orada çağlar boyu kalacaklar, ²⁴Orada bir serinlik ya da (susuzluk gideren) bir içecek tatmazlar, ²⁵Kaynar su ve irin (tadarlar). ²⁶Ancak (dünyada yaptıklarına) karşılık olarak. ²⁷Çünkü onlar hesap gününü (kıyametin geleceğini) ummazlardı. ²⁸Bizim âyetlerimizi yalanladıkça yalanlamışlardı. ²⁹Biz ise her şeyi bir kitapta sayıp yazmışızdır. ³⁰Tadın! Bundan sonra yalnızca azabınızı arttıracağız. ³¹Şüphesiz takvâ sahipleri için de başarı ödülü vardır. ³²Bahçeler, bağlar, ³³Göğüsleri tomurcuk gibi kabarmış yaşıt kızlar, ³⁴Ve içecek dolu kâse(ler). ³⁵Onlar orada ne boş bir lâkırdı ne de yalan (bir söz) işitirler. ³⁶Bunlar Rabbinin yeterli bir bağışı, mükâfatıdır. ³⁷O, göklerin, yerin ve ikisi arasında bulunanların Rabbidir. O, rahmândır. O gün insanlar O'na karşı konuşmaya yetkili değillerdir. ³⁸Ruh (Cebrail) ve melekler saf saf olup durduğu gün, Rahmân'ın izin verdiklerinden başkaları konuşmazlar; konuşan da doğruyu söyler. ³⁹İşte o, kesin olarak gelecek gündür. O halde dileyen Rabbine varan bir yol tutsun. ⁴⁰Biz, yakın bir azap ile sizi uyardık. O gün kişi önceden yaptıklarına bakacak ve inkârcı kişi: "Keşke toprak olsaydım!" diyecektir."

{Nebe, 1-40}

"¹Söküp çıkaranlara, andolsun; ²Yavaşça çekenlere, ³Yüzdükçe yüzenlere, ⁴Yarıştıkça yarışanlara, ⁵Derken iş düzenleyenlere. ⁶Birinci üflemenin (kâinatı) sarstığı, ⁷Onu ikinci üflemenin takip ettiği gün, ⁸İşte o gün yürekler kaygıdan oynar,

⁹Gözler yorgun düşer. ¹⁰Diyorlar ki, "Öldükten sonra biz, (dünyadaki) ilk halimize mi döndürüleceğiz, ¹¹(Hem de) çürümüş kemikler olduktan sonra ha?" ¹²"O zaman bu, ziyanlı bir dönüş olur" dediler. ¹³Bu dönüş, sadece bir seslenmeye bakar. ¹⁴Birdenbire kendilerini mahşerde buluverirler.

¹⁵(Habibim!) Sana Musa'nın haberi geldi mi? ¹⁶Kutsal vâdi Tuvâ'da Rabbi ona şöyle seslenmişti: ¹⁷Firavun'a git! Çünkü o çok azdı. ¹⁸De ki: Nasıl, arınmağa gönlün var mı? ¹⁹Seni Rabbimin yoluna iletmemi ister misin? Böylece ondan korkarsın. ²⁰Ve ona en büyük mu'cizeyi gösterdi. ²¹(O ise) hemen yalanladı ve isyan etti. ²²Sonra (inkâr için) olanca çabasını göstererek sırtını döndü. ²³Derhal (adamlarını) topladı ve (onlara) bağırdı: ²⁴Ben, sizin en yüce Rabbinizim! dedi. ²⁵Allah onu, (herkese ibret olarak) dünya ve ahiret azabıyla cezalandırdı. ²⁶Elbette bunda, korkan kimseler için büyük bir ibret vardır.

²⁷Sizi yaratmak mı daha güç, yoksa gökyüzünü yaratmak mı, ki onu Allah bina etti, ²⁸Onu yükseltti, düzene koydu, ²⁹Gecesini kararttı, gündüzünü ağarttı. ³⁰Ondan sonra da yerküreyi döşedi, ³¹Yerden suyunu ve otlağını çıkardı, ³²Dağları sağlam bir şekilde yerleştirdi. ³³Kendiniz ve hayvanlarınız için bir faydalanma olmak üzere. ³⁴Her şeyi alt üst eden o büyük felâket geldiği zaman, ³⁵İnsanın yapıp ettiklerini hatırlayacağı gün, ³⁶Ve görene cehennem açık bir şekilde gösterilecektir. ³⁷Artık kim azmışsa, ³⁸Ve dünya hayatını ahirete tercih etmişse, ³⁹Şüphesiz cehennem (onun için) tek barınaktır. ⁴⁰Rabbinin makamından korkan ve nefsini kötü arzulardan uzaklaştırmış kimse için, ⁴¹Şüphesiz cennet (onun) yegâne barınağıdır. ⁴²Sana kıyameti sorarlar: Gelip çatması ne zamandır? (derler.) ⁴³Sen onu nereden bilip bildireceksin! ⁴⁴Onun nihaî ilmi yalnız Rabbine aittir. ⁴⁵Sen ancak ondan korkanları uyarırsın. ⁴⁶Kıyamet gününü

gördüklerinde (dünyada) sadece bir akşam vakti ya da kuşluk zamanı kadar kaldıklarını sanırlar."

{Nâziat, 1-46}

"³³Kulakları sağır eden o ses geldiğinde, ³⁴İşte o gün kişi kardeşinden, kaçar. ³⁵Annesinden, babasından, ³⁶Eşinden ve çocuklarından. ³⁷O gün, herkesin kendine yetip artacak bir derdi vardır. ³⁸O gün birtakım yüzler parıl parıl, ³⁹Güler ve sevinir. ⁴⁰Yine o gün birtakım yüzleri de keder bürümüş, ⁴¹Hüzünden kapkara kesilmiştir. ⁴²İşte bunlar kâfirlerdir, günahkârlardır."

{Abese, 33-42}

"¹Eksik ölçüp noksan yapan hilekârlara yazıklar olsun! ²Onlar insanlardan alırken ölçüp tarttıklarında tam, ³Onlara vermek için ölçüp tarttıklarında ise eksik ölçer ve tartarlar. ⁴Onlar düşünmezler mi ki, tekrar diriltilecekler! ⁵Büyük bir günde. ⁶Öyle bir gün ki, insanlar o günde âlemlerin Rabbinin huzurunda divan duracaklardır. ⁷Doğrusu günahkârların yazısı, muhakkak Siccîn'de olmaktır. ⁸Siccîn nedir, bilir misin? ⁹(O günahkârların yazısı) Amellerinin sayılıp yazıldığı bir kitaptır. ¹⁰O gün vay haline yalancıların! ¹¹Ki onlar, ceza gününü yalan sayarlar. ¹²Onu ancak hükümleri çiğneyen ve günaha dalan kimseler yalanlar. ¹³Böyle birine âyetlerimiz okununca "Eskilerin masalları" derdi. ¹⁴Hayır! Bilakis onların işlemekte oldukları (kötülükler) kalplerini kirletmiştir. ¹⁵Hayır! Onlar şüphesiz o gün Rablerinden (O'nu görmekten) mahrum kalmışlardır. ¹⁶Sonra onlar cehenneme girerler. ¹⁷Sonra onlara: "İşte yalanlamış olduğunuz (cehennem) budur" denilir.

¹⁸Hayır! Andolsun iyilerin kitabı İlliyyûn'dadır. ¹⁹İlliyyûn nedir, bilir misin? ²⁰(O İlliyyûn'daki kitap) İçinde amellerin kaydedildiği bir kitaptır. ²¹O kitabı, Allah'a yakın olanlar görür. ²²İyiler kesinkes cennettedir. ²³Onlar orada koltuklar üzerinde etrafa bakarlar. ²⁴Onların yüzünde nimetlerin sevincini görürsün. ²⁵Kendilerine mühürlü hâlis bir içecek sunulur. ²⁶Onun içiminin sonunda misk kokusu vardır. İşte yarışanlar ancak onun için yarışsınlar. ²⁷Karışımı Tesnîm'dendir. ²⁸(O Tesnîm Allah'a) Yakın olanların içecekleri bir kaynaktır.

²⁹Şüphesiz günahkârlar, (dünyada) iman edenlere gülerlerdi. ³⁰Onlarla karşılaştıklarında kaş göz hareketleriyle alay ederlerdi. ³¹Ailelerine döndüklerinde, (alaylarından dolayı) keyiflenerek dönerlerdi. ³²Müminleri gördüklerinde: "Şüphesiz bunlar sapıtmış" derlerdi. ³³Halbuki onlar, müminleri denetleyici olarak gönderilmediler. ³⁴İşte o gün (ahirette) de iman edenler kâfirlere gülerler. ³⁵Koltuklar üzerinde etrafa bakarlar. ³⁶Kâfirler yaptıklarının cezasını buldular mı! (Elbette buldular.)"

{Mutaffifîn, 1-36}

"¹(Rasûlüm!) Dehşeti her şeyi kaplayan Kıyametin haberi sana geldi mi? ²O gün birtakım yüzler zelildir, ³Durmadan çalışır, (fakat boşuna) yorulur, ⁴Kızgın ateşe girer. ⁵Onlara kaynar su pınarından içirilir. ⁶Onlar için kuru dikenden başka yemek yoktur, ⁷O ise ne besler ne de açlığı giderir. ⁸O gün birtakım yüzler de vardır ki, mutludur, ⁹(dünyadaki) çabalarından hoşnut olmuşlardır, ¹⁰Yüce bir cennettedirler. ¹¹Orada boş bir söz işitmezler. ¹²Orada (cennette) devamlı akan bir pınar,

¹³Yükseltilmiş tahtlar, ¹⁴Konulmuş kadehler, ¹⁵Sıra sıra dizilmiş yastıklar, ¹⁶Serilmiş halılar vardır.

¹⁷(İnsanlar) devenin nasıl yaratıldığına, bakmazlar mı? ¹⁸Göğe bakmıyorlar mı nasıl yükseltilmiş? ¹⁹Dağların nasıl dikildiğine, bakmazlar mı? ²⁰Yeryüzünün nasıl yayıldığına bir bakmazlar mı? ²¹O halde (Rasûlüm), öğüt ver. Çünkü sen ancak öğüt vericisin. ²²Onların üzerinde bir zorba değilsin. ²³Ancak yüz çevirir inkâr ederse, ²⁴İşte öylesini Allah en büyük azap ile cezalandırır. ²⁵Şüphesiz onların dönüşü sadece bizedir. ²⁶Sonra onların sorguya çekilmesi de sadece bize aittir."

{Gâşiye, 1-26}

"¹Andolsun Fecre, ²On geceye, ³Çifte ve teke, ⁴(her şeyi karanlığı ile) örttüğü an geceye ⁵Bunlarda akıl sahipleri için elbette birer yemin (değeri), ibret vardır. ⁶Görmedin mi, Rabbin ne yaptı Âd kavmine? ⁷Direkleri (yüksek binaları) olan, İrem şehrine? ⁸Ki ülkeler içinde onun benzeri yaratılmamıştı, ⁹O vadide kayaları yontan Semûd kavmine? ¹⁰Kazıklar (çadırlar, ordular) sahibi Firavun'a? ¹¹Ki onların hepsi ülkelerinde azgınlık ettiler. ¹²Oralarda kötülüğü çoğalttılar. ¹³Bu yüzden Rabbin onların üstüne azap kamçısı yağdırdı. ¹⁴Çünkü Rabbin (her an) gözetlemededir. ⁵İnsan, Rabbi kendisini imtihan edip de ikramda bulunduğunda ve bol nimet verdiğinde "Rabbim bana ikram etti" der. ¹⁶Onu imtihan edip rızkını daralttığında ise "Rabbim beni önemsemedi" der. ¹⁷Hayır! Doğrusu siz yetime ikram etmiyorsunuz, ¹⁸Yoksulu yedirmeye birbirinizi teşvik etmiyorsunuz, ¹⁹Haram helâl demeden mirası yiyorsunuz. ²⁰Malı aşırı biçimde seviyorsunuz. ²¹Ama yeryüzü parça parça döküldüğü, ²²Rabbin(in emri) geldiği ve melekler saf saf dizildiği zaman (her şey ortaya çıkacaktır). ²³O gün cehennem getirilir, insan yaptıklarını birer birer hatırlar. Fakat bu hatırlamanın ne faydası var! ²⁴(İşte o zaman insan:) "Keşke bu hayatım için bir şeyler yapıp gönderseydim!" der. ²⁵Artık o gün, Allah'ın edeceği azabı kimse edemez. ²⁶O'nun vuracağı bağı kimse vuramaz. ²⁷Ey huzura kavuşmuş insan! ²⁸Sen O'ndan hoşnut, O da senden hoşnut olarak Rabbine dön. ²⁹(Seçkin) kullarım arasına katıl, ³⁰Ve cennetime gir."

{Fecr, 1-30}

"¹Apaçık delil kendilerine gelinceye kadar ehl-i kitaptan ve müşriklerden inkârcılar (küfürden) ayrılacak değillerdir. ²(İşte o apaçık delil) Allah tarafından gönderilen ve tertemiz sahifeleri okuyan bir elçidir. ³En doğru hükümler vardır şu sahifelerde. ⁴Kendilerine kitap verilenler ancak o açık delil (Peygamber) kendilerine geldikten sonra ayrılığa düştüler. ⁵Halbuki onlara ancak, dini yalnız O'na has kılarak ve hanifler olarak Allah'a kulluk etmeleri, namaz kılmaları ve zekât vermeleri emrolunmuştu. Sağlam din de budur. ⁶Ehl-i kitap ve müşriklerden olan inkârcılar, içinde ebedî olarak kalacakları cehennem ateşindedirler. İşte halkın (Tüm yaratılanların) en şerlileri onlardır.

⁷İman edip sâlih ameller işleyenlere gelince, halkın en hayırlısı da onlardır. ⁸Onların Rableri katındaki mükâfatları, zemininden ırmaklar akan, içinde devamlı olarak kalacakları Adn cennetleridir. Allah kendilerinden hoşnut olmuş, onlar da Allah'tan hoşnut olmuşlardır. Bu söylenenler hep Rabbinden korkan (O'na saygı gösterenler) içindir."

{Beyyine, 1-8}

"¹Yerküre kendine has sarsıntısıyla sallandığında, ²Toprak ağırlıklarını dışarı çıkardığında, ³Ve insan "Ne oluyor buna!" dediği zaman, ⁴İşte o gün (yer) haberlerini anlatır, ⁵Rabbinin ona vahyetmesiyle (bildirmesiyle). ⁶O gün insanlar amellerini görmeleri (karşılığını almaları) için darmadağınık bir şekilde geri dönüp gelirler. ⁷Kim zerre miktarı hayır yapmışsa onu görür. ⁸Kim de zerre miktarı şer işlemişse onu görür."

{Zilzal, 1-8}

"¹Harıl harıl koşanlara, ²(Nallarıyla) çakarak kıvılcım saçanlara, ³(Ansızın) sabah baskını yapanlara, ⁴Orada tozu dumana katanlara, ⁵Derken orada bir topluluğun ta ortasına girenlere yemin ederim ki, ⁶Şüphesiz insan, Rabbine karşı pek nankördür. ⁷Şüphesiz buna kendisi de şahittir, ⁸Ve o, mal sevgisine de aşırı derecede düşkündür. ⁹Kabirlerde bulunanların diriltilip dışarı atılacağını düşünmez mi? ¹⁰Ve kalplerde gizlenenler ortaya konduğu zaman, ¹¹Şüphesiz Rableri o gün onlardan tamamıyla haberdardır."

{Âdiyât, 1-11}

"¹Kâria (Şiddetle çarpan!) ²Nedir o şiddetle çarpan? ³O şiddetle çarpanın ne olduğunu bilir misin? ⁴İnsanların, ateşin etrafını sarmış pervaneler gibi olduğu, ⁵Dağların da atılmış renkli yüne dönüştüğü gündür (o Kâria!)⁶O gün kimin tartılan ameli ağır gelirse. ⁷İşte o, hoşnut edici bir yaşayış içinde olur. ⁸Ameli hafif olana gelince. ⁹İşte onun vatanı (yeri, yurdu) Hâviye'dir. ¹⁰Nedir o (Hâviye) bilir misin? ¹¹O Kızgın bir ateştir!"

{Kâria, 1-11}

"¹Tekâsür (Çokluk, Çoğalma kuruntusu) size o derece oyaladı ki, ²Nihayet kabirleri ziyaret ettiniz. ³Hayır! Yakında bileceksiniz! ⁴Elbette yakında bileceksiniz! ⁵Gerçek öyle değil! Kesin bilgi bir bilgi ile bilmiş olsaydınız, ⁶Mutlaka cehennem ateşini görürdünüz. ⁷Sonra ahirette onu çıplak gözle göreceksiniz. ⁸Nihayet o gün (dünyada yararlandığınız) nimetlerden elbette ve elbette hesaba çekileceksiniz."

{Tekâsür, 1-8}

"¹Asra (Zamana) yemin ederim ki, ²İnsan gerçekten ziyan içindedir. ³Bundan ancak iman edip iyi ameller işleyenler, birbirlerine hakkı tavsiye edenler ve sabrı tavsiye edenler müstesnadır."

{Asr, 1-3}

"¹Arkadan çekiştirmeyi, yüze karşı eğlenmeyi âdet edinen herkesin vay haline! ²O ki, malını toplamış ve onu sayıp durmuştur. ³(O), malının kendisini ebedî kılacağını zanneder. ⁴Hayır! Andolsun ki o, Hutame'ye atılacaktır. ⁵Hutame'nin ne olduğunu bilir misin? ⁶Allah'ın, tutuşturulmuş bir ateşidir.

⁷(Yandıkça) tırmanıp kalplerin ta üstüne kadar çıkar. ⁸O, onların üzerine kapatılıp kilitlenecektir. ⁹(Bu ateşin içinde) uzatılmış sütunlara bağlanmışlardır."

{Hümeze, 1-9}

"¹De ki: "Ey kafirler, ²tapmam o taptıklarınıza! ³Siz de benim kulluk ettiğime tapanlardan değilsiniz. ⁴Hem ben tapıcı değilim sizin taptıklarınıza. ⁵Hem siz de, benim kulluk ettiğime tapıcılardan değilsiniz. ⁶Sizin dininiz size, benim dinim banadır!"

{Kâfirûn, 1-6}

"¹Allah'ın yardımı ve zaferi geldiği, ²Ve insanların bölük bölük Allah'ın dinine girmekte olduklarını gördüğün zaman, ³Rabbine hamdederek O'nu tesbih et ve O'ndan mağfiret dile. Çünkü O, tevbeleri çok kabul edendir."

{Nasr, 1-3}

"¹De ki:"Ben ağaran sabahın Rabbine sığınırım, ²Yarattığı şeylerin şerrinden, ³Karanlığı çöktüğü zaman gecenin şerrinden, ⁴Ve düğümlere üfleyip büyü yapan üfürükçülerin şerrinden, ⁵Ve kıskandığı zaman kıskanç kişinin şerrinden sabahın Rabbine sığınırım!"

{Felâk, 1-5}

"¹De ki: Sığınırım ben insanların Rabbine, ²İnsanların Malikine (mutlak sahip ve hakimine), ³İnsanların İlâhına. ⁴O sinsi vesvesecinin şerrinden, ⁵O ki insanların göğüslerine (kötü düşünceler) fısıldar. ⁶Gerek cinlerden, gerek insanlardan (varolan bütün vesvesecilerin şerrinden) Allah'a sığınırım!"

{Nâs, 1-6}

Daha çok işaret vardı, fakat şimdilik kısa kestik..

HUVE-L RAHMÂN VE-R RAHÎM..

ZÂLÎKE-L YUHYÎ VE-L YUMÎT..

VE RABBU-S SEMÂVÂTÎ VE-L ARD..

VE HUVE-L ALÎMU-L HAKÎM.. .

22. BÖLÜM (Chapter 22)

SON

Bütün dinlerdeki batıni semboller, kapalı manada ortak olarak KIYAMET'e işaret eder. Yukarıda, dünyadaki en geniş kitleye sahip dinlerin ortak sembollerine baktığımızda, her şeklin ortak olarak GÖKYÜZÜ'nden gelecek olan bir felaketle ilgili bir İŞARET'e (Kuyruklu yıldız, dairesel bir Gezegen veya düzensiz şekilli bir Göktaşı gibi) sahip olduğu açıkça görülmektedir. Tüm bunlar ise, bu kaynakların ortak bir noktadan, yani Peygamberlere bildirilen VAHİY bilgilerinden beslendiklerini açıkça göstermektedir..

~HATİME~

SONUÇ=SON YARGI

SON YARGI=>

=>KIYAMET SÜRECİNİN BAŞLANGICI

=>YENİDEN DİRİLİŞİN BAŞLANGICI

Tarih, günlerden **2036** yılının **21 Aralığını** gösteriyordu ki, Ahmet 30 yaşına girmek üzereydi. Fakat bu uzun ilmi araştırma ve gerçeklerin peşinde koşuşturma neticesinde, sanki üzerinde binlerce yılın ağırlığı varmışçasına yorgun ve bitkindi. Üstelik, canından çok sevdiği annesi de hasta yatağa düşmüş ve yıllar sonra yakalandığı amansız hastalığın elinde can çekişmekteydi. Ahmet o gün, önce Cerrahpaşa Tıp Fakültesi hastanesinde hasta yatan annesini ziyaret edip ardında da Sultanahmet'e doğru kısa bir gezi yapacak ve içerisindeki sıkıntıları atmaya çalışacaktı. Uzun yılların verdiği düşünceler ve bu büyük sıkıntı onu iyice yıpratmıştı. Ahmet, hemen hemen her hafta annesinin ziyaretine gidiyor fakat bir şey yapamamanın ezikliği içerisinde her seferinde çaresizce gerisin geri dönüyordu.

İşte o gün, o soğuk kış gününde annesiyle hastane koridorunda, sanki onu bir daha hiç göremeyecekmişçesine uzun uzun bakıştılar ve bu kısa zaman dilimi ona sanki sonsuzluk kadar uzun gelmişti ve bir o kadar da hüzün vermişti ki, bir ara annesiyle beraber geçirdiği zamanların ve çocukluğunda o küçük çiftlik evinde geçirmiş oldukları yıllara ait bir kısım hatıraların gözlerinin önünde canlanır gibi olduğunu hissetti. Annesi, gitgide kısılan bir sesle:

"Ahmedim! Hakkını helal et oğlum. Belki bir daha görüşemeyeceğiz. Ben hiç de iyi değilim. Ama sen kendine iyi bak.." diyordu ve sanki oğluyla son kez vedalaşıyordu. Ahmet üzerinde yeniden sonsuz bir acı hissetti, sanki kainatın büyük kıyameti kopuyormuş gibi geldi ona. Fakat ne gariptir ki, bu kez annesini kaybedeceği gibi bir hisse ilk kez kapılmıştı. Ağlayarak:

"Helal olsun anneciğim. Ama sana bir şey olmayacak ki, neden böyle konuşuyorsun." O ara annesinin sesi kesildi ve uykuya daldı. Oysa Ahmet, hastaneden ayrılırken o uzun ve hüzün dolu ayrılık gününü bir daha asla unutamayacaktı. Çünkü, o soğuk kış gecesinin akşamında biricik annesi vefat edecekti. Fakat bu büyük acının yanında onu tek teselli eden şey, aldığı büyük bilgi birikimi ve olgunlaşmanın neticesinde KIYAMET'le ilgili tüm sürecini, KIYAMETİN SEMBOLİK DİLİNİ ve bilinmeyen sırlarını EBCED ve CİFİR ilmi sayesinde öğrenmiş olması, tüm eski kültürlere ait kıyamete ilişkin sembolik anlatımları da içeren tüm ŞİFRELİ (LEDÜNNİ, SPİRTÜEL veya KAPALI MANALI) ilimleri de tahsil etmiş olması ve bunun neticesinde olaylara ve kainata bakış açısı değişmiş olması, adeta yenilenmiş, 30 yaşında yeniden doğmuş birisi olarak artık büyük görevine başlamak üzere olduğuydu. Çünkü, bir asırdır sabırla beklenen büyük TECDİD hareketi artık başlamak üzereydi.

Sarmaşıklı binanın yanından köşeyi döndükten sonra Sultanahmet'in dar sokaklarından yokuşu çıktığında, rampanın sonunda bir süre dinlendikten sonra, yepyeni bir geleceğe doğru ilerlediğini ve Kıyamet sürecinin artık son dönemecine gelindiğini iyice fark etmişti.

Yılların verdiği yorgunluğu atmak istercesine ve Şeytan'ın yetkisini sonsuza dek elinden alınması için son bir hamle daha yapılması gerektiğini fark etmişti ki, yıllar önce İsa Mesih tarafından kendisini verilen tarih o günü gösteriyordu ve tarihin en büyük buluşmasına saatler kalmıştı. Kıyamet arefesi gelip çatmıştı. Dünyanın üçte biri, geçmiş on yılda salgın hastalıklar ve doğal afetlerle telef olmuş ve insanlık bilinmeyen bir akıbete doğru sürükleniyordu. Öyle ki, dünyanın gözbebeği olan İstanbul bile bu felaketlerden nasibini almış ve koskoca kent bir harabeye dönerken hayatta kalan küçük bir azınlık cami ve kiliselere sığınmaktaydı.

İşte, Ahmet de kendisine tarihin biçtiği büyük misyonu tamamlamak üzere SULTANAHMET ve Ayasofya'ya doğru ilerliyordu. O gün, annesinin hastalığının verdiği üzüntüden olsa gerek, akşama kadar parklarda yapayalnız dolaştı ve İstanbul'un heybetli manzarasını uzun uzun seyretti, değişen zamanı, insanları ve şu istanbulun altında kimbilir kendisinden önce nice nesillerin gelip geçtiğini ve kabir aleminde olduklarını düşünüyordu ki, içinden:

"Dünya hayatı ne kadar da yalan. Kim bilir şu istanbulun içerisinde ölmüş gitmiş olan kaç tane İstanbul daha vardır. İşte, ne olabildik ki, sonuçta en fazla 50 sene sonra biz de oraya gidiyoruz yavaş yavaş!" diyebildi kendi içinden, etrafındaki hayalet gibi gezen insan siluetlerini gördükçe.

Saatler gittikçe ilerledi ve bir ara bir parça çay içmek ve bir şeyler atıştırmak için bir kafede birkaç saat daha oturdu ve daha sonra gece yarısına doğru Ayasofya civarındaki sokaklardan birisinde gecenin hiç bitmeyen ışıklı huzmeleri altında yavaş adımlarla dolaşmaya başladı.

Etrafta şimdiye kadar hiç olmadığı kadar büyük bir sessizlik ve adeta bir korku filmi havası hakimdi. Hava yarı yarıya kapalı ve sert ve kuru bir soğuk vardı, fakat gökyüzünde dolunay belirgin bir şekilde caddeleri aydınlatıyor ve etrafa nurani bir hava vererek tuhaf bir şekilde insanın içini rahatlatıyordu. Sanki, o gecede çok alışılmadık bir durum ve gizemli bir hava vardı ki, Ahmet o gün ve o gece özellikle orada bulunmayı seçmişti ve içinde önemli şeyler olacağına ilişkin garip bir his vardı ya da sanki gizemli bir güç kendisini buraya doğru çekiyordu.

Zaman iyice ilerlemiş, saat gece yarısı 12-1.00 sularını gösteriyordu ki, birden Ayasofya'nın üzerindeki semada kuvvetli bir şimşek çaktı. Oysaki, etrafta hiç de yağmur havası yoktu. Bunun üzerine etraftaki halk büyük bir korkuya kapılmış ve gözlerini semaya doğru dikmişti. Ses öylesine gür ve korkunç bir şekilde Ayasofya kubbelerinde inlemişti ki, sanki bir ara yerin sarsıldığı ve deprem olduğu zannedildi.

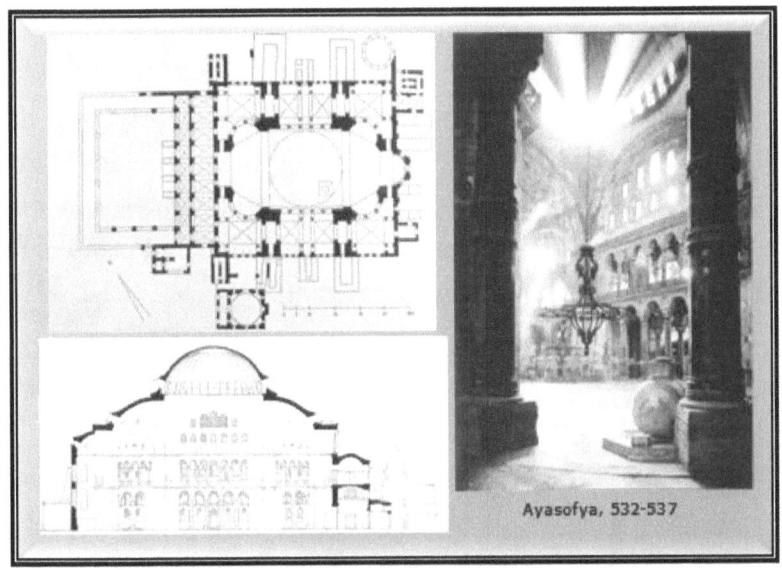
Ayasofya, 532-537

Ayasofya'nın ibadete açılan son cemaat kısmını gösteren bir kroki: Sahih bir hadisdeki rivayete göre, Hz. İsa ikinci kez geldiğinde Hz. Mehdi'nin arkasında namaz kılacaktır. İseviliğin en önemli sembollerinden birisi olan Ayasofya, Cumhuriyet döneminden beri müze olarak kullanılmasına rağmen, son birkaç yıldır küçük bir kısmının (Son cemaat yerinin) ibadete açılması ise çok önemli bir gelişmedir.

Adeta gökyüzü, hemen ardından aralanan bulutlarla yırtılırcasına açılmıştı. Neler oluyordu bugün böyle? Ardından gökyüzünde daha şiddetli şimşekler çakmaya başlamıştı ki, aniden hızla yeryüzüne doğru ilerleyen bir karaltı şeklindeki insan silüeti gökyüzünde belirmişti. Ahmet, camiye çevrilen Ayasofya'nın avlusunda namazını eda ettikten sonra, annesinin şifa bulması için Allah'a dua ederek ve ayrıca tüm bu yaşanan acıların son bularak Deccal'ın ve ona tabi olan şer güçlerin yok edilmesi ve İsa Mesih'in tez gelmesi için dua ediyordu ki, gökyüzünden şimşek gibi inen insan sülüeti tüm heybetiyle Ayasofya'nın avlusundaki son cemaat yerinde kendisini takip eden çok parlak bir ışık huzmesiyle birlikte aşağıya doğru süzülerek, caminin kubbesinde belirgin hale geldi. Öyle ki, Ahmet korkudan tir tir titriyor ve arkasını dönüp bakacak mecali bile kendinde hissedemiyordu ki, kubbeden yankılanan yumuşak fakat heybetli bir ses kendisine seslendi:

Ayasofya ile Sultanahmet camii, kardeş iki yapı gibi, karşı karşıya kurulmuştur. Şüphesiz bu durum, ahir zamanda Hz. İsa ile Hz. Mehdi'nin buluşması açısından çok önemli bir işarettir.

"Selam ey kardeş! Selam, sana müminlerin emiri! Lütfen öne geç ve bu cemaate imam ol. Çünkü bu namazın kameti senin için getirildi! Büyük göreve hazır mısın? İsevilikle İslamiyetin birleşmesi ve inkarcılara karşı ortak mücadelemiz için hazır mısın? Şüphesiz Allah tek ve birdir ki, ben Allah'ın oğlu değilim! Bunu söyleyenlere lanet olsun?"

diyerek sırtına dokundu ki, Ahmet "Efendim, Mesih siz.." diyordu ki; Hz. İsa hemen sözünü keserek ilave etti:

"Korkma ve şimdi bana çok özlediğim namazı kıldırmak için şu cemaatin önüne geç ve artık bundan sonra bana Mesih deme, sadece Muallim diye hitab et yeter" dedi. Ahmet büyük bir huşuyla "**Peki Muallim!**" diyerek "**Allah-u ekber!**" diyerek öyle bir tekbir aldı ki, adeta tüm İslam alemi bu gür sedayı işitir gibi bir vaziyet aldı ve o günden sonra bu kudsi şahısların etrafındaki mü'min cemaat kalabalığı hızla çoğalarak tüm dünyayı yaklaşık 10 senede kapladı. Ne mutlu İslamiyeti yaşayan Salih kullara ve temiz gönüllere.

Bu arada Ahmet'in aklına Vahiy kitabı gelmişti:

Yeni Yeruselâm

"[1]Bundan sonra yeni bir gökle yeni bir yeryüzü gördüm. Çünkü önceki gökle yeryüzü ortadan kalkmıştı. Deniz de yoktu artık. [2]Kutsal kentin, yeni Yeruselâm'ın gökten, Allah'ın yanından indiğini gördüm. Güveyi için hazırlanmış süslü bir gelin gibiydi. [3]Tahttan yükselen gür bir sesin şöyle dediğini işittim: "İşte, Allah'ın konutu insanların arasındadır. Allah onların arasında yaşayacak. Onlar O'nun halkı olacaklar, Allah'ın kendisi de onların arasında bulunacak (Yani burada gerçekten kendisinin bulunması değil de, lütfunun ve rahmetinin bulunması kasdediliyor). [4]Onların gözlerinden bütün yaşları silecek. Artık ölüm olmayacak. Artık ne yas, ne ağlayış, ne de ıstırap olacak. Çünkü önceki düzen ortadan kalktı."

⁵Tahtta oturan, "İşte her şeyi yeniliyorum" dedi. Sonra, "Yaz!" diye ekledi, "Çünkü bu sözler güvenilir ve gerçektir." ⁶Bana, "Tamam!" dedi, "Alfa* (Grekçe 'İlk' anlamına gelir) ve Omega* (Grekçe 'Son' anlamına gelir), başlangıç ve son Ben'im. Susayana yaşam suyunun pınarından karşılıksız su vereceğim. ⁷Galip gelen bunları miras alacak. Ben onun Rab'bi olacağım, o da bana kul olacak. ⁸Ama korkak, imansız, iğrenç, adam öldüren, fuhuş yapan, büyücü, putperest ve bütün yalancılara gelince, onların yeri, kükürtle yanan ateş gölüdür. İkinci ölüm budur."

⁹Son yedi belayla dolu yedi tası taşıyan yedi melekten biri gelip benimle konuştu. "Gel!" dedi, "Kuzu'ya eş olacak gelini sana göstereyim." ¹⁰⁻¹¹Sonra melek beni Ruh'un yönetiminde büyük, yüksek bir dağa götürdü. Oradan bana gökten, Allah'ın yanından inen ve O'nun görkemiyle ışıldayan kutsal kenti, Yeruselâm'ı gösterdi. Kentin ışıltısı çok değerli bir taşın, billur gibi parıldayan yeşim taşının ışıltısına benziyordu.

¹²Büyük ve yüksek surları ve on iki kapısı vardı. Kapıları on iki melek bekliyordu. Kapıların üzerine İsrailoğulları'nın on iki oymağının adları yazılmıştı. ¹³Doğuda üç kapı, kuzeyde üç kapı, güneyde üç kapı, batıda üç kapı vardı. ¹⁴Kenti çevreleyen surların on iki temel taşı bulunuyordu. Bunların üzerinde Kuzu'nun on iki elçisinin (Havarilerin) adları yazılıydı. ¹⁵Benimle konuşan meleğin elinde kenti ve kent kapılarıyla surları ölçmek için altın bir ölçü kamışı vardı. ¹⁶Kent kare biçimindeydi, uzunluğu enine eşitti. Melek kenti kamışla ölçtü, her bir yanı 12.000 ok (yaklaşık 2200 km) atımı geldi. Uzunluğu, eni ve yüksekliği birbirine eşitti. ¹⁷Melek surları da ölçtü. Kullandığı insan ölçüsüne göre

144 arşındı (yaklaşık 75 m).

¹⁸Surlar yeşimden yapılmıştı. Kent ise, cam duruluğunda saf altındandı. ¹⁹⁻²⁰Kent surlarının temelleri her tür değerli taşla bezenmişti. Birinci temel taşı yeşim, ikincisi laciverttaşı, üçüncüsü akik, dördüncüsü zümrüt, beşincisi damarlı akik, altıncısı kırmızı akik, yedincisi sarı yakut, sekizincisi beril, dokuzuncusu topaz, onuncusu sarıca zümrüt, onbirincisi gökyakut, onikincisi ametistti. ²¹On iki kapı on iki inciydi; kapıların her biri birer inciden yapılmıştı. Kentin anayolu cam saydamlığında saf altındandı.

²²Kentte tapınak görmedim. Çünkü Her Şeye Gücü Yeten Rab ve Kuzu, kentin tapınağıdır. ²³Aydınlanmak için kentin güneş ya da aya gereksinimi yoktur. Çünkü Allah'ın görkemi onu aydınlatıyor. Kuzu da onun çırasıdır. ²⁴Uluslar kentin ışığında yürüyecekler. Dünya kralları servetlerini oraya getirecekler.

²⁵Kentin kapıları gündüz hiç kapanmayacak, orada gece olmayacak. ²⁶Ulusların görkemi ve zenginliği oraya taşınacak. ²⁷Oraya murdar* (kötü veya pis) hiçbir şey, iğrenç ve aldatıcı işler yapan hiç kimse asla girmeyecek; yalnız adları Kuzu'nun yaşam kitabında yazılı olanlar girecek.."

{Vahiy, 21:1-27}

Ahmet, tam sözün arasına girecekti ve Vahiy kitabında kendisinden bahsedilen Alfa ve Omega terimlerinin ne olduğunu ve gerçek manasını düşünüyordu ki;

²²Kentte tapınak görmedim. Çünkü Her Şeye Gücü Yeten

Rab ve Kuzu, kentin tapınağıdır. ²³Aydınlanmak için kentin güneş ya da aya gereksinimi yoktur. Çünkü Allah'ın görkemi onu aydınlatıyor. Kuzu da onun çırasıdır. ²⁴Uluslar kentin ışığında yürüyecekler. Dünya kralları servetlerini oraya getirecekler.

²⁵Kentin kapıları gündüz hiç kapanmayacak, orada gece olmayacak. ²⁶Ulusların görkemi ve zenginliği oraya taşınacak. ²⁷Oraya murdar* (kötü veya pis) hiçbir şey, iğrenç ve aldatıcı işler yapan hiç kimse asla girmeyecek; yalnız adları Kuzu'nun yaşam kitabında yazılı olanlar girecek.."

Ayetinde bahsedilen kentin İSTANBUL olduğu, ilginçtir ki sadece o anda aklına gelebilmişti.

Bunun üzerine, ayetin gerçek manasını açıklamak üzere Mesih AS yerden almış olduğu bir taşa uzandı ve yere birtakım işaretler çizdi:

İçi içe geçmiş Alfa ve Omega harfleri, İncilde bahsedilen, kainatın Yaratılışı ile Sonu, yani Kıyamet arasındaki evrensel döngüyü temsil eder..

Ahmet bu işaretleri bazı Kıyamet sembollerini Hz. İsa'nın ikinci gelişiyle birlikte betimleyen resimlerde de görmüştü. Örneğin, bunlardan birisinde dünyanın sonunu, yani kıyameti temsil eden Omega (Ω veya ω) harfinin mistik açılımını ifade etmek için Hz. İsa'nın "Θ" yani yunanca Noktalı Omega harfinin merkez noktasında yer aldığı bir resim görmüştü. Oysa bu resim, tüm antik çağlar boyunca en gizemli sembollerden birisi olan ve merkezinde bir noktanın yer aldığı sembolik omega harfinde de yer alıyordu.

Omega harfi şeklinde, merkezinde Hz. İsa'nın yer aldığı bir illüstrasyon grafik.

Buna göre, bu noktalı omega harfi (⊙) dev ve tek bir karadelik tarafından tüm kainatın yutularak yok edilmesi veya karadelik ve akdelik çiftlerinin kıyamet anında birleşmesini tasvir eden Ying-Yang sembolünde (☯) de yine aynı anlam vardı ki, yani tam olarak tüm bu sembolik anlamlar Kıyameti ilan ediyor olmalıydı ki, bu sembol Mesih'in ikinci gelişiyle çok yakından ilgili en gizemli sembollerden birisiydi ve tarih boyunca pek çok gizemci tarikatında anlamını çözmek için çabaladıkları sembol buydu ve şimdi tarihte belki de ilk defa gerçek anlamı çözülmüştü.Tam bu sırada, Mesih araya girdi ve sembolü açıklamak için yere tekrar aynı sembolü çizdi ve ardından:

"**İşte, bu ortadaki nokta vahdaniyyeti, yani Allah'ın ve tüm dinlerin ortak kökenli birliğini ve onun tarafından gönderildiğini temsil ettiği gibi, etrafındaki çember de tüm varlık aleminin onun tarafından benzersiz olarak yaratıldığını ve tek bir karadelik tarafından yine onun tarafından Kıyamet günü yok edileceğini işaret eder..**"

diye tüm insanlığın bilgi seviyesi düşünüldüğünde çok bilgece bir konuşma yaparak ekledi. Onun bu konuşması ise, Ahmet'e yine Al-i İmran suresinin 48. ayetini hatırlattı:

"**.. Ve Allah ona (Hz. İsa kasdediliyor) Kitab'ı, Hikmet'i (İkinci gelişinde, zamanın sonu, omega noktasında); Tevrat** ve İncil'i (ilk gelişinde, zamanın alfa noktasında)..öğretecek."

{Al-i İmran suresi, 48. ayet}

ayetini tekrara düşündüğünde, İncil ve Tevrat haricinde bahsedilen bu üçüncü kitabın ne olduğunu düşünüyordu ki, Hz. İsa'nın o gün onunla beraber talim etmeye başladığı Kur'an-ı Hakim'in o bahsedilen üçüncü kitap olduğunu, Hikmetin ise, dünyanın sonuyla ilgili çok geniş bir bilgeliği içeren doğa yasaları ve kainatın mistik yönü olduğunu hemen anlamıştı..

Ahmet: "*Sultan Ahmet camii*" dedi kendi kendisine. "Bu camide beni çeken hep gizemli bir sır olmuştur fakat yıllar sonra şimdi anladım ki, "*Ayasofya*" ile bu caminin karşı karşıya kurulması, Ahir zaman için Allah tarafından takdir edilmiş tarihin belki de en büyük buluşması için hazırlanmış bir programı olduğunu daha yeni yeni anlamaya başladım ve bu iki mabedin mimari yapıları dahi sanki bu meseleyi isbat ediyor.." diyerek devam ediyordu ki, birden hayretle irkilerek:

"Tamam şimdi iyice anladım ki, bu iki ulu mabedin bulunduğu tarihi mekan, Hz. İsa ile Mehdi'nin buluşması için hazırlanmış ve o yüzden ben yıllar sonra tekrar buradayım ve yine o yüzden bu iki mabed birbirine bu kadar çok benziyor. Tıpkı, Hz. İsa ile Mehdi gibi.

SULTANAHMET, Hz. MEHDİ için hazırlanmış ve bir gelin gibi süslenmiş ve karşısında tüm görkemiyle AYASOFYA ise Hz. İSA için hazırlanmış ve İNCİL'de bahsedildiği gibi gerçekten uzun yüzyıllar içerisinde bir gelin gibi süslenmiş. İşte dünyanın en büyük kardeşliği bu olsa gerek ve Sultanahmet'in 6 minaresi olmasına karşın Ayasofya'nın 4 minaresinin olmasının sembolik anlamını da şimdi çok daha iyi anladım ki, o da hadislerde bildirilen şu hakikatin bir isbatı olsa gerek:

'*Hz. Mehdi'nin Hz. İsa'ya namaz kıldırması*', *yani aslında yüzyıllardır Hz. Mehdi sembolik manada bu tarihi mekanda Hz. İsa'ya namaz kıldırmış da bizim hiç haberimiz olmamış ve bu büyük hakikatin sırrını anlayamamışız..*"

diyerek, kendi kendine düşünüyor ve hayıflanıyordu ki;

Mesih, araya girdi ve incildeki şu pasajı kendi ezberindeki orjinalinden okuyarak Ahmet'in söylediklerini "Evet, doğru söyledin.." diyerek tasdik etmekle beraber şunları da ilave etti:

"[1]**Bundan sonra yeni bir gökle yeni bir yeryüzü gördüm. Çünkü önceki gökle yeryüzü ortadan kalkmıştı. Deniz de yoktu artık.** [2]**Kutsal kentin, yeni Yeruselâm'ın gökten, Allah'ın yanından indiğini gördüm. Güveyi için hazırlanmış süslü bir gelin gibiydi.** [3]**Tahttan yükselen gür bir sesin şöyle dediğini işittim: "İşte, Allah'ın konutu insanların arasındadır ve işte o kent Yenİ Yeruselam (yani bu İstanbul)'dur.."**

Bunun üzerine Ahmet yine aklına takılan bir şeyleri Hz. İsa'ya soracaktı ki, bundan önce ona buraya gelmeden hastaneye uğradığından ve annesinin üzücü vefatından bahsetti.

Muallim: "Üzülme!" dedi. Sen annen için gereken her şeyi yapmışsın zaten. Hem o artık ebedi aleme gitti ve sen ölmeden önce onun duasını almışsın. Umarım onun da içi rahat olarak vefat etmiştir. Hem bak senin gibi hayırlı ve tüm dünyanın özlemle asırlardır beklediği bir insanı arkasında bırakarak gitti. Elbette ahirette sevap defteri kapanmayıp, seninle devam edecektir!" diyerek ardından ayasofyanın kubbeye yakın bir kısmında kendi bebekliğinde annesi Hz. Meryem'in kucağındayken kendisini tasvir eden bir mozaiğe işaret edereK: "İşte bak, benim annem de uzaklardan beni özlemle izliyor. Hem unutma! Cennet annelerin ayakları altındadır." Bunu sizin peygamberiniz söylemişti. Hatırladın mı?

Ahmet: "Muallim" dedi, sessizce; "Sizin ikinci gelişinizi İncil önceden bildiriyor muydu?" yani..

Muallim: "Evet" dedi kendinden çok emin bir şekilde ve ekledi "İşte orada bahsi geçen kuzu aslında benim ve bu kez işte yeniden İslamiyeti dünyaya hakim kılmak üzere kendimi feda etmek üzere geldim. Ne mutlu İslamiyete uyanlara ve ne mutlu o kişilere ki, onlar kısa bir süre için de olsa Allah'ın yeryüzündeki sonsuz egemenliğini göreceklerdir.."

Ahmet: "Öyleyse, KIYAMET kelimesi de tüm dinlerde sembolik olarak kodlanmıştı, öyle değil mi?" diye sordu.

Muallim: "Evet!" dedi ve yere uzanıp bilinen en büyük dinlerin sembollerini kullanarak eline aldığı bir taş parçasıyla aynı işaretleri bu kez daha büyükçe yerdeki mermer bloğa yine kazıdı:

Muallim: Ve ardından Ahmet'e dönerek sordu: "Şimdi bu sembolik yazının anlamını okuyabiliyor musun?"

Ahmet: "Hayır! Sanmıyorum efendim!" dedi sessizce.

Muallim: "Öyleyse ben sana kodlayarak bu sembolik kelimelerin karşılığını okuyayım:"

Hz. İsa'yı, annesi Hz. Meryem'in kucağında tasvir eden bir gravür (Ayasofya müzesi).

KRİŞNA-YİNG YANG-ALFA YILDIZI-MU SEMBOLÜ-TAU HAÇI

"Ve şimdi bana bu kelimelerin baş harflerini birleştirip okuyabilir misin?"

Ahmet: "Evet!" dedi Ahmet büyük bir heyecanla "Evet

okuyabiliyorum Muallim. Bu müthiş bir şey, çünkü baş harfler birleşince **"KIYAMET"** kelimesi ortaya çıktı."

Muallim: "Öyleyse Vahiy kitabında kalmış olduğun pasajdan devam et. Çünkü artık, büyük görevimiz yeni başlıyor ve artık Kıyameti ilan etme zamanı geldi. Allah'ın hak dininin tüm dünyaya hakim olma zamanı da geldi. İşte artık hakikati hakkalyakin görmenin zamanı geldi!" diyerek sözü Ahmete bıraktı:

Ahmet: Ardından Ahmet şu pasajı okuyarak o büyük ve yorgun geçirdiği günü sonsuz bir neşeyle Vahiy Kitabının ve aynı zamanda Eski ve Yeni antlaşmadan oluşan Kitab-ı mukaddesin şu son paragrafını okuyarak noktaladı. Ne diyordu Muallim:

Hz. İsa Geliyor

"[1]Melek bana Allah'ın ve Kuzu'nun tahtından çıkan billur gibi berrak yaşam suyu ırmağını gösterdi. [2]Kentin anayolunun ortasında akan ırmağın iki yanında on iki çeşit meyve üreten ve her ay meyvesini veren yaşam ağacı bulunuyordu. Ağacın yaprakları uluslara şifa vermek içindir. [3]Artık hiçbir lanet kalmayacak. Allah'ın ve Kuzu'nun tahtı kentin içinde olacak, kulları O'na (Allah'a) tapınacak. [4]O'nun yüzünü görecek, alınlarında O'nun adını taşıyacaklar. [5]Artık gece olmayacak. Çıra ışığına da güneş ışığına da gereksinmeleri olmayacak. Çünkü Rab onlara ışık verecek ve sonsuzlara dek egemenlik sürecekler. [6]Melek bana, "Bu sözler güvenilir ve gerçektir" dedi. "Peygamberlerin ruhlarının Rab'bi olan Allah, yakın zamanda olması gereken olayları kullarına göstermek için meleğini gönderdi."

⁷"İşte tez geliyorum! Bu kitaptaki peygamberlik sözlerine uyana ne mutlu!" ⁸Bunları işiten ve gören ben Yuhanna'yım. İşitip gördüğümde bunları bana gösteren meleğe tapmak için ayaklarına kapandım. ⁹Ama o bana, "Sakın yapma!" dedi, "Ben senin, peygamber kardeşlerin ve bu kitabın sözlerine uyanlar gibi bir Allah kuluyum. Allah'a tap!" ¹⁰Sonra bana, "Bu kitabın peygamberlik sözlerini mühürleme (Bir son verme)" dedi, "Çünkü beklenen zaman yakındır. ¹¹Kötülük yapan, yine kötülük yapsın. Kirli olan, kirli işlerini sürdürsün. Doğru olan, yine doğruyu yapsın. Kutsal olan kutsal kalsın."

¹²"İşte tez geliyorum! Vereceğim ödüller yanımdadır. Herkese yaptığının karşılığını vereceğim. ¹³Alfa ve Omega, birinci ve sonuncu, başlangıç ve son Ben'im. ¹⁴"Kaftanlarını yıkayan, böylelikle yaşam ağacından yemeye hak kazanarak kapılardan geçip kente girenlere ne mutlu! ¹⁵Köpekler, büyücüler, fuhuş yapanlar, adam öldürenler, putperestler, yalanı sevip hile yapanların hepsi dışarıda kalacaklar. ¹⁶"Ben İsa, kiliselerle ilgili bu tanıklığı sizlere iletsin diye meleğimi gönderdim. Davut'un kökü ve soyu Ben'im, parlak sabah yıldızı Ben'im." ¹⁷Ruh (Kutsal Ruh veya Ruh-ül Kudüs) ve Gelin "Gel!" diyorlar. İşiten, "Gel!" desin. Susayan gelsin. Dileyen, yaşam suyundan karşılıksız alsın. ¹⁸Bu kitaptaki peygamberlik sözlerini duyan herkesi uyarıyorum! Her kim bu sözlere bir şey katarsa, Allah da bu kitapta yazılı belaları ona katacaktır. ¹⁹Her kim bu peygamberlik kitabının sözlerinden bir şey çıkarırsa, Allah da bu kitapta yazılı yaşam ağacından ve kutsal kentten ona düşen payı çıkaracaktır. ²⁰Bunlara tanıklık eden, "Evet, tez geliyorum!" diyor. Amin! Gel, Ya İsa! ²¹Hz. İsa'nın lütfu kutsallarla birlikte olsun! Amin.."

{Vahiy, 22:1-21}

Vesselâm.

Allahu a'lem.

Hakikati ve en doğrusunu Allah bilir...

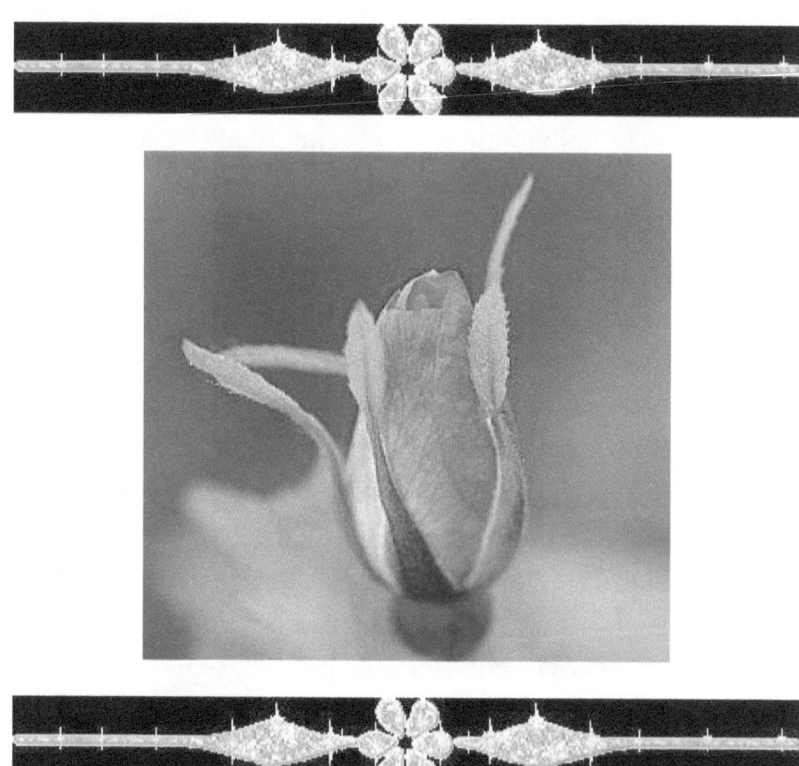

○ 𝖘𝖔𝖓 ●

Appendix-I / EK BÖLÜM-I

EBCED HESABI VE CİFİR İLMİ

Arapça alfabedeki her harfin sayısal bir değeri vardır. Yani Arapçada her harf bir rakama tekabül eder. Bundan istifade edilerek çeşitli hesaplamalar yapılır. İşte yapılan bu hesaba *"Ebced Hesabı"* denir. Ebced alfabe düzeninin her bir harfinin bir rakama tekabül etmesi özelliğinden faydalanan Müslümanlar, bunu çeşitli sahalarda kullanmışlardır. Matematiğin bir dalı olan Cifr ilmi de bu yöntemlerden birisidir. Kitapta yapılan cifir hesaplamalarında da bu yöntem kullanılmıştır. Kitapta kullanılan Ebced Hesabı tablosu:

Buraya kadar anlatılanları, daha genel olarak ve Hicrî takvime göre kronolojik olarak yukarıdaki gibi tablo şeklinde özetlersek;

Sonuç olarak, ilk insan Hz. Adem'in yaratılışından bugüne kadar Dünya'nın ömrünün geçip gitmiş olduğunu ve Kıyamet'in çok yaklaşmış olduğunu görürüz. Daha önce de değinildiği gibi, birçok önemli olayla ilgisi olduğu gibi; Halley kuyruklu yıldızının dünyanın yakınından geçiş periyodu olan **76** yıllık döngünün, insanlık tarihi ve kıyamet süreci ile de ilgisi olduğunu düşünüyorum.

Kitabımız boyunca ele aldığımız tüm bu cifirsel sonuçlara göre, elbette Allah (C.C.) her **100** senede bir Müceddid (Dini, zamanın hakikatlerine göre anlatan mürşid kişi) gönderip çağlara va zamana göre dinini yenilediği gibi, belki de insanlık tarihi için de tablodan da görüldüğü gibi:

H.Ö. 6000 + Hicrî 1600 = 7600

yıllık bir ömür belirlemiştir.

Çünkü, tablonun sonucundan görüyoruz ki, Halley'in bir sonraki geçişi **2064** yılına yani güneşin batıdan doğacağı yıllara ve ondan bir sonraki geçişi de **2140**'lı yıllara yani yine önemli bir olay olan yıldızların ışığının azaldığı döneme denk gelmektedir. Ve 7600'ü 76'ya bölersek tam 100 çıkar. Tam yüz kez meydana gelen geçiş ve her 100 senede bir meydana gelen dünyadaki büyük değişimler. Oldukça düşündürücü! Değil mi?

Hicrî Tarih	Gerçekleşen Olay	Hicrî Tarih	Gerçekleşecek Olay
h.ö. 6000	İlk insan ve ilk peygamber Adem a.s.'ın yaratılışı.	hicrî 1400	Son Müceddid Hz. Mehdinin gönderilmesi ve Altınçağ
h.ö. 4000	Nuh a.s.'ın gönderilmesi ve nuh tufanı.	hicrî 1450	Hz. İsa'nın ikinci gelişi ve tüm kitap ehlini imana davet etmesi.
h.ö. 3000	İbrahim a.s.'ın gönderilmesi ve Nemrud tarafından ateşe atılması.	hicrî 1490	Güneşin batıdan doğması ve tevbe kapısının kapanması.
h.ö. 2000	Musa a.s.'ın gönderilmesi ve firavunla yaptığı büyük mücadele.	hicrî 1500	Kıyametin büyük işaretlerinin ortaya çıkmaya başlaması ve dünyanın yok olma sürecine girmesi.
h.ö. 600	İsa a.s.'ın doğumu.	hicrî 1550	Yıldızların ışığının azalmaya başlaması ve dünyanın büyük felaketlerle karşılaşması.
hicri 0 [milât]	Son peygamber Muhammed a.s.'ın gönderilmesi ve hicreti.	hicrî 1600	Tüm dünyanın sularla kaplanıp karaların ve canlıların yok olması. Ardından Gökyüzünden gelen göktaşı v.b. ile denizlerin buharlaşıp yok olması.
hicri 1000	İkinci bin yılın yenileyicisi İmam-ı Rabbani Hz. Gönderilmesi.		
hicri 1200	12. asrın müceddidi Mevlana Halid-i Bağdadi Hz. Gönderilmesi.	hicrî 1650	Sura 1. kez üfürülerek Yıldız, gezegen ve tüm diğer gökcisimlerinin yok edilmesi ve ardından 2. kez üfürülerek tüm canlıların yeniden diriltilmesi.
hicri 1300	13. asrın müceddidi Bediüzzaman said nursi Hz. Gönderilmesi.		

Tablo -2 Hicrî takvime göre önemli dini olayların kronolojisi

Arap Alfabesinin sıra ve sayı değerleri														
Sıra değeri	1	2	3	4	5	6	7	8	9	10	11	12	13	14
Arapça harfler	ا	ب	ج	د	ه	و	ز	ح	ط	ي	ك	ل	م	ن
Türkçesi	elif	be	cım	dal	he	vav	ze	ha	tı	ye	kef	lam	mım	nun
Sayısal değeri	1	2	3	4	5	6	7	8	9	10	20	30	40	50
Sıra değeri	15	16	17	18	19	20	21	22	23	24	25	26	27	28
Arapça harfler	س	ع	ف	ص	ق	ر	ث	ت	خ	ذ	ض	ظ	غ	
Türkçesi	sın	ayn	fe	sad	kaf	re	şın	te	se	hı	zel	dad	zı	ğayn
Sayısal değeri	60	70	80	90	100	200	300	400	500	600	700	800	900	1000

Tablo -1 EBCED Hesabı tablosu

Appendix-II / EK BÖLÜM-II

AHİRZAMANDA TÜRKİYE'NİN ÖNEMİ VE MODERN İSLAM MEDENİYETİ'NDE ÖNCÜ ROLÜ

Oldukça geniş bir coğrafyayı ve 1.5 milyar Müslümanı kapsayan İslam dünyasının temel ihtiyaçlarından biri olan *"Modern İslam Medeniyeti"*ni ele aldığımız bu ek bölümde, böyle bir Medeniyet oluşturulmasının gerekliliği ve aciliyeti ile ileriye yönelik bir zamanda Türkiye'nin bu oluşum içerisindeki merkezi rolü üzerinde duracağız. Çünkü bu konu, Ahirzaman ve Kıyamet alametleri ile özellikle Hz. Mehdi konusunu ile onun önderliğinde kurulacak olan ALTINÇAĞ dönemi İSLAM BİRLİĞİ'ni de ilgilendirdiğinden oldukça önemlidir.

Bugün İslam dünyasının durumu değerlendirildiğinde ilk dikkati çekecek özelliklerden birisi, Müslümanların kendi aralarındaki parçalanmışlığı olacaktır. Kimi İslam ülkeleri arasında derin anlaşmazlık ve ihtilaflar vardır. Hatta yakın geçmişte, İran-Irak Savaşı, Irak'ın Kuveyt'i işgali, Pakistan-Bangladeş Savaşı gibi Müslüman ülkeler arasında geçen savaşlar yaşanmıştır. Müslüman ülkelerde çoğunlukla etnik ve siyasi sorunlar nedeniyle yaşanan iç savaş ve çatışmalar da -örneğin Afganistan'da, Yemen'de, Lübnan'da, Irak'ta veya Cezayir'de olduğu gibi- İslam dünyasının, olması gerektiği gibi olmadığını göstermektedir.

Öte yandan İslam dünyasının dört bir yanında birbirinden son derece farklı, ehl-i sünnet esaslarına aykırı dini yorumlar, görüşler ve modeller hakimdir. Neyin gerçekten İslam'a uygun neyin de aykırı olduğunu belirleyecek, bu konuda dünya Müslümanlarının geneline yön verecek, onları uzlaştırabilecek merkezi bir otorite yoktur. Katoliklerin Vatikan'ı, Ortodoks Hıristiyanların Patrikhaneleri vardır, ama İslam dünyasında dini bir birlik ve merkez bulunmamaktadır.

Modern İslam Medeniyetinin İlkeleri Neler Olmalı?

Peygamberimiz Hz. Muhammed (sav)'in vefatının ardından, İslam dünyası hep Hilafet makamı tarafından yönlendirilmiş, bu makam Müslümanların dini konulardaki yol göstericisi olmuştur. Günümüzde de İslam dünyasının tümüne yol gösterecek çağdaş bir merkezi otorite kurulabilir. Demokratik esaslara ve hukukun üstünlüğü prensibine dayanan merkezi bir İslami otoritenin ve modern bir İslam Medeniyeti'nin kurulması İslam dünyasının mevcut sorunlarının giderilmesinde çok önemli bir adım olacaktır. Söz konusu İslam Medeniyeti;

1- İslam dünyasının tümüne hitap edebilmeli, dolayısıyla en temel İslami değerlere ve esaslara dayanmalı, belirli bir mezhebin veya tarikatın temsilcisi olmamalıdır.

2- İnsan haklarına, demokrasiye, serbest girişimciliğe destek vermeli, İslam dünyasının ekonomik, kültürel ve bilimsel yönden kalkınmasını temel hedef olarak belirlemelidir.

3- Diğer ülkeler ve medeniyetlerle son derece barışçıl ve uyumlu ilişkiler kurmalı, uluslararası topluluklarla işbirliği içinde olmalıdır.

4- İslam dünyasındaki azınlıkların ve İslam ülkelerine gelen yabancıların haklarının korunması, kendilerine güvenlik sağlanması ve saygı gösterilmesi gibi konuları öncelikli olarak ele almalıdır.

5- Filistin, Keşmir, Moro gibi, Müslümanlar ile Müslüman olmayan halkları karşı karşıya getiren sorunlara; adil ve barışçıl çözümler getirilmesine önem vermelidir.

6- Hem Müslümanların haklarını savunmalı hem de söz konusu sorunların, bazı unsurlar tarafından çözümsüzlüğe itilmesine mani olmalıdır.

Kur'an Ahlakına Dayalı Bir Medeniyet

İslam dünyasının böylesine akılcı, sağduyulu ve adil bir liderliğe kavuşması, hem bugün pek çok sorunla karşı karşıya bulunan 1.2 milyar Müslüman için, hem de dünyanın tüm diğer insanları için çok hayırlı olacaktır. Kuran ahlakına dayalı olarak kurulacak bir İslam Medeniyeti, tüm dünyanın adalet ve güvenlik bulmasına, Kuran ahlakının getirdiği tavır mükemmelliği sayesinde huzurun yerleşmesine aracı olacaktır. Müslümanlar, Peygamberimiz Hz. Muhammed (sav)'in devrinden bu yana, insanlığa; akıl, bilim, düşünce, sanat, kültür, medeniyet gibi alanlarda öncülük etmiş, "insanların hayrı"na dev eserler ortaya koymuşlardır. Avrupa Ortaçağ'ın karanlığında iken, dünyaya bilimi, akılcılığı, tıbbı, sanatı, temizliği ve diğer pek çok hasleti

Müslümanlar öğretmiştir. Kuran'ın nurundan ve hikmetinden kaynaklanan bu İslami yükselişi tekrar başlatmak için, geçmişte olduğu gibi bugün de Müslümanların Kuran ahlakını ve Peygamber Efendimizin sünnetini temel alan bir yol göstericiliğe ihtiyaçları vardır.

Bu proje nasıl hayata geçirilebilir?

Öncelikle bu konuda tüm İslam ülkelerinin yanında Türkiye'ye büyük bir rol düştüğünü belirtmek gerekir. Çünkü Türkiye, sözünü ettiğimiz manada bir İslam Medeniyeti'ni kurmuş ve 5 yüzyıldan uzun bir süre başarıyla idare etmiş olan Osmanlı İmparatorluğu'nun mirasçısıdır. Bu sorumluluğu tekrar üstlenebilecek bir toplumsal alt yapıya ve devlet geleneğine sahiptir.

Dahası Türkiye, İslam dünyasının Batı ile ilişkileri en gelişmiş ülkesidir ki, bu Batı ile İslam dünyasındaki sorunların çözümünde arabuluculuk yapabilmesine olanak sağlar. Türkiye'nin tarihsel olarak hoşgörülü ve mutedil bir anlayışa sahip olması; Türkiye'nin İslam dünyasında dar bir mezhebi değil, dünya Müslümanlarının büyük çoğunluğunun izlediği Ehli Sünnet inancını temsil etmesi de, onu Modern İslam Medeniyeti'ne önderlik etmeye aday kılan önemli bir vasıftır.

Medeniyetler Çatışmasının Çözümü ve Modern İslam Medeniyeti

Bu ek bölümde ele alınan çözümlerin ivedilikle kıyamet

yaklaşmadan önce, hayata geçirilmesi son derece önemlidir. Çünkü, İslam dünyası ile Batı arasında bir "medeniyetler çatışması" tehlikesi her geçen gün büyümektedir. Modern İslam Medeniyeti'nin kurulması ile birlikte bu tehlike tamamen ortadan kalkacaktır. Tarihte yaşanan tecrübeler açıkça göstermektedir ki, farklı medeniyetlerin birarada yaşaması, mutlaka bir gerilim ve çatışma nedeni değildir. Farklı kültürleri birarada barındıran bir devlet, bünyesinde farklılıklar olduğu için değil, bu farklılıkları idare ediş –ya da edemeyiş- tarzı nedeniyle sorunlarla karşılaşmaktadır. Ya da yan yana gelen medeniyetler, birbirlerine karşı hoşgörülü olup olmamalarına, kendi içlerindeki hoşgörüsüz unsurları kontrol altına alıp alamamalarına göre, çatışma veya barış ve iş birliği yolunu seçmektedirler. Günümüzde de hoşgörü ve uzlaşı yerine, Batı'da düşmanlık ve çatışmayı seçmek isteyenler vardır. Bunlar nedeniyle İslam ve Müslümanlar hakkındaki bazı yanlış anlama ve ön yargılar devam etmekte ve bu , İslam dünyası için birtakım zorluklar oluşturmaktadır. Batılılar ise, çeşitli yanlış anlaşılmalar nedeniyle gereksiz yere tedirginlik duymaktadırlar. Tüm bu sıkıntıları ortadan kaldıracak bir çözüme çok acil olarak ihtiyaç vardır.

Bunları, eğer bundan 20, 30, 40 veya 50 yıl öncesinde ele almış olsaydık, o zaman bir "İslam Medeniyeti"nden söz etmek çok daha zor olurdu. Çünkü ne dünyanın ne de İslam dünyasının durumu, böyle bir medeniyetin oluşması için gerekli şartları taşımıyordu. Aksine, böyle bir medeniyetin kurulmasına engel olabilecek pek çok şart vardı. Ancak dünya, 1980'lerden itibaren bir dizi değişim geçirdi ve bütün bunlar modern anlamda bir İslam Medeniyeti'nden söz etmeyi ve bunun kurulması için çalışmayı mümkün kıldı. Modern İslam Medeniyeti'nin yolunu açan bu büyük değişimleri sırasıyla inceleyelim:

1- MÜSLÜMANLARIN ÖZGÜRLEŞMESİ

Yeryüzündeki son İslam Medeniyeti, Osmanlı İmparatorluğu'ydu. Onun yıkılmasından itibaren, İslam dünyası irili ufaklı devletlere bölündü, bu devletlerin çoğu uzun süre Batılı devletlerin sömürgesi oldular. 1920'lerden itibaren tüm Ortadoğu, Kuzey Afrika, Hint Yarımadası ve Pasifik Müslümanları, İngiltere ve Fransa başta olmak üzere, Avrupalı sömürgeci devletlerin egemenliği altına girdiler. Orta Asya ve Kafkasya'daki Müslümanlar, çok daha katı bir idarenin, Sovyet Rus diktasının altındaydılar. Balkan Müslümanları, Sırplar ve Hırvatlar gibi gayrimüslim halkların yönetimi altına girdiler, II. Dünya Savaşı'ndan sonra ise bu yönetimler bir de komünist bir ideoloji benimseyerek İslam karşıtı bir yapıya büründüler. Kısacası 20. yüzyılın önemli bir bölümünde dünya Müslümanlarının büyük bir bölümü sömürgeydi. 1950'lerde ve 60'larda sömürgeciliğin bitmesiyle Müslümanlar da özgürleşmeye başladılar. İngiltere önce Hint Yarımadasını ardından da Ortadoğu'yu terk etti. Hint Yarımadasında Pakistan ve sonradan Bangladeş adını alacak Doğu Pakistan kuruldu. Ortadoğu'daki Mısır, Ürdün, Irak gibi Müslüman devletler bağımsızlıklarını kazandılar. Kuzey Afrika, uzun ve acı bir süreçten sonra Fransız emperyalizminden kurtuldu. Afrika'daki diğer Müslüman ülkeler de, 1960'lı yıllarda birbiri ardına bağımsızlıklarını kazandılar. Doğu'da Malezya ve Endonezya aynı yılda, 1965'te bağımsızlıklarını ilan ettiler.

1980'lerin sonunda Komünist Blok'un ve 1991'de SSCB'nin çökmesiyle, bu yönetimlerin idaresi altındaki Müslümanlar da özgürlük kazandılar. Orta Asya'daki Müslüman Türki devletler 1.5 yüzyılı aşkın bir süredir devam eden Rus egemenliğinden kurtularak bağımsız birer cumhuriyet oldular. Komünizmin çökmesi, Balkan Müslümanlarına da özgürlük getirdi. Bosna-Hersek, Sırp egemenliğindeki Yugoslavya'dan kurtuldu ve Avrupa'nın ortasında bir Müslüman devlet olarak sahneye çıktı. Arnavutluk, ateist diktatör Enver Hoca'nın kurduğu zalim komünist rejimden kurtuldu. Bugün çeşitli ülkelerdeki azınlıklar ve Filistin, Keşmir gibi işgal altındaki bir kaç Müslüman ülke hariç, dünya Müslümanları kendi siyasi egemenliklerine sahiptirler. Bu büyük siyasi değişim, 20. yüzyıl boyunca mümkün olmayan bir "İslam Medeniyeti"nden söz etmeyi, 21. yüzyılda mümkün kılmaktadır.

2- DİN DIŞI İDEOLOJİLERİN ETKİSİNİN AZALMASI

İslam ülkeleri üstte belirttiğimiz gibi 1950'lerden itibaren bağımsızlıklarını kazanmaya başladılar, ama bağımsızlık her zaman "bilinç" anlamına gelmiyordu. Aksine, bağımsızlıklarını kazanan İslam ülkelerinin bazılarında, İslam ahlakının özündeki değerlerle ters düşen ideolojik akımlar güç kazandı. 1950'lerde ve 60'larda Arap dünyasını derinden etkileyen "Arap Sosyalizmi" bunun bir örneğiydi. İslam ahlakında hiçbir şekilde yeri olmayan koyu bir Arap milliyetçiliğine ve yine İslam'da yeri olmayan radikal Marksist söylem ve metodlara dayanan Arap milliyetçiliği, bir anda güç kazandı, ancak hızla geriledi. Arap dünyasına ise sadece zaman kaybı ve gerilim getirdi.

Bunun dışında Müslüman ülkeler farklı kutuplara dağılmışlardır. O dönemde dünya ABD ve SSCB'nin başını çektiği iki kutba ayrılmıştı ve Müslüman ülkeler, ortak hareket etmek bir yana, bu iki kutba neredeyse eşit olarak dağılmış durumdaydılar. Arap ülkelerinin çoğu Sovyetler Birliği'ne yakın duruyordu. Müslüman Mısır, Müslüman Pakistan'la savaş halindeki Hindistan'la ortak hareket ederek "Bağlantısızlar" hareketine öncülük etmekte sakınca görmüyordu. İslam dünyasının, siyasi, stratejik ve kültürel anlamda gerçekten "İslam Dünyası" olarak teşhis edilmesi ve ortaya çıkması, ancak Soğuk Savaş'ın bitiminden sonra mümkün oldu. Soğuk Savaş varken, "İslam dünyası"ndan söz etmek pek mümkün değildi. Soğuk Savaş'ın ardından ise, "İslam dünyası" önemli bir rol kazandı.

Soğuk Savaş devrinin kalıntılarının İslam dünyasından temizlenmesi süreci ise hala devam ediyor. Bununla birlikte yaşanan gelişmeler, Ortadoğu'da daha hoşgörülü ve demokratik bir iklimin oluşacağını müjdeliyor ve bu da İslam ahlakının anlaşılması, anlatılması ve yaşanması için kuşkusuz çok daha elverişli bir ortam hazırlıyor. Öte yandan Müslümanlar arasındaki geleneksel bazı ayrımların da, Ortadoğu'da son yaşanan siyasi gelişmelerle, yumuşaması dikkat çekici. ABD'nin Irak işgali sırasında Irak'taki Sünnilerin ve Şiilerin, tarihte ilk kez aynı camilerde namaz kılmaları ve ortak hutbeler vermeleri gibi...

3- DIŞ İLİŞKİLERDE "MEDENİYET" KAVRAMININ ÖNEMİNİN ARTMASI

Soğuk Savaş'ın bitmesi, Müslümanları iki ayrı siyasi kampa ayıran zorunlu bölünmeyi ortadan kaldırdı. Bununla birlikte, siyasi ideolojiler yerine medeniyetlerin ön plana çıkmasını sağladı. Samuel Huntington'ın belirttiği gibi, artık insanlar "kimin tarafındasınız" sorusuyla değil, "kimsiniz" sorusuyla tanımlanır hale geldi. Balkanlar'dan Orta Asya'ya, Uzakdoğu'dan Kuzey Afrika'ya kadar, kendilerini daha önce "sosyalist", "Yugoslav", "Sovyet", "anti-komünist" veya "ulusçu" olarak tanımlayan pek çok insanın bu özellikleri değil, hangi medeniyeti temsil ettikleri önemli hale geldi.

Dünyanın medeniyetler temelinde tanımlanmasının tek nedeninin Soğuk Savaş'ın bitimi olmadığına da dikkat etmek gerekir. Bir diğer önemli neden, tüm dünyada ateizmin çöküşü ve din ahlakının yükselişidir. Bu, son iki yüzyıldır tüm dünyada kültürel bir hegemonya kurmuş olan materyalist felsefenin yeni bilimsel ve toplumsal gelişmelerle çökmeye başlamasıyla yakından ilgilidir. Özellikle bilimsel gelişmeler, materyalizmin dayanaklarını yıkmakta ve böylece insanların Allah'ın varlığının kanıtlarını daha açık biçimde görebilmelerini sağlamaktadır. Allah'a inancın giderek güçlendiği, insanların yeniden din ahlakına yöneldiği bir çağda, kuşkusuz İslam'a olan iman da yükselmektedir.

4- İSLAMIN DÜNYA GÜNDEMİNDEKİ YÜKSELİŞİ

Tüm dünyada din ahlakının yükselmesi kadar dikkat çekici bir olgu daha vardır: Tüm dinler içinde en çok yükselen din İslam'dır. Bugün İslam dünyanın en hızlı büyüyen dinidir ve bu gerçek herkes tarafından kabul edilmektedir. Dahası, İslam dünya gündeminin en önemli konusu durumundadır. Bundan 30-40 yıl önce ise durum çok daha farklıydı. Dünya, Soğuk Savaş'ın dar ideolojik kalıpları içinde düşünüyordu. Dahası, materyalist dünya görüşlerinin etkisiyle din ahlakının insanların ve toplumların hayatında belirleyici olmayacağı yanılgısı hakimdi. Oysa 1980'lerin başından itibaren İslam bir anda dünya gündeminin zirvesine çıktı ve İslam ahlakının insanları ve toplumları harekete geçirebilecek büyük bir güç olduğu Batılılar tarafından da fark edildi. 1990'larda Batı dünyasının İslam'a olan ilgisi daha da arttı. Medyada İslam hakkında yapılan haberlerin sayısındaki artış, bunun göstergelerinden biriydi. İslam'a yönelik en büyük ilgi ise 11 Eylül saldırılarından sonra başladı. Batılılar, en başta da Amerikalılar, İslam ahlakını yakından tanımak, Müslümanları anlamak için büyük bir çaba içine girdiler. Bugün Batı medyasının ve Batılı akademik çalışmaların çok kayda değer bir bölümü İslamiyet'le ilgilidir. Bunların bir kısmı ön yargılı yorumlar içerseler de, sonuçta dünyanın dikkatini İslam'a çekmekte ve daha çok insanın İslam ahlakına yönelmesine aracı olmaktadırlar.

5- MÜSLÜMANLAR ARASINDAKİ GLOBAL İLETİŞİMİN ARTMASI

Modern İslam Medeniyeti'nin yolunu açan çok önemli bir diğer gelişme ise, 1980'lerden itibaren giderek yükselen, 1990'larda –başta internet olmak üzere- iletişim teknolojisinin gelişmesiyle büyük bir ivme kazanan globalizasyon sürecidir. Bazı Müslümanlar, Batı kültürünün taşıyıcısı olarak gördükleri globalizasyonu olumsuz bir biçimde değerlendirmektedir. Oysa gerçekte tüm dünyanın birbiri ile yoğun bir kültürel alışveriş içine girmesi ve dünyanın tüm kültürlerinin ortak bir dille iletişim kurmasını sağlayan globalizasyon, dünya Müslümanlarının bilgiye olan ulaşımlarını kolaylaştırarak birbirleri ile olan temas ve iş birliklerini daha önce görülmemiş biçimde büyütmüştür. Böylece, Müslüman halkların bilinçlenmesinde çok büyük bir vesile olmuştur. Sadece interneti ele almak bile, Müslümanlar arasındaki iletişimin ne kadar geliştiğini göstermektedir. İnternetin yanısıra medya da dünya Müslümanlarını birleştirmektedir. Herhangi bir İslam ülkesindeki bir konu, bir anda tüm İslam ülkelerinde izlenmekte, oralarda da yankı uyandırmakta, oralardaki Müslümanların da meselesi olmaktadır. Tüm bu imkanlar, Müslüman dünyasının çok daha aydınlık bir geleceğe kavuşabileceğini göstermektedir.

6- BATILILARIN YENİ BİR OSMANLI ARAYIŞLARI

Kurulması için çağrıda bulunduğumuz İslam Medeniyeti, hem Müslümanlar hem de gayrimüslimler için pek çok yarar sağlayacak, adil, demokratik ve çağdaş bir yapılanma olacaktır. Modern İslam Medeniyeti'nin kurulması durumunda, başta Batı olmak üzere diğer medeniyetler, dostane ve barışçıl ilişkiler kurabilecekleri, istikrarlı ve güvenilir bir otorite ile muhatap olacaklardır. Sözde Müslümanlar adına ortaya çıkan bazı radikal akımların engellenmesi ve tedavi edilmesi işi, Modern İslam Medeniyeti'nin işi olacak; Batı'nın bu konudaki endişeleri tamamen ortadan kalkacaktır. Dolayısıyla, Modern bir İslam Medeniyeti'nin yaklaşmakta olduğunu gösteren önemli alametlerden biri de, bu sözünü ettiğimiz "İslam Medeniyeti ihtiyacı"nın, Batılılar tarafından da fark edilmeye başlanmış olmasıdır. Özellikle eski Osmanlı coğrafyası üzerinde bir asırdır devam eden otorite boşluğu teşhis edilmekte ve çözümün de ancak Osmanlı modelinin bir şekilde yeniden hayata döndürülmesiyle mümkün olacağı fikri yankı bulmaktadır. Batılıların bile "Osmanlı İmparatorluğu'nun yeniden kurulması gerektiği"ni düşündükleri bir devirde, Müslümanların bu işe dört elle sarılmaları gerektiği aşikardır. Hicri 14. asrın başından itibaren yaşanan gelişmeler, Müslümanların tarihin önemli bir dönüm noktasında olduklarını göstermektedir. Hepimize düşen, sorumluluğa layık olmaktır..

Appendix-III / EK BÖLÜM-III

GAYBIN GİZLİLİĞİ VE ÖNCEDEN BİLİNEBİLMESİ

Kıyamet Gerçekliği'nde ele aldığımız konular Gaybî haberlere dayanmaktaydı. Gaybî haberlerin ise, bazı özellikleri vardır. Dünyanın bir imtihan yeri olması sebebiyle bu haberlerin belli bir kapalılık içinde verilmesi maddenin ve zamanın tabiatının bir gereğidir. Dolayısıyla, bu haberlerin herkes tarafından kendi görüşüne göre değerlendirilmesi doğru olmaz. Bu bilgileri, ancak bu konuda uzman olan veya uzun senelere yayılmış bir araştırma içerisinde inceleyen ve bu konuda belli bir formasyonu bulunan şahıslar değerlendirebilir. İşte bu Gayb haberlerinin özelliklerini iyi anlayabilmek, doğru ve sistematik bir çerçeve içerisinde inceleyebilmek için, Gaybın gizliliği ve Gaybın önceden kestirilebilir özellikleri hakkında bazı ekstra bilgilere ihtiyaç vardır. Bu ek bölümde, bu bilgiler hakkında bilgi vermeye çalışacağız.

GAYB NEDİR?

Arapça'da Gayb kelimesi, **"Gizli kalmak, Gizlenmek, Görünmemek, Herkes tarafından anlaşılamamak, Uzaklaşmak veya Gözden kaybolmak"** anlamına gelen masdar ve **"Gizlenen, Herkese açıklanmayan, Halihazırda ortada

bulunmayan şey" manasında isim veya sıfat olarak kullanılan bir kelimedir.

KUR'ÂN'DA GAYB KONUSU

Gayb kelimesi, Kur'ân'da yaklaşık 60 yerde geçer. Bu kelime Kur'ân'da zaman açısından Geçmiş, Şimdiki ve Gelecek Zaman olmak üzere üç kategoriye ayrılabilen birçok gaybî haberler içeren metinde geçmektedir. Bunlardan bazıları şöyle verilebilir:

1- Uzak Geçmiş: Bunlardan uzak geçmişe ait olan ve bizzat Kur'ân tarafından **"Gayb Haberleri"** olarak nitelendirilen Hz. Âdem, Nuh, Yusuf ve İbrahim'e ait bilgileri içeren kıssalar ile Ashâb-ı Kehf, Zülkarneyn ve Hızır A.S. kıssaları, bunlara örnek olarak gösterilebilir.

2- Şimdiki Zaman: Bu Gayb haberlerine örnek olarak, Mekke'nin fethinin önceden haber verilmesi, Namaz ve Zekat ibadetlerini içeren konuları açıklayan ahkâma ilişkin haberler ve Şeriat'ın ana prensiplerinin sınırlarını belirleyen kuralların bildirilmesini içeren pek çok âyet, Kur'ân'ın indirildiği dönemdeki bildirdiği Gayb haberlerinden olarak verilebilir.

3- Gelecek Zaman: Bu Gayb haberlerine örnek olarak da, Bizanslıların Mecusî İranlılar karşısında yakın bir gelecekte galibiyet elde edeceğini bildiren âyetler, İslâmiyetin geleceği hakkında detaylı bilgiler veren âyetler ve Kıyâmet'in yaklaşmasını ve İşaretlerini detaylı bir şekilde haber veren âyetler, iyi birer örnek olarak gösterilebilir.

HADİSLERDE GAYB KONUSU

Gayb kelimesi, genel olarak Hadislerde de Kur'ân'daki manasıyla kullanılmıştır. Ayrıca bundan başka, "**Sadece Allah'ın nezdinde bulunan ilim**" veya "**Gaybın anahtarlarını içeren kapalı bilgiler (Örneğin, Cifir İlmi gibi)**" gibi terim anlamlarını yansıtacak şekillerde de kullanılmıştır. Nitekim, Mi'rac hadislerinde bizce anlamı tam olarak bilinemeyen Âhiret âlemlerinden, Cennet'ten, Cehennem'den veya Sidretü-l Müntehâ'nın varlığı ve mahiyetlerinden haber veren pek çok Hadis de bu Gayb haberlerinden sayılmaktadır.

GAYBIN ÖNCEDEN BİLİNEBİLMESİ KONUSU

Bu konuyla ilgili âyet ve hadislerin bazılarında, "**Gayb'ı sadece Allah'ın bildiği**"ni ifade edilirken diğer bir kısım âyet ve hadislerde ise, "**Allah'ın dilediği kullarını da bu Gayb haberleri hakkında bilgilendirdiği**" ifade edilmektedir. Demek ki buradan Gayb'ın iki kısma ayrıldığı anlaşılmaktadır: Birincisi, sadece Allah tarafından bilinen kapalı Gayb bilgileri ve İkincisi, Allah'ın dilediği kimselere özel bir tarzda bildirdiği ve manası yorumlanmaya açık olan birtakım Gayb bilgileri. Mesela, Hz. İbrahim'e Yer ve Göklerin sırlarının bildirilmesi; Hz. Yusuf'a rüya tabir etme ve bundan yararlanarak birtakım Gayb haberlerinin manasını çözebilme yeteneğinin verilmesi ve Hz.

İsa'ya İsrâiloğulları'nın evlerinde ne yiyip neleri biriktirdiklerine ilişkin Gayb bilgilerinin verilmesi, bu ikinci kısım Gayb bilgisine girmektedir. Rasûlallah (SAV)'in de bu konuda bilgi sahibi olabilmesi, yani Gaybı bilip bilmemesi konusunda da iki farklı görüş bildirilmiştir:

Birinci Görüşe Göre: Rasûlallah'a (SAV), Kıyâmet'e kadar zuhûr edecek olan her şey bildirilmiştir. Bu bilgilerin içerisine manası kapalı olan Gayb bilgileri de dahildir. Öte yandan bazı İslâm âlimleri, **"Allah'ın dilediği kullarını Gayb hakkında bilgilendirdiği"**ni savunarak tüm Peygamberler gibi, Hz. Peygamberin de bu konuda bilgi sahibi olduğu konusunda hemfikirdir. Yani bu görüşü savunan âlimlere göre, sadece Peygamberlere Gayb bilgileri hakkında bilgi verilir ve bunların dışındakilere bu bilgiler açıklanmaz.

İkinci Görüşe Göre: Diğer bir kısım âlimler ise, **"Allah'ın Peygamberler dışında bazı seçkin kullarına da bu Gayb bilgilerini verebileceği"**ni savunarak, bu durumun Kur'ân ifadeleriyle çelişmediğini belirtirler. Bu âlimler, Gayb bilgilerini elde etmek için Vahiy dışında da birtakım yolların (Örneğin; **İlham**, **Keşf** ve **Rüya** gibi) bulunduğunu söylerler.

GAYB HABERLERİ

Âhir zaman olayları ve Kıyâmet alâmetleri konusunda gaybdan haber veren bilgiler, büyük çoğunlukla Hadislere dayanır. Halbuki bu hadislerin bazı özellikleri vardır. Dolayısıyla bu özellikler bilinmeden, hadisleri doğru anlamak ve onlardan doğru bir sonuç çıkarmak mümkün değildir. İşte gayb haberlerini, bu özellikler gözönüne alarak incelemiz gerekir.

Şimdi sırasıyla bu özelliklerden en önemlilerine değinelim:

1- İmtihan Sırrı (Sırr-ı Teklif): Din'e inanmak ve onun emir ve yasaklarını uygulamak, insanların kendi istek ve tercihlerine bırakılmıştır. Dinin temel esprisi budur. Yani Din, bir İmtihan'dır. Dolayısıyla, nasıl ki imtahana giren bir öğrenciye soruların doğru cevapları gösterilmez ve değerlendirme için kapalı tutulursa; aynen bunun gibi, Din'in Sırr-ı Teklif özelliğinden dolayı da imân etmeyi zorunlu hale getirebilecek Din'in kapalı yönleri ve derin Gayb bilgileri de açıktan açığa insanlara gösterilmez ve kapalı tutulur. Bu sebeple, Din'in temel imân esaslarının ve belli başlı dinî görevlerin dışındaki teorik konular, özellikle de gelecekle ilgili Gayb haberleri açık, net ve ayrıntılı bir şekilde bildirilmemiştir. Bununla birlikte, sadece birtakım yaklaşık Cifirsel tarihler ve üstü kapalı yorumlar olarak bildirilmiştir. Yani, imanî konular insanların kendi tercihlerini kullanamayacakları açıklıkta, onları inanmaya zorlayacak bir üslupta anlatılmamıştır.

Ancak bu sayede, gerçekten inananlarla, inanmış görünenler veya hiç inanmayanlar arasında bir ayırım yapılabilir ve herkes lâyık olduğu sonuçla karşılaşır. Aksi takdirde dinin imtihan oluşunun bir özelliği kalmaz ve herkes inanıp inanmama noktasında eşit hale gelir. Bu sebeple, mu'cizeler bile Peygamberlere çok nadir ve arasıra verilir. Ayrıca, dünyada gözle görülebilecek olan büyük Kıyâmet alâmetleri de teşbihli ve mecazlı bir üslupla (Müteşâbih Anlatım) haber verilmiştir.

Rivâyetlerin bu özelliğinden dolayıdır ki,

"**Hz. İsa A.S. Kıyâmetten önce dünyaya indirildiğinde, herkes tarafından tanınmaz veya herkes O'nun hakikî İsa A.S. olduğunu bilmez**" veya "**Hz. Mehdi zuhûr ettiğinde, O'nu tanıyamaz**" veya

"**Deccal ve Süfyan çıktığında, kendilerinin Deccal ve Süfyan olduğu bilinmez**" veya "**Dabbet-ül Arz ve Ye'cüc ve Me'cüc denen yaratıklar çıkıp insanlara musallat olduğunda, insanlar bunların Dabbet-ül Arz ve Ye'cüc ve Me'cüc olduğunu yakînen anlayamaz**"

veyahutta bütün bunlardan farklı olarak

"**Güneş batıdan doğduğunda, insanlar bunun Kıyâmetin büyük bir alâmeti olduğunu ve Dünya'nın sonunun artık yaklaşmakta olduğunu yakînen bilir ve anlar**".

İşte bu yüzden, hadislerde bildirilmiştir ki: "**Güneş batıdan doğduğunda tevbe kapısı kapanır. Yani artık tevbe ve imân etmek fayda vermez.**" Dolayısıyla, bu olayla birlikte imtihan gereği kapalı tutulan Gayb kapısı açılmış olur ve artık imtihan âşikâr hale gelmiş olur. Dolayısıyla, Kıyâmetin en büyük alâmeti sayılan Güneşin Batıdan Doğması çok önemli bir Astronomik hadisedir ve Abdülkâdir Geylanî Hz.'lerinin de işaret ettiği gibi, **İmân-ı Tahkikî**'nin çok önemli bir Kutbunu oluşturur.

2- Gayb Haberlerinin Çeşitliliği (İcmalli ve Tafsilli Anlatım): Hz. Peygamber (SAV)'e bildirilen gayb haberleri iki çeşittir: Birincisi; bir kısmı ayrıntılı bir şekilde (Tafsîlen) bildirilen haberlerdir. Bu tür bilgileri, Hz. Peygamber kendisine bildirildiği gibi bildirir. O konularda kendisinden bir şey ilâve etmez veya çıkarmaz. Mesela, Kur'ân'ın ve Kudsî hadislerin Muhkem kısmı böyledir. İkincisi ise; Hz. Peygamber'e konunun özü kısaca ve özet olarak (İcmalen) bildirilir. Açıklaması ise, O'nun tercihine ve yorumuna bırakılır. Dünyada veya Gökyüzünde meydana gelen veya gelecek olan hadiselerle gelecekte meydana gelecek olan sosyal olaylar bu çeşittendir. Böyle konularda, Hz. Peygamber kendi ifade gücü ile bazen bezetmeler (Temsiller veya Teşbihler) yaparak imtihan sırrı hikmetine uygun bir üslupta açıklamalarda bulunur. Mesela, bir defasında Hz. Peygamber etrafındaki sahabelere bir şeyler anlatırken bir gürültü işitildi. Bu gürültüyü orada bulunan herkes duydu. Bunun üzerine, şöyle buyurdular: "**Bu gürültü, yetmiş seneden beri Cehennem'e yuvarlanan bir taşın tam bu anda Cehennem'in dibine yetişip düşmesinin gürültüsüdür.**" İşte bu garip haberden kısa bir süre sonra birisi geldi ve: "**Yâ Rasûlallah, yetmiş yaşında olan filân Münâfık öldü**" dedi. Dolayısıyla gelen bu haberle, Hz. Peygamber'in bu benzetme ile neyi anlatmak istediği anlaşılmış oldu.

3- Hadislerdeki Anlatım Özelliği (Mecazlı ve Teşbihli Anlatım): Bazı hadislerde, benzetme yolu ile mecazlı, yani benzetme sanatı kullanılan bir anlatım vardır. Fakat zamanla hadislerin bu anlatım özelliği unutulmuş ve halk kitleleri bu benzetmeleri ve mecaz manaları gerçekmiş gibi algılamışlardır. Böyle olunca da, hadislerde haber verilen olayların gerçekle ilgisi kurulamamaktadır. Dolayısıyla, hadisin haber verdiği olay gerçek olduğu halde, hadisi yanlış anlayan ve yorumlayan insanların beklentileri ve içerisinde bulundukları zamanın şartları farklı olduğundan, hadisin gerçekle bağdaşmaması gibi bir durum ortaya çıkmaktadır. Bu kapalı manaların yorumlanması halk arasında zamanla unutulduğu veya yanlış anlaşıldığı için, hadislerin çeşitli zamanlarda yeniden yorumlanması gerekmiştir.

Yine bazı hadisler, ileride müslüman çoğunluğun yaşayacağı yerlere ve buralarda kurulacak olan devletlerin merkezlerine işaret etiği için tarih içerisindeki yorumları da farklılık arzetmektedir. Dolayısıyla, aslında bölgesel olarak gerçekleşeceği bildirilen bir olayın tüm dünyada meydana geleceği zannedilmiştir. Böylece, küçük bir çerçevede ve dar bir dairede bu hadislerin yorumu yapılırken doğru sonuçlar çıkarken; geniş çaplı, bütün dünyayı ve insanları kapsayan durumlarda ise yanlış sonuçlar çıkabilmektedir.

4- Gizlilik Hikmeti: Kıyâmetin kesin vakti, insanın ne zaman ve nerede öleceği, anne karnındaki çocuğun karakteri, özellikleri ve kader programını oluşturan geleceği gibi gaybî konular gizlidir ve kesin gerçekleşme tarihleri belirli olmayan ve gizlilik içeren olaylardandır. Bunların gizli olmasının da pek çok hikmetleri vardır. Kıyâmet, dünyanın ve içerisindeki canlıların ölümü ile birlikte tüm Kâinatın ölümü demektir. İnsanın ne zaman ve nerede öleceği kesin olarak bilinemeyeceği gibi, Kıyâmetin kesin olarak ne zaman, hangi saniye ve dakikada ve günde kopacağı da elbette bilinemez.

Eğer, insanın ne zaman öleceği bilinseydi, ömrünün yarısı ölüm gerçeğinden uzak olarak gaflet içinde; diğer yarısı da darağacına yürümekte olan bir idam mahkumu gibi dehşet ve ıstırap içinde geçerdi. Halbuki, dinin amacı; insanın her an hem ölecekmiş gibi ölüme hazırlıklı olmasını sağlamak; hem de çok yaşayacakmış gibi ihtiyaçlarını karşılamak için çalışmasını telkin etmektir. Aksi takdirde, dinî hayatın temelini teşkil eden **Havf** ve **Rec'â** (Ümit ve Korku) arasında yaşama dengesi ve hikmeti ortadan kalkardı. İşte aynen bu durumda olduğu gibi, Kıyâmetin ne zaman kopacağı da buna benzer hikmetlerden dolayı insanlardan gizli tutulmuştur.

Eğer Kıyâmetin kopma vakti kesin olarak bilinseydi, geçmiş yüzyıllarda yaşayan insanlar âhirete hazırlanma düşüncesinden uzak yaşayacaklardı. Kıyâmetin kopmasına yakın yaşayanlar ise, Kıyâmetin dehşetini görme korkusundan dolayı hayat kendilerine zehir olacaktı. İşte bu ve benzeri sebep ve hikmetlerden dolayı Kıyâmetin kesin vakti gizli kalmıştır. Bu sayede, herkes hem kendi ecelini düşünüp ona göre hazırlandığı gibi, Kıyâmeti de her zaman hatırında tutup onun alâmetlerinin ortaya çıkmasının gerektirdiği bir hayat tarzını yaşamaya çalışır..

Appendix-IV / EK BÖLÜM-IV

KIYÂMETİN KÜÇÜK ALÂMETLERİ

Kıyâmeti dünyanın ölümüne sebep olan ölümcül bir hastalık olarak düşünürsek, Kıyâmetin küçük alâmetlerini de, bu ölüm hastalığının ortaya çıkışının belirtileri olarak nitelendirebiliriz. Bu büyük hastalığın ise, büyüklü küçüklü çok sayıda belirtisi vardır. Kıyâmet Gerçekliği isimli kitabımızın hemen hemen tamamında, sadece bu belirtilerin en önemlileri olan ve toplam altı tane olan Kıyâmetin Büyük Alâmetlerine detaylı bir şekilde değindik. Bunların en büyükleri sayılan: **Hz. Mehdi'nin Zuhûru, Hz. İsa'nın Nuzûlü, Deccal'ın Ortaya Çıkışı, Dabbet-ül Arz'ın Ortaya Çıkışı, Ye'cüc ve Me'cüc'ün Ortaya Çıkışı** ile **Güneşin Batıdan Doğması** konu başlıklarımızı oluşturmuştu. Fakat bu hastalığın belirtileri sadece bunlardan ibaret değildir. Daha birçok belirtileri vardır. İşte bunlar da Kıyâmetin Küçük Alâmetlerini oluşturur. Bunların sayısı hakkında farklı rakamlar söylenmesine rağmen, bu son ek bölümde bunlardan en önemlilerini oluşturan **114** tanesini vererek çalışmamızı burada noktalıyoruz.

1- Dinin Dünya menfaatleri karşılığında satılması,

2- Hayırlı işleri yapanların azalması,

3- Cimriliğin artması,

4- Fitnelerin çoğalması,

5- Adam öldürme ve Anarşinin artması,

6- İslâmiyeti yaşamanın zorlaşması,

7- Müslümanların fakirleşmesi,

8- Hırsın artması,

9- İnsanları Allah yolundan saptıranların çoğalması,

10- İdarecilerin ve Yöneticilerin öldürülmesi,

11- Müslümanların birbirleriyle çarpışmaları ve öldürmeleri,

12- Kötü kimselerin dünya malına zorla el koyması,

13- İlmin ortadan kalkması,

14- Cehaletin yaygınlaşması,

15- Zinanın çoğalması,

16- İçki içenlerin çoğalması,

17- Kadınların çoğalması,

18- Müslümanların elindeki kıymetli şeylerin diğer milletlerce ele geçirilmesi,

19- Müslümanların dünya sevgisine dalmaları ve ölümü unutmaları,

20- Davaları aynı olduğu halde iki grubun birbiriyle savaşması,

21- Depremlerin çoğalması,

22- Zamanın kısalması,

23- Ulaşım teknolojisinin gelişmesiyle mesafelerin kısalması,

24- Ölümlerin ve Katliamların yaygın hale gelmesi,

25- Dünya malının bollaşması,

26- Yüksek bina yapmakta insanların birbiriyle yarışmaları,

27- İnsanların Kabirlerde yatanların yerinde olmak istemeleri,

28- Putlara tapılması,

29- Müslümanlarla Yahudilerin arasında savaş çıkması,

30- Sadece tanıdık kimselere selâm verilmesi,

31- Ticâretin yaygınlaşması,

32- Kadınların ticârette erkeklere yardımcı olması,

33- Akrabalarla ilişkilerin kesilmesi,

34- Yalancı şahitliğin yaygınlaşması,

35- Yalan yere Allah için yemin edilmesi,

36- Yazarların çoğalması,

37- Güvenilir kimselerin itham edilmesi,

38- Hainlere güvenilmesi,

39- Güvenilir doğru kimselerin susturulması,

40- Yalancıların güvenilir kimseler sayılması,

41- Günahkâr kimselerin toplumda söz sahibi olması,

42- Küçük Deccal (Süfyan)'ların müslümanların dinlerini ve adetlerini başka dinlerle ve adetlerle değiştirmesi,

43- İlmin küçük değersiz ve sapık düşünceli kimselerde aranması,

44- Namaz kıldıracak ehliyette kimse bulunamadığı için müslümanların birbirini öne sürmesi,

45- Kadınların oğlunun hakimiyeti altına girmesi,

46- Günahkâr kişilerin samimi mü'minlere musallat olup onlara tahakküm etmesi,

47- Camilerde günahkâr kimselerin namaz kıldırması,

48- İşlerin adam kayırma sebebiyle ehil olmayanlara verilmesi,

49- Karanlık geceler gibi fitnelerin ve karışıklıkların artması,

50- Alçak kimselerin iyi insanlara göre dünya nimetlerinden daha çok faydalanması,

51- Arapların Türklerle savaşması,

52- Fırat Nehrinde altından bir dağın ortaya çıkması,

53- Bazı insanların suretlerini değiştirmesi,

54- Şam'daki bir bölgede bir kara parçasının yere batması,

55- İnsanların taşlanarak öldürülmesinin yaygınlaşması,

56- Helal para kazanma yollarının azalması,

57- Güvenilir arakadaşın azalması,

58- Devletlerin hazinelerinin zengin ve makam sahibi kimselere tahsis edilmesi,

59- Emanet Ganimet gibi düşünülüp el konulması,

60- Zekâtın angarya olarak telakki edilmesi,

61- Kişinin annesine eziyet etmesi,

62- Kişinin hiç tanımadığı kimselere yumuşak davranması ve her hususta ona güvenmesi,

63- Kişinin babasına asi olması,

64- Kişinin hanımı dine zıt da olsa ona itaat etmesi,

65- Cami ve Mescidlerde yüksek sesle konuşulması,

66- Aşağılık bayağı kimselerin milletin başına geçip onlara idareci olması,

67- Bir kimseye şerrinden korkulduğu için ikramda bulunulması,

68- Erkeklerin ipek elbise giymesi,

69- Şarkıcıların çoğalması,

70- Çalgıların (Televizyon, Radyo gibi) yaygınlaşması,

71- Bir yere sonra gelenlerin önceden gelenleri lânetlemesi,

72- Namazların terk edilmesi,

73- Faizin yaygınlaşması,

74- Büyük günahların helâl sayılması,

75- Boşanmaların çoğalması,

76- Ani ölümlerin çoğalması,

77- İftiranın yaygınlaşması,

78- Yağan yağmurların sıcaklık ve âfet getirmesi,

79- Çocukların hırçın ve öfkeli olması,

80- Aşağılık ve ahlâksız insanların çoğalması,

81- Yalancılara itibar edilmesi,

82- Memurların zalim olması,

83- Kur'ân okuyan hafızların açıkça günah işlemesi,

84- Devlet yöneticilerinin devlet malına ihanet etmesi,

85- Kur'ân'ın şeklen süslenip içeriğine itibar edilmemesi,

86- Camilerin süslenmesi,

87- Cemaatle namaz kılanların azalması,

88- Kalplerin kararıp insanların sürekli ümitsizliğe düşmeleri,

89- Zina ve Kısas cezası gibi Allah'ın suçlar için tayin ettiği uygulamaların kaldırılması,

90- Erkeklerin kadınlara benzemesi,

91- Kadınların erkeklere benzemesi,

92- Allah adına çok yemin edilmesi,

93- Sadece meslek edinmek için ilim tahsil edilmesi,

94- Zulüm ve haksızlıklarla iftihar edilmesi,

95- Kanunları düzenleyenlerin ve Hakimlerin rüşvet almaları,

96- Hükümetlerin gizli istihbarat ve güvenlik elemanlarının çoğalması,

97- Kur'ân'ın musikî gibi okunması ve dinlenmesi,

98- Yırtıcı hayvanlardan çeşitli giyim eşyalarının yapılması,

99- Şehvanî ve Nefsanî arzulara uyulması,

100- Devlet kuruluşlarında rüşvetin yaygınlaşması,

101- Zulmün yaygınlaşması,

102- Çocukları anne babalarının değil eğitimcilerin yetiştirmesi,

103- Yağcı ve yardakçı ilim adamlarının çoğalması,

104- Hain tüccarların çoğalması,

105- Din ilmini bilen gerçek ilim adamlarının azalması,

106- Parlak ve etkili konuşan hatiplerin çoğalması,

107- Güvenilir kimselerin azalması,

108- Binaların çoğalması,

109- Fakirlerin çoğalması,

110- Ölçü ve tartıda hile yapılması,

111- Kişiden istenmediği halde yalancı şahitlik yapması,

112- Fâsık ve Münâfıkların kuvvetli olması,

113- Cahillerin şerefli sayılması,

114- Gerçek Mü'minlerin aşağılanması ve değersiz sayılması..

BİBLİYOGRAFYA

Basılı Kitaplar

ARABÎ, Muhammed bin Ali Muhiddin "FÜTÜHAT EL-MEKKİYE"

SUYUTÎ, Celâleddin bin Muhammed, "KİTAB-ÜL BURHAN Fİ ALAMET-İL MEHDİYY-İL AHİR ZAMAN"

HEYTEMÎ, Ebû-l Ahmed bin Hacer "EL- KAVLU'L MUHTASAR Fİ ALAMET-İL MEHDİYY-İL MUNTAZAR"

KOTKU, Mehmed Zahid "NEFSİN TERBİYESİ", *Seha neşriyat, İstanbul 1994*

CEYLAN, Enver Galip "KIRK DERSTE OSMANLI TÜRKÇESİ", *Sözler yayınevi, İstanbul 2002*

DURALI, Ş. Teoman "ÇAĞDAŞ KÜRESEL MEDENİYET", *Dergah yayınları, İstanbul 2003*

GÜLEN, M. Fethullah "SONSUZ NUR", *zaman & akademi nil yayınları, izmir 2000*

DEMİR, Ahmet "AHİR ZAMAN GERÇEKLERİ", *Güneş yayıncılık, İstanbul 2005*

EREN, Bilal "KIYAMETE DOĞRU", *Türdav basın yayın, İstanbul 2006*

TEKİN, Serkan "KUR'AN'DA GİZLENEN TARİHLER", *Nokta yayınları, İstanbul 2002*

ÇEBİ, Hakan Yılmaz, "ARAF'IN RİCALLERİ", *Pegasus Yayınları*

ŞAHİNER, Necmeddin, "BİLİNMEYEN TARAFLARIYLA SAİD NURSÎ", *Nesil yayınları, İstanbul 2005*

ELDEM, Burak "2012: MARDUKLA RANDEVU", *İnkılap yayınları, İstanbul 2003*

BERGİL, Mehmet Suat "Doğada/Bilimde/Sanatta ALTIN ORAN", *Arkeoloji ve sanat yayınları, İstanbul 1993*

FREUD, Sigmund "SANAT VE SANATÇILAR ÜZERİNE" Çeviren: Kamuran ŞİPAL, *Yapı kredi yayınları, İstanbul 2001*

BROWN, Dan "DA VINCI ŞİFRESİ", *Altın kitaplar yayınları, İstanbul 2003*

Prof.AİBERG, Hans Von "ARZ'DAN ARŞ'A SONSUZLUK KULESİ I", *Zig-zag Group, İstanbul 1986*

WESTFALL, Richard S. "MODERN BİLİMİN OLUŞUMU", Çeviren: İsmail Hakkı DURU, *Tübitak yayınları, Ankara 2000*

YEĞİN, Abdullah "YENİ LÛGAT", *Hizmet vakfı yayınları, İstanbul 2005*

Makale, Süreli yayın ve Elektronik dokümanlar

OKTAR, Adnan "TÜRKİYE'NİN GELECEĞİNDE OSMANLI VİZYONU", *Harun Yahya yayınları*, E-text article *(http://www.harunyahya.org)*, *İstanbul 2006*

OKTAR, Adnan "KUR'AN MUCİZELERİ", *Araştırma yayıncılık*, E-text PDF documentary *(http://www.harunyahya.org)*, *İstanbul Mayıs 2006*

ORDO SUPREMUS, Militaris Templi [Knights Templar] "SİON TARİKATI RESMİ WEB SİTESİ", E-text documentary *(http://www.ordotempli.org)*, *2000, 2001, 2002*

ESRARNAME, İKAZNAME, *Ha-mim sayfası.com*, E-text article

DİZER, Muammer "HALLEY KUYRUKLU YILDIZI", *Boğaziçi üniversitesi yayınları, İstanbul 1986*

RADEMACHER, Cay "İSA KİMDİ?", Article text, *GEO Dergisi, Aralık 2006 sayısı*

YALNIZ, Murat "Hz. İSA'YI BEKLEYEN MÜSLÜMANLAR", Article text, *AKTÜEL Dergisi, Mayıs 2005 sayısı*

MERCEK Dergisi, "(Hz. İSA, Hz. MEHDİ ve DECCAL) AHİR ZAMAN ŞAHISLARI NEDEN TANINMIYOR", E-text article *(http://www.hazretiisagelecek.com)*, *Haziran 2004*

ERDİN, Murat "are RELIGION and SCIENCE COMPATIBLE", Article text, *FOUNTAIN Dergisi, Ocak-Mart*

2005 sayısı

Dr. GÖNÜLLÜ, Ömer Said "the MESSAGE of METEORITES", Article text, *FOUNTAIN Dergisi, Ocak-Mart 2005 sayısı*

Ph.D. PARKER, Brian "the HISTORY of JI", Article text, *FOUNTAIN Dergisi, Ocak-Mart 2005 sayısı*

ERTUNÇ, A. Cemil "İSLAMÎ MODELİN YENİDEN İNŞÂSI", Article text, *UMRAN Dergisi, Mayıs 2003 sayısı*

YILDIZ, Abdullah "İSLAM BİRLİĞİ", Article text, *UMRAN Dergisi, Temmuz 2004 sayısı*

Kutsal Kitap ve Metinler

İmâm-ı RABBÂNÎ, "MÜJDECİ MEKTÛBLAR", *Hakikat yayınları, İstanbul 2001*

EBÛ HANİFE, Numan bin SABİT "EL-FIKHUL EKBER"

BUHARÎ, Muhammed bin İsmail, "SAHİH-İ BUHARÎ-İ ŞERÎF"

Bedîüzzaman Said NURSÎ, "ŞÛÂLAR", *Sözler yayınevi, İstanbul 1993*

Bedîüzzaman Said NURSÎ, "MEKTÛBÂT", *Sözler yayınevi, İstanbul 2004*

Bedîüzzaman Said NURSÎ, "SİKKE-İ TASDİK-İ GAYBÎ", *Sözler yayınevi, İstanbul 2004*

Bedîüzzaman Said NURSÎ, "EMİRDAĞ LÂHİKASI", *Sözler yayınevi, İstanbul 2004*

Prof. HAMÎDULLAH, Muhammed "AZİZ KUR'AN", Açıklamalı Meâl çevirisi, *Beyan yayınları, İstanbul 2000*

YILDIZ, Mehmed "BARNABAS İNCİLİ", Barnabas incilinin ingilizceden çevirisi, *Kültür Basın Yayın Birliği yayınları, İstanbul 2005*

* * * * * *

Kıyamet Gerçekliği Külliyatı

{21. Asrın Modern Kur'an Tefsiri}

Müellifi: Murad Uhray
(Hicri 1396 -1976, İstanbul)

{مراد اُخراي}

Murad Uhray Kimdir?
Yazar ve Çalışmaları Hakkında Kısa Tarihçe-i Hayat
(1976-2006)

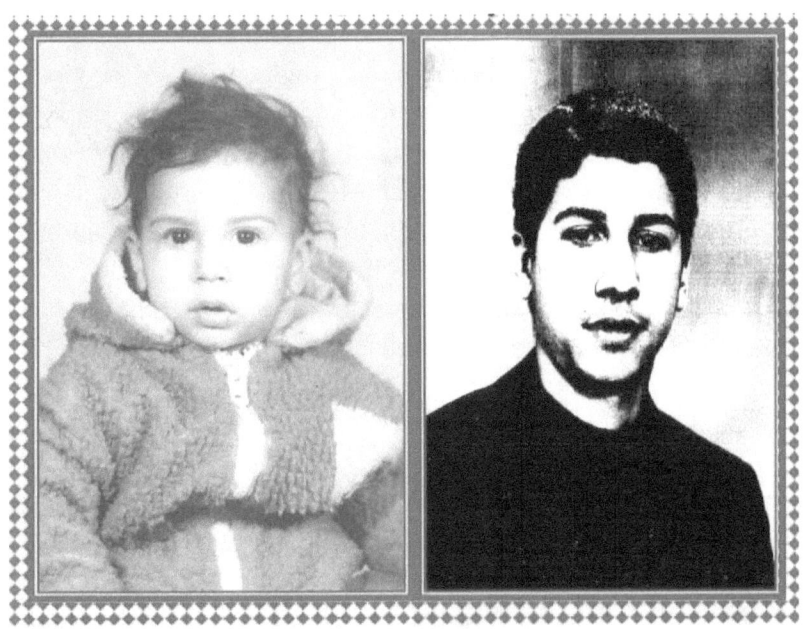

Murat UHRAY

(إستانبول, هجري ١٣٩٦, ١٩٧٦ آغوصطوص ١٧)

Murat UHRAY isimli yazar, 17 Ağustos 1976 tarihinde İSTANBUL'da doğdu. İlk, Orta ve Lise öğrenimini İstanbul'da tamamladı. Daha sonra YILDIZ TEKNİK Üniversitesi ELEKTRONİK Mühendisliği Bölümünde ve aynı Üniversitenin FEN BİLİMLERİ Enstitüsünde Yüksek Lisans öğrenimi gördü.

Yazar, Üniversite yıllarında, tarihte bir ilim adamı tarafından yapılan hiçbir çalışmanın tek yönlü olamayacağını görmüş ve bunun sonucunda, kalıcı olan eserlere baktığında ise, bunların din bilimlerinin yanı sıra diğer bütün pozitif bilimlerde de derin bir bilgi, araştırmaya dayalı bir ihtisas ve kuvvetli bir önsezi gerektirdiğini farketmiştir. Akademik eğitim, bir dereceye kadar bu bilgiyi ve araştırmaya dayalı ihtisas yöntemlerini vermektedir.

Fakat bütün bu bilgi yığınlarını, gerçeği ortaya çıkaracak şekilde bir araştırma yöntemini ve bunu sağlayacak olan önsezi yeteneğini ne yazık ki verememektedir. Dolayısıyla yıllarca süren yoğun ve çoğunlukla ezbere ve hiç araştırmadan öğrenilen bilgilere dayalı ve gerçeğin ta kendisi olduğu sanılarak yapılan bir eğitim, hayatın ilerleyen dönemlerinde öğrencinin zihninde bir bilgi yığını olarak kalmakta ve bu bilgi yığınının içerisinden doğru ve işine yarayan bilgileri çıkartmakta zorlanmaktadır. Fakat bir zamanlar, bu önsezi ve araştırma yeteneğini kazandıran eğitim kurumları vardı ve bunlar pozitif bilimlerin yanı sıra din bilimlerini de öğreten günümüzün Yüksek İslâm Enstitülerine biraz benzeyen MEDRESELER'di. Bu kurumlarda Tarikat ve Ma'rifetullah yoluyla hem Allah'ı, hem Peygamberler'i ve hem de dinin diğer incelikli detaylarını oluşturan onlarca Dinî İlim dalıyla birlikte Pozitif Bilimlerin diğer dalları olan Fizik, Kimya, Biyoloji, Tıp, Astronomi, Felsefe, Tarih ve Coğrafya gibi ve benzeri pek çok bilim dalı bir arada okutuluyordu. Dolayısıyla burada uzun yıllar eğitim alarak mezun olan bir talebe, istediği ilmî sonuçlara kısa sürede ulaşabiliyordu, yani ilim yapmaya hemen başlayabiliyordu. Fakat bu şekilde Din-Bilim işbirliği içerisinde yürütülen eğitim sistemi 1850'li yıllarda MUSTAFA REŞİT PAŞA tarafından Gülhane'de yayınlanan ve halka okunan TANZİMAT FERMANI'yla birlikte Medreseler'deki pozitif bilimler kaldırıldı ve bunun sonucunda da Hakikî âlim olan din bilginlerinin sayısı hızla azaldı ve bu durum günümüze kadar da devam etti. Günümüzdeki eğitim sistemi ise, tamamıyla BATI'nın etkisi altındadır. Dolayısıyla, İSLÂM'a ve kendi kültürümüze oldukça uzaktır. Eğer önümüzdeki süreç içerisinde bu eğitim sistemini değiştirmezsek, kendi öz kültürümüzün, tamamıyla Batı'nın etkisi altına girmesi içten bile değildir. Bundan dolayı, günümüzde Üniversitelerde verilen akademik eğitimle mezun olan bir öğrenci, bırakın hem dinî ve pozitif bilimlerin çok iyi bilinmesini ve her branşında ihtisaslaşmasını gerektirecek ilim yapmayı, mezun olduğu bilim kolunda ve branşında bile tam olarak yeterli bir bilgi birikimine sahip olamamaktadır ve bunun sonucunda da kendisinden beklenen yüksek ilmî değerleri ve Bilim sahasında yenilik getirecek önemli buluşları üretmekte zorlanmaktadır. Bu yüzden İslâm Dünyası, Batı Dünyasındaki yeniliklere ve ilerlemelere ayak uyduramadı ve Modern Bilimin ve Teknolojinin yaklaşık 200 yıl gerisinde kaldı ve bunun sonucunda da, son zamanlarda Türkiye'den çıkan birkaç büyük bilim adamı dışında, zamanımızda çok ihtiyaç duyulan pozitif bilim dallarında öncü bilim adamları yetiştirilemedi. Bu durum pozitif bilim dallarının hemen hemen tüm branşlarında geçerli olduğu gibi, bunlardan çok daha geniş kapsamlı olan din sahasında da böyledir. Dolayısıyla Din sahasında da Din-Bilim işbirliğini ve Mekanizmasını çözümlemeden ve tüm bu branşların hepsinde birden uzmanlaşmadan Din sahasında etkin ve genel geçerli bir eser ortaya koymak mümkün olamadı. Dolayısıyla son zamanlarda Kur'ân'ı Tefsir başlığı altında yapılan ilmî çalışmalara baktığımızda tüm bu çalışmaların ilâhî mesajın manasına yönelik çalışmalar ve bir nevî Meal'ler olduğunu ve günümüz teknolojisinin ve pozitif bilimlerin oldukça ilerlemiş olan ilmî sonuçlarını içerecek şekilde olmadığını ve bir derece yüzeysel kaldıklarını görürüz.

Fakat günümüz şartlarında, yapılacak olan manevî ve tahkikî bir tefsirin mutlaka pozitif bilimlerin bu yönlerini de içermesi elzemdir. Çünkü son zamanlarda yapılan araştırmaların bir çoğu, pozitif bilimler vasıtasıyla Kur'ân'ın İ'cazına, yani Mu'cizevî bir Semavî Kitap olduğu görüşüne yöneliktir ve tüm bu ilmî çalışmaların sonuçları Fizik, Matematik, Astronomi ve diğer pozitif bilim dalları vasıtasıyla Kur'ân'da geçen bir kısım Müteşabih âyetlerin yorumlarına yöneliktir. Dolayısıyla bu nevî bir tefsir tüm bu ilmî sonuçları da içerecek ve insanları, bir nevî derin bir anlayış gerektiren meseleleri tahkik etmeye ve gerçeği araştırmaya yönlendirecektir. İşte bu da İman-ı tahkikiye giden yol olup, yaşadığımız bu asır için Allah'ın takdir ettiği bir Din Metodolojisidir. Bu metodoloji saplantılı ve bağnaz dinî görüşlere yer vermez, hurafelerden ve bid'atlardan arınmıştır, taklitçiliği değil tahkikçiliği emreder, Kur'ân'ın Muhkem âyetleriyle belirlenmiş olan Şeriat'ın aslını korumakla beraber; Müteşâbih âyetlerle sınırları tam olarak belirlenmemiş olan Gayb bilgisini de araştırmalarla ortaya koyar. Asrımızın getirdiği tüm yenilikleri ve teknik imkanları da kullanır. İlm-i Usûlce bilindiği gibi İman-ı Tahkikî'nin, Zahirî ve Batınî olmak üzere iki kutbu vardır. Fakat çağımızda Zahirî kutuptan yaklaşarak İman-ı Tahkikî'ye ulaşmak çok zordur ve çok yüksek düzeyde bir Matematik ve Fizik Bilgisi gerektirir ki bazı Batılı Müslüman Bilim adamlarını İslâm'ı seçmeye yönlendiren bu metoddur. Çünkü yaşadığımız bu Modern asırdaki şartlar, İman-ı Tahkikînin Zahirî kutbuna ulaşmak için yüksek düzeyli araştırmaları ve Âhiret âlemlerini Aynelyakîn ve Hakkalyakîn bir suretle müşahede edebilebilmesi için, çok yüksek düzeyde bir Matematik, Fizik ve Astronomi bilgisini gerektirir. Bununla birlikte Batınî kutbu, daha az teorik bilgi ve deneyim ister. Fakat bununla beraber hakikatin müşahede edilebilmesi için Keskin ve Gaybî bir görüş gücünü ve Cifir ilminin sırlarını bilmeyi gerektirir. Dolayısıyla her iki metodolojik yöntem de Âlim olma yoluna götürür ve ilk adımın atılmasına sebep olur ki, Dinde Tecdid yapılması için bu ilmî mertebeye ulaşmak elzemdir. Böylece Üniversiteyi bitirip, bir bilim dalının sadece tek branşında bile tam bir yeterliliği olamayan bir kişi, bu çeşit bir ilmî yöntem izlerse pozitif bilim dallarının ve dinî ilimlerin diğer kapalı yönlerini de görmeye başlar ve bu metodolojik yöntemle artık âlim olma yolunda bir adım atmış olur. Böylece diğer bilim dallarında ihtisaslaşmış uzman kişilerin o branşta göremediği ve ulaşamadığı yepyeni sonuçlara ulaşmaya başlar ki, bu aşamada bile pek çok bilinmeyenle ve problemlerle karşılaşılması doğaldır. İşte bu noktada ilâhî bir önsezi ve Allah'ın yardımı gereklidir. Kişi eğer bu konuda gayretli ise, sonunda mutlaka bunu da elde edecek ve artık Gayb'ın bilgisi ve anahtarı ona sunulacak ve böylece bütün kapalı kapılar açılacaktır. İşte ancak bu şekilde oluşturulacak olan eserler ve ilmî çalışmalar, içinde bulunduğumuz ve âhir zaman olarak nitelenen zamanda gelişecek olan olaylara, problemlere ve dinî meselelere akılcı bir çözüm getirerek, kainatın yaratıcısını ilân ve ispat ederek dinde bir yenilenme ve tecdid yaparak onu aslî unsurlarına geri döndürebilir ve ancak bu şekilde dindeki dejenerasyonu önler.

DOLAYISIYLA DİNÎ SAHADA TECDİD YAPILMASI İÇİN,

POZİTİF BİLİMLERİN GELENEKSEL KANUNLARININ DİN ÇERÇEVESİNDE VE KUR'AN EKSENİNDE YENİDEN BELİRLENMESİ GEREKİR. BU POZİTİF BİLİM DALLARINDAN BAZILARI: MATEMATİK, FİZİK, KİMYA, BİYOLOJİ, ASTRONOMİ, EDEBİYAT, TARİH, COĞRAFYA, ARKEOLOJİ, FELSEFE, EKONOMİ, SOSYOLOJİ gibi v.b. olarak sayılabilir. Bütün bu bilim dallarının her birisinde ayrı ayrı derinleşmek ve en sonunda da tez niteliğinde olan ve geçerliliği olan bir sonuçlar bütünü çıkarmak ise, çok daha zor ve ancak bir âlimin yapabileceği bir iştir.

Yazar, bu yöndeki manevî mücadelesine ve ilk çalışmalarına Üniversite'yi bitirmek üzere olduğu, ve artık 20. yüzyılın bitmek üzere olduğu 1998-1999 yılları arasında, bir arkadaşı vasıtasıyla tanıdığı ve 12. yüzyılın Müceddidi olduğunu sonradan öğrendiği bir zâtla ve O'nun kendisi üzerinde büyük bir etki bırakan ve çok dikkatini çeken eserleriyle ve öğretisiyle tanışır. Bu şahıs, 12. asrın Müceddidi MEVLANA HALİDÎ BAĞDADÎ'dir ve O'nun yazmış olduğu eser de, yukarıda sayılan tüm bu bilim dallarındaki ilmî sonuçların üst düzey bilgisini içeren Kapalı Devre Yayınları ve Risâleler şeklinde yazılmış olan HIZIR TEZKİRELERİ'dir. Yine aynı şekilde, 13. asrın Müceddi olan BEDİÜZZAMAN SAİD NURSİ'nin de yaklaşık 100 senelik bir farka tevafuk eden zamanlarda yine aynı yerde, yani o günkü YILDIZ SARAYI'nda II. ABDÜLHAMİD tahttayken aynı yerde MANEVİ mücadelesine başladığını tarihçe-i hayatından öğrenir. Daha sonraki yıllarda ise, **kendi tarihçe-i hayatı** ile **Üstad Said Nursi**'nin Tarihçe-i Hayatı karşılaştırıldığında benzeşen bazı diğer ilginç tevafukların da bulunduğunu fark eder. Aşağıda, bu ilginç tevafuklardan önemli bir kısmına işaret eden ve kendi hayatından olduğu kadar; dünyadaki ve türkiyedeki bazı önemli gelişmelerden de kesitler sunan **20** tanesi, tarihsel kronolojiye göre tablo halinde özet olarak kendi web sitesinde yer almaktadır.

KIYÂMET GERÇEKLİĞİ KÜLLİYÂTI NEDİR?

Kıyâmet Gerçekliği Külliyâtı, âhir zaman yakın gelişecek önemli Kıyamet Alametlerini ve KUR'ÂN, HADİS, İNCİL ve KUTSAL KİTAP gibi dini kaynaklardaki bu konu ile ilgili yorumları ve te'villeri sırr-ı vahyin ve Kur'ân'ın feyziyle açıklamaya ve aydınlatmaya yönelik pozitif bilim dallarına (MATEMATİK, FİZİK, KİMYA, BİYOLOJİ, ASTRONOMİ, EDEBİYAT, TARİH, COĞRAFYA, ARKEOLOJİ, FELSEFE, EKONOMİ, SOSYOLOJİ GİBİ V.B.) yönelik oluşturulan bir eserler bütünüdür. Kıyamet Gerçekliği'nin asıl fonksiyonu ise, İMÂN-I TAHKİKÎ'yi elde etmek ve İLMELYAKÎN'den HAKKALYAKÎN'e çevirmektir. Kıyâmet Gerçekliği Külliyâtı, aynı zamanda geçmiş zamanda meydana gelmiş ve gelecekte gelişecek olan önemli dinî olayların ve pozitif bilim dallarının bu yöndeki önemli ve özet bilgisini içeren sonuçlarını, kullandığı üç aşamalı İSBAT, DELİL ve BÜRHAN Metodolojisiyle şimdiki zamanda ve elimizde hazır bir bilgi birikimi gibi gösteren, MANEVÎ BİR ZAMAN MAKİNASI'dır.

Kıyamet sürecindeki, Bilim ve İnsanlık tarihindeki önemli ve kritik olayları ve teorileri detaylarına ve derinliğine inerek, gerçekliğini ispat ve ilân eden, aynı zamanda o konuyu destekleyen grafiklerle görsel olarak ortaya koyan MANEVÎ BİR TEFSİR'dir. 1186 sayfadan oluşan Eski Antlaşma (TEVRAT) ve 436 sayfadan oluşan Yeni Antlaşma (İNCİL)'den oluşan KUTSAL KİTAP ile 600 Sayfadan oluşan KUR'ÂN'ın toplam sayfa sayısı 2222'dir ve bu özellikleriyle ÜÇ SEMAVÎ KİTAP, KIYAMET'e işaret eder ve İCMÂLLİ (ÖZET OLARAK) bir şekilde açıklar. Ayrıca Kur'ân'ın yaklaşık ÜÇ'te birlik bir bölümünü oluşturan 2222 âyeti de yine benzer şekilde KIYAMET ve HAŞİR meselesinden detaylı bir şekilde bahseder. Benzer şekilde, KIYAMET GERÇEKLİĞİ KÜLLİYÂTI da 2222 sayfadan oluşan toplam ÜÇ eserden meydana gelmiş olup, bu özelliğiyle KIYAMET'i yani DÜNYA'nın SONU'nu TAFSİLLİ (AYRINTILI OLARAK) bir şekilde ilân ve isbât eder. Dolayısıyla Kıyamet Gerçekliği Külliyâtı, Kur'ân'ın âyet sayısı olan 6666'nın ALTI mertebesinden birisini içeren ve KIYAMET'i ilân ve isbât eden 1111 âyetini; yine Kur'ân'ın ÜÇ mertebesinden birisine işaret eden 2222 sayfadan MÜTEKAMİL (OLUŞAN) ilmî bir eserle tefsir ederek, aşağıda değineceğimiz ÜÇ önemli meseleye ilmî ve gerçekçi bir çözüm getirmeye çalışır. Kur'ân'daki ve diğer İslâmî kaynaklardaki âhir zamana yönelik konuları, bu ÜÇ önemli mesele ekseninde, her bir konuyu ait olduğu pozitif bilim dalına göre ispat ve izah eden, açıklayan ilmî bir eserdir.

Kıyamet Gerçekliği Külliyatı'nın asıl hedefi ise, tarihte ortaya atılmış olan en büyük inkarcı fikir sistemlerinin ortaya attığı fikirlerin geçersizliğini kendine özgü bu ilmî metodlarla izah ve isbât etmektir. Bu sebeple, insanlık tarihinde karşılaşılmış olan en temel dini problemlerin ortaya koyduğu önemli meselelere aklî ve ilmî delillerle çözüm getirmeye çalışır. Buna göre, Kıyamet Gerçekliği Külliyatı tüm tarih boyunca insanlığın kafasını meşgul etmiş olan ve aynı zamanda birçok insanın Şeytan'ın da vesvesesiyle CEHENNEM'e gitmesine sebep olan ve insanların büyük bir kısmını tereddüde düşüren FELSEFÎ meseleleri şu ÜÇ önemli mesele üzerinde ODAKLAR ve bunlara çözüm getirmeye çalışır:

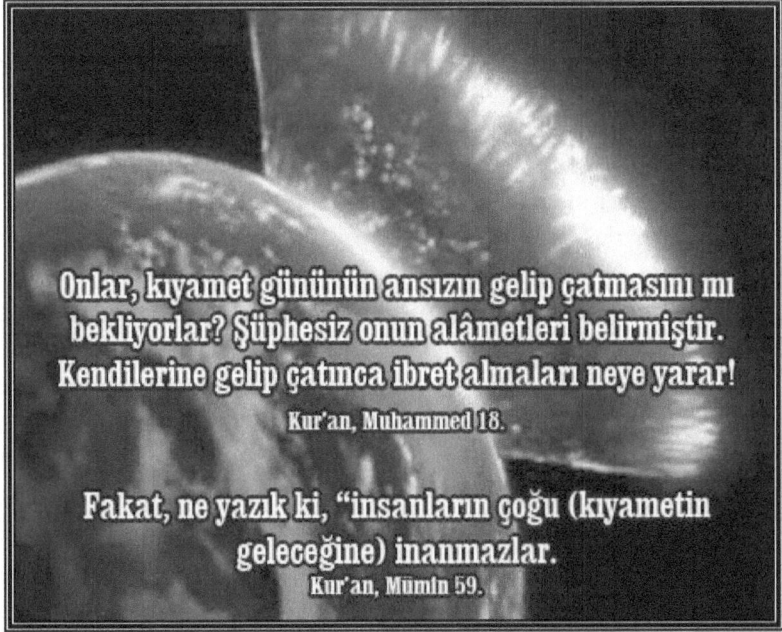

Onlar, kıyamet gününün ansızın gelip çatmasını mı bekliyorlar? Şüphesiz onun alâmetleri belirmiştir. Kendilerine gelip çatınca ibret almaları neye yarar!
Kur'an, Muhammed 18.

Fakat, ne yazık ki, "insanların çoğu (kıyametin geleceğine) inanmazlar.
Kur'an, Mümin 59.

BİRİNCİSİ; EVREN EZELDEN (SONSUZ ÖNCESİNDEN) beri mi vardır yoksa sonradan bir BAŞLANGIÇ noktasından mı yaratılmıştır? Eğer tüm Kainat bilinçli bir yaratıcı tarafından yaratılmışsa bunları meydana getiren KEVNÎ (ASTRONOMİK ve KOZMOLOJİK) KANUNLAR nelerdir ve maddeyi ve onu oluşturan yapıtaşlarını nasıl meydana getirmişlerdir?

İKİNCİSİ; EVREN bu şekilde EBEDİYETE (SONSUZ SONRASINA) kadar devam edecek midir yoksa bir SONU var mıdır? Eğer tüm Kainatın bir sonu varsa bu son demek olan KIYAMET ne zaman ve nasıl gelecektir?

ÜÇÜNCÜSÜ; HZ. İSA, HRİSTİYAN DÜNYASI'nın iddia ettiği gibi ALLAH'ın Oğlu mudur değil midir? Allah tüm Kainatın idare edicisi, kanun koyucusu ve yaratıcısı olduğu halde nasıl bir ÇOCUK edinebilir? Bu konuya ilişkin İNCİL'de sunulan iddialar tarihsel gerçekliklere ne kadar uygundur ve tüm insanlık tarihi içerisinde Allah'ın isterse bir insanı babasız da yaratabileceğini gösteren HZ. ÂDEM'in yaratılışıyla çelişmekte olan bir durum var mıdır? Tüm bu soruların detaylı cevaplarına ilişkin gerçekçi yorumlar getirilemeyişi ve özellikle yaşadığımız bu asırda, tasavvufdaki dört büyük makamdan oluşan **Şeriat**, **Tarikat**, **Hakikat** ve **Ma'rifet**'ten ikincisi olan Tarikat'ın, bu soruların cevaplarını bulmakta yetersiz kalması, zamanımızda pek çok kez suistimal edilen Tarikat devrinin bittiğini ve İmanı Kurtarmak davasının her zamankinden daha çok gerekli olduğu bir döneme doğru girdiğimizi göstermektedir. Dolayısıyla *"Ya davayı kazanmak veya kaybetmek!"* meselesi çağımızda yaşayan her insanın başına açılmış olan en dehşetli imtihan meselesi olup, insanlığın en önemli davasıdır. İşte bu noktada insanlara o müthiş davayı kaybettiren mesele, ibadetleri dört dörtlük yapıp yapmamak veya fıkıh kurallarını en ince detaylarına kadar uygulamak meselesi değildir. Elbette bunlar da önemlidir, fakat yaşadığımız bu asırda yukarıda birkaç örneğini verdiğimiz şeklinde insan zihnine gelen çeldirici sorular, bazen bu en önemli davayı kaybettirmekte ve insanların inkara sapmasına neden olmaktadır. Şimdi bir düşünün, davasını kaybetmiş bir insana hangi Ameli ve İbadeti bir kazanç sağlayabilir ki? Gece gündüz ibadet etse bunun bir kıymeti ve faydası olur mu? Dolayısıyla bu yüzden, yani yukarıda EN önemlilerinden ÜÇ tanesini verdiğimiz ve genellikle FELSEFE'den kaynaklanan türden sorulara gerçekçi bir çözüm getirilemeyişi yüzünden, İmân-ı Tahkikî sıralamasında tarikatın en son plana alınması yaşadığımız bu çağ içerisinde bir derece mecburî hale gelmektedir. Böyle bir durumun içinde bulunuyor olmamız da yaşadığımız bu ÇAĞ'a İÇKİN ve İLİŞKİN ilahi imtihanın bir özelliğidir ve ister istemez her insan bu meseleler karşısında tedbirli davranmalı ve bir nevî *"Boşver!"* veya *"Bunlardan bana ne!"* gibi bir tavır takınmamalı, Kur'ân'ın bize yol gösteren ilmî metodlarına sıkı sıkıya yapışmalıyız. İşte ancak bu yolla kurtulabilir ve SIRAT-I MÜSTAKİM'e ulaşabiliriz. Aksi takdirde davayı kaybetmemiz işten bile değildir ki, ÜSTAD'ın (BEDİÜZZAMAN) da belirttiği gibi bir ehl-i tahkikin müşahedesiyle her vefat eden kırk kişiden yalnız birinin kurtulup, otuz dokuzunun CEHENNEM'e gitmesi bu davayı ispatlayacak olan yeterli bir kanıttır. Dolayısıyla aklımızı başımıza almamız ve Kur'ân'daki dehşet-engiz uyarıları gözardı etmememiz mutlaka gereklidir. İşte Kıyamet Gerçekliği Külliyâtının ilk eseri olan KIYAMET GERÇEKLİĞİ, geriye kalan tasavvufî yollar içerisinde en önemlileri olan HAKİKAT'e bakarken, aynı zamanda KIYAMET'in geleceğini kuvvetli delil ve bürhanlarla ispatlamakta, Kıyamet sürecine ilişkin CİFİR Hesabına dayalı Kronolojik bir tablo ortaya koyarak Kıyametin kesin olarak gelip gelmeyeceği şeklindeki sorulara son noktayı koymakta; BİRLEŞİK ALAN TEORİSİ MA'RİFET'e bakarken, Evrenin Allah tarafından ve bir başlangıç noktasından sonradan yaratıldığını ve bu yaratılışın tesadüfî olmadığını ve çok ince detaylarına kadar mükemmel bir şekilde hesaplanmış bilinçli bir ilahî PROGRAM'a ve HİKMET'e göre yaratıldığını ortaya koyarak Evrenin mutlaka bir başlangıç noktası olması gerektiğini MATEMATİK, FİZİK VE KOZMOLOJİK delillerle ortaya koymaktadır; İSEVÎLİK İŞARETLERİ ise, ŞERİAT'a bakarak, HZ. İSA'nın bir mu'cize ve insanlara bir işaret olmak üzere ALLAH tarafından BABASIZ yaratılmış ve İSRAİLOĞULLARI'na gönderilmiş bir ELÇİ olduğunu ve KIYAMET'e yakın bir zamanda mutlaka İKİNCİ KEZ geleceğini ve EHL-İ KİTAB'ı Hak Din çerçevesinde BİRLEŞTİRECEĞİNİ, TARİHÎ ve KUTSAL KİTAP verileriyle KUR'ÂN'dan yararlanarak ilân ve isbât ederek; aynı zamanda bu soruların zamanımızdaki İmân-ı Tahkikî açısından önem sırasına işaret etmektedir. Dolayısıyla, İmân-ı Tahkikî açısından içinde yaşadığımız bu asırda, olayların akışına göre meselelerin doğru yorumlanması anlamına gelen Hakikat ve Kainatın yaratıcısının koymuş olduğu İlâhî Hikmet'i kendi kanunlarını içeren kurallar bütününde incelemek anlamına gelen Ma'rifet, bir derece ön plana çıkmaktadır. Yaratıcının koymuş olduğu kurallar bütününü, İlâhî Yasalar çerçevesinde uygulamak anlamına gelen Şeriat'ı tam olarak uygulamak ise, ancak bu iki yolda ilerledikten sonra mümkün olabilmektedir.

YAŞADIĞIMIZ ASRIN EN BÜYÜK İMAN HAKİKATLERİ VE İMTİHAN SIRRI NEDİR, İMAN-I TAHKİKİ HANGİ KUTUPLARA BAKMAKTADIR?

Basit bir tanımlamayla **KLASİK GERÇEKLİK** düşüncesi, umumi fikirleri gerçekte olduğu gibi yansıtmaya çalışan; nefsül emre uygun düşünen ve birer hakikat sayan bir felsefi görüş sistemidir. Hadiseleri olduğu gibi gösterme gayesi güden sanat çığırı ve fikridir. **KIYÂMET GERÇEKLİĞİ** düşünce sisteminin amacı ise, çeşitli türde yayın ve fikirlerle Âhiret fikrinin zihinlerde inkişaf ettirilmesi; yeniden dirilme, ölüm ve ölüm ötesindeki yaşamla ilgili düşüncelere yeni bir bakış açısı getirerek tahkiki bir iman kazandıracak şekilde Kur-ân ve diğer bazı İslâmî kaynaklardaki ahir zamanla ilgili gerçeklikleri içinde bulunduğumuz zamanın ihtiyaçlarına göre yorumlamaktır.

Bu doğrultuda, içinde bulunduğumuz zaman diliminin çoğu ehl-i tahkik tarafından zamanın son devresi ve kıyamet öncesi ahir zaman olarak nitelendirilmesi sebebiyle öncelikle Kur-ân'ı Kerim'deki ahir zamanla ilgili bölümler (Özellikle Kur-ân'ın Kıyamet'e bakan son 30-40 suresi) ve Risâle-i Nur Külliyatındaki günümüze bakan bazı risaleler ve iman hakikatleri açıklanmaya çalışılır. Dolayısıyla Kıyâmet

Gerçekliği eserlerinin hedefi; Kur'an, hadis ve diğer ilmî eserlere başvurarak öncelikle kıyamet alametlerini açıklamaya çalışarak tahkiki imanın zihinlerde inkişaf ettirilmesidir. Eski zamanlarda iman ile inkar arasındaki ince çizgi oldukça keskindi. Fakat günümüzde bu çizgiler iyice iç içe geçmiş durumda ve inkarın mahiyeti de şekil değiştirmiştir. İşte bu sebepten dolayı inkarın mahiyeti ve teorik altyapısı iyi analiz edilmezse ve günümüzdeki şekli iyi yorumlanmazsa bunun zıttı olan doğru bir imana ulaşmak da bir hayli zorlaşacaktır.

KIYAMETİN İLAN EDİLMESİ, VARLIĞIN SONU, ÖLÜMÜ DEĞİL;
HAKİKATİN BAŞLANGICI, DİRİLİŞİDİR.!

Bundan 100-150 sene önce imansızlık ve inkar dalgaları ve teorileri büyük fikirler halinde hazırlanıp diktatör bir lider tarafından kitlelere empoze ediliyordu. Dolayısıyla 19. ve 20. yüzyılın insanı bu iki uçtan birinde yer alır, fikir ve davranışları bu yönde olurdu. Halbuki 21. yüzyılda durum oldukça farklılaşmıştır. İnkar sistemleri ve teorileri öyle dallanıp budaklaşmıştır ki adeta imanla inkar iç içe girmiş bir vaziyet almıştır. Sıradan bir insanın bunu analiz edip araştırması ve doğru sonucu ayıklayıp su yüzüne çıkarması seneler alabilir. Hatta bu durum şu anda öyle bir duruma gelmiştir ki adeta şeytan her sene yeni bir teorik fikir üreterek bir sene öncesinden bunun altyapısını oluşturmaktadır. Yaşadığımız günlük hayattan ve teknolojinin akışından bunu fark edebilirsiniz. Bu hızlı değişimin arka planındaki oluşumun analiz edilerek bir antitez (panzehirinin) üretilmesi tahkiki iman açısından önem taşımaktadır. Özellikle bu, oldukça teorik ve anlaşılması güç birtakım projelerden oluşuyorsa bunun panzehirinin üretilmesi ise çok daha fazla bir araştırma ve bilgi gerektirecektir. İşte bu da ancak *tahkiki iman*'ın elde edilmesiyle mümkündür.

Bilindiği gibi İmanın üç mertebesi vardır, bunlar zayıftan kuvvetliye doğru:
1- İlmelyakîn
2- Aynelyakîn
3- Hakkalyakîn

Şeklinde sıralanan bu iman mertebelerinin en yükseği olan *Hakkalyakîn* mertebesine ulaştıran iki yol vardır:

BİRİNCİ YOL: İman-ı tahkiki ilmelyakînden hakkalyakîne

yakınlaştıkça daha selbedilmeyeceğine ehl-i keşf ve tahkik hükmetmişler ve demişler ki: *"Sekerât vaktinde şeytan vesvesesiyle ancak akla şüpheler verip tereddüde düşürebilir."* Bu nevî iman-ı tahkiki ise yalnız akılda durmuyor. Belki hem kalbe, hem ruha, hem, hem sırra, hem öyle letâife sirayet ediyor, kökleşiyor ki şeytanın eli o yerlere yetişemiyor; öylelerin imanı zevalden mahfuz kalıyor. Bu iman; İman-ı tahkikinin vüsûlüne vesile olan bir yolu, velâyet-i kâmile ile keşf ve şuhûd ile hakikata yetişmektir. Bu yol ehass-ı havassa mahsustur, iman-ı şuhûdidir.

İKİNCİ YOL: *İman-ı bilgayb cihetinde sırr-ı vahyin feyziyle, bürhanî ve Kur-anî bir tarzda akıl ve kalbin imtizaciyle hakkalyakîn derecesinde bir kuvvet ile zaruret ve bedâhet derecesine gelen bir ilmelyakîn ile hakaik-ı imaniyeyi tasdik etmektir.* Bu ikinci yol Risâle-i Nur eserlerinin temelini oluşturmaktadır.

Fakat biz, Kıyâmet Gerçekliği eserlerinde bu iki yolu birden kullanarak İman-ı tahkikiyi elde etmeye çalışacağız. İkinci yolu kullanırken Risâle-i Nur, hakaik-ı imaniyeye muhalif olan yolların muhal ve gayr-ı mümkün olduğunu ispata gitmektedir. Biz bunun yerine yine iman-ı bilgayb (Gayb'a (Gelecek) iman) cihetinden yaklaşarak Kıyamet, Haşir ve âhiretle ilgili âhir zamana yakın gelişecek önemli olayları ve ilmî sonuçları, sırr-ı vahyin feyziyle bürhanî ve kuranî bir tarzda akıl ve kalbi ikna ettirerek hakkalyakîn derecesinde bir kuvvet ve zaruret ve bedâhet derecesindeki bir açıklıkta keşf ve şuhûd ile gözler önüne sererek meydana getirilen bir ilmelyakîn ile hakaik-ı imaniyeyi ve Kur-âniyeyi tasdik etmektir. Buna bir örnek verecek olursak, Kıyametin bir alâmeti sayılan *"Güneşin batıdan doğması"* ile birlikte tevbe ve iman kapısının kapanmasının sebebi sırr-ı teklifin bozulması ile kâfir ve müminin tasdikte eşit olmasıdır. Yani imtihanın bedâhet derecesine gelerek özelliğini kaybetmesidir. İkinci bir örnek de şöyledir ki, *"Gökyüzündeki bulutların hareketini"* seyreden taklidî iman sahibi bir mümin bunun sebeb-i zâhirisinin bulutları hareket ettiren rüzgar yada hava basıncı olduğunu düşünür. Fakat hareketin sebeb-i hakikisinin, ilâhi kanun dairesinde gerçekleşen bir âdetullah olduğunu birisi ona hakkalyakîn derecesinde isbât etse, rüzgar ve hava basıncının birer yardımcı kuvvet ve sebep olduğunu bilir ve hakikî müessirin kendisini görür. Birinci örnek, İmân-ı Tahkikînin Batınî kutbuna bakarken; ikinci örnek ise, Zahirî kutbuna bakar. Dolayısıyla bu neviden hadiselerin;

ilmelyakînderecesindeki bir müminin zihninde ve hayalinde, hakkalyakîn derecesinde bir bedâhet (açıklık) ile gösterilmesi; hakkalyakîn derecesinde bir iman-ı kâmil kazanmasına vesile olabilir. Bizim buradaki amacımız Tahkikî İmânı elde etmek olduğu için, bu iki yolun birleşimi takip edeceğimiz eserlerin esas hammaddesini ve içeriğini oluşturacaktır.

Bu doğrultuda oluşturulan tahkiki iman dersleri üç nevidir:

1- MAKALELER: Kıyamet alametlerini geniş bir bakış açısıyla açıklamaya ve aydınlatmaya çalışan ilmî yazılar, araştırmalar.

2- ANEKDOTLAR: İman hakikatlerini basite indirgeyerek anlatmaya çalışan Biyografi tarzında yazılmış kısa hikayeler.

3- GRAFİKLER: İman hakikatlerini görsel olarak anlatmaya çalışan çeşitli ilmî yazılarla desteklenmiş minyatürleştirilmiş grafiksel resimler.

Oluşturulan bu eserler sadece dinî ilimleri içermez. **Fizik, Kimya, matematik, Astronomi, Edebiyat** ve **Tarih** gibi diğer bilim dallarındaki bilgilerin araştırılarak elde edilmiş önemli sonuçlarını da içerecek şekildedir. Ayrıca disiplinler arası bilgi alışverişi sonucu (Örneğin, Fizik-Matematik ya da Astronomi-Geometri gibi v.b.) sayesinde sınırlı bir bakış açısı ile yetinilmeyip, temel bilimlerin birbirinin içine dahil olan (mütedâhil) bölümlerinin de su yüzüne çıkarılması sağlanmaktadır. Bunun amacı ise Kur-ân'daki metodolojinin izlenmesi ve aklî ve dinî ilimlerde bir bütünlüğün sağlanmasıdır. Ayrıca eserlerde ele alınan konular, 2000'li yılların başlarından itibaren başlayan bir kronolojik tarih sırasını takip etmektedir. Özellikle makaleler ve grafikler, bu türden bir anlatıma ve cifirsel kronolojiye sahiptir. Tabi yine de buradaki esas amaç, salt gerçeklik olgusunu (birtakım saplantılara bağlı kalmadan) araştırmaktır. Fakat burada şu da ifade edilmelidir ki, bulunan sonuçların kesin olarak doğru ve gerçeğin ta kendisi olduğunu söylemek hata olur. Çünkü malumdur ki her şeyin en doğrusunu Allah (C.C.) bilir. Bize düşen ise, gerçeği araştırmak ve buna ait kuvvetli bürhan ve deliller getirebilmektir. Zaten Kur-ân'ı mübînin metodu da budur. Bunun için der: *"düşünmüyor musunuz, akıl etmiyor musunuz?"* şeklinde araştırmaya ve ilme teşvik eder.

KIYÂMET GERÇEKLİĞİ KÜLLİYÂTI'NIN YÖNTEMİ NEDİR?

Kıyâmet Gerçekliği Eserlerinin tümünde kullanılan genel yöntem, İspat (Teorik kanıt), Delil (Karşılaştırmalı sonuç) ve Bürhan'lara (Grafiksel işaret veya gösterge) dayalı bir TEZ olarak ortaya konan meseleyi, teorik ve bilimsel kanıtlarla ispatlayarak, elde edilen ilmî sonuçlar veya hikaye tarzında anlatılan ANEKDOTLAR şeklinde benzetmelerin de yardımıyla, konunun ÂHİR ZAMANA ve KIYAMETE bakan yönünü keşfederek ve bütün bu elde edilen verileri görsel malzemelerle (Resimler, Grafikler ve Haritalar gibi v.b.) destekleyerek çözümleyen ve en sonunda meselenin tam anlaşılması için; Ahiret hayatına bakan (ÖLÜM, KIYAMET, HAŞİR, CENNET, CEHENNEM) gibi çok büyük ve anlaşılması güç meseleleri hikaye tarzında anlatılan Anekdotlar şeklinde sembolik bir anlatımla ve Benzetmelerin de yardımını kullanarak meselenin gerçekliğini gözler önüne sermek şeklindedir. Kıyâmet Gerçekliği Eserlerinde ispatlanmaya çalışılan, esas anlatılmak istenen ve hedeflenen konular, işte bu BÂKİ hakikatları basit bir halk diliyle genel olarak anlatan temsilî hikayelerdir. Bu Anekdot şeklinde yazılan hikayeler, asıl anlatılmak istenen dinî meselelerin özünü ve esas içeriğini oluşturur ve Ahiret hayatına ilişkin manzaraları, insan aklına yaklaştırdığı için oldukça derin (GAYBÎ) bir içeriği vardır. Basit gibi görünmelerine karşın, bu yazılar Kur'ân'ın SEMBOLİK anlatım dilini kullanmaktadır ve İ'CAZ içerirler. Dolayısıyla Kıyâmet Gerçekliği Eserlerinde esas anlatılmak istenen mesele ve birçok Teorik ve Görsel malzemeyle desteklenen ilmî araştırma sonuçları, bu Bâki Hakikatların gerçekliğini ispatlamaya yöneliktir. Kıyâmet Gerçekliği Külliyâtı'nı meydana getiren eserlerin, oluşturulma şekline gelince; bu eserlerin ilki olan ve başlangıç ve mukaddimesini oluşturan Kıyâmet Gerçekliği Kitabı'nın giriş kısmında da bahsedildiği gibi, eserlerin tümünde mesele önce bir makale gibi ele alınarak konuya ilişkin ilmî araştırma sonuçları elde edilir. Daha sonra, bu ilmî araştırma sonuçları yukarıda bahsedilen, kısa ve basit hikaye türü olarak adlandırdığımız, Anekdotlar şeklinde ifade edilerek, konunun önemli sonuçları ve âhiret hayatını ilgilendiren önemli yönleri benzetmeler ve modellemeler yardımıyla günlük hayattaki somut nesneler ve sembolik bir anlatım kullanılarak somutlaştırılır ve basite indirgenerek geniş bir okuyucu kitlesi tarafından anlaşılması sağlanır. Son olarak da, yine yukarıda bahsedildiği gibi görsel malzemeler (Haritalar, Resimler, Grafikler, 2 ve 3-Boyutlu Çizimler ve Tablolar gibi v.s.) yardımıyla önemli ipuçları göz önüne konur.

1- İlmelyakîn
2- Aynelyakîn
3- Hakkalyakîn
Şeklinde sıralanan ve İmân-ı Tahkikî'nin Zahirî ve Batınî Kutuplarının her ikisine birden bakan bu yöntemler:
1- Makaleler: Konunun kuvvetli İspat ve Delillerini içeren, İman hakikatlerini geniş bir bakış açısıyla açıklamaya ve aydınlatmaya çalışan ilmî yazılar, araştırmalar ve sonuçlar.
2- Anekdotlar: Konunun asıl anlatmak istediği kuvvetli Hüccetleri içeren, Benzetmeler ve Sembollerle İman hakikatlerini basite indirgeyerek halk diliyle anlatmaya çalışan kısa hikayeler.
3- Grafikler: Konunun asıl göstermek istediği kuvvetli Bürhanları içeren, İman hakikatlerini görsel olarak anlatmaya çalışan Resimler, Grafikler ve Tablolar.
Genel olarak kullanılan Metodolojik yöntem yukarıdaki gibi olmakla birlikte, bazı eserlerde, örneğin 5-Boyutlu Relativite & Birleşik Alan Teorisi Kitabında bahsedilen Tünel-Berzah Mekanizmasının makale kısmını oluşturan boyutu *"Karadeliklerin teorik incelenmesi"* olarak karşımıza çıkarken; Anekdot kısmı, fiziksel bir örnekle açıklanan *"Ahirete açılan gök kapıları ve Ruhların mekanı"* şeklinde yorumlanırken; Grafik kısmı ise, *"Lavabodan akmakta olan su ve Kütleçekim etkisi"* olarak tanımlanan bir resimle karşımıza çıkmaktadır. Ayrıca Kıyamet Gerçekliği'ndeki her eser; ikili bir Dualiteye sahip olan ve bir çift Bilim Dalındaki en önemli ilmî sonuçları, Kıyamet sürecine göre Apokaliptik bir yazın tarzıyla yorumlayarak ifade eden; bir yapıya da sahiptir. Dolayısıyla meselelerin derinliğine ve ilmî boyutuna göre, farklı anlatım yöntemlerinde farklı ifade biçimleri kullanılabilmektedir. Fakat böyle bir kullanım, yukarıda sıraladığımız üç aşamalı kuvvetli İspat, Delil, Bürhan ve Hüccetlerden oluşan yöntemi değiştirmeyecektir.

KIYÂMET GERÇEKLİĞİ, NEDEN BU YÖNTEMİ KULLANIR?

Bu durumu şöyle bir karşılaştırma yaparak da daha iyi anlayabiliriz. Örneğin, Rilâle-i Nûr Külliyâtının çoğu eseri, Kıyamet Gerçekliği'nde ikinci yöntem olarak kullanılan Anekdotlar şeklinde, yani derin imanî hakikatleri basite indirgeyerek anlatmaya çalışan kısa ve öz hikayeler ve benzetme yöntemini kullanarak oluşturulmuş İ'caz içeren (Az kelimeyle çok şey anlatma sanatı) edebî yazılar olarak karşımıza çıkmaktadır. Üstad Saîd Nûrsî, bu yöntemi uzun seneler içinde oluşturmuştu ve büyük bir kelime haznesini hafızasında tutmasıyla bu yöntemi ustaca kullanabiliyordu. Üstâd'ın yazmış olduğu Risâle-i Nûr eserlerinin ilk örneklerine, özellikle Sözler isimli Kitaptaki temsilî hikâyeciklere bakarsak bunu daha iyi görebiliriz. Fakat günümüzdeki modern teknolojinin sunduğu olanakların gelişmesi, Bilimsel ve Akademik dünyadaki yayınlarda büyük ve geniş hakikatlerin anlatılmasında kullanılan ifade yönteminin teorikleşmesi ve görsel malzemelerin eskiye oranla daha çok kullanılması ve ayrıca insanların çok geniş bir hafızaya sahip olmamasından dolayı çok fazla kelimeyi aklında tutamaları, derin imanî meselelerin ve ilmî hakikatlerin anlatılmasında sadece anekdot yönteminin kullanılmasının yeterli olmadığını göstermektedir. Dolayısıyla teorik meseleleri halledebilecek olan ve dikkatli bir ilmî araştırmayı gerektiren makale şeklinde yazılmış edebî eserlerin gerekliliği elzemdir.

Bununla birlikte, eğer konu yeterli görsel malzemeyle desteklenmezse akıllarda o konu ile ilgili bir resim oluşturulamaz ve bir fikir birliği sağlanamaz. Özellikle günümüzdeki şartlarda, birçok konunun görsel olarak ifade edildiği bir ortamda bu yöntemi kullanmamak, arası okumayla iyi olmayan birçok kişiyi konunun dışında bırakacaktır ve bu da genele hitap eden edebî bir eser tarzını oluşturamayacaktır. Dolayısıyla, genel olarak değerlendirilmek ve açıklanmak istenen bir mesele (DİNÎ OLSUN veya OLMASIN) en iyi bir biçimde anlatılmak isteniyorsa bu üç aşamalı yöntemin kullanılması günümüzde kaçınılmaz olmaktadır.

KIYAMET GERÇEKLİĞİ KÜLLİYATI NASIL BİR TEFSİRDİR?

Kıyamet Gerçekliği Külliyatı, yazılmaya yaklaşık 4 yıldır başlanan ve şimdilik 6 ciltten ve yaklaşık 130 (129) parçadan oluşan Tahkiki imana yönelik yazılan bir eserler bütünüdür. Bu yönüyle, Risale-i Nur ile bazı benzerlikleri bulunur. Örneğin, Risale-i nurun ilk eserleri olan İşaratu'l İ'caz ile Mesnevi-i Nuriye eserleri, İşaratu'l İseviyye ve Mesneviye-i Uhreviyye ile içerik ve isim bakımından bazı benzerlikler taşır. Fakat bu benzerlik mülellifin kendi tercihi ilen belirlenmemiş olup, eserin yazılması sırasında sonradan fark edilmiş 100 sene farkla gerçekleşen bir tevafuk ve benzerliktir. Buna bir diğer örnek de Tabiat risalesi ve Yaratılış gerçekliği arasındaki büyük benzerliklerdir. Bununla birlikte, tüm bu eserler bütünü, Felsefe ve Fen bilimleri kaynaklı inkarcı fikirlerin gerçek temeline inerek, İman-ı tahkiki ile Haşir, Kıyametin gelmesi ve Cennet ve Cehennem'in varlığının isbatı gibi gaybi konulara yönelik hazırlanmıştır. Oysa bu yönüyle de, Risale-i Nur'dan felsefi çizgide ayrılarak Kıyamet meselesinin isbatına yönelir. Böyleyken, risale-i nur bir önceki asırda yalnız **Haşir**, yani yeniden diriliş konusunun isbatına daha çok odaklanmaktadır ki, üstadın pek çok risalesi, felsefeden kaynaklanan inkarcı akımların çoğu biyoloji kökenli bazı inkarcı bu çeşit teorilerden kaynaklandığı için daha çok bu mesele üzerinde odaklanmaktadır. İşte, Kıyamet Gerçekliği Külliyatı ise, benzer akımların içinde bulunduğumuz asırda yön değiştirdiğini ve esas isbat edilmesi gereken öncelikli iman meselesinin **Kıyametin** gelmesi, yani dünyanın ve kainatın mutlak bir sonu olması gerektiğinin kur'an'a dayalı felsefi ve pozitif bilimler kaynaklı isbatına yönelik olduğunu ortaya koyar. Dolayısıyla, asrımızdaki pozitif bilimlerin incelmiş noktaları şu meselenin isbatına yöneldiği ehl-i tahkik tarafından ve tüm üviversitelerin akademik branşları tarafından da tasdik edilmiştir ki, çağımızdaki en önemli kuran işaretleri ve delilleri pozitif bilimlerin bu meseleye yönelik isbatlarına bakmaktadır. Oysa, bu zamanda ortaya çıkmaya başlayan yeni bir inkarcı akım ise, çoklu evren modelini ortaya atan alternatif teoriler ve özellikle şans ve tesadüflere dayalı pek çok evren oluşabileceğini ve bu şekilde kainatın bir sonu olmadığını isbatlamaya çalışan KAOS TEORİSİ, şeytani ve deccali sistemin inkarcı felsefesinin ta ESKİ MISIR kaynaklı bir versiyonunun günümüze YENİ DİNDIŞI (SEKÜLER) DÜNYA DÜZENİ VE YENİ EVREN VE İNSAN FELSEFESİ adı altında ortaya sürerek ve yeniden tarihin derinliklerinden ortaya çıkarak kitleleri aldatmakta ve milyonlarca insanı CEHENNEM'e sürüklemektedir ki, zamanımızdaki inkarcı akımlarının kaynağının kaos teorisi olduğunu ve geçersizliğini ilk kez isbatlamaya başlayan da yine akademik yıllarında müellif olmuş ve ilk kez bu akımın geçersizliğinin isbatlanması gerektiğinin farkına vararak, çalışmalarını başlatmış ve ehl-i tahkik olmayanlarca farkedilmeyen bu durumu sadece KIYAMET GERÇEKLİĞİ KÜLLİYATI 2006 yılından beri MÜCADELEYE ve GEÇERSİZLİĞİNİ İSBATLAMAYA girişmiş ve şu inkarcı akımı kendi metodları ile çürütmek üzere İMAN-I TAHKİKİ'ye yönelik yazılmaya başlanmıştır ve bu yönüyle asrımıza uygun şekilde gerekli kuran ayetlerini yeniden ele alıp yorumlayarak tefsir etmeye çalışmıştır.

İşte, Kıyamet Gerçekliği'nin her bir parça eseri şu en önemli felsefi meselenin günümüze bakan yönlerinin isbatına girişmek üzere, kurana ait hakaiki uygun bir akademik üslupla keşfederek yine uygun bir ilmi üslup ve akademik birer cevap niteliğinde her yıl birer çift ilim dalının lisan-ı haliyle parça parça (**tenzilen**) halinde belirli bir kalıp içerisinde yazılmaktadır ki, içerdiğini oluşturan her parça diğerleri ile bağlantılıdır ve bazı önemli parçaları diğerlerinin içerisinde de yer yer tekrar eder. Kıyamet Gerçekliği'ni oluşturan bu her bir parça eser, bu önemli dini meseleler çerçevesinde ele alınmış küçük bir kitapçık hükmündeki hulasa özet bilgi paketçikleri şeklinde hazırlanmıştır. Konuları çok fazla dağıtmadan doğrudan Kıyamet'in gelmesine odaklı olarak isbat ve izah etmiştir.

Çünkü, müellif yaşadığımız asırdaki en önemli ilmi meselenin Kıyamet'in isbatı olduğunu ve İman-ı tahkiki'nin her iki kutbunun da bu asırda bu konuya odaklandığını fikren kabul etmiş ve hayatı boyunca buna göre ilmi mücadelesine devam etmiştir ki, elde ettiği ve sonradan eline geçen ilmi bulgular ve dünyanın dört bir yanında gerçekleşen yüzlerce olaylar bu görüşlerinin haklı olduğunu doğrulamıştır.

Aslında, kıyamet fikri tüm asırlar boyunca vardı, fakat günümüzdeki 14. asırda özellikle önemlidir ki, müellif içinde bulunduğumuz zamanın kıyametten hemen önce yaşanacak olan 100 yıllık bir dönem olduğunu cifir ve ebced ilimleriyle ortaya koyup detaylı olarak eserlerinde isbat etmiştir. Örneğin, bu fikir tarih içerisinde de pek çok yazılı eserde veya sanat eserinde gizli olarak vardı ve o zamanlar henüz erken olduğu için açığa çıkmamıştı. Örneğin, Vivaldi'nin 4 mevsim konçertosunun son bölümü olan Winter (kış) senfonisini veya Muhiddin-i Arabi'nin beyitlerinin son kısımlarını veya Sheakspare'in bazı mısralarını incelediğinizde veya Rusya'daki 1917 devrimi ile 1789 Fransız ihtilali gibi önemli sosyal olayların bile Kıyamete bakan yönleri bulunabileceğini ve aslında buralarda, yani tarih içerisindeki hemen hemen tüm önemli olaylarda ve eserlerde kıyamet fikrinin gizli bir şekilde yer aldığını görürsünüz. Televizyonu açtığınızda, seyrettiğiniz bir ölüm haberinde veya İnternette izlediğiniz kıyameti ilgilendiren bir video görüntüsünde veya iklim değişikliği haberinde de yine Kıyamet Gerçekliğinin bir işaretini görebilirsiniz.

Dolayısıyla, ancak günümüzde açığa çıkması gereken bu geniş ilim, iman-ı tahkikinin en önemli kutbunu teşkil eder. Hatta, Rasululah'ın (S.A.V) bu kadar çok kıyametle ilgili hadis bildirmesinin bir sebebi de budur.

Bu yüzden, Kıyamet Gerçekliğindeki bazı parçalar 1-2 sayfa gibi kısa olabilirken; bazıları da 300-400 sayfa gibi geniş bir yer kaplar ve geniş bir hakikatin aslında çok önemli olan bazı sonuçlarını gösterir. Bu sonuçlar, sıradan gibi görünmesine rağmen, Kıyamet açısından oldukça önemli ilmi deliller taşır. Örneğin, Birleşik alan teorisi (Cem'ul İzafiye) isimli eserdeki pek çok matematiksel ifade ve formülasyon bu dille yazılmış ve konuyla ilgili müteşabih ayetleri açıklayan sembolik kapalı bir anlatım içerir ki, bu tarz bir ifade şekli daha önce yazılmış hiçbir Fizik ya da Matematik kitabında bulunmamaktadır. Bununla birlikte, Kıyamet gerçekliği külliyatı Kur'an'daki tüm ayetleri açıklamaya yönelik bir eser değildir. Sadece günümüze bakan ve iman-ı tahkiki açısından önem teşkil eden ve müteşabihattan sayılabilen yaklaşık üçte birlik bir kısmını teşkil eden 2222 ayetini tefsir eder ve aynı zamanda bu sayının kıyametin kopma tarihiyle çok sıkı bir ilişkisi olduğunu cifir hesabıyla ortaya koyar.

Hem mesela yine, ihtiyarsız olarak hesapladım ki, Kıyamet Gerçekliği'nin ilk eserlerinin 2002-2012 tarihleri arasındaki 10 senelik bir zamanda ve başlangıcı ve mukaddimesi olarak, yazılan kitap haline getirilmiş toplam 6 adet parçasının yekunu 3650 sayfa olup, bu da 1 yıl 365 gün olmak üzere toplam 10 senelik 3650 güne denk geliyor.

Kıyamet gerçekliği külliyatının Fatiha'sı veya Başlangıcı olarak sayılabilecek olan bu 129 parçadan oluşan altı temel eserin sayfa ve bölüm sayısına göre dağılımı aşağıdaki gibidir:

Te'lif Yılı	Eserin İsmi	Sayfa Sayısı	Bölüm Sayısı
2006	Kıyamet Gerçekliği (Hakikat-ul Uhreviye)	550	22
2007	Birleşik Alan Teorisi (Cem-ul İzafiye)	700	11
2008	İsevilik İşaretleri (İşarat-ul İseviye)	600	12
2009	Yaratılış Gerçekliği (Kevn-ut Tekamül)	1200	11
2010	Aşk-ı Mesnevi-Sonsuz Aşk (Mesneviye-i Uhreviye)	400	40
2011	Zamanın Sahipleri (Sahib-üz Zaman)	200	33
Toplam	6 Eser	3650	129

Yani, bu da günde tam tamına 1 sayfa yazdırılmasına kuvvetle harika bir işarettir. Hem aynı zamanda kıyamet çağında olmamız sebebiyle, külliyatın şimdilik ortaya çıkan bu sayfa sayısı, 2012 yılındaki güneş sistemindeki 10. gezegen olan Marduk gezegeninin yörünge periyodu olan 3650 yıllık büyük zaman döngüsüne denk gelir ki, demek ki buradan anlaşıldı ki, Kıyamet Gerçekliği ahir zamandaki sırf kendi zamanına bakmayıp, Zamanın Sahibi olmasının bir sırrı sebebiyle, önceki asırlara ve genel olarak Zamanın Hakikatine ve mühim semavi hadiselerin zaman periyotlarına da bakıyor ki, Büyük Kıyamete doğru gelişen olaylar zincirlerinin sırları ve İncil'de de bahsedildiği gibi Hz. İsa gelmeden evvel, ona zemin hazırlamak için kapalı mühürler bir bir açıldıkça, Kıyametin ve Zamanın hakikatini iman-ı tahkikinin iki kutbuna kuvvetle bakacak şekilde remzen işaret edip isbat ediyor ki, Zamanın Sahipleri (Sahib-üz Zaman) isimli kıymetli eserim bu meseleyi tam isbat ederek, Kur'anda'ki ve diğer ilmi kaynaklardaki kıyamet gerçekliğine yapılan işaretleri isbat etmiştir.

Demek ki, buradan anlaşıldı ki, Kıyamet Gerçekliği sıradan bir tefsir kitabı olmayıp, ahir zamanın şifreli meselelerini tahkiki bir şekilde isbat eden ve zamanın yaklaşık 200 yıllık geniş bir dairesine bakan bir tefsir-i hakikidir..

Türkçe Eserler

(I. MURAD DÖNEMİ) (2006-2016)

1- Kıyamet Gerçekliği

{Hakikat'ul Uhreviye -2006}

Kitap Özeti:

"**KUR'ÂN-I HAKÎM**'de **KIYAMET**'e ve **AHİR ZAMAN**'a bakan pek çok âyetin cifirsel hesaplamalarını ele aldığımız, küçük bir kitapçık şeklinde fakat içeriği ve ele aldığı meseleleri gayet geniş olan bu önemli eserimizde, ahirzamanda gerçekleşecek olan pek çok önemli dini meselelerden ve kıyamet alametlerinden kısa kısa özet parçalar halinde yalnız işaret etmek suretiyle bahsedeceğiz. Detaylarına girmeyeceğiz. Elbette ki, elde edilen bu cifirsel sonuçların kaynağı olan Kur'an bahri, burada kısaca ele aldığımız ve bahsettiğimizden çok daha fazlasını içerir ve buradaki yekûn, o bahrin ve okyanusun yalnızca küçücük bir damlası belki bir katresi hükmündedir. Bununla birlikte, diğer eserimin aksine, bu eserde sadece Büyük Kıyamet alametlerini EBCED ve CİFİR hesaplarına dayanarak ele almakla birlikte, Arapça Kur'ân ile Hadis metinlerinden de yararlanılarak; Kıyamet sürecinin omurgasını oluşturan 6 Büyük Kıyamet alameti detaylarıyla açıklanmaya ve aydınlatılmaya çalışılmıştır.."

Ayrıca, Kur'ândaki bazı âyetlerde Kıyamet Alametlerine ve bu alametlerin Gerçekliğine yapılan işaretlerin bir kısmını da ele aldığımız bu eserimizde, içinde bulunduğumuz ahir zamanın önemi ve kıyamet konusu ana temayı oluşturarak, açıklamaları da verilen detaylı cifirsel hesaplamalar yardımıyla vurgulanmaya çalışıldı. Özellikle, son zamanlarda çokça tartışılan Hz. Mehdi'nin gelişi ve Hz. İsa'nın İkinci Gelişi gibi önemli meselelere farklı ve gerçekçi bir bakış açısıyla yeniden bakılarak konuyu abartmadan ve diğer kıyamet alametlerine de gerçekçi bir şekilde detaylı olarak değinilerek, belki de daha önceki hiçbir çalışmada değinilmemiş yönleriyle gerçekçi bir şekilde ele alınarak, kıyamet ve haşir konuları tahkiki bir şekilde isbatlanmaya çalışılmıştır.

2- Birleşik Alan Teorisi

{Cem'ul İzafiyye -2007}

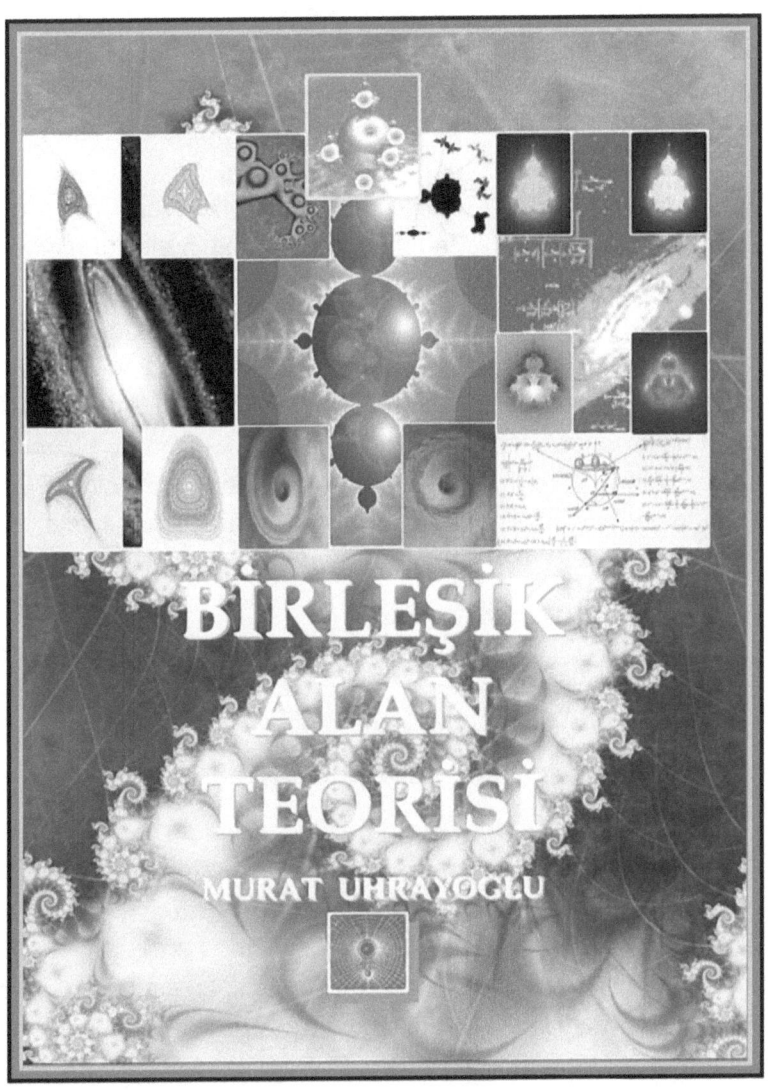

Kitap Özeti:

Newton fiziğinin yetersiz olduğu geçtiğimiz yüzyılın başlarında anlaşılmıştı. Bu fizik, *"Günlük yaşam"* deneyimlerine uygundu, fakat yüksek (Işık hızına yakın) hızlarda yanlış sonuçlar veriyordu. Yerini 1905 yılında Einstein'ın *"özel görelilik teorisine"* bıraktı. Yine, Newton mekaniği çok küçük (Atomik) boyutlarda hatalı oluyor ve yerini 1920'lerde Bohr, Schrödinger, Heisenberg ve diğerlerinin geliştirdiği *"kuantum mekaniği"* aldı. Hem çok hızlı ve hem de çok küçük cisimler için, hem görelilik ve hem de kuantum ilkelerini birlikte sağlayan bir teori gerekiyordu; kuantum alan teorisi denilen bu teori ana hatlarıyla 1930-40'lı yıllarda geliştirilmesine rağmen, bugün dahi tam olarak yeterli değildir. Fizik (Hikmet) yasaları, bir cisme kuvvet uygulandığında nasıl davranacağını öğretir. Bu doğrultuda yapacağımız bu çalışmanın esas amacı, **İSLAM MATEMATİĞİ** ve **FİZİĞİNİN** oluşturularak *dinî* ve *aklî* ilimlerde Kur'an ekseninde bir bütünlük ve birleştirme sağlayarak, ***MODERN İSLAM MEDENİYETİ***ne katkıda bulunmaktır. Bugün fizikte bilinen dört temel kuvvet vardır:

1. Güçlü Çekirdek Kuvveti,
2. Elektromanyetik Kuvvet,
3. Zayıf Nükleer Kuvvet,
4. Gravitasyon (Yerçekimi) Kuvveti.

Başlangıçta (yani evrenin ilk yaratılış anında) tüm bu kuvvetler (ilmî tabirle hepsine birden *"câzibe"* kuvvetleri de denir) bir tek ana kudretin içindeydi. Literatürde buna *"**Birleşik Alanlar Kuvveti**"* veya teoremi de deniyor. Bu tek kudret, ALLAH Vahdâniyyeti ve Ehâdiyyeti ilkeleri uyarınca bitişikken, evrenin genişlemesi ile birlikte bir hikmete binâen fazlara ayrıldı. Fakat ilk zamanlarda bu kuvvetlerde elektromanyetizma ve gravitasyon daha güçlü kuvvet halindeydi.

"Kainatın meydana gelişini izah eden "Büyük Patlama" (Big

Bang) isimli popüler teori yerine, İzafiyet teorisinin 5. boyuta genelleştirilmesi şeklinde tanımlanabilen ve kuvvetli bir matematiksel altyapıyla, yaklaşık 11 yıllık bir felsefi düşünce mantığı ve uzunca bir çalışmanın sonucu ortaya çıkardığım bu teori; her şeyin başı olan bu konuyu, yani kainatın Başlangıçta nasıl yaratıldığını ilmen izah ettiği gibi, Sonu hakkında da bazı önemli ipuçları vermektedir. Aslında, bu çeşit bir düşünce tarzı ve bu modern fizik yaklaşımı, tasavvufun kendisinde zaten vardır. Örneğin, şöyle ki: Mevlana'nın Mesnevisinin giriş kısmını oluşturan ilk 18 beyitinde kapalı bir manada bahsetmiş olduğu, bir Neyin derin bir kuyunun dibinden kainattaki tüm varlık alemine ilişkin bilgileri aktarak sürekli konuşması; aslında atomaltı düzeyde yer alan bu elektron transferine mükemmel bir işarettir ve yaratılışın ince sırlarına bizim ancak yüksek düzeyli bir matematikle ulaştığımız önemli bir sonucunun tasavvuf diliyle mükemmel bir ifadesidir. İşte, buradaki o derin kuyu aslında Karadelik veya Akdelik tekilliklerine işaret etmektedir. Ney ise, yaratıcının meydana getirdiği ilahi notalar şeklinde varlıkları meydana getiren temel kuvvet alanı bileşenlerine ve neyin çıkarmış olduğu seslerse, elektron ve diğer atomaltı partiküllere denk düşecektir. Ancak, bu asırdaki bir sufi ise, bu eserde belki de ilk defa değinilen, kainattaki en temel ve en küçük ölçekteki bir sicim titreşiminin, tüm varlık alemi adına kainatı, örneğin kapalı bir odadaki bir Gitarın tellerinden süzülen titreşimleriyle anlatmasını ifade edebilir..

3- İsevilik İşaretleri

{İşarat'ul İseviyye -2008}

Kitap Özeti:

"**İsevîlik** ve İsa a.s. ile ilgili Hristiyan bakış açıları çok ve farklıdır. Hz. İsa'nın getirdiği Tevhid dini olan İsevîlik, sonradan yapılan ekleme ve tahrifâtlarla, Hz. İsa'nın Şeriat'ında büyük değişiklikler yapmasıyla gerçeklikten saptırılmıştır. İlk defa M.S. 325'te Roma İmparatoru Büyük Konstantin zamanında İznik kentinde, Nicaea Konsülü tarafından kabul edildi. Maksat, teslis inancıyla ilgili anlaşmazlıkları çözmekti. Fakat Konsey, **MERYEM OĞLU HZ. İSA MESİH**'in Allah'ın kendisi olduğuna karar verdi.."

İsevîlik İşaretleri isimli bu eser; Hristiyanlık tarihinin oluşumunu, gelişimini; Hz. İsa'nın İlk Hayatını ve Göğe alınışını; O'nun yaşamış olduğu Filistin ve Ortadoğu'nun iki bin yıl önceki coğrafî, siyasal, ekonomik ve sosyo-kültürel yapısını da içeren çeşitli haritalar, krokiler ve tarihsel verilerden faydalanarak objektif bir biçimde ele alan ve konuyu kronolojik bir Tarih sıralamasına göre detaylı bir şekilde inceleyen bir çalışmadır.

Bu **KİTAB**'ın amacı; **KUTSAL KİTAP** ve **İNCİL**'lerdeki bu,

1- TEMSİLÎ GERÇEK ve HAKİKAT PARÇALARINI,

2- HZ. İSA ile İLGİİ GERÇEKLİKLERİ,

3- İNCİLDEKİ KIYAMET SÜRECİ ile İLGİLİ BÖLÜMLERİ.

İlmî bir çerçevede ele alarak (Tarih, Coğrafya, Sosyoloji ve Arkeoloji gibi pozitif bilimlerin de yardımıyla) sırr-ı vahyin feyzi ve KUR'ÂN'ın ışığıyla aydınlatmaktır. Yani bu çalışma, Allah'ın Hz. Musa aracılığıyla İsrâiloğullarına vahyettiği yasaların tahrif edilmesi ve İncil'in Orijinali olan Allah'ın Hz. İsa'ya ilk gelişinde vahyettiği Kitabın ortadan kaybolması sebebiyle, varolan ve içinde tahrifatlarla birlikte birtakım doğru bilgilerin ve Hakikî İncil'den alıntıların ve parçaların da bulunduğu Kanonik ve Apokrif olarak kabul edilen İncillerdeki bilgileri, Kutsal Kitaptaki bilgileri; doğruya ve gerçeğe yaklaştırmak için yapılan bir düzeltme ve **HRİSTİYANLIĞI İSEVÎLİĞE** dönüştürme çalışması ve **EHL-İ KİTAB**'ın tabi olduğu iki büyük dini, yani **HRİSTİYANLIK** ve **YAHUDİLİĞİ, ALLAH** (C.C.) katında Hak Din olan **İSLAMİYETLE** birleştirerek üç dini **İSEVİLİK** adı altında tek bir çatıda toplamaya çalışan ve Hz. İsa'nın ikinci gelişine zemin hazırlayan yeni bir çalışmadır. **Hz. İSA**'ya vahyedilen **İNCİL**'in ve **Hz. MUSA**'ya vahyedilen **TEVRAT**'ın **ALLAH** tarafından gönderilmiş ve **TEVHİD** inancına dayalı bir **KİTAB** olduğunu, insana ulûhiyet atfeden **LOGOS** ve **KAOS TEORİSİ** gibi **FELSEFE**'lerin geçersizliğini **TARİHÎ** ve **MATEMATİKSEL** verilerden, **KUTSAL KİTAP** metin ve belgelerinden ve **ANTİK DÖNEM** haritalarından yararlanarak **İLAN** ve **İSPAT** etmeye çalışan bir eserdir...

4- Yaratılış Gerçekliği-I

{Kevn'ut Tekamül-2009}

Kitap Özeti:

"**E**vrim Teorisi'nin tüm canlıların yapısını açıklayabilecek kadar geçerli bir teori olup olmadığı son zamanlarda oldukça çok tartışılıyor. Özellikle Evrim Teorisi'nin ortaya atılmasında temel etkiye sahip olan kanıtlar üzerinde durularak tüm bunların canlıların kompleks yapısının tümünü birden açıklayıp açıklayamayacağı sorusunun yanıtı aranmaktadır.

İki ciltten oluşan bu kitap, **Yaratılış** ve **Evrim Teorisi**'ni bir bütün olarak ele almakta ve birbiriyle bağlantılı **11 farklı bölümden** oluşmaktadır. Kitabımızın birinci cildinde, detaylı olarak ele aldığımız '**Evrim Teorisi**'ni **YEDİ bölüm** halinde inceleyeceğiz:

Birinci bölümde, Evrim Teorisi ortaya konulmadan önceki, konumuz açısından önemli bilimsel, felsefî ve teolojik gelişmelerle tartışmalar tanıtılmaya çalışıldı. Evrim Teorisi üzerine yapılan tartışmalar tarihsel arka plandan yalıtılarak anlaşılamaz. Özellikle felsefe tarihine meraklı olan kişilerin bu bölümü dikkatlice okumaları gerekir.

İkinci bölümde, Evrim Teorisi'nin ne olduğu ve ortaya konulma süreci tanıtılmaya, ayrıca bu teorinin ortaya konulmasına ve yaygınlaşmasına yol açan paradigmalar gösterilmeye çalışıldı. Evrim Teorisi hakkındaki tartışmaları ele almadan önce, bu teorinin ne dediğini iyice öğrenmek isteyenler, bu bölümü iyi okumalılar.

Üçüncü bölümde, Evrim Teorisi'nin delili olarak sunulan veriler ayrıntılı bir şekilde bilimsel ve felsefî irdelemeye tabi tutuldu. Gözlemlenebilme, öngörü gücü, yasalara sahip olma, matematiksel betimleme yeteneği, yanlışlanabilirlik, rakip teorilere üstünlük sağlanması gibi çeşitli kriterler açısından bu teori değerlendirildi. Bu bölüm, kitabın Birinci cildinin en önemli bölümlerinden birisidir; kitabın bu kısmından sadece tek bir bölüm okuyabildiğini söyleyen biri olsaydı, ona bu bölüm tavsiye edilebilirdi.

Dördüncü bölümde, varlıklardaki düzen ve amaçlılık gibi unsurlardan yola çıkılarak bunların 'Tasarımcı'sının varlığına ve bu 'Tasarımcı'nın kudreti, bilgisi, hâkimiyeti gibi sıfatlarına ulaşılabileceğini iddia eden 'tasarım delili' ele alındı. Evrim Teorisi'nin tasarım deliline tehdit olup olmadığı da yine bu bölümde incelendi. Ayrıca 'teizm' (inanç) ile 'ateizm' (inançsızlık) arasındaki asıl sorunun; 'Evrim Teorisi-Türlerin bağımsız yaratılışı ikilemi'nde değil, 'Tesadüf-Tasarım ikilemi'nde olduğu gösterilmeye çalışıldı.

Beşinci bölümde, Evrim Teorisi'nin başta 'Yaratıcı inancı' olmak üzere tektanrılı dinlerin inançları açısından ne ifade ettiği belirlenmeye çalışıldı. Bu bölümde, 'Evrim Teorisi ve Yaratıcı inancının ilişkisi' hakkındaki dokuz maddeli bir sınıflamanın ve bununla ilgili bazı konular için 'teolojik agnostik' tavrın önerilmesi inceleyeceğimiz bilimsel metod açısından oldukça önemlidir.

Altıncı bölümde, Evrim Teorisi'nin Bilim dünyası ve yaşantı üzerine getirmiş olduğu etkiler ve Batı dünyasındaki meydana getirmiş olduğu uzun vadeli değişim detaylı bir şekilde ele alınmaktadır. Özellikle Evrim Teorisi'nin, Bilimin Biyoloji sahasının dışındaki alanlarına da (Ekonomi, Tarih, Felsefe, Matematik, Tıp, Fizik ve Kimya gibi) etki etmesi sonucu genel geçerli bir dünya görüşü olma niteliğini kazanmasının, dünya üzerindeki etkileri ve sonuçlarını inceleyen okuyucu için bu bölüm önemli ipuçları ortaya koymaktadır.

Yedinci bölümde, Evrim Teorisi'nin tüm canlıların yapısını açıklayabilecek kadar geçerli bir teori olup olmadığı tartışılıyor. Özellikle Evrim Teorisi'nin ortaya atılmasında temel etkiye sahip olan kanıtlar üzerinde durularak tüm bunların canlıların kompleks yapısının tümünü birden açıklayıp açıklayamayacağı sorusunun yanıtı aranmaktadır...

Bu çalışma aynı zamanda, son zamanlarda, özellikle **Richard Dawkins**'in yayınladığı yaratılış karşıtı fikirlere ve son zamanlarda yükselen Materyalist/Ateist çerçevede gelişen Evrim tartışmalarına da Gerçekçi bir Cevap niteliğindedir...

5- Yaratılış Gerçekliği-II

{Kevn'ut Tekamül-2009}

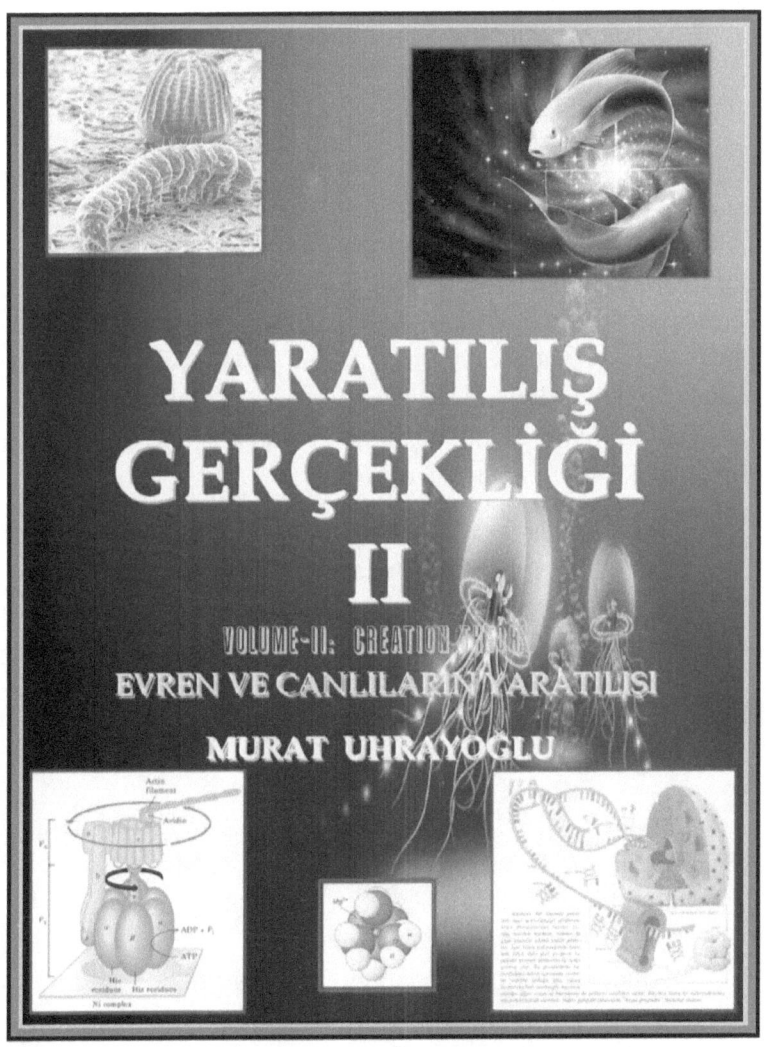

Kitap Özeti:

Yaratılış konusunu SORU-CEVAP şeklinde ele aldığımız bu ikinci cildimizde, meselelerin ilmi boyutuna ve derinliğine göre bazı meselelere kısa cevap şeklinde açıklama getirilirken, bazı önemli meseleler uzunca gitmiştir. Bununla beraber, her konunun teferruatına yeterince inilip, meselenin imani boyutuna bakan tahkiki kısmı aydınlatılmaya çalışılmaktadır. Bununla birlikte, herkes her meselenin cevabını tam anlamasa da, hissesiz de kalmaz.

Yaratılış konusunu ele aldığımız ve sık sık sorulmakla beraber genellikle Felsefeden kaynaklanan bazı kafa karıştırıcı unsurların ve konunun inkarına götüren bazı meselelerin güncel olarak yorumlanmasına çalışılmış, nakli ilimlerin kaynağı olan Kur'an ve Hadis kaynaklı açıklamalarla beraber modern akli ilimlere (Fizik, Kimya, Biyoloji, Organik Kimya, Botanik gibi vs.) dayanan delillerinin araştırmaya dayalı tahkiki kısımlarının verilmeye çalışıldığı bu biyoloji eserimizde, her konuyu genel olarak DÖRT bölüm halinde ele alıp;

1- Önce Kur'an ayetleri ışığında yaratış konusunda sıkça gündeme gelen ve evrim teorisi ile benzeri yaratılış karşıtı görüşleri sık sık çatıştıran önemli konu başlıklarını genellikle felsefeden kaynaklanan önemli meselelere soru-cevap şeklindeki açıklamalarla *"Felsefeden Kaynaklanan Yaratılış Meseleleri"* kısmında izah ve isbat getirmeye çalışacağız.

2- Daha sonra, yaratılışı meydana getiren yapılanmaların temellerini teşkil eden moleküler yapıları Organik Kimya biliminden yararlanarak açıklamaya ve canlı bir organizmanın hangi maddelerden teşekkül ettiğini ve nasıl meydana geldiğini basitten karmaşığa doğru detaylı bir şekilde *"Canlılığın Yapıtaşları ve Organik Kimya"* kısmında inceleyeceğiz.

3- Daha sonra ise, Yaratılışın sürekli ve dinamik olarak yinelenmesiyle meydana gelen doku ve organ topluluklarının sistemli bir şekilde nasıl meydana geldiğini, bunların vücutta hangi fonksiyonları yerine getirdiğini *"Canlılığı oluşturan Organ ve Sistemler"* kısmında inceleyeceğiz. Bu bölüm, eserimizin en geniş kısmını ve esas içeriğini oluşturmaktadır. Eğer iki ciltten oluşan eserimiz, tek bir bölümden ibaret olsaydı, sadece bu bölüm yeterli olabilirdi. Bu yüzden, eserlerimizi sırasıyla takip eden okuyucu, yaratılışın mantığını ve ne kadar mu'cizevi bir olaylar zincirinden meydana geldiğini anlamak için bu bölümü dikkatlice irdelemelidir.

4- En sonda ise, kainattaki Yaratılış delilleri karşısında, akli ilimleri kullanarak tahkiki imana ulaşan bazı batılı bilimadamlarının görüşlerine *"İman Eden Bilimadamlarının Yaratılışla İlgili Görüşleri"* kısmında yer vererek, iki ciltten oluşan çalışmamızı noktalayacağız..

Yaratılış konusunu en basitten, yani günlük yaşamda sık sık karşılaştığımız felsefi meselelere dayanan sorular ve bunlara ilişkin cevaplardan başlayarak; hücre biyolojisi, canlılığı oluşturan kompleks biyolojik mekanizmalara ve bunlara ilişkin karmaşık meselelere doğru kademeli bir şekilde ilerleyerek; meseleleri, herkesin kendi seviyesine göre anlayacağı bir tarzda inceledik. Buradaki ana hedef ise, konuya çok vakıf olmayan ve biyolojik meselelerde başlangıç aşamasında olanlara genel bir fikir vermenin yanında; ilerleyen bölümlerde konunun uzmanı olanlar için de, detaylı bir bilgi içeriğinin verilmesidir.. Bu çalışma aynı zamanda, son zamanlarda, özellikle Batı dünyasında yayılan ve Richard Dawkins gibi Materyalist Evrimci bilim adamlarının yayınladığı Yaratılış karşıtı fikirlere ve son zamanlarda yükselişe geçen Materyalist/Ateist çerçevede gelişen yaratılış karşıtı fikirlere de gerçekçi bir cevap niteliğindedir.. .

6- Aşk-ı Mesnevi (Sonsuz Aşk)
{Mesneviye-i Uhreviyye -2010}

Kitap Özeti:

Aşk-ı Mesnevî isimli bu eserimiz, parça parça iç içe geçmiş halkalar halinde varlık âlemine ait bir kısım varlıkların, Kâinatı müşahede etmesini ve yaratılış delillerinin kendi lisanlarıyla konuşturulmasını anlatan **40** adet hikâyeden oluşur. Hz. Mevlana ve Şems-i Tebriz'inin tanışmasının sırlarını araştıran üç arkadaşın 1200'lü yıllara Şems'in peşine düşerek ilahi aşkın anlamını araştırmaları ve dinlerin tarihi kökenlerine uzanarak ulaştıkları sembolik kavramları canlı bir biçimde anlatıyor.

Bu uzun mistik yolculukta her varlık kendi varlığına bir delil oluşturmakta ve varlıklar evreninin toplamı yaratıcıyı göstermektedir. Bu yolculuk esnasında evrendeki en küçük yapıtaşından en büyüğüne kadar felsefi bir incelemeyle hareket eden eser, yaratıcının varlığını tek tek ispatlayarak ilerliyor. Aşk-ı Mesnevi, içerisinde yer alan 40 adet yolculukla beraber insanı evrenle bir bütün halinde bir iç yolculuğa çıkartarak ruhlar ve evrenler âleminin gizemlerini sunuyor. Aşk-ı Mesnevi'yi aşk ve gizemi tevhid ve dinlerin birliği ekseninde birleştiren bir modern zaman Mevlana ve Mesnevi felsefesi yolculuğu olarak da ele alabiliriz. Birçok gizem ve çözümünü beraber sunan bu değerli eseri mutlaka okumanızı öneriyoruz. Kainattaki her bir varlık, kendi varlığına bir delil olduğu gibi, ondan çok daha önemli olan yaratıcısını da gösterdiği ve ilân ettiği gibi, kâinatta gerçekleşen pek çok hikmetli tabiat harikası varlık da, onu gösterir.

İşte bu önemli eserimizde, varlıkların bu yönünü ele alarak kâinatta var olan en büyük cisimlerden en küçüğüne doğru giden bir sıralamada örnek olarak seçtiğimiz bazı varlıklara ilişkin yaratılış delillerini hikâye tarzında aktararak anlatacağız. Eserin metodolojisi ve dokusu, en küçük ve en büyüğü bir çember üzerinde birleştiren bir yaratılış silsilesi içerisinde devam eden bir yolculuktan ibarettir.

Bu yolculuğumuza, kâinattaki en büyük cisimle ve onun hikâyesiyle başlayarak, en küçüğün hikâyesini anlatarak bitireceğiz ve sonunda göreceğiz ki, kâinat bir bütün olarak en küçük yapıtaşından en büyüğüne kadar mükemmel bir yaratılış silsilesi içerir ve her varlık kendi lisan-ı haliyle yaratıcısına işaret eder ve onun varlığını bildirir. Dolayısıyla, kâinattaki en büyük ve en küçük arasında, yaratılıştaki zorluk bakımından bir fark olmayıp, en küçük en büyüğün küçültülmüş bir sureti hükmündedir. Bu yolculuğumuz sırasında, atomlardan yıldızlara; sineklerden insanlara kadar kademe kademe sıralanan bu yaratılış silsilesi içerisinde birbirine bağlantılı bir silsile-i nuraniye olduğu müşahede edilecektir. Aynı zamanda, kendi içerimizde de gerçekleşen bu yolculuğun son kısımlarında şöyle bir tablo ile karşılaşırız ki, yaratılışın en ince noktalarında küçük ile büyük; zerre ile kürre bir olmaktadır ve kendi nefsimiz bu ikisinin arasında bulunan nihayetsiz dereceler arasında yükselip alçalabilmektedir. İşte, eserimizi takip ederken, kâinatı müşahede eden ve yaratıcısını isbat ve ilân eden şu varlıklardan ibretli bir ders alıp iman etmeliyiz ki, can kuşunun dünya hayatına salınmasıyla başlayan bu yolculuğa, kabir, berzah, sırat, mizan, terazi, cennet ve cehennem uçuşlarıyla devam edelim ve sonunda Hakikat-i ilâhiyeye ulaşabilelim.

Şu kâinat, içerdiği tüm mevcudatıyla bir kitap hükmünde olduğu gibi, Hâlik-i Zülcelâl o kitap üzerinde yazar, çizer, bozar ve değiştirir. Ta ki, Hâlik-i Zülcelâl şu mevcudat silsilelerini, ahirete akıp giden şu karanlık sel gibi unsurları Cennet ve Cehennem havuzlarına boşaltarak harab edecek, kıyameti ve haşri getirecektir. İşte bu eser, Mesnevi tarzında, Kaf Dağı'nın ardındaki Anka kuşu misali hakikati aramak için yola çıkan kuş misali 40 adet varlığın kendi nefsini ve nihayetinde yaratıcısını keşfetmesini anlatan 40 adet yolculuktan oluşan uzunca bir hikâyedir. İşte bu hikâyemiz boyunca, her biri 2 gün süren o 40 adet yolculukla her biri 4 yolculuk süren 10 adet istasyona uğrayıp, 80 günde tamamlanan ve kâinatı içerisine alan büyük bir devr-i âlem yapacağız. Ben çok zaman, Hz. Mevlâna'nın Mesnevî'si gibi bir eser hazırlamayı düşünmüştüm. Fakat sonradan gördüm ki, bu küçük ve harika eser, canlı varlıklara ait bir mesnevî hükmüne geçti ve ayrıca büyük İslâm mutasavvuflarından Hz. Mevlâna, Gazalî ve Saidî Nursi'de yer alan Mesnevî düşüncelerini günümüze uyarlanan tek bir çizgide birleştirdi. Hem, her bir parçasının, ikili beyitlerden yazılan mesnevî tarzında iki günde bir arayla yazılması bu hakikati doğruladı..

7- Zamanın Sahipleri

{Sahib-üz Zaman-2011}

Kitap Özeti:

KUR'ÂN-I HAKÎM'de, KIYAMET'e ve AHİR ZAMAN'a bakan pek çok âyetin cifirsel hesaplamalarını ele aldığım, küçük bir kitapçık şeklinde fakat içeriği ve ele aldığı meseleleri gayet geniş olan bu önemli eserimde, ahirzamanda gerçekleşecek olan pek çok önemli dini meselelerden ve kıyamet alametlerinden kısa kısa özet parçalar halinde yalnız işaret etmek suretiyle bahsedeceğim. Detaylarına girmeyeceğim. Elbette ki, elde edilen bu cifirsel sonuçların kaynağı olan Kur'an bahri, burada kısaca ele aldığım ve bahsettiğimden çok daha fazlasını içerir ve buradaki yekûn, o bahrin ve okyanusun yalnızca küçücük bir damlası belki bir katresi hükmündedir.

Bununla birlikte, diğer Kıyamet Gerçekliği eserlerinin aksine, bu eserde sadece Arapça bir Kur'ân ile bir ebced hesabı tablosundan başka kaynak kullanılmayıp; elde edilen sonuçlar **33 PENCERE** ve **33 HAKİKAT**ten meydana gelen toplam **66 MADDE** halinde not edilmiştir. Ayrıca, Kur'ândaki bazı âyetlerde Kıyamet Gerçekliğine ve Müellifine yapılan işaretlerin bir kısmını da ele aldığım bu eserimde, içinde bulunduğumuz ahir zamanın önemi ve kıyamet konusu ana temayı oluşturarak, açıklamaları da verilen detaylı cifirsel hesaplamalar yardımıyla vurgulanmaya çalışıldı..

Ben, kendi tarihçe-i hayatıma ilişkin bir eser hazırlamayı çok zaman düşünmüştüm fakat sonradan gördüm ki, buna lüzum kalmadı ve bu eser bir nevi Kıyamet Gerçekliği'nin ve Müellifinin kısa bir tarihçe-i hayatı hükmüne geçti.

Bir nevî Kıyamet Gerçekliği'nin kerameti ve önemli bir kısım tevâfukâtı olan bu özel ve şimdilik açıklanmasını uygun görmediğim bu mahrem kısımlarda; henüz bende kesinliğine ilişkin tam bir fikir bulunmamakla birlikte günümüzde henüz ortaya çıkmaya başlayan manevi ve hakiki bir tefsirin önemine işaret edilmekle beraber, çok tartışılan Hz. Mehdi'nin gelişi ve Hz. İsa'nın ikinci gelişi gibi önemli meselelere ve diğer Kıyamet alametlerine de detaylı olarak değinilerek, belki de daha önceki hiçbir çalışmada değinilmemiş yönleriyle gerçekçi bir şekilde ele alınarak Kıyamet ve Haşir konuları tahkiki bir şekilde isbatlanmaya çalışıldığı gibi, bu küçük risale Kıyamet Gerçekliği'nin hakiki bir numunesi hükmüne geçmiştir..

8- Hanımlar için Din Rehberi (Temel İslami Bilgiler)

{EL-Murşid-ul Nisa-2012}

Kitap Özeti:

"**S**evgili hanım kardeş! Bu eser, önceki izlediğimiz araştırma yönü kuvvetli olan eser metodolojisinin tersine, öncelikle islamın temel bilgilerini ve öğretilerini özet olarak vermeyi amaçlamaktadır.

Bir insan, anne karnından kainata ilk gözlerini açtığı anda günahsız ve temiz bir fıtrat üzere doğmuştur. Fakat aynen bir nehirdeki kabarcıkların ve kaynaktan yeni çıkan bir suyun kaynağından uzaklaştıkça kitlenmesi ve o şeffaf kabarcıklara değişik renklerin müdahalesi ile o ilk saflık ve temizlik nasıl bozuluyorsa, işte insane da aynı şekilde rabbini gerekli şekilde tanıyıp ibadet etmediği takdirde günah kirleri ve isyanlar ile o saflığını ve temizliğini bozacaktır. İşte bu yüzden, İslamın da yeni doğmuş bir çocuk gibi pırıl pırıl, tertemiz olduğu ve her asırda Allah tarafından yenilenmekte olduğu semavî suhuflarıyla, gelen uyarı, ikaz ve işaretleriyle her asırda yenilendiği gibi, zamanımız içinde geçerli olup, islamın temel esasları zamanımız için de değişmeden uygulanagelmekte ve hiç bozulmadan KIYAMET'e kadar devam edeceği hadislerde bildirilmektedir.."

GİRİŞ

EY HANIM KARDEŞ! Benden birkaç nasihat istedin. Şimdi, gelecek olan kısımlarda KUR'ÂN-I HAKÎM'in 19 âyetinden istifade ettiğim İSLAMIN TEMEL DİNÎ bilgileri (NAMAZ, ORUÇ, İMAN ESASLARI, ZEKAT ve kısaca İSLÂM TARİHİ) ile ilgili merak ettiğin meselelerini AVÂM (HALK) lisanıyla HULASÂ (ÖZET) bilgiler halinde 40 BÖLÜM halinde ifade edeceğim, kim isterse istifade edebilir..

21-22"EY İNSANLAR! Sizi ve sizden öncekileri yaratan

Rabbinize kulluk ediniz. Umulur ki, böylece korunmuş (Allah'ın azabından kendinizi kurtarmış) olursunuz."

{Bakara suresi, 21, 22. âyetler}

[55]"Sen öğüt verip-hatırlat; çünkü gerçekten öğütle-hatırlatma, mü'minlere yarar sağlar."

[56]"Ben cinleri ve insanları, ancak bana KULLUK (İBADET) etsinler diye yarattım."

{Zâriyât suresi, 55, 56. âyetler}

9- Eskilerin Masalları

{Esatir-ul Evvelin-2013}

Kitap Özeti:

KURAN-I HAKİM:

31. Onlara âyetlerimiz okunduğu zaman dediler ki: «(Evet) işittik, istesek biz de bunun benzerini elbette söyleyebiliriz. Bu ÖNCEKİLERİN MASALLARI'ndan başka bir şey değildir.» {ENFAL, 31}

24. Onlara: Rabbiniz ne indirdi? denildiği zaman, «ÖNCEKİLERİN MASALLARI» derler. {NAHL, 24}

EY ARKADAŞ! "KUR'AN-I HAKİM'in, Tarih-i Kadim'in derinliklerine bakan ve Eskilerin Hikayeleri şeklinde anlatılagelen mühim bir sırrına bakan, ONÜÇ TARİHİ MÜTEŞABİH AYETİNDEN istifade ettiğim, ON KISA PARLAK KISSA'dan ibarettir. Tamamı, BİR MUKADDİME ile tarihin derinliklerine uzanan ON KISSA'dan oluşan ON EFSANE ile sonuç niteliğindeki BİR HATİME'den oluşan 22 DERS'ten ibarettir.."

Tamamını, TARİH VE MİTOLOJİ Lisanıyla ifade edeceğim. Kim isterse istifade edebilir..

KURAN-I HAKİM:

ENFAL, 31. Onlara âyetlerimiz okunduğu zaman dediler ki: «(Evet) işittik, istesek biz de bunun benzerini elbette söyleyebiliriz. Bu ÖNCEKİLERİN MASALLARI'ndan başka bir şey değildir.» {ENFAL, 31}

NAHL, 24. Onlara: Rabbiniz ne indirdi? denildiği zaman, «ÖNCEKİLERİN MASALLARI» derler. {NAHL, 24}

MÜ'MİNUN, 44. Sonra, biz peyderpey peygamberlerimizi gönderdik. Herhangi bir ümmete peygamberlerinin geldiği her defasında, onlar bu peygamberi yalanladılar; biz de onları birbiri ardından yok ettik ve onları birer «İBRET HİKAYELERİNE (EFSANELERE)» dönüştürdük. Artık iman etmeyen kavmin canı Cehenneme!

{MÜ'MİNUN, 44}

SEBE, 19. Bunun üzerine: Ey Rabbimiz! Aralarında yolculuk yaptığımız şehirlerin arasını uzaklaştır, dediler ve kendilerine yazık ettiler. Biz de onları, ibret KISSALARI (EFSANELER, MASALLAR, HİKAYELER) haline getirdik ve onları büsbütün (AYRI AYRI MEMLEKETLERE) dağıttık. Şüphesiz bunda, çok sabreden ve çok şükreden herkes için İBRETLER (GÖSTERGELER, AYETLER, İŞARETLER) vardır.

{SEBE, 19}

10- Ruyet-ul Gayb

{Haberci Rüyalar-2014}

Kitap Özeti:

KURAN-I HAKİM:

31. Onlara âyetlerimiz okunduğu zaman dediler ki: «(Evet) işittik, istesek biz de bunun benzerini elbette söyleyebiliriz. Bu ÖNCEKİLERİN MASALLARI'ndan başka bir şey değildir.» {ENFAL, 31}

Maddeten kısa ve hakiki GAYBİ RÜYALAR olmasına rağmen, bir kısmı geçmişle ilgili ve çoğu da GELECEKLE ilgili mühim gaybi rüyalar olup; Manen kuvvetli ve Manevi uzun hakikatlere işaret ve delalet de etmektedirler; bu yüzden, üstündeki libasa değil, elindeki kıymetli elmas mücevherlere bakılması gerekir..

Kitabın içine ayrıca, Kitabın yazılışının felsefi düşüncesini ortaya koyan, bir adet BİBLİYOGRAFYA ile bir adet genişletilmiş "RÜYA TABİRLERİ SÖZLÜĞÜ" de eklenmiştir..

- BİSMİLLAHİRRAHMANİRRAHİM -

-RAHMAN VE RAHİM OLAN GÖRÜNÜR VE GÖRÜNMEYEN ALEMLERİN GAYB ALEMİNİN SAHİBİ OLAN ALLAH'IN ADIYLA-

EY ARKADAŞ! Kur'an-ı Hakim'in rüyalara ve hakikat Alimine kapı açan 14 ayetinden istifade ettiğim, 14 adet rüyayı; Hakikat ve Rüya alemi & Gayb Lisanıyla, hakikate açılan 14 pencere halinde ifade edeceğim

Kim isterse istifade edebilir:

12:4 - Hani bir vakitler Yusuf, babasına demişti ki: "Babacığım, ben rüyada on bir yıldızla güneşi ve ayı bana secde ederken gördüm."

12:5 - (Babası) "Yavrucuğum! "dedi, "rüyanı kardeşlerine anlatma. Sonra sana bir tuzak kurarlar.

Çünkü şeytan insanın açıkça düşmanıdır."

12:36 - Zindana onunla birlikte iki delikanlı daha girdi. Birisi dedi ki: "Rüyada kendimi şarap sıkarken gördüm". Öteki de dedi ki: "Ben de başımın üstünde ekmek taşıdığımı, kuşların da ondan yediğini gördüm. Bize bunun yorumunu haber ver. Çünkü biz seni iyilik edenlerden görüyoruz."

12:43 - Bir gün melik (hükümdar) dedi ki: "Ben rüyamda yedi cılız ineğin yedi semiz ineği yediğini ve yedi yeşil başakla yedi kuru başak görüyorum. Ey ileri gelenler! Siz rüya tabir edebiliyorsanız benim bu rüyamın tabirini bana bildirin."

22:44 - Dediler ki: "Rüya dediğin şey karmakarışık hayallerdir. Biz ise böyle karışık hayallerin yorumunu bilemeyiz."

12:45 - O ikisinden kurtulmuş olanı, nice zamandan sonra hatırladı da dedi ki: "Ben size o rüyanın tabirini haber veririm, hemen beni gönderin."

12:46 - "Ey Yusuf, ey doğru sözlü! Bize şunu hallet: Yedi semiz ineği, yedi cılız inek yiyiyor. Ve yedi yeşil başakla diğer yedi kuru başak. Umarım ki, o insanlara doğru cevap ile dönerim, onlar da (senin kadrini) bilirler."

12:47 - Dedi ki: "Yedi sene eskisi gibi ekeceksiniz, biçtiklerinizi başağında bırakınız, biraz yiyeceğinizden başka."

12:48 - "Sonra onun arkasından yedi kurak sene gelecek, önceki biriktirdiklerinizin biraz saklayacağınızdan başkasını yiyip bitirecek."

12:49 - "Sonra da onun arkasından yağışlı bir sene gelecek ki, halk onda sıkıntıdan kurtulacak, (üzüm, zeytin gibi mahsülleri) sıkıp faydalanacak."

11- Sonsuzluğun Sonsuzluğu [114 Kod]

{Halidine Fiha Ebeda - 2015}

Kitap Özeti:

"Ey Hakikati arayan Dost!

Tüm bu yazılar, burada ele aldığımız sırlı İslam yazıları, bu yıl yazılacak yeni eserimiz "SONSUZLUĞUN SONSUZLUĞU" [114 KOD]'da şunları bulacaksın..: Kısa yazılan, ama anlamları ve tefekkürsel boyutu çok derin olan, bu yöndeki ilmi meseleleri hen DÜNYASAL ve hem de AHİRETSEL boyutlarıyla; metodolojik olarak sırasıyla birbirini takip eden ilmi isbat, delil ve bürhan yöntemleriyle konunun MATEMATİKSEL, FİZİKSEL, FELSEFİ VE SOSYOLOJİK boyutlarıyla "SONSUZLUK" kavramını birlikte ele alan, FELSEFE ve SOSYOLOJİ LİSANIYLA kaleme alınan 114 YAZIDAN ibaret olacaktır.

İslamın derin tefekkür içeren duygusal boyutunu, gerek Kur'an kıssalarından, gerek insanın günlük hayatından örnekler vererek, tefekkür ettireceğiz ve tarihte ilk kez bilinmeyen bir boyuta kapı açarak, aklın ve zihnin derinliklerine işleyerek ve tefekkür ettirerek ortaya, yavaş yavaş su yüzüne çıkacak olan yeni bir anlayış ortaya koyacak ve sonsuzluğa ve ebedi aleme ilişkin zihinlerde yeni bir düşünce filizi inkişaf ettirecektir, "SONSUZLUĞUN SONSUZLUĞU"..

Sırlar ortaya çıkıyor..

"SONSUZLUĞUN SONSUZLUĞU", aynı zamanda yine herkesin kendi içinde de gizli bir süreç olarak ilerleyen ama çoğu zaman farkında olmadığımız veya ben öyle zannederken aslında hakikatte herkesin içinde ayrı ayrı ilerletilen bir süreç mi diye düşündüğümüz konusu ekseninde meseleleri ele alan, ve Kur'an ayetlerindeki "EDEDİYET" (SONSUZLUK) kelimesini açarak, Kur'an'da sonsuzluk meselesi ve psikolojisi üzerinde de düşündürülerek, bu eserde sonsuzun, ne kadar sonsuz olabildiği veya SONLU/SONSUZ AYRIMI'nın Kuran'da nasıl anlatıldığı ele alan, "YENİ BİR YOL & YENİ BİR FELSEFE" olacaktır.."

BU ESERİN "METODOLOJİSİ VE KONUSU" HAKKINDA, AÇIKLAYICI NOT: BU ESER, MEVLANA CELALEDDİN-İ

RUMİ'nin, yine "SONSUZLUĞU" anlatan "FİHİ MA FİH" eserinin bu yüzyıldaki eşdeğeridir.. Eser aynı zamanda, İBRAHİM HAKKI ERZURUMİ'nin "MARİFETNAME" isimli kıymetli eserinden ve fikirlerinden de etkilenmiştir. "SONSUZLUĞUN SONSUZLUĞU", ilerde açıp genişleteceğim, sadece kendimin içinde yol kat ettiği, kimsenin dahil olmadığı ve/veya olmayacağı, BEN'de ve şimdiki bu ZAMAN'da ve AN'da söylenmiş, YAPILMIŞ, EYLEMSEL düşünceler'den ibaret olacaktır, kendi içinde, ve/veya kendine özgü, ve tüm kainattaki nesneleri "SONSUZ BİR ZAMAN" anında birbirine bağlayan ortak bir yönü bulunan, benzersiz bir "YOL"dur..

"SONSUZLUĞUN SONSUZLUĞU", aradığın islam felsefesidir, yeni bir düşünce stilidir ki, aynı zamanda sana kainattaki nesnelerin ne kadar drift ve incelikti bir kumaşlar bütünü gibi nazenin bir şekilde sonsuzluğa kapı açacak şekilde tasarlandığını ve mükemmel bir şekilde ilm-i ebedi ve ezeli'de yaratıldığını, susamış gönüllere denizdeki okyanusa dönüşen marifet damlasıdır, hakikati arayan ariflere hikmettir, vesselam..

* * *

Bu ESERLE birlikte, müellif 39 yaşında I. MURAD dönemini kapatmış ve KLASİK İSLAM VE İMAN MESELELERİ üzerine yazığı eserleri noktalayarak; 2016 yılından itibaren, yeni ve çok farklı bir eser telifi çizgisi dönemine girmiştir. BİLİMKURGU metoduyla yazılan bu eserlerin ana hedefi yine KIYAMET'i ilan ve isbat etmektir..

* * *

(II. MURAD DÖNEMİ) (2016-?)

Murad Uhray (2016)

- BİSMİLLAHİRRAHMANİRRAHİM -

-RAHMAN VE RAHİM OLAN GÖRÜNÜR VE GÖRÜNMEYEN ALEMLERİN GAYB ALEMİNİN SAHİBİ OLAN ALLAH'IN ADIYLA-

1.65. (RASÛLÜM!) De ki: BEN sadece bir UYARICI'yım (SONLU BİR ZAMAN'a sahip olan). Tek ve kahhâr olan ALLAH'tan başka (YEGANE VE SONSUZ) hiçbir tanrı yoktur.

2. 66. Göklerin, yerin ve ikisi arasında bulunanların Rabbi (olan ALLAH) sadece en üstündür, ve sadece O çok (SONSUZ) bağışlayıcıdır.

3. 67. De ki: "Bu BÜYÜK BİR HABER'dir."

4. 68. "Ama siz ondan yüz çeviriyorsunuz."

5. 69. Onlar, orada tartışırken benim (SONSUZ ÖNCESİNDEKİ YARATILIŞ veyaSONSUZLUK HAKKINDA) mele-i a'lâ hakkında hiçbir bilgim de yoktu.

6. 70. Ben ancak APAÇIK BİR UYARICI olduğum için bana vahy olunuyor.

7. 71. Rabbin meleklere demişti ki: "Ben muhakkak çamurdan bir insan yaratacağım."

8. 72. Onu tamamlayıp, içine de ruhumdan üfürdüğüm zaman, derhal ona secdeye kapanın!

9. 73. Bütün meleklerin tamamı secde ettiler.

10. 74. Yalnız İBLİS ona secde etmedi. O büyüklük tasladı ve kâfirlerden oldu.

11. 75. Allah: "Ey İblis! İki elimle yarattığıma secde etmekten seni men eden nedir? Böbürlendin mi, yoksa yücelerden misin?" dedi.

12. 76. İblis: "Ben ondan hayırlıyım! Beni ateşten yarattın; ama onu çamurdan yarattın", dedi.

13. 77. Allah: "Çık oradan (Cennetten)! Çünkü, artık sen kovulmuş birisin."

14. 78. Ve "ceza gününe kadar lânetim senin üzerindedir!" buyurdu.

15. 79. İblis: "Ey Rabbim! O halde tekrar diriltilecekleri güne (SONLU BİR ZAMANIN SONUNA) kadar bana mühlet (süre) ver", dedi.

16. 80. Allah: "Haydi, sen mühlet verilenlerdensin."

17. 81. "O bilinen (SONLU) güne kadar" buyurdu.

18. 82. İblis: "Senin mutlak kudretine andolsun ki, onların hepsini mutlaka azdıracağım."

19. 83. "Ancak onlardan ihlâslı kulların hariç" dedi.

20. 84. Allah buyurdu ki, "Şüphesiz ki, ben hep doğruyu söylerim."

21. 85. "Mutlaka sen ve sana uyanların hepsiyle CEHENNEM'i (Tamamıyla) dolduracağım.!"

22. 86. (Rasûlüm!) De ki: Buna karşılık ben -SİZDEN BİR ÜCRET İSTEMİYORUM- Ve ben OLDUĞUNDAN BAŞKA TÜRLÜ GÖRÜNENLERDEN de değilim.

23. 87. Bu KUR'AN, ancak âlemler için bir öğüt ve nasihattir.

24. 88. O'nun verdiği BÜYÜK HABER'in (KIYAMET'in) doğruluğunu —SONLU BİR ZAMAN SONRA— (KIYAMET'ten HEMEN ÖNCEKİ bir zamanda) çok iyi öğreneceksiniz.

[SAD Suresi, 65-88. Ayetler]

12- Kanon [Kutsal Kitapların Yeni Bir Yorumu]

{ 2016 }

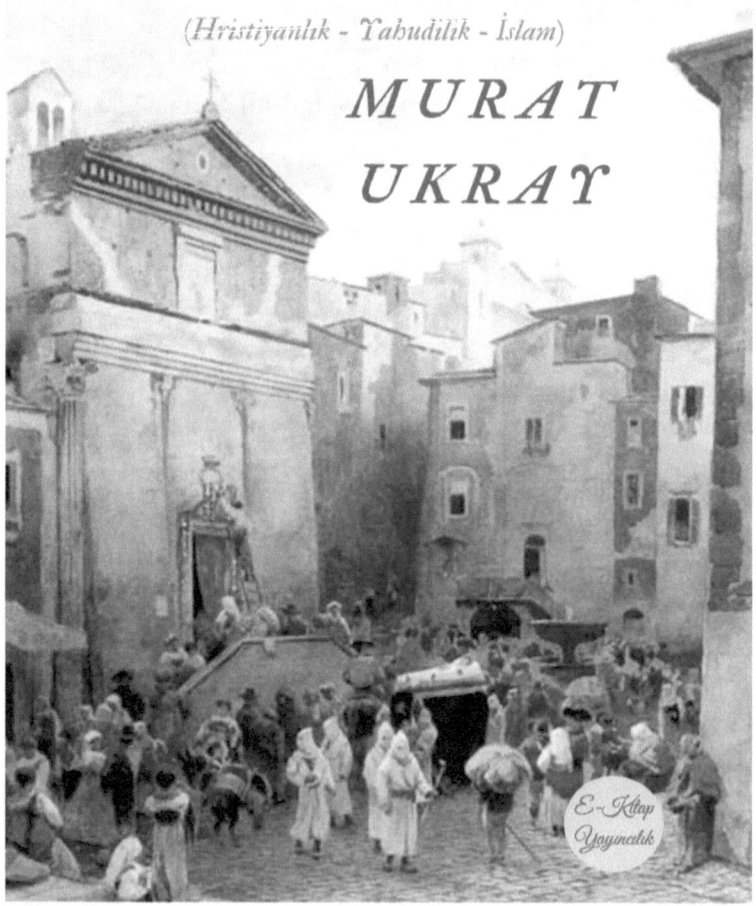

Kitap Özeti:

Günümüzde, yeni nesiller, daha doğrusu *"eşiği atlamış bir kesim"*, *"Kâinatı"* da kapsayacak şekilde artık geniş ufuklu bir perspektife sahipler, teknoloji ve kitaplar sayesinde... Öyle ki, bu yeni çağla birlikte dua ve ibadetin de belirli bir yeri ve zamanı yok. Zaman ve Mekandan bağımsız bir şekilde, isteyen istediği yerde Allah'a ulaşabiliyor, dua ediyor.

Mabet duvarları arasına sıkıştırılmış "Tanrı'nın Evi" kavramına artık günümüzde pek sıcak bakmıyorlar. İbadethaneler tenhalaşırken, artan genç ve dinamik toplumlar ve nüfusla birlikte çevreyle bütünleşme ve internet çağıyla birlikte mobil iletişim ve globalizasyon ile birlikte anlık veri ve kitle iletişimi, bilginin anlık işlenişi ve iletişimi de yoğunlaşıyor. Sanki, bu noktada hacmi tasavvur bile edilmeyecek çok daha büyük, sanki tüm dinleri de içerisine alan bir yapı şeklindeki, büyüklükte bir "Evrensel Bir Mabet'in" farkına varılıyor.

"Tanrı'dan korkma" şeklinde değil; ama "Doğa sevgisiyle" ve "Tabiatla iç içe olma" ve "Merhametli" olma duygusu ve "Tanrıyla birleşme, Evrensel bütünleşme" kavramları gün geçtikçe artıyor! Ve Tabiat'da "görevi" olmayan tek bir canlının bile bulunmayacağının bilincindeler. "Zararlı Hayvan", "Zararlı Bitki" söylemleri onlara çok uzak!

Kobay olarak kullanılan bir fare veya bir maymun için veya eziyet görmekte olan bir kedi veya köpek veya diğer bir canlı türü için meydanlar doluyor! Veyahutta Türkiye'de yaşanan *"Gezi Parkı"* eylemlerinde çok daha belirgin ve bariz bir şekilde bir sosyolojik örnek şeklinde derinleşerek birkaç on ağaç için kitleler ölümüne bütünleşebiliyorlar. Bu örnekler, tarihteki daha önce yaşamış kavimlerle karşılaştırıldığında, benzersiz birer sevgi numunesi gibi görünüyor, bir bilinç kayması ve kritik bir "ALTINÇAĞ", "BİLGİ ÇAĞI" eşiğine gelindiği mesajını veriyordu.

İşin ilginç yanı; Kuran-ı Kerim "Oku" diye başlıyor... Fakat şu bir gerçek ki, içeriğinde de "başka bir kitap okuma" mealinden tek bir ayet yok! Sadece *"oku"*, demesi *"neyin okuyacağımızı"* veya *"neyin okunacağı"* meselesinin ucunu açık bırakmıştır. Belki de tek bir kalıp yok, *"Okunması gereken Tüm Kainat"*, ve Kainatın tümü belki de *"Dev bir Mabed ve Yaratıcı tarafından yazılmış Sayısız Kitaplar Bütünü"*..

KANON, yeni çağın bir KUTSAL KİTABI yazılsa ve kesintisiz devam eden TANRI / ALLAH VAHYİ'nin uzun zamandır beklenen yeni bir uzantısı ve evrensel mesajı gönderilse, bu ne olurdu? Tanrı insanlığa ne söylemek ve mesaj vermek isterdi? Düşüncesi doğrultusunda oluşturulmuş bir Kutsal Kitap tematiğidir. Elinizdeki Eser, bu yönde yazılmış -Çok yönlü- 33 yıllık Teolojik bir çalışmanın ürünüdür.

KANON, ÜÇ ANA BÖLÜMDEN OLUŞUR:

1- KUR'AN, İNCİL ve TEVRAT - genel bir değerlendirilme -

2- "KUR'AN'IN KANONİK YORUMU" (99 Kanon)

3- "İNCİL'İN KANONİK YORUMU" (303 Kanon)

13- Küçük Elisa: [Zaman Yolcusu]

{ 2017 }

Kitap Özeti:

Elisa, 7 yaşında küçük bir kızdır ve gerçeği aramak için bir gün evden çıktığında, ormanda kaybolur ve takip ettiği siyah bir tavşan, onu çok eski bir su sarnıcına götürür. İçine girdiğinde sihirli bir aynayla karşılaşır ve aynaya dokunduğunda bir anda kendini 400 yıl önceki bir zamanda bularak, bir zaman tünelinde kaybolur. Buraya geldiğinde kim olduğunu ve nereden geldiğini hatırlayamaz, fakat karşısına çıkan ve isminin Seyyah olduğunu söyleyen adamın gerçekte kim olduğunu araştırmaya başladığında, kendini bambaşka bir öykünün içinde bulur.

Şimdi, o aslında gelecekten gelmiş olan bir zaman yolcusudur ve tekrar geldiği yere, geleceğe dönmek için çok zorlu bir mücadeleye girişecek ve zaman makinasını tekrar çalıştırmayı başararak *Agartha* denilen bilinmeyen bir yeraltı ülkesine gidecek ve orada bir zamanlar bir kraliçe olduğunu ve esas isminin –*Alice*– olduğunu öğrenince çok daha şaşıracaktır. Üstelik, bununla da kalmayıp orada yüzyıllar ötesinde kaybettiği ailesini, anne ve babasını tekrar bulunca, çok daha sihirli ve bambaşka duygusal bir hikaye başlayacak ve hikayenin sonunda Elisa ailesini bulduğunda, aslında onların da bir zaman yolcusu olduğunu garip bir şekilde öğrenince çok şaşıracaktır..

"..Hayatta hep eksik bir şeyler kalır. Ya yapılmamış bir iş veya kavuşulmamış bir insan. Belki, de en son kalan parça hayatımızın da tüm anlamını içerir ve o yüzden hep saklıdır" dedi Elisa, konuşmasına başlamadan önce. Öyle ki, bazı an gelir, hayatımızın geri kalanını o eksik elmas parçayı aramakla geçirmek zorunda kalabiliriz. Çünkü, o son parça olmadan, hiçbir şey anlamını tamamlamaz.."

İşte, aynen bunun gibi, **Alice**'in de –**Elisa**– olmadan önceki hayatının gerçek anlamı ve kayıp parçası neydi? Bunu mutlaka öğrenmeliydi. Ama bunun için çok uzun bir yolculuktan geçmesi gerekiyordu.

Eminim, Elisa ile olan bu ilginç seyahatlerimi ve onun

içinden çıktığı bu sihirli kitabı okudukça, siz de buna katılacaksınız ve *"gerçek"* üzerinde yeniden düşünmeye başlayacaksınız..

Unutmayın!

Bu evrendeki her şeyin bir hayali bir de gerçek görüntüsü vardır...

14- Tanrı'nın Işıkları: [Çöl'de Başlayan Hikaye]

{ 2018}

Kitap Özeti:

Dünya'nın en büyük ve en korkunç Sırrı'nı öğrenmeye hazır mısınız?

"Musa, bir gün Çöl'de çok ilginç bir şey gördü."

"Ateş topu gibi bir Çalı sürekli yanıyor, ama yanıp bitmiyordu.."

(Kutsal Kitap, Mısırdan Çıkış, 3)

Arkeolog John Smith, 2036 yılında İtalya'nın antik Pompei kentinde çok ilginç, Antik Roma döneminden kalma, 2000 yıllık bir gümüş sikke bulur. Üzerinde garip figürler ve Roma rakamıyla yazılmış bazı tarihler olan sikkeyi çözümlemek üzere Mısır'ın başkenti Kahire'ye, oradaki arkadaşı Profesör Gregory Kravnik'in yanına gitmek için eşi Sara ve kızı Elsa'yla birlikte yola koyulur.

Kahire'ye vardığında, büyük piramitlerin yakınlarında bir yerdeki ıssız çölde büyük bir patlama ile birlikte kaynağı bilinmeyen, ateş topu gibi ışık saçan bir küre gökyüzünden inerek ve ışığıyla tüm şehri aydınlatarak parçalanır. Bu sırada olayın yakınında bulunan John Smith, sikkeyle ilgili arkadaşı Gregory'den bazı şifre çözümlemeleri ve üzerindeki sembollerin neyi anlattığıyla ilgili çok önemli bir bilgi almıştır ve oteline döndüğü sırada arabası o patlamadan sonra aniden durmuştur. Gizemli bir el arabasının arkasına dokunur ve Yardım et! diye bağırır. Fakat, arabasına alacağı bu kişinin tarihin akışını değiştiren ve üç büyük dinin beklediği insanlık tarihinin en önemli figürlerinden birisi olacağı o gece aklının ucundan bile geçmemiştir.

Aynı sıralarda, John'un arkadaşı olan Kahire Devlet Üniversitesi Arkeoloji Enstitüsü'nde çalışan Profesör Gregory Kravnik ile asistanı Katya da, dünya tarihini değiştiren ve büyük bir sırrı tam 500 yıldır saklayan dünyanın en gizemli tarikatını deşifre etmek üzeredir. '*Jesuitler*' olarak bilinen bu Ortaçağ Cizvit tarikatı, bunu her şeye kodlamış, ünlü ressamların tablolarında şifreli bir şekilde anlatmıştır. Fakat, Gregory ve John hedefi aynı olan bu iki büyük sırrın o gece gerçekleşen çöle inen ışık küresiyle çok büyük bir bağlantısı olduğunu çok geç olmadan öğreneceklerdir. Üstelik, o gece öğrenecekleri bu Dünya'nın En Büyük Sırrı, bilinen tüm Dinler Tarihi'ni de değiştirecek güçtedir.

Tüm bu bağlantılar ve şifreler, 2036 yılında çok önemli ve dünyayı değiştirebilecek bir olayı işaret etmektedir. Fakat, bunu öğrenmeleri hiç de kolay olmayacak, kendilerini bekleyen ölümcül bir koşuşturmaca da bu sırada başlayacaktır. Çünkü, Vatikan, FBI ve CIA da dahil olmak üzere, dünyadaki tüm derin istihbarat örgütleri de bu olayın peşindedir ve üstelik artık John ve ailesinin hayatı da tehlike altındadır.

Artık insanlık, bu kehanetin gerçekleşmesiyle, ya Tanrı'yla yüzleşmek ya da Şeytan'a karşı savaşmak ve Kıyamet'i durdurabilmek için yeni bir yol bulmak zorundadır..

15- Son Kehanet [2 Cilt]

{ 2019}

Kitap Özeti:

Pi (∏) sayısının içinde her şey var olabilir mi? Doğum tarihiniz, hatta ölüm tarihiniz bile, hatta Kıyametin tarihi. Peki, ya bunu birileri çok önceden biliyor olsaydı ve bir yere kodlamış olsalardı?

Ortaçağ'da, Amerika'yı Kolomb'dan önce bir başkası keşfetmiş olabilir miydi? Peki, ya bu gizemli kişi gerçekte yeteneğini saklamak zorunda olan büyük bir Kahinse ve oraya gitme amacı yeni bir kıta keşfetmek değil de; dünyanın en büyük sırlarından birini, bir Maya piramidindeki Kıyamet'in ne zaman geleceğini açıklayan bir Maya Kehanet takviminin sırrını çözmek olursa ne olurdu?

Mayalar, Kıyamet tarihini aslında 13.0.0.0.0 Baktun olarak hesapladılar ve bunu dev bir takvime kodladılar. Peki, gerçekte bu ne demekti? 13 Baktun, aslında Matematikte de usta olan Mayaların Pi (∏) sayısı içine Kıyamet'in gerçek tarihini yerleştirdikleri dev bir koddu ve 2012 değil, daha ileri bir tarihi gösteriyordu. Mayalar bu bilgileri kendileri mi bulmuştu, yoksa kendilerinden çok daha ileri, *'Atlantis'* denilen kayıp bir uygarlıktan mı almışlardı?

Kahin Bruno, tüm bunların tesadüf olamayacağını 22 yıllık çalışmasının sonunda anlamış ve artık tüm taşlar yerine oturmak üzereydi. *"Her şeyin sonu geldi, artık geri dönemeyiz, artık çok geç!"* dedi kendi kendine ve tapınağın lahit kapağını kaldırıp iç içe geçmiş üç büyük taş diskin sonuncusunu da yerine yerleştirdi. Artık herşey hazırdı, çözülmesi imkansız olan Maya Takvimi'nde saklı insanlık tarihinin bu en büyük sırrını, Pi sayısı içindeki saklı kodu hesaplayarak gerçekte 13 Baktun'un hangi tarihe denk geldiğini bulmak üzereydi:

13 Baktun: 13,3333 × 366,6666 (gün) = 4903. kod

Pi sayısının 4903. Rakamı:

2222 yılına denk geliyordu.

1500 yılında, Güney İspanya'daki Granada yakınlarındaki bir çiftlik evinde, karanlık bir gecede, bıraktığı notlarda kendisine *'Yabancı'* diyen gri renkli 1 metre boyundaki dünya-dışı insanımsı bir yaratık; dünyanın geleceğiyle ilgili bir dizi kehaneti içeren iki mektup ve üzerinde bir yer işaretlenmiş gizemli bir harita ile bazı şifreli karmaşık sayılardan oluşan ve geleceğe ait tarihler yazan, 100 adet rakamdan oluşan dev bir tablo ile kapının önünde duruyor, büyük siyah gözleriyle Bruno'ya doğru bakıyordu. Aslında, dev bir *'Anagram'* olan bu sayı tablosu, 3.14 ...'le başlayan ve sonsuza doğru uzanıp giden, içinde dünyadaki olayların tarihlerinin kodlandığı dev bir spiralin küçük bir parçasıydı.

Ortaçağ'da İspanya'da, Engizisyon mahkemesinde dramatik ve acı bir ölüm kalım mücadelesiyle başlayan olaylar zinciri, Bruno ve kardeşi Sofia'yı Endülüs'den başlayan ve Mayaların uygarlığının merkezi olan Meksika'daki bir Maya tapınağına uzanan tehlikeli ve uzun bir yolculuğa sürükler ve sonunda idam edilmeleriyle son bulacaktır. Fakat, açıklanan Büyük Kehanet, sadece Kilise veya onlar için bir son değil, bu kez tüm Dünyanın Sonu'nu da getirecekti. Son Kehanet insanlığı, Cennet'ten çıkarılmasıyla başlayan öyküsünün sonuna, Kıyamet'e götürüyordu..

İnsanlık nereden geldi, nereye gidiyoruz?

Bu sorunun cevabını Son Kehanet'te bulacaksınız.

16- Medusa'nın Sırrı

{ 2020 }

Kitap Özeti:

Dünyanın en iyi Pandemi bilimkurgu kitabını okumaya hazır mısınız?

Tıbbın sembolü olan ağaca tırmanan yılan sembolünde binlerce yıldır saklanan önemli bir sır olabilir mi? Hastalıkların kaynağı Şeytan olabilir mi? Kutsal Kitaplardaki yılan figürünün Şeytan'ın da sembolü olması tesadüf olabilir miydi? Dahası, tüm çağların bu en kötücül yaratığı; Mitolojik bir varlık olan yılan başlı 'Medusa' ismini kullanarak yeraltında, Dünyanın içinde bir yerlerde saklanıyor olabilir miydi? Dahası, Cehennem de aslında orada olabilir miydi?

Evet, aslında Dünya'daki herşey insanlığın ilk başlangıcıyla; Şeytan'ın ona tuzak kurması, yani Cennet'den kovulma hikayesiyle başlamıştı. Fakat, bizim hikayemizdeki herşey 1980'lerin sonunda, Almanya'nın güneyindeki Bavyera ormanlarının derinliklerinde, yeraltında kazı yapan bir grup Alman bilim adamının yeraltından gelen bazı garip sesler ve çığlıklar duymasıyla başladı. Uzun yıllar süren bir kazı çalışması ve sondaj sonucunda, yerin altına doğru binlerce kilometre uzanan bir tünel keşfettiler. Bu tünel, aslında Cehennem'e ve Şeytan'a açılan bir kapıydı. Bu korkunç seslerin duyulması ve kaydedilmesi üzerine korktular ve bir süre sonra proje yarım bırakıldı.

2020'li yılların başlarında, Dünyanın en gizli ve en kötü gücü olan bir sağlık organizasyonu, başlarındaki korkunç şeytani bir adam, 'Frankenstein' lakaplı Dr. Cornelli'nin öncülüğünde bu sesin kaynağına ulaşmak ve onunla iletişime geçmek için 40 yıl sonra yarım bırakılan bu projeyi kaldığı yerden devam ettirdi ve 'Medusa' isimli büyük bir proje başlattı. 'Beyaz Ölüm Meleği' olarak da çevresinde kendini tanıtan bu korkunç kişi, laboratuar ortamında çeşitli türler arasında hayvan deneyleri yaparak genetik çalışmalarla yeryüzündeki yaşamı ve insanlığı yok edecek yeni türler ve virüsler geliştirmek üzere bu projeyi gizlice yıllardır yönetmektedir. Bunun da ötesinde, artık tek amacı yeraltındaki bu Şeytan'ın emirlerini yerine getirmektir.

2040'lı yıllara gelindiğinde, Dünyanın her yerinde hızla yayılan virüs salgınlarının nedenine bir türlü bilimsel bir açıklama getirilememektedir. Milyarlarca insan karantinadadır ve çoğu bu salgınlarda ölmüştür. Üstelik, özellikle tıp doktorları ve profesörleri de içine alan bir seri cinayetler ve suikastler de bu sırada başlamıştır. Virüs gerçeğini ortaya çıkarmaya çalışan Tarih ve Mitoloji profesörü Herbert Johnson'un bağlantılı olduğu herkes korkunç bir suikastler zinciriyle öldürülmeye başlar. Prof. Herbert Johnson ve onun bu kötülükle savaşmasında yardımcı olmak istediği herkes, şimdi bu kötü gücün hedefinde bir kurban olarak ölümü beklemektedir, virüsün pençesinde savaşan milyarlarca insanla birlikte.

Buna karşın, Amerikalı Arkeolog John Smith ve arkadaşı Rus Arkeoloji profesörü Prof. Gregory Kravnik hayatları pahasına da olsa onları durdurabilecek tek kişidir ve bunun için onlarla savaşmak zorundadırlar. Üstelik, eğer onları ve görünmeyen bu kötü gücü durduramazlarsa şimdi kendi hayatları da milyarlarca insanla birlikte tehlikededir. Yaklaşan bu Kıyameti durdurabilmek için tek yol, bu yeraltı Cehennemine uzanan tünelin girişinde bulunan, yerini hiç kimsenin bilmediği kayıp bir Medusa heykelini bulmaktır. Çünkü, bu Medusa heykelinin içindeki gizli bir kapı, tüm bu kötülüklerin ve hastalıkların kaynağı olan Şeytan'a doğru giden uzun ve zorlu bir yolun başlangıcıdır.

Medusa'nın Sırrı, sizi yeraltındaki Cehennem'in 7 kapısından birine sürükleyecek.

CEHENNEM'E AÇILAN KAPIYA HAZIR MISINIZ?

17- Çöl Gezegen

{ 2021 }

Kitap Özeti:

Dünyadaki İklim ve Su kriziyle ilgili en iyi

Bilimkurgu kitabını okumaya hazır mısınız?

Dünyadaki tüm su bitse, Mars veya Venüs gibi bir Çöl Gezegen'e dönüşse ne olurdu?

Yıl: 2199.

Dünyada tüm su bitmiştir ve çöllerden oluşan MARS veya VENÜS gibi kurak bir gezegene dönüşmüştür. Yaşayan sadece 20 bin kişilik küçük bir grup insan kalmıştır ve onlar da atmosfer yok olduğu için yerin binlerce kilometre altına sığınmıştır. Başlarında direnişin lideri olarak 'MAX' isimli bir genç vardır. Amerika'da başlayıp her yerde devam eden yangınlar, küresel ısınma ve iklim kriziyle başlayıp, Kıyamet'e uzanan bir hikaye ve savaşlar. Su veya alternatifini bulmak için uzaya koloni kurmak zorunda olan ve Dünya-Dışı bir ırkla yaptıkları savaşı kaybedip, yeraltına sığınmak zorunda olan bir insanlık var karşımızda bu yeni hikayede. Fakat insanlığın sonu gelmeden önce Max, bu sona adım adım nasıl gelindiğinin hikayesini bu kitapta bize anlatacak.

Uzun yıllardır, bu 3 meseleye mantıklı bir açıklama getirilememektedir:

1- Dünyanın her yerinde rastgele çıkan 'Orman Yangınları'

2- Denizlerdeki ve Göllerdeki 'Suyun Aniden Azalması' ve

3- Aniden ortadan kaybolan 'Milyonlarca İnsan'

Bunun da ötesinde, Dünya'nın pek çok yerindeki orman yangınları, sebebini iklim krizi ve küresel ısınmaya bağlamak için ve onlarla pazarlığa oturup anlaştıkları için, kötü bir küresel teşkilat tarafından kasten çıkarılmaktadır. Bu şeytani teşkilatın amacı, bu Dünya-Dışı güçlerle işbirliği ve anlaşma yaparak, bazı lazer silahlarıyla donatılmış olan UFO'ları da yönlendirip, tüm canlıların çoğunu yok edip, Dünya'yı sadece kendi seçtikleri elit bir grup insanın yönetiminde yaşadığı, tamamen bir ÇÖL

GEZEGEN'e dönüştürmektir ve bunun için de Amerika Nevada'daki gizli 51. BÖLGE yeraltı üssünü merkez olarak kullanmaktadırlar.

2045 yılında, Singapur'da yapılan bir bilimsel toplantıda, Dünya üzerinde ortadan kaybolan suyun, sadece küresel ısınma veya iklim şartlarına bağlı olmadığını, çok daha önemli bir sebebi olduğunu bir bilimsel teorisinde tüm dünyaya yıllardır anlatmaya çalışan Prof. Richard Nickson, ortadan kaybolan şeyin sadece su olmadığını çok yakında anlayacaktır. Çünkü, hayatta kalabilmek için dünyadan üç şeyi kaçırarak UFO'larla oraya taşımak zorundadırlar:

1- Vücut sıvılarını hayatta tutmak için 'SU'

2- UFO yakıtı olarak kullanmak zorunda oldukları 'ALTIN' ve

3- Deneylerde ve Madenlerde çalışmak için kullanılan 'İNSANLAR'

Herşey 2050 yılına gelindiğinde, Dünya'nın her yerinde çıkan ve sebebi bir türlü tesbit edilemeyen orman yangınlarıyla başlar. Bunun da ötesinde, Dünya'daki Su miktarı yüzde 10 azalmıştır ve Deniz seviyesi 50 metre geriye çekilmiştir, büyük Göllerin çoğu kurumak üzeredir. Birleşmiş Milletler'de başkan yardımcılığı görevini yürüten James Scott'un yeğeni Nelson, nişanlısı Chelsie ile yeni evlenmek üzeredir. Anne ve babası 5 yıl önce gizemli bir uçak kazasında ölmüştür. Hayattaki tek yakını olan amcasını düğüne davet etmek üzere Nevada'dan Arizona'ya doğru arabasıyla yola çıktığında, dünyanın en kurak yerlerinden birisi haline gelen Nevada Çölü'nü geçerken, çölün ortasında parlak bir sıradışı cisim görür ve arabasını durdurur. Yanına gittiğinde dev bir üçgen piramit şeklindeki metal monolitle karşılaşır ve tam onu incelerken gökyüzünden parlak bir cisim uçarak o yöne doğru inmektedir ve arkasında duran 1 metre boyundaki uzaylı yaratık tarafından saldırıya uğrayıp kaçırılır. Artık, uzak bir galaksiye götürülmek üzere bir uzay aracına bindirilip, geri dönüşü mümkün olmayan uzun bir yolculuğa çıkar ve artık o da kaçırılan diğer insanlar gibi bir köledir.

Dünya 100 yıl içinde kurak bir ÇÖL GEZEGEN'e mi dönüşecektir?

ÇÖL GEZEGEN, KIYAMET'e doğru uzanan, insanlığın Dünya üzerindeki var olma veya yok olma mücadelesini, daha önce hiç okumadığınız bambaşka bir boyutuyla ilk kez ortaya koyacak..

18- Kabustan Gelen

{ 2022}

Kitap Özeti:

Düşlerimiz gerçek olsaydı ne olurdu?

Peki, ya Kabuslarımız?

İtalya'nın antik Pompei kentinde 2012 yılında başlayan ve 10 yıldır devam eden gizemli bir kazı çalışmasını yürüten Arkeolog John Smith, bir gün tuhaf bir heykel bulur ve küçük kızı Elsa onun bu heykeli bulup eve getirmesinden sonra, bir gece aniden tuhaf ve korkunç kabuslar görmeye başlar. İlk başta önemsenmeyen bu rüyalar, Arkeoloğun ve daha sonra da tüm dünyanın kaderini değiştiren, yaklaşan korkunç bir felaketle ilgili bir dizi şifreli mesaj içermektedir ve daha da korkuncu, zamanla bu kabuslar gerçekleşmeye başlar. Bu şeytani yaratık, kabuslarda latince konuşmaktadır ve onlardan tek bir şey istemektedir:

Kurban, olabildiğince çok Kurban.

Yani, her geçen gün daha çok insanın ölmesi!

Daha da ötesi, öte dünyadan, Cehennem'den geldiğini söyleyen bu Şeytan ve heykeli; küçük kızın rüyalarına girerek, dünyada bir dizi felaketi ve savaşı başlatmak için geldiğini söyler. Zamanla ona komutlar vermeye ve yönlendirmeye başlar. Küçük kız, zamanla farkında olmadan değişmeye başlamıştır, tabi ailesi ve dünya da değişmeye ve kötülüğe doğru sürüklenmeye başlamıştır.

Daha da ötesi, Cehennem'den gelen bu Şeytan ve heykeli, kabuslar yoluyla planlarını bir bir uygulamaya koyarken; Arkeolog John Smith ve arkadaşı Tarih Profesörü Gregory Kravnik, konuyu ve ne yapabileceklerini araştırmaya başladıkça, bu yaşanan sıradışı olayların tarihte bir ilk olmadığı anlarlar. Üstelik, İncil'de bile bu heykelden ve lanetinden bahsedilmektedir. Çünkü, 2000 yıl önce, tarihler MS 79'u gösterdiğinde Pompei ve tüm İtalya yarımadası Vezüv yanardağı patladığında korkunç bir yıkımla yok olduğunda ve lavlar altında kaldığında da, bu Şeytan yine küçük bir çocuğun kabuslarıyla daha önce de dünya ile iletişime geçmiştir ve yıkıma sürüklemiştir. Fakat bu, ikinci ve son uyarı ve yıkımdır. Yaklaşan Kıyamet için son bir uyarıdır. Elsa, sonunda ismi Gabriel olan bu çocuğun ruhuyla transa ve iletişime geçer ve herkes sonunda gerçeği ve bu Kabuslar'ın ve Şeytan'ın nasıl durdurulabileceğini öğrenir:

2000 yıl sonra tekrar faaliyete geçen Vezüv Yanardağı'nın içine girerek bu taş heykeli yanardağın tam merkezine, lavların içine bırakıp yok etmek.

Fakat, bu hiç de kolay olmayacaktır. Çünkü, geçmişi 1000 yıl öncesine, Tapınak Şövalyeleri'ne kadar uzanan ve onların devamı olan çok gizli ve gizemli bir Cemiyet de yüzyıllardır bu heykelin peşindedir. Daha da ötesi, aslında bu heykele tapmaktadırlar ve bir gece onu John Smith'in evinden gizlice kaçırırlar. Bu sırada kabusların etkisi iyice artmaktadır ve gerçekleşecek büyük bir felaket ise hızla yaklaşmaktadır.

Öyle ki, eğer bu felaket gerçekleşirse, artık dünya hiçbir zaman eskisi gibi olmayacaktır. Ta ki, birisi veya birileri Onu ve Cehennem'den gelen bu kabusları durdurup yok edene kadar..

Kıyamet Gerçekliği Külliyatı yeni
eserleriyle yazılmaya devam edecek..

www.ingramcontent.com/pod-product-compliance
Lightning Source LLC
LaVergne TN
LVHW091046100526
838202LV00077B/2849